国際私法論集

森田博志

国際私法論集

── 国際私法の神髄を求めて ──

学術選書
119
国際私法

信山社

はしがき

「皮膚筋炎による間質性肺炎」で五月下旬に死の淵をさまよい、満五〇歳の誕生日も病院で迎えることとなった国際私法研究者が、それまでに書いた学術論文や判例評釈などをまとめたのが本書である。

救命いただき、常に最善の処置と懇切な説明をしてくださった主治医の鈴木敏夫先生（呼吸器内科）、松木先生（アレルギー・膠原病内科）を始め医師の先生方、職場復帰に向けて多くのご配慮をいただいた理学療法士の菊田陽平さん、作業療法士の吉田さん、常に親身に優しく穏やかな笑顔で接してくださった看護師の皆さん、ほか、千葉大学医学部附属病院のスタッフの方々には、感謝の気持ちを的確に表現する言葉が見つからない。

石黒一憲先生（東京大学大学院法学政治学研究科・法学部教授）が私の大学院在学時の指導教官を引き受けてくださった。ところが、私は全くの不肖の弟子であり、ご迷惑をかけ続けた。お詫びの仕様もない。そんな私に対し、先生は、4の論文の（1）の抜き刷りをお送りした際には「これでエンコ状態二十余年の学界が動き始めれば、と念願します。」と、同論文の（2）の抜き刷りをお送りした際には、「立場の違いが学問の発展の基盤、それなしには、停滞あるのみです。広く、深く、これからもどんどん自説を表に出してがんばって下さい。」と、1の論文の抜き刷りをお送りした際には「「これぞまさしく『論文』也!!」と叫びたくなる、素晴らしい御論文」と、即座に御礼状をくださり、常に温かく見守ってくださっていた。退学時から十二年半ぶりにお訪ねしたときには、「自分の世界を！」にとのご指導を受け、その間に周囲からかけられた呪縛から解放され自由になった思いがした（その後、14の論文の抜き刷りをお送りした際にも「剣道の達人の如き論文」との御礼状（転居後初めて届いた郵便物）をいただいた)。

本書の実現についても、私の意志が固まる前に、先生が既に万端の手配をしてくださっていた。ただただ、先生の心の大きさに敬服し、深く感謝するのみである。

冒頭に記した事情もあり、千葉大学大学院専門法務研究科(法科大学院)国際私法組の最大の功労者であり初期の後輩たちの面倒もよくみていただいた小野誠弁護士(一期修了生)にいろいろとお手伝いいただいた。ここにお名前を残せて、嬉しく思う。また、信頼を寄せてくれた歴代の国際私法組の修了生六一名、特に今年度前期の授業の残り部分の再開を待っていてくれた三年生一六名にも、心から感謝している。復帰に向けて尽力いただいた同僚の教職員諸氏にも、改めてお礼申し上げる。

最後に、

平成二四年六月

森田博志

※ここで、彼の力は、命の灯し火は、尽きてしまった……。(石黒一憲 添)

目　次

国際私法論集

―― 国際私法の神髄を求めて ――

当今之毀誉不足懼　後世之毀誉可懼
一身之得喪不足慮　子孫之得喪可慮

人事百般　都要遜譲
但志則不譲於師可
又不譲於古人可

提一燈　行暗夜
勿憂暗夜　只頼一燈

佐藤一斎

第一部　法適用通則法制定（法例廃止）過程批判

1　国際私法の現代化における法例一〇条・一二条関連の改正作業の問題点

第一節　本稿の目的

現在、国際私法において準拠法を決定する際の法源である「法例」について、全面改正に向けた作業が続けられている。この発端は、「『規制改革推進三か年計画』（平成一三年三月三〇日閣議決定、平成一四年三月二九日閣議決定で改正、平成一五年三月二八日閣議決定で再改定）において、債権流動化の基盤整備を進める観点から、法例第一二条の定める債権譲渡の第三者対抗要件の準拠法について国際的な動向を踏まえた見直しが求められ[1]」たことにある。

この三か年計画を受けて、平成一四年八月、法務省民事局の委託を受けた社団法人商事法務研究会により「法例研究会」（座長＝道垣内正人教授）が設けられ、そこでの検討作業を通じて「たたき台」が作成された。これが、平成一五年二月五日に開催された法制審議会総会における法務大臣による諮問に基づいて設けられた。「国際私法（現代化関係）部会」（部会長＝櫻田嘉章教授）における審議の土台となっている。この「たたき台」は、平成一六年にかけて、『法例の見直しに関する諸問題』[2]と題して順次刊行されている。

この「たたき台」に対しては、「『学問的な深み』というものが全く無い」[3]等の指摘に始まる、個々の項目に即した詳細な批判が、既に加えられている。[4]また、今般の改正作業全体に対しても、「法制審議会における議論が、何のために、何を目指して、どのような改正を指向するのかという基本的問題について明確な整理をすることなく、『改正ありき』とも言える手法で議論を継続しているという本質的な問題」があり、「取引実務、法曹実務のいずれの視点からも明確な実需がない状況の中で、条項を改正することによる予期せぬ混乱や不利益をもたらすリスクについて、直視する必要がある」との重要な指摘がなされている。[5]

このような状況の中、遅ればせながら、本年（平成一七年）五月二一・二二両日に開催された国際私法学会において「法例改正シンポジウム」が企画され、私も法例一〇条関連での問題提起者に指名された。他方、その後も法制審議会での審議は続き、本年（平成一七年）三月二二日付けの『国際私法の現代化に関する要綱中間試案』、および同月二九日付けの補足説明が、法務省HPで公表されている。そこで、この機会に、前記の「たたき台」、および、この要綱中間試案と補足説明の内容について私なりの検討を加えるのが、本稿の第一の目的である。

それに加えて、次の視点からの検討も行う。すなわち、法制審議会おける審議の土台となった前記の「たたき台」には、議論の出発点に据えられて然るべき問題意識が欠けていたり、現時点では全く問題視されていない項目において改正提案が唐突に示されていたりする部分があり、それは（外部からは）かなり「意図的」なものに見える。[6]そこで、この「たたき台」が法制審議会における議論をどのように誘導する結果になったのかについて検証するのが、本稿の第二の目的である。

但し、本稿における検討の対象は、法例一〇条・一二条関連に限定する。その理由は、次の二点に集約される。第一に、研究者を志して大学院に進学してから現在まで、一貫して私自身がこれらの規定に最も関心をもち注意を払ってきた点である。[7]第二に、（法例七条・一一条関連についても今般の改正作業に対して批判すべき点はあるが）[8]準拠法についての予測可能性が取引の安全の見地から特に重要であり個別的に柔軟な解釈をするのには適さない対第三者関係を規律する一〇条・一二条関連こそ、どのような立法をするかが決定的な意味をもつと考えられる点である。

以下では、まず、『法例の見直しに関する諸問題』の内容と、それが法制審議会における議論にどのような影響を及ぼしているかという点を中心に検討する（**第二節**）。次に、それらを受けて作成された『国際私法の現代化に関する要綱中間試案』と、その補足説明の問題点について検討する（**第三節**）。最後に、今般の法例改正作業の問題点についての以上の検討から得られるであろう、将来ありうる新たな改正作業において留意されるべき教訓を示す（**第四節**）。

（1）　法務省民事局参事官室『国際私法の現代化に関する要綱中間試案補足説明』（二〇〇五年）一頁。なお、この補足説明は、「中間試案を理解する際の参考資料……以上の意味を持つものではない」（同二頁）と位置づけられている。

（2）　法例研究会『法例の見直しに関する諸問題(1)～(4)』（別冊NBL八〇号・八五号・八八号・八九号〔以上、二〇〇三年・二〇〇四年〕）。この一部につき、第二章で検討を加える。

（3）　石黒・後掲書注（4）一一頁。

（4）　石黒一憲『国際私法の危機』（信山社・二〇〇四年）。また、同「法例（国際私法）改正論議への批判的考察――法曹実務に携わる方々へのメッセージとして――」法曹時報五七巻一号（二〇〇五年）一頁は、前掲書のポイントを簡潔に示したものである。

（5）　以上、公正貿易センター・『電子商取引からみた「法例」のあり方検討会』報告書（二〇〇四年）四〇頁。さらに、同書四一頁は、「不必要な法制度を導入することがかえって国力をそぐことになる」、「技術の発展や市場の動向に関する法案策定者の想像力は一定の制約を受けることは間違いのない事実であり、この意味において、不用意な、あるいは拙速な法改正はさけるべきと考えられる」とも指摘する。全く同感である。

（6）　「意図的」なものでないとすればもっと問題だが、これ以上の言及は控える。

なお、この「たたき台」については、「法例研究会」の中でも評価が分かれているようである。一方には「立派な資料」という評価もあるが、他方には公表には反対であったし主要な業績には加えていないという対応もあるようである。しかし、前者の評価に対しては、本稿全体で批判させていただく。後者の対応に対しては、ここで批判しておく。第一に、この「たたき台」が今般の法例改正の審議の出発点とされるべく作成されたことは明らかであり、公表は当然である。第二に、ことは法例改正という、関係者に新たな対応を強いる（しかも、明確な実需がない以上は、全く迷惑な）話であり、主要な業績に加えないという個人レベルの対応ですむはずがない。何より、主要な業績に加えられないものを執筆したというのであれば、ことの重大さに比してあまりにも無責任である。

（7）　法例一〇条に関しては、「国際物権法における所在地法主義の再検討――法律行為による有体動産の物権変動及びその効果に関する契約準拠法（法例七条）と物権準拠法（同一〇条）の妥当範囲の見直しについて――」（修士論文・一九九〇年）に始まり、「国際私法の議論において原因行為と物権行為の区別が本当に必要なのか？(1)〜(4)」千葉大学法学論集一〇巻三号九九頁、一〇巻四号二九頁、一一巻二号一八三頁、一一巻四号一頁（以上、一九九六年・一九九七年）などの論文や評釈を最近まで公表し続けている。一九九六年に国際私法学会で機会を頂戴した学会報告の主題も、上記の二つの論文に関係するものである。

法例一二条に関しては、博士課程在学時に中心的な研究課題としていたことがあり、これまでに公表したものは「保険代位」櫻田嘉章＝道垣内正人編『国際私法判例百選』（別冊ジュリスト一七二号・二〇〇四年）八〇頁だけであるが、九八年頃から新たに支持を集めてきた債権者の所在地法主義についてはその議論の立て方を含め批判しておく必要があると常々考えてきた。ただ、質的に価値のある新しい素材が集まらないため、活字による議論は控えてきた。しかし、時流に乗っただけの必要な検討を深めない議論が放置され続けるのは忍びなく、この機会に敢えて活字化を試みるものである。

（8）　法例一一条に関しては、「不法行為の準拠法の決定における『原因事実発生地』の解釈」千葉大学法学論集一七巻三号（二〇〇二年）八五頁において、従来の下級審の裁判例を基礎づける解釈論を提示している。たとえ要綱中間試案の方向で同条が「改正」されても、心ある裁判所は、「改正」によって複雑な条文操作を強いられつつも、結論としては従来の線をできるだけ維持することになると確信している。

法例一一条関連の問題点については、石黒・前掲書注(4)九七―一五九頁、公正貿易センター・前掲注(5)三一頁を、法例七条関連の問題点については、石黒・前掲書二三―四九頁、公正貿易センター・前掲一九―二〇頁、三〇―三二頁、森下哲朗「銀行取引と国際私法」金融法務事情一七一七号（二〇〇四年）八頁、一四―一五頁、阿部耕一「法律行為の成立および効力（七条）、不法行為（一一条）にかかる規定の見直し、消費者保護規定」金融法務事情一七一七号（二〇〇四年）二二頁、二二―二五頁を、それぞれ参照されたい。

第二節　『法例の見直しに関する諸問題』の問題点

第二節では、今般の法例改正作業の「たたき台」である『法例の見直しに関する諸問題』（以下、『諸問題』と呼ぶ）において、諸外国の立法状況などの基礎的な情報が公正中立な立場から整理分類されて表などが作成されているか、そこでの検討は適切な内容か、それから導かれている立法提案は無理のない適切なものか、その内容が法制審議会における議論にどのように影響を及ぼしているか、といった諸点について検討を加える。

一　法例一〇条関連（全般）

(一)(1)　『諸問題(2)』は、最初の項目である「一〇―一―一　動産・不動産に関する物権準拠法の原則」において、現行規定どおりとする（甲案）と、どの時点の所在地法が適用されるのかを明確化するための形式的な変更にすぎない（乙案）を掲げ、その前提として「物権問題については……目的物所在地法を準拠法とする……原則の内容については基本的に異論はない」という認識を提示している。(9)

しかし、この現状認識がそもそも問題である。すなわち、最近では、従来の理解によれば「物権問題」に分類されるであろう事項の一部につき所在地法によらない解釈論が、有力に積み重ねられてきている。

まず、裁判例においては、相続人が「共同相続した……不動産に係る法律関係がどうなるか（それが共有になるかどうか）……などは、相続の効果に属するものとして、法例二五条〔現二六条―引用者注〕によ」るとしたもの（①最判平成六年三月八日民集四八巻三号八三五頁）[10]、「損害保険契約による保険対象物等の権利の代位取得の問題は、法例七条二項により、保険契約締結地法が準拠法となる」としたもの（②東京高判平成一二年二月三日判時一七〇九号四三頁。その原判決である③浦和地越谷支判平成一一年二月二二日判時一七〇九号四九頁も同旨）[11]、ベルギー所在の大券が表章するワラントの共有持分の移転について売買契約の準拠法によったもの（④仙台高秋田支判平成一二年一〇月四日金商一一〇六号四七頁、その原判決である⑤山形地酒田支判平成一一年一一月一一日金商一〇九八号四五頁）[12]が登場している。

次に、学説においても、牴触法レベルで物権と債権とを峻別する通説に疑問を呈するものが既に存在していた。すなわち、「例えば売買契約等の当事者間で売買の目的物たる有体物の、いわば引っ張りあいをめぐる紛争が生じたときには、むしろ当該紛争事実関係を契約と物権とに準拠法選択上分断することなく、極力統一的に単一の準拠法（実体問題の準拠法）によらしめる必要があろう。[13]」と説かれる石黒一憲教授の見解や、「牴触法上は、有体物上の権利が、『物権』か否かではなく、当事者間で問題になっているか第三者間で問題になっているかに応じて、処理を分け……、当事者間関係（内部関係）に『原因の準拠法』（法律行為による権利変動の要件・効果には法例七条、相続によるそれには同二六条、夫婦財産関係に基づくそれには同一五条によって導かれる準拠法）が、対第三者関係（外部関係）にいわゆる物権準拠法（法例一〇条）が適用される。[14]」と主張する私見がそれである。他方、物権と債権を峻別するという前提を維持している点で通説と共通の基盤に立ちつつ所在地法原則に部分的に異を唱えるものとして、動産物権準拠法上の当事者自治論もあった[15]。

このような状況が存在していたにもかかわらず、『諸問題⑵』は、冒頭の認識は提示するにあたって、上記の裁判例や諸学説を一つも引用していない（但し、後述するように、法例一〇条関連の最後の項目として、「一〇―三―三当事者による準拠法の選択」という項目が設けられてはある。しかし、そこで引用されるべき学説は引用されず、物権準拠法上の当事者自治論とは全く異なる私見のみが引用されたりしている[16]。これは、いったい何を意味するのであろうか。

(2)　『諸問題(2)』は、「一〇―一―一」に関する立法例として八カ国の状況を表にして掲げているが、ここにも重大な疑問がある。

第一に、米国については、「判例法国である」[17]としつつ、注を付して「動産の移動時の権利関係について」牴触法第二リステイトメント二四七条の参照を指示している[18]。『諸問題(2)』がこのような記述をするのは、前記の現状認識（の欠如）に対応したものとして理解できなくはない。しかし、公正中立な立場を採るのであれば、少なくとも（後の「一〇―一―三」では表の中で引用しているのだから）動産の譲渡の当事者間における有効性および効果については譲渡契約の準拠法による旨を説明する同二四四条およびそのコメントを引用すべきだったのではないか。

第二に、スイスについては、所在地法原則を規定する、不動産に関する九九条と、動産に関する一〇〇条を引用するのみである[19]。これも、前記の現状認識（の欠如）に対応したものとして理解できなくはない。しかし、公正中立な立場を採るのであれば、（後の「一〇―一―三」では表の中で引用しているのだから）動産物権につき限定的な法選択を認める一〇四条も引用すべきだったのではないか。

第三に、イタリアについては、「物の所在地国法は、物権の得喪も規律する。ただし、相続による場合、および物権の取得が家族関係または契約による場合は、この限りではない。」と定める五一条二項も引用し、「乙案」に分類している[20]。そして、そこで掲げる八カ国中、スイス・イタリアを含む五カ国を「乙案」に分類している[21]。しかし、少なくともスイスやイタリアは（さらには米国も）、甲案・乙案が前提とする秩序観とはかなり隔たっている。その意味で、法例一〇条関連の最初の項目で掲げられる改正提案がこの二案のみであるのは、提案として淋しく、真の問題が「意図的」に採り上げられなかったとしか言いようがないのではないか[22]。

(3)　法制審議会の関係部会で法例一〇条関連の審議が最初に行われたのは、平成一五年一二月一六日の第八回会議においてである。そこでは、これまで言及してきた点は、始めから審議の対象外とされ、用意された六つの論点に含まれていない。「たたき台」における現状認識（の欠如）を受けた、完全な「無視」である。

(二)(1)　『諸問題(2)』は、次の項目である「一〇−一−二『物権其他登記スヘキ権利』の扱い」において、現行規定どおりとする（甲案）と、「物権［その他対世的権利］」という文言に変更する（乙案）を掲げ、その前提として「全体として、大きな問題は指摘されていない」という認識を提示している。(23)

これに対しては、出発点にあるべき問題意識の欠如という点で一と共通する問題点があり、一での批判を再確認いただきたい。加えて、石黒教授による批判を引用する。すなわち、上記の認識は「『国際私法上の準拠法選択の単位をなす概念を如何に構築すべきか』という……問題関心との関係で、既にして従来の我国の（性質決定上の通説の一般論との関係での）『本来あるべき問題関心の欠如』（!!）を、如実に示している(!!)。(24)」

このように批判されるに際して、石黒教授は、設例を通じて次のような疑問を呈されている。すなわち、「Xがある「物」（有体物）の自己への引き渡しを我国を法廷地として請求し、請求されたYが、『当該の物を自己の下に「留置」して置く権利』がある、として争った国際的事件」において、「我国の実質法上、既にして、かかるY側の『権利』として、①同時履行の抗弁権（Yが売主だったとせよ）、②留置権、③質権、などがある。実質法上の『債権』・『物権』が、そこに混在することになる。どうするのか。(25)」

この石黒教授による疑問に対しては、「法例研究会」の座長であり「法制審議会国際私法（現代化関係）部会」の委員でもある道垣内教授が、本年（平成一七年）一月に国際私法関係者に対して回答を配信されている。これらについては、第三節一１において検討する。

(2)　『諸問題(2)』は、「一〇−一−二」に関する立法例として八カ国の状況を表にして掲げている。(26)

これに対しても石黒教授が批判されており、特に同感する部分を引用する。すなわち、「そもそも、各国の実質法上、『物権と債権との区別ないし峻別』の、なされていない国もあり……「米国・英国」が、「判例法国である」

として紹介されるのみであるのは、納得がゆかない!!……、それらの国々をも含め、世界中の法秩序を相手にせざるを得ない国際私法（牴触法）にとって、『物権』なる概念を『準拠法選択上の単位』とすることは、（明治期の立法では、致し方なかったとも言えるが）、それ自体が、大きな問題（!!）なのである。[27]」

(3)　法制審議会関係部会の第八回会議では、さしたる議論もなく、「基本的には文言の問題だということで、事務局の方で御検討いただく」こととされてしまった。ここまで既に、「たたき台」以後の議論のレベルがどの程度のものか、明白ではなかろうか。

(三)(1)　『諸問題(2)』は、次の「一〇―一―三　移動（運送）中の動産に関する物権準拠法」という項目において、「［移動中／運送中］の動産については、その仕向地を所在地とする」という明文の規定を置く（甲案）と、特段の規定を置かないとする（乙案）を掲げ、その前提として「移動（運送）中の動産が目的地到達前に生じる物権の変動については、……仕向地法によるべきであるという立場が通説であり、また、その旨を判示したと解される裁判例もある」という認識を提示している。[28]そのうえで両案の趣旨を説明した最後の部分で、「乙案が採用された場合であっても、現行法例の下でなされているように、甲案のような解釈をする余地は残されているといえよう[29]」などとしている。

しかし、今般の改正作業において特段の規定が置かれないからといって、何故に従来の通説が「解釈〔の〕余地は残されている」などと消極的な扱いを受けねばならないのか。極めて疑問である。

(2)　『諸問題(2)』は、「一〇―一―三」に関する立法例として七カ国の状況を表にして掲げているが、石黒教授により「杜撰である[30]」と一刀両断されている。私も同感であり、さらにはこのような基礎資料の作り方こそが最も重要だと考えるので、具体的なレベルに踏み込んで批判しておく。

第一に、米国については、ここでは「判例法国である」とするのでなく、牴触法第二リステイトメント二四四条およびそのコメントを引用し、「動産の譲渡について、当事者が譲渡契約準拠法を明示的に選択していればそれにより、そのような明示の選択がない場合には、最密接関連地（動産所在地が重視される）によるとされる」としている。[31] しかし、同条は、動産譲渡に関する一般則を説明するものである。したがって、「一〇－一－一」の表の中で引用したうえでここでも引用しているならまだしも、移動中の物という限定的な場面での規律であるかのように引用していることには、「意図的」なものを感じざるを得ない（さらに、前述㈠⑵第一点も参照）。

第二に、スイスについては、移動中の物に関する物権の得喪についての一〇一条のほか、動産物権の得喪一般につき当事者間では限定的な当事者自治を認める一〇四条を引用したうえで、「甲案」に分類しつつ、本文において「甲案を採用する場合、さらに、スイスのように限定的な当事者自治（第三者には対抗できない）を認める必要があるか、検討する必要がある」などとしている。[32] しかし、一〇四条は、一〇一条の特則にとどまるわけではない。したがって、「一〇－一－二」の表の中で引用したうえでここでも引用しているならまだしも、移動中の物という限定的な場面での規律であるかのように引用していることには、やはり「意図的」なものを感じざるを得ない（さらに、前述㈠⑵第二点も参照）。

⑶　法制審議会関係部会の第八回会議では、直前に引用した趣旨の把握（誤解）を受けて、事務当局から「運送中の動産につきまして、当事者自治を認める立法例として、スイスがございます」という紹介がなされている。また、その後の審議も、移動中の物に関する従来の議論の状況についての正確な理解を共有したうえでのものか、疑問である。[33]

㈣　「一〇－一－四　船荷証券や貨物引換証などの証券が発行されている場合」については、基本的に石黒教授による批判に譲る。[34] また、「一〇－一－五　鉄道車両・自動車等の走行性動産の物権準拠法」[35] については、第三節一２㈢で『要綱中間試案』に対して若干の言及をすることとする。

㈤⑴　『諸問題⑵』は、「一〇－二－一　約定担保物権の準拠法」という項目において、特段の規定を置かないとする（甲案）と、「動産に対する約定担保物権［又はその譲渡］の第三者に対する効力については担保権設定者

［又は譲渡人］の常居所地法による」というような規定を置く（乙案）とを掲げ、所在地原則の問題点として「例えば、複数の国々に所在するものを一括して担保提供するような場合に、目的地それぞれの所在地法上の要件を充足する必要があり、資産流動化の促進という観点からは、問題が生ずる余地がある」と述べている(36)。

しかし、乙案に対しては、次のような疑問がある。

第一に、「約定担保物権」という単位法律関係を新設するということになるが、その性質決定はどうするのか(37)。この点については、全く説明がない。もし「担保権設定者［又は譲渡人］の常居所地」の実質法において「約定担保物権」とされている権利を抵触法上の「約定担保物権」と性質決定するのであれば、それは準拠（実質）法説であって、通説である国際私法独自説＝法廷地国際私法説と相容れないはずである。初歩的なレベルの問題があると言うべきではないか。

第二に、「常居所地」という連結点を用いているが、その定義をどうするのか。現行法例でも解釈に委ねられているこのような微妙な概念(38)を取引の安全が強く要請されるこの場面で用いるのは、甚だ疑問である（法例一二条関連でも同様の問題があることは、二㈢⑴で後述する）。

第三に、同一の「動産」をめぐって「法定担保物権」者や差押債権者などとの競合が生じた場合、それらの間の順位（優劣関係）を規律するのは「動産の所在地法」なのか「担保権設定者の常居所地法」なのか、いったいどっちなのか。この点、石黒教授は、「そもそも『資産流動化』などという『もっともらしい所』から（のみ）出発するから、こうした「混乱」が起きるのである(39)」と説かれる。全く同感である（具体的な検証は、直後の⑵で行う）。

第四に、さりげなく「譲渡」も含まれる可能性を示しているが、万一それが実現すれば「一〇－一一－一」の「物権準拠法の原則」の重大な例外を設けることになり、そちらでもこの部分の参照を指示しておくべきではなかったか（それとも、「意図的」に「約定担保物権」の問題に矮小化したのか）。

第五に、『諸問題⑵』自身が認めるように、そもそも「それほどの実務上のニーズがあるのかとの疑問もある(40)」

のであれば、どうしてこのような強引な提案をするのか。

⑵　『諸問題⑵』は、「一〇―二―一」に関する立法例として四カ国のみの状況を表にして掲げているが、ここにも重大な疑問がある。

第一に、「乙案」に分類されているのは、「米国」のみである。[41]やはり「乙案」は強引な提案だと思われるが、違うか。

第二に、その米国法の内容として、担保権の対抗要件具備の方法（perfection）や順位（優劣関係：priority）の準拠法に関する一般原則（?）であり、対抗要件具備の方法、その有無に伴う効果、順位のいずれの準拠法も担保権設定者（debtor）の所在地法とするUCC九―三〇一条⑴項しか引用していない。[42]しかし、これでは「乙案」に都合がよすぎるのではないか。言い換えると、⑴項の特則である、占有型担保権（占有により対抗要件を具備する担保権：possessory security interest）について上記のいずれの準拠法も担保目的物の所在地法とする同条⑵項や、物品等一定の担保目的物についての非占有型担保権（登録により対抗要件を具備する担保権：nonpossessory security interest）について、対抗要件具備の方法については担保権設定者の所在地法を、その有無に伴う効果と順位については担保目的物の所在地法を、それぞれ準拠法とする同条⑶項ⓒ号をも、ともに引用すべきだったのではないか。[43]あるいは、それでは「米国」さえも「乙案」に分類できなくなることを危惧してこのようにしたというのか（前述⑴第三点も参照）。

⑶　法制審議会関係部会の第八回会議では、「特段の規定を設けない」という提案がなされ、銀行側から「やはり海外動産を担保に国内で貸付け、その逆、あるいは転担保で動産の方を移転して与信するというニーズ自体は、現時点では余りない」という意見も出され、「規定を設けないという方向で考える」という結論に落ち着いた。至当である。

㈥⑴　『諸問題⑵』は、「一〇―二―二　法廷担保物権の準拠法」という項目において、成立につき被担保債権の準拠法と目的物の所在地法を累積適用し、効力につき目的物の所在地法による旨の明文の規定を置く（甲案）と、特段の規定を置かないとする（乙案）を掲げ、「甲案は、我が国の多数説の考え方を立法化するものである」のに対して、「乙案は、近時の我が国における有力説の考え方に従うものであり、他の物権と同様に、目的物所在地法の規律のみで足りるとするものである」等と解説している。(44)

これに対して、石黒教授は、まず「『実際の訴訟プロセス』において、『法定』担保物権なるものを、一体どうやって準拠法選択上の基準とし得るというのか（!!）」と（ここまで随所で生じている）性質決定の問題から切り出され、次に「『多数』説（従来の通説であろう）なるものが、久保岩太郎教授の、かのフランケンシュタインの学説との格闘の結果としての、屈折に満ちた『誤解』を、更に単純なテーゼとし、単にそれを半世紀以上も（!!）『祖述（!!）』して来たことは、『大きな学問的な罪』（!!）と言うべきものである。」と批判され、検討の踏み込みの無さや、学説・裁判例の引用の拙劣さを縷々指摘されている。(45) 若干の立場の違いこそあるが、基本的に同感である。(46)

(2)　『諸問題(2)』は、「一〇－二－二」に関する立法例として四カ国のみの状況を表にして掲げ、「甲案のような特別な規定を有する立法例はみあたらない」とする。(47) これに対しては、石黒教授が、「『見当たらない』のは何故かを、深く考えるべきであろう」と批判されている。(48) それもそうなのだが、資料の作り方の点でさらに一つ疑問を呈しておく。

「米国」については、抵触法第二リステイトメントの不動産担保権に関する規定のみを引用してある。しかし、公正中立な立場を採るのであれば、少なくとも、動産担保権の直接の当事者間における有効性および効果については担保権設定契約の準拠法による旨を説明する二五一条と、同条がいわゆる法定担保権にも妥当することやその当事者が通常は取引地法の適用を期待しているであろうことを記述する同条のコメントｆも、引用すべきではなかったか（ここでも、前述(一)(2)第一点、(三)(2)第一点と同根の「意図」を感じる）。(49)

(3)　法制審議会関係部会の第八回会議では、若干の議論を経て、「特段の規定を設けないという考え方が大変優勢」という形でまとめられている。特にコメントはしない。

(七)(1)　『諸問題(2)』は、「一〇―三―二　最密接関係地法の適用（回避条項）」という項目において、特段の規定を置かないとする（甲案）と、法例一〇条関連の新規定「にかかわらず、明らかにより密接な関係を有する地の法があれば、それによる」旨の明文規定を置く（乙案）を掲げ、「個別事案の諸事情に即した柔軟な利益衡量を可能にする一般条項的な規定の必要性を説く学説も有力に主張されている」と述べている。[50]

ここで引用されている石黒教授の見解をもう少し詳しく見てみる。

石黒教授は、その問題意識の原点について、「私は、民商法の判例研究の場で当たり前のように行われている個別事案の諸事情に即した柔軟な利益衡量が、何故か法例解釈論……においては極めて不十分な形でしかなされていないことを、奇異に感じた。……伝統的方法論を堅持しつつ、個別事案に即した十分な国際私法上の利益衡量を行なえる場を設定しておくことが、伝統的方法論の正当性を維持する上で、必須のものとなる。私はそう考えたのである。」とされている。[51]ここまでは、一般論としては、全く同感である。

その後、石黒教授は、連結階梯（段階的連結）にも触れつつ、「どのように規定を作っても残ってしまう硬直性を緩和すべく登場するのが、『準拠法選択上の一般条項』というものなのである。」と説明される。[52]しかし、私は、柔軟な利益衡量を行う「場」として「一般条項」を新設することには懐疑的である。そのような「場」としては、現行法例における「当事者ノ意思」（七条一項）や「原因タル事実ノ発生シタル地」（一一条一項）といった文言を大切に維持していきたいと考えるものである（但し、少なくとも後者は風前の灯であるが）。その理由は、第三節一２(二)で『要綱中間試案』に即して後述する。

(2)　『諸問題(2)』は、「一〇―三―二」に関する立法例として七カ国の状況を表にして掲げ、物権についての例外条項を設けるドイツも、一般例外条項を設けるスイス・オーストリア・韓国も、ともに「乙案」に分類している。[53]ただ、取引の安全を最も重視すべき分野である「物権」における例外条項の意義は、一般例外条項のそれとかなりの隔たりがあるように思われなくもない。

(3)　法制審議会関係部会の第八回会議では、「イタリアで盗難に遭った自動車の例でありますが、自動車の盗難に遭った方に対して、ドイツの保険会社が保険金を支払った、その結果として……保険契約の準拠法も恐らくドイツ法だということで、恐らくドイツ法に基づいて保険会社が所有権を取得したというふうに構成する余地を、やはり残しておかないといけない」とか「例えばパリを観光している日本人の旅行客の間でみやげ物の……所有権の移転をしたなんていうときは、……やりとりがあった日本人の間での日本法が準拠法になる」という例を挙げて例外条項の新設に賛成する意見と、「どちらかというと最も置くことにふさわしくない分野が物権だろう」という反対意見が対立し、決着は先送りにされている（結局、法例一〇条関連では、この例外条項だけが『要綱中間試案』まで生き残ることになる）。

ここでは、上記の賛成意見を批判しておく。すなわち、盗難自動車の保険代位の事例については、(一)(1)で前述した②③判決が保険契約の準拠法としてのドイツ法を適用して判断しており、それで問題ないと考える。また、日本人間のみやげ物のやりとりの設例についても、契約準拠法としての日本法によって判断することで問題ない[54]（但し、厳密には、これらにおける代位取得者や譲受人が自己の所有権を第三者に対抗する場面では、「所在地法」が何らかの対抗要件を課している場合には、第三者の取引の安全との関係で、その対抗要件を充たす必要があると考える）。

(八)(1)　『諸問題(2)』は、「一〇―三―三　当事者による準拠法の選択」という項目において、特段の規定を設けない（当事者自治を認めない）とする（甲案）と、「当事者は、物権の得喪につき準拠法を選択することができる。ただし、第三者に対抗することはできない。」という規定を設ける（乙案）を掲げ、「乙案は、物権に関する紛争が二当事者間で争われる限りにおいては、契約準拠法と物権準拠法が……当事者自治を認めることによって同じ準拠法によることとしようとするものである」などと解説している[55]。

しかし、石黒教授が「その保証が、乙案として示された規定案において、一体何処にあるというのか(!?)[56]。」と批判されるとおりであって、当事者が契約準拠法と異なる法を物権準拠法として選択してしまうと、両者は一致しなくなる。つまり、単に「当事者自治を認めることによって」だけでは、「同じ準拠法によることと」はならないのである。こんなことは初歩の初歩であって、「たたき台」はこの程度のことも理解していないことになる。[57] 立法の基礎資料として、何とも恐ろしいことではないか。

(2)　『諸問題(2)』は、「一〇―三―三」に関する立法例として五カ国の状況を表にして掲げている。[58] そして、「米国」については、ここに至ってようやく牴触法第二リステイトメント二四四条と二五一条をそろって引用し、[59]「(乙案)」に分類している。また、「スイス」については、一〇四条を引用し、「乙案」に分類している。[60]

しかし、そもそも米国法は、動産の譲渡や担保権の設定につき当事者間では契約準拠法との一体的な準拠法決定を志向するものである。その意味で、引用するなら、きちんと説明するか、少なくとも二四四条のコメントcや二五一条のコメントdをも合わせて引用する必要があったはずである。また、スイス法についても、準拠法の選択肢として、「原因行為の準拠法」だけでなく、「発送地法」や「仕向地法」も用意されており、このような選択肢を設けてしまうと「契約準拠法と物権準拠法が……当事者自治を認めることによって同じ準拠法によること」が保証されなくなってしまうことを、明確に指摘しておくべきであった。とはいえ、(1)で前述したところに照らせば、これも無理ないことなのであろう。

(3)　法制審議会関係部会の第八回会議では、当事者自治は用意された六つの論点には含まれていない。このこと自体は穏当である。しかし、牴触法レベルで物権と債権（など原因行為）の峻別を維持すべきかという、裁判例・学説の最近の状況から見て最も重要な性質決定における論点が、[61]「たたき台」における無理解から当事者自治論と同視（?）され、[62] 審議会では「無視」されるに至ったことは、甚だ遺憾である。[63]

二　法例一二条関連（債権譲渡・「債権質」）

(一)(1)　『諸問題(1)』は、最初の項目である「一二―一―一　債権譲渡の成立及び譲渡人・譲受人間の効力の準拠法」において、「原因行為と債権譲渡行為とをそれぞれ別個の単位法律関係とした上で、債権譲渡行為については譲渡の対象となる債権の準拠法による」（甲案）と、「原因行為と債権譲渡行為の双方とも、原因行為の準拠法による」（乙案）を掲げ、乙案において例外的に「譲渡可能性」について譲渡対象債権の準拠法による場合にはその意義につき一般的な基準の定立が困難なこと、甲案において「原因行為」と「債権譲渡行為」の間の境界線をどのように設定するかといった問題を指摘している。(64)

しかし、これらの指摘の前提に、そもそも疑問がある。

第一に、乙案に加えて例外的に「譲渡可能性」について譲渡対象債権の準拠法によるとする立場を採られている道垣内教授は、その理由として、「債権の譲渡可能性（一身専属的か否か）」については「債権の性質に関わる問題として統一的な解が与えられるべきである」ことを、「譲渡禁止特約の有効性」については「そのような債権を対象とする取引をした譲受人の甘受すべきこと」を、それぞれ挙げられている。(65)しかし、譲渡対象債権の債権者と債務者の間の関係（内部関係）は本来的にそれを規律すべき当該債権の準拠法によるべきであるとしても、当該債権の準拠実質法上の当該債権の性質ないし両者間の特約によれば譲渡できない債権につき善意の譲受人の取引の安全を保護すべきか否かといった問題は、当該債権の第三者に対する関係（外部関係）の問題として、債権譲渡の対第三者効力という単位法律関係に入ると解すべきである。(66)

第二に、甲案に対しては、石黒教授が、「実質法に引きずられた立論をしていることの問題性」をまず指摘され、「そもそも、前記の二つの行為を分けることなど、実際の訴訟を考えれば、繁雑であり、本来無用の区分である。」と批判されている。(67)付言すれば、比較法上特殊なドイツ法に倣った立論である点そもそも問題であり、それは物権と債権とを峻別することへの前節で述べた疑問と共通するものである。

(2)　『諸問題(1)』は、立法例として「一二―一―三」に掲げた表の参照を指示している。(68)しかし、そこには、ローマ条約、スイス・韓国・米国の三カ国、ＵＮＣＩＴＲＡＬ債権譲渡条約が掲げられるのみであり[69]、従来強い影響を受けているフランスやドイツについての記述はない。不可思議である。

⑶　法制審議会の関係部会で債権譲渡に関する審議が最初に行われたのは、平成一五年七月二九日の第四回会議においてである。そこでは、銀行実務の観点や譲渡可能性・対第三者効を別に規律する場合にはもはや当事者間の〔準〕物権問題はなくなるといった理由から乙案を支持する意見が優勢だったようであるが、債権質との整合性から甲案寄りの意見も出され、決着は持ち越された。

次にこの関係での審議が行なわれたのは、平成一六年八月三一日の第一六回会議においてである。そこでは、専ら対第三者効力についての議論がなされており、ここでの問題は債権質との絡みから両論併記でパブリックコメントにかけられることになった。

㈡⑴　『諸問題⑴』は、次の項目である「一二―一―二　債権譲渡の債務者に対する効力の準拠法」において、「債権譲渡の債務者に対する効力は、譲渡の対象となる債権の準拠法によるという規定を置く」（甲案）のみを掲げ、現行法における連結点である「『債権者ノ住所地』とは債権譲渡当時のそれを指すと解されるところ、……事後的に変更される可能性が相対的に高いため」その変更前の譲受人と変更後のそれとの間の優先劣後の決定が不能になり得ることなどから甲案が立法論上の通説であること、「譲渡対象債権の準拠法の事後的変更が認められる場合……、準拠法の変更によって、現行法例一二条における債務者の住所地国の変更と同様の問題が生じてくる」ことからその場合の譲受人保護についての検討が必要であることなどを指摘している[70]。

確かに、第三者に対する関係を含め、甲案が立法論上の通説である。しかし、この指摘には疑問がある。

第一に、「債務者ノ住所地[71]」の基準時点は、問題に応じて異なるのではないか。例えば、私見（前述㈠⑴第一点参照）によれば、譲受人に対する関係での譲渡の可否については、債権譲渡当時のそれでよい。しかし、債務者対抗要件の具備については、債務者にそれを認識させることが重要であるから、債務者対抗要件の具備のためになされる通知・承諾などの時点を基準時点とすべきではないかと考える。

第二に、譲渡対象債権の準拠法の事後的変更を認めるのであれば、債務者の住所地の事後的変更と比べて、対債務者効力の準拠法の事後的変更という意味で実際にどれだけ実質的な違いがあるのであろうか（さらに、㈢⑴で後述する）。

⑵『諸問題⑴』は、立法例として、ここでもまた「一二─一─三」に掲げた表の参照を指示している。[72] 前述㈠⑵と同様の疑問が残る。

⑶　法制審議会関係部会の第四回会議では、甲案が提案された。そして、その長所として、債務者の弁済による免責と債務者対抗要件が同一の準拠法で規律されることが了解された。ただ、実務的な短所も指摘されている。すなわち、対象債権の準拠法が指定されていない場合が結構あること、現実の債権回収の場面では債務者の住所地の裁判所でその地の法における対抗要件の具備が要求されることが多いこと、対象債権の準拠法上の対抗要件を債務者の住所地で具体化できない可能性があること等である。

私は、実務的な観点から示された甲案の短所を考えると、甲案には強い疑問を感じる。また、甲案の長所とされる点についても、疑問がある。すなわち、「免責」というのが、債務者の弁済による債権の消滅を意味するのなら、確かに、債権の内容自体に関わるものであり、債権者と債務者の関係（内部関係）の問題として、（対象）債権の準拠法によるべきことになる。しかし、債務者が誰に弁済すれば免責されるのかといった問題を意味するなら、債権の内容自体に関わるものではなく、債権譲渡の債務者に対する関係（外部関係）の問題として、それとは別の、例えば（現行法のように）債務者の住所地法によるという論理的な可能性も出てくる。そして、この問題と債務者対抗要件ともに債務者の住所地法によるのであれば、債務者の弁済による免責と債務者対抗要件が同一の準拠法で規律されることになる。以上の点から考えて、改正は不要であるというのが私見である（私見については、さらに後述する）。

なお、第一六回会議については、㈢⑶で次の項目と一括して触れる。

㈢⑴　『諸問題⑴』は、次の「一二―一―三　債権譲渡の第三者に対する効力の準拠法」という項目において、「譲渡の対象となる債権の準拠法による」（甲案）と、「譲渡人の常居所地法による」（乙案）を掲げ、「甲案においては、譲渡対象債権の準拠法の事後的変更が認められる場合、準拠法が変更されることによって、現行規定における債務者の住所地国の変更と同様の問題が生じる」ことからその場合の譲受人その他の第三者の保護についての検討が必要であること、「乙案においても、債権者の常居所地が変更された場合の処理について検討する必要がある」こと、法人の「常居所地」の決定の問題（「設立準拠法国か本拠地法国かなど」）、そもそも「常居所地」を連結点としてよいかの問題や、「乙案を採用する場合、債務者に対する効力の準拠法と第三者に対する効力の準拠法とが別異になるため、問題を生ずることはないかを慎重に検討する必要がある」こと等を指摘している[73]。

しかし、これらに対しても疑問がある。「『規制改革』との関係でも、……ここが最も重要なポイント[74]」であり、以下および第三節㈡において詳細に論述する。

第一に、現行法における「債務者ノ住所地」と同様に、譲渡対象債権の準拠法や債権者の「常居所地」も変更の可能性があるのであってみれば、対第三者効力の準拠法の変更という意味で、それらの間にどれほど実質的な差があるのであろうか。対応した処理が必要となることには、それぞれ変わりないのではないか。この関連では、むしろ乙案に重大な問題がある。例えば、AからBへ、BからCへと債権が輾転譲渡されたとする。乙案によれば、Cが他の譲受人等の第三者に対して優先していることを確認するためには、CがBの「常居所地」法上の優先順位を有し、かつ、BがAの「常居所地」法上の優先順位を有していることの確認が必要である。この場合、AとBの「常居所地」が異なるときには、（A・Bの「常居所地」の変更が終始なくても）複数の準拠法を調査する必要が生じる。これに対して、現行法でも甲案でも、債務者の住所地や対象債権の準拠法が変更されない限り、準拠法の変動はない[75]。この視点からは、債権譲渡においてその支点となるのは、（債権者でなく）債務者である。改正の必要を説く議論には、この視点が欠けているのではないか。

第二に、法人の「常居所地」の決定については、各営業所の取引債権を当該法人が一括譲渡する便宜を考えて「設立準拠法国」や「本拠地法国」が例示されているのであろう。しかし、各債権の譲渡に最も密接に関連するのは、当該債権の取引に関係した各営業所所在地ではなかろうか(76)。

第三に、そもそも「常居所地」という微妙な概念を用いること自体が疑問である。平成元年の法例改正によって家族関係の規定に導入された「常居所」概念については、「いまだこれを定義した判例はなく、学説も明確なものがあるとはいえない」状況にあり、家族関係について当事者（の規範意識）に密接に関連する地を意味することからして「単なる一時的居住ではなく、相当期間の居住という客観的事実」と「居住目的や居住状況などの諸要素を総合的に考慮することが必要」だとされている(77)。しかし、債権譲渡の対第三者効力において重要なのは、債権者がその地に既に「相当期間」居住しているかではなく、基準時点においてその地が債権者の生活の本拠であるかということである。したがって、この場面で使用する概念として適切なのは、現行の法例一二条と同じく、「住所地」だと考える(78)（但し、そもそも乙案に反対であることは、一貫して示すとおりである）。

第四に、「乙案を採用する場合、債務者に対する効力の準拠法と第三者に対する効力の準拠法とが別異になるため、問題を生ずることはないかを慎重に検討する必要がある」とする点について、ここでは一言のみしておく。この乙案に相当する立法論は、九八年頃から盛んに唱えられ始めたものであり、その主たる理由として債権の一括譲渡・担保（「債権の流動化」）の必要を挙げていた(79)。そして、そのような議論の一部は、既に、対債務者効力と対第三者効力とを分けた処理には問題が生じうることに気付きはしていた(80)。にもかかわらず、ここでは検討の必要を指摘するのみで乙案が提案されている。しかし、このような処理が実際に機能するか否かについて確認することは立法の前提として決定的に重要なはずであり、ここでそれがなされていないのは、立法の「たたき台」として、あまりに無責任ではないのか(81)。乙案が実際に機能するか否かについての検討は、決定的に重要かつ不可欠であり、第三節二で詳述する。[82]

(2)　『諸問題(1)』は、「一二－一－三」に関して、前述(一)(2)で列挙した五つの立法例を掲げている。[83] しかし、甲案に相当するものは、韓国しかない。他方、乙案に完全に相当するものがあるかは、疑問である。すなわち、「第三者間の順位」について、米国の牴触法第二リステイトメント二一一条二項は、一項の原則が妥当しない場合の企業の売掛債権につきそれを証明する帳簿の保管地法によっているにすぎない。また、UNCITRAL債権譲渡条約三〇条一項は、譲渡人の所在地法による一元的な規律を予定している。これに対して、乙案は、この点が必ずしも明確ではない[84]（第三節二で詳しく検討する）。これらの点の説明くらいは、しておくべきではなかったのか。

(3)　法制審議会関係部会の第四回会議では、債務者に対する効力との関係や相殺・債権質など他の三面関係の規律との整合性から甲案寄りの意見もあるものの、バルクセールへの実務の将来的ニーズを重視した乙案支持の意見が比較的強かったようである。しかし、現実にそのようなニーズがあるかという点については、第五回会議（平成一五年九月九日）の最後の部分で、実務側の委員から「今のところそれほどは強くない」旨の補足的な情報提供がなされている。[85]

法制審議会関係部会の第一六回会議では、同様の議論が繰り返された後、乙案の「常居所地」とは債権譲渡に関係する事業所か主たる事業所かについて議論がなされ、この点もパブリックコメントにかけられることになった。なお、肝心の点（乙案が実際に機能するか否か）については、最後まで踏み込んだ議論のないままで終わってしまった。

(四)(1)　『諸問題(1)』は、「一二－二　債権質の準拠法」という項目において、債権譲渡における場合分けに準じ、「債権質の成立及び質権設定者・質権者間の効力の準拠法」と「債権質の債務者に対する効力の準拠法」について「債権質の対象となる債権の準拠法によるという規定を置く」（甲案）を、「債権質の第三者に対する効力の準拠法」について「債権質の対象となる債権の準拠法によるという規定を置く」（A案）と「質権設定者の常居所地法によるという規定を置く」（B案）をそれぞれ掲げ、債権譲渡の場合と同様の説明を加えたうえで、「債権質」の唯一の判例たる「最高裁判決〔最判昭和五三年四月二〇日民集三二巻三号六一六頁―引用者注〕は債務者との関係が問題になった事案についての判示であり、B案と矛盾するものではない。」などとしている。(86)

しかし、右の最判の事案においては、対象債権の債務者と「質権者」は同じバンコック銀行であり、この事件は「債務者との関係が問題になった事案について」のものではない。この事件における中心的な問題は、「債権質」の第三者（この事件では、転付債権者等）に対する対抗要件の準拠法、すなわち「債権質の第三者に対する効力の準拠法」である。ここでも、「債権流動化」という「規制改革」に擦り寄る「意図的」なものを感じる。でなければ、いったい何なのか（他の疑問は、前述(一)〜(三)(1)参照）。

(2)　『諸問題(1)』は、「一二―二」に関して、前述(一)(2)で列挙した五つのうち米国を除く四つの立法例を掲げている。(87) しかし、甲＋A案に相当するものは、韓国しかない。他方、甲＋B案に相当するものは、存在しない。この関連で問題なのは、(三)(2)で前述した点のほかに、ＵＮＣＩＴＲＡＬ債権譲渡条約について、「注：『譲渡』には担保としての権利の移転も含まれる（二条a号）」としつつ、「譲渡」当事者相互の権利・義務につき譲渡契約の準拠法による二八条を削って引用してある点である。同条約を甲＋B案に（近く）見せるために、二八条を「無視」したということであろうか。こんなことをしてもよいのか。

そもそも、「債権質」という概念を用いることに強い抵抗を感じる。この点、石黒教授も、上記立法例において「一切、『債権質』などという「言葉」は、出て来ない（！）。……『債権を担保にとること』程度のことは、各国法の差異から距離を置き、中立的に言えるが、法廷地実質法の概念をそのまま国際私法に持ち込むことは、本来してはならないことである。」と批判される。(88) 全く同感である。

(3)　法制審議会関係部会の第四回会議では、休憩後の冒頭でこの項目が採り上げられ、事務当局から、「債権質は債権譲渡と機能的に類似しているとはいえ、物権でございまして、……物権と見る以上は、やはりむしろ法例一〇条で言う質権の目的となっている債権それ自体を見るのが一〇条の考え方に合うだろうという配慮」からの提案である等の説明がなされている（これは、「たたき台」からの影響ではないようである）。しかし、直前に言及したのと同じく、日本民法に引きずられた議論であり、事務当局は基本的な概念整理ができていない。ある委員からは、「担保が物権なら譲渡はもっと物権なのではないか」との疑問が呈される始末である。なお、提案自体には、B案に反対の立場から銀行預金における質権設定者である預金者の所在地を常に認識しなければならないのは実務上支障があるという意見、逆にB案に賛成の立場から倒産との整合性を重視する意見、債権譲渡と債権質との中間的なものの振り分けの困難さの点から両者の規律を揃えるべきだとする意見などが出されている。

本稿の観点から特に注目されるのは、銀行側からの「結局紛争になった場合はそれぞれの債権の債務者にかかっていくことになりますので、債務者がどこにいるか、債務者が何をもとに主張しているかということを見ざるを得ないので、事実上そこで問題はある程度解決はつくのではないかと考えております」という発言である。これは、結局、現行法例一二条の妥当性を実証するものではないのか（同種の考慮として、前述(二)(3)も参照）。

法制審議会関係部会の第一六回会議では、債権譲渡に平仄を合わせた四つの案に加えて、突如この段階で「特段の規定を設けない」（C案）が出されている。これは、第四回会議において上記B案に対する有力な反対意見が実務側から提出されたため、債権譲渡と切り離す可能性を残し、債権譲渡の対第三者効力について「譲渡人の常居所地法」による案を採用させやすくするために出されたものと見受けられる(89)。このC案が同床異夢の支持を集めたようだが、結局は債権譲渡と平仄を合わせる規定を置く案とC案の両方でパブリックコメントが求められることになった。

以上、誘導の過程が特によく見える項目だと思われるのが、いかがであろうか。

(五)『諸問題(1)』は、以下、「一二－三　相殺の準拠法」「一二－四　法律による債権の移転（法定代位）の準拠法」「一二－五　債権者代位権の準拠法」「一二－六　免責的債務引受の準拠法」「一二－七　債権者取消権の準拠法」と続く。これらに対しても、批判や自説がないわけではない。しかし、私には十分な学問的蓄積がないことを自覚しており、これ以上の言及は控える[90]。これらについては、石黒教授による鋭い御批判[91]に譲らせていただきたい。

(9)　法例研究会・前掲注(2)(2)一三四頁〔早川吉尚（物権部分の執筆者）〕。この二案しか示されていないところが、そもそも「不毛」である。

(10)　①判決における準拠法判断の正確な趣旨については、特に、拙稿〔判批〕ジュリスト一〇七一号（一九九五年）一四六頁、一四七－一四八頁、大内俊身〔調査官解説〕法曹会編『最高裁判所判例解説民事篇（平成六年度）』（法曹会・一九九七年）二四九頁（初出は、法曹時報四八巻一号（一九九六年）一二二頁）、二五五頁、二五九－二六〇頁注三・四、拙稿・前掲注(7)論文(1)一〇巻三号一五七－一五八頁、同(2)一〇巻四号三一－三五頁を参照。

(11)　②判決の準拠法判断に対する賛否は分かれている。契約準拠法によった点に賛成するものとして、拙稿〔判批〕ジュリスト一一九三号（二〇〇一年）一二五頁、一二六頁（さらに、拙稿・前掲注(7)「保険代位」八一頁も参照）。反対するものとして、横溝大〔判批〕判例評論五〇二号（二〇〇〇年）五六頁、六〇頁、楢崎みどり〔判批〕平成一二年度重要判例解説（二〇〇一年）二九一頁、二九二頁。

(12)　④判決の準拠法判断に対しても賛否が分かれている。留保付きで賛成するものとして、森下哲朗〔判批〕櫻田＝道垣内編・前掲注(7)八六頁、八七頁（「純粋に契約当事者間で紛争が生じている場合、……契約準拠法により処理すべきであろうか」としつつ、「本件は、……証券の引渡しのような物権問題に立ち入るべき事案ではなかったように思われる」と述べる）。反対するものとして、早川吉尚〔判批〕平成一二年度重要判例解説（二〇〇一年）二九四頁、二九五－二九六頁。

(13)　石黒一憲『国際私法〔新版〕』（有斐閣・一九九〇年）三六一－三六二頁。但し、拙稿・前掲注(7)論文(1)一〇巻三号一五四－一五五頁注73も、合わせて参照されたい。

(14)　拙稿・前掲注(7)論文(4)一一巻四号四一－四二頁。「但し、債務者と異なる者の所有する有体物の上に成立する担保権については、当該所有者と担保債権者との間に直接の関係がないから『原因の準拠法』によれず、一〇条の適用対象となる」（同右四二頁）点にも、注意が必要である。無主物先占なども、一〇条の適用対象だと考える。

(15)　岡本善八「国際私法における動産物権」同志社法学四〇巻六号（一九八九年）六九九頁、七四一頁や、河野俊行

「国際物権法の現状と課題」ジュリスト一一四三号（一九九八年）四五頁、四七－四八頁がそれである。但し、現行法例一〇条の文言からは、無理な解釈論である。

(16) 法例研究会・前掲注(2)⑵一五八頁注412で、拙稿・前掲注(7)論文⑴～⑷の全体が引用されている。しかし、私見は、物権と債権を峻別したうえで物権についても当事者自治を主張するような立場とは全く異なる。言い換えると、私の関心は、当事者間関係については物権と債権の峻別を排し統一的に「原因の準拠法」によることにある。したがって、仮に契約準拠法が客観的に決められるべきことになり、当事者間における「物権」関係について当事者自治が認められなくなったとしても、全くかまわない。その意味で、（完全に「無視」されなかったことには感謝すべきなのかもしれないが）ここでの引用は有難迷惑であり、逆に、然るべき場所で引用いただけなかったことは甚だ心外である。

(17) 法例研究会・前掲注(2)⑵一三五頁。

(18) 同右一三五頁注354。但し、引用の趣旨は、必ずしも明らかではない。

(19) 同右一三五頁。

(20) 同右頁。なお、邦訳は、奥田安弘＝桑原康行「イタリア国際私法の改正」戸籍時報四六〇号（一九九六年）五六頁、六六頁から引用されている。ちなみに、イタリア法は、「物権の得喪」に限ってではあるが、少なくとも文理上は注(14)の本文で引用した私見に近い。

なお、イタリア法は、どの時点の所在地法によるかという点について、本則である五一条には規定せず、例えば時効取得については五三条で「時効の完成時」と定めている。わが法例一〇条二項の起草に際して穂積陳重起草委員が念頭に置いていたのも専ら時効取得だったのであり（『法典調査会法例議事速記録』（日本近代立法資料叢書二六所収・商事法務研究会・一九八六年）一〇五－一〇六頁）、それ以外の問題（特に、即時取得）についても妥当するものとして現行の「原因事実完成当時」という規定を維持するままでよいのかについて、検討されてもよかったように思われる。但し、この点については、それまでに学会で正面から問題提起されていたわけではない。問題点の指摘として、さしあたり、拙稿〔判批〕ジュリスト一一一五号（一九九七年）一五九頁、一六〇－一六一頁参照。

(21) 法例研究会・前掲注(2)⑵一三五－一三六頁。

(22)　立法例などの分類は、法務省の依頼により無理してなされたようである。しかし、無理を承知で引き受けてしまった以上、ここでの分類も厳格に行い、米国・スイス・イタリアは「その他」と分類すべきではなかったか。分類を付した五カ国中四カ国まで「その他」と評価している同右一三八頁のような例もあるのだから。
(23)　法例研究会・前掲注(2)(2)一三七頁。
(24)　石黒・前掲書注(4)一六四頁。
(25)　同右一六一―一六二頁。この点は、石黒・前掲論文注(4)三頁でも言及されている。
(26)　法例研究会・前掲注(2)(2)一三八頁。
(27)　石黒・前掲書注(4)一六四頁。
(28)　法例研究会・前掲注(2)(2)一三九頁。
(29)　同右一四〇頁。なお、石黒・前掲書注(4)一六六―一六七頁も参照。
(30)　石黒・前掲書注(4)一六七頁。
(31)　法例研究会・前掲注(2)(2)一四一頁。
(32)　同右頁。
(33)　この関連での締めの議論は、「無事に着けば目的物所在地が仕向地でありますし、無事に着かなかった、離脱した場合にはこの仕向地ルールは使わないということになっていますので、そうすると現物の所在地ですので、……大まかにして見れば現実の所在地ということで問題ない」というものである。
　しかし、たとえ所在地法原則を前提としても、仕向地の変更や運送の中断が生じる前に（しかし既に目的物の移動中に）なされた処分については、処分当事者の取引の安全の見地から、前者では旧仕向地法が、後者ではそのまま仕向地法が、それぞれ準拠法になると考えざるを得ないのではないか。つまり、これらの場合には、もはや現実の所在地法にはならないものが準拠法になるのではないか。だとすると、上記の議論では不十分ということになる。ここでも、石黒一憲『金融取引と国際訴訟』（有斐閣・一九八三年）三三一―三三二頁、拙稿・前掲注(7)論文(2)一〇巻四号五六―六〇頁における検討は、「無視」されている。
(34)　石黒・前掲書注(4)一六七―一七二頁。なお、同一七二頁は、「ペーパレス化とも関係する、問題の大きい（!!）

最近の或るハーグ条約……英米の金融機関等が、自己に都合のよい条約作りをハーグ国際私法会議に資金付きで依頼した結果としての『代物』……の批准作業が、我が国で進んでいる。これは、別途叩く必要がある」と付言する。この経緯が事実なら、大問題である。

(35) なお、石黒・前掲書注（4）一七二頁は、「屈折した論理の最判平成一四年一〇月二九日民集五六巻八号一九六四頁（『運行の用に供し得る状態のものである場合にはその利用の本拠地の法』により、そうでなければ現実の所在地法による、とした）」とする。しかし、同判決は、自動車のナンバープレートなどの外観に応じて自動車の購入者に保障される準拠法に関する予測可能性に違いが生じる点に、配慮したものだと思われる。その意味で、私は、同判決はよく考えられた判決であると、現時点では評価している。

(36) 法例研究会・前掲注（2）⑵一五〇頁。

(37) 石黒・前掲書注（4）一七三頁も、この点を指摘している。

(38) 詳しくは、例えば、山田鐐一『国際私法（第三版）』（有斐閣・二〇〇四年）一一七－一一八頁、溜池良夫『国際私法講義〔第三版〕』（有斐閣・二〇〇五年）一二三－一二四頁を参照。

(39) 石黒・前掲書注（4）一七六頁。

(40) 法例研究会・前掲注（2）⑵一五〇頁。

(41) 同右一五一頁。

(42) 同右頁。

(43) 以上の関連では、森下・前掲注（8）一五－一六頁、國生一彦『改正米国動産担保法』（商事法務研究会・二〇〇一年）一二三－一二四頁、一二七－一二八頁、一三二－一三三頁を参照。担保権設定者の所在地法よりも、担保目的物の所在地法の方が、（実効性の観点から）優越的な地位を占めていることになる。

なお、準拠法の一般ルールであり、量的制限付きの当事者自治を認める一－一〇五条にも注意。國生・前掲書一二三頁参照。

(44) 法例研究会・前掲注（2）⑵一五二頁。

(45) 石黒・前掲書注（4）一七六－一七八頁。

(46)　いわゆる法定担保物権の準拠法については、「多数説」を批判する側からは、久保岩太郎教授の見解とそれが依拠するFrankensteinの学説の極めて複雑な論理に踏み込んだ検討がなされている。代表的な文献として、石黒一憲「所謂法定担保物権の準拠法について」海法会誌復刊二七号（一九八三年）三頁、二四頁以下、拙稿・前掲注(7)論文(1)一五〇―一五七頁（その前提である物権変動の準拠法を決定する場合の基礎理論に関する一四〇―一四九頁も合わせて参照されたい）がある。これらに対して、「多数説」の側からの反批判は、これまで一切なされていない。

なお、石黒・前掲書注(4)一七八頁は、「『法廷地法』によるとした判決も、最近は増えているのに、それへの言及が一切無い(!!)。……私自身は、こうした判例を、『船舶の実際の所在地法』によったものと、善解する余地がある、と把握している。」とする。具体的には、船舶先取特権の準拠法に関する⑥東京地決平成三年八月一九日判時一四〇二号九一頁と⑦東京地決平成四年一二月一五日判タ八一一号二二九頁の二件であり、特に⑦決定は詳細な理由を付したものである。ただ、船舶先取特権の成立につき米国も法廷地法によるものとされており、また日本の関係規定は条約を国内法化した標準的なものであるという判示は、事実に反している。拙稿〔⑦決定判批〕ジュリスト一〇五一号（一九九四年）一二六頁、一二七頁がその点を批判し、また拙稿「アメリカ牴触法におけるマリタイム・リーエンの準拠法の現状とわが国の国際私法における船舶先取特権の準拠法についての解釈論」海事法研究会誌一二三号（一九九四年）一頁が米国の裁判例を整理・分析して以来、この関連での裁判例は公表されていない。しかし、裁判所は、少なくとも順位については日本法（差押え時点における現実所在地法）によるべき実務上の強い要請が実際にあると判断するのであれば、正面からその点の（事実に即した）理由づけをしたうえで裁判例を公表すべきである。

(47)　法例研究会・前掲注(2)(2)一五三頁。

(48)　石黒・前掲書注(4)一七八頁。

(49)　さらには、前注(43)とその本文にも注意。

(50)　法例研究会・前掲注(2)(2)一五六頁。ここで引用されている「学説」は、石黒一憲『国際私法』（新世社・一九九四年）六六―七四頁である。

(51) 石黒・前掲注(50)六七頁。
(52) 同右七〇頁。
(53) 法例研究会・前掲注(2)(2)一五六―一五七頁。
(54) 上記の賛成意見のような処理が必要であるように見えるのは、「一〇―一一―一二」の「物権準拠法の原則」において問題意識の欠如による「不毛」な提案しかなされていないことにその原因がある。改めて、前注(9)およびその直後の本文（(一)(1)）を参照されたい。
(55) 法例研究会・前掲注(2)(2)一五八頁。
(56) 石黒・前掲書注(4)一八二頁。
(57) 前注(16)を付した前後の本文の答えは、これである。
(58) この規定の趣旨は、前述(三)(2)第一点で引用してある。
(59) この規定の趣旨は、前述(六)(2)で引用してある。
(60) 以上、法例研究会・前掲注(2)(2)一五九頁。
(61) 前述(一)(1)で詳述した点である。
(62) 前述(一)(1)の末尾と前注(16)、直前の(八)(1)を参照。
(63) このような議論の展開を「不毛」と言わずして、何をもって「不毛」と言うのか。名指しは控えるが、この疑問に答える義務があるのは誰か、国際私法関係者には周知のはずである。
(64) 法例研究会・前掲注(2)(1)九四―九六頁〔早川吉尚（一二条に関する執筆者）〕。
(65) 道垣内正人『ポイント国際私法各論』（有斐閣・二〇〇〇年）二五八―二五九頁。但し、現行法例の解釈論の文脈における見解であり、また「法例一二条の『第三者』には譲受人は入らない」ことを付言されている。
(66) 私見は、後述のとおり、対債務者効力と対第三者効力とを区別すべきでないという立場である。仮に区別する立場を前提とすれば、対債務者効力の問題となる。なお、法例一二条の「第三者」に（譲受人が入らないのは確かだが）債務者は入るのであり、（譲渡可能性が問題となる債権から見れば確かに譲受人が第三者であるが）債権譲渡から見れば内部的には譲渡可能性のない債権の債務者が第三者となる。

私見と似た観点からか、浅田隆「債権譲渡規定（一二条）の見直し、債権質・相殺の規定化を中心に」金融法務事情一七一七号（二〇〇四年）三一頁、三五頁は、「譲渡可能性」につき「対債務者の効力という……単位法律関係に含まれるべきものであるように思われる」としている。但し、そこには、譲渡対象債権の債権者と債務者の間の関係（内部関係）に対する視点が欠けている。

(67)　石黒・前掲書注(4)六五頁。

(68)　法例研究会・前掲注(2)(1)九七頁。

(69)　同右一〇三－一〇四頁。

(70)　同右九八－九九頁。

(71)　浅田・前掲注(66)三二頁は、「法人において住所概念は明確でない」とし、「例えばある法人が甲国設立準拠で乙国に本店があり当該借入れが丙国営業所にてなされた場合に、いずれの法を準拠法とするか必ずしも明らかでない。」と述べる。しかし、丙国営業所を通じた取引であれば債務者についてその取引と最も密接に関連するのは丙国であり、この場合の「債務者ノ住所地」は丙国と考えるべきである。さらに同右は、「当該営業所が閉鎖となり本店等に借入勘定が移管された場合など、債務者住所地に事後的に変更があった場合に問題が生じよう。」とも述べる。しかし、移管先の本店等の所在地を「債務者ノ住所地」と考えれば足りる問題ではなかろうか。少なくとも、これが現行法に特有の問題とは言えないと考える。なお、甲案に対する批判は、後述する。

(72)　法例研究会・前掲注(2)(1)九九頁。

(73)　同右一〇〇－一〇二頁。

(74)　石黒・前掲書注(4)六八頁。

(75)　同右七一頁が「債権の輾転譲渡」に言及するのも、この趣旨と思われる。

(76)　同右七三頁と結論同旨。また、浅田・前掲注(66)三四頁も、同じ立場から、「仮に設立準拠法を採用した〔設立準拠法を法人の「常居所地法」とした－引用者注〕場合は、例えば債権流動化においてケイマンSPC東京支店がいったん譲り受けた債権……を再度国内法人に譲渡する場合でも、ケイマン法が準拠法となってしまい、当事者の意図しない結果が生じることになる。」と指摘している。

(77)　以上、澤木敬郎＝道垣内正人『国際私法入門〔第五版〕』（有斐閣双書・二〇〇四年）九五頁。

(78)　法例研究会・前掲注(2)(1)一〇二頁注193は、何の断わりもなく、「住所」概念を用いて乙案の長所を説明している。しかし、厳密さを欠いた議論と言わざるを得ない。

(79)　このような議論として、齋藤彰「債権譲渡の準拠法－新たな立法的動向への対応を考える」ジュリスト一一四三号（一九九八年）五九頁、六六頁、道垣内・前掲注(65)二七四－二七五頁、早川眞一郎「UNCITRAL債権譲渡条約について」国際私法年報三号（二〇〇一年）一頁、二二－二三頁、河野俊行「証券化と債権譲渡」渡辺惺之＝野村美明編『論点解説国際取引法』（法律文化社・二〇〇二年）一二四頁、一三二－一三三頁、野村美明「債権流動化と国際私法──立法試案──」大阪大学法学部創立五十周年記念論文集『二十一世紀の法と政治』（有斐閣・二〇〇三年）三五七頁、三七八－三八九頁（但し、他と異なり、「債権譲渡を登記すべき場合」に限り「譲渡人の住所地法」によることを提案する）、北澤安紀「フランス国際私法上の債権譲渡」法学研究（慶応義塾大学）七六巻三号（二〇〇三年）一頁、三六－三七頁。

(80)　齋藤・前掲注(79)六五頁は債務者の「二重弁済の危険」を、北澤・前掲注(79)三七頁は「二つの準拠法間の評価矛盾が生じる可能性」を、それぞれ指摘している。しかし、その問題に踏み込んだ検討は、全くなされていない。ちなみに、後者の脱稿時期は二〇〇二年一一月とされているが、同年九月二八日の国際私法フォーラムにおける北澤報告に対してこの点の検討不足を指摘していた。にもかかわらず、「今後の課題」とされたのみである。

(81)　『諸問題(1)』は前注の文献より後に刊行されており、その問題性には疑問の余地がない。

(82)　北澤安紀「債権譲渡」櫻田＝道垣内編・前掲注(7)七六頁、七七頁、同「債権流動化と国際私法」国際私法年報六号（二〇〇四年）二頁、一九頁は、「債務者は、債務者対抗要件の準拠法のもとで弁済をなすべき債権者に支払をすれば、たとえその者が第三者対抗要件の準拠法上優先権を持たない者であったとしても免責される。そして、第三者対抗要件の準拠法のもとで優先権を持つ債権者からの（優先権を持たないが）債務者から弁済を受けた者に対する利得の返還請求は、不当利得の問題として処理すればよいと思われる。」と説く。しかし、「債務者対抗要件の準拠法のもとで弁済をなすべき債権者」とは、いったい誰のことか。多重譲渡の譲受人がいずれも債務者対抗要件を具備している場合には、債務者は結局は第三者対抗要件の準拠法を調べる必要が生じるのではないか。また、

「利得の返還請求は、不当利得の問題として処理すればよい」とするが、その準拠法はどのように考えるのか。いずれにしても、この程度の検討ですむはずがない。

(83) 法例研究会・前掲注(2)(1)一〇三―一〇四頁。

(84) 石黒・前掲書注(4)六九頁も同旨か。

(85) この点は、浅田・前掲注(66)三四頁、三九頁注14がやや詳しく引用している。なお、同右三四頁は、「債務者から直接債権回収を行う場合は、……対債務者準拠法による必要があるので、譲渡人の常居所地法と併せ、二つの準拠法によった……実務対応になり、かえって煩雑になる。」とも述べて、乙案に消極的である。また、公正貿易センター・前掲注(5)一二頁は、同様の観点から、「証券化、流動化という一種の流行や外圧に流されることなく、しっかりとした実態の把握が望まれる。もし、倒産隔離のみを考えるような流動化取引の割合の方が小さいのであれば、何ゆえ例外的な場合のために一般的な場合のルールを変更せねばならないのかが問題となる。」と批判する。全く同感である。

(86) 法例研究会・前掲注(2)(1)一〇五―一〇七頁。

(87) 同右一〇八頁。

(88) 石黒・前掲書注(4)七八―七九頁。また、浅田・前掲注(66)三六―三七頁も、同じ視点から、「ここでいう『債権質』は、民法上の質権より広い概念だと思われるものの……、その範囲は明瞭ではない。……むしろ『債権担保』を単位法律関係として画して立法した方がよいのでは、と考えられる。」とし、さらに「債権譲渡担保が債権譲渡の規律によるべきものなのか、債権質の規律によるべきなのか一概に断じ切るのは困難である。……以上にかんがみれば、今回の法例の改正では、債権譲渡と債権質の連結政策に整合性が確保できるのであれば、むしろ『債権の譲渡および担保設定』を一括りとして規定するのも検討に値すると思われる。」と指摘している。賛成である。

(89) このことが端的に表れているのは、「債権譲渡と債権質で連結点が異なるというのは耐えられない。そうすると」、ここでも支持すべきは「質権設定者の常居所地法」によるとする（本文に引用した「たたき台」におけるB）案だが、「もしこれが受け入れられないというのであれば、『毒を食らわば皿まで』という言葉がございますが、Cです。」という○○幹事の発言である。しかし、このような「毒」を何故に「食らわ」ねばならないのか。その不要なことは、第三節(二)で後述する。

(90) 法例一二条関連の私見の大枠は、拙稿・前掲注(7)「保険代位」八一頁に略述してある。さらに研鑽を積む所存である。

(91) 石黒・前掲書注(4)七九―八七頁。但し、債権者取消権の位置づけが私見と異なることだけは、拙稿・前掲注(7)「保険代位」八一頁に書き留めてある。

第三節　『国際私法の現代化に関する要綱中間試案』の問題点

第三節では、本年（平成一七年）三月に公表された『国際私法の現代化に関する要綱中間試案』（以下、『中間試案』と呼ぶ）について、その内容の妥当性を検討する。加えて、そこにおける立法提案を説明する『国際私法の現代化に関する要綱中間試案補足説明』（以下、単に『補足説明』と呼ぶ）にも上記の検討に必要な限りで論及する。また、本年に入ってからの国際私法関係者の動きについても、若干の言及をする。

一　法例一〇条関連

1　抵触法レベルで、物権と債権（などの原因関係）の峻別を維持すべきか？

今般の改正作業についての石黒教授による詳細な批判に対して、まとまった反批判はなされていない。ただ、第二節一(二)(1)で引用した石黒教授の疑問に対しては、本年（平成一七年）一月二六日に道垣内教授が国際私法関係者に対して回答を配信されている。[92]本節では、まず、これらの議論について批判的に検討する。

(一)(1)　石黒教授は、次のような疑問を呈しておられた。

「Xがある「物」（有体物）の自己への引き渡しを我国を法廷地として請求し、請求されたYが、『当該の物を自己の下に「留置」して置く権利』がある、として争った国際的事件」において、「我国の実質法上、既にして、かかるY側の『権利』として、①同時履行の抗弁権（Yが売主だったとせよ）、②留置権、③質権、などがある。法廷地実質法上の『債権』・『物権』が、既にしてそこに混在することになる。どうするのか。」(93)

⑵　これに対して、道垣内教授は、以下のような回答をされている。

「この問題は現在の法令のもとでの処理と同じく、新国際私法においても、Yが物権としての権利を主張できるかどうかは法例一〇条によりその有体物の所在地法により、他方、Yが債権としての権利を主張できるかどうかは、Xとの間に債権関係があるか否か、あるとすればそのような権利があるか否かを、法例七条により定まる準拠法で判断するということになるだけだと思います。

……本来、このような根本的な理論の違いは、学会等で冷静に議論されるべきなのですが、……不幸な状態にあることが残念です。」

㈡⑴　この趣旨を確認するために、即座に私は、「所在地法では債権しか成立せず、契約準拠法では物権しか成立しない場合にはどうなるのでしょうか。」という質問をさせていただいた。

⑵　これに対する道垣内教授の回答は、以下のとおりである。

「私見によれば、所在地法に送致するのは対世効のある権利（物権）があるか、その内容・効力はどうか、という問題だけですので、所在地法上、債権のようなものが成立するかどうかは、そもそも所在地法には問い合わせていないことであり、無関係ということになります。他方、契約準拠法に問い合わせるのも、債権の成立・効力だけですので、物権はあるといわれても、それは所在地法に別途問い合わせていることなので、あしからず、という処理をするだけだと思っております。したがって、結論としては、その有体物を留め置く権利はない、ということになります。

これが不当だと考えるかどうかは、さらに考え方が分かれるところかも知れませんが、私見によれば、単位法律関係に分けてそれぞれについて準拠法を定める国際私法の構造に起因する問題であるので甘受すべきであり、公序違反にならない限り、救済しないと言うことになると思います（ポイント国際私法総論一三二頁）。」

㈢　道垣内教授によるこの御回答に対して、直ちに次の批判を行った。

「私は、（はっきりと）この処理は不当だと思います。ここでの問題は、占有者が目的物を引き渡さなくてすむか、ということであり、所在地法も契約準拠法も、（権利の性質はともかく）引き渡さなくてよいというルールになっているのであれば、そのような趣旨が実現されるような準拠法決定ルールにすべきだと考えます。（契約準拠法によるべきだとする私見はともかくとして。）

　解釈論として道垣内先生のように言われるなら、まだ分からないではありませんが、せっかく法例改正をするのであれば、この程度のことには対応できるようにすべきではないのでしょうか。」

　しかし、これに対する正面からの反論はいただけず、去る五月二二日の国際私法学会での報告において、さらに次のように念を押した。報告要旨（四月二〇日過ぎに学会事務局から学会員に送付）から引用する。

「仮に解釈論として上記のような硬直したものしか許されないとするなら、今般の改正作業の中で、権利付与という結論を導けるような立法論を今からでも検討する必要があると考える。……

　ただ、私の関心は、むしろ、Yにその有体物を留め置く権利を付与するという結論を採るために、XY間に関する限りは（物権と債権を峻別することなく）『法律行為ノ……効力』（法例七条一項）の問題として契約準拠法のみによって処理すれば足りるという解釈論をすることにある。したがって、このような解釈の余地が残され、また前述した裁判例[94]の意義も否定されないということであれば、議論の蓄積が十分でない法例一〇条関連においては、性急な立法は避けるべきであり、今後とも個々の問題につき解釈論を積み上げていくべきだと考える。問題は、改正後において、本当に上記のような硬直した解釈しか許されなくなるのか否かである。」

　しかし、これに対しても、反論をいただけなかった。以上の経緯から、従来の裁判例や学説の意義には、今般の改正作業は全く影響していないと理解する。「本来、このような根本的な理論の違いは、学会等で冷静に議論されるべきなのですが、……不幸な状態にあることが残念です。」[95]

2　例外条項（回避条項）が必要か？（中間試案第六）

『中間試案』は、「第六　物権等に関する準拠法（第一〇条）」について、「A案：物権等について、第一〇条第一項又は第二項の規定により適用すべき法律が属する法域よりも明らかにより密接な関係を有する他の法域がある場合には、その法域の法律によるものとする。」と、「B案：例外条項は設けない。」という二案のみを提案している。

㈠『補足説明』は、両案の趣旨を以下のように説明している。

「A案を採用した場合には、物権についての画一的・硬直的な連結政策を緩和することができ、事案に即して、具体的妥当性の確保された準拠法を適用することが可能となる。……物権に関連するあらゆる場面につき、あらゆる事情（事後的な事情も含む。）を考慮することができることとなる。」「A案を採用した場合には、第一〇条に規定する『所在地法』は目的物の『現実の』所在地法のみを意味し、『現実の』所在地法以外の法律を準拠法とする解釈は、例外条項によって説明することが自然であると考えられるが、この点は最終的には解釈にゆだねられることになろう。」

これに対し、B案の理由として、もし「例外条項を設けた場合には、……例外条項の適用によって所在地法以外の法律が準拠法となり、その結果、目的物の所在地法によれば成立が認められるはずの物権の成立が否定されたり、所在地法上の効力が認められないといった事態が生じる可能性がある。対世的な効力を有する物権については、法的安定性が特に重要であると考えられることから、このような事態は回避すべきである。……なお、仮にB案を採用する場合であっても、目的物所在地の概念を機能的に解することにより、一定の範囲で具体的妥当性を確保する解釈……を行うことは、否定されないと考えられる」と説明している。[96]

㈡『補足説明』は、㈠の冒頭で引用したように、「A案を採用した場合には、物権についての画一的・硬直的な連結政策を緩和することができ」ると説明する。しかし、従来、通説は、「所在地法」という文言につき必ずしも画一的・硬直的に解釈してきたわけではない。例えば、一〇条の趣旨を踏まえたうえで、移動中の物についてはそれを原則として仕向地法と解釈し、船舶についてはそれを旗国法ないし登録国法と解釈している。また、最高裁も、「自動車の所有権取得の準拠法を定める基準となる……所在地法とは、…当該自動車が、運行の用に供し得る状態のものである場合にはその利用の本拠地の法」をいうとする解釈を採っている（最判平成一四年一〇月二九日民集五六巻八号一九六四頁）[97]。つまり、通説・判例ともに、（個別の事案についてではなく）類型的な議論として、「所在地法」という文言に解釈を加えてきていることになる。

したがって、従来の解釈論は、「事案に即して」「あらゆる事情……を考慮」し、個別「具体的妥当性の確保」を追求する例外条項による処理とは性質を異にするものであり、「例外条項によって説明することが自然である」とはとても言えない。万一A案が採用された場合には、「所在地法」という文言をめぐって法例一〇条の趣旨を踏まえた一定の類型的な解釈が加えられたうえに、事案ごとの準拠法決定がなされることになる。その意味では、事態はより複雑化してしまうのではないか。学会報告でも述べたとおり、A案には反対である（B案に賛成する）[98]。

パブリックコメント手続では、例外条項は法的安定性や予測可能性を損なうこと、「具体的妥当性は『所在地法』の解釈により確保することが可能であるといった点を理由として、……B案を支持する意見が比較的多数を占めた[99]。」とのことである。

㈢　この項の最後に、前章では省略した「鉄道車両、自動車等のいわゆる走行性動産」について、付言する。『補足説明』は、審議会における議論として、「鉄道車両や自動車について例外的な取扱いを認めた場合には、目的物の所在地法以外の法律が適用される結果、例えば、現実の所在地で鉄道車両や自動車を修繕した場合に、その他の法律によれば認められるはずの法定担保物権が発生せず、修繕を行った当事者が不測の損害を被るといった事態が生じる可能性がある。」との指摘を紹介している。(100) これに対して、審議会の第八回会議では、「逆に約定担保物権の方を考えますと、……韓国でも自動車登録ファイルか何かの制度があって、抵当権つけている人がいて、日本に持ってきさえすれば日本の登録ファイルには何も書いていないので、真っ白な、抵当権のない車として売れるということになるのもちょっと……。」という意見も出されたが、委員の共感を得られなかったようである。

しかし、前者については、修繕契約の当事者間の問題であれば、修繕契約の準拠法（通常は、現実の所在地法だと解される）に従って権利の成立を判断すれば足りる問題ではないのか。また、後者の疑念はもっともであり、韓国で登録されていることが自動車の外観から客観的に認識できる状態にあるのなら、公示や順位などの対第三者関係についても、韓国法が準拠法のままになるようにすべきではなかろうか。(101)

いずれにしても、議論が深まらなかったのは、残念である。

二　法例一二条関連（中間試案第八）――債権をめぐる競合を中心に――

第二節二における法例一二条関連の検討においては、債権譲渡と「債権質」のみを採り上げた。二でも、対象をこの二つに限定する。

(一)(1)　今般の改正作業では、いわゆる「債権質」については、（「債権担保」といった中立的な概念を用いるべきであることはともかくとして、(102)）現行法例一二条関連の問題の一つとして債権譲渡の規律との整合性を意識した議論がなされてきている。このこと自体は高く評価できるものである。『補足説明』も、審議会における議論について、「債権質の成立及び効力につき、債権譲渡の成立及び効力の準拠法と同一の法を適用すべきであるとする点については、基本的に異論は見られなかった。(103)」としている。このような流れを受けて、以下では、特に断らない限り、両者を区別せずに論じる。

(2)　『中間試案』は、「第八　債権譲渡等に関する準拠法（第一二条）」の「一　債権譲渡の成立及び当事者間の効力」について、「A案：債権譲渡の成立及び当事者間における効力は、譲渡の対象となる債権の準拠法による旨の規定を設ける。」と、「B案：債権譲渡の成立及び当事者間における効力に関しては、特段の規定を設けず、解釈にゆだねることとする。」の二案を提案し、「ここでいう債権譲渡とは、債権的な原因関係から区別された債権の移転を目的とする処分行為を意味する。」という注を付している。

この点、神前禎教授は、「明文の規定を置くべき強い要請がないのであれば、……解釈に委ねることでよいのではなかろうか。」とされている[104]。私も、A案には反対である（B案に賛成する[105]）。理由は、第二節二(一)(1)第二点で述べたとおりである。ただ、パブリックコメント手続では、「譲渡可能性を債権準拠法により判断することが明確になるなどとして、……A案を支持する意見が比較的多数を占めた[106]」とのことである。しかし、このような「譲渡可能性」の理論的位置づけに疑問があることは、第二節二(一)(1)第一点で述べたとおりである。なお慎重な審議を期待する。

(二)『中間試案』は、「二　債務者に対する効力」について「債権譲渡の債務者に対する効力は、譲渡の対象となる債権の準拠法によるものとする。」という一つの案を、「三　第三者に対する効力」について後述する二つの案を、それぞれ提案している。ここでは、「債権流動化」という「規制改革」における核心となる提案である。「二の案」＋「三のB案」について、（学会報告で批判したことでもあり）先に詳細な検討を加える。

「三のB案」は、「債権譲渡の第三者に対する効力は、譲渡人の常居所地法（譲渡人が当該債権譲渡に関係する事業所を有する場合にあっては、その事業所の所在地の法律）によるものとする。」というものである。この提案によれば、対債務者関係と対第三者関係とが区別され、規律が相対的になる。このような区別が破綻することなく実際に機能するのかが大問題である[107]。対債務者効力と対第三者効力との単位法律関係の切り分け方については、直後に示すように、二つの可能性が考えられる。そこで、以下それぞれにつき検討する。

(1)　この案が倣っているのであろうＵＮＣＩＴＲＡＬ債権譲渡条約は、二九条で「譲受人と債務者との関係、譲渡を債務者に対して主張するための要件及び債務者の免責如何」などにつき「原因契約を規律する法律」によることを、三〇条一項で「競合する権利の主張者の権利に対する譲渡される債権の譲受人の権利の優先権」につき譲渡人の所在地国法によることを定めている。これによれば、債権をめぐる競合は、「優先権」(順位)の問題として、譲渡人の所在地国法によって一元的に規律されることになるであろう。

これを受けて、仮に、『中間試案』においても、「順位」が「対第三者効力」の問題として一元的に規律されるとする。そして、ある債権をめぐって競合する複数の譲受人や担保権者などが、「対債務者効力の準拠法」における債務者対抗要件をいずれも備えていたとする。ここで、「対債務者効力の準拠法」が例えば日本法である場合には、日本民法の解釈では債務者は優先順位を有する権利者に弁済すべきことになる。そうすると、債務者は、さらに、「対第三者効力の準拠法」である対象債権の債権者(債権譲渡における譲渡人、債権担保における担保設定者など。以下同じ)の常居所地法を調べなければならなくなるはずである。しかし、対象債権の債権者の常居所地法まで調べるというような負担を新たに債務者に課すのは、問題ではないのか[108](そもそも、債権者の交替により債権債務関係の状況を変える方がその分のコストを負担すべきなのであり、状況を変えられる方が負担を強いられることになるのは理解できない)。また、譲受人が二重に譲渡や担保設定をすることも考えられなくはないが、その場合には債務者は直接の取引相手でない当該譲受人の常居所地法を調べなければならなくなるはずである。しかし、それはさらに問題ではないか[109]。

(2)　(1)の処理が問題だとすると、「順位」について(同一の問題を別々の単位法律関係の問題として規律する点で極めて不自然だが)対債務者関係と対第三者関係とで相対的に規律するという処理も考えられなくはない。これによると、債務者は、「対債務者効力の準拠法」において優先する権利者に弁済すればよいことになる。この場合に、「対第三者効力の準拠法」である対象債権の債権者の常居所地法によれば劣後する権利者が弁済を受けてしまっているときは、当該法によれば優先する権利者は、自分が優先的に債権を回収するためには、先に弁済を受けた者に対して不当利得返還請求するしかなさそうである。但し、実際にその請求が認められるかどうかという点は、準拠法次第ということになるであろう（ちなみに、この準拠法は、通説によれば、法例一一条によって導かれるであろう。また、同一の二者の間で生じた問題はできるだけ一体的に性質決定し、同一の単位法律関係の問題と見て準拠法を一本化したいと考える私見のような立場では、対象債権の債権者の常居所地法がこの不当利得返還請求の準拠法になる）。あるいは、この処理では、対象債権の債権者の常居所地法によれば優先する権利者は、当該債権の債務者についてだけでなく、先に弁済を受けた者についても、回収リスクに曝されるのではないか。さらに、対象債権の債権者の常居所地法によれば劣後する権利者は、どうせ回収しても後に不当利得返還請求で回収金を取り上げられることになって債務者に請求するメリットがないということになるのであれば、そもそも請求自体をしないことも想定される。その場合に、優先する権利者に優先的な回収手段があるのか、疑問が残る。(110)

(3)　以上のように、対債務者効力と対第三者効力とを区別する処理がうまく機能するかは極めて疑問であり、B案には反対である。なお、パブリックコメント手続では、「A案を支持する意見が大多数を占め(111)」たとのことであり、B案が支持を集めなかったことは、誠に喜ばしい限りである。非学問的な圧力のかからないことを、祈るのみである。

(三)　次に、パブリックコメント手続で支持を集めた、「二の案」＋「三のA案」についても、批判する。

「三のA案」は、「債権譲渡の第三者に対する効力は、譲渡の対象となる債権の準拠法によるものとする。」というものである。この提案によれば、対債務者関係と対第三者関係における処理が、統一的になされることになる。

しかし、対象債権の準拠法は、明示的に指定されているとは限らない。(112)明示的に指定されていない場合には、その準拠法判断に法的評価が伴うのであり、その評価は債務者の住所地の判断よりはるかに難しい評価である。この難しさは、債務者自身にとっても大きいが、対象債権についての外部者たる第三者（譲受人や担保権者のみならず、差押債権者なども含まれる）にとって極めて大きい。

また、契約当事者間における契約そのものに関する問題なら、契約準拠法によって規律されるのが当然である。しかし、ここでの問題は、（契約の内容に関する問題ではなく）債権者の交替という契約内容の外にある問題である。その意味で、当事者は、必ずしも契約準拠法による規律を受けることを想定していないはずである。しかも、ここでは、債務者は二重弁済の危険に曝されている。このような場面で、（交渉力のない）債務者が競合する権利者の誰に弁済すべきかを判断するのに外国法を調べなければならなくなるような事態は、回避されるべきである。債権者側の都合で債務者が振り回されるのは、不当である。[113] その意味で、債務者の住所地法による現行法の方が、優れていると考える。

以上の点から、私は、「二の案」＋「三のA案」にも反対である。なお、パブリックコメント手続では、対債務者効力につき、「現行法の債務者住所地法主義を維持すべきとの意見もごく少数見られたものの、大多数の意見が提案を支持するものであった。[114]」とのことである。しかし、列強に対峙して穂積陳重博士が独創的に起草された現行法例一二条の意義が、その制定から一世紀を経ても未だ十分に理解されていないのではないかと、私のような若輩には思われてならない。取り返しのつかないことにならないよう、最後までくれぐれも慎重に審議を重ねていただきたいと、切に願っている。

(92)　これは、道垣内教授から国際私法関係者のメーリングリスト（ＭＬ）宛に送信されたものである。ちなみに、このＭＬは、渉外判例研究会の開催通知などの連絡や、学術上の情報提供などの場として、早川吉尚教授のご好意で管理されている。なお、この回答以後の若干のやりとりが石黒教授にも届いているかについては、承知していない。
(93)　石黒・前掲論文注（４）三頁。
(94)　第二節一㈠⑴で引用した、①〜⑤判決のことである。
(95)　恩人である道垣内教授ご自身のお言葉を、そのまま援用する。
この関連で一言すると、神前禎「物権及び債権譲渡」ジュリスト一二九二号（二〇〇五年）四二頁も、前注(93)

の本文で引用した石黒教授の疑問に答えていない。二年次下だが数カ月年長のかつての弟弟子としては、最重要の問題を回避されたことが残念でならない。なお、同右四三頁注6は、前注(27)の本文に引用した石黒教授による批判に対して、「例えば、……『有体物を目的とする権利』なる単位法律関係概念を用いるとすると、買主から売主に対する物の引渡請求権がこれにあたるなどと解される可能性がある。」と述べる。しかし、石黒教授は、その可能性を否定されないと推測される（その意味で、これは外在的な反批判にすぎない）。また、私は、改正を前提とするのであれば（どうしても改正が必要であるとするのであれば）、最近の裁判例などにも配慮し、「一　有体物に関する権利は、その原因関係の準拠法による。但し、原因関係が存在しない場合には、その目的物の所在地法による。二　前項に定める法律により成立する権利が第三者にも主張し得るものである場合には、第三者に対する関係はその目的物の所在地法による。」とすべきだと考えている。学会報告などで示したとおりである。単に「物権」という概念を用いるか否かといった問題にとどまらないことは、既に十分お分かりのはずである。まずは、前述の最重要問題に（公的な形で）答えていただきたいとお願い申し上げる。

(96)　以上、法務省民事局参事官室・前掲注(1)六六頁。

(97)　この最高裁判決の評価については、前注(35)を参照。

(98)　神前・前掲注(95)四四頁も、ほぼ同旨か。なお、法制審議会関係部会において例外条項の新設に賛成する立場から提示された具体的な設例とそれに対する私見については、第二節一(七)(3)を参照。

(99)　小出邦夫＝和波宏典＝湯川毅＝大間知麗子「『国際私法の現代化に関する要綱中間試案』に対する各界意見の概要」ＮＢＬ八一二号（二〇〇五年）六四頁、六七頁。

(100)　法務省民事局参事官室・前掲注(1)六三頁。

(101)　(二)で引用した最判平成一四年一〇月二九日民集五六巻八号一九六四頁の趣旨は、このように理解できる。

(102)　前注(88)およびその本文を参照。

(103)　法務省民事局参事官室・前掲注(1)九九頁。神前・前掲注(95)四九頁も、この見解に賛意を表している。ただ、規定の新設の要否は別であり、小出＝和波＝湯川＝大間知・前掲注(99)七〇頁によれば、パブリックコメント手続では「債権質の準拠法について明文の規定を設けるべきとする意見は少数であった。」とのことである。

(104)　神前・前掲注(95)四五頁。

(105)　同右四五頁注19は、「この点は、物権と債権との単位法律関係の切り分け方の問題とも若干関連しよう。……有体物の売買における契約当事者間の問題については、もっぱら契約準拠法によるとの立場においては、債権譲渡についてA案のような規定を置くことも疑問であるということになろう。」と指摘される。ご明察に感謝する。

(106)　『国際私法の現代化に関する要綱中間試案に関する意見募集の結果について』四頁（法務省HPパブリックコメント欄に掲載）。小出＝和波＝湯川＝大間知・前掲注(99)の方が記述の詳しい項目が多いが、この項目でのA案支持の理由に関する記述は「法的安定性等を根拠として」（同六九頁）とあるのみで意味が不明確である。

(107)　これ以外の問題点については、第二節二(三)(1)で論じた。

(108)　ここまでは、表現は抑制的だが、神前・前掲注(95)四七頁もほぼ同旨。

(109)　この点との関連で、債権譲渡が債務者を支点とする制度であることを論じた、第二節二(三)(1)第一点を再度参照されたい。

(110)　以上の疑問に対して、神前・前掲注(95)四七–四八頁は、それらを確認し、「債務者としては、若干判断に迷うケースが増えることも考えられる。他方、債権の譲受人にとっては、当該債権を確実に債務者から回収するためには、α法〔対債務者効力の準拠法–引用者注〕により、対債務者対抗要件と対第三者対抗要件の双方をみたし、しかもβ法〔債権者の常居所地法–引用者注〕上の対第三者対抗要件を備えている必要があり、煩雑である。また、債務者との関係で債権者とされる者と、第三者との関係で債権者として優先する者とが異なる場合には、その処理に若干不透明な部分も残るといわざるをえない。」と述べる。ここまでは、二つの「若干」を削除すれば、私見とほぼ一致する。

そのうえで、同右四八–四九頁は、「B案によって、致命的な不都合が生じるとはいえないであろう」が、B案に右の難点を上回るメリットがなく、「今回……はA案を採用」すべきだと結論する。しかし、このような「複雑な事態が生じる」可能性のある枠組みは、それ自体が法制度として「致命的」だと考える。「法的安定性」・「透明性」が、聞いて呆れる。

(111)　小出＝和波＝湯川＝大間知・前掲注(99)六九頁。なお、A案支持の積極的な根拠としては、「実務上統一した処理を可能とすべき」だとする意見しか示されていない。『国際私法の現代化に関する要綱中間試案に関する意見募集の結果について』四頁。これだけなら、対債務者効力と対第三者効力とを統一的に処理する現行法例一二条でもよいことにならないか。現行法例一二条に十分な根拠があることは、直後に示す。

(112) この点を含む実務上の問題点については、第二節二(二)(3)で引用した審議会での指摘を参照。

(113) 債権が譲渡されないためには、債務者は、譲渡禁止特約をしておくべきであるということかもしれない。しかし、債権譲渡が原則自由であるということと、債権譲渡に伴うコストを債務者が負担するということとは、全く連動しないはずである。

(114) 小出＝和波＝湯川＝大間知・前掲注(99)六九頁。ただ、「たたき台」の段階から、現行法例一二条の存続も一つの案として提案されていたなら、どのような結果になったであろうか。私は、それが非常に気になる。

第四節　教　訓

(一) 本稿では、「国際私法の現代化」と称する今般の法例改正作業について、特に一〇条と一二条に対象を絞って検討を加えてきた。その結果、「たたき台」として作成された『法例の見直しに関する諸問題』において、基礎的な資料として掲げられている諸外国の立法状況などの表が公正中立な立場から作成されたものとは言い難い部分が散見されること、踏み込みのない不十分な検討しかなされていない項目がかなり存在すること、それらから導かれている立法提案に一定の偏りが見られること、法制審議会における議論がそれらの影響を受けてしまっている項目が幾らかあることが、明らかにできたと自負する（以上、第二節）。以上の点を踏まえて『国際私法の現代化に関する要綱中間試案』の内容の妥当性を検討した結果、法例一〇条関連の中間試案第六にも、一二条関連の中間試案第八にも、ともに看過し得ない問題があることを示すことができたと考える（以上、第三節）。

(二) 振り返れば、「たたき台」が作成されるに当たって、実務上の処理についての実態調査がなされたわけではない[115]。比較法的な調査が本格的になされているわけでもない。一〇〇年振りの全般的な改正という触れ込みと比較するといかにも準備不足であり、今般の改正作業についてはおよそ性急な印象を払拭できないのである。去る五月二一・二二両日に開催された国際私法学会においても、この観点からの批判が強かったと認識している。将来的に新たな改正作業がなされることがあるとすれば、その際には、学会として上記の点に十分留意されるべきであろう。

これに対しては、商法と同様に、今後は積極的に改正を重ねていけばよいとの考えも聞く。しかし、法例は、激変する商法分野と異なり、私法全般に関わる国家の基本法であって、維持されていくこと自体が「法的安定性」に資する。条文を増やして文言上の透明性を追求しても、争点が増えるだけであり、運用の結果が透明（予測可能）になり「法的安定性」が増すということにはならないと考える[116]。また、法例研究会のメンバーの複数が「砂を噛むような」と吐露する作業に、ご苦労にも改めて従事されるつもりなのであろうか。それとも、次回は後進にそのような作業を押し付けるのであろうか。どちらも回避されるべきものであるならば、今般の作業では一回勝負のつもりで万全が期されるべきであった。それがなされていない以上、改めて出直すか、少なくとも改正の範囲は極力限定されるべきである。

(三) 近年は、「非常に鋭敏な頭脳を持っておって、精力絶倫且つ非常に討論に長じた人」が重用されている。そのこと自体を否定する気はない。ただ、「沈思熟考の上起草された原案は、起草委員会において……容易に屈することなく、……けれども、起草委員の原案が一たび総会に提出されると、……その心を空うして委員全体の批評を待ち、反対論を容るるには毫も吝ならずというが如き態度であった[117]」（民法の起草者ではあられた）富井政章博士のような方が、（法例の起草においても）今のような時代にはかえって貴重だと考える。そのような方も改正作業に参加しておられるように思われるのであり、最後まで虚心に審議を続けていただけることを期待したい[118]。

(115)「たたき台」のみならず、改正作業の全般を通じて、従来の裁判例への言及すら、不十分である。
(116) 具体的には、法例七条や一一条関連で実証する必要があることを自覚している。研究環境が急速に悪くなっているが、一一条関連だけでもそう遠くない時期に行いたい。
(117) 以上、かぎ括弧で引用した表現は、穂積陳重『法窓夜話』「九六　梅博士は真の弁慶」より。
(118) 最後に、今般の改正作業には触れないよう事前に指示されていたにもかかわらず、学会報告において勇敢にも『中間試案』に批判的な問題提起をされた、森下哲朗助教授、大村芳昭教授に、心からの敬意を表する。

（平成一七年七月三一日脱稿）

＊　七月一二日に『国際私法の現代化に関する要綱案』（NBL八一四号八四頁に掲載）が決定され、本稿との関連では、一二条の債務者の住所地法を譲渡対象債権の準拠法に改める案（第七）がまだ残っている。

（八月一八日）

〈付　録〉

以下の文章は、『中間試案』に対する意見募集の最終日である本年（平成一七年）五月二四日に、法務省民事局参事官室に送付した愚見である。未熟かつ粗いものであるが、記録に残すことをお許しいただきたい。

国際私法の現代化に関する要綱中間試案についての意見

第四の一　分割指定――B案に賛成。

理由：当事者自治の根拠にはいくつかあるが、最近は当事者の予測可能性のみが強調され過ぎている。しかし、もともと契約の多様性から他の単位法律関係と異なり客観的に連結点を定めることが困難であるから、準拠法の指定を例外的に当事者に委ねることとしたという点にも留意されるべきである。これを軽視しないとすれば、当事者自治だからと言っても当事者に無制限な自由が付与されることにはならず、そもそも分割指定は認めるべきでないか、あるいは少なくとも客観的な理由のない、あるいは無制限な分割指定は認めるべきでないことになる。

A案では、分割指定自体は認めることになるが、上記のようにそれ自体に疑問が残る。また、裁判所の負担や裁判例が分かれていること、最近少し動きが出てきたようでもあることを考えると、そもそも分割指定を認めるか否かという点から、もう少し実務の動向を慎重に見極めるべきである。したがって、A案には反対である。

第四の二(1)　準拠法選択の有効性の基準――B案に賛成。

理由：A案では、当事者がそのルールを選択したか争っている場合に、その選択について争いの対象にされているルールによるということになるが、全く奇妙な話である。したがって、A案には反対である。

第六　物権等に関する準拠法（第一〇条）――B案に賛成。

理由：従来、「所在地法」という文言の解釈は、移動中の物や船舶・自動車などの類型ごとになされてきている。これに対して、ここで提案されている例外条項は、事案に即してあらゆる事情を考慮し個別具体的な妥当性を追求するものと説明されている。だとすると、従来の解釈とこの例外条項とは、その処理の性質を異にしたものということになる。A案では、取引の安全が最も重視されるべきこの分野には不適当な規律が新設されることになり、従来の類型的な解釈にプラスして個別的な準拠法決定がなされることになり、事態は複雑化してしまう。つまり、副作用が大き過ぎるということである。したがって、A案には反対である。

第七の一(1)　不法行為の原則的連結政策――いずれにも反対。(2)に合わせるべきである。

理由：「不法行為」と「事務管理又は不当利得」とを分けることが中間試案の前提とされているが、不法行為と不当利得とは紙一重であり、同一の事実関係について両者が同時に問題になる事例もある（例えば、ノウハウ侵害に関する東京地判平成三・九・二四判時一四二九－八〇）。同じく契約外債務であるのに、両者の準拠法がずれる可能性を認めるような不細工なことは、避けるべきである。現行法維持でよい。

また、従来の裁判例においても、「加害行為地（行動地）法」を適用した事例と「結果発生地（損害発生地）法」を適用した事例とは数的に拮抗している。前者にも相応の理由があることを看過すべきでないと考える。

第七の一(2)　事務管理又は不当利得の原則的連結政策――賛成。

理由：現行規定について、特に問題は指摘されていない。

第七の三⑴　不法行為が当事者間の法律関係に関係する場合――A案に賛成。

理由：性質決定レベルの解決が筋だとは考えるが、一般にはこのような規定の方が分かりやすいように思うので。

第七の三⑵　事務管理又は不当利得が当事者間の法律関係に関係する場合――賛成。

理由：不法行為と一体的に考えるべきであるから。

第七の五　当事者自治――いずれにも反対。

理由：もともと当事者自治論は、現行法例一一条の規律が硬直的であることを前提として、その修正を試みるところから出てきたものである。しかし、現行法でも柔軟な解釈は可能であるし、中間試案でも善解すればさまざまな工夫がなされており、上記の前提は崩れている。また、当事者自治採用により、日本法の選択がなされ日本法に対するニーズが増えるとお考えかもしれないが、どんどん外資が入り外国法律事務所が進出してくると、将来的には日本法が準拠法になるのを回避するためにこの規定が使われることになる。つまり、逆に日本法のニーズが減少することにもなりかねない。法務省におかれましては、この点にも十分注意された方がよろしいのではないかと思います。

第八の一　債権譲渡の成立及び当事者間の効力――B案に賛成。

理由：A案では、譲渡可能性が譲渡の対象となる債権の準拠法によって規律される旨が明確化されるというが、現状では譲渡制限付債権にとっての第三者の保護（取引の安全）については全く議論されておらず、規定の新設は有害無益である。ドイツ式の発想は、全く普遍的でないのだから。

第八の二　債務者に対する効力――反対。

理由：対象債権の準拠法は明示的に指定されているとは限らない。明示的に指定されていない場合には、その準拠法判断に法的評価が伴うのであり、債務者にとってそれは債務者自身の住所地の判断よりはるかに難しい評価である。また、契約当事者間の契約そのものに関する問題が契約準拠法によって規律されるのは当然だが、ここでの問題は債権者の交替という契約内容の外にある問題であり、必ずしも契約準拠法で規律されることを当事者は想定していないはずである。しかも、ここでは債務者には二重（多重？）弁済の危険が伴っている。債務者が競合する権利者（譲受人や担保権者や差押債権者など）の誰に支払うべきかという場面で、外国法を調査せねばならないという事態は、回避すべきだと考える。債権者側の身勝手で債務者が振り回されるのは、不当である。その意味で、債務者の住所地法による現行法の方が優れている。日本に住んでいる債務者は、日本法が責任をもって守るという気概が必要である。

第八の三　第三者に対する効力――いずれにも反対。

理由：A案に対する疑問は、第八の二で述べたところと基本的に重なる。さらに言えば、法的評価の困難は、第三者にとっての方が大きい。

B案は、それよりはるかに問題である。去る五月二二日(日)に開催された国際私法学会での報告原稿から引用する。

「第一に、「債権質」や「債権譲渡」などの順位はあくまで対第三者効力の問題であるという前提におきまして、ある債権をめぐって競合する質権者や譲受人などが対象債権の準拠法における債務者対抗要件をいずれも備えていたといたします。この場合、対象債権の準拠法が例えば日本法である場合におきましては、日本民法の現在の解釈では債務者は優先する方の権利者に弁済すべきことになると存じますが、そういたしますと、債務者は、さらに対象債権の債権者の常居所地法を調べなければならなくなるはずです。しかし、対象債権の債権者の常居所地法まで調べるというような負担を新たに債務者に課すのは、問題ではないのでしょうか（そもそも、債権者の交替により債権債務関係の状況を変える方がその分のコストを負担すべきなのでありまして、状況を変えられる方が負担を強いられることになるのは理解できません）。また、譲受人が二重に譲渡や担保権の設定をすることも考えられなくはございませんが、その場合には債務者が直接の取引相手でない当該譲受人の常居所地法を調べなければならなくなるはずです。しかし、それはさらに問題ではないでしょうか。

第二に、仮に第一点の処理が問題だといたしますと、両者の順位につきまして、対債務者関係と対第三者関係とで相対的に規律するという処理も考えられなくはございません。もっとも、同一の問題を別々の単位法律関係の問題として規律する点で極めて不自然だと思われますが、論理的にはこのような可能性がなくはないでしょう。これによりますと、債務者は、対象債権の準拠法によって優先する権利者に弁済すればよいことになります。この場合に、対象債権の債権者の常居所地法によれば劣後する権利者が弁済を受けてしまっているときは、債権者の常居所地法によれば優先する権利者は、自分が優先的に債権を回収するためには、先に弁済を受けた者に対して不当利得返還請求をするしかなさそうです。但し、通説的には法例一一条の問題になるのでしょうし、私見のように同じ当事者の間で生じた問題はできるだけ一体的に性質決定し同一の単位法律関係の問題と見て準拠法を一本化したいと考える立場では対象債権の債権者の常居所地法がこの不当利得返還請求の準拠法になると考えます。いずれにしましても、実際にその請求が認められるかどうかという点は、準拠法次第ということになるでしょう。また、この処理では、対象債権の債権者の常居所地法によれば優先する権利者は、当該債権の債務者についてだけでなく、先に弁済を受けた者についても、回収リスクに曝されるのではないでしょうか。さらに、対象債権の債権者の常居所地法によれば劣後する権利者は、どうせ回収しても後に不当利得返還請求で回収金を取り上げられることになって債務者に請求するメリットがないということになるのでしたら、そもそも請求自体をしないことも想定されます。その場合に、優先する権利者には優先的な回収手段があるのか、疑問が残ります。

以上のように、対債務者効力と対第三者効力を区別する処理がうまく機能するかは疑問でございまして、今からでもこの点の議論を詰めていただきたいと切実にお願い申し上げます。」

さらに言えば、特定の債権譲渡のまだ大きくない需要に基づく処理のあり方を、それとは相容れない債権譲渡一般に拡大するというそのあり方自体がそもそもおかしい。この改正の動きが特定の金融業界を背景とした外圧を発端とすることは、国際私法学会において早川吉尚教授が自認されたところであり、そんなものは日本国民のために撥ねつけるのが、法務省の役割であると信じる。

以上

〔追記〕

非常事態での執筆で、最大の気合と極めて強い表現を伴った、石黒一憲『国際私法第2版』（新世社・平一九）二五〜二六頁の、改訂で新たに付された五つの注において、前に「穂積陳重・法窓夜話」「石黒・国際私法の危機」、後に「石黒・法と経済」「岩原紳作『新会社法の意義と問題点』商事法務一七七五号」と並ぶ中で引用していただけたことが、身に余り過ぎる光栄である。

（千葉大学法学論集第二〇巻二号、二〇〇五年）

第二部　物　権

第1編　物権変動

2　相続準拠法上の相続財産の持分処分禁止と日本所在不動産の取引

東京高裁平成二年六月二八日判決（平成元年(ネ)第三三七九号、甲野幸吉外一名対富士タウン開発株式会社、土地持分移転登記抹消登記、土地建物持分移転登記抹消登記等請求控訴事件）、金融法務事情一二七四号三二頁

〔参照条文〕　法例一〇条・旧二五条（現二六条）、民法八九八条・九〇九条但書

第一節　事　実

原告・控訴人X_1（昭和四二年二月一日生）、X_2（同四三年一一月一六日生）は、父訴外A（国籍―中華民国。但し、判

旨㈠に注意）と母訴外Bの子である。Xらを含む十数人の子を有するAが昭和五三年五月三一日死亡したことにより、Xらは、東京都内にある本件不動産を共同相続した。

被告・被控訴人Y会社は、Aの相続人である訴外C・D・Eと本件不動産の相続持分の買受け交渉をする一方、同六〇年六月一五日、Xらの親権者であるBとの間でXらの各相続持分を代金合計二〇〇〇万円で買い受ける旨の本件売買契約を締結し、同年一二月から翌年二月にかけてY名義に持分移転登記を経由した。さらにYは、六〇年七月一九日、別の相続人である訴外F・G・Hとの間で、本件不動産の各相続持分を代金合計六億二〇〇〇万円で買い受ける旨の別件売買契約も締結している（後に解除）。

以上の経過の後、Xらは、Yに対する本件不動産の持分移転登記の抹消を求める本訴を提起し、その理由として、本件売買契約の(1)Yの詐欺による取消、(2)Yの債務不履行による解除、(3)相続準拠法である中華民国民法上、遺産分割前の右不動産の相続持分の処分が他の相続人全員の同意を得ないでなされたことによる無効を主張した。

本判決は全ての主張を斥けた。ここでは、連結点の確定と(3)に関する判旨のみを示す。

第二節　判旨――控訴棄却

㈠「Xらは、Aの死亡により、それぞれ本件不動産の一六分の一の持分を相続した（Aが中華民国（台湾）の国籍を有していたことは当事者間に争いがないから、法例二五条により、その相続については中華民国法が適用されることになるが、中華民国法の下においてXらの取得する持分が右と異なることになると認めるべき証拠はない。）。」

㈡「本件においては、本件不動産の相続人による承継が直接問題とされているのではなく、相続人に承継された本件不動産の持分を相続人が第三者に処分した行為の効力が問題とされている。相続に関する準拠法により不動産を共同相続した相続人が、分割前に他の共同相続人の承諾なく、当該不動産に対する自己の持分のみを有効に処分できるか否かは、共同相続人相互間の関係に関する問題であるとともに、不動産に関する物権の得喪を目的とする法律行為の効力問題の一環として判断される事柄である。そこでは相続関係者の立場にとどまらず、取引の安全すなわち第三者の利益の保護が考慮されなければならない。相続財産の取引であることから、相続問題にあたるとして、相続関係者の内部的法律関係を規律することを主眼とした法例二五条を適用することは、右の要請に適切に応えうるものではない。

ところで、法例一〇条は、物権問題については、目的物の所在地法によると定める。その根拠は、物権関係はもともと物の直接的・物質的利用に関する権利関係であるから、それに対しては目的物の現実的所在地の法を適用するのが自然であり、これにより権利関係の目的を最も円滑かつ確実に達成できること、また、物権はもともと物に対する排他的支配たる本質をもつものであるから、第三者の利害関係に影響を及ぼすことが極めて大きく、第三者の利益を保護するという要請は、目的物の現実的所在地の法を適用するときに最も簡単かつ確実に満足せしめられること、以上の二点にあると解されている。

法例二五条が適用される相続問題の範囲は、前記のように相続関係者の内部問題であり、他方、法例一〇条が物権問題については所在地法によると定めている右の趣旨を考えると、本件のように相続財産が第三者に処分された場合の効力が問題とされているときには、前提となる相続人の処分権の有無も含めて全体が物権問題に該当するものとして、法例二五条ではなく、法例一〇条が適用されるものと解するのが相当である。

そうだとすると、本件不動産の所在地法である日本民法の規定により、相続人は、遺産分割前であっても、他の共同相続人の承諾を要せずに各自の相続持分を売買することができるのであるから、本件売買契約は有効というべきである。」

判旨に若干の疑問がある。

第三節　評　釈

本判決は、相続準拠法と物権準拠法の交錯領域において先例のない論点に関する判断を下したものであり、かつ、総括準拠法上の関係者内部の規律が第三者の取引の安全と現実に牴触した事案についての最初の判決である。

㈠　判旨㈠は、当事者間に争いがないことから直ちにAの国籍を中華民国と認定している。これは、弁論主義が妥当する訴訟事件においては、国籍が連結点をなす場合にも当事者間に争いがなければそれに基づき国籍を認定する判例の傾向（例えば、夫婦財産関係に関する①京都地判昭和三二・一〇・一七下民集八巻一〇号一九四〇頁、②神戸地判昭和三四・一〇・六下民集一〇巻一〇号二〇九九頁、損害賠償債権の相続に関する③大阪地判昭和三二・六・二八下民集八巻六号一二〇八頁、④京都地判昭和四八・七・一二判タ二九九号三三八頁、⑤大阪高判昭和五六・九・三〇家月三五巻三号四九頁。反対、⑥京都地判昭和六二・九・三〇判時一二七五号一〇七頁。しかし、本件と同じく、相続財産事件である⑦東京高判平成二・六・二八判時一三六一号五六頁も前者である）に沿ったものと言える。

しかし、一般論として右の傾向に基本的に賛成する（例えば、田中徹「連結点の確定」沢木編・国際私法の争点（昭五五）五〇頁。但し、田中説は裁判所の釈明を重視する）か職権探知を主張する（例えば、②判決の評釈である早田芳郎・ジュリ二二七号（昭三六）七八頁、沢木敬郎「連結点の主張と立証」立教法学一〇号（昭四三）一〇〇～一〇二頁）かはともかく、本件で、(i)実際にはAの国籍が日本であったとしたら、外国法を調査し適用するという重大な負担が当事者の主張のみによって生じることを裁判所自身が許容したことになる（裁判所自身がそれを甘受しているのだから問題ないと言い切れるかは疑問である）し、(ii)XらからYへの本件移転登記がなされていたことからAの死亡によるXらの共同相続登記のなされていることが推測されるが、その場合にはXらはAの本国法の定める相続証明書かそれに準ずる証明書を登記所に提出したはずである（藤原勇喜・渉外不動産登記（昭五八）二四二頁以下参照）から、XらにAの国籍に関する証拠を提出させることにさしたる困難はなかったと思われることを考えると、この点の判旨には疑問が残る。

㈡　判旨㈡は、法例二五条（現三六条。以下同じ）の定める相続準拠法上の共同相続人間の法律関係（共有か合有か、といった問題）と物権準拠法の法秩序との衝突について判断を下している。総括準拠法と個別準拠法の交錯領域では、「相続財産の構成」の問題が、「個別準拠法は総括準拠法を破る」という法格言が援用されつつかなり議論されているが、ここでの問題は、このような視角からも議論されうる（実方正雄・国際私法概論（再訂版・昭二七）一八九〜一九一頁がこの趣旨を明言する。なお、共同相続人間の関係に言及する久保岩太郎・国際私法概論（改訂版・昭二八）二六三頁、木棚＝松岡＝渡辺・国際私法概論（昭六〇）二一二頁（木棚照一）、三浦正人編・二訂国際私法（平二）一六三頁（木棚）も同様となろうが、これらを含め一般には、実方説と異なり、個別準拠法はそれと内容の異なる総括準拠法上の法律効果を厳格に排除するとの結論を採ることになるというのが研究会の理解のようである）。

しかし、判旨は、右のような学説の問題把握よりも、むしろ関係者の利益に即して直截に、共同相続人相互間の内部的法律関係の規律と第三者の取引の安全との抵触の問題と把握している。この点の先例はないが、総括準拠法上の内部的法律関係の規律が第三者に及ぼす効力にまで視野を広げると、前掲②判決が注目される。日本在住のイギリス人妻がオーストラリア行きに際して日本在住の外国人（?）被告に保管を依頼したピアノを、原告である日本在住のイギリス人夫が妻のでなく自己の所有物であると主張して返還請求した事案だが、②判決は、右夫婦のいずれにピアノの所有権が帰属するかにつき夫婦財産準拠法（法例旧一五条により、夫の本国法である英国法）の内容が不明であるとして条理に基づき夫に所有権があると判断し原告の請求を認めている。この判決の論理としては、内部的法律関係の規律によって第三者との関係も処理したことになる。ただ、事実関係からは、第三者である被告は夫婦間の所有権の帰属から独立した占有権原を有しないものと解され、第三者の取引の安全に配慮する必要はなかった。その意味で、②判決は、第三者への権原帰属が問題となっている本判決とは事案を異にしている。本判決が「相続関係者の立場にとどまらず、取引の安全すなわち第三者の利益の保護が考慮されなければならない」という民商法では通常説かれる「基本認識」を示し、かつ、法例二五条のみで処理することになりそうな②判決の論理を用いなかったのは妥当である。そして、法例一〇条が第三者の利益保護もその趣旨とすることの確認にも本件では特に問題はない。

判旨は、結局、法例二五条の適用範囲は「相続関係者の内部問題」に限られ、「本件のように相続財産が第三者に処分された場合の効力が問題とされているときには、前提となる相続人の処分権の有無も含めて全体が物権問題に該当するものとして、法例二五条ではなく、法例一〇条が適用される」と述べている（これは、②判決に関して主張されている、夫婦間の内部関係と対第三者関係を分け、前者を法例一五条に、後者を当該取引行為の準拠法――但し、法例七条によるとされる。ただ、本件ではXらが外国人であったとしても本件売買契約の準拠法は日本法となるものと解され、結果的には同じになる――によらしめる見解〔石黒一憲・国際家族法入門（昭五六）四一～四三頁、同・国際私法（新版・平二）三八五～三八九頁〕に近い考え方と言えなくもない。なお、研究会では、法例一〇条で処理することに異論はなかった）。しかし、持分処分の効力を専ら第三者の利益保護を目的とする法例一〇条のみで処理するのでは、判旨の言う「相続関係者の立場（但し、本件でこれを中華民国法に基づいて考えることに対する疑問は㈢⑴で触れる）」が第三者に対する関係では全く考慮されないことになってしまう。したがって、この部分の判旨は、前述の「基本認識」と論理的に一貫しないのではないか。そして、本件において、「前提となる相続人の処分権の有無」を相続準拠法によらしめつつ、法例一〇条によって導かれる日本法上取引の安全を図ることも可能だったのではないか。

すなわち、本件の相続準拠法である中華民国民法一一五一条は「継承人が数人あるときは遺産分割前に在りては各継承人の全部に対して公同共有を為す」と定める。この「公同共有」は、合手的共有＝合有を意味する（我妻栄＝川島武宜・中華民国民法物権（上）（昭一六）二一九頁、陳棋炎・親屬・繼承法基本問題（第一版第三次刷・一九八〇）

三九三頁)。継承人(相続人)は、原則としていつでも遺産分割を請求でき(同一一六四条)、共同継承人全員の同意があれば個別の相続財産の処分もできる(同八二八条二項)が、個別財産上の持分の処分は他の共同継承人全員の同意を得ても解釈上許されない(陳・前掲四〇八頁)。この「公同共有」は、実は本件の不動産所在地法である日本民法上の有力説である「合有説」(例えば、中川善之助＝泉久雄・相続法(第三版・昭六三)二〇八頁以下。なお、判例は共同相続財産を物権法上の共有と同視する)の理解する共同相続財産の法律関係と類似しているのである(但し、中川＝泉・前掲二一〇頁は、個別財産上の持分処分の禁止に「全員の同意があれば格別」という留保を付ける)。したがって、「公同共有」はこの法律関係に置き換える(この法律関係として「公同共有」の効力の発揮を許容するという意味である。実方・前掲一九〇頁参照)べきであり、そうしたうえで、本件で取引の安全を「相続関係者の立場」に優先するか否かを、日本民法九〇九条但書をめぐる「合有説」の解釈を参考に、あくまで物権準拠法である日本法上の価値判断に基づいて決すべきではなかったか(本来持分の処分は許されないが同条により持分の処分が許されるのと同じ結果になるとするのが「合有説」の多数であり、これを採ると結局のところ判旨の結論と同じになる。但し、保護される「第三者」を善意者に限る少数有力説(中川＝泉・前掲三二五頁)によると、持分の処分が禁止されていることにつきYが善意であった場合に限りYは本件持分を取得することになる)。

㈢⑴　ところで、相続準拠法は、被相続人の国籍を連結点としており、したがって、厳密には判旨の言う「相続関係者の立場」を中心に決定されるものと言うには疑問が残る。その意味で、本件の事案が現実にどの程度中華民国との牽連を有していたか(特に、各共同相続人の国籍・住所)をより細かく調査すべきであったのではなかろうか(この点は、㈠で触れた論点の一般論につき何れの立場を採るかに論理的に直結してはいないと思われる)。本件では、XらだけではなくF・G・Hも一旦は持分を処分しており、C・D・EもYと持分処分の交渉を行っているところから、これら相続人は中華民国法を全く念頭に置いていなかったようであり(相続準拠法は、当事者に熟知し行動の規準と考えている法に従って裁判される利益＝当事者利益に基づいており(山田鐐一・国際私法(昭五七)四三頁)、相続関係者の主観的意思も軽視されるべきではないと考える)、Ａの国籍以外に中華民国との牽連を示す事実が何ら窺われず、そもそも中華民国法を相続準拠法と考えるべき事案であったのか疑問が残る。

いずれにせよ、㈡で検討した準拠法についての判旨の射程が、共同相続人の全員ないし過半数が日本に生活の本拠を有する事案にしか及んでいないと解する余地も充分残っているのではなかろうか（本件では、半数がそうであることはほぼ確実と思われる。なお、本判決が、本件事案と最も密接な関係を有する法を日本法と考え、それにより処理するために法例一〇条を適用したと理解することは、判旨㈡が目的物の所在地にしか着目していないことから適切とは言えないのではないか)。

⑵　さらに、判旨の一般論が「本件のように相続財産が第三者に処分された場合の効力が問題とされているときには」と述べるだけで何らの限定も付していない以上、相続準拠法上共同相続人の持分の処分が自由である場合でも物権準拠法で処理するというのが判旨の考え方であろう。しかし、右の場合には、本件のような形での取引の安全は問題にならず、そのような場合にまで持分処分を禁じているかもしれない物権準拠法で処理するのは疑問であり（もちろん、物権準拠法固有の取引安全の問題は物権準拠法で処理される)、判旨の射程は、厳密には右の場合には及んでいないと言うべきである。

＊脱稿後、争点の理解を異にする三井哲夫・私法判例リマークス1991〈下〉一六〇頁に接した。四宮和夫・民法総則（第四版・昭六一）二〇九頁注（１）⒜を参照のうえ対照されたい。

〔追記〕

最判平成六年三月八日民集四八巻三号八三五頁の原判決に対する評釈であり、大学院生のときに初めて公表できた著作である。二では、判旨の論理が一貫していないこと、一貫させるなら、「相続関係者の内部的法律関係」を相続準拠法で規律したうえで、対第三者関係においてもそれを前提として物権準拠法（上の価値判断）で規律するという定式を提案した。これが右最判の示す定式と同じであることを、優秀な学生は正確に読解する。三では、判旨の射程の限定を試みた。相続準拠法の決め方については、現在では、相続の中心はあくまで被相続人であること、相続では文化・伝統・価値観の継承も重要であることから、被相続人の国籍が依然として最適な基準だと考えるに至っている。

（ジュリスト九八五号、一九九一年）

3 相続準拠法上許されない相続持分の処分への物権準拠法の適用範囲

最高裁平成六年三月八日第三小法廷判決（平成二年(オ)第一四五五号、本間幸吉外一名対富士タウン開発株式会社、土地持分移転登記抹消登記、土地建物持分移転登記抹消登記等請求事件）
民集四八巻三号八三五頁、判例時報一四九三号八〇頁、金融・商事判例九四七号一四頁
〔参照条文〕　法例一〇条二項・旧二五条（現二六条）、民法八九八条・九〇九条但書

第一節　事　実

原告・控訴人・上告人X_1（昭和四二年二月一日生）、X_2（昭和四三年一一月一六日生）は、父訴外A（台湾出身）と母訴外Bの子である。Xらを含む十数人の子を有するAが昭和五三年五月三一日に死亡したことにより、Xらは、東京都内にある本件不動産につき各一六分の一の持分を相続によって取得した。

被告・被控訴人・被上告人Y会社は、昭和六〇年六月一五日Xらの親権者であるBとの間でXらの右各相続持分を代金合計二〇〇〇万円で買い受ける旨の本件売買契約を締結し、同年一二月から翌年二月にかけてY名義に持分移転登記を経由した。

ところが、Xらは、Yに対する本件不動産の持分移転登記の抹消を求める本訴を提起し、原審では、その理由の

一つとして、右契約は、他の相続人全員の同意を得ないでなされたから、相続準拠法である中華民国民法上無効であると主張した。原判決が法例一〇条のみを適用し日本法により右契約を有効と判示したため、Ｘらは、同じ理由で上告した。

第二節　判旨――上告棄却

㈠「本件においては、Ａの相続人であるＸらが、その相続に係る持分について、第三者であるＹに対してした処分に権利移転（物権変動）の効果が生ずるかどうかということが問題になっているのであるから、右の問題に適用されるべき法律は、法例一〇条二項により、……本件不動産の所在地法である日本法というべきである。もっとも、その前提として、Ｘらが共同相続した本件不動産に係る法律関係がどうなるか（それが共有になるかどうか）、Ｘらが遺産分割前に相続に係る本件不動産の持分の処分をすることができるかどうかなどは、相続の効果に属するものとして、法例二五条により、Ａ（被相続人）の出身地に施行されている民法によるべきである。」

㈡「右民法の一一五一条は、相続人が数人あるときは、遺産の分割前にあっては、遺産の全部は各相続人の公同共有とする旨規定しているところ、右規定にいう『公同共有』とは、いわゆる合有に当たるものと解される。そして、同法八二八条……二項は、……公同共有物の処分その他の権利の行使については、公同共有者全員の同意を経ることを要する旨規定している。したがって、本件の場合、相続の準拠法によれば、本件不動産は共同相続人の合有に属し、Ｘらは、遺産の分割前においては、共同相続人全員の同意がなければ、相続に係る本件不動産の持分を処分することができないというべきところ、右持分の処分（本件売買）がＡの遺産の分割前にされたものであり、かつ、右処分につき共同相続人全員の同意を得ていないことは、原審の確定した事実からうかがうことができる。」

㈢「Xらが相続準拠法上の規定を遵守しないで相続財産の持分の処分をしたとすれば、その処分（本件売買）に権利移転（物権変動）の効果が生ずるかどうかが次に問題となるが、前示のとおり、この点は日本法によって判断されるべきところ、日本法上は、右のような処分も、処分の相手方である第三者との関係では有効であり、処分の相手方は有効に権利を取得するものと解するのが相当である。けだし、相続の準拠法上、相続財産がいわゆる合有とされ、相続人が遺産分割前に個別の財産の相続持分を単独で処分することができないとされているとしても、日本法上、そのような相続財産の合有状態ないし相続人の処分の制限を公示する方法はなく、一方、日本法上、共同相続人が分割前の遺産を共同所有する法律関係は、基本的には民法二四九条以下に規定する共有としての性質を有するものとされ（最高裁……昭和三〇年五月三一日第三小法廷判決・民集九巻六号七九三頁参照）、共同相続人の一人から遺産を構成する特定不動産について同人の有する共有持分権を譲り受けた第三者は、適法にその権利を取得することができるものとされているのであって（最高裁……昭和三八年二月二二日第二小法廷判決・民集一七巻一号二三五頁参照）、我が国に所在する不動産について、前記のような相続準拠法上の規定を遵守しないでされた処分を無効とするときは、著しく取引の安全を害することとなるからである。」

㈣「以上によれば、本件売買契約がAの共同相続人全員の同意を得ることなく締結されたとしても、物権の移転に関する準拠法である日本法によれば、右契約による権利移転の効果が認められるものというべきである。そうすると、原審のした準拠法の選択については誤った点があるが、その結論は是認することができる。」

第三節　評　釈

抵触法の判断枠組には賛成だが、その他の点に若干の疑問が残る。

本判決は、総括準拠法上の関係者内部の規律が第三者の取引の安全と初めて現実に抵触した事案において、相続準拠法と物権準拠法の交錯領域における先例のない論点につき判断を下した判決の上告審判決である。

(一)(1)　判旨(一)は、被相続人の本国法である中華民国法によれば個別の相続財産上の持分の処分が制限されているのに、共同相続人がそれを第三者に処分した場合の準拠法につき、判断を下している。原判決（東京高判平成二・六・二八金法一二七四号三二頁）は、「前提となる相続人の処分権の有無も含めて全体が物権問題に該当するものとして、法例二五条ではなく、法例一〇条が適用される」としていた（原判決に対する内在的批判として、三井哲夫〔判批〕リマークス1991〈下〉一六一頁、森田博志〔判批〕ジュリ九八五号（平三）一三七～一三八頁参照）。

これに対して、本判決は、この問題を二段階に分け、本件「処分に権利移転（物権変動）の効果が生ずるかどうか」は物権準拠法（法例一〇条二項）によるが、その前提である共同相続人間の法律関係や相続持分の処分の可否は相続準拠法（法例二五条（現二六条。条数繰下げ））によると判示した。第三者の利益だけでなく相続人の利益（特に、処分当事者以外の相続人の利益）も反映させるためには、一定の範囲で相続準拠法を適用する必要があるはずであり、本判決の示した抵触法の判断枠組がその要請に最も適うものだと考える（原判決の論理との関係では、森田・前掲一三八頁参照。但し、本判決以前に、原判決に好意的な見解も示されていた。石黒一憲・国際私法（新世社・平六）一七七頁は、本件が紛争事実関係の本拠ないし重点を日本社会に置いていると言ってよいケースであること、同右三二〇頁は、法例二五条における相続準拠法の決め方が人格承継の側面に傾斜しているため、せめて相続メカニズムの外部にある第三者との関係だけでも相続の財産承継の側面と見て個別準拠法によるのが妥当であることをその理由とする。しかし、財産承継の側面も原則として被相続人の本国法によらしめることが相続メカニズムに属する者の基礎にある価値観に沿うものと思われるのであり、一般論として外部関係で相続準拠法を無視するのはそれらの者の利益を無視することになるのではないか（但し、相続の問題をも含めて内国牽連性の強い本件で相続関係者側の利益を中華民国法で考えることには疑問が残る。後述(2)参照）。また、木棚照一「国際相続法における総括準拠法と個別準拠法」立命館法学一九九三年五・六号一五一七頁は、物権準拠法のみを適用した原判決の結論を正当化するとすれば、原判決は、相続持分の処分が現実になされた場合には、たとえ相続準拠法がそれを無効として処理しているとしても、物権準拠法はその処理を認められないとする趣旨だと説明できるとする。しかし、それならそれで、原判決は本判決のようにきちんと議論すべきであったと言うべきである。なぜなら、原判決は「相続財産が第三者に処分された場合の効力」について物権準拠法のみで処理するという一般論を提示しており、その一般論では相続準拠法上の法律効果がどのようなものであれそれが物権準拠法によって認められるか否かという判断は全くなされる余地がないからである。逆に、本件処分は相続準拠法のみで処理すべきであったという立場から、早川眞一郎〔本判決判批〕法教一六八号（平一六）一五五頁は、本判決が不動産所在地での取引の安全を重視して物権準拠法により相続準拠法の規律を排除したのに対して、相続統一主義の趣旨に反すると批判する。しかし、相続準拠法は、被相続人の国籍に従って決められるのだから、被相続人と相続人との間の法律関係を規律するのにはふさわしいとは言えるであろうが、相続人と取引する第三者の利益まで反映しているとは言えない。本判決は、相続統一主義を重視しつつ、それには第三者との関係で例えば物権準拠法による制約が伴うことを示したものと理解すべきではないか。なお、仮に、本件が平成元年改正後の法例の適用される事案であったとしたら、法例一五条二項を類推適用するという処理も考えられなくはない。しかし、内国取引のみを特別扱いし、「善意」の第三者が事実上自分に有利な法を選択することを可能にしていると思われる点で第三者保護に傾斜しすぎており、そもそも同条項の妥当性自体が疑問である）。

(2)　ただ、本件で共同相続人間の法律関係を中華民国法によらしめたことには疑問が残る。すなわち、相続の問題のうち、被相続人と相続人との法律関係（例えば、相続財産の移転）には、被相続人の本国法の妥当性はかなり高いと言える。しかし、共同相続人間の法律関係には、その妥当性はより低いのではないか。そして、本件では、Aの子は日本国籍を有する者が多数を占めるうえに一人を除き日本に住所を有しているようであり、共同相続人については日本との密接関連性がかなり高いと言えそうなのである（但し、本判決の結論には影響しないので、差し戻してこの点を調査すべきだという趣旨ではない）。

㈡⑴　ところで、判旨㈠は、共同相続人間の法律関係（共有か合有か、等）や相続人による相続持分の処分の可否という問題を、本件不動産上の法律関係という意味では物権の問題でもあるのに、相続準拠法のみによらしめている。この処理により、内部関係は、いわゆる物権問題の側面を有するものについても、原則として物権変動の「原因」の準拠法のみによる（物権準拠法は、このような場合には、第三者の利益との調整が必要になった場合にのみ適用すれば足りる）ことが示されたことになると言えるのではないか。

⑵　次に、判旨㈠は、内部関係の準拠法により処分権を有しない者の行った処分につき、処分の対象が有体物である場合には、その相手方である第三者との間での利益調整の準拠法を物権準拠法としたものと理解できる。その意味で、判旨の射程は、いわゆる無権代理や表見代理として議論されている問題などのいわゆる三面関係一般に及ぶと考える（本件の対象とこれらの問題とが同じ視点から規律されるべきことは、既に石黒・前掲三一三頁で指摘されている）。

㈢　判旨㈡は、本件処分が本件の相続準拠法である中華民国法の関係諸規定を遵守しないでなされた可能性の高いことを確認している。ここには特に問題はない（但し、同法上相続持分の処分は共同相続人全員の同意を得ても許されていないと判示すべきではなかったかという疑問が残る。同法の趣旨は、早川「国際的な相続・遺産管理の一断面（上）」ジュリ一〇一九号（平五）一三二頁注(19)に詳しい）。

㈣　判旨㈢は、本件処分が相続準拠法である中華民国法に反してなされたとしても、その処分は物権準拠法である日本法によれば「処分の相手方である第三者との関係では有効」と結論し、その理由として、日本法上相続持分の処分は共同相続人によって自由になされうるのに、それと異なる相続準拠法上の制度を公示する方法がないため、本件「処分を無効とするときは、著しく取引の安全を害すること」を挙げる（このことから、公示方法が整備されれば、あるいは、現行制度上でも処分禁止の仮処分の執行としての処分禁止の登記を利用することにより、準拠外国法上の処分権の制限も第三者に対抗しうることになるのではないか）。

しかし、日本法上既に、処分権の制限についての公示方法がなくても処分を無効とする制度がある。相続に関しては、遺言執行者がある場合の相続人による相続財産の処分がそれにあたる（民法一〇一三条に関する最判昭和六二・四・二三民集四一巻三号四七四頁参照）。したがって、本件処分を有効とする判旨の結論が妥当だとしても、右の理由づけでは十分とは言えないのではないか。遺言執行者がある場合やいわゆる合有に属するとされる組合財産（組合員の処分権の制限については、民法六七六条一項）・夫婦財産などの場合と正面から対比し、第三者の取引の安全との調和を図るためには、本件における中華民国法上の処分権の制限にそれらの場合ほどの効力を認めることはできないという議論をすべきではなかったか（この意味で、日本法上の制度を対象とする議論であってそのまま援用しうるものではないが、鈴木禄弥・相続法講義（昭六一）一八三〜一八四頁の記述が参考になる）。なお、相続財産についての日本の合有説においても、（民法九〇九条但書がある以上）取引の安全との関係で、共同相続人による相続持分の処分を有効と解するのが一般であり（大内俊身〔調査官解説〕ジュリ一〇五〇号（平六）一七四頁。なお、この点については、品川孝次「遺産『共有』の法律関係」判タ一二一号（昭三六）一〇三一頁参照）、本判決の結論は、右合有説の価値判断と一致するものと言える。

㈤　最後に、細かい点だが、原判決は当事者間に争いがないことから直ちに被相続人Aの国籍を中華民国と認定した（この判断に対する批判として、森田・前掲一三七頁参照）。これに対して、本判決は、Aの本国法をAの出身地を基準として中華民国法と判断している。この経緯により、弁論主義が妥当する訴訟事件において国籍が連結点をなす場合に当事者間に争いがなければそれに基づき国籍を認定する下級審の裁判例の処理は、一定の範囲で否定されたと言えるのではないか。但し、その範囲については必ずしも自明ではない（森田・前掲頁で示したような中間的な範囲も考えられなくはないからである）。

なお、本判決が出身地のみを基準としたことに対しては批判もありうる。ただ、Aについては、各二名の子（但し、Xらではない）からの二件の認知請求訴訟において、その本国法が中華民国法か中華人民共和国法かが既に争われており、いずれも中華民国法が本国法とされている（東京高判昭和五〇・四・二四判時七八四号七〇頁（最判昭和五一・七・六判例集未登載により支持されている。徳岡卓樹〔判批〕ジュリ六五七号（昭五三）一三三頁）、東京高判昭和六〇・一・二三判タ五五六号一九七頁）。それらの判断に既判力が生じるわけではないが、本件に限って言えば、特に問題はないのではなかろうか。

〔追記〕

最判平成六年三月八日民集四八巻三号八三五頁は、その意義がその後の裁判例や学説においてほとんど理解されておらず、無意味な引用がなされることが多くなっている。大内俊身〔調査官解説〕法曹会編『最高裁判所判例解説民事篇（平成六年度）』（法曹会・平九）二四九頁（初出は、曹時四八巻一号（平八）二一二頁）さえ、読まれていないのではないか。

（ジュリスト一〇七一号、一九九五年）

4 国際私法の議論において原因行為と物権行為の区別が本当に必要なのか？

第一節　問題の所在

最判平成六年三月八日民集四八巻三号八三五頁は、国際私法の分野においては久々の最高裁判決であった。同判決の事案は、次のようなものである。中華民国の国籍を有する者を被相続人とする相続が開始した。相続準拠法（被相続人の本国法：法例二五条（平成元年改正後二六条））である中華民国法によれば、共同相続人は個別の相続財産上の自己の持分を処分することが許されていない。にもかかわらず、共同相続人の一部が日本にある相続不動産上の持分を第三者に処分してしまった。その後、処分当事者である共同相続人が中華民国法に基づいてその処分の無効を主張して、既に処分の相手方である第三者に移転していた登記の抹消を請求したのである。この事案に相続準拠法のみを適用すれば、この処分は原則として無効ということになる。これに対して、処分の対象となっている不動産が日本にあることから、物権準拠法（目的物の所在地法：法例一〇条）のみを適用して処理すると、日本法には中華民国法におけるような相続財産上の持分処分の制限はないので、本件処分は有効ということになる。

最高裁は、この問題を二段階に分けて理解し、それぞれに別の準拠法を適用した。すなわち、まず、その不動産に係る共同相続人間の法律関係（共有になるか、合有になるか）や共同相続人の持分処分の可否（以上、内部関係）については、相続準拠法を適用し、本件の共同相続人は相続持分の処分権が制限されていたことを確認した。そのうえで、相続持分の処分の相手方である第三者への権利移転（物権変動）の効果（内部関係における持分処分の制限の対第三者効力＝外部関係）については、物権準拠法を適用し、日本法においては相続持分の処分に制限はなく中華民国法上の処分権の制限を公示する制度もないため、本件処分を無効としては第三者の取引の安全を害することになるとして、結局、本件処分を有効とした[(1)]。

従来先例もなく適切な議論もなかったこの問題について、原判決（東京高判平成二年六月二八日金法一二七四号三二頁）は、「本件のように相続財産が第三者に処分された場合の効力が問題とされているときには、前提となる相続人の処分権の有無も含めて全体が物権問題に該当するものとして、法例二五条ではなく、法例一〇条が適用されるものと解するのが相当である」と判示し、物件準拠法である日本法のみを適用して、本件処分を有効としていた。この判決に対しては、相続の円滑な実現という目的から本件処分を相続の問題の一環と見て原則として相続準拠法のみを適用すべきであったとする立場[(2)]と、相続の問題のうち財産承継の側面は個別（財産）の準拠法によるべきだとして逆に原判決を積極的に評価する見解[(3)]、「前提となる相続人の処分権の有無」は相続問題である、あるいは、物権準拠法のみで処理するのでは相続人の利益が反映されないとして前記最判と同旨を説くもの[(4)]に分かれていた。

前記最判が公表された後もこの対立は続いている[(5)]。但し、原則として相続準拠法のみを適用すべきであったとする説[(6)]は、その後この判決の定式を受け入れたうえで、相続準拠法の規律を前提とした物権準拠法の適用段階の処理のあり方に議論の重心を移したようにも見える[(7)]。

このような中、木棚照一教授は、ここでの問題も「いわゆる総括準拠法と個別準拠法の関係に関する一局面であると考えるべきではないかと思う[(8)]」とし、「個別準拠法は総括準拠法を破る」という定式によって処理されるべき問題だとされている。しかし、その定式の具体的な内容（いかなる場合に個別準拠法が総括準拠法を破るのか、という問題）については依然として不明な点が残っている。そこで、以下では、まず、ドイツにおける「個別準拠法は総括準拠法を破る」という定式の射程範囲を探り、ここでの問題がその射程範囲に入るか否かにつき検討を加える

（第二節一）。

次に、日本での物権変動の準拠法に関する基礎理論の形成に決定的な影響を与えているFrankenstein[9]は、この定式に関する説明の最後の部分で、この定式によって処理されるべき問題には、物権変動の準拠法に関する基礎理論における考え方が妥当すると述べている[10]。つまり、前記の定式によって処理されるべき問題を、物権変動一般の問題に還元する。そして、前記定式によって処理されるべき問題においては、個別準拠法（ここでは物権準拠法）と総括準拠法（ここでは相続準拠法）の適用関係が問題となるが[11]、他方、契約による物権変動の場合には、当該契約は債権契約と物権契約とに分けられるべきことになり、債権準拠法（日本の法例で言えば、七条）と物権準拠法の適用関係が問題となるとしている[12]。そして、そのように説くにあたっては、相続と（債権）契約とが物権変動の「原因行為」という意味で同視され、その「原因行為」が物権変動自体を目的とする「物権行為」と対置される構造になっているという、ドイツ民法特有の理解を背景にしている[13]。この見解に対しては、確かに、構造的に見て、相続を物権変動の原因とする場合と契約を原因とする場合とで、統一的な処理がなされるべきだと考える。しかし、その処理として、なぜ、わざわざ始めに「原因行為」と「物権行為」を区別し、「原因行為」の準拠法（原因の準拠法）と「物権行為」の準拠法（物権準拠法）とを累積適用する（あるいは、それに近い処理をする）と考えなければならないのか疑問である。従来の定説は、そもそも物権準拠法の適用範囲を広く解しすぎているのではないか。そこで、物権準拠法の適用範囲につき検討を加える。その際に、合わせていわゆる法定担保物権の準拠法の処理についても言及する（第二節二）。

以上の検討から、前記最判の理論的な位置づけ、あるいは、基礎づけが可能になると思われる。また、さらに進んで、物権変動の準拠法の基礎理論に関する従来の定説を覆し、準拠法選択の議論において「物権行為」を独立に観念することへの疑問が示されることになろう（第二節三）。

理論的な検討も大事だが、実際的な検討こそ重要である[14]。まず、従来の物権変動の準拠法についての基礎理論には実際的な問題点がいくつかある。例えば、移動中の物や国際的送付売買については、所在地の変更がなされつつあったり、それが予定されていたりして、物権変動の時点における目的物の所在地が確定できなかったり、確定はできてもそれが重要でなかったりする。そこで、ドイツにおいては、これらの問題を解決する一つの可能性として、物権準拠法を決める局面でも当事者自治を認める立場が有力に説かれるようになってきている。また、アメリカの統一商事法典（UCC：Uniform Commercial Code）においても一定の工夫がなされている。この他、売主の引渡差止権については、これを物権の問題と性質決定すべきか否かについて日本国内において争いがある。そこで、これらについて具体的な例も交えて検討を加える（第三節一）。

以上の検討から、内部関係と外部関係とを分け、物権変動の「原因」について物権準拠法以外の準拠法が規律する場合には、その規律を前提として外部関係のみを物権準拠法によって処理すれば、最も密接に関連する法を適用するという基本原則に則った、具体的に妥当な処理ができることが示されることになろう（第三節二）。

（1）　本判決の結論は、物権準拠法である日本法のみを適用した場合と、異ならない。しかし、この一般論によると、相続準拠法の内容によっては、すなわち、相続準拠法の規定する相続人の利益が、物権準拠法を信頼して取引に関わってくる第三者の取引の安全と調和する範囲で保護するに値するようなものである場合には、物権準拠法のみを適用した場合と結論が異なることも生じることになる（例えば、第三者が相続人の処分権が制限されていることにつき善意である場合に限り、第三者への相続人の処分行為を有効とするというような形で）。

このような一般論の意味するところは、次のとおりである。すなわち、第三者との関係（外部関係）での紛争においても、相続人の間（内部関係）にもルールが存在しており、相続人はそれによる規律を受け、相続人の利益がそれに基づいて存在していることをきちんと認識せねばならない。そのうえで、第三者の利益との調整を外部のルールによって行う。その意味で、外部のルールの柔軟性が問われる。

これを日常的な文脈に置き換えると、例えば、家庭の事情や個人的な事情（内部的なルール）が従来の社会的なルールと抵触する場合、最初から前者を無視するのではなく、まずは前者の存在を認識すべきである（それが、社会の側にとって、かなり「異質」なものであったとしても)。そのうえで、両者の利害の調整が必要な場合には、その調整を図るが、その場合に、結論が内部の事情を全く顧慮しないときと変わらないこともある(本判決がそうである)。しかし、内部の事情や社会の側の「寛容」さ次第では、両者の調整の結果が個別的に変わりうる。

このように、内部の事情が第三者の利害との調整結果に反映しうる判断枠組みを採用した点に、本判決の現代的意義がある。

「異質」なものに対して「寛容」であることが、絶対的価値を容易に見出せない現段階では、人々や国々がお互いを尊重しつつうまく折り合っていくために重要であるという指摘は、昨今頻繁に目や耳にするところである。この点については、例えば、私にはかなり難解だが、村上陽一郎『文明のなかの科学』(一九九四年)二〇九－二一四五頁参照。但し、自分の利益が損なわれるような状況が生じるときには、その程度次第では、「寛容」であり続けることはできなくなるはずである。そのような場合の処理をどうするかという問題が、前記の指摘の先にあると思われる。そして、特に、第三節二は、牴触法のレベルで、そのような問題を扱うものにもなる。

(2) 早川眞一郎「国際的な相続・遺産管理の一断面(下)」ジュリスト一〇二〇号(一九九三年)一三一頁、一三四頁は、「相続準拠法によって、相続人による処分が禁止され、その禁止に違反した処分は無効ないし取り消しうるものとされている場合には、物権準拠法上の相続制度とは関係なく、その処分は無効ないし取り消しうるものとされることになる」が、「その処分が無効であったり取り消されたりしても物権準拠法上処分の相手方が所有権を有効に取得するのであれば(たとえば、取得時効制度、物権行為の無因性などによる有効な移転)、結局のところ、相手方は所有権を取得する」と説く。このように原則として相続準拠法における有効か無効かの規律にそのまま従うとする結論を採るにあたっては、次の考慮が決め手になっているものと思われる。すなわち、同右一三三頁は、「現在のわが国の判例のもとでは、純粋に国内的な相続であっても相続によって移転してきた不動産については、取引の相手方にはその他の場合と比較して特別の注意が必要とされ、そのような注意を払わなかった場合には取引の相手方が所有権を有効に取得できないことが少なくない。そのような注意に加えて、被相続人が外国人であるような相続によって移転してきている場合に、さらに一定の注意を払うことを求めても、必ずしも不合理とはいえないのではなかろうか」とする。

しかし、これでは、実質法（ここでは日本法）上の価値判断が先行してしまっている。確かに、物権準拠法が日本法である場合にはこのように言えるかもしれない（但し、この点も日本法上の価値判断としては議論の対象となるはずである。現に、早川・前掲頁の価値判断と前記最判の価値判断とは異なっている。詳細は、第三節二で後述する）。しかし、準拠法選択の一般論として、すなわち、物権準拠法が日本法にならない場合も含めて、このように言えるかが問題として残るはずである。抵触法上の議論と実質法上の議論とはレベルを異にするという認識が、まず必要である。抵触法上の議論としては、共同相続人の利益を相続準拠法に基づいて考えたうえで、共同相続人の利益と処分の相手方である第三者の取引の安全という利益とを調整するための実質的な価値判断を行う場を物権準拠法に求めるというのが、両者の利益に配慮した論理的帰結となるのではないか。

(3)　石黒一憲『国際私法』（新世社・一九九四年）三一〇頁。しかし、財産承継の側面についても、相続準拠法によることが相続人の基礎にある価値観に沿うものと考える。森田博志〔最判判批〕ジュリスト一〇七一号（一九九五年）一四六頁、一四七頁。

なお、木棚照一「国際相続法における総括準拠法と個別準拠法」立命館法学一九九三年五・六号一四八五頁、一五一七頁は、原判決の処理について、「持分の処分……が現実にあった場合にこれを無効とする効果をたとえ相続準拠法が認めていたとしても、物権準拠法上そのような効果を承認することができなくなるので、その局面では相続準拠法の適用を譲歩せざるを得ない」という趣旨だとしていた。これに対して、同論文を収めた木棚『国際相続法の研究』（一九九五年）三〇二頁、三三七頁は、右の「ので」を「とすれば」に修正している。「ので」では、常に物権準拠法が相続準拠法上の効果を排除することになってしまい、物権準拠法のみによって処理したのと変わらなくなってしまう。これに対して、「とすれば」なら、物権準拠法が相続準拠法上の効果を承認するか否かという判断が必ず行われることを前提としていると言える。そして、後者のように原判決を理解するなら、前記最判は、そのような処理方法を明言したものと言えなくもない。但し、そのような処理がなされるのは、前記最判では、第三者との関係においてのみであることに、注意が必要である（なお、同論文は前掲書収録の際に補充・書換えがなされているので、以下では同書を引用する）。

(4)　三井哲夫〔判批〕私法判例リマークス一九九一〈下〉一六〇頁、一六一頁、森田〔判批〕ジュリスト九八五号

（一九九一年）一三六頁、一三八頁。

なお、信濃孝一〔最判判批〕判タ八八二号（一九九五年）一八六頁は、三井・前掲一六二頁が、処分の相手方に対して持分移転登記の抹消を請求する原告・控訴人・上告人Xらの「売買契約の無効」という表現から、本件は物権問題ではなく契約問題として処理すべきであったとする点を支持している。

しかし、「売買契約の無効」という表現は、必ずしも売買契約自体の無効を指しているとは限らないのであり、売買契約（これは、日本法上、同時に処分行為でもある）の効果（本件では、物権変動という効果）が目的物に及ばないという意味で用いられることもある（森田・前掲一三八頁末尾の注で、四宮和夫『民法総則〔第四版〕』（一九八六年）二〇九頁注(1)(a)を引用したのはその趣旨である）。したがって、「売買契約の無効」という表現から、直ちに、Xらが文字通り売買契約自体の無効を主張したとは言い切れないはずである。さらに言えば、仮に、Xらが売買契約自体の無効を主張していたとすると、契約準拠法が問題となり、それは本件では日本法と考えられる。ところで、日本法では、他人の権利の売買契約自体は有効である（民法五六〇条は、それを前提とする）。そして、Xらは処分権が制限されているとはいえ自己の「権利」について売買契約を締結しているのであるから、その契約自体は有効となるはずである（だとすると、相続準拠法上Xらの権限が制限されているか否かという点は、そもそも問題にならず、「相続準拠法と契約準拠法の適用範囲をどう調整すべきか」（信濃・前掲頁）という問題はそもそも生じない）。以上の帰結が容易に想像されるのに、Xらが売買契約自体の無効を主張したとは考えにくい。現に、この点について、Xらは、原審において、中華民国民法上の「処分行為」の無効を援用している（民集四八巻三号八五〇頁）のであって、単に文字通りの「売買契約の無効」を主張しているわけではない。

以上の考慮から、依然、本件の対象は物権問題であると解し、前記最判及び原判決の判断を支持する。早川「国際的な相続・遺産管理の一断面（上）」ジュリスト一〇一九号（一九九三年）一三三頁注(22)も同旨だと思われる。

(5)　前記最判が公表された後、新たに烋場準一〔判批〕平成六年度重要判例解説（一九九五年）二五八頁が、物権準拠法のみ説に加わったようである。同右二六〇頁は、最高裁が相続準拠法上許されない相続持分の処分を物権準拠法である日本法上の価値判断により有効と判示したのに対して、「ここでの問題の解決にあたっては、相続人の利益ではなく、……第三者の利益が優先された、といえようか……。結果として、持分処分可否の点について、一旦認めた相続準拠法の適用は排除され、代わりに所在地法が適用されたのと実質的には異ならない……。けれども、このような方法を採るときは、本件のような場合、ほとんど常に相続準拠法の趣旨の適用に至らない可能性が大である……。とすれば、問題を当初から所在地法の適用範囲内と解する方が、解釈論としては優れている。右のような考慮は、個々の事案における法適用の局面ではなく、より一般的な当初の法選択の局面において、為すべきものであろうからである」とする。

しかし、「本件のような場合、ほとんど常に相続準拠法の趣旨の適用に至らない可能性が大である」とははたして断言できるのか。相続準拠法による規律を実現するための処分禁止の登記の可否（これについては、森田・前掲注（３）一四八頁で言及した）はともかく、本件とは逆の場合、即ち、相続準拠法によれば相続持分の処分は自由にできるが、物権準拠法によればそうでない場合の処理をも例示して論じるべきではないのだろうか（ちなみに、森田・前掲注（４）一三八頁において、後者の場合には、相続準拠法により共同相続人に持分処分の権限が与えられているのだから、物権準拠法の適用段階においても共同相続人に持分処分の権限があるものとして処理すべきことを示唆しておいた）。

また、仮に「本件のような場合、ほとんど常に相続準拠法の趣旨の適用に至らない可能性が大である」としても、「問題を当初から所在地法の適用範囲内と解」してしまっては、可能性としては小かもしれないが「相続準拠法の趣旨」を実現できる場合を切り捨ててしまうことになる。それがどうして「解釈論としては優れている」ということになるのか。疑問である。さらに、構造の把握として、前記最判のような処理の波及効果の大きいことについては、以下で詳細に言及する。

（６）　早川〔判批〕法学教室一六八号（一九九四年）一五四頁、一五五頁は、前記最判の処理が相続統一主義の趣旨に反するとする。しかし、相続統一主義にも、第三者に対する関係で制約がある。森田・前掲注（３）一四七頁。

（７）　早川〔判批〕渉外判例百選〔第三版・一九九五年〕一六四頁、一六五頁は、「《共同相続人の権利状態や権限についての相続準拠法上の定めが個別準拠法上は実現できない》という法状況……の発生を安易に認めすぎると結局のところ先の点について相続準拠法によるとした意味は失われる」とする。最判における日本法適用段階の理由づけは不十分だったのではないかとの疑問は確かに残るのであって、その意味では、この指摘は重要である。日本法適用段階において必要だったと思われる議論の一つの可能性として、森田・前掲注(3)一四八頁参照。この点については、第三節二で言及する。

(8) 木棚・前掲注(4)三三七頁。

(9) 通説を形成した久保岩太郎『国際私法論』(一九三五年) 五二二—五二八頁は、Frankenstein, E., Internationales Privatrecht Bd. 2 (1929) 16–22を引用しており、内容も酷似している。

(10) Frankenstein, Internationales Privatrecht Bd. 4 (1935) 483.

(11) Frankenstein (vorige Note) 482–484.

(12) Frankenstein (oben N. 8) 16–22.

(13) Frankenstein (oben N. 8) 16は、原因行為として「売買、交換、贈与」と並べて「相続」を挙げている。

(14) 論文の構成として、本来なら、実際上の問題を提起し、その解決に必要となった、従来の理論の変更を迫るという構成を採るべきだと考える。しかし、本稿が採り上げる問題について、日本ではいまだ差し迫った問題は、少なくとも判例に現れているかぎりではあまり生じていない。そして、前記最判が採った一般論を理論的に支持しておくことの方が、それが扱った問題を今後自信をもって処理するためにも、それに関係のある諸問題の処理が今後必要になったときにも、役立つと考えるので、このような構成を採った。

なお、実際に解決が迫られている問題としては、船舶先取特権の準拠法がある。これについては、アメリカの処理を整理し、従来の議論の根拠を批判的に検討したうえで一定の解決策を示した。森田「アメリカ牴触法におけるマリタイム・リーエンの準拠法の現状とわが国の国際私法における船舶先取特権の準拠法についての解釈論」海事法研究会誌一二三号（一九九四年）一頁。本稿の第二節二は、そこで後の機会に委ねた理論的な基礎づけを行うものでもある。

第二節　理論的考察

一「個別準拠法は総括準拠法を破る」

最判平成六年三月八日民集四八巻三号八三五頁では、前章で触れたように、総括（財産の）準拠法である相続準拠法と、個別（財産の）準拠法である物権準拠法との適用関係が問題になったとも言える。そして、これに関連して、木棚教授は、「個別準拠法は総括準拠法を破る」という定式の考え方を最高裁が採ったと見うることを主張され、[15]その前提として、ドイツ民法施行法（ＥＧＢＧＢ）旧二八条（現三条三項）を中心とした、この定式の成立過程とその後の展開を辿っておられる。以下、これに対する検討を加えたうえで、この定式を理論的に基礎づけたFrankenstein の論理の検討に移る。

1　ドイツにおけるこの定式の内容

ＥＧＢＧＢ三条三項は、「第三節〔家族法分野の牴触規定――引用者注〕及び第四節〔相続法に関する牴触規定――引用者注〕の指定がある人の財産をある国の法律に服させる場合には、そのような指定は、その指定された国に所在せず、かつ、その所在する国の法律によって特別の規定に服する目的物に関するものではない」（木棚訳）と定める。所在地法上この条項における「特別の規定」が存在する場合、相続に限って言えば、当該相続財産については、相続準拠法ではなく、所在地法が適用されることになる。この「特別の規定」に該当するものが、この定式における「個別準拠法」の内容の一部をなす。

木棚論文では、まず、この条項の前身であるＥＧＢＧＢ旧二八条の成立史が、次に、その定式を理論的に基礎づけたZitelmannとFrankensteinの考え方および学説のその後の展開が、最後に、一九八六年の同条の現行規定への改正過程が辿られている。

そこから、この定式における「個別準拠法」には三つの意味があることが示されている[16]。まず、EGBG三条三項の「特別の規定」に該当するものとして、⑴家族世襲財産、農地単独相続財産のように、特定の政治的、経済政策的観点から一般の相続財産と区別されて相続される財産についての所在地実質法上の特別規定[17]。⑵不動産の相続について他の一般の相続財産と区別して特別に所在地法によらしめる旨の所在地抵触規定によって指定された準拠法（所在地実質法）。後者を具体的に言うと、アメリカの諸州などでは不動産相続について他の相続財産と分けて特別に所在地法を適用すべきだと規定している。相続不動産がそのような規定を有する国や州に所在している場合、ドイツの裁判所は、そのような規定が「特別の規定」に該当するとして当該不動産については所在地（実質）法を適用することになる（詳しくは、後掲の判例参照）。これらとは別に、⑶法廷地抵触法によって指定された個別財産（物権、債権、など）の準拠法がある[18]。

以上の確認を経たうえで、通説が継受している⑶の意味だけでなく、他の二つの意味をも含むものとしてこの定式の継受を慎重に検討すべきだという結論が採られている。そして、その根拠は、次のように説かれている。「総括準拠法の指定意思の貫徹を〔所在地での――引用者注〕実行可能性の観点から譲歩する思想は、現在の各国国際私法の状況を前提としたうえで、できる限り現実主義的にみて判決の国際的調和を達成しようとすれば、これを認めざるを得ないように思われる。そのことはドイツにおけるこの定式に関する現実的実務感覚に支えられた議論の展開からみても納得できるのではあるまいか[19]。」

この見解に対する批判は、次項で行う。ここで指摘しておくべきことは、「ドイツにおける……現実的実務感覚に支えられた議論の展開」とされているが、同論文で紹介されている裁判例は一九六八年四月五日のBGH判決のみであり、しかも、個別準拠法が総括準拠法を破るのは具体的にどの範囲においてかという点には何ら触れられていないことである。そこで、以下では、この定式に関係しそうな事案においてドイツの裁判実務が具体的にはどのような処理を行っているかを、事実関係が明確なものを中心に、見る。

●⑴に関するもの

〔① OLG Köln, Beschl. v. 1. 12. 1954, IPRspr 1954/55 Nr 133〕

〈事　実〉

一九五四年五月一日に死んだオランダ国籍を有しケルンを最後の住所地とする農夫（被相続人）の遺産には、ドイツに所在する農場が含まれていた。この農夫の配偶者である申立人Xは、その農場についてはＧ８ HöfeO（世襲農場法）[20]により自分が単独で先位相続人になり、その農場以外のドイツ国内にある財産は自分と五人の子らとが六分の一ずつ相続したとの相続証書を申請した。

区裁判所は、HöfeO はＥＧＢＧＢ旧二八条の「特別の規定」に当たらず、その農場もオランダ法に従って相続されるとして、Xの申立てを棄却した。

Xがその決定の取消を求めて抗告したところ、本決定は、それを認容した。

〈決定要旨〉

HöfeO は、ドイツ国籍を有する者にその適用を限ってはいない。

同法はドイツ全域にその効力が及んでいるわけではないが、ＥＧＢＧＢ二八条において「特別の規定」がドイツ全域にその効力を及ぼすものであることが要件とされているわけでもない[21]。

そこで、本件農場については、§８ I HöfeO により、Xが世襲農場相続人となる。農場以外の相続財産については、「特別の規定」がないので、一般法に従いＥＧＢＧＢ二五条により、被相続人の本国法であるオランダ法が準拠法となり、Xと五人の子らが六分の一ずつ相続する。

〈コメント〉

本決定は、本件農場の所在地法であるドイツ法におけるHöfeOを一般の相続財産に対するのとは異なる規律をする「特別の規定」と見て、前記農場に限り、相続準拠法であるオランダ法ではなく、所在地法であるドイツ法を適用したものである。本決定から分かることは、相続準拠法に対する所在地法の介入がある場合、それが適用される財産については、相続準拠法上の相続分も所在地法上の「特別の規定」による相続分に取って代わられることになるということである。

●(2)に関するもの

この類型は、不動産の相続については他の相続財産と区別して所在地法を指定する抵触規定を有する国に相続不動産が所在している場合にかかわるものである。裁判所は、当該不動産については、当該抵触規定を「特別の規定」と見てその規定に従い、相続準拠法ではなく、所在地（実質）法を適用することになる。

――オーストリアに相続不動産が所在している場合――

〔② Kammergericht, Beschl. v. 22. 5. 1984, OLGZ 1984, 428〕

〈事　実〉

一九八〇年八月二四日に死んだドイツ国籍の被相続人の遺産（不動産）が、ベルリンとオーストリアにあった。一九六五年に作成された遺言に基づいて、遺産裁判所は、利害関係人1)に対象をドイツ国内の財産に限定しない無制限の単独相続証書を発行した。これに対して、同2)は、被相続人はオーストリアにある不動産を口頭の表示によって自分に遺贈した、また、前記遺言は被相続人の遺言無能力により無効であるか、いずれにせよ偽物であるから、同3)〜5)が法定相続人と見なされると主張した。

オーストリアにある不動産については、その所在地を管轄する地区裁判所によって遺産の取扱がなされる。そこで、当該不動産の処理には関与しないドイツの遺産裁判所は、前記相続証書の発行を撤回し、証書を回収した。

これに対してなされた1)の抗告・再抗告は、いずれも棄却された。

なお、オーストリアでは、被相続人の死亡の直前である一九七九年一月一日に国際私法に関する新法が発効しており[22]、それによって従来の処理が変わるか否かも問題となった。

〈決定要旨〉

新法施行前に生じた相続の場合、通説によれば、オーストリアにある不動産に関する相続では、被相続人がドイツ人であっても（ドイツ法ではなく）オーストリア法によることとなり、この遺産部分にはあらゆる相続問題について、ＥＧＢＧＢ（旧）二八条に従って、この特別の相続準拠法（オーストリア法）が適用される[23]。この結果として、オーストリアにあるドイツ人の被相続人の有する不動産についての遺産手続については、オーストリア裁判所のみが権限を有する[24]。したがって、ドイツで発行される一般的な相続証書には、その記載がオーストリアにある不動産には及ばないことが付記されていなければならない。

これに対して、新法施行後、以上のことに変更が生じたか否かについては、不明確となった。地裁は、ドイツの遺産裁判所がその記載がオーストリアにある不動産にも及ぶ無制限の相続証明をしなければならないほどには、オーストリアの新法制定によって法律状態は変わっていないとする[25]。不動産相続は、手続権限を含めて依然として専らオーストリア法によって判断されるべきである。その限りで、新法の二八条二項は、ＥＧＢＧＢ（旧）二八条の「特別の規定」と見るべきである。オーストリアにある不動産については、遺産は、同国の裁判管轄規定一〇七条、非訟事件手続法二二条に従って、処理されるべきである。その処理は、本件でも、オーストリアの地区裁判所によってなされる。この裁判管轄は、国際裁判管轄と見るべきである。

オーストリアの裁判所に国際裁判管轄があることから、ドイツの遺産裁判所は、依然として、その記載がオーストリアにある不動産に及ばないことを相続証書に付記しなければならない。したがって、原審が本件相続証書を不正なものとして回収したのは、このような付記がなかったのだから、正当である[26]。

〈コメント〉

ドイツの相続証書は、ドイツ法を準拠法とする相続と、ドイツにある財産についての相続について証明するものである。本件では、オーストリアに相続財産の一部が所在していた。オーストリアの牴触規定によれば、不動産相続は他の財産と区別して所在地法によることになっている。したがって、ＥＧＢＧＢ三条三項の「特別の規定」が存在していることになり、前記不動産の相続にはオーストリア（実質）法が適用されることになる。以上から、ドイツの相続証書には、オーストリアに所在する不動産の相続についての記載はできないことになる。にもかかわらず、相続証書に、オーストリアの不動産を対象とするものではないという付記がなされていなかったため、本決定は、その回収を正当なものとしたのである。

——フランスに相続不動産が所在している場合——

フランス法は、オーストリア法と同様、自国に所在する不動産の相続を例外的にフランス法により処理する。したがって、ドイツ裁判所の管轄はフランスに所在する不動産には及ばず、相続証書には、その記載がフランスにある不動産には及ばない旨の付記が必要となる[27]。

この原則に対して、傍論ではあるが、例外的にドイツ裁判所に管轄を認める場合もありうることを判示したのが、次の決定である。

〔③ OLG Zweibrücken, Beschl. v. 10. 7. 1985, OLGZ 1985, 413 = IPRax 1987, 108〕

〈事　実〉

申立人Ｘの母（ドイツ国籍）の死亡による相続について、一九五六年一〇月三日、区裁判所は、Ｘの父の相続分を四分の一、Ｘの相続分を四分の三とする相続証書を発行した。父の死後、Ｘは、父を単独で相続した旨の相続証書を受け取った。

遺産には、いくつかのアルザス（フランス東北部）地方にある不動産があった。それらは、一九四四年一〇月五日のフランスの命令によって抑留されていたが、一九八四年一月三日の法律によって解放の運びとなった。その法律では、旧所有者またはその承継人に返還されることが規定され、返還を受けるためには権利者は三年以内（一九八七年一月六日まで）に土地管轄を有する財務当局に申し立てなければならず、所有権を証明する書類の添付が必要であった。

Xは、自分の権利を証明するため、フランス法による相続証書の発行を区裁判所に申し立てた。しかし、区裁判所は、一九八五年四月四日の決定で、この申立てを棄却した。Xは抗告したが、地裁は、一九八五年六月一八日の決定で、この抗告を棄却した。いずれも、ドイツの裁判所に管轄がないことを理由とする。

Xは、再抗告し、相続証書の発行を拒否することは緊急事態に照らして違法であると主張した。

〈決定要旨〉

この再抗告には理由がない。

判例は、従来、利害関係者が緊急事態にあるときには、並行原則を緩和してきたのであり、学説もそれを支持している。

まさに本件では、Xは（自己の権利についての）相続証書の提出によって自分が単独相続人であることを簡単に証明できるかもしれないが、いずれにせよ、提出された文書に基づきフランス法に従ってXの権利を審査するのは、フランスの当局の責任である。その限りで、ドイツの相続証書には、何らの拘束力もない。

申立ての期限が迫っていることを理由として、申立人に取り返しのつかない損失をさせないためにドイツの遺産手続が開始されなければならないということが、始めから排除されるわけではないと思われる。しかし、申立人は、少なくともそのような状況を疎明しなければならない。適切な証明書類の即時の入手が困難になるか、不可能になる一般的な可能性を指摘するのでは足りない。

〈コメント〉

本決定の事案では、被相続人がドイツ国籍を有することから、ドイツ法が相続準拠法となる。しかし、被相続人の所有していた不動産がフランスに所在していた。フランス抵触法は不動産相続を他の相続と区別して特別に所在地法によらしめている。そこで、本決定は、②決定と同様、その抵触規定を「特別の規定」と見て、当該不動産の相続についてはフランス法を準拠法とした。その結果、ドイツの遺産裁判所には当該不動産について相続証書を発行する権限がないことになる。そして、本件には、緊急にドイツの裁判所が相続証書を発行しなければならないような事情もないとして、本決定は、Xの申立を認めなかったのである。

以上の二件と異なり、次の判決は、所在地法の介入により、当事者の権利関係が変わってしまっているので、重要である。

——アメリカに相続不動産が所在している場合——

〔④ BGH, Urt. v. 21. 4. 1993, NJW 1993, 1920〕

〈事　実〉

XとYは、一九七四年に婚姻し、一九八九年四月二五日に離婚した。Xは、判決により、Yに対して年合計額四三六八ドイツマルクの扶養料支払い義務を負っていた。

一九九〇年五月一一日、Yの父A（ドイツ国籍を有し、一九七八年以来フロリダに在住）が死亡した。Aの遺産は主として不動産であり、Aは、それについて彼の妻を単独相続人に指定し、六〇万米ドルの信託を設定しその収益を妻の扶養に充てるとともに、妻の死後はその基金が六人の子に等分に支払われる旨の遺言をした。それを知ったXは、一九九〇年七月七日、Yに対して段階的変更の訴えを提起し、相続財産の額の報告と、前記判決を変更し、Yが相続財産から得る、あるいは、得られるであろう収入の分だけ扶養料の支払いを減額することを求めた。

区裁判所は、Yが既に自分はAの相続人になっていないとの報告をしているという理由で、報告の請求を棄却する一部判決を下した。Xは、控訴し、目録による遺産の構成とYが母に対して有する遺留分請求権の価値についての報告を求めた。上級地方裁判所は、控訴を棄却した。そこで、Xが上告したところ、ＢＧＨは原判決を破棄差戻した。

〈判　旨〉

両当事者は、確かに、Ａのドイツ国籍により相続による権利継承がドイツ法によること、遺留分権についても相続準拠法が適用されることから議論を始めており、妥当である。しかし、ＥＧＢＧＢ三条三項に従って、合衆国における国内の不動産について所在地法を適用する旨の「特別の規定」によって、所在地法が同法二五条一項による相続準拠法に優先することが考慮されるべきである(28)。

フロリダ州では、未成年の子に関する場合に限り、遺言により相続の廃除をなされた血族の権利は、例外的に、すなわち、個別の財産上の制限的な利用権によって保障されるのだが、Ｙは未成年の子に当たらない。それによると、仮に、Ａの遺産が専ら合衆国内にある不動産からなっている限り、所在地法により、それら目的物に関してはＹには遺留分権がないことになろう。なぜなら、Ｙの相続権・遺留分権へのドイツ法（Ａの本国法）の適用が考慮されるのは、ドイツにある財産か三条三項による個別準拠法の優先が及ばない財産についてだけだからである。

Ｙが母に対して遺留分請求権をもっている限り、Ｙは原則としてそれを自分の困窮の除去に活用しなければならず、それゆえ、その対象額をＸに報告しなければならない。もっとも、例えば、遺留分請求権の対象が遺産の一部にすぎず、それを行使してもＹの困窮を除去しないことが確実に予想できるなら、Ｙの報告義務はなくなりうる。これをより詳しく審査するのは、事実審の任務である。

〈コメント〉

本件でも、相続不動産が、不動産の相続を他の財産と区別して所在地法によらしめる牴触法を有する地に所在していた。その点は、前の二つの決定と同じである。したがって、本件の不動産の相続については、所在地法が適用されることになった。

本件の特色は、単にドイツの裁判所に相続証書を発行するための管轄がないというような手続的な問題ではなく、本来の相続準拠法（ドイツ法）では遺留分が認められる場合でも、ＥＧＢＧＢ三条三項により所在地法が適用されることになる結果、遺留分が認められなくなってしまうというケースがあることが示された点にある。ここから、逆に、被相続人の本国法では遺留分が認められない場合であっても、所在地法が介入する結果、遺留分が認められることもありうることになる。

①決定と合わせて言えることは、所在地法上の、特定の相続財産を他と区別して相続させる規定（実質法であれ、抵触法であれ）が存在し、それがＥＧＢＧＢ三条三項の「特別の規定」に該当すると判断されると、当該財産に限ってではあるが、相続準拠法が所在地法に取って代わせれ、その結果、相続関係者の権利関係が大きく変わってしまうことがありうるということである。この点は、非常に重要だと考える。

●⑶に関するもの

前述のとおり、日本で「個別準拠法は総括準拠法を破る」ということが言われるのは、以下で示す類型についてである。

〔⑤ BayObLG, Beschl. v. 13. 1. 1961, BayObLGZ 1961, 4〕

〈事　実〉

Ｍは、最初の婚姻でドイツ人夫と結婚し、一九三一年に夫とともに二人の子を養子にした。そして、一九三一年一〇月二七日にミュンヘンで共同遺言を作成し、夫婦のどちらかが亡くなった場合には残った方が相続人となること、そちらも亡くなったら二人の子が二分の一ずつ相続することを定めた。その夫は、一九三九年五月一八日にウィーンで亡くなった。

一九四〇年一〇月にＭは、イタリア人Ｘと婚姻した。婚姻後、両者はミュンヘンで暮らしたが、戦間期にＸはイタリアに戻り、戦後Ｍもイタリアに赴いた。一九四七年二月一〇日にＭはミラノで新しい遺言を作成し、全ての動産と不動産が前記の二人の養子に帰属すること、Ｘには何も相続されないことを定めた。また、一九四六年二月に

Xのためにした遺言が無効であることを言明した。Mは、一九四七年七月六日ミラノで死去した。

二人の養子の申立てに基づいて、ミュンヘン区裁判所は、一九四九年二月七日相続証書を発行し、内国の財産については一九四七年二月一〇日の遺言に基づいて二人の養子が二分の一ずつ相続したことを証明した。

一九五五年一二月、Xは、前記相続証書を回収し、Xが夫でありイタリア法によれば相続資格があることを記載した相続証書を発行することをミュンヘン区裁判所に申し立てた。

一九五六年六月二〇日の決定で同裁判所がこれを棄却したため、Xは、イタリア法によればXは用益権者として真正相続人となり、その記載のない相続証書は誤ったものであること、ドイツ法によっても相続権的な効力をもつ用益権が成立することを主張して抗告した。

これに対して、同地裁は、一九五八年五月二〇日、区裁判所の決定を取消し、前記相続証書を回収し相続準拠法がイタリア法であることを付記した相続証書を発行することを区裁判所に命じた。

これに対して、養子の一人が、この地裁の決定の取消とXの抗告を棄却することを求めて再抗告した。

〈決定要旨〉

（決定理由が長いので、遺言の有効性についての部分は省略し、本稿のテーマに関係する部分のみを要約して示す）

被相続人は、死亡当時イタリア国籍をもっていた。相続準拠法は、イタリア法である。

ドイツの遺産裁判所には、相続準拠法が外国法であるにもかかわらず、内国にある財産に関する限りで、相続証書を発行する権限がある。

イタリア法によれば、被相続人の配偶者であるXには、遺留分権として、相続財産上に用益権が与えられる。

イタリア法では、配偶者の用益権が、法律によって直接物権として成立し、その限りで相続権的な効力をもち、したがって、それは、相続人にとっての制約であるということは、正しいかもしれない。しかし、考慮されなければならないのは、（ドイツの遺産裁判所が発行する）外国法による相続を証明する文書は、単にドイツにある遺産の相続権についての証明書であるにすぎず、用益権が実際にドイツにある動産や不動産に生じるか否かという問題は、相続準拠法──イタリア法──ではなく、物権準拠法、目的物所在地法、したがって、ドイツ法により判断されるべきだということである。（物権準拠法は、相続準拠法を破る）。ドイツにある遺産上に用益権が成立するのは、むしろ、ドイツ物権法上の規定に従って基礎づけられる場合に限られる(29)。

したがって、この場合には、相続人に用益権の設定を義務づける効力しか生じない。したがって、相続人は相続権を直接に制約されるわけではなく、この用益権は相続証書に記載できない。

相続証書は真の権利状態を示すものでなければならないので、少なくとも相続人の権利状態についての外国法の規定がドイツ法と異なっている場合には、相続証書に、その相続が特定の外国法によることを付記しておくことが要請される。仮に、そのような付記がなされないでいると、あたかも、相続人の権利状態がドイツ法に従って判断されるか、少なくともドイツ法によるのと同様であるかのような誤った外観が生じてしまうであろう。

したがって、地裁が、遺産裁判所によって発行された相続証書にそのような付記がないことを不完全であり、その限りで不正であるとし、その回収を命じたのは、結論的に正当である。

〈コメント〉

本決定は、相続準拠法（イタリア法）によれば被相続人の配偶者に物権的効力を有する用益権が成立するのに対して、物権準拠法（ドイツ法）によればそのような制度がない場合には、物権準拠法が認めない以上、物権的効力を有する用益権は成立しないとしたものである。但し、相続準拠法上の規律との関係において、物権準拠法により物権としての用益権の成立が認められない場合でも、その設定義務は生じるというのが、この決定の考え方である。

このような結論を導くための根拠が示されているとは言えないが、理論的には、後述するFFrankensteinの考え方と同じである。しかし、結局は相続をめぐる当事者間の権利関係の問題だから、相続準拠法のみで処理するという考え方もありうるところである。にもかかわらず、本決定のように考えなければならないのかどうかが、本稿における中心テーマの一つであり、これについては後に詳しく述べる。

本決定は、個別準拠法が総括準拠法を破ることを認めたものである。これに対して、相続準拠法のみを適用した事例も存在する。以下の二件は、後者の事例である。

〔⑥ BGH, Urt. v. 3. 10. 1962, IPRspr 1962/63 Nr 145 = NJW 1963, 46〕

〈事　実〉

Y_1・Y_2は、一九五二年三月四日にチューリヒで死亡したスイス国籍の母の相続人である。遺産には、リンダウ（ドイツ）にある不動産があった。

チューリヒ地区裁判所は、一九五二年七月三日、被相続人の遺言執行者に指定する旨の証明書を、リンダウ区裁判所は、同年九月六日、内国にある遺産に限っての遺言執行者証明書を、それぞれY_3に発行した。遺言執行については、リンダウの区裁判所の土地登記簿に登記された。

一九五六年に、Y_1・Y_2は、ミュンヘンの弁護士に、だきるだけよい条件での不動産の売却を委任した。一九五八年六月一二日、同弁護士は、事前にY_1・Y_2から契約締結についての代理権の付与を受けたうえで、リンダウの公証人の面前で、Xと「売買契約締結の義務づけについての契約」を締結した。

ところが、Y_3は、最終的にその契約への同意を拒否した。

そこで、Xは、前記の契約に定めた条件で前記不動産を自分に売却すること、それによる権利変動を土地登記簿に登記することへの同意などをYらに求める訴えを提起した。

原審では、X敗訴。

〈判　旨〉

被相続人はスイス国籍を有していたので、相続準拠法は、スイス法である。遺言執行者の法的地位についても、相続準拠法が決する。

スイス法上の遺言執行者の法的地位に関して、原判決は、次のように判示している。遺言執行者の権限の範囲は、本質的にはドイツの遺言執行者のそれと同じであり、同じことは、相続人の処分能力の制限にもあてはまる。もっとも、ドイツ法によれば、相続人は、無制限の遺言執行がなされる場合、遺言執行者の同意ないし許可なく遺産を処分することはできない。これに対して、スイス法によれば、相続人の処分権の制限は、既に不動産についての売買契約についても適用される。なぜなら、スイス法には、不動産譲渡における特別の方式による物権的合意（Auflassung）がなく、権利変動を不動産登記簿に登記するには既に公証されている売買契約に基づくだけで足りるからである。

上告理由は、原判決がＥＧＢＧＢ（旧）二八条及び三〇条と調和しないとするが、その主張には理由がない。

本件では、二八条の要件は充たされていない。なぜなら、本件に関する不動産については、ドイツ法によれば、何ら「特別の」相続法上の規定がないからである。

スイス法によると、相続人の行う義務づけ行為への遺言執行者の同意が必要とされているが、三〇条に違反しない。同条の意味でのドイツ法の目的に対する違反が存在するのは、外国法の適用によってドイツの国家的・経済的生活の基礎が損なわれる場合に限られる。しかし、本件では、そのような事情はない。相続人は遺言執行者の管理に服する財産を処分できないとするＢＧＢ二二一一条の規定からは、確かに、相続人が遺産についての義務づけ行為を行う能力が制限されていないことが分かる。しかし、それは、上告理由の見解と異なり、一般的な、全ドイツ法を支配する原則から導かれるものではなく、債権的な義務づけを行う能力への制限が始めから排除されているというわけではない。むしろ、ドイツ法には、そのような制限が特定の財産に関してさまざま明示的に含まれている。

〈コメント〉

本判決は、遺言執行者がいる場合の相続人の処分権の制限について、ドイツ法が優先して適用されるなら相続人には自分が相続した財産を処分する権限はないが売買契約を締結する権限なら認められるところ、相続準拠法（スイス法）を適用し、売買契約を締結する権限すらないとしたものである。その意味で、個別準拠法が総括準拠法を破らなかった事案である。

前掲⑤決定では、被相続人の配偶者に用益権が認められれば相続人の権利が制限されることになる事案で、相続準拠法ではなく、物権準拠法を適用した。ここでは、取引の安全を脅かされる第三者は出てこなかった。

これに対して、本判決は、相続人の権利の制限という点では共通する事案において、相続準拠法のみを適用している。もし、第三者であるＸの取引の安全が具体的に問題となっていたならば、異なった判断が下されていたかもしれない。ただ、物権準拠法であるドイツ法によっても相続人が遺産を処分する権限は制限されており、遺言執行者の同意の得られない本件では、Ｘの義務づけ行為の履行は、結局実現しない[30]。そのため、あえて物権準拠法を適用する必要はなかったと言える。

〔⑦ LG Aachen, Beschl. v. 11. 12. 1970, IPRspr 1970 Nr 93A〕

〈事　実〉

一九六九年七月二三日付けの公正証書で、申立人Ｘは、父の遺産に関する自己の九分の二の相続分に二〇〇〇〇ドイツマルクの残金債権についての担保権を設定した（Ｘもその父もオランダ国籍を有していた）。その遺産にはドイツの不動産が含まれており、Ｘは、アーヘン区裁判所の発行した相続証書に基づき、他の共同相続人とともに、その共同所有者として登記されていた。Ｘは、土地登記簿に前記担保を登記することを承認し、その旨の申請をした。アーヘン区裁判所の土地登記簿裁判官がその申請を拒絶したので、Ｘは、抗告した。

〈決定要旨〉

本件で問題となっている登記がなされうるのは、相続分の処分である本件担保権設定が許容されるものである場合だけである。なぜなら、ドイツの土地登記法によれば、ドイツの土地登記簿に登記されうるのは、許容された処分だけだからである。それには、共同相続関係の法的性質から議論を始めるべきである。

問題となるのはオランダ法上の共同相続関係の法的性質だから、そのような共同相続関係における持分の処分の許容性および方式の問題も、ＥＧＢＧＢ二五条に従って、オランダ法により判断される。

オランダの裁判実務や学説は一致して、共同相続人は個別の相続財産上の持分を処分できないという見解を支持している。

これに対して、オランダの学説は一致して、各相続人は分割前の共同相続財産上の自分の全ての持分を処分することはできるという見解を採っている。しかし、この処分が、相続分の一括処分の方式でなされなければならないのか、それぞれの個別の相続財産上の持分の処分の方式でなされなければならないのかについては、争いがある。

通説は、一括処分を許容せず、相続分の処分が許容されるのはそれぞれの相続財産上の自己の持分を移転するという方法に限られるとする。

それによると、本件では、Ｘの行った相続分への担保権設定は、登記できない。なぜなら、前記公正証書によれば、Ｘは自己の相続分を一括処分しており、その結果、有効な担保権設定がなされていないからである。

本件には、ＥＧＢＧＢ二八条の適用はない。仮に、本件に所在地法としてのドイツ法が適用されるとしても、相続不動産上のＸの持分に担保権を設定することはできないであろう。なぜなら、ＢＧＢ二〇三三条二項によれば、共同相続人は、個別の相続財産上の持分を処分できず、したがって、オランダ法におけると同じことがあてはまるからである。(31)

〈コメント〉

事実関係があまり明確ではないが、本決定は、相続人の相続財産上の持分処分の許容性とその方式とを相続準拠法によって処理したものである。本決定が本件の担保権設定を無効としたことによって、第三者である、担保権の設定を受けた債権者が不利益を受けることになると思われる。それにもかかわらず、本決定は、⑥判決と同様、相続準拠法のみを適用している。ただ、物権準拠法であるドイツ法によっても結論に変わりのないことが、決定要旨の最後の部分で触れられている。そのため、あえて物権準拠法を適用する必要はなかったと言える。

以上の裁判例の検討から、⑴⑵の類型では、所在地法上、特定の相続財産（特に、不動産が問題となっていた）を他の勤続財産と区別して規律する規定（実質法ないし牴触法）が存在し、その規定がＥＧＢＧＢ三条三項の「特別の規定」と判断される限りにおいて、所在地法上の規律が相続準拠法上の規律に取って代わることが明確だと言える。そして、相続分や遺留分といった相続人にとって重要な権利までが影響を受けることもあるということが示されていた（①決定や④判決）。

これに対して、⑶の類型では、⑤決定は、配偶者の用益権について相続準拠法を物権準拠法が破り、用益権は成立せずその設定についての請求権が与えられるだけだとした点で重要である。これに対して、⑥判決や⑦決定は、相続人の処分権に関する問題で、相続準拠法のみを適用している。但し、相続準拠法と物権準拠法の適用結果にほとんど差がなかったので、物権準拠法を適用する必要がなかった。

いったい、⑤決定で扱われた問題以外でいつ相続準拠法が物権準拠法に破られることになるのか（ドイツの学説の別の言い方を用いると、具体的に、いかなる場合に、相続準拠法と物権準拠法が調和しないと判断されるのか）については、明確になっているとは言えない。

以上を踏まえたうえで、次項では、「個別準拠法は総括準拠法を破る」という定式に批判的な検討を加える。

2　この定式に対する批判的検討

前項の最初に触れたように、木棚教授は、解釈論のレベルで、前記の三つの意味全てを含むものとして、この定式の継受を検討すべきだとされている。そして、その根拠として、「実行可能性」と「判決の国際的調和」を挙げておられた。

ところが、既に、このような考え方に慎重な見解が示されていた。久保岩太郎教授の見解がそれである。(32)

㈠　久保教授は、EGBGB旧二八条の沿革とそれをめぐる執筆時までのドイツの学説などの展開を検討されたうえで、この定式の三つの意味のうちで、家族世襲財産などに関する「特別の規定」が抵触規範でもあって、その規定の適用によりその「特別の規定」の実質法的性質を有する部分が適用されることになるとする理解に立った場合の⑴[33]と、⑵に対しては、周到な批判をされている。

「判決が外国において執行することができるか否かは、その外国の採る主義に従って定まる偶然のことであり、内国の衝突規則適用の任務を持つ内国裁判官の問うべきところではない。……裁判官は、外国の衝突規則の適用の義務を課する特別の条約または法律（法規）がない限りは専ら内国の衝突規則のみを適用しなければならない。……独逸民法施行法第二八条……は特別の法律（国内法規）の例である。」しかし、日本にはそれに相当する規定はない。したがって、日本では、そもそもドイツと同じ処理を採るための立法上の根拠を欠く。

「しからば、屈服条款[34]は立法上これを設けるべきであるか。所在地法はその領域内の所在物に親近関係を有し強い力を持つから、その地の衝突規則に優先権を認めようとする主張は、結局、力は法に優先するとするものであり是認することはできない。判決の実効性の見地から所在地の衝突規則の前に屈服せしめようとする主張は理由なしとしない。ただこの理由のために、一旦正当と信じて採用した国京私法原則を放棄することの正否が問題として残される[35]。」

そして結論として、「わが法例と独逸民法施行法（国際私法規定）とは、共にゲープハルト案を模範とする姉妹法である。……法例は反致条款のみは承継したが[36]（旧——引用者注）第二九条）、屈服条款については規定を設けていない。……同種の精神に由来する反致条款を設けていながら、屈服条款を設けていない形式論から見ても、また屈服条款の理論的性格から見ても、これを否認したものと解するのが正当である[37]。」

久保教授の指摘に、基本的に賛成である。

敷衍すると、日本の法例は転致さえも否定する趣旨だと解されており[38]、外国の国際私法規定が考慮されるのは、明文のある場合、すなわち、準拠外国法として当事者の本国法が指定されるべき場合において、当該国の国際私法規定が日本法を指定している場合に限られている（反致・法例三二条）。もしここで論じている問題についても外国（所在地）の国際私法規定に従わなければならないとしたら、相応の根拠が必要である。その根拠となりうるものとして木棚教授の主張されるのが、所在地における日本の判決の「実行可能性」であろう。[39]

この点、ドイツの裁判所は、前項で示したとおり、所在地法上「特別の規定」が存在すれば、相続準拠法を適用して判決を下しても所在地での「実行可能性」が欠けることになると見なして、直ちに所在地抵触法の指定する法（実際には、所在地実質法）を相続準拠法にかえて適用することになる。

しかし、自国の抵触法が相続関係を規律する法として適切だと考える法（相続準拠法）を選択したにもかかわらず、それを所在地抵触法の指定する法に対して「譲歩」すべき場合があるとしても、それはやむをえない場合に限られるべきではないか。例えば、日本で相続準拠法を適用して判決が下されたとして、その判決が所在地で執行されるためには、それが所在地で承認されうるものかが問題となるが、その承認が拒絶されるかそれを実行するために利用されうる手続がないことが確実でない限り、「実行可能性」がないと断定することはできないはずである。さらに、そもそも日本での判決が判決効の及ぶ関係者にとっての行為規範となって任意の履行も期待できるのだから、「実行可能性」を重視するのには疑問が残る。[40] また、相続準拠法の適用段階で所在地法（所在地での「実行可能性」）に配慮せざるをえなくなることも考えられるが、それは実質法レベルの話である。

以上から、仮に所在地法を適用すべき場合があるとしても、それは極めて限定されたものであって、ドイツの処理では広すぎ、その継受には極めて慎重であるべきだと考える。

(二)　以上の場合とは逆に、久保教授は、家族世襲財産などに関する「特別の規定」（所在地実質法）の適用が自国の抵触法から導かれたものとする理解に立った場合の(1)[41]と、(3)に対しては、それを支持されている。

「『個別準拠法は包括準拠法を破る』という命題は、それが一国の衝突規則相互間の問題、延いてその衝突規則の適用の結果として定まる準拠法相互間の問題として考えられる範囲においては……理論上当然に認められるのであり、独逸民法施行法第二八条がこの道理を表明するものとすれば、当然の事理を表明した注意規定たる意味を持つに過ぎないものといわなければならない。故に、かかる規定のないわが法制の下においても同様の結果となるのである。」[42]

久保教授は、この定式はここでの場合においては、「理論上当然に認められる」とされる。このように主張するにあたって、久保教授は、Zitelmann の見解と、それを発展させた Frankenstein の見解に全面的に依拠されている。[43]

そこで、以下では、後者に的を絞って検討を加える。

Frankenstein は、次のように説く。

すべての人、物、権利は原則としてその固有の法による。……何等かの観点から個々の財産を単一財産（相続財産、破産財団等）にまとめて取り扱うべき場合に、それが可能となるのは、それぞれの個別財産に適用される法が、そのような性質づけに従い、そのような集合的取扱いを承認するときに限られる。……そのような単一財産に適用される財産準拠法（総括準拠法）は、個別準拠法の寛容さによってのみ生きるのである。……「物を直接支配する物権準拠法は、より強力であって、属人法に優位するのである。」

このような制限を伴って、「財産」はその固有の法による。「財産」は、二つに分類される。主として人的要素に従って構成されている「財産」（子の財産、被後見人の財産等）は、その主体の本国法による。これに対して、主として一定の目的のために設けられている規定に従って構成されている「財産」、例えば世襲財産は、その主要部分が服する法による。[44]

このFrankenstein の見解を支持して日本法においても妥当するものと考える久保教授の考え方には、疑問がある。

第一に、世襲財産のような「財産」について、相続準拠法（法例二六条）の指定する被相続人の本国法とは別の準拠法を考える必要があるのか。そこでの「目的規定」とは、ＥＧＢＧＢ旧二八条から考えて、目的物の所在地法における（政治・経済的）「目的」を達成するための「規定」を意味するはずである。だとすると、所在地法における規定の内容を見てから性質決定を行い「特別の財産」と見て所在地法によるとすることになる。しかし、それは性質決定における準拠法説であって、久保教授も支持しておられる法廷地国際私法独自説[45]（通説）とは相容れないはずである。公法的規制の介入については、契約準拠法に関して議論されている強行法規の特別連結論[46]のように、相続準拠法上の効果を制限する形で考慮すれば足りるのではないか。

第二に、物権準拠法が総括準拠法に優先する根拠として、Frankensteinは、それが「物を直接支配」し、属人法「より強力」なことを挙げる。しかし、これを認めると、結局、力に対する屈服を認めることになるのではないか。だとすると、「力は法に優先する」とするものだとして所在地（牴触）法への「譲歩」を拒否した久保教授[47]は、ここでも、所在地（実質）法への「譲歩」を拒否すべきことになるのではないか。

第三に、ここで所在地法を適用しようとするのは、所在地での「実行可能性」に配慮するものだと言える。しかし、これに対しては、既に批判的な検討を加えた[48]。

以上から、この類型についても、日本法への継受には極めて慎重であるべきだし、既に継受されてしまっている(3)の類型についても、見直しが必要である。

Frankensteinは、相続法と物権法との関係を論じた部分で「ここでもまた、物権はそれ自体により成立するのではなく、原因行為を必要とするという認識から出発しなければならない。この原因行為は、相続法においては相続である[49]」と述べ、遺贈を論じた部分の最後で「相続準拠法と物権準拠法との間に対立がある場合には、原因行為と物権行為の関係についての一般原則が妥当する[50]」として、いずれも物権変動の準拠法に関する基礎理論について言及した部分の参照を指示している。すなわち、ここまで論じてきた問題は、単に個別準拠法と総括準拠法との関係にとどまるものではなく、物権変動一般の問題に還元されるのである[51]。

したがって、次に、節を改めて物権変動の準拠法に関する基礎理論を検討の中心に据え、合わせて(3)の類型における「個別準拠法は総括準拠法を破る」という定式の当否を探る。

二　物権変動の準拠法に関する基礎理論

一においては、「個別準拠法は総括準拠法を破る」という定式の射程（1）とその根拠（2）を探った。そこから、この定式には疑問が多いこと、この定式が独立した狭い範囲で考察すれば足りる問題ではなく、物権変動の準拠法一般を念頭に置いて検討されなければならないことが分かった。

そこで、本節では、物権変動の準拠法に関する基礎理論を議論の中心に据えて、その批判的検討を試みる。

1　物権変動の準拠法に関する基礎理論の再検討

(一)　日本における物権変動の準拠法に関する基礎理論は、久保教授によって継受されたドイツの学説である **Frankenstein** の説にそのまま依拠するものである[52]。その状況は、今日でも変わらない[53]。以下では、少し長くなるが、まず **Frankenstein** の考え方を辿る。

Frankenstein は、遺失物拾得や無主物先占のような事実行為による場合は別として[54]、当事者の意思表示による物権変動については、売買・交換・贈与・夫婦財産制・相続などの原因行為とその履行行為である物権行為とを抵触法上区別し、それぞれ別の準拠法を適用すべきだとする[55]。「もっとも、この原則が単純なものに思われるのにひきかえ、その実行は具体的には困難である。……物権的な要素とそうでない要素との明確な区別は、いかなる法秩序においてもなされていない。厳密な思考によるドイツの法体系においてさえ、全体的な統一がとれていない[56]」として、この区別が困難であることは認めている。しかし、それにもかかわらず、この区別が必要であることを当然の前提として、分析を進める。そして、二つの場合に分けて論じている。

（ア）ある法的な事実が、（物権変動の）原因の準拠法によれば物権的効力をもつが、物権準拠法によれば物権的効力をもたない場合（例えば、イタリアでイタリア人の間でドイツにある美術品が売買される場合、原因の準拠法（債権的な売買契約についてのイタリア法）によれば所有権は売買契約（黙示的になされた譲渡行為による）と同時に移転するが、物権準拠法であるドイツ法によれば移転しない。また、フランスでフランス人同士が婚姻する場合、原因の準拠法（夫婦財産制についてのフランス法）によれば登記なしに妻は夫の有する不動産上に法定抵当権を取得するが、その不動産がドイツにあれば物権準拠法であるドイツ法によって抵当権の成立には設定と登記が必要である）

この場合、つまり、「物権準拠法によれば物権の成立には一定の行為（有体物の引渡しや登記による譲渡：いわゆる「物権行為」である）が必要な場合には、その要件が充たされない限り、――原因の準拠法によればどのような判断が下されようとも――物権は成立しない。」

しかし、原因の準拠法は何らの効果をもたないというわけではない。「何しろ、当事者は、おそらく二人とも、物権的効力が生じたであろうと信じているか、物権的効力を生じさせる意図を有していたであろうから。」この場合には、原因の準拠法が想定していない債務、すなわち、物権準拠法によれば依然として必要な行為（物権行為――右の例では、目的物の譲渡・抵当権の設定）を行う債務が、当事者に負担されなければならないことになる。(57)

（イ）物権準拠法が、原因の準拠法の認めない物権的効力をある事実に付与する場合

ドイツでドイツ人の間でイタリアにある美術品が売買される場合、原因の準拠法（ドイツ法）によれば「債権的な売買契約」は物権関係に何ら影響しないが、物権準拠法（イタリア法）によれば契約締結と同時に所有権が移転する。

この場合、所有権が移転するか否かは、物権準拠法のみによる。もっとも、この場合に所有権が実際に移転したと断言することはできない。「むしろ、物権準拠法の内容が鋭く分析されなければならない。」物権準拠法が一定の事実に対して、その行為地や当事者の意思、原因の準拠法の内容を顧慮することなく、一定の物権的効果を付与す

る場合には、その効果が生じる。「なぜなら、物権準拠法は、物権の成立にとって絶対的なものだからである。しかし、物権準拠法上の諸規定を調べてみると、このような帰結が導かれることは、ほとんどない。」物権準拠法であるイタリア法が売買契約の締結と所有権の移転とを結びつけているのは、「イタリア法上の債権的な売買契約」に黙示的な譲渡が含まれているからにすぎない。しかし、「ドイツ法上の売買契約」には物権的な効果は伴っていない。したがって、物権準拠法であるイタリア法が正しく解釈される場合には、何ら物権変動は生じないこととなる。

フランス法によれば妻に対して夫の所有する不動産上に登記なく付与される法定抵当権の場合も、全く同様である。ここで抵当権が成立するのは、婚姻の物権的効果ではなく、フランス法による婚姻の効果にすぎない。したがって、ドイツ人夫の所有するフランスの不動産上には、ドイツ人妻のためには法定抵当権は生じない。

「したがって、原因の準拠法に反して物権準拠法がある事実に物権的効力を付与することを断定するには、非常に慎重でなければならない。通常、物権準拠法を調べることにより判明するのは、物権準拠法が物権的効力を結びつけるのは物権準拠法上の原因行為だけであって、同様の名が付けられていても異質な外国法上の原因行為に物権準拠法上の物権的効果を付与することは全く意図していないということである。[58]」（傍点筆者）

以上が、物権変動の準拠法に関する基礎理論についてのFrankenstein（ひいては日本の通説）の考え方である。

しかし、これに対しても疑問がある。

第一に、「原因行為」と「物権行為」の区別はドイツ法系に特有のものにすぎず世界に普遍的な制度とは言えない[59]。にもかかわらず、抵触法上この区別を前提に据えて議論を始めるのはおかしいのではないか。しかも、この区別を前提とする根拠が示されているわけでもない[60]。

第二に、通説は、前記の（ア）の場合に、ある事実が物権準拠法上の物権変動の要件を充たしていなくても原因の準拠法上の要件を充たしているときには、物権変動そのものは認めないが、当事者には物権行為を行う債務が生じることとしている[61]。

しかし、当事者間において、はたしてこのような迂遠な処理を強いる必要があるのか。Frankenstein が「当事者は、おそらく二人とも、物権的効力が生じたであろうと信じているか、物権的効力を生じさせる意図を有していたであろう」と述べているのは、まさにその通りだと思われる。そして、このことは、当事者にとっては、物権準拠法よりも原因の準拠法の方がより密接に関連しているということを意味しているのではないか(62)。だとすれば、取引の安全に配慮しなければならない第三者との関係は別だが、当事者間においては、原因の準拠法に従って、物権変動が生じたものと扱ってよいのではないか。その方が、かえって密接関連性を最高の価値として構築されている伝統的な国際私法の方法論に忠実だと思われる。いったい、当事者間関係にまで物権準拠法が適用される根拠は何なのであろうか。

第三に、通説は、（イ）の場合には、物権準拠法（イタリア法）上は物権変動の要件が充たされているように見えても、その内容を鋭く分析する必要があるとする。そして、物権準拠法上は物権変動が生じるためには「債権的な売買契約」（Frankenstein が、わざわざ「債権的な」という語を付け加えていることに注意すべきである）に「黙示的な譲渡」が含まれていなければならないのに、（債権）契約準拠法（原因の準拠法であるドイツ法）上は「売買契約」にそれが含まれておらず、結局、物権変動は生じないとする。石黒一憲教授は、このような処理を、Frankenstein が先に引用した部分の末尾において述べている言葉通りに「原因行為の……同質性……をチェックする」ものと理解されている(63)。

しかし、牴触法上始めから「原因行為」と「物権行為」の区別を前提に据える通説の立論からすれば、前記の物権準拠法上の「売買契約」は、単なる「原因行為（債権契約）」ではなく（「債権的な」ものにとどまらず）、「原因行為」と「物権行為」とが合体したものと見なくてはおかしいのではないか。そして、（債権）契約準拠法上は「売買契約」は単なる「原因行為」にすぎず「黙示的な譲渡」を含んでいない（「物権行為」を伴っていない）から、結局、物権準拠法上の要件は充たされておらず物権変動は生じないという結論を、Frankenstein は採っているのでは

「契約（あるいは、一般的には、物権変動の要件事実）」の同質性をチェックするものではないか。

だとすると、（ア）の場合にも同様に考えなければおかしいのではないか。そして、同様に考えると、通説の結論は逆にならないと一貫しなくなるのではないか。すなわち、売買契約のみがなされているような場合、物権準拠法（ドイツ法）上は、確かにそれは、通常「原因行為」にすぎず、物権変動は生じないはずである。しかし、契約準拠法（イタリア法）上は、それは「原因行為」と「物権行為」の合体したものであって、物権準拠法上の物権変動の要件事実と同質（あるいは、等価）なものである。したがって、論理的な帰結としては、物権変動が生じることになるはずではないか。

以上の検討から、次のことが言える。すなわち、（ア）と（イ）の双方において、物権変動は結局、「通常」は、原因の準拠法のみによって処理されたのと同じ結果になるはずである。しかし、通説は、一貫性を欠くと思われる結論を採っており、厳密には原因の準拠法と物権準拠法との累積適用ではないが、(64)「通常」は累積適用したのと同じことになっている。(65)そして、（ア）と（イ）のいずれの場合においても、Frankenstein にとっては最も身近だが世界的に見れば特殊なドイツ（実質）法の意向が通ることになっている。

以上の疑問から、さらに次の疑問が生じる。通説は物権準拠法（目的物所在地法：法例一〇条）が物権変動を規律するという前提を当然のこととして置いているが、それは妥当なのか。いったい、物権準拠法の適用根拠は何なのか。そこで、次に、この根本的な疑問に議論を進める。

㈡　物権準拠法の適用根拠について、Frankenstein は、次のように述べている。

「権利は、その客体に対する強制力をもち、それによって権利者がその権利を行使することを可能にする法秩序に従う。……したがって、物権は、目的物を支配する法秩序によらなければならない。」人とその本国法との関係は、原則として、純粋に精神的なものである。これに対して、「物は、人の意思が介在しない限り、それが所在する領域に空間的に結び付けられている。……しかし、人の意思は、ここでは問題外でなければならない。なぜなら、誰かある者が介入して物を他の法域に移送する場合、まさにこの事実は、介入者がそうするための権限を有し物に対する権利を有していたかどうかに基づいて、また法的に評価されるからである。……人のこの介在が排除されると、物に固有の意思はなく自分で法秩序を選択する可能性はない。必然的に、物は、その所在地法の作用にさらされることになる。この法秩序は、専ら、物に権利を付与し、物に対する作用を許容したり禁じたりする力をもっている。……法的な力と事実上の力は、——人の場合と異なり——ここでは一致する。[66]」

以上が、物に対する権利について所在地法が適用される根拠として、Frankenstein が挙げている点である。しかし、これに対しても、疑問がある。右の例で、「介入者」の権限を法的に評価するのは所在地法でなければならないとFrankenstein は考えている。しかし、当事者の間で権限が付与されていると観念することは可能であり、その場合には、その間の関係を規律する法（契約準拠法や相続準拠法）によって権限関係を処理することができるはずである（無権限の者の処分行為を第三者の取引の安全の見地から有効とすべきかどうかは、次の段階の問題として物権準拠法によって処理すれば足りる）。現に、本稿の冒頭で掲げた最判平成六年三月八日民集四八巻三号八三五頁は、そのように考えている。

だとすると、結局、Frankenstein の主張のポイントは、「法的な力と事実上の力」とを一致させることではないか。しかし、それなら、執行の段階を念頭におけば足りるはずであって、所在地法の射程範囲を広くとりすぎている。したがって、物権変動に所在地法を適用する根拠としては、不十分だと思われる。

日本の通説は、この点、公益説を採っている。すなわち、「物権は、物を直接に支配する権利であるという性質上、所在地の公益（経済・取引・公信用等）と密接な関係を有する法律関係である。したがって、公益保護（第三者に対する取引保護）の見地から、物権は目的物の所在地法によるのでなければ法的規制の実効性を期しえない[67]」ことを根拠とする。さらに「物権関係に所在地法以外の法律を適用することは技術的に困難な場合が少なくない。例えば、所在地における土地の抵当権設定を外国法によらしめることは技術的に困難であり、場合によっては不可能である」ことが指摘されることもある(68)。そして、日本の通説が物権変動も所在地法の適用範囲に含めていることは、前述のとおりである。

しかし、第三者に対する取引保護のためなら、第三者に対する関係でのみ所在地法を適用すれば足りるはずである。また、抵当権を第三者に対抗するための要件は所在地法による必要があるが、抵当権の設定の段階に限れば、物権変動の準拠法上仮に登記が必要だとしても、それは登記手続の問題として登記地法によれば足りる話であって、必ずしも抵当権の設定一般を所在地法によらしめなくても処理できる。したがって、通説の依拠する公益説によっても、物権変動一般に所在地法を適用する根拠が充分に示されているとは言えないと考える。

以上を要するに、物権変動の準拠法に関する基礎理論を検討すると、物権変動への物権準拠法の適用根拠についての従来の通説の考え方からは、対第三者関係は物権準拠法（所在地法）によるべきだが、当事者間では、むしろ「原因の準拠法」によるとする方が一貫する。そして、このことから、「個別準拠法は総括準拠法を破る」という定式の継受には、前節で批判した点に加えて、ここで検討した点から言っても、三つの類型いずれについても極めて慎重であるべきだという結論が導かれる。なぜなら、総括準拠法（原因の準拠法）によって規律される当事者間では、原則として、個別準拠法（物権準拠法）の適用は必要ないからである。

2　所謂法定担保物権の準拠法について

物権変動の準拠法に関する基礎理論について、Frankenstein の複雑な論理構造に踏み込んだ検討をされている石黒教授がその分析を加える契機となっているのは、いわゆる法定担保物権の準拠法の議論のあり方である(69)。この問題は、物権変動の準拠法に関する基礎理論に付属するものである。そこで、以下ではこの問題を採り上げ、石黒教授による通説批判について検討を加える。

第一に、担保物権の成立に関する従来の通説は、約定担保物権と法定担保物権とを区別すべきことを当然の前提とする。そして、前者に目的物所在地法のみを、後者にそれと被担保債権の準拠法とを累積的に適用すべきだとする。その際、「法定担保物権」という牴触法上の概念の定義がなされるわけではない(70)。久保教授は、「留置権及び先取特権」については、まず被担保債権の準拠法によって物権的効力が認められれば物権の問題となり、物権準拠法によっても物権的効力が認められるかを判断するとされていた(71)。

石黒教授は、このような処理を性質決定における準拠法説だとして批判したうえで、「目的物所在地法を適用するか否かが、国際私法上の〝物権〟か否かを論ずる意味（実益）なのであり、それを越えて、まさに各国実質法上の規定内容を問題とし、例えば一定限度以上の強い（実質法的な！）効力が認められればそれを国際私法上の物権（物権的効力）と呼ぶ、というような類の議論に立ち入る必要は、本来、無いはずではあるまいか」とされている(72)。この見解には基本的に賛成である。但し、目的論的解釈をすべきだと言うにとどまらず、もう少し厳密に考えるべきではないかと考える(73)。この点については、後に言及する。

第二に、通説は、法定担保物権に被担保債権の準拠法を適用するにあたって、それが被担保債権の効力であることを根拠とする(74)。これに対して、石黒教授は、「例えば売買契約による一般の所有権移転や、担保権設定契約によるいわゆる約定担保物権の設定などは、『債権の効力』としてのものではないのだろうか」とされる(75)。

しかし、所有権移転や約定担保物権の設定は、「債権の効力」ではなく、それら物権変動に向けられた「法律行為の効力」だから(76)、この批判はあたらないと思われる。但し、法定担保物権が実質法上「債権の効力」だとしても、牴触法上は、最も密接な関係を有する法を適用するという牴触法の基本前提からして、常に被担保債権の準拠法を適用すべきだとする通説には疑問がある。被担保債権の債務者と担保権の目的物の所有者とが一致しない場合があり、その場合には、後者はその準拠法指定に関与していない被担保債権に対して密接に関係しているとは言えないからである(77)。

第三に、通説には、なぜ法定担保物権を特別視して被担保債権の準拠法と目的物所在地法とを累積適用するのかという問題がある。逆に言うと、約定担保物権については、なぜ累積適用しないのかという問題である。この点について、折茂教授は、約定担保物権が被担保債権と「生来的な結合関係」に立つものではないということを指摘されている。(78) これに対して、石黒教授は、次のように批判しておられる。

「約定担保物権の成立に関する原因行為は被担保債権設定行為（例えば消費貸借契約）ではなくして、担保権設定契約自身」である。したがって、「原因行為（Grundgeschäft）とそれによって成立（変動）を見る物権との間の『生来的な結合関係』を問題とするならば、そのような結合関係は、明らかにいわゆる法定担保物権の場合……よりも、一般の所有権移転の場合……や約定担保物権の場合……の方が、はるかに強いと言うべきであろう。後二者における原因行為は、まさに物権の設定（成立）を直接の目的としてなされたものであるのに対し、法定担保物権の場合の原因行為は、少くともそこで設定される当該の物権……を直接眼中においてそのためになされるものではないからである。(79)」

折茂教授に対する批判としては、石黒教授のこの指摘を支持する。法定担保物権の場合にその成立原因となる被担保債権を生じさせる契約に匹敵するものは、約定担保物権の場合には担保権設定契約だからである。そして、当事者は、法定担保物権の場合の結合関係よりも約定担保物権の場合のそれの方が強いと認識しているであろう。ただ、当時者は、法定担保物権を成立させる債権（被担保債権）についての契約を締結する際、同時に法定担保物権が成立することを意識していることも多いと思われる。その意味では、両者に「はるかに」というほどの差があるかには若干疑問がある。むしろ、法律的には、法定担保物権の成立とその被担保債権を生じさせる契約との関係と、約定担保物権の成立とその設定契約との関係とが等価であることを認識しておけば足りる。

問題は、実は、石黒教授が指摘されていない、この先にある。すなわち、通説は、物権変動の準拠法に関する基礎理論において、前項で見たように、厳密には、原因（行為）の準拠法と物権準拠法との累積適用ではないが、

「通常」は、それと同じ結果になるとするFrankenstein の見解に依拠しているのであった。[80] この考え方からすると、約定担保物権の成立については、原因行為である担保権設定行為の準拠法と物権準拠法とが、「通常」は、累積的に適用されることになる（通説が、このことをきちんと認識しているかどうかは、別問題である）。したがって、通説の採る法定担保物権に関する前記の累積説は、厳密に言えば問題が残るものの、物権変動の準拠法に関する基礎理論とそれなりに一貫したものと言えると考える。

以上述べてきたように、石黒教授の通説批判には、賛成する点も多い。[81] しかし、丹念に通説形成の経緯まで辿りFrankenstein まで参照しその独特の分析を指摘していながら、法定担保物権の問題以外では通説が結局は単なる所在地法のみ説[82]を採っているかのように論じておられる点[83]には、疑問が残る。

前項の最後で確認したとおり、物権準拠法の適用根拠についての通説の基本的立場からは、物権変動一般において、対第三者関係は物権準拠法によるべきだが、当事者間では「原因の準拠法」によるのが一貫するのであり、法定担保物権においても、担保目的物の所有者が被担保債権の債務者でもある場合には、当事者間では「原因の準拠法」である被担保債権の準拠法のみによるべきことになる。[84]

三　最判平成六年三月八日民集四八巻三号八三五頁の理論的位置づけ

一で見たように、「個別準拠法は総括準拠法を破る」という定式は、物権変動の準拠法に関する基礎理論に付随する問題である。その基礎理論は、前節で見たように、物権変動について、まず「原因行為」と「物権行為」の区別の必要を説き、万人に対する関係で画一的な（その意味で、ドイツ民法式の）処理を志向していた。

しかし、前節で検討したとおり、物権準拠法の適用根拠、Frankenstein の立論、密接関連テストからは、物権変動について、画一的な処理ではなく、むしろ当事者間関係（内部関係）と対第三者関係（外部関係）とを分けて、前者を「原因の準拠法」に、後者を物権準拠法によらしめるのが一貫した立場だと思われる。そして、抵触法のレベルで、「物権行為」を独立に観念し、「原因行為」と「物権行為」を区別する理論的根拠はない。最判平成六年三月八日民集四八巻三号八三五頁は、被相続人から相続人に移転する相続財産がどのような形で共同相続人に帰属するか（共有か合有か）や、共同相続財産について各相続人が自己の持分を処分できるかという問題について、相続準拠法（原因の準拠法）のみを適用した。そして、第三者への持分処分の効果（対第三者関係）のみにつき物権準拠法を適用した。つまり、前記の定式を採用したとは言えない。[85] その意味で、最高裁がこの定式を採用したと見ることもできるとの木棚教授の主張は、妥当でない。むしろ、最高裁は、理論的には一貫性を追求すればそうなるはずであるところの、内部関係と外部関係とを分けて相対的に準拠法選択する前記の考え方と一致する結論を採ったことになる。その意味では、最高裁は、従来の通説の外観上の処理とは異なるが、その理論的根拠には忠実な立場に進み出たものであると評価できる。

この判決が採ったことになる基本的発想が実際にはどのような影響をもつことになるかが、次の問題として重要となるが、それは、物権変動一般の問題でもある。[86] そこで、章を改めて、物権変動の準拠法について実際的な側面から検討を加えることとする。

(15) 木棚・前掲注(3)三四〇頁注(24)。

(16) ドイツ民法施行法旧二八条、現三条三項では、相続準拠法所属国の外にある財産であり、かつ、それについて所在地法上「特別の規定」が用意されているものについては、相続準拠法上の規律が排除されることが定められている（現三条三項の条文については、本文に掲げた）。旧二八条については、Staudinger/Graue, Art 28 EGBGB (12 Aufl. 1981) Rz 1-3, 18-23を、現三条三項については、Staudinger/Dörner, Art 25 EGBGB (13 Aufl. 1995) Rn 520ff. を参照。

(17) 農地に関する単独相続法については、簡単には、例えば、山田晟『ドイツ法概論Ⅱ〔第三版〕』（一九八七年）三四七―三五〇頁、中川善之助＝泉久雄『相続法〔第三版〕』（一九八八年）二七―二九頁参照。共同相続による農地の細分と、これに基づく生産力の減退を防止することがその制定目的とされている。細かい内容については、Palandt/Edenhofer, Art 64 EGBGB（54 Aufl. 1995）2306f. を参照。また、国際私法との関係では、Stöcker, Die Neuordnung des Internationalprivatrechts und das Höfeordnung, WM 40（1980）1134を参照。

(18) 木棚・前掲注(3)三一九頁。

(19) 以上、同右三三〇－三三一頁。

(20) 第二次世界大戦後、イギリスの占領地区で制定されたもので、一定の農場を世襲農場として単独相続の対象とした。

(21) 被相続人がスイス国籍を有する事案において、この決定と同様、ドイツにある農場についてHöfeOを適用したものとして、BGH, Beschl. v. 14. 7. 1965, IPRspr 1964/65 Nr 171がある。

これに対して、オランダ国籍を有する被相続人のドイツに所在する遺産について、遺言執行者の選任がドイツの遺産裁判所に申し立てられた事案において、ＢＧＢ二三六八条三項は、内国の遺産に関する限定的な遺言執行者証明書の発行についてのドイツの遺産裁判所の管轄を規定するものであり、ＥＧＢＧＢ（旧）二八条の「特別の規定」にあたらないとしたOLG Neustadt, Beschl. v. 25. 5. 1951, IPRspr 1950/51 Nr 112＝JZ 1951, 644 m Anm Neuhaus がある。

(22) オーストリア国際私法における相続準拠法については、木棚・前掲注(3)四頁の同名の論文（初出は、中川淳先生還暦祝賀論集『現代社会と家族法』（一九八七年）七一頁）、特に五－七頁、一六－一九頁を参照。

不動産相続の準拠法は、旧法では所在地法であった（一般市民法（ＡＢＧＢ）三〇〇条）。これに対して、新法では原則として被相続人の属人法による（国際私法二八条一項）が、遺産手続がオーストリアで行われる場合には、遺産取得などはオーストリア法による（同条二項）。

(23) ＥＧＢＧＢ三条三項から導かれる処理の理解として、相続準拠法に所在地法が置き換わるという理解と、相続準拠法の中身が所在地法と入れ替わるという理解とがある。以下では、断らない限り前者の理解に立つ。

本決定と同趣旨の先例として、BayObLG, Beschl. v. 27. 10. 1959, NJW 1960, 775；BGH, Urt. v. 2. 5. 1966, BGHZ 45, 351；木棚・前掲注(3)三一九－三二一頁で言及されているBGH, Urt. v. 5. 4. 1968, BGHZ 50, 63＝IPRspr 1968

/69 Nr 158がある。

（24）いわゆる並行理論による帰結である。

（25）地裁は、オーストリア国際私法二八条二項に加え、裁判管轄規定（Jurisdiktionsnorm）一〇七条、非訟事件手続法（AußStrG）二二条（外国人である被相続人のオーストリアにある不動産に関するオーストリア裁判所の管轄の規定であり、法廷地法の適用を規定）を挙げている。

（26）本決定の前に、結論は同じだが、オーストリア国際私法二八条二項は、動産と不動産とを区別していないから、ＥＧＢＧＢ（旧）二八条の「特別の規定」に当たらないとし、他の規定による準拠法指定をも破る、不動産物権を所在地法によらしめる三二条を「特別の規定」と見るBayObLG, Beschl. v. 2. 6. 1982, IPRax 1983, 187がある。

（27）この趣旨の判例として、Lg München I, Beschl. v. 1. 8. 1989, Rpfleger 1990, 167；BayObLG, Beschl.v. 3. 4. 1990, FamRZ 1990, 1123 = NJW-RR 1990, 1033；OLG Köln, Beschl. v. 24. 2. 1992, FamRZ 1992, 860がある。但し、前二者の争点はフランスにある動産の相続についてであり、不動産への言及は傍論に近い。また、後者では、ベルギー国籍の被相続人がフランスに不動産を残した事案において、被相続人の本国法であるベルギー法の牴触規定が不動産相続を所在地法によらしめていたため、転致によりフランス法を適用したものであり、ＥＧＢＧＢ三条三項への言及は傍論のようである。なお、後者は、ほぼ同時刻に殺害された夫婦の相続関係についての事例である。

（28）アメリカ国籍をもちドイツを最後の住所地とし、その遺産にケンタッキーの不動産をもつ被相続人についての相続準拠法を反致によりドイツ法としつつ、前記不動産の相続については、その準拠法をＥＧＢＧＢ（旧）二八条によりケンタッキー州法とした事例として、BayObLG, Beschl. v. 6. 11. 1967, BayObLGZ 1967, 418がある。

（29）同趣旨の判決として、RG, Urt. v. 2. 10. 1930, HRR 1930, Nr 2066がある。

（30）この点については、Staudinger/Reimann, § 2211（12 Aufl. 1979）Rz 15–17を参照。

（31）ドイツでも、複数の財産上の持分の一括処分はできないとされている。Bentler, T. M., Die Erbengemeinschaft im Internationalen Privatrecht（1993）70；Staudinger/Dörner（oben N. 16）Rn 215.

（32）久保岩太郎『国際私法構造論』（一九五五年）二二八頁以下の「第五章　包括準拠法と個別準拠法との関係」（初出は、「包括準拠法と個別準拠法」国際法外交雑誌五一巻四号（一九五二年）三三一頁。以下では、前者を引用）

において、その批判が展開されている。

(33) 同右二四五―二四六頁参照。別の理解に立った場合については、注41の本文参照。

(34) ここで「屈服条款」とは、「内外の牴触規則が共に自国の実質法の適用を要求し（或いは外国の衝突規則は第三国の実質法（所在地法）の適用を要求し）内外実質法の積極的衝突を生ずる場合に内国の衝突規則の適用を放棄し、外国の衝突規則の適用の結果として定まった外国の実質法を適用するもの」という意味で使われている。同右二五四―二五五頁注(二)。

(35) 以上、同右二五二頁。

(36) 「屈服条款」と「反致条款」とは、「内外衝突規則の衝突する場合の中の一定の場合に内国の衝突規則の適用を放棄する点においては全く同様である」。同右二五四頁注(二)。

(37) 同右二五五―二五六頁。

(38) 例えば、山田鐐一『国際私法』（一九九二年）七〇頁、溜池良夫『国際私法講義』（一九九三年）一五八頁。

(39) 木棚教授の挙げられる「判決の国際的調和」にしても、なぜ日本の方が譲歩しなければならないのかが問題となり、結局、「実行可能性」のようなさらなる根拠が必要ではないか。したがって、以下では、「実行可能性」に焦点をあてて論じる。

(40) 仮に、「実行可能性」を重視して、相続準拠法に代えて所在地法を適用すべき場合があるとしても、目的物が不動産でない場合には、それが不動産である場合より、所在地法を適用するのには慎重であるべきである。なぜなら、不動産以外なら、例えば動産では、判決後に目的物の所在地が変わって「実行可能性」が生じることがありうるからである。木棚教授が挙げるもう一つの根拠である「判決の国際的調和」にしても、それが確実に図れるのは、現在の所在地の裁判所の判決との間に限られる。

(41) 久保・前掲注(32)二四四頁は、家族世襲財産などに関する相続を一般の相続と異なる特別の相続と見てそれを所在地法によらしめる（個別準拠法の適用を命じる）牴触規定を「特別衝突規則」とし、それが「普通衝突規則」を破るのは「特別法は一般法を破る」の原則の適用だと見る Frankenstein の説を支持している。

しかし、形式的にはそのような説明が可能だとしても、そのような特別扱いを支持するには、実質的な根拠が必要ではないか。それについては、(3)の場合と同様の議論があてはまると思われるので、そちらに関する検討と合わせて述べる。
(42)　同右二五二－二五三頁。
(43)　同右二四一－二四五頁。
(44)　以上、Frankenstein, Internationales Privatrecht Bd. 1（1926）509–511. 木棚・前掲注(3)三一二頁に訳出されているものを若干書きかえた。
(45)　久保・前掲注(9)四六－四七頁。
(46)　強行法規の特別連結論について、簡単には、山田＝早田芳郎編『演習国際私法新版』（一九九二年）一二五－一二九頁（佐藤やよひ執筆部分）参照。なお、同一二七－一二八頁は、この理論が、「国際私法の構造中の公序の問題であって連結段階の問題ではな」く、必ずしも契約の分野に限られたものではないことを指摘している。
(47)　久保・前掲注(32)二五二頁。
(48)　注40の本文参照。
(49)　Frankenstein（oben N. 9）322.
(50)　Frankenstein（oben N. 9）483.
(51)　久保・前掲注(9)五二一－五二二頁も、物権準拠法と財産準拠法との関係についてこの定式に論及した後、「この点は次の説明にても解決し得るやうに思はれる」と指摘したうえで、物権変動に議論を移している。
　これに対して、その後の日本の学説は、久保教授の前記の指摘を看過してか意識したうえでかはわからないが、ここでの問題を、特に理由を示すことなく物権変動の準拠法の基礎理論とは独立の問題と考えているようでもある。現在の代表的教科書である溜池・前掲注(38)三一七－三一八頁、山田・前掲注(38)四八一頁も例外ではない。

　しかし、相続も契約も物権変動の原因となるという意味では同じ「原因行為」であり、物権変動が相続を原因とする場合と、契約を原因とする場合とで処理を分ける理由はないと思われる。実際、通説においても、両者の結論に差は出ないのではないか。
(52)　久保・前掲注(9)五二二－五二八頁。Frankenstein（oben N. 9）16–22.

(53) 例えば、溜池・前掲注(38)三一六頁、山田・前掲注(38)二七一－二七二頁も、久保教授の説明を引き継いでいる。他の教科書においても、売買による物権変動の例で、イタリアをフランスや日本と入れ換えるといった、ここでの問題にとっては無意味な差異があるにとどまる。
(54) Frankenstein（oben N. 9）15.
(55) Frankenstein（oben N. 9）16.
(56) Frankenstein（oben N. 9）17.
(57) 以上、Frankenstein（oben N. 9）18–19.
(58) 以上、Frankenstein（oben N. 9）20–22.
(59) ドイツの物権移転理論の形成については、海老原明夫「一九世紀ドイツ普通法学の物権移転理論」法協一〇六巻一号（一九八九年）一頁参照。なお、星野英一『民法概論Ⅱ』（一九八〇年）三三頁の図を参照するのが便宜である。
(60) 通説を前提とする場合でも、「物権行為」という語は、準拠実質法が「物権行為」を要求しているときにはそれに相当するものがなければならないという形で、実質法上顧慮すれば足りる概念ではないか。
(61) 前掲⑤決定が、この考え方と一致している。
(62) 最近のドイツでの有力説である物権準拠法上の当事者自治論の主張者の一人であるStollが、Staudinger/Stoll, Internationales Sachenrecht（12 Aufl. 1985）Rz 220において、所在地国外に重心をもつ譲渡については、当事者は、債権契約の準拠法によることが許されるべきだと主張している背景には、このような認識があると思われる。
　アメリカにおけるマリタイム・リーエンの準拠法についての判例においても、最近では、船舶所有者が船舶サービス供給契約における債務者でもある場合には、端的に当該契約の準拠法によっている。Sembawang Shipyard, Ltd. v. Charger, Inc., 955 F. 2d 983（5th Cir. 1992）; Trinidad Foundry & Fabricating v. M/V K.A.S. Camilla, 966 F. 2d 613（11th Cir. 1992）. 両判決については、森田・前掲注(13)六－七頁、九－一〇頁を参照。この両判決の背景にも、同様の認識があると思われる。これに関しては、ＵＣＣと関連させて後述する。
(63) 石黒・前掲注(3)一八三頁図17。

(64)　同右一八三頁。

(65)　Frankenstein よりも前に、Zitelmann, E., Internationales Privatrecht Bd.2（1912）310が、Frankenstein とほぼ同旨を説いていた。その後、原因行為と物権行為とを分けるべきことだけでなく、原因の準拠法と物権準拠法との適用関係にまで踏み込んで論じた文献はないようであり、この点がどのように考えられているのかは不明確であった。ところが、最近の v. Bar, C., Internationales Privatrecht Bd. 2（1991）Rn 775は、ドイツ人がフランス人からフランスにある商品を購入し、売買契約の準拠法としてドイツ法を指定していたという例を設定し、その場合には買主は売買契約の締結と同時に所有者となるとしている。つまり、物権変動については、専ら目的物の所在地法によるとしており、Frankenstein（oben N. 9）20–22, 51 ,63ff. の分析的かつ難解な論理を採らないようである。

日本では、石黒・前掲注(3)一八三頁図17、一八五頁が、通説と異なり、物権変動を専ら所在地法によって処理すべきだとする立場を採っている。

(66)　以上、Frankenstein（oben N. 9）3–5.

(67)　山田・前掲注(38)二六四頁。久保・前掲注(9)五〇四－五〇五頁も同旨。

なお、物権準拠法の適用根拠を「第三者の取引保護」と言ってしまうと、内部関係に属する者の利益はそれに劣後するのが当然であるかのように響く。むしろ、直接の関係に立っていない両者の利益の調整は、通常は両者の唯一の接点である目的物の所在地法（物権準拠法）に委ねられると表現すべきである。

(68)　溜池・前掲注(38)三一五頁。折茂豊『国際私法（各論）』（新版・一九七二年）八三頁以下も同旨。

(69)　石黒「所謂法定担保物権の準拠法について」海法会誌復刊二七号（一九八三年）三頁、特に二四頁以下。

(70)　例えば、溜池・前掲注(38)三一九－三二一頁、山田・前掲注(38)二六七頁。問題となっている権利が「法定担保物権」か否かについて、通説は、明確に言及してはいないが、関連する実質法を参照して判断しているようにも思われる。

例えば、神戸地判大正六年九月一六日新聞一三二九号二三頁では、留置権の成否が争われたが、傭船契約で留置権を設定する合意がなされていた。傭船契約の準拠法である「米国法」では、留置権は当事者の合意によって成立する約定担保物権であった。これに対して、物権準拠法（所在地法）である日本法では、留置権は法定担保物権である。この権利の性質につき、西賢〔判批〕渉外判例百選〔第二版・一九八六年〕六〇頁、六一頁は、留置権が法定担保物権であることを前提としているのに対して、折茂・前掲注(68)一一〇頁注(二)は、この留置権を約定担保物権と見ている。このように前記の留置権の性質についての理解がわかれるのは、実質法に引きずられているからとしか思えない。確かに、日本法では、留置権は法定担保物権である。しかし、当事者の感覚としては、合意によって留置権を設定したものであり、約定担保物権の成否ということが、まず問題になるはずである。そもそも、法定担保物権と約定担保物権とを最初に区別しなければならないとすることによって、このようなおかしな状況が生じるものと考える。もしこの区別が本当に必要なら、両者の定義をきちんとし、具体的な処理にあたっての論理過程を示すべきではないか。

　そもそも、抵触法上の性質決定に用いる概念の内容は、価値中立的に準拠法を決定するという抵触法の任務から考えて、できるだけ（法律色の薄い）事実によって記載すべきではないかと考える（さもなければ、特定の実質法、とりわけ日本実質法の性質決定に引きずられかねないからである）。ともかく、この大きなテーマについては、今後とも検討を続けていき、然るべき段階で世に問いたい。但し、本稿のテーマに関する部分に限り、後述する。

　なお、念のために一言しておくと、森田・前掲注(14)は、表題に「船舶先取特権」という語を用いているが、従来の議論の枠組みに合わせただけであって、このような単位法律関係を設定すべきだとする趣旨では、全くない。

(71)　久保・前掲注(9)六一二―六一三頁。

(72)　以上、石黒・前掲注(69)二五―三一頁。

(73)　石黒教授は、法例一〇条を適用するための基準として、「物の引っ張りあい」ということを考えておられるようでもある。石黒・前掲注(3)一八五頁に、「物の引っ張りあいを目的物所在地法によって判断することは、ごく自然な推論」とあり、石黒ほか『国際金融倒産』（一九九五年）一二頁（石黒執筆部分）に、「〃物の引っ張りあい〃（＝法例一〇条の問題）」とあるからである（ちなみに、同頁は、使用人に先取特権が生じるかという問題の準拠法に関する記述で、「労働者側が商法二九五条に基づき行動した場合、紛争の実態としては、『会社の総財産』についての、〃物の引っ張りあい〃（＝法例一〇条の問題）をすることになる」が、「上記の紛争実態において、特に『目的物』を観念する意味ないし政策的意義は、乏しいはずである。つまり、物の引っ張りあいが生じていない。ならば、物権準拠法を問題とするまでもない。」としており、むしろ法例七条によって処理すべきだという趣旨は分かるが、表現に混乱があるように思われる）。

しかし、石黒『国際私法〔新版〕』（有斐閣・一九九〇年）三六一—三六二頁は、「例えば売買契約等の当事者間で売買の目的物たる有体物の、いわば引っ張りあいをめぐる紛争が生じたときには」極力単一の準拠法によるべきだが、「常に売買契約の準拠法のほうに物権問題を吸収させるべきだということはできないと思われる」としており、紛争事実関係によっては「物の引っ張りあい」について売買契約の準拠法で処理することもありうることを前提としているようである。その意味では、法例一〇条を適用する基準が明確に示されているとは言えない。これは、準拠法選択上の事案の分断を避けることに価値を置きすぎているようにも思われる石黒教授の方法論に関係する問題でもあり、それには批判すべき点もあるが、本稿では、その一端に触れるのみである。

(74)　例えば、山田・前掲注(38)二六七頁、折茂・前掲注(68)一〇九頁。

(75)　石黒・前掲注(69)三二頁。

(76)　例えば、我妻榮著・有泉亨補訂『新訂　物権法』（一九八三年）三八頁、星野・前掲注(59)三三頁本文及び図参照。日本民法の場合、法律行為により債権が発生するとともに物権変動が生じる。

(77)　そのような事案についての判決として、Gulf Trading & Transp. Co. v. Vessel Hoegh Schield, 658 F. 2d 363 (5th Cir. 1981); Gulf Trading & Transp. Co. v. M/V Tento, 694 F. 2d 1191 (9th Cir. 1982) などがある。この点については、森田・前掲注(13)五—六頁、八—九頁参照。このような場合には、原則として、所有者と債権者との間での唯一の接点である目的物の所在地法（のみ）によるべきである。同右一三—一四頁。

(78)　折茂・前掲注(68)一〇九頁。

折茂教授の説明とは別の理由づけとして、溜池教授は、「法定担保物権は一定の債権を担保するために法律により特に認められる権利であるから、物権の準拠法がそれを認めても、被担保債権の準拠法がそれを認めない場合においてまでこれを認める必要はないという考慮から、物権の準拠法に対して、被担保債権の準拠法が制限的に重ねて適用されるにすぎないのである」とされている。溜池・前掲注(38)三二一頁。最近では、この説明に対する支持が増えつつある。山田＝早田編『演習国際私法』（一九八七年）一三五—一三六頁（佐野寛執筆部分）、櫻田嘉章『国際私法』（一九九四年）一九六頁、木棚＝松岡博編『基本法コンメンタール　国際私法』（一九九四年）六三頁（高桑昭執筆部分）。

しかし、法定担保物権が法律により特に認められた権利であることは確かだが、だからといって、なぜ約定担保物権の場合と異なり被担保債権の準拠法にまで認められなければならないのか。法定担保物権に限りさらに被担保債権の準拠法が累積適用される実質的な根拠は示されないままの状態である（木棚＝松岡編・前掲頁にしても、「法定担保物権の性質と公平の観点から」と述べるにすぎない）。なお、理論的な疑問については、注(77)の本文参照。

なお、溜池教授は、通説の立場から、「留置権や先取特権に、債権の準拠法は物権的効力を認めるが、物権の準拠法は債権的効力を認めるにすぎないときは、一応留置権や先取特権が全く認められないことになるが、そうするとこの種の債権保護の制度が欠けることになり不合理であるので、国際私法上における適応問題の一つの場合として、たとえば、債権的効力をもつ留置権又は先取特権を認めるという解決が必要となるであろう」とされている。溜池〔判批〕渉外判例百選（第三版・一九九五年）六二頁、六三頁。櫻田・前掲頁も同旨である。これは、前掲⑤決定やFrankenstein（注(57)の本文）と類似の考え方である。

確かに、通説の立場を前提とすれば、このような処理が必要であり、この主張はその限りで重要である。しかし、このような適応問題を生じること自体が通説の問題点を露呈するものではないか。この問題の妥当な処理については、後述することになる。

(79)　石黒・前掲注(69)三五頁。

(80)　注(65)の本文参照。

(81)　石黒・前掲注(69)三六頁は、さらに、通説は、なぜその所論を一貫させて、法定担保物権の効力についても累積適用するという処理を採らないのかという疑問を提示している。効力についても累積適用するという立場は、従来、平塚真〔判批〕ジュリスト四二〇号（一九六九年）一二三頁、一二五頁のみであった。

ところが、最近、溜池・前掲注(38)三二一頁が、「累積的適用になじまない問題や累積的適用によると矛盾を生じるような問題……例えば……順位の問題」を除き、法定担保物権の効力についても累積説を採ることを明言されているのが注目される。法定担保物権に視野を限定すれば、この方が通説よりも一貫している。問題は、視野をより広げた場合のそれ以外の問題との一貫性であることは、ここまで詳しく述べてきたとおりである。

(82)　石黒教授御自身の立場がこれであることは確かである。注(65)参照。

(83)　石黒・前掲注(69)三五頁。

(84)　注62に掲げた判例参照。

これとは逆に場合、すなわち、被担保債権の債務者と担保目的物の所有者とが一致しない場合については、注77およびその本文参照。担保権を負担する前記所有者と被担保債権の債権者との間には両者を主体とする「法律行為」が存在しないため、遺失物拾得や無主物先占のように、原因の準拠法（「法律行為」の準拠法：法例七条）ではなく物権準拠法によることになるというのが、理論的な説明ということになろう。

(85)　妹場・前掲注(5)二五九頁も同旨だと思われる。但し、そこで、木棚・前掲注(3)三三七頁の参照を指示する趣旨が不明である。

(86)　信濃・前掲注(4)一八七頁は、「この考え方は、相続準拠法の適用範囲を広げたとみるよりも、物権準拠法の適用範囲を限定したものとみるべきである。そうすると、物権変動の効果が問題となる他の事案における前提問題についての準拠法適用のあり方を示唆するものとして本判決の有する意義が理解できる」とする。これが具体的に何を意味しているのかは判然としないが、興味深い指摘ではある。

なお、この最判の射程について、簡単には、森田・前掲注(3)一四七―一四八頁参照。詳しくは、後述するところに譲る。

三―補足　最判平成六年三月八日民集四八巻三号八三五頁の理論的位置づけ

最近、大内俊身最高裁調査官による本判決の解説が公表された[87]。大内調査官は、本件における相続人による相続財産の第三者への処分（外部関係）について、遺産の運命に関するものと捉えて相続準拠法（法例二五条（平成元年改正後二六条））の適用対象と考えることも、物権変動が生じるかどうかが問題となっているという点から物権問題と捉えて物権準拠法（法例一〇条）の適用対象と考えることも、論理的にはいずれも可能だとし[88]、「結局のところ、解釈論（法律関係の性質決定）としては、国際私法上の利益較量にゆだねられる」という基本認識を、最初に示される[89]。そして、次のように述べておられる。

本件処分を相続準拠法の適用対象と考えれば「相続準拠法上の法秩序は最大限に尊重されることとなるが、取引の相手方たる第三者の利益を害するおそれが大きい……本判決は、相続人が相続不動産（の持分）を第三者に処分した場合の効果については、不動産所在〔地〕の法秩序（具体的には取引の安全）を尊重すべきものとする見地から、右の問題は物権準拠法によるべきものと解したのであると思われる[90]。」

大内調査官のこの指摘には、全く同感である[91]。

次に、本件処分の前提問題である、相続人間の法律関係（共有になるか）や相続人の持分処分の可否について本判決が物権準拠法ではなく相続準拠法によらしめた根拠について、大内調査官は、次のように述べておられる。

この点についても原判決のように物権準拠法を適用するのでは、「相続準拠法上の規律をあまりに無視することになるのではなかろうか。……取引の安全は、本判決のように解することによって図られるのであり、それをもって足りるというべきであろう[92]。」

この点にも賛成である[93]。ただ、少し説明不足でもあり、敷衍しておく。それには、本件と類似する唯一の事例である神戸地判昭和三四年一〇月六日下民集一〇巻一〇号二〇九九頁と対比する[94]のがわかりやすいと思われる。

同判決の事案は次のとおりである。日本在住のイギリス人妻Aが、オーストラリア行きに際して日本在住の外国人（？）Yにピアノの保管を依頼した。AのイギリAス人夫Xは、そのピアノはAのものではなく自分のものだと主張して、Yに対して、その返還を請求した。同判決は、（平成元年改正前）法例一五条[95]により夫Xの本国法である英国法[96]を適用し、ピアノの所有権はXに帰属しているとして、請求を認容した。

これに対して、石黒一憲教授は批判的立場に立ち、「こうした場合、私が疑問と考えるのは、夫婦という内部関係を有する者の一方が第三者と取引をした場合の、その第三者との関係（外部関係）が、内部関係の準拠法たる夫婦財産制の準拠法による、とされることである。……取引契約の準拠法を客観的・規範的に決してそれらによらしめる、という方法をとるべきであろう[97]」とされている。

しかし、取引契約を締結しているのは、この事件の場合、AとYである。そして、Xはこの契約には関与していない。契約準拠法の決め方が当事者自治による（法例七条）以上[98]、Xの利益の反映する機会のないＡＹ間の契約準拠法によるわけにはいかないはずではないか。AとXは夫婦だから一体のものと見てよいとされるかもしれないが、そのようなことを前提にしてよいのだろうか。夫婦といっても利害が常に一致するわけではないのではないのだろうか。

但し、有体物をめぐる権利関係が問題となっており、XとYとの間には直接の関係がないのだから、本件請求は、物権準拠法（法例一〇条）の適用範囲には入る[99]。その意味では、厳密に言えば、物権準拠法を適用していないこの判決には問題がある。しかし、Yはピアノを保管しているだけであって、物権準拠法である日本法によっても所有権を取得しているわけではなく、独自の権原を有しているわけでもなかった。したがって、取引の安全は問題にならない。後は、Xにピアノの返還を請求する権限があるかどうか、この事件では、Xがピアノの所有者かどうかが問題になるだけである。

石黒教授は、この点についても、前記引用のとおり、外部関係の紛争では外部関係の準拠法によるべきだとされる。しかし、夫婦関係の内部には内部のルールが存在しているのであって、ある物について夫婦のどちらが所有者であるかという点も、第一次的にはその内部のルールによって決まっているはずである。したがって、この事件でも、その内部ルールである夫婦財産制の準拠法（英国法）によって、ＸとＡのどちらがピアノの所有者かを決すればよいと考える。むしろ、そうでなければおかしいのではないか。[100]

前記最判の事案においても、相続人間には内部ルール（相続準拠法）が存在しているのだから、外部関係での紛争においても、それによって相続人間の法律関係が規律されていることを直視し、そこから議論を始めるべきだと考える。その意味で、前述した前提問題について第三者に対する関係と区別して相続準拠法を適用した本判決は妥当である。

本判決のように内部関係の規律を前提としたうえで外部の第三者との関係を外部関係の準拠法で規律するとなると、本件のように、外部関係の準拠法（本判決では、日本法）には「直接の判断基準はな」[101]い場合が生じることもある。そして、その場合には、より複雑な処理が必要になる。そのような場合の処理のあり方については、具体的な事例の蓄積を待って検討することにする。

(87)　大内俊身〔調査官解説〕法曹時報四八巻一号（一九九六年）二一二頁。
(88)　同右二一七頁、二二一頁（注一）。
本件における争点を、物権問題ではなく契約問題だとする見解に対しては、森田博志・本論文第一節注(4)において詳細に批判しておいた。
(89)　大内・前掲注(87)二一七頁。
(90)　同右二一七―二一八頁。
(91)　但し、若干気になる点もある。
同右二二二頁（注二）は、木棚照一「国際相続法における総括準拠法と個別準拠法」立命館法学一九九三年五・

六号一四八五頁、一五一七頁を引用している。ただ、この見解は、厳密には、本判決の趣旨と異なっている点に注意が必要である（前掲注(88)も、以下の記述に合わせて参照されたい。なお、木棚・前掲頁の主張の根拠となっている「個別準拠法は総括準拠法を破る」という定式の内容とそれに対する批判は、森田・前掲第二節一を参照）。

若干敷衍しておくと、木棚・前掲頁は、原判決が相続準拠法上の持分処分の制限を物権準拠法上認めなかったのは「総括準拠法上認められている物権であっても、物権準拠法上認められていない物権を認めることができないのと同様である」と述べている。この見解によれば、「物権」の成否や内容については、常に物権準拠法が相続準拠法と合わせて適用（ないし考慮）されなければならないことになる。しかし、本判決は、本件不動産上の共同相続人間の法律関係（内部関係）は相続準拠法（本件の被相続人の本国法である中華民国法）の適用により「合有」となり、相続人は個別の相続財産上の自己の持分を処分できないと判示するのみであって、そのような法律関係が物権準拠法（日本法）により認められるか否かという判断は全く行っていない。本判決が物権準拠法を適用しているのは、処分の相手方である第三者との関係（外部関係）に限られている。つまり、内部関係においては、物権準拠法の内容がどのようなものであれ（たとえ仮に右「合有」が日本法にとって異質なものであっても、公序則（法例三三条）の発動要件を充たさない場合には）、本件相続人の前記法律関係は「合有」であり、相続人には（一定の要件を充たさずに）相続持分を処分してはならないという行為規範が与えられていることになるわけである。

同じく厳密に言うと、大内・前掲注(87)二二三頁（注四）に引用されている早川眞一郎〔判批〕渉外判例百選（第三版・一九九五年）一六四頁、一六五頁についても、同様である。すなわち、同右は、「相続準拠法の定めるような共同所有の形態や処分権制限が、物権準拠法においてもなんらかの形で実現可能であるならば、……相続準拠法の定めるところにしたがった規律がなされるというのが、本判決の論理の意味するところであろう」と述べている。しかし、物権準拠法における実現可能性は、前述のとおり、本判決では問題になっていない（なお、仮に、所在地における「実行可能性」に配慮しなければならないとしても、ドイツの議論よりも厳密に考えるべきことについては、森田・前掲一三四－一三五頁および一三八頁注40参照）、早川・前掲頁におけるこの記述は、木棚・前掲頁の立論に引きずられた議論だと思われる。

具体的に言うと、森田〔判批〕ジュリスト一〇七一号（一九九五年）一四六頁、一四八頁において、本判決の論理からは、内部関係の規律（相続人の持分処分の制限）を第三者に対抗するために、（物権準拠法である日本法上の登記制度による公示はできないが）処分禁止の仮処分の執行としての処分禁止の登記を利用することができるのではないかと示唆しておいた。この点について、大内・前掲箇所は、先の早川・前掲頁の引用に続けて森田・前掲頁を引用したうえで、次のように述べている。

「共同相続人が他の共同相続人の持分を処分するおそれがあることを理由に、処分禁止の仮処分を申請することは可能であり、この場合、被保全権利の有無は相続準拠法によって判断されるべきであるから、右申請は、（保全の必要性がある限り）認容されるべきこととなる。そして、右仮処分に基づき処分禁止の登記がされた後に、共同相続人から処分禁止に係る持分を譲り受けた第三者を保護する必要はないであろう。」

この回答には率直に感謝する。ただ、もう少し細かく見ると、例えば、解雇された労働者が地位保全の仮処分を申請するような場合と同様、仮処分の利用の可否は手続問題にすぎない。そして、被保全権利の有無は、雇用契約に基づく場合は契約準拠法によるし、ここでの問題においては「相続準拠法によって判断されるべきである」。つまり、仮処分の利用自体は「物権準拠法における実現可能性」とは関係ない。また、処分禁止の登記は、第三者に対する関係（外部関係）において意味をもつが、それは本判決でも始めから物権準拠法の適用範囲内である。これに対して、内部関係においては、前述のとおり、物権準拠法は出てこない。

以上の意味で、大内・前掲二二二頁（注二）、二二三頁（注四）において引用されている木棚・前掲頁、早川・前掲頁が本判決の趣旨と一致するかには、疑問が残る。

(92)　大内・前掲注(87)二一八頁。

(93)　但し、ここにも気になる点がある。すなわち、同右二二二頁（注三）は、石黒一憲『国際私法』（新世社・一九九四年）三二〇頁が「相続の本質が財産承継に大きなウェイトを有するにもかかわらず、人格承継が主だとして旧二五（新二六）条を作成してしまった穂積陳重博士の判断を、実際の相続問題の実像にあわせて修正する上では」原判決のような処理、「つまり、相続メカニズムの外（外部関係！）の第三者との関係を、法例二五条の射程から切り離して考えるゆき方には十分な理由があるはずである」と論じる部分を引用したうえで、山田鐐一『国際私法』（一九九二年）四八一頁による「根拠に乏しく支持することができない」とする石黒説批判を援用している。

しかし、これは権威主義的な援用ではないか。確かに右の石黒説には賛成できないが、「根拠に乏しい」とまで言い切れるかは疑問である。ただ、石黒説によれば、外部関係における紛争では、内部的な法律関係まで個別準拠法によって規律されることになってしまう。したがって、その場合には、相続人間の法律関係さえも、個別の相続財産について、各財産の準拠法ごとにバラバラに規律されることになる。しかし、それには、牴触法上の価値判断として、ついていけないものを感じる。そのようなバラバラな結果が生じるのは、やむをえない場合、すなわち、内部ルールに基づく内部者の利益と第三者の利益との調整が必要になった場合に限られるとすべきではないのだろうか。さらに、以下の本文も参照。

(94)　この対比は、既に、森田〔原判決判批〕ジュリスト九八五号（一九九一年）一三六頁、一三七頁で行っている。しかし、スペースの関係で、十分な言及ができなかった。そこで、この場で補充しておく。

(95)　改正前一五条は、「夫婦財産制ハ婚姻ノ当時ニ於ケル夫ノ本国法ニ依ル」と定めていた。なお、新一五条二項には問題がある。森田・前掲注(91)一四七頁参照。

(96)　但し、その内容が不明であるとして、条理により判断している。

(97)　石黒・前掲注(93)三一三頁。

(98)　但し、石黒教授は、契約準拠法について客観連結によっておられる。同右二六五頁。したがって、御自身の体系内では、それなりに一貫していると言えなくはない。

(99)　法例一〇条の適用範囲について、詳しくは第三節三に譲る。

(100)　さらに、森田・前掲注(1)参照。詳しくは、後述する。

(101)　大内・前掲注(87)二一九頁。

第三節　実際的考察

第二節では、「個別準拠法は総括準拠法を破る」という定式、および、それを包含する一般理論である、物権変動の準拠法に関する基礎理論について検討を加えた。そして、従来の通説が、物権準拠法（目的物の所在地法）の適用根拠に支持されていない範囲まで、物権準拠法の適用を考えてきたことを指摘した。

第三節では、物権準拠法の適用範囲が従来考えられているものでよいのかという問題を中心に、実際的な事例ないし事実関係を素材にして、より具体的な考察を行う。

一　物権変動の準拠法に関する基礎理論の実際的問題点とその解決の試み

物権の分野において、議論がなされている問題はさほど多くない。以下で採り上げる問題は、「物権」か否かという性質決定の問題にかかわる売主の引渡差止権、この問題と同じく大審院判決の存在する留置権、日本ではほとんど議論されていないがドイツで議論がなされている国際的送付売買など、および、全くのフィクションに基づいた処理を予定している移動中の物である。

以下では、まずそれらの問題点を抽出し、次にそれらの解決を目指しているドイツの有力説や、アメリカにおける処理について考察する。

(1)　実際的問題点

1　売主の引渡差止権・取戻権

実際的問題点として最初に採り上げるのは、売主の引渡差止権・取戻権[102]の準拠法である。この問題については、古い紛争例が二件あり、それをめぐって学説の若干の対立がある。そこで、まずこの問題から⑴の考察を始める。

㈠ 最初に、裁判例から示す。

〔⑧横浜地判大正七年一〇月二九日評論八巻諸法四頁〕

〈事　実〉

訴外A商会（ドイツにあるドイツ法人）は、大正三年（一九一四年）七月二七日ベルギーのアントワープ市で被告Y（英国法人）との間で、同市から日本の横浜港まで鋼七四四束二九五九本五一八本及び二二〇本以上合計四四四一個の送付を委託する運送契約を締結し、Y所有船に右貨物が船積された後同船の船長から三通の船荷証券の発行交付を受けた。Aは、ドイツのハンブルグ市において、この証券を訴外B商会（在ドイツ・ハンブルグ市）に白地裏書により交付した。原告Xは、スイスのチューリッヒ市において、Bに代金を送付しBから裏書によらずにこの証券の送付を受けた。

右Y所有船が同年一〇月横浜に入港したところで、Yは、右船荷証券を所持していない訴外C（三井物産株式会社）に右貨物を引渡した。

そこで、Xは、Yに対して右貨物の引渡を受けられなかったことに基づく損害の賠償を請求した。これに対して、Yは、その貨物について、貨物の売主である訴外D商会が荷送人としてYに対して右貨物をXに引渡すことなくCに引渡すべき旨の命令を発し、Yはその命令に従っただけだとの抗弁を提出した。

〈判　旨〉

「本件運送契約ノ成立及ヒ効力ニ付テハ荷送人タルA商会及ヒY間に英吉利法ニ拠ル可キ旨ノ暗黙ノ合意アリタルコトヲ認メ得ヘキヲ以テ此点ニ付テハ法例第七条第一項ニ依リ総テ英吉利法ニ拠ルヘキモノトス」また、本件船荷証券の裏書譲渡行為・交付譲渡行為の成立・効力は、明示・黙示の合意はなく行為地法であるドイツ法によるべきである（法例七条二項・九条一項）。これらによれば、運送契約は有効に成立し、船荷証券の発行行為と譲渡行為も有効になされている。

「Ｙ主張ノ貨物引渡差止権ハ其実質所謂売主ノ物品取戻権ニシテ該権利ニ付テハ法例第一〇条ノ精神ニ従イ本件貨物ノ到達地タル日本法ニ拠ル可キモノナルカ故ニＤ商会カＹニ対シテ為シタル本件運送品ノ引渡差止命令ハ有効ナルヤ否ヤニ付キ審究スルニ所謂売主ノ物品取戻権ハ日本法ノ認メサル所ナルヲ以テ仮ニ本件貨物ノ売主タルＤ商会カ荷送人ニシテ該貨物ノ運送中Ｙニ対シ該貨物ヲＸニ引渡スコトナクＣに引渡ス可キ旨ノ命令ヲ発シタリトスルモ命令ハ日本法上何等ノ効力ナキモノトス……果シテ然ラハＹハ何等船荷証券ニ因ルＸノ引渡請求ヲ拒否スルノ権利ナキモノト謂ハサルヘカラス」

〈コメント〉

本件では、物品（鋼）の売主はＤである。この物品についてＡＹ間でＹを運送人とする運送契約（準拠法――イギリス法）が締結され、船荷証券も有効に成立し、Ａ→Ｂ→Ｘへと有効に転輾譲渡されている。Ｙは、右の事情のもと、Ｄが右物品を船荷証券所持人であるＸにではなくＣに引き渡せと命じたと主張している。そして、本判決は、この命令の効力を物権準拠法である日本法によって判断し(103)、それを無効としてＸの損害賠償請求を認容した。

ここでは、Ｘが本件船荷証券の転得者であること、Ｄが運送契約の当事者ではないことを押さえておく必要がある。

〔⑨大判大正九年一〇月六日評論九巻諸法四八一頁〕

〈事　実〉

原告Ｘは、訴外Ａを売主とする本件係争物の売買契約における買主である。

被告Ｙは、大正五年（一九一六年）八月一日アメリカ合衆国において訴外Ｂ（在米シカゴ市）との間で本件係争物についてシカゴ市から横浜港までの運送契約（準拠法――英国法）を締結し、船積後、到達地を東京とする船荷証券を発行した。同年一一月三日、本件係争物は横浜港に到達した。

Xは、右船荷証券の所持人であったが、代金の支払いをしていなかった。そこで、Aの命令により、本件係争物の荷送人であるBが、Yに対して本件係争物を荷受人であるXに引き渡してはならないとする差止命令を発した。なお、当時、Xは、英国対敵取引禁止令のブラック・リストに列記されていた。

以上の事実関係において、Xは、Yに対して右貨物の引渡を請求した。原審では、X敗訴[104]。

〈判　旨〉

「英国法ニ所謂差止権ハ代金ヲ支払ハサル買主カ破産ノ宣告ヲ受ケ或ハ支払不能ノ状態ニ在ル場合ニ於テ売〔買〕ノ目的タル貨物ニシテ未タ運送中ニ在ルモノヲ買主ノ占有ニ帰セシメサラシムルコトヲ目的トスル売主ノ権利ナレハ代金ヲ支払ハサル買主カ支払不能ノ状態ニ在リテ且売買ノ目的タル貨物カ〔運〕送中ニアリテ買主ノ占有ニ帰セサル間ハ之ヲ有効ニ行使スルコトヲ得ルノ筋合ニシテ又同国法ニ所謂支払不能ハ弁済期ニ事実上支払フコト能ハサルノ状態ノミナラス前記黒表ニ列記セラレタル事由ノ如キ弁済期ニ法律上支払フコト能ハサル状態ヲモ包含スト解スルヲ相当トス」

〈コメント〉

本件では、物品の買主であるXが船荷証券を所持している。このXが支払い不能であることを理由に、売主であるAが、運送契約における荷送人であるBを通じて運送人であるYに対して、Xへの物品の引渡を差し止めている。本判決は売主の引渡差止権につき英国法によって処理し、差止権を肯定してXの船貨引渡請求を棄却した原判決を支持しているが、準拠法の如何に言及しているのは運送契約についてのみである。したがって、本判決は売主の引渡差止権に運送契約の準拠法を適用したことになると思われる[105]。

しかし、運送契約の準拠法を適用して判断できるのは、運送契約の当事者であるYによる物品引渡拒絶が、右契約の相手方であるBに対して適法であったかという点についてのみである。にもかかわらず、右運送契約に何ら関与していないXに対する関係についてまで、なぜ運送契約の準拠法が規律することになるのか疑問である[106]。

(二)　ひとまず裁判例の分析をおいて、学説に目を転ずる。

売主の引渡差止権の性質決定については、次のような対立がある。第一に、（破産法上の売主の取戻権に言及し破産開始地法説に批判的な立場に立ち）契約準拠法を無視できないとする説[107]、第二に、物権準拠法（所在地法）説[108]、第三に、個別的場合に細かく法性決定するほかないとする説[109]、第四に、売買契約の当事者間で問題とされている限りは契約の準拠法により、第三者の介入があった場合には物の所在地法による説[110]である。

第一説は、「取戻権と雖も一つの解除権に過ぎ」ないことをその理由とする[111]。しかし、取戻権の法的性質については、既に日本（実質）法上争いがあり、取戻権を行使しても売買契約の効力（および所有権の帰属）には影響しないとする見解が多数のようである[112]。したがって、取戻権を「一つの解除権」と断言するのは疑問である。ただ、この説は、この問題が売買契約の当事者間で生じる限りにおいてそのことを直視したものと言え、その限りで評価できる。

第二説は、「当面の権利の存立が所有権の帰属ないし移転と密接に関係しており、また第三者――たとえば証券による目的物の譲受人――の利害関係に影響をあたえる[113]」こと、あるいは、「所有権に基づく返還請求権を、現行法例の下で、所在地法によらしめないことは、売買当事者間の場合であっても、困難であろう[114]」ことをその根拠とする。しかし、既に日本法上、この権利は「所有権の帰属ないし移転」と無関係であり「所有権に基づく返還請求権」とは言えないとする見解が多数のようである[115]。また、「第三者……の利害関係に影響をあたえる」ことがあるのは確かだが、常にそうであるわけではない（⑨判決には第三者は登場していない）。仮に、この権利が「所有権に基づく返還請求権」だとしても、それを「現行法例の下で、所在地法によらしめないことは、売買当事者間の場合であっても、困難」とは言い切れない、むしろ、契約当事者間で問題になっている場合には、所在地法の射程から外すべきであるというのが、本稿の主張である[116]。

第三説は、具体的には、「具体的法律関係が物権的請求権と捉えられる場合には物の所在地法により、売主の契約法上の権利として性質決定しうる場合には契約準拠法によらしめる」[117]とするものである。この性質決定の基準を何に求めるのかが問題だが、「実質法上所有権に基づく権利としての性格が強く求められている場合に」は第四説によれない[118]としていることから、実質法上の性質を牴触法上の性質決定の基準とする趣旨であろう。しかし、いったい、どの実質法を見ることになるのか。売買契約の準拠実質法を見るのか所在地実質法を見るのか。疑問である。そもそも、牴触法上の性質決定は実質法から独立して行うというのが通説であり[119]、ここでも実質法に引きずられてはならないと考える[120]。

㊂　これら三説では、㊀で触れた二判決における処理の違いを捉える視点が得られない。これらに対して、右の二判決の分析から帰納されている側面をもつのが第四説である。この主張者である鳥居淳子教授は、次のように述べておられる。

⑨判決では「支払不能となった買主自身が船荷証券の所持人で貨物の引渡請求をしているのに対し」、⑧判決では「運送人たる被告〔Y〕により発行された船荷証券は訴外A・Bを経由しており、原告〔X〕は、代金をBに送付して右船荷証券の送付を受けている……。記録からは、差止命令を発した売主から物品を直接買った者が誰で、その場合の売買契約の準拠法が何かは判明しない。しかし、右の事実からすれば、原告ではないであろう。とすれば、この事件では引渡請求は船荷証券を取得した第三者によってなされていることになる。ここに、両判決が同種の権利につき異なった準拠法を適用した根拠が見出されるのではないか[121]。」

⑧判決は、⑨判決や直後に言及する留置権に関する二判決と異なり、買主が誰かに言及していない。もしXが買主なら、その旨の認定がなされていたのではないか。だとすると、おそらく、Xは買主ではないのであろう。そのことを前提とすれば、右の鳥居教授の分析は支持できる。

ただ、両判決とも、売主の引渡差止権は、YがXに対して引渡を拒絶するのが適法か否かという点の前提問題として出てきている。したがって、⑨判決でも、XY間の関係（AX間を内部関係と見る場合の外部関係）には、本来、法例一〇条が適用されるべきであった。ただ、右の前提問題についてXが売主Aに対する関係で引渡を請求することが許されない場合には、外部関係の準拠法である日本法を適用する段階でも、その結論は動かないと思われる。つまり、前章末尾で触れた神戸地判昭和三四年一〇月六日と同様、内部関係の準拠法による処理が決定的な意味をもつ事案であったと思われる。

鳥居教授は、この分析から、ここでの問題について次のような処理を提案される。

「売主の引渡差止権や取戻権が隔地的な取引において売主が蒙る不当な不利益から売主を保護するためのものであることを考慮するならば……、売買契約の準拠法上売主に認められたかかる権利は売買契約の直接の当事者間では有効なものとするのが当事者の正当な期待に合致し正義衡平の見地からみて妥当であろう。しかし、……第三者に適法に転売されたような場合にもなお、物権的な権利としての性質を有する右の権利の準拠法を最初の売買契約の準拠法に依らしめることは、通常、右の売買契約の準拠法を知らない第三者の保護に欠けることとなろう（このことは問題の契約準拠法上売主のかかる権利が第三者に対抗できるかどうかとは別個の問題である）。[122]」

基本的には、この見解を支持する。この見解によれば、売買契約の当事者間では、たとえこの権利が売買契約の準拠法上物権とされていたとしても、両者にとって最も密接に関連する売買契約の準拠法（内部ルール）によって処理されることになる。これに対して、（「適法に」転売された場合に限られるかはともかく）第三者が目的物に何らかの関係をもった場合にまで売買契約の準拠法によるのでは、鳥居教授の指摘されるように、第三者の取引の安全を害してしまうことになる。

ただ、細かいことを言えば、この権利が「物権的な権利としての性質をも有する」かどうかというよりも、抵触法上は、まさに第三者に対して行使しうる権利であるかどうかが重要と言うべきである（例えば、債権者取消権を想起されたい[123]）。また、「このことは問題の契約準拠法上売主のかかる権利が第三者に対抗できるかどうかとは別個の問題である」とされる点にも若干疑問がある。契約準拠法上買主に対してしか行使できない差止権が売買当事者間に成立した後で、たまたま目的物が第三者に転売されるような場合には、そもそも売主は第三者との関係で保護されるべき利益を有していないとも言えるからである。詳細は、二に譲る。

鳥居教授は、右に引用した見解を「法例の解釈として……必ずしも不可能ではないのではなかろうかと考える」[124]とされている。しかし、その具体的な展開はなされていない。準拠法を当事者間関係（内部関係）と対第三者関係（外部関係）とで分ける発想を採り法例の解釈として展開するとすれば、他の問題との関連についての考察は避けて通れないはずである。このことから言えば、本論文は、そのような考察をしているものと位置づけられることになる。法例の条文解釈については、三で行う。

以上のように、この問題に限ってではあるが、最判平成六年三月八日民集四八巻三号八三五頁より前に、既に内部関係と外部関係とで別々の準拠法を適用したと評価しうる裁判例が存在していることをきちんと認識おくことが重要である。

2　留　置　権

この問題についても、古い紛争例が二件ある。ここでも、それらを通じた検討を、実際的な側面を中心に、行う。[125]

〔⑩神戸地判大正六年九月一六日新聞一三二九号二三頁〕

〈事　実〉

原告Xは、訴外A（合衆国会社）から生アルミニウムピッグ一八二一個を買受けた。Aは、この貨物の輸送を訴外B会社に委託し全ての運賃その他の費用を支払った。この貨物は、Bを経由して、当時訴外C会社（在米シアトル市）によって傭船されていた訴外D所有船に積込まれ、Xに向けて発送され、大正六年五月二八日に無事神戸に入港した。Xは、右貨物に関する船荷証券の交付を既に受けていたので、直ちに所有者として船長に引渡を請求した。ところが、船長は、右貨物は被告Yの申請による仮処分決定により裁判所の指定した保管人以外の者に引き渡すことはできないとして、Ｘの右請求を拒否した。

そこで、Ｘは、右仮処分決定の取消を求めた。

これに対して、Ｙは、Ｘの請求の却下を求め、その理由として、次の点を挙げた。Ｙは、右Ｄ所有船につきその傭船者訴外Ｅ会社から再傭船を受け、それをさらに訴外Ｆ（在米シアトル市）に傭船し、ＦはそれをＣに再傭船していた。ところが、ＣがＦに対して傭船料を支払わず、Ｆは、Ｃに対する傭船契約を解除し、最後の傭船者となった。このような事情から、ＹもＦからの傭船料の支払を受けていない。船長は、船主および全傭船者のために貨物を占有している。したがって、船主およびそれと同地位に立つべき傭船者全てが、船長の占有を通じて商法六〇六条二項（現七五三条二項・船長の留置権）の保護を受ける。また、最後の傭船者は積荷について債権が生じるときには民法二九五条の留置権を有するが、本件では最後の傭船者はＦとなっているから、Ｆの債権について生じた留置権（占有は、前述のとおり、船長を通じてなされている）を代位行使（民法四二三条）する。以上が、Ｙの主要な主張である。また、Ｙは、Ｘの所有権についても争った。

〈判　旨〉

「船荷証券につきては……其発行者が何れの国法によるべき意思なりしや之を認むべき何らの証左なく結局其意思は不明なるを以て法例第七条第二項により其行為地法により之が効力を決せざるべからず、依て該船荷証券の発行地たる米国法につき之を見るに同国法によれば……該証券は荷物の代表と認められ其所有権を移す意思を以て適当に裏書又は交付せられたるときは荷物自体の引渡となり之が譲受人は譲渡人が該荷物につき有せし権利を取得する」したがって、係争物件は、証券所持人であるＸの所有に帰する。

数次傭船の場合、荷受人に対して荷物の運送引渡義務を負うのは、最初の運送人である船舶所有者のみである。船長が積荷を占有するのは、船舶所有者の代理人としてであって各傭船者の代理人としてではない。したがって、積荷を占有していない傭船者は、これに対して留置権を有することはない。

Yは、Fとの傭船契約において、Fが傭船料を支払わないときには運送品につき留置権を有する旨の特約があると主張するが、「留置権は一の物権にして法律によるに非ざれば創設することを得ざるが故に仮令当事者間に其特約をなすも何等効なきもの」である。

なお、Yは、FとCとの傭船契約には傭船料支払のため一切の積荷に対し留置権を有する旨の規定があり、YはFの留置権を代位行使すると抗弁するが、「該傭船契約は米国に於て成立したることはYの自陳する所にして其効力につきては当事者何れの国法によるべき意思なりや不明なるが故に法例第七条により其行為地たる米国法によるべきものと謂わざるべからず、而して同国法によれば傭船契約につき当事者が留置権の創設を合意したるときは其効力を有すべきことの見るべき立証なきのみならず、仮りに同国法に於ては合意により留置権を創設し得べきものなりとするも我が国法に於て留置権は一の物権にして法律の定むる外之を創設することを得ざるものなるが故に前記の如く合意により留置権を設定し得べき米国法の規定を我が国内に於て適用するは公の秩序に反するものなれば法例第三十条〔現三三条〕により斯る外国法の規定は我が国内に於ては適用すべからざること明か」である。

以上から、Xの異議は正当なものだとして、本件仮処分を取消した。

〈コメント〉

本件では、再傭船者から傭船料の支払を受けていない傭船者Yが留置権を主張して積荷の引渡を差止める仮処分を得ていたためその引渡を受けられなかった船荷証券所持人Xが、その仮処分に異議を申し立てその取消を求めている。

本判決は、まずXに積荷の引渡を請求する権限があることを確認する。次にYが積荷を占有していないから留置権を有するものではないとしている。そして、後者では日本法の適用を前提としている。しかし、その根拠は示されていない。最後の部分で、FC間の傭船契約上の合意に基づいて留置権が成立しているかという点について判断しているが、判旨は、法例七条を適用している。つまり、傭船契約の効力の問題と見ているわけである。

少なくとも、契約当事者間に限れば、物を留置する権利と言えども契約の問題と見るのが自然だと思われる。それによって、契約当事者間においては、同時履行の抗弁権と同じ準拠法によって一体的・整合的に規律されることになる。しかし、注意すべきは、留置権を負担すべきか否かが問題となっている積荷の所有者は、本件の傭船契約とは何ら関係がないことである。したがって、本件留置権の成否につき傭船契約の準拠法を適用した本判決には疑問が残る。そこで、この判決の処理は、次の大審院判決によって否定されることになる。

〔⑪大判昭和一一年九月一五日新聞四〇三三号一六頁〕

〈事　実〉

被告Yは、昭和三年七月一二日、自己の所有汽船につき香港において訴外A（マニラ在住）との間で傭船契約を締結した。一方、原告Xは、同年九月上旬、訴外B株式会社（ハワイ・ホノルル所在）との間で鉄屑二五三二トン二一六五についての売買契約を締結した。この鉄屑を運送するため、Aの代理人である訴外C株式会社（ホノルル所在）は、同月四日、Bの委託に基づき、右鉄屑を右Y所有汽船によって横浜港まで運送すべき旨の運送契約（Bを荷送人、Xを荷受人とする）を締結した。そして、Bは、翌五日から二〇日までに船積を完了し、翌二一日運賃米貨一三二九四ドル一四セントをCに支払い、CからB代理名義で運賃前払いの記載ある船荷証券の発行を受けた。

同船は、同年九月二七日ホノルル港を発航し翌一〇月一三日横浜港に到達した。船荷証券も本船便により横浜に到達し、直ちに同地でB取締役からXに裏書譲渡された。それに基づき、Xは、右鉄屑のほぼ全部を受け取ったが、残り一トンについてはAが傭船料を支払わないため右貨物を留置せよとのYからの命令を受けた船長に引渡を拒否された。そこで、Xは、本訴を提起し右鉄屑の残りの引渡を請求した。[126]しかし、一・二審とも敗訴したので、上告した。

Xの主張は多岐にわたるが、留置権の準拠法に関する主張は、以下のものである。

「原判決ハ本件傭船契約ニ付テハ英国法ヲ準拠法ト為スヘキ旨ノ合意カY並A間ニ成立シタル旨ヲ認定セラレタ

ルモノナルヲ以テ原判決ニシテYノ請求ヲ認容セントセハ英国法上本件ノ如キ場合ニ留置権ヲ行使シ得ルヤ否ヤヲ先ツ以テ判断セサル可ラス蓋シ傭船契約ニシテ英国法ニ依ルモノナリトセハ留置権ノ有無ハ該契約ノ効力ニ外ナラサレハ其ノ準拠法タル英国法ニ依リテ定マルヘク英国法ニ依レハ本件ノ如キ場合ハ荷主に対シ留置権ヲ主張スルコトヲ得スシテ貨物引渡ノ義務ヲ免レサルモノナリトセハ縦令我国ノ法律ニヨリ留置権ヲ行使シ得ヘキ場合ナリトスルモ之ヲ主張シ得サルモノト言ハサル可ラサレハナリ」

〈判　旨〉

「留置権ノ如キ所謂担保物権ハ主タル債権ノ存在ヲ前提トスルヲ以テ国際私法上担保物権カ有効ニ成立スルカ為ニハ主タル債権ソノモノノ準拠法ニ依ツテ有効ニ成立シ且担保物権カ其ノ準拠法タル目的物所在地法ニ依リテ有効ニ成立スルコトヲ要スルハ法例第七条及第十条に徴シ疑ナキトコロナリ」

本件傭船契約の準拠法である英国法によれば「Yハ該契約ニ基ク傭船料債権ヲ有ス」

「留置権ニ付テハ目的物ノ所在地法タル日本法律ニ依ルヘキモノトス爾リ而シテ日本法律ニ従ヘハ他人ノ物ノ占有者カ其ノ物ニ関シテ生シタル債権ヲ有スルトキハ其ノ債権ノ弁済ヲ受クルマテ其ノ物ヲ留置スルヲ得ヘク其ノ物ノ所有者カ債務者タルト否トハ問フトコロニ非ス」

〈コメント〉

本件では、傭船者Aが船舶所有者Yに対して傭船料を支払わなかったので、Yが積荷に対する留置権を主張して、船荷証券所持人Xの積荷引渡請求を拒否している。Xの主張は、留置権の成否はまずはAY間の傭船契約の準拠法によって判断されるべきだというものである。つまり、⑩判決と同じ処理をせよと言っていることになる。

前項で検討した売主の引渡差止権のように、まずは売買当事者間で問題となる権利であれば、売買契約の準拠法が最も密接に関連すると言える。同様に、仮に本件留置権の成否が傭船契約の当事者間で問題になっていたなら、傭船契約の準拠法が最も密接に関連すると言える。しかし、ここでは、積荷の所有者は傭船契約の当事者になっていない。留置権の成否が問題となるのは、本件ではＸＹ間であり、その間に直接の関係はない。この両者にとって最も密接な関連を有するのは、唯一の接点であり権利の成否が問題となっている本件積荷だと言える[127]。したがって、留置権の成否につき法例一〇条を適用した本判決は妥当である。そして、仮に本件留置権が運送中に成立したとすれば、次項で検討する移動中の物についての通説（仕向地法説）からは、所在地は仕向地である日本ということになり、本判決の処理でよいことになる。

以上から、本判決は、売主の引渡差止権についての前記の二つの裁判例と矛盾してはおらず、本判決によってその処理を否定された⑩判決を除き、いずれの判決の処理も、（前述の留保[128]は伴うものの）理論的な説明は可能だと考える。

3　移動中の物

有体物が国境を越えて仕向地まで運送される途中で、その現実の所在地を当事者が容易に知ることができない状況でその取引がなされるような場合に、「目的物の所在地法」としてその現実の所在地法を適用するのでは、当事者の予測可能性を害することになる。また、単なる通過点において行われている法が当事者に密接に関連するとも言えない。そこで、このような場合には、目的物の仕向地（運送の目的地）法を適用すべきであるとするのが通説である[129]。

この問題について、直接に争われた事例はない。ただ、学説における議論[130]には若干の問題がある。そこで、ここで敢えて採り上げておく。

この問題について突っ込んだ検討をされているのは、ここでも久保岩太郎教授である。久保教授は、仕向地法説の根拠を次の点に求められる。

「かかる動産に関する物権変動問題については殊に当事者の意思如何が重大なる意義を有するものであり、而してかかる場合には当事者は動産が仕向地に到達したる時に始めてその効果を発生せしめんとする意思を有すると解することが最も合理的なるべく、従って到達によりて物権行為は完成することとなり延いて仕向地（到達地）がその物権変動の原因たる行為の完成当時の所在地となるから所在地としての到達地法に依る[131]」ことになるとされる。

この根拠から、久保教授は、以下の問題についても一貫した処理をされる。

第一に、動産が滅失などにより仕向地に到達しなかったとき、「その到達前に於ては未だ物権的権利状態には何等の変更も生じていない。故に……その物についての物権行為の効果は全然発生することなくして終るのである。」

第二に、運送中に予定の仕向地を変更したとき、「元来かかる運送中の物に関する物権行為は性質上充分なる確実性を要求し得ないものであるから仕向地が変更したる場合には新仕向地に物が到達したる時に始めて物権的効果を発生せしめんとする意思を含むものと解すること合理的なるべく、従って新仕向地法に依るべきであると思う」

第三に、「第三者が運送中に現実の所在地法に従い前述の物権行為と相容れざる権利を物上に取得する行為を為したる場合」には、第三者が現実の所在地を知っていたかどうかで二つに分かれる。知っていた場合「例えば港に於て積換を為す際に第三者が運送物の上に質権の設定を受けたる場合の如きに於ては行為の当事者に所在地が分明であるから現実の所在地法に依って行為当時直に物権の変動を生ずる、従って斯くして取得したる物権は先に為されたる物権行為の結果として仕向地に到達後始めて取得すべき総ての物権に優先するは勿論である（但し対抗要件の問題暫く別問題とす）」。知らなかった場合「例えば第三者がその所在地を知らずして運送物を買受け（所有権の譲渡を受け）たる場合に於て後日の調査により判明したる買受行為当時の現実の所在地法に依れば偶偶その買受行為を以て物権取得の原因たる行為と認めている場合の如きに於ても前述の当事者の合理的意思解釈に基き（買受当時の所在地法に依るのではなく）、この物権行為の効果は仕向地に到達後始めて発生するものなるが故に先に為されたる物権行為と等しく共に仕向地法に依るのである、従って新旧両物権行為の相互の関係従って又何れの物権が他の物権に優先するかはその仕向地法に依りて定まることとなるのである[132]」。

久保教授はこの分野で踏み込んだ検討をされている数少ない一人であり、率直に敬意を表する。しかし、以上の考え方には疑問がある。

久保教授は、「かかる場合には当事者は動産が仕向地に到達したる時に始めてその効果を発生せしめんとする意思を有すると解すること最も合理的」とされる。しかし、目的動産をめぐる両当事者の利害は対立しているのではないか。一般的には、どちらも長く所有権をもっていたいであろうし、担保権の設定を受ける債権者は早く担保権を成立させたいのに対して、設定者の側はどちらかと言えばできるだけ長く担保権の負担を免れたいと考えるのではなかろうか。それに、当事者の意思解釈を言うなら、当事者にとって最も密接に関連し、かつ、中立的な、当事者間の契約準拠法にそれを委ねるのが筋だと思われる。したがって、仕向地法説を当事者の合理的意思解釈によって根拠づけることはできないと考える。

この点、江川英文教授は直ちに、「当事者が目的物が果して何処に存在するか若は目的物の所在地に如何なる法律が行はれているかを知らずして物権的効力の発生を欲する場合もあり得るのである。……従って、運送中の動産に関して行為が行はれた場合には常に必ず当事者の物権移転の意思が存在せざるものと解することは出来ぬと云はねばならぬ」として、久保教授の考え方を批判されている。そして、「発送地は唯過去に於て当該の動産と関係を有するに過ぎ」ないとして発送地法説を斥けつつ、「到達地は該動産の将来の所在地であるから、之に関係する動産の運命と極めて密接な関係を有すること運送の中途に於ける動産の現実の所在地よりも遙に大である」ことを指摘されている[133]。

右の動産が次に流通過程に入るのは、通常は仕向地においてである。そして、所在地での取引保護が所在地法を物権準拠法とする根拠であることを考えると[134]、移動中の物については、原則として仕向地を「所在地」と見るのが、通説の処理としては一貫していると思われる。広い意味で、この見解の延長線上において現在踏み込んだ検討をされているのが、石黒教授であろう。

石黒教授は、基本的には仕向地法説を支持されたうえで、次のように説かれる。

「予期された運送が事故・盗取・差押・長期の運送品の滞留などの事情により事実上中断され、目的物の現実の所在地国が再び一応の安定性・固定性を回復し、そして目的物がその国の流通の過程に置かれたと見得る場合……例えば外国を仕向地として運送途中の積荷がわが国で差し押えられ競売に付されたとすれば、それにまつわる種々の物権問題は、仕向地法ではなく目的物の現実の所在地法たるわが国法によるべきであろう……。但し、例えば売買契約に基づき買主側に売買の目的物を引き渡すべくなされた国際運送の途次に、売主の債権者がわが国で目的物を差し押さえたのに対して買主が所有権を主張して争うような場合には、……買主の所有権取得の点は、……一応仕向地法により判断されることになろう。つまり、この場合あたかも仕向地国を旧所在地法として、また差押地（わが国）を新所在地国として、それぞれ把握すべきことになる（因みに仕向地国の事後的変更についても、仕向地法によることを原則とする限り、旧仕向地国から新仕向地国への所在地変更として処理すべきであろう）。[135]」

仕向地法説を採る限りにおいては、具体的妥当性の点から、このように考えざるをえないであろう。ただ、運送品は、これまで検討されているように、仕向地が変更されたり運送が中断されたりすることもある。つまり、実際には仕向地（仕向地変更の場合には、変更前の仕向地――以下同じ――）の流通過程に入らないことも生じる。そのような場合には、仕向地の取引には関係せず、仕向地法を適用するための根拠が失われてしまうことになる。したがって、このような場合には、むしろ、仕向地変更の場合には新仕向地法を、運送中断の場合には運送が中断されて目的物が現実に所在している地の法を適用する方が、理論的には一貫するのではないか。

しかし、だからと言って、久保教授が主張されていたように仕向地の変更や運送の中断が生じる前になされた処分の準拠法がその後に生じた事情から変更されてしまうのでは、その処分の当事者の期待に反することになってしまう。したがって、仕向地法説を前提とする限りにおいては、前者の場合には旧仕向地法を、後者の場合にはそのまま仕向地法を適用する石黒教授の見解が、妥当だということになる。

このような理論的破綻をどのように解消すべきか。ここでは、少なくとも次のことは言えると考える。すなわち、第三者との関係はともかく、当事者間では、その予測可能性を保障する意味から、当事者の意思に配慮せざるをえない。そして、先に久保教授の見解に対して批判したときに述べたように、当事者の意思に配慮するとすれば、当事者にとって最も密接に関連する契約準拠法によるのが筋だと思われる。したがって、ここでも、当事者間関係（内部関係）と対第三者関係（外部関係）とで処理を分けるべきではないか。

確かに、右のように処理しても、外部関係まで理論的に一貫した処理ができるようにはならない。その意味で、問題が完全に解消されるわけではない。しかし、移動中の物についての仕向地法説は、「ある種のフィクションに基づくものであることは否定し難い。」[136]そして、フィクションに頼らない領域を広くする解釈が可能なら、そのような解釈を採るべきではなかろうか。したがって、ここでも、内部関係と外部関係とを区別する右の考え方を採るべきではないか。

３では、処分の時点に、目的物の所在地が確定していない場合を扱った。４では、処分時点の目的物の所在地は確定しているが、直後に他国への運送が予定されていてその所在地があまり意味をもたない場合を検討する。

４　国際的送付売買など

ここで言う国際的送付売買とは、目的動産が売買契約締結時にはまだ発送されていないが、国境を越えて買主のもとなどへその運送が予定されている売買のことを指す。また、同様の状況で担保権の設定を行う場合もある。

㈠　これらの問題については、ドイツでは、直後に言及するＢＧＨ判決を引き金として、次款で触れる物権準拠法上の当事者自治が議論されるようになり[137]、その当事者自治論は、徐々に有力になりつつあるようである。そこで、本項では、その議論の契機となったＢＧＨ判決[138]を検討する。

〔⑫ BGH, Urt. v. 2. 2. 1966, BGHZ 45, 95 = IPRspr 1966/67 Nr 54〕

〈事　実〉

原告X（イタリアの機械商）は、一九五七年に一八台の編み機を一台六七〇〇ドイツマルクでドイツにある訴外W会社に供給した。一九五八年二月二七日に、税務署が税金の滞納を理由に一二台の編み機を差押えた。さらに、同年三月七日に、被告Y（地区疾病保険金庫）がWによる分担金の滞納を理由にそれらの一部を附帯差押えした。Wは、まず和議手続きに入ったが、同年一一月三日には、Wの財産につき破産手続きが開始された。Yは、一九五九年三月一七日に税務署との合意に基づき任意売却によって四台の編み機を換価し、それにより一六〇〇〇ドイツマルクを得た。

Xは、換価された編み機は所有権留保のもとに供給されたものであってその所有権はXにあったと主張し、損害賠償、予備的に不当利得返還を請求する本訴を提起した。

地裁は、請求を棄却した。控訴審は、損害賠償請求の点を形式的な理由で斥けた後、Xが有効に所有権を留保していたと認定し不当利得返還請求を認めた。そこで、Yが上告した。

〈判　旨〉上告棄却

一「Xの各請求の可否は、所有権留保の有効性にかかっている。」控訴審の認定によると、XとWとは、Xのための所有権留保を口頭で合意していた。また、Yが編み機を売却したとき、WからXへはまだ売買代金が完済されていなかった。控訴審は、所有権留保の有効性と射程について、まず物権準拠法としてイタリア法を適用した。それによると、方式を欠いて合意された所有権留保は、売買契約の当事者間においてのみ有効である。買主の債権者に対しても有効であるためには、公証された書面による合意が必要である。控訴審は、編み機は、ドイツ領内に入ってからは物権準拠法としてドイツ物権法の支配に服し、したがって、イタリア法上の右の制限は、ドイツの物権法秩序と調和しないので、消滅するとした。

これに対して、Yは、所在地変更によっても、旧準拠法によって付与された物権的刻印は原則として保持されたままだとするのが判例だとして上告している。

2　ドイツ法は、所在地変更にともなう準拠法の変更において、原則として、旧準拠法の支配下で受けた物権的刻印つきで物を引き受ける。ドイツ法には、確かに相対的にのみ有効な所有権留保はないが、相対的に無効な法律行為はある。したがって、相対的にのみ有効な所有権留保は、ドイツ物権法と全く相容れないわけではないであろう。そして、イタリア法上の相対的に有効な所有権留保に基づいて、買主と売主との関係では売主を、買主とその債権者との関係では買主を所有者と見ても、克服しえない困難に直面することにはならないであろう。したがって、所在地変更にともなう準拠法の変更によっても、編み機についてXのためにイタリア法上の相対的にのみ有効な所有権留保が成立しているということには何らの変化も生じていない。しかし、このことは、Yの上告に対しては決め手にならない。

3(a)　相対的にのみ有効な所有権留保は、買主の債権者に対する関係では、何の役にも立たない。

(b)　本件は送付売買に関わるもので、イタリアの製造者が売主であるXの指示に基づいてドイツ所在の買主に編み機を送付している。機械がドイツの買主の処分領域内（したがって、その債権者の掴取可能な状態）に到達する前の時点には、所有権留保は、Xにとって実際的な意義を有していない。「Xとドイツの買主との合意の意味と目的は、まさに、機械がその仕向地の買主のもとに到達したときにも、依然としてXに絶対的に有効な所有権留保を付与することであった。」問題は、この意思が充分に外に向けて表れているか、そのような合意が法的な有効性を発揮しえたかである。

(c)　XとWは、どうやらイタリア法によって規定されていた方式に注意を払っていなかったようである。なぜなら、彼らは、ドイツにおいて有効な所有権留保のみを重視しており、彼らの想定によれば、それにはイタリア法上の方式規定の遵守は必要なかったからである。「そうだとすると、所有権留保の合意には、Xのために所有権留保を成立させる取決めだけではなく、さらに、所有権留保が、……機械がドイツ所在の買主のもとに到着したときにドイツ法によって完全に有効になるべき旨の合意も含まれている。」

(d)　この合意の準拠法は、編み機の所有権関係を規律するものだから、目的物の所在地法である。その基準時点は、問題となっている法的効果が生じる時点である。当事者の合意は、ドイツ所在の買主のもとに編み機が到着した時点から、編み機の所有権関係を規律すべきものだから、ドイツ法が物権準拠法となる。

(e)　この合意は、イタリア法上の相対的にのみ有効な所有権留保からドイツ法上の絶対的に有効な所有権留保への変換を目的としていた。すなわち、買主との関係でのみ所有者のままであったXは、再び絶対的な、万人に対して有効な所有権を取得することを意図していた。ドイツ法には相対的にのみ有効な所有権留保はないので、相対的に有効な所有権を完全な所有権に変換する法律行為もない。それにもかかわらず、そのような法律行為もドイツ法上許容しうる。

(f)　そのような合意のためには、当事者の物権的合意で足りるのか、所有権移転の要件（BGB九二九条以下）が充たされなければならないのかは、問題である。ただ、合意のときに、留保買主であるドイツの買主は、留保売主であるXの占有を媒介しており、ドイツ法上の所有権移転の要件（BGB九三〇条）に相当する占有媒介関係が合意されている。それによれば、Xは、ドイツの買主のもとに編み機が到達したときに、（再び）編み機の上に絶対的に有効な所有権を取得したことになる。したがって、「Xの相対的に有効な所有権留保が強化されたのは、確かに、所在地変更にともなう準拠法の変更に基づいて、法律によってではなく、おそらく、ドイツ法上の完全に有効な所有権留保への当事者の合意に基づくものであろう。」

(g)　所在地法の適用領域の限界がこの方法で潜脱されてしまうという考慮は、この結論の妨げとはなりえない。所在地変更にともなう準拠法の変更の場合、新準拠法は、従前の物権的刻印つきで物を受け入れる。しかし、それは、旧準拠法の適用をその限りで認める新準拠法に基づいてのみ、かつ、新準拠法がこの原則の例外を許さない限りにおいてのみ、妥当することである。したがって、当事者が新しい物権準拠法により示される可能性に従って従前の物権関係を変更する場合には、前の物権準拠法に何ら崩壊をもたらすものではない。

〈コメント〉

本件は、イタリアの売主Xが、ドイツの買主Wとの間で動産の所有権留保売買を行った後で右動産をドイツに送付したが、ドイツのYによって右動産が差押え・換価されてしまったので、自己の所有権を根拠にYに対して損害賠償および不当利得返還請求をしたものである。

通説[139]によると、右の売買契約締結時には右の動産はまだイタリアにあったのだから、物権準拠法としてはまずイタリア法が適用されることになる。イタリア法によれば、買主の債権者には対抗できない（相対的な）所有権留保がなされている。そこで、新所在地法であるドイツ法上そのようなXの既得物権の効力が認められるか、認められるとすればドイツ法上どのような効力をもつ権利として扱われるかが問題となる。

判旨１は、原判決が、イタリア法上買主の債権者に対抗するために踏むべき方式について、ドイツ法上は一定の方式を踏む必要がないことからそれを所有権留保の有効性に対する「制限」と見て、そのような「制限」はドイツ物権法と調和しないとし、方式を踏んでいない（書面を作成していない）本件所有権留保をYに対抗しうるものと扱ったことを確認している。しかし、通説の採る所在地法主義を前提にして考えると、この解釈によれば、買主は、自分の債権者に対しては所有権留保の主張をさせないためにわざわざ売主との間で書面を作らないようにしたとしても、目的物がドイツに持ち込まれたらその所有権留保が自分の債権者に対抗しうるものになることを覚悟しなければならなくなる。このような解釈がいかなるケースにおいても妥当かどうか、疑問が残る。

このような原判決に対して、判旨２は、同じく通説に立ちつつ、イタリア法上の相対的な所有権留保がドイツ法と調和しうるものだと解し、新所在地法であるドイツ法においても同様の効力が認められるとする。しかし、そのような相対的な効力が認められても、本件のXは、Yに対して留保所有権を主張できない。したがって、判旨３(a)は、そのような権利はXにとって無意味だとし、以下でXの主張を実現する別の構成を探っている。

判旨3(b)(c)は、本件の事実関係から判断すると、Xはイタリア法の内容には無関心であって、XとWは、目的物がドイツのWのもとに到達したときから絶対的な所有権留保が成立することを合意していたと解釈することができるとする。そして、判旨3(d)は、そのような合意がどのような効力をもつかという点についての準拠法は決する基準時をその効力の発生が問題となる時点、すなわち、目的物がWに到達する時点の所在地法であるドイツ法だとした。

このことから、判旨3(e)は、ドイツ法上、右の合意に基づき、イタリア法上の相対的な所有権留保がドイツ法上の絶対的な所有権留保に変換されたと結論し、判旨3(f)は、本件でドイツ法上の成立要件が充たされていることを確認している。そして、判旨3(g)は、新準拠法であるドイツ法自体がそのような効果を認めるのだから、イタリア物権法秩序が侵害されることにはならないと念を押している。

以上のように、本判決は、準拠実質法（ドイツ法）の解釈として、当事者の意思解釈を用い、Wに到達した時点から本件の相対的な所有権留保が絶対的な所有権留保に変換されたものと解している。

この解釈は、基本的には妥当だと考える。ただ、売主としては、仕向地法（本件ではドイツ法）上の絶対的な所有権留保をできるだけ早く成立させたいと考えるのが通常だと思われる。したがって、所在地法主義に立つ限り、相対的な所有権留保から絶対的な所有権留保への変換が生じるのは、買主に到達した時点より前の、目的物が仕向地に到達した時点とすべきことになろう(140)。これによれば、目的物が仕向地に到達した後なら、買主に到達する前であっても、目的物を差押えてきた買主の債権者にも所有権留保を対抗できることになる。

(二)　このBGH判決を受けて、Kegelは、抵触法上次のような解決を提案する(141)。すなわち、「送付売買においては、まず発送地国法により、目的物が到着国に入ってからはその地の法による。」

そして、一九八四年のドイツ国際私法補充のための法律草案四四条も同様の立場から、「譲渡人または第三者の約定担保権は、目的物が仕向地国に到達するまでは発送地国法により、仕向地国に到達した以後は、担保権が仕向地国に到達する前に設定されていたとしても、仕向地国法による。[142]」という規定を提案する。

本項で採り上げている類型では、契約時に目的物がまだ一方当事者のもとにあり、その後相手方へ国境を越えて運送されることが予定されている。したがって、所在地法主義に立つ限り、まずは契約時の所在地の法である発送地国法が適用されるのが筋である。しかし、当事者は、一般には、むしろ、仕向地において担保権が充分に機能し保護されることを期待しているはずである。したがって、少なくとも目的物の仕向地到達以後は仕向地法が適用されることを期待して行動することが多いであろう。このことを考慮すると、右の草案によって、所有権留保売買の売主は、仕向地法を念頭において担保権を設定することができることになり、その限りでは妥当である。

これに対して、目的物が契約締結後発送される前に発送地国で差押えられることも考えられる。そのため、発送地国法による担保権の成立も一定の重要性をもっている。したがって、右の草案は、そのような場合にも対処できるようにはなっている。そして、右の草案によると、売主は、発送地国法の所有権留保の成立要件にも配慮しておく必要があることになる。しかし、それでは、売主は、完全な保護を受けようとすれば、発送地国法・仕向地国法双方の、対抗要件だけでなく成立要件から、充たさなければならなくなる。いったい、これは妥当なのか。通説の採る所在地法主義によれば、ただでさえ、売買という一つの行為について契約準拠法と物権準拠法の双方に配慮しなければならないのに、ここではそれに加えて複数の物権準拠法に配慮しなければならなくなる。これでは、当事者にとってあまりに煩雑ではないか。[143]

この判決を契機に有力に説かれるようになってきた物権準拠法上の当事者自治論は、このような問題点を解消する試みであると言える。そこで、次款では、それについて検討することにする。また、より包括的に、動産の処分については、当事者間では債権問題と物権問題というような区別をせず、対第三者関係で問題が生じた場合にその対第三者関係を処理するためにのみ目的物の所在地法を適用するアメリカ法にも検討を加える。

本款の最後に確認しておくべきことは、物権の領域での重要判例において、売主の引渡差止権・取戻権の二つの判決の処理の違いを通説では説明できないのに対して、当事者間関係と対第三者関係とを分ける発想がそれを説明する端緒となりうること（1）、右の発想が留置権の大審院判決（⑪判決）と矛盾しないこと（2）、移動中の物についてそのフィクション性を部分的にだが解消しうること（3）、詳細は次款に譲るが、目的物の運送が契約時に予定されている処分（国際的送付売買など）などにより目的物の所在地が変更しても、一つの行為によってなされた処分は、当事者間では一つの準拠法によって処理しうること（4）である。[144]

(2)　解決の試み

前款では、物権変動の準拠法に関する基礎理論に伴う実際的問題点を検討した。その検討から、画一的に所在地法を適用するのでは、説明できない判決（売主の引渡差止権・取戻権に関する大審院判決（⑨判決））が存在していること、擬制にすぎる場合（移動中の物）があること、国際的送付売買など複数の所在地法上の成立要件に配慮しなければならず当事者にとって負担になる場合があること、むしろ当事者間では物権変動の原因についての準拠法（例えば、契約準拠法・法例七条）を適用すればそのような問題を解消する端緒となりうるのではないかということが分かった。

このように当事者間関係（内部関係）と対第三者関係（外部関係）とを分ける発想は、それに類似のものを含めれば、ドイツ語圏の有力学説やアメリカの裁判例に見られる。そこで、自立的な議論をする前に、参考として、それらの考え方を検討しておく。

1　ドイツ語圏における物権準拠法上の当事者自治論

本項では、ドイツ語圏における物権準拠法上の当事者自治論を採り上げる。この議論の状況は既に紹介されている[145]ので、以下では、そのような議論の主流を形成していると思われるDrobnigとStollを中心に検討を加える。[146]

㈠　Drobnig は、⑴４で紹介した一九六六年のＢＧＨ判決（⑫判決）を受けて、一九六八年の論文[147]において、国際的送付売買のような事案で当事者に物権準拠法を指定させることを提案した。Drobnig は、まず二つの時点に分けて利益状況を分析する。

第一に、目的物が国境を越えて運送され輸入国内に到達した後の時点では、売主にとっても、輸入国における利益が重要である。なぜなら、留保所有権などの担保物権が第三者（目的物の転得者・差押債権者・破産債権者）に対して真価を発揮するのは輸入国においてだからである。また、買主にとっても、輸入国法はなじみの法である。さらに、買主の債権者にとっても、仮に輸入品上の物権関係を認識するために売主が所在する国の法を参照しなければならないとしたら、耐えがたい負担となるであろう。したがって、目的物が輸入国に到達した後は、専ら輸入国法によることがこれらの関係者の利益となる。

第二に、逆に、目的物がまだ輸入国に搬入される前の時点では、売主・買主とも自分になじみの法を重視しているであろう。ただ、右のＢＧＨ判決の事案のような場合には、売主は、輸入国法に従えば担保権を設定するための方式の履践を免れることができるという利益を有している。一方、売主側の国の取引安全（取引利益）には、当該国の法の適用が要求される。したがって、この場合には、利益の牴触が見られる[148]。

Drobnig は、このような利益分析から、当事者が売主側の国の法を遵守せずむしろ買主側の国（輸入国）の法に従って所有権留保の合意を行った場合に、最初から専ら輸入国法を準拠法としうる構成を提案し[149]、その一つとして、当事者に法選択を許す構成を提示している。そして、その要件として、次の四点を主張する[150]。

「第一に、法選択は、明示的なものでなければならない。」それによって、物権法において要請される権利関係の明確性が担保される。「第二に、物権準拠法の（明示の）法選択が許されるのは、その性質上、あるいは、契約上の定めによって、常にあるいは一時的に国境を越える物に限られる[151]。」「第三に、法選択」の選択肢は、「目的物が関わる法秩序のうち最も重要なもの、通常は、発送地法と仕向地法に限られる。」「第四に、目的物が当事者によって（明示的に）選択された法秩序の所属国外にある限りにおいて、法定質権の成立や、さらにまた目的物の占有者によりなされる法律行為による処分は、その折々の所在地法に適う限り、認められるべきである。[152]」「所有権の保護、特に、占有者や破産管財人に対する返還請求権は、専ら強行的に目的物の所在地法による。」これらの要件を設定することによって、折々の所在地における取引利益と、法的明確性が担保される。

Drobnig は、このような法選択はまだあまり実際的ではないとしつつ[153]、このような法選択の許容性がこれまでともに検討されてこなかったとして[154]、その検討を促している。

(二)　Stoll は、これを受けて一九七四年に、当事者自治導入の論陣を張る[155]。

Stoll は、まず、目的物が内国にとどまるべき処分（Inlandsgeschäfte）については所在地法の適用に疑問はないとしつつ[156]、目的物の所在地変更をその内容に含む処分行為（internationale Verkehrsgeschäfte）について当事者自治を認めるべきだとする。これにより、債権準拠法と物権準拠法を同じように扱うことができ、かつ、発送地法と受領地法を順次適用することに伴う欠点と不明確性を回避できることを理由とする[157]。

そして、具体的には、次のように主張している。すなわち、当事者がドイツ法を選択すれば、引渡がどこでなされようと、物権変動はドイツ法に従う[158]。これに対して、フランス法を選択した場合には、「ドイツのメーカーや売主は、もちろん、ドイツ物権法が所有権移転について原則として買主への目的物の引渡を要求している（ドイツ民法九二九条）ことに注意しなければならないであろう。したがって、フランス法によって予定されている売買契約の締結の物権的効力（フランス民法一一三八条）は、目的物がまだドイツに所在し、したがってドイツ物権法の支配に服している限り、生じえないであろう。しかし、未だ引き渡されていない目的物の物権的取得に対するドイツ物権法の拒否権（Veto）は、商品がドイツを離れると直ちに根拠を失うであろう[159]。」

Stoll は、このような構成を主張したうえで、Drobnig の主張を検討する。そして、売主や買主が発送地国や仕向地国以外の第三国に営業所を有する場合もあることから、選択肢の中にそのような第三国を加えるべきだとする。

また、なぜ法選択が明示的なものでなければならないか理解できないとし、当事者が根本において何を望んでいるか、何が推定される利益に最もよく適っているかを決定すべきであろうと批判している。[160]

以上のようなStollの主張する処理によれば、前款第四項で言及した⑫判決の事案では、当事者によって黙示的に選択されたドイツ物権法は、商品がイタリアにある限り、当事者が望む権利形態を実現できない。[161]しかし、商品がイタリアを離れると直ちに、完全な所有権が売主に復帰することになる。[162]

㈢　Drobnigは、一九七七年に、自説への批判に対して反論を加えている。[163]すなわち、StollがDrobnigを批判し法選択を明示のものに限っていないことに対しては、明示の法選択が、当事者の意思が不明確で公示を欠いているという批判に対する歯止めとなると述べている。[164]

また、Drobnigは、一九八一年に新たな主張を行っている。[165]すなわち、契約上の効果と当事者間での物権的効果の区別が困難であること、および、所在地変更の場合に担保権が新所在地法上の形式的な要件を充たしていないため第三者に対して無効となったとき、当事者間での物権的効果のみを新所在地法によらしめてもほとんど意味がないことから、当事者間の物権関係を担保権設定契約の準拠法によって処理することを提案している。[166]

㈣　この後一九八五年に、Stollは、物権準拠法上の当事者自治について、詳細な言及を行っている。

第一に、当初、動産がその地にとどまるべき処分（Inlandsgeschäft）について、所在地法の適用に疑問はないとしていた[167]のを改めて、動産の所在地国外に重心がある場合には、当事者に債権契約の準拠法の選択を許すべきだとし、ドイツに貯蔵されている木材についてのスイスの商人同士の譲渡などを例示する。また、旅行先（Ｂ国）で同行のＡ国からの旅行者間で行う携行荷物の処分についても、疑わしい場合には（当事者がＢ国法の適用を期待していることが明確でない限り）、所在地法であるＢ国法でなく、Ａ国法が適用されるとする。[168]

第二に、目的物の所在地変更をその内容とする処分行為（internationale Verkehrsgeschäfte）における法選択の選択肢を、発送地国法と仕向地国法に契約準拠法を加える形に修正している。[169]そして、疑わしい場合には、当事者の意思に従って、契約準拠法によるべきだとする。

また、Drobnigが法選択を明示のものに限っていることに対して、次のように批判している。すなわち、動産物権において当事者の法選択を許容するにあたっては、いわゆる取引利益ないし第三者利益より当事者利益を優先することが決め手となっている。そして、当事者利益には、黙示的あるいは仮定的な当事者の意思も考慮することが役に立つ(170)。

第三に、Stollは、前述の拒否権（Veto）を一般的な形で説明している。すなわち、所在地法は、取引利益ないし第三者利益の観点から「放棄しえない規範(171)」を有しており、それによって、当事者の意思により導かれた法による効果を排除することができるとする。但し、当初そのような規範としてドイツ物権法上の物権変動の要件である「引渡」を例示していた(172)のを、ドイツ物権法は相当寛大に（現実の）引渡のない譲渡を許容していることを理由として、取り消している(173)。そして、そのような規範の例として、公示規定、例えば、担保権の文書による方式や登記を挙げている(174)。

第四に、Stollは、物権の法定の得喪について論じた部分で次のように説いている。すなわち、法定担保権の存続と内容について、目的物の所在地変更をその内容とする処分行為においては、その準拠法は、原則として債権準拠法だとする。このような場合、決め手となる当事者の意思は債権準拠法に表れていることをその理由とする。但し、ここでもまた、折々の所在地法は、目的物がその領域内にある限りにおいて、外国（法上）の担保権の法律効果を排除することができる(175)。

第五に、Stollは、以上のような処理を物権変動一般について主張しているようである(176)。また、そのような処理が善意取得の場合にも妥当するものとする(177)。この場合、第三者（ここでは、原所有者）の利益は、所在地法の拒否権を通じて図られるとしている(178)。

㈤　以上が、これまでに展開されているDrobnigとStollの当事者自治論の要旨である。

両者の違いを整理すると、第一に、法選択について、前者が明示的なものを要求するのに対して、後者はそのような限定を付していない。第二に、法選択の選択肢が、前者では発送地国法と仕向地国法に限られているのに対して、後者では債権準拠法がそれらに加えられている。第三に、前者は、約定担保権の当事者間における効力について担保権設定契約によるべきことを主張しており、当事者間関係と対第三者関係とを分ける発想に近づきつつあるようにも見える。しかし、その主張を全体的に見た場合の具体的な処理は明確とは言えない（全体像がはっきりしないのである）。これに対して、後者は、前述した一定の場合に当事者の法選択を認めてその効力が第三者に対しても及ぶことを前提としており、ただ取引利益ないし第三者利益の観点から、目的物がその地に所在する限りで所在地法上の「放棄しえない規範」によってその効力が排除されるとしている。(179)

(六)　以上の両者の議論を始め、物権準拠法上の当事者自治論は、抽象的なものにとどまっており、実用には堪えないと思われる。したがって、具体的な検討の素材は、アメリカにおける処理に求めざるをえない。それについての検討は、次項で行う。さらに、これらを踏まえた総括的な考察は、第四項で行うこととする。

ここでは、以下の点を指摘するにとどめる。

第一に、Drobnig は、法選択を明示のものに限ることによって、当事者の意思が公示され取引安全に資すると考えているようである。しかし、常に第三者に対して当事者間で選択された法を調査することを要求するのは、はたして現実的なのか。むしろ、法選択を行う当事者の利益と第三者の利益の調整については、Stoll の構成（所在地法の拒否権）を支持するかどうかはともかく、それを直接の目的とする処理を考える方がよいのではないか。

第二に、Drobnig は、新たな主張として、約定担保権の当事者間では、担保権設定契約の効力が物権か債権かを問うことなく、当該契約の準拠法によるとしている。この考え方には、賛成である。しかし、約定担保権以外の問題にまで一般化されなければ体系的に一貫しないのではないか。(180)少なくとも、その点の検討が残されている。

第三に、Stoll は、改説により、目的物の所在地変更をその内容とする処分行為における法選択の選択肢に（債権）契約準拠法を加えているほか、目的物が所在地を変えない場合にまで一定の場合には契約準拠法を選択できると主張している。これにより、動産取引のかなり広い範囲で、当事者は、物権準拠法として契約準拠法を選択することができることになる。その結果、物権準拠法と契約準拠法との一致がかなりの範囲で実現する。

動産取引に限って言えば、これら以外の場合には所在地法が当事者に最も密接に関連することになるから、結局、Stoll の構成は、物権変動の当事者間関係については所在地法でなく（債権）契約準拠法を適用するという処理に、かなりの程度接近してきたことになる。だとすると、この次は、牴触法における債権（準拠法）と物権（準拠法）の区別の必要性、および、その範囲こそが問われなければならなくなるのではないか。

第四に、第三点とも関連することだが、Stoll は、前述した一定の場合に当事者に法選択を認める一方で、第三者の取引安全を保護するために所在地法上の「放棄しえない規範」が、目的物がその地を離れるまでは、介入すべきことを主張する。

確かに、この方が Drobnig のように明示の法選択を要求するよりも第三者にとっての利益となる。しかし、何を「放棄しえない規範」と見るかが、具体的な場面では問題となる。Stoll がドイツ法上の「引渡」に関する規定はこれにあたらないとしていることを考えると、当事者や裁判所は、具体的な場面で個々の規定の性質を判断しなければならなくなるのではないか。つまり、このような処理は不明確ではないか。むしろ、第三者に対抗するために備えておくべき要件については、「放棄しえない」か否かを問うことなく、全て所在地法によるとする方がよいのではないか。

第五に、Stoll は、善意取得の成否まで、前述した一定の場合には当事者に選択された法によるとしている。ここでも、法選択にとっての第三者である原所有者の利益は、目的物が国外に搬出されない限りで所在地法により保護されるとする（所在地法の拒否権）。しかし、原所有者は、いったん目的物が国外に搬出されると、当事者の選択した法によって自分の権利を左右されることになってしまう。

通説によれば目的物の所在地が変更すると逐次折々の所在地法が適用されるのであり、どうせ買主が自分にとって有利な国で目的物の引渡を受けることによって善意取得を成立させることができるのだから、同じことだと反論されるかもしれない。しかし、通説なら、買主は、善意取得を成立されるためには、Stoll説に立つ場合と異なり、必ずしも当初の所在地国の外で目的物の引渡を受けるだけで足りるとは限らない。善意取得を成立させるような規定を有する国で引渡を受ける必要がある。これに対して、単に法選択ですむのなら、買主は、実際に目的物をそのような国に持ち込む必要がなくなり、そのような負担を回避することができることになる。いったい、これは妥当なのか。当事者（買主）の利益を保護するということは、反面、第三者（原所有者）の利益を損ねるということを意味する。したがって、当事者が保護されればよいというふうに単純に言うことはできない。善意取得の問題は対第三者関係の問題なのであり、両者の利益の調整は、当事者（売主と買主）間での取引の当初における目的物の所在地法によって処理すべきではないか[181]。その意味で、この点に関するStollの主張には、疑問が残る。

2　アメリカにおける処理方法

前項では、物権変動の準拠法に関する基礎理論に伴う実際的問題点を解消する試みとして、ドイツ語圏における物権準拠法上の当事者自治論を採り上げ検討を加えた。その検討から、この理論が抽象的なものにとどまっており実用には堪えないことが分かった。そこで、本項では、動産についてのいわゆる物権変動において当事者間関係（内部関係）と対第三者関係（外部関係）とを分ける発想を採っており、右の問題点を解消するのに役立つのではないかと思われるアメリカにおける処理を、具体的な検討の素材とする。

㈠　最初に、抵触法第二リステイトメント（以下、単に、「リステイトメント」と記述する[182]）を参照し、アメリカの処理を概観しておく。

リステイトメントは、いわゆる物権変動について、その対象が不動産であるか動産であるかでその処理を分けている。すなわち、不動産については、所在地裁判所が適用する準拠実質法によるとし、通常は所在地実質法によることになるであろうとしている[183]。これに対して、動産については、以下のような処理がなされるであろうとする。

動産の譲渡または担保権設定の有効性および効果は、直接の当事者間においては、特定の争点に関して、その当事者、当該動産、および、譲渡または担保権設定に最も重要な関連をする州（国）の実質法によるとし、譲渡または担保権設定の当事者による準拠法の指定を認める。ただ、当事者が実効的な準拠法指定を行っていない場合には、通常は、譲渡または担保設定の時の当該動産の所在地が最も重視されるであろうとしている[184]。このように当事者間では当事者自治を認める理由は、財産上の権利と契約上の権利とが明確に区別できないことに求められている[185]。そして、このような処理の具体的な対象として、債務者の受戻権、担保債権者が取得する権利の内容、（債務者の）受戻権を喪失させる、あるいは、目的動産を引上げる権利、受戻権喪失ないし目的動産の引上げに続いて不足金判決を取得できるかという点が例示されている[186]。

当事者間で生じた権利変動の効果は、目的動産が単にその所在地を変更しただけでは影響を受けない。但し、新所在地での取引による影響を受けることもある[187]。以上の処理に対して、譲渡当事者でない者が目的動産上に既に取得している権利に対する譲渡の効果は、通常は、譲渡時の目的物所在地の裁判所が適用する準拠実質法によるとし、通常は所在地実質法によることになるであろうとしている[188]。

また、有効かつ対抗力を備えた担保権の付着した動産が他州に持ち込まれた場合、その州での取引が右の担保権に及ぼす効果は、通常は、その州の裁判所によりなされるのと同様に処理されるであろうとしている[189]。例えば、Aの担保権の付着した自動車が盗難に遇いY州に乗り入れられた後でBによる修理を受けた場合、Y州法のもとではAに優先するリーエンがBに対して与えられるときには、Aは修理代金を支払わなければ右の自動車を引き上げることはできない[190]。

以上のようなリステイトメントの提示する処理のあり方は、リステイトメント自身が述べているように、統一商事法典（UCC : Uniform Commercial Code）に強く影響されている。[191]そこで、次に、ＵＣＣがどのような規定を置いているかを見る。

(二)　ＵＣＣにおける準拠法選択に関する一般規定は、一―一〇五条である。この規定は、アメリカのほぼ全域で採用されている。これによると、当事者は、原則として、取引と合理的な関連のある州ないし国のうちのいずれかの法をその権利義務を規律する準拠法として指定できる（同条(1)項）。つまり、当事者自治が一定の範囲で認められている（そのような指定がなされていない場合には、自州と適切な関連のある取引には自州のＵＣＣが適用されることになる）。

但し、本稿との関連では、担保権の対抗力に関する準拠法について、この当事者自治が排除されている（同条(2)項）。[192]右の準拠法を規定する九―一〇三条は、その対象を六つに分類しているが、以下では、通常の物品[193]に関する(1)項を中心に検討を加える。[194]

この規定によれば、原則として、「動産担保権についての対抗力の取得、および、対抗力を取得したことまたは取得しないことに伴う効果は、それらの主張の基礎をなす最後の出来事が生じたときに目的動産が所在していた法域の法による」（同条(1)項(b)号）。

但し、「ある法域に所在している物品上に売買代金担保権を設定する取引の当事者が、当該物品が他の法域で保管されることになると担保権設定時に理解していた場合には、当該他の法域の法が、担保権設定時から債務者による物品の占有取得後三〇日まで、もしその三〇日の期間の満了前に物品が当該他の法域へと搬出された場合にはその後も、当該担保権の対抗力の取得、および、対抗力を取得したことまたは取得しないことに伴う効果の準拠法となる」（同条(1)項(c)号）。

また、「動産が、移動前に所在していた法域の法に基づいて対抗力を有していた間に、この州に搬入され保管されている場合には、当該担保権は対抗力を保持する。但し、この編〔第九編〕の第三章によって担保権の対抗力を

取得するための行為が要求されている場合には、

(i)　当該他の法域における対抗力の存続期間の満了または動産がこの州に搬入された後四カ月の満了のうちで何れか最初に満了する期間内に右の行為がなされないときには、右の担保権は、その期間の満了の時に対抗力を失い、その後は、右の動産の移動後に買主となった者に対する関係では対抗力を有しないものとみなされる。

(ii)　(i)の期間満了前に右の行為がなされたときには、右の担保権は、その後も対抗力を保持する」（同条(1)項(d)号）。

以上によれば、担保権の成立および有効性は一―一〇五条により、担保権の対抗力の取得、および、対抗力を取得したことまたは取得しないことに伴う効果――第三者の権利の問題――は九―一〇三条によることになる[195]。

この九―一〇三条(1)項で特徴的なのは、(c)(d)号である。これらの規定の趣旨は、次の通りである。

第一に、(c)号が前提としている場合、すなわち、担保権設定の直後に他の法域への目的物の移転が予定されている場合には、目的物の所在地法によって「対抗」の問題が処理されるという(b)号の原則によれば、一旦は担保権設定時の所在地法が適用され、その後の所在地変更により新所在地法が適用されることになるはずである。しかし、それでは、対抗力を取得し保持し続けるためには二つの準拠法に従わなければならなくなり、担保権者にとって煩わしいことになる。そこで、(c)号は、前記の「三〇日」満了までに限り、新所在地法による対抗力の取得と認めている。但し、この「三〇日」は猶予期間ではなく、その間（アメリカ法上の動産担保権に関する一般的な対抗要件である）登記を不要としたり登記に遡及効を認めたりする趣旨ではない[196]。

物品が「三〇日」内に予定されていた新所在地州に到着した場合には、新所在地州での登記の効果は存続する。これに対して、そうならなかった場合には、(c)号は適用されなくなり、現在の所在地法が「対抗」の問題についての準拠法となる[197]。なお、この後者の場合に、右の「三〇日」内に新所在地州（となるはずであった州）でなされた登記によってその間だけの対抗力が認められることになるのか否かは明確とは言えず、右の州と現在の所在地州との双方において登記をしておくのが無難だとされている[198]。

第二に、(d)号が前提としている場合、すなわち、他の法域で対抗力を取得した担保権の目的物が自州に搬入された場合には、目的物の所在地法によって「対抗」の問題が処理されるという(b)号の原則によって、搬入時に直ちに準拠法も変わり新所在地法である自州法が適用されることになる。したがって、担保権者は、その担保権の対抗力を存続させるためには、目的物の所在地変更後直ちに、新所在地法上の対抗要件を具備しなければならないはずである。しかし、それでは、目的物の所在地変更を知らない担保権者は、新所在地において、担保権の対抗力を存続させる手続を採る前に目的物が差押えられたり処分されたりして、不測の損害を被ることも生じうる。そこで、(d)号は、担保権者が目的動産が所在地を変えたことを発見し新所在地であるこの州で登記するのに十分な期間をたいていの場合に四カ月であると判断し、その間の対抗力の存続を認めている。この規定は、準拠法には触れていない。すなわち、(b)(c)号が抵触規定であるのと異なって、実質規定である。そして、新所在地における債務者の債権者や、債務者から目的動産を買った者の利益と、担保権者の利益とのバランスを、このような形で採っている[199]。なお、この規定における「買主」には、担保権者も含まれる[200]。

以上が、通常の動産に関する担保権の準拠法についてUCCが規定する処理である。それでは、リステイトメントやUCCをアメリカの裁判所が具体的にどのように適用しているのか。この点を次に概観する。

㈢　まず、そもそもUCCの規定が州際事件だけでなく国際的な事件にも適用されるのかが問題となりうる。例えば一―一〇五条に「国（nation）」という語が用いられていることから推察されるとおり、もちろん適用されるのであるが、念のため実例を最初に示す。

〔⑬ **Gordon v. Clifford Metal Sales Co., 602 A. 2d 535（R. I. 1992）**〕

〈事　実〉

Y会社は、ロードアイランド州の会社であって、一九九〇年一月一〇日にその唯一の株主であるXによる収益管理の申立が認容され、現在Aが収益管理人となっている。

収益管理手続開始前の一九八九年六月から一〇月にかけて、YはB会社（カナダ会社）に対して鋼鉄を注文し、その全てが同年にYの営業地であるロードアイランド州に引渡された。船荷証券には、代金完済まではこの鋼鉄がBの財産のままであることが記載されていた。現在までのところ、代金一九万七七四五米ドルは支払われていない。収益管理の申立時に、右鋼鉄のうち約四万一〇〇〇ドル分がまだYのもとにあった。そこで、一九九〇年一月二六日に、Bは、原裁判所に対して、自社がこの鋼鉄を所有していること、この鋼鉄に対する権利を担保するために貸付証書の登記を試みたことを理由に、その取戻の許可を求めた。この鋼鉄には、C銀行の対抗力ある担保も付されていた。

原裁判所は、一九九〇年四月五日の命令により、この順位争いには棚卸資産の所在地であるロードアイランド州の法が適用されるとし、Bの権利は対抗力を有しておらずAおよびCの権利に劣後すると判示した。その後、右の鋼鉄は、Aによって売却された。

そこで、Bは、ケベック州法によれば、Bには債務を履行しない買主であるYから本件鋼鉄を取戻す権利があるから、Bは右の売却による売得金に対する権利も有していると主張した。

〈判　旨〉

本件紛争は、担保取引の順位および対抗力に関するものである。

ロードアイランド州は、UCCを採用している。その抵触規定である一―一〇五条⑴項における「（最も）適切な関連」は、本件取引についてはロードアイランド州法にある。

さらに、同じ結論は、次の点からも導かれる。すなわち、一―一〇五条⑵項に掲げられている項目については、同条⑴項の適用が排除されている。そして、その項目には、担保取引の対抗力に関する九―一〇三条が含まれている。九―一〇九条⑷項によれば、棚卸資産としての鋼鉄は、一定の場合に「物品」として分類されており、九―一〇三条(1)項における「通常の物品」と考えられる。したがって、ロードアイランド州が、主張されている対抗力の取得についての「最後の出来事」が生じた法域と決定される場合には、ロードアイランド州法が本件紛争についての準拠法となる。

本件では、一九八九年の引渡の時から一九九〇年九月一〇日の原裁判所の許可に基づく売却まで、本件鋼鉄はロードアイランド州に所在していた。したがって、Bがその担保権の取得を引渡の日と主張するにせよその後のいつかと主張するにせよ、ロードアイランド州法が準拠法である。

ロードアイランド州法によれば、Bの担保権は、対抗力を取得しておらず、適法に対効力を取得したCの担保権とAのリーエン権者としての地位に劣後するという点は、Bによって争われていない。したがって、この点は審理しない。

〈コメント〉

本件では、売買代金を被担保債権として売買の目的物に担保権を有していると主張するカナダの売主Bの当該担保権についての対抗力の取得、および、その担保権と、別の担保権者C、収益管理人Aの権利との間の順位（優先劣後）の準拠法が争点となっている。Bがケベック州法の適用を主張したのに対して、本判決は、一一一〇五条、九－一〇三条に基づき目的物の所在地法であるロードアイランド州法を適用した。

このことから分かるように、国際的な事案に対してもUCCの適用はある。[201]

これを押さえた上で、次に、(二)で触れたUCCの諸規定が具体的にどのように適用されているかを見る。但し、以下で採り上げる裁判例は、本稿の関心、すなわち、当事者間関係と対第三者関係とを区別して準拠法指定する処理方法に関わるものが中心になる。そのようなものとしては、当該取引が真正リースにあたるか担保取引にあたるかが争われた裁判例がある。以下では、それを示す。

〔⑭ **In re Merritt Dredging Co., Inc., 839 F. 2d 203 (4th Cir. 1988), cert. denied 487 U. S. 1236, 108 S. Ct.**

2904（1988）〕

〈事　実〉

一九八三年春に、A会社（サウスカロライナ州を主たる営業地とする同州の会社）は、ミシシッピ州でのプロジェクトで使用するため、X会社（ルイジアナ州を主たる営業地とする同州の会社）に対してバージ船を求めた。まずXが「傭船契約」の契約書を準備してAに送付し、Aがそれに一定の修正を加えてXに送り返した。Xは、その修正を受諾し、ルイジアナで同船をAに引渡した。

最終的な契約の内容は、月二五〇〇ドルで三カ月間傭船し、最初の三カ月の経過後は同じレートで契約を月々更新する権利をAに付与するものであった。また、定型の様式には、契約期間内に同船が購入される場合には全傭船料が三万ドルの購入代金にあてられる旨の条項が付加されていた。さらに、この契約は、Aに対して、Aの費用で同船に保険を付けることを要求していた。Aの保険の条件には、同船の使用を、ルイジアナ、ミシシッピ、テキサスに制限する条項が含まれていた。傭船契約はAがその保険証券の条項に従うことを要求していたが、傭船契約自体からは右の制限は読み取れない。

Aは、最初の三カ月の経過後、更新権を行使し、八三年一〇月まで五カ月間傭船料を支払った。翌八四年三月、Aは、連邦倒産法一一章の申立を行った。手続は同年九月に七章のそれに移行し、Yが管財人に任命された。当時、同船は、サウスカロライナに所在していた。

Yは、同年一〇月に、同船を二万ドルで売却することを申立てたところ、Xがそれに異議を唱えた。その後、両当事者による、同船に対するXの権利が売得金に移転する旨の合意を経て、同船は売却された。売却後、Xは売得金からの自己の債権の弁済を求め、Yがそれに異議を唱えた。

破産裁判所は、Yの異議を支持し、Xの権利はYのそれに劣後すると判断した。地裁もその判断を支持した。そこで、Xはこの上訴に及んだ。

本件の主たる争点は、準拠法の問題である。すなわち、Ｙは、Ａの権利の準拠法はサウスカロライナ州法であり、同州法によれば、傭船契約は担保契約（同船の所有権がＸからＡに移転し、Ｘはそれに対する担保権を取得する）であって、Ｘは自己の権利を登記していないから、Ｘの権利はＹのそれに劣後すると主張する。これに対して、Ｘは、ルイジアナ州法が本件傭船契約によって移転した権利の準拠法であり、同州法によれば、傭船契約はＡに対して所有権を移転することのない賃貸借であって、同船はＡの財産の一部ではないと主張する。

〈判　旨〉

一－一〇五条によれば、サウスカロライナ州法が本件傭船契約によってＡに移転した同船上の財産権の範囲を決する準拠法となるのは、本件傭船契約が同州に対して「適切な関連」を有する場合である。

多数の裁判所が、現代の牴触法における支配的な傾向、すなわち、争点に「最も重要な関連」を有する州の法を準拠法とするという傾向に従って、「適切な関連」を定義している。最重要関連テストは統一性および予測可能性というＵＣＣの政策を最もよく促進するものであるから、当裁判所は、本件傭船契約がサウスカロライナ州に「適切な関連」を有するか否かを決するために、このテストを用いる。

リステイトメント六条、二四四条に規定されているファクターを適用すれば、サウスカロライナ州は、本件傭船契約に最も重要な関連を有しており、したがって、一－一〇五条における適切な関連を有していることが分かる。

取引の一方当事者Ｘはルイジアナ州の会社であり、取引の対象財産は少なくとも当初はルイジアナ州にあった。しかし、両当事者は、同船が引渡後直ちに同州を離れることを意図していた。Ｘは、本件譲渡がサウスカロライナ州と重要な関連を有することを知っていた。Ａのデフォルト、倒産は本件契約の履行後に生じたことではあるが、Ｘがその権利を対抗するための手段を全く採らなかったことを弁明するためにルイジアナ州法に頼ることは正当化されることではない。

地裁は、ＡおよびＸが本件傭船契約を担保契約と意図していたと認定した。当裁判所もこの判断を支持する。

Aの主たる営業地はサウスカロライナ州にあり、同船は通常一つ以上の法域で使用される物品である。したがって、同州の第九編が同船に対するXの担保権の有効性および対抗力の準拠法となる[202]。対抗力を取得するためには、Xは、貸付証書を登記することを要求されている。Xは、この簡単かつ通常の手段を採らなかったことを認めている。したがって、その権利はリーエン債権者のそれに劣後する。管財人Yはリーエン債権者の権利を有するから、同船上のXの権利は、Yのそれに劣後する。

〈コメント〉

本件は、傭船契約につき、準拠法によっては単なる賃貸借でなく担保取引となり、もしそれが担保取引、すなわち、いったん目的物の所有権が傭船者に移転し被傭船者は傭船料を被担保債権として当該船に担保権を取得する取引であれば、被傭船者は、その担保権について対抗力を取得しなければ第三者に対抗できなくなる事案に関するものであった。本判決は、この契約の法的性質を判断するのに、（法廷地（牴触）法の基準によるとせず）一－一〇五条によっている。

但し、結局は法廷地法であるサウスカロライナ州法によっているため、この準拠法判断の意義は大きいとは言いにくい。また、この判決には、リステイトメント六条、二四四条における「最も重要な関連」はサウスカロライナではなくルイジアナにあり本件傭船契約にはルイジアナ州法を適用すべきであって、それによれば本件傭船契約は購入の選択権の付いた賃貸借にすぎずXの請求は支持できるとする反対意見が付されている。その意味で、本判決の準拠法判断の妥当性は微妙だと言える。

とは言え、ここで確認しておくべきことは、契約にとっての第三者である管財人Yとの権利の競合が生じている事案であったにもかかわらず、本判決は、契約の性質を判断するにあたって一－一〇五条を適用している（反対意見もこの点に異議を唱えるものではない）。したがって、理論的には、この問題を当事者間の問題として処理したことになっている。すなわち、第三者の権利が関係していることから事案全体を対第三者関係の準拠法で処理するのではなく、契約の性質は契約当事者ＸＡが決めるものだから、それを両当事者にとって最も密接に関連する法によって判断している。言い換えると、当事者間の紛争か対第三者の紛争かで区別し事案全体で準拠法を一括指定するのでなく、一つの紛争の中で当事者間の問題と対第三者関係の問題とに分けて相対的に準拠法指定している。そして、前者の問題（契約の性質）を一―一〇五条で、後者の問題（担保権の対抗力）を九―一〇三条で処理しているわけである。(203)

このような処理の仕方は、ＵＣＣの適用される事例に限られず、いわゆる動産物権一般について採られている。(204)このことは、既に、(一)でリステイトメントを引いて述べたとおりである。以下では、当事者間関係と対第三者関係とで、処理が相対的になされている実例を、参考のため、もう一件だけ挙げておく。

〔⑮ **In re Holiday Airlines Corp., 620 F. 2d 731 (9th Cir. 1980), cert. denied 449 U. S. 900, 101 S. Ct. 269 (1980)**〕

〈事　実〉

一九七五年一月、Ｙ会社（ワシントン州で営業する同州の会社）は、それがＡ会社（カリフォルニア州で営業する同州の会社）のために分解検査したプロペラの組立品を、カリフォルニア州に向けて船積みした。同時に、Ｙは、Ａに対して検査代金として二万ドル余りを請求し、ワシントン州法の規定に基づいてそれを担保するリーエンが成立したことを前提としてオクラホマ市でその登記をした。

一カ月後、Ａは、カリフォルニア州で連邦倒産法一一章の手続を開始し、その後、破産宣告された。管財人Ｘは、いくつかのリーエンの有効性を確定するため訴訟を提起した。これに対して、Ｙは、反訴を提起し、右のプロペラが再び取り付けられた航空機に対するリーエンの有効性を主張した。

破産裁判所および地裁の結論は、一致している。すなわち、Ｙのリーエンは、ワシントン州にプロペラが所在していたときに成立し、同州法上有効であり、連邦航空法上その優先順位を確保するための登記も適切になされている。

これに対して、Xは、次のように主張している。すなわち、破産手続開始時に本件航空機はカリフォルニア州に所在しており、本件リーエンの準拠法は法廷地法、すなわち、カリフォルニア州法である。同州法では占有が要件とされているから、本件リーエンは無効である。

〈判　旨〉

連邦航空法の規定は、リーエンの順位に関する限りで、州法に優先する。しかし、リーエンの有効性に関する問題は、州法による。

契約によって成立するのでないリーエンの有効性はそれが成立したときに目的物が所在していた州の法によるというのが、〔連邦航空法〕一四〇六条の精神と完全に一貫する。

破産裁判所は、リステイトメント二五一条、すなわち、「重要関連」テストに照らして事実（作業がワシントン州で同州の会社によって同州の従業員を使ってなされ、その作業に対する支払が同州でなされるべきことになっていた）を分析した後、ワシントン州法が適用されるべきだと考えた。この理由づけは、当裁判所の結論を支持するものであり、それと一貫している。

したがって、ワシントン州法が準拠法となり、本件リーエンは完全に有効である。

Xは、たとえワシントン州法が適用されるとしても、Yは手続要件に従っておらず、したがって、本件リーエンは執行できないと主張する。しかし、本件リーエンはオクラホマ市で登記されており、それは連邦法上適切な場所である。

最後に、Xは、本件リーエンの対象は本件航空機の全体ではなくプロペラの組立品に限られると主張する。しかし、そのような規定はワシントン州法にはない。また、連邦航空法にもそれを示唆するものはない。

〈コメント〉

本件では、リーエンの成立原因であるプロペラの分解検査がなされたのはワシントン州においてであった。ところが、現在このプロペラは、破産者Ａの本拠地であるカリフォルニア州にある。このような事案において、本判決は、本件リーエンの有効性の準拠法を、ワシントン州法と判示している。この「有効性」とは、リーエンの効力のうち、対第三者関係のそれを除いたもの、すなわち、当事者間関係におけるそれを意味する。[205] この準拠法はリーエン成立後に目的物がその所在地を変更しても変わっていない点に、注意すべきである。

これに対して、本件リーエンの対抗力については、連邦航空法の適用対象とされている（航空機でない一般の動産については、前述のとおり、原則として現在の所在地法が適用されることになる）。

以上、日本の通説におけるように物権変動の要件と効果とで区別しそれぞれを万人に対する関係で画一的に考えるのではなく、当事者間関係と対第三者関係とで区別しそれぞれにつき要件（対第三者関係では対抗要件）と効果（対第三者関係では対抗力）とを一体的に考えるのがアメリカにおける処理である。[206]

アメリカにおける処理方法によると、目的物上の権利関係は、当事者間においてはそれらにとって最も密接に関連している国の法によって当初から固定されることになる。つまり、単に目的物がその所在地を変更しただけでは、当事者間関係の内容は変わらない。このような処理は、いわゆる物権問題が専ら目的物の所在地法によらしめられ所在地が変更するたびに当事者間でさえ権利関係が変わる可能性があるとする日本の通説と大きく異なるものである。

なるべく早期に決着がついたものとして権利関係を固定しようとするこのようなアメリカ法の発想は、対第三者関係においても徹底されているようである。本稿の中心テーマからは若干外れるが、重要な点だと思われるので、次にそのような事例を見ておく。

〔⑯ Matter of Stookey Holsteins, Inc., 112 B. R. 942（Bkrtcy. N. D. Ind. 1990）〕

〈事　実〉

Y_1会社は、一九八六年九月三日、連邦倒産法一一章の救済を求めて自発的申立を行い、その後、占有を継続する債務者（DIP : Debtor-in-possession）として、営業活動を継続している。Y_2会社は、オハイオ州法を設立準拠法とし同州を主たる営業地とする会社である。

X会社は、Y_1に対して、二通の約束手形による債権を有している（未払分八三万ドル余り）。Xは、当裁判所による一九八七年一月五日および七月二四日の命令に従って、Y_1の全資産の超優先リーエンを付与され、さらに四五万ドルの融資を行った。その融資も超優先リーエンによって担保されている。

Y_2は、Y_1との一九八六年の口頭の契約に従って、Y_2のスタッフをインディアナ州にあるY_1の農場へ送り乳牛の出産のための準備をさせ、得られた胚を冷凍した。それら三二六個の冷凍胚は、オハイオ州にあるY_2の冷凍庫で貯蔵されている。

Xは、右の三二六個の冷凍胚について対抗力ある第一順位の権利をもっており、Y_2が胚の生産にかけた費用に関して一八個の胚に対して有する権利は自己のそれに劣後すると主張して、その確認を求めた。

Y_2は、Y_2がオハイオ州の会社であり胚の現在の所在地もオハイオ州であることからオハイオ州法が右の点の準拠法であり、また、オハイオ州法でもインディアナ州法でも自分の方が優先すると主張する。これに対して、Xは、右の点の準拠法をインディアナ州法だとし、Y_2の主張するリーエンはインディアナ州法上無効であると反論している。

〈判　旨〉

インディアナ州法におけると異なり、オハイオ州法は、動産に関してサービスを提供した受寄者の制定法上のリーエンはそれ以前に登記された当該動産上のリーエンに劣後すると規定しているようである。当裁判所は、本件事案に適用されるのがインディアナ州法かオハイオ州法かを決めなければならない。

一般に、動産上のリーエンが成立した地の法が、リーエンの有効性および効果の準拠法となる。本件では、Y_2は、インディアナ州でY_1の胚の占有を取得した瞬間にその上にリーエンを取得した。そして、そのリーエンは、オハイオ州でなされたサービスをも含む全てのサービスに及ぶ。Y_2が提供したサービスの重要な部分はインディアナ州でなされており胚の占有も同州でなされているから、同州法がこの点の準拠法となる。同州法によれば、Y_2は、有効なリーエンを取得している。

次に、Xを含む他の担保権者に対するY_2のリーエンの順位と範囲について考察する。本件では、Y_2は、胚の生産および貯蔵におけるサービスに対してY_1が支払を怠った瞬間からそれが占有しているY_1の胚の上に対抗力のあるリーエンを取得した。したがって、たとえY_2がそのリーエンを取得する前にXが対抗力のある担保権を取得していたとしても、インディアナ州法のもとでは、Y_2のリーエンは、Xの権利に優先する。

〈コメント〉

本件では、まず、Y_2の担保権の有効性が問題になっている。この点については、Y_1に対してY_2の提供したサービスの重要部分がインディアナ州でなされていることから、本判決は、同州法を準拠法とした。ここでも、この両者の関係が、オハイオ州でなされたサービスの部分も含めて一体的に、密接関連法であるインディアナ州法によって処理されていることに注意すべきである。

次の問題であるY_2X間の順位についても、インディアナ州法が適用されている。現在の胚の所在地がオハイオ州であることから、オハイオ州法がこの点の準拠法となるはずである。しかし、本判決は、オハイオ州法を適用してはいない。本判決は、この問題は胚がインディアナ州に所在していた段階で既に決着がついており、改めてオハイオ州法で判断する必要はないと考えたのではなかろうか。上級審でどのように扱われるか判然としないので断言はできないが、この点はアメリカに特徴的な発想であるように思われる。

以上で、アメリカにおける動産上の権利関係（いわゆる動産物権）に関して重要だと思われる裁判例の検討を終える。

㈣　最後に、アメリカにおけるいわゆる動産物権の準拠法に関する処理方法を簡単に要約しておく。この問題につき、日本の通説が目的物の所在地法のみで処理するのに対して[207]、アメリカ法では、それが二つの側面、すなわち、当事者間関係と対第三者関係とに分けられる。そして、所在地法主義が妥当する領域は後者のみとされ、前者では契約準拠法を選択する場合と同様の処理がなされる（リステイトメント、ＵＣＣ一－一〇五条・九－一〇三条、裁判例では、特に⑭判決）。

当事者間関係は、原則として当事者の準拠法指定に従い、それがなければ両当事者にかかわる諸事情を勘案して最も密接な関連を有する法によることになる。このようにして選択された準拠法は、目的物がその所在地を変更しても、それにかかわらずに一貫して適用される。その意味で、当事者間関係は、原則として契約関係と区別されずに固定して同一の準拠法によって規律されることが、規定からも裁判例からも、明確だと言える（ＵＣＣ一－一〇五条、⑭⑮判決）。

対第三者関係は、原則として、目的物の現在の所在地法による（ＵＣＣ九－一〇三条⑴項⒝号）。但し、目的物の所在地が変更する場合には、担保権者の便宜を図るため、例外規定が用意されている（同条項⒞⒟号）。所在地法適用の基準時については、明確に断言することはできないが、一定の例外があるようである。すなわち、第三者の間の順位関係が問題となった場合、両者の権利の競合が生じた最初の目的物所在地法によってその問題は処理され決着がついたものと扱われる。そして、その後目的物が所在地を変更しても、この両者の間の権利関係は、もはや変わらない（⑯判決）。

以上のような相対的な処理が日本の重要な裁判例においても採られていたことは、最判平成六年三月八日民集四八巻三号八三五頁[208]や、⑧⑨⑪判決[209]に言及した際に示した。しかし、これらの判決だけがそのような処理を行っているというわけではない。次項では、従来看過されてきた裁判例を若干採り上げて、更に考察を続ける。

3　若干の日本の裁判例

前項では、当事者間関係と対第三者関係とを分けて考えるアメリカにおける処理方法を見てきた。日本でも、学説と異なり、重要判例においてはむしろ同様の相対的な準拠法指定がなされていると見うることは、既に前款1および2で示した。ただ、物権変動の準拠法については、従来あまり注目されてこなかった裁判例が若干である。そこで、本項では、そのような事例を採り上げる。

これについては、まず最近のものから見る。

〔⑰大阪地判平成二年一二月六日判タ七六〇号二四六頁〕

〈事　実〉

原告Xは、昭和六一年一〇月一五日、ドイツにおける車両販売業者である訴外A社との間で、ハンブルグ市に所在する訴外B社を代理人として、自動車の売買契約を締結した。Bの従業員である訴外C・Dは、Xが同日日本の銀行を通じて振込送金した車両代金一一万五五〇〇マルクをドイツの銀行で引き出して、直ちにAに赴き代金の支払いと引換えにXの代理人として本件自動車の引渡を受けた。船積みは翌日行うこととして、本件自動車は、同日はBの倉庫に置かれた。

被告Y_1社の代表取締役である被告Y_2は、翌一六日早朝、C・被告Y_3・Y_4と共にBに到着し、本件自動車の鍵と関係書類をDから取り上げた。そして、一七日には、Y_2が現金一二万マルクを支払ったような領収書をCに作成させ、二〇日には、Dに対し、本件自動車についての輸出関係書類における名義をXからY_1に書換えさせた。このようにして、Y_2は、Y_1がAから本件自動車を購入したように仮装して、これを横取りした。そして、同年一一月一日これを訴外E社に売り渡した。

Xは、本件自動車の取戻のために保全手続等の措置を執ったが奏功せずその取戻が不可能となったので、本件損害賠償請求訴訟を提起した。

以下では、物権変動に関する部分のみを示す。

〈判　旨〉一部認容

「本件自動車の売買はドイツ国内においてなされたものであるから、債権契約の面については、法例七条により、……当事者の意思がいずれの国の法律によるべきか分明でないから行為地法であるドイツ民法によるべく、同法四三三条によれば、当事者間における売買の合意によって売買契約が成立」する。「同法一六四条によれば代理人によっても売買契約を締結することができる。」「所有権の移転については、……法例一〇条により目的物の所在地法が適用され、この面についても結局ドイツ法によるべきところ、同法九二九条によれば、所有権移転の効果が発生するためには、所有権移転の合意と目的物の現実の引渡を要する。ただし現実の引渡は……、双方とも占有機関もしくは占有媒介者を使用することもできると解せられる。

前記認定の事実及び右ドイツ法によれば、XはBを代理人としてAとの間で本件自動車の売買契約を締結し、本件自動車の現実の引渡を右代理人によって受け、その所有権を取得したものということができる。」

〈コメント〉

本件では、ドイツ国内における自動車の売買をめぐる不法行為の成否が中心的な争点となっている。その点を判断する前提として、本判決は、Xが本件自動車の所有権を取得しているか否かを問題としているようである。(210) そして、本件売買を「債権契約の面」と「所有権の移転」とに分け、前者に法例七条を、後者に一〇条を適用している。この点は、通説が説くところと一致する処理である（但し、本件では、どちらについても準拠法はドイツ法となっており、この点の判断の意義は大きくない）。

しかし、本件で両者を区別する必要が本当にあったのか。所有権移転の当事者は売買契約の当事者と一致しており、本件不法行為の加害者であるYらは、売買当事者のいずれか所有権を有する者の損害を賠償する責任があるという関係を有するにすぎない。したがって、本件自動車の所有権の移転については、売買当事者間の内部関係の問題として、売買契約の準拠法で契約上の問題と一体的に処理されるのが、むしろ自然だったのではないか[211]。契約に基づく物権変動に関する従来の裁判例は、このような疑問を支持する（かに見える）。そこで、次にそれらを素材にして検討を加える。

〔⑱前橋地桐生支判昭和三七年四月九日下民集一三巻四号六九五頁〕

〈事　実〉

被告Yの夫訴外Aは、織物買継商を営んでいたが、昭和三〇年春頃倒産し財産を整理した。その際、Yは、その所有する本件不動産をAの負債の一部弁済のため債権者等に提供した。この財産の処分負債の弁済には、Yの代理人として、債権者等の代表である訴外Bが当たった。

原告X（大韓民国人）は、昭和三〇年四月二七日頃、Bらを通じて本件不動産を金六〇万円で買受け、一部を除いた代金を支払った（代金は、一部免除された）。但し、Xは、本件不動産についての所有権移転登記手続を経ていない。

本件不動産は、前記財産整理から、訴外Cに対し一カ月金五〇〇〇円で賃貸されていたが、Yは、その賃料の支払を未だ受けていない。

Xは、Yに対して、本件不動産の所有権移転登記手続を求めた。また、本件不動産についての所有権がXに移転したため賃貸人たる地位を承継した翌日である昭和三〇年五月以降の賃料はXが取得すべきなのに右所有権移転登記手続が完了していないのでCに対する関係では依然としてYが賃貸人たる地位にあり賃料債権を不当に利得していると主張して、Xは、右賃料債権をXに譲渡すること、その対抗要件として右債権譲渡をCに通知することを求めた。以下では、本稿に関係する部分のみを示す。

〈判　旨〉

一「本件不動産の売買については準拠法の指定につき当事者間に何等明示の意思表示がないけれども、日本国内居住の日本人と外国人が日本国所在の不動産について売買契約を締結する場合は反対の意思が明示されない限り日本国民法に拠る黙示の意思があるものと解するのを相当とする。そうすると、本件売買契約の方式・成立はいずれも我民法上これを肯認できるし、その効力は我民法によることになる。ところで我民法上特定物の売買契約によってその物の所有権は買主に移転する。次に本件不動産所有権移転の物権行為並びに登記請求権の方式・成立・効力については不動産所在地法たる我民法によるのであるから、前記認定事実によればXは昭和三〇年四月二七日本件不動産売買により所有権を取得したのであつて、Yに対し所有権移転登記請求権を有することになる」。

二「不動産の新所有者がそれまでの賃貸借契約を承継するか否かの問題は、不動産所在地国がその国の住宅事情その他不動産問題の解決策として賃借人保護の立場から立法しているのであつて、不動産所在地国法の強制的適用をみるというべきであるから、本件では日本国法律に従うこととなり、XはCとの賃貸借関係を承継することになる。」

三「不動産所有権が売買により新所有者に移転したが未だ移転登記手続が完了していない間の賃料債権は売主買主いずれに属するやの問題の準拠法は……売主買主間の内部関係においては売買の効力の準拠法の問題と解せられ、賃借人に対する対外的関係においては物権の準拠法の問題と解せられるが、いずれにしても本件では日本国民法によることとなることは前述のとおりである。前記認定によれば……四月二七日を以て賃料債権はYからXに内部的移転したものと解するを相当とする……。次に賃借人Cに対する関係においては、対抗要件たる所有権移転登記を経ていないのであるからCにおいて進んでXの所有権を認めない限り依然としてYが所有者として賃料債権を有しており、XはCに対し権利として賃料を請求しえないものと解するの外はない。」

〈コメント〉

本件は、日本人と大韓民国人との間の賃貸不動産の売買をめぐる事件である。

判旨一は、本件不動産の売買を、「本件売買契約の方式・成立」と「本件不動産所有権移転の物権行為並びに登記請求権の方式・成立・効力」とに分けている。その意味では、この判決も、⑰判決と同じく、通説に従ったものと評価できそうである。但し、判旨は、本件売買契約の効力の問題として、売買契約の準拠法である「我民法上特定物の売買契約によつてその物の所有権は買主に移転する」とも述べており、学説による批判を受けている(212)。

確かに微妙な表現ではある。しかし、判旨は、所有権の移転にも、当事者間での問題、すなわち、売買契約の効力という側面があることを、直観的にかもしれないが、理解しているのではないだろうか（当事者間関係と対第三者関係とを分ける相対的な発想は、判旨三に顕著である。その点は後述する）。もちろん、本判決が通説と異なる処理に踏み出しているわけではない（但し、いずれの準拠法も本件では日本法であり、準拠法判断の意義は大きくない）。

判旨二は、「不動産の新所有者がそれまでの賃貸借契約を承継するか否かの問題」を、不動産所在地国の公法的規制の問題ととらえているように読める。ただ、この問題は、賃貸借契約の一方当事者と契約外の第三者との間における本件不動産上の権利義務に関わるもの（不動産賃借権の対抗力の問題）であり、かつ、売買契約の一方当事者と契約外の第三者との間における本件不動産上の権利義務に関わるものでもある。つまり、この問題は、対第三者関係の問題である。このような理解に基づいても、法例一〇条によって導かれる不動産所在地法が適用されることは説明できるのではないか(213)。

判旨三は、賃貸不動産の売買に伴う賃料債権が売主買主のいずれに属するかという問題について、「売主買主間の内部関係」とその「賃借人に対する対外的関係」とに区別している。そして、前者は「売買契約の効力の準拠法の問題」であり、後者は「物権の準拠法の問題」だとする。この判断も、学説による批判を受けている。しかし、このような相対的な発想自体はよいのではないか(214)。但し、ここでは賃料債権の移転が問題になっているから、後者は債権譲渡の第三者に対する効力の準拠法（法例一二条）によるべきではなかったかという疑問が残る（この点の詳細な検討は、別の機会に譲る）。

ここで確認しておくべき点は、右のような相対的な処理は、学説にとっては異質に感じられるとしても、実務にとってはむしろ自然な発想だと推察されることである。そして、契約に基づく物権変動が直接問題になったもう一件の事例においても、そのような発想が読み取れる。そこで、本項の最後に、その事例を採り上げる。

〔⑲横浜地決明治三四年一一月九日新聞六四号一〇頁〕

〈事　実〉

抗告人X会社（スイス国フライブルグ市商）は、被抗告人Y（スイス人）に対する債権金九六〇円につき、Yの所有する横浜市にある九〇〇坪（建屋七棟を含む）の永代借地権の抵当権者となり、その抵当権をスイス領事庁に登記した。その抵当権を実行するため、明治三四年九月二三日、Xは、該地所並びにその上に存在している建屋七棟に対し、原裁判所に登記謄本を添えて競売の申請を行った。

ところが、原裁判所は、右のうち土地のみの競売手続を開始したにとどまった。原決定の理由は、ほぼ次のとおりである。すなわち、競売法二四条二項によれば、競売申立書には競売に付すべき不動産に関する登記簿の謄本を添付しなければならない。ところが、Xの申立には永代借地の登記簿の謄本は添付してあったが、建屋七棟の登記簿謄本は一つも添付されていなかったので、該建屋に対する競売申請は同条項の要件を充たしていない。改正条約実施後は居留地における外人は皆わが国の法権の下に服従すべきなので、わが法律において建物登記と土地登記とが全く区別されている以上、永代借地上の建物についても第三者に対抗するためには登記がなければならない。法例一〇条でも、不動産に関する物権の登記はその目的物の所在地法によるとあって何らの例外もないから、たとえ改正条約実施前には登記手続が不要であったとしても、現在では登記手続を行ってその謄本を添付しなければならず、建屋七棟についての本件競売申立は不適法である。

これに対して、Xが抗告した。

〈決定要旨〉

「瑞西国法にありては土地の上に設定したる抵当証書中には其上には存在せる家屋も共に抵当権の目的として当然含蓄せらるること……明かなれば同法の支配を受く可き者の間に於て特に別段の意思表示を為さざる場合には当然同法に依るの意思なりしものと解釈せざる可らず今本件の当事者は共に瑞西国民にして抵当権設定の契約が西暦千八百九十九年七月十六日（我明治三十二年七月十六日）即改正条約実施以前なりしを以て当事者の本国法たる瑞西国法支配の下に締結せらることは不動産抵当証書により明かなり而して該証書中には抵当地上存在の建屋と認め可き意思表示なきを以て当事者に於ては瑞西国法に準拠し当然其土地と建屋と共に抵当権の目的となすの意思なりしものと解せざる可らず……

行為の実体上に於ける効力已に以上の如しとせば之れが登記に関しても亦土地登記と云ふ広義に於ける名称の下に永代借地の登記と其上に存在せる建屋の登記とを含蓄せるが故に其謄本を添付して申請をなしたるXの競売申立は土地及家屋に関する登記簿の謄本を具備せるを以て競売法第二十四条第二項の要件に欠くる所なし」

〈コメント〉

本件は、スイスの会社であるXがスイス人であるYの永代借地権とその土地の上にある建屋に対する抵当権を実行しようとした事件である。Xが土地登記の謄本しか添付していなかったので、それが建屋に対する競売申立にもなっているか、その前提として右建屋にも本件抵当権が設定されていると言えるのかが争点となった。本決定は、後者の点を抵当権設定契約の解釈の問題と見て、スイス法を適用し、本件抵当権の効力は右建屋にも及んでおり、本件の競売申立は右建屋に対する競売申立でもあると判断した。

この点、通説によれば、この契約にも債権行為の側面と物権行為の側面とがあり、前者には本決定の判断と同じくスイス法が適用されるが、後者には法例一〇条により本件不動産の所在地法である日本法が適用されることになるはずである。そして、物権行為の準拠法である日本法では、本件抵当権が設定されたのは、永代借地権に対してに限られることになる。だとすると、通説によれば、建屋は本件抵当権の対象にはならないことになるのではないか。

しかし、本件は、抵当権者Xと抵当権設定者Yとの間の権利関係が問題となっているだけであって、両者の間の抵当権設定契約にとっての第三者が登場しているわけではない。したがって、両者にとって最も密接に関連すると思われるスイス法によって、両者間の権利関係、本件では、Xの抵当権の効力が建屋にも及ぶかという問題、および、その抵当権に基づく競売申立権の存否が規律されるとするのが、国際私法の伝統的な方法論に忠実な処理だと考える（もちろん、本件抵当権を第三者に対抗するためには、法例一〇条によって導かれる日本法上要求されている建屋についての登記が必要である）。以上の考慮から、本決定を支持する。この決定が抵当権の設定を設定契約の準拠法のみで処理している点は、前項で検討したアメリカの判決である⑭判決とその発想を共通にしていると考える。[215]

ここまでの検討、および、(1)1、2での日本の裁判例の検討の結果、従来の日本の裁判例は、通説のように債権行為と物権行為とで別々の準拠法を適用するのではなく、むしろ、アメリカ法におけると共通した相対的な処理、すなわち、当事者間関係（内部関係）と対第三者関係（外部関係）とを区別する処理を採ってきたと言える。確かに、⑱判決には、相対的な処理を行っている部分とそうでない部分とがあって一貫していないし、さらに⑰判決には、通説の影響が浸透してしまっているようである。その意味では、時代を下るに従って、裁判実務は、従来の相対的な処理から通説の説く処理へと移行してきたと言える。しかし、二で詳細に検討したように、通説における理論的根拠には、説得力がない。また、通説と一致する処理を行った右の判決に実際的な必要があったわけでもない。

以上から、むしろ、一部を除く従来の裁判例の採ってきた相対的な処理を支持すべきであり、その全体像を描くことが必要だと考える。その際には、同様の処理を行っているアメリカ法のあり方が特に参考になると思われる。そこで、節を改めて、ここまでの検討を総括することにする。

二　総括的検討

二では、主として、3までの検討を総括する。

㈠　有体物上の権利関係に関する準拠法について、従来の裁判例は、当初は当事者間関係と対第三者関係とを分ける相対的な処理を行っていたと理解できる（⑲決定、⑧判決、⑨判決。一貫していないが⑱判決。また、⑪判決はこの立場からも説明できる）。これに対して、学説は、一九二九年に出版されたドイツのFrankenstein の説を継受し、単一の「法律行為」を牴触法上も「原因行為」と「物権行為」とに分けて前者に「原因の準拠法」を後者に「物権準拠法」を適用すべきだと説いた。これを受けてか、裁判例も、理論的には学説と一致する処理を行うに至る（⑰判決。一貫していないが⑱判決）。

しかし、後者の裁判例では、準拠法の決定によって結論に差が出ているわけではない。逆に、前者の裁判例の中に、結論に差が出ているものがある（明確なものとしては、⑲決定）。また、第二章で詳細に検討したように、右の学説は理論的根拠に乏しい。むしろ、前者の裁判例が行っている相対的な処理の方が、密接関連という価値を軸に構築されている国際私法の伝統的な方法論に忠実だと考えられる。したがって、前者の裁判例の採った相対的な処理を支持しながら、そのような処理が含意している処理の全体像を提示することが重要だと考える。

以下では、不十分なものとなるかもしれないが、その全体像を描き出すことに努める。その際具体的に参考となるのは、一⑵2で考察を加えたアメリカ法における動産に関する処理である（なお、これに触発されて説かれているように思われるドイツ語圏における物権準拠法上の当事者自治論は、一⑵1で見たように、抽象的で実用には堪えないと考える）。

但し、前記のような相対的な処理に対しては、いくつかの批判が考えられる。そこで、全体像を描き出す前に、その検討を行っておく。

(二)　第一に、法例は、「法律行為」一般の準拠法を七条で規定しているが、「物権行為」の準拠法を直接には規定していない。そこで、「物権行為」も七条で規律されているように読める（前記の相対的な処理を採る場合には、まさにそのように読むことになる。と言うよりもむしろ、抵触法上は、前述の通り、「物権行為」という概念を不要なものと見ることになる）。これに対して、「同条は元来私的自治を前提とするものなれば、私的自治の認められない物権行為に適用あるべき道理はない」との批判がある。[216]

しかし、「法律行為」に実質法上「私的自治」が認められるにもかかわらず、法例七条の解釈上「当事者自治」が否定され、客観連結によるべきだとされることもありうる（現に、そのような主張もなされている）。[217]つまり、実質法上の「私的自治」と抵触法上の「当事者自治」とは、次元を異にしている。また、後者は、当事者が行動する際に準拠すべき法に対する予測可能性を保障するものであり、当事者は、準拠実質法上の強行規定による制約を逃れられるわけではない。したがって、右の批判の論理は、必然的なものではないと考える。

第二に、第一点との関連で、「法律要件と法律効果とは因果の関係に在り両者は密接なる関係があるから……一方の準拠法を定めて他方の準拠法を定めていない場合……には両者を同一の準拠法に依らしめているものと解すべきであるから、この場合にも法律要件たる物権行為自体も亦法律効果即ち物権の得喪を定めたる本項（法例一〇条〕第二項）中に包含されているものと解すべきである」との批判もなされている。[218]

確かに、法律要件と法律効果とは密接な対応関係にある。したがって、その準拠法は極力一致させるべきである。そして、同条項を「物権」の得喪という法律効果を規定したものと解すれば、「物権行為」という法律要件を想定し同条項の規律対象と見ることもできる。しかし、同条項の「前項ニ掲ケタル権利」とは、「物権其他登記スヘキ権利」（同条一項）であって「物権」に限られているわけではない。この権利は、不動産賃借権のような一定の場合に対抗力を生じる債権をも含んでいる。[219]このことから、本条項が適用される対象を画する基準は、「物権」か否かではなく、「第三者対抗力を生じる権利」か否かと解することができる。その場合、右の要件・効果は、ここでは、第三者対抗要件と対抗力を意味することになる。したがって、右の批判も、論理必然ではないのではないか。
第三に、当事者間では目的物の所在地法と異なる準拠法が適用されるとすると、所在地法上の物権法定主義が潜脱されてしまうという批判もある。[220]
しかし、これにも疑問がある。物権法定主義の根拠は、第一に、これを採用しないと、権利内容を詳細に公示する手段がない限り、物権の絶対的効力のために取引の安全を害すること、第二に、当事者間においても所有権を強力に制限する物権を設定することは好ましくないという所有権尊重の思想である。[221]しかし、第一点の根拠からは、当事者間でどのような物権を設定することも妨げられていない。[222]また、第二点については、当事者間で問題となる限りにおいて、所有権をどこまで尊重するかという点は、牴触法上は、原則として、当事者間に最も密接な関連を有する法における価値判断に委ねれば足りる問題だと考える。[223]
第四に、不動産物権については、「通常所在地国は専属管轄を主張する」から、当事者による法選択は認められないとする批判も考えられる。[224]
しかし、そのような専属管轄は、日本では採用されていないし、国際法上の原則とも言えないと思われる。[225]そもそも、裁判管轄と準拠法選択とは別次元の話であり、右の論理も必然とは言えないのではないか（仮に不動産所在地国が専属管轄を主張していて日本の裁判所がそれを尊重するなら、日本の裁判管轄を否定して訴えを却下することになるにすぎない。その場合、当事者による法選択が認められるか否かは不動産所在地国の牴触法の問題になるのであって、常にそれが認められないとされているとは限らない）。
第五に、所在地実質法上公示が断念されている場合には、所在地での外観から実際の権利状態を推測できず、第三者も法選択の効力を受けざるをえないから、対第三者関係を当事者間関係と明確に区別できないのではないかという批判も考えられる。[226]
しかし、公示を断念するか否かという点は、所在地実質法上の法政策の問題であり、それを見なければ具体的な処理をどうしているかは認識できないはずである。したがって、実質法上の価値から中立的に準拠法を決すべき抵触法としては、公示の点は、対第三者関係の問題として、所在地実質法上の価値判断に委ねるとすべきことになるのではないか。そして、所在地実質法上公示が不十分なため第三者が当事者間での契約による権利関係から不測の不利益を受けてもやむをえないとされている場合でも、対第三者関係は所在地実質法によるのだから、それが許容する以上の不利益を第三者が受けるわけではない。このような形で、両者は明確に区別できる。

第六に、「もともと物権というものは、外から見うる外形的事実に対する当事者を含めての他人の信頼を基礎とするものである……。また、当事者間のみにおける物権問題として主張されるもののうちには、むしろ債権的効果と性質決定されるべきものが多い（例えば、売買の目的物に対する危険負担、損害賠償請求権）。したがって、それらを除き、物権的効果に関してのみいえば、当事者間の関係と第三者に対する関係とを区別する右の見解は妥当でない」とも批判されている。[227]

しかし、「外から見うる外形的事実」を信頼できない場合としては、既に、一(1)3で検討した移動中の物がある。また、右のように言っても、当事者間での物権変動が問題となる場合はあり、その場合には、理論的にはむしろその当事者にとって最も密接に関連する「原因の準拠法」によるべきことは、第二節で詳細に言及した。

以上で、前述の相対的な処理に対する批判として考えられる点の検討を終える。

㈢　最後に、抵触法レベルにおける相対的処理の全体像を整理して示す。

抵触法上は、有体物上の権利が、「物権」か否かではなく、当事者間で問題になっているか第三者間で問題になっているかに応じて、処理を分けるべきことになる。そして、当事者間関係（内部関係）に「原因の準拠法」（法律行為による権利変動の要件・効果には法例七条、[228]相続によるそれには同二六条、[229]夫婦財産関係に基づくそれには同一五条[230]によって導かれる準拠法）が、対第三者関係（外部関係）にいわゆる物権準拠法（法例一〇条）が適用される。[231]但し、債務者と異なる者の所有する有体物の上に成立する担保権については、当該所有者と担保債権者との間に直接の関係がないから「原因の準拠法」によれず、一〇条の適用対象となる。[232]

なお、繰り返しになるが、いわゆる物権準拠法が適用される対象は、「物権」である必要はなく、「物権其他登記スヘキ権利」、すなわち、第三者対抗力を生じる権利であればよい。したがって、（物権である）所有権に基づく返還請求権ではないとする見解が多数のようである売主の引渡差止権[233]についても、それが売買契約にとっての第三者との間で問題になる場合には、対第三者関係は一〇条の適用対象となる。[234]

この相対的な処理は、紛争ごとになされて第三者間の紛争では当事者間関係まで対第三者関係の準拠法によるというのではなく、第三者間の紛争でも、当事者間関係には「原因の準拠法」が適用される。[235]

以上のような処理によれば、一(1)３で検討した移動中の物について、当事者間関係に限ってではあるが、フィクションに頼らずにすむことになる。[236] また、一(1)４で見た国際的送付売買についても、発送前から仕向地法を指定することもでき、発送地法上の成立要件まで充たしておく必要はなくなる。[237]

また、当事者間関係は、目的物が所在地を変更しても、その影響を受けず固定されたままとなる。その意味で、当事者には、予測可能性が保障されることになる。[238]

以上のような相対的な処理を採ると、第三者間の紛争において、当事者間関係の準拠法と対第三者関係の準拠法の適用に際して両者の接合の問題が生じる。これは、二での検討の契機となった最判平成六年三月八日民集四八巻三号八三五頁で現実に生じた問題である。[239] そして、これは、相対的処理を採る場合に、これまでの検討からさらに先に進んだ問題であり、先行研究もほとんどない部分である。[240] この問題については、機会を改めて検討を加える。

(102)　日本法で言えば、例えば、破産法八九条に規定された権利（売主の取戻権）であり、隔地的取引において、物品の売主は、代金の支払いを受けておらず、かつ、買主がまだ右物品を受け取っていない場合、運送中の右物品を取り戻すことができる。このような権利の原型であるイギリス法における途中差止権と、その世界的普及、日本法の沿革などについては、中野貞一郎「売主の取戻権」同『強制執行・破産の研究』（一九七一年）三一八頁（初出は、契約法大系刊行委員会編『契約法大系Ⅱ』（一九六二年）三三八頁）、特に、三二一―三二五頁参照。以下で採り上げる事例は、いずれも現行破産法制定（大正一一年）前のものである。

なお、このような単位法律関係を設定すべきだとして細かい問題ごとに論述を進めるわけではない。「船舶先取特権」の場合と同様である。森田・前掲注(70)参照。以下の「留置権」などについても同様である。

(103) 移動中の物の「所在地」をどう考えるかについては、後に譲る。ここでは、本判決が仕向地（貨物運送の目的地）法説によっていることを認識しておけば足りる。

(104) 原判決は、東京控判大正九年三月二四日新聞一六九四号二〇頁。根拠も本判決と同旨である。

(105) 鳥居淳子〔判批〕渉外判例百選（第二版・一九八六年）六二頁、六三頁、秌場準一「物権」山田＝沢木敬郎編『国際私法演習』（一九七三年）四八頁、五七頁、佐藤やよひ〔⑧判決判批〕渉外判例百選（第三版・一九九五年）六六頁、六七頁は同旨。これに対して、折茂豊『国際私法（各論）』（新版・一九七二年）一〇五頁注(一〇)、櫻田嘉章「物権準拠法の適用範囲」沢木編『国際私法の争点』（一九八〇年）八九頁、九一頁は、売買契約の準拠法によって処理されたとする。しかし、判決文からは、売買契約の準拠法が何であったかは判断できないはずである。

(106) 鳥・前掲注(105)六三頁は、「該命令に対しての運送人の義務を判断したのならばともかく、差止権自体の有効性を判断すべき法は売買契約の準拠法でなくてはならなかったと考えられる」とする。

これに対して、佐藤・前掲注(105)六七頁は、「結局は運送人が自己の危険において引渡の相手を決定しなければならず、又、法が関係当事者に共通の話合いのルールを提供するものならば、運送契約準拠法がB／Lからも関係当事者全てに容易に知り得るものだから」という理由で、⑨判決の判断を支持している。確かに、運送人の利益を最優先すれば、運送契約の準拠法で処理した⑨判決の判断を支持すべきことになろう。

しかし、これには疑問がある。すなわち、運送契約の準拠法とB／L（船荷証券：bill of lading）の準拠法とは一致することが多いであろうが、理論的には別でありうる。したがって、必ずしも「運送契約準拠法がB／Lからも関係当事者全てに容易に知り得る」とは言えないと思われる。また、「関係当事者」には売主A（荷送人ではない）も入るのであろうが、Aは、荷送人Bが締結した運送契約には関与していないはずであるにもかかわらず、その準拠法による影響を受けることになる。しかし、これははたして適当なのか、疑問が残る。さらに、仮に、運送契約の準拠法が「関係当事者全てに容易に知り得る」としても、船荷証券の「ほとんどは、船会社が自分のところで印刷したものを荷送人に渡すわけですから」、Ｂ／Ｌの準拠法約款は、「普通、船会社からみて最も安心な国の法律」が指定されている（以上、浦野雄幸ほか「『船舶の金融・取引と債権の管理・回収』第３部　船舶運行に伴う船舶、積荷の事故と権利者の法的救済方法（その２）」金融法務事情一四四三号（一九九六年）二九頁、三〇頁（藤井郁也発言））。また、運送契約を締結したのは荷送人Ｂと運送人Ｙなのであって、本件係争物の買主かつ船荷証券所持人であるＸとＹではない。Ｘは、右運送契約には何ら関与しておらず、自己の利益を反映させる機会を与えられていない。これでは、実際に自分の都合で準拠法を指定できるＹと比較して不公平である（船舶に関する権利をめぐる旗国法主義にも類似の問題点がある。これについては、森田「アメリカ抵触法におけるマリタイム・リーエンの準拠法の現状とわが国の国際私法における船舶先取特権の準拠法についての解釈論」海事法研究会誌一二三号（一九九四年）一頁、一三頁参照）。

「運送人が自己の危険において引渡の相手を決定しなければならら」ないのは確かだが、その場合の運送人の保護は、各国の実質法上の価値から中立的に決定された準拠実質法に委ねれば足りるのではないか。逆に言えば、仮に、右のようにして定めた準拠実質法がそのような保護を規定していないような場合には、準拠実質法が運送人の保護を不要としているのだから、その価値判断に抵触法が介入すべきではないと考える。抵触法としては、むしろ、運送人と運送契約の相手方でない船荷証券所持人との間の関係は、運送人もそれなりの牽連性を有する当該運送の仕向地法によるのが、一般論としては妥当なのではないか（この点については、運送人と証券所持人との関係を原則としては船荷証券の準拠法によらしめつつ、約款による準拠法の合意に拘束されることには疑問を呈する石黒『金融取引と国際訴訟』（一九八三年）三二二一―三二四頁も参照）。

それとは別に、本件では、ＸがＹに貨物の引渡を請求する前提問題として、売主Ａの買主Ｘに対する引渡差止権の存否がある。この両者の法律関係を規律するのは、両者の利益が平等に反映する機会のある、両者間の売買契約の準拠法が最も適切であり、それが両者にとって最も密接に関連していると考える。したがって、本件の売主の引渡差止権は運送契約の準拠法ではなく売買契約の準拠法によるべきだったとする鳥居・前掲頁を支持する。

(107)　山戸嘉一「破産」国際法学会編『国際私法講座　第三巻』（一九六四年）八八二頁、九〇〇頁。但し、契約準拠

法のみを適用するのか、他の準拠法と累積的に適用するのか、趣旨があまり明確ではない。

(108)　折茂・前掲注(105)一〇五頁（但し、この見解を「憶測」として提示する）、烁場・前掲注(105)五七頁。

(109)　櫻田・前掲注(105)九一頁。

(110)　鳥居・前掲注(105)六三頁。

(111)　山戸・前掲注(107)九〇〇頁。

(112)　これについては、中野・前掲注(102)三二九―三三〇頁参照。さらに、破産法八九条については、伊藤眞『破産法』（新版・一九九一年）二三七頁、二三八頁注(7)、斎藤秀夫＝麻上正信編『注解破産法』（改訂第二版・一九九四年）五一八―五一九頁（竹下守夫＝野村秀敏執筆部分）を、会社更生法六四条については、三ケ月章ほか『条解会社更生法　上』（一九七三年）五六五頁、宮脇幸彦ほか編『注解会社更生法』（一九八六年）二一八―二一九頁（西澤宗英執筆部分）も参照。また、この権利の原型であるイギリス法上の途中差止権においても同様である。中野・前掲三二三頁。

(113)　折茂・前掲注(105)一〇五頁。

(114)　烁場・前掲注(105)五七頁。

(115)　中野・前掲注(102)三二九―三三〇頁、三ケ月ほか・前掲注(112)五六四頁。さらに、注(112)掲記の箇所および他の文献の引用箇所も参照。また、この権利の原型であるイギリス法上の途中差止権においても同様である。中野・前掲三二二頁。

(116)　理論的には、第二節二で既に示したところである。法例の条文解釈は第三節三で行うが、ここでは、解釈論としても十分展開できるとだけ言っておく。

(117)　櫻田・前掲注(105)九一頁。

(118)　同右。

(119)　例えば、山田・前掲注(93)五〇頁。なお、同右四九頁は、「準拠法説にしても法廷地法説にしても、いずれかの実質法の立場から当該法律関係の性質を決定せんとするものであるが、本来、国際私法的評価を期待すべき法律関係に実質法的評価をなそうとする点、すなわち、国際私法上の法律概念をいずれかの実質法によって決定しようとする点において妥当を欠くものといわなければならない。すなわち、いずれかの実質法によらなければ解決できないとなす出発点において、すでに誤りがあるものというべきである」としている。

(120) 同じことは、「法定担保物権」の場合にもあてはまる。これについては、森田・前掲注(106)一四頁参照。牴触法上の議論と実質法上の議論の峻別についてはさらに、前掲注(2)をも参照。

(121) 鳥居・前掲注(105)六三頁。

(122) 同右。

(123) 債権者取消権については、別の機会に言及する。

(124) 鳥居・前掲注(105)六三頁。

(125) いわゆる法定担保物権一般についての従来の議論に対する理論的な批判は、第二節二2で行った。合わせて参照されたい。

(126) 原判決は、東京控判昭和一〇年一二月一三日評論二五巻商法二五〇頁である。事実関係は、こちらの記載によった。

(127) 最初にこのことに気がついたのは、マリタイム・リーエンの準拠法に関するアメリカの裁判例を整理したときである。森田・前掲注(106)七頁参照。

(128) 直前の本文および注(106)参照。

(129) 山田・前掲注(93)二七八－二七九頁、溜池良夫『国際私法講義』(一九九三年)三二四頁。
なお、このような場合、一般には運送証券が発行されているため、議論の実益はそれほど高くない。運送証券が発行されている場合に注意すべきことは、厳密に言えば、物自体の帰属と証券の帰属を区別すべきことである（証券が帰属しているからといって、常に物の引渡を請求できるとは限らない。また、両者のそれぞれについて別々の準拠法によらねばならないこともある）。詳細は別の機会に譲る。

(130) 本文で述べたように、仕向地法によるというのが現在の通説であり、この点についてほとんど議論はない。ただ、古くには説が多岐に分かれていた。この点については、Markianos, Die res in transitu im deutschen internationalen Privatrecht, RabelsZ 23（1958）21, 26ff. を参照。

(131)　久保岩太郎『国際私法論』（一九三五年）五六〇頁。同様のことは、同書よりも前に、同「動産の所在地変更と物権の準拠法序説」国民経済雑誌（神戸大学）四九巻六号（一九三〇年）九四一頁、九五三―九五七頁で説かれている（以下では、前者を引用する）。

(132)　以上、同右五六一―五六四頁。

(133)　以上、江川英文「運送中の動産に関する物権移転の準拠法」国際法外交雑誌三一巻一〇号（一九三二年）九七七頁、九八四、九八七頁。山田・前掲注(93)二七九頁も同旨であろう。

(134)　山田・前掲注(93)二六四頁、久保・前掲注(131)五〇四―五〇五頁。

(135)　石黒・前掲注(106)三三一―三三二頁。

(136)　同右三三一頁。

(137)　ドイツでは、これらの問題を総称して、Internationales Verkehrsgeschäft という問題領域が設定されることがある。

(138)　この判決は、既に、岡本善八「国際私法における動産物権」同志社法学四〇巻六号（一九八九年）六九九頁、七二七―七二九頁、楢崎みどり「ドイツ国際物権法における〝当事者自治〟の構成について㈠」法学新報一〇〇巻七・八号（一九九四年）一八一頁、二一一―二一二頁注(63)などで紹介されているが、重要な判決だと思われるので、やや詳しく検討しておく。

(139)　ドイツはもちろん、日本でも同様である。ドイツについては、例えば、MünchKomm-Kreuzer, Nach Art. 38 Anh. I (2 Aufl. 1990) Rz 62; Kegel, G., Internationales Privatrecht (7 Aufl. 1995) 575; Kropholler, J., Internationales Privatrecht (2 Aufl. 1994) 464-466を、日本については、例えば、山田・前掲注(93)二七五―二七六頁、溜池・前掲注(129)三二七―三二八頁を参照。

なお、ドイツでは、従来、「準拠法の変更」と題して、ある所在地に安定的に所在していた動産について物権変動が生じた後でその動産がたまたま所在地を変更する場合を念頭に置いた処理が説かれていた（右のドイツの文献の引用部分がそれと一致する）。ところが、それでは本件のように契約時に既に目的物の運送が予定されている事案では、本判決が前提としているように、妥当な処理ができない。つまり、イタリア法上の相対的な所有権留保の効果をドイツにおいても認めるというのみでは、当事者の期待に反する。そこで、通説は、本件のような事案を念頭に置いた新しい類型を立てて後に述べる草案と同様の処理を説くようになった。後者の類型については、例えば、MünchKomm-Kreuzer, a.a.O., Rz 60 ; Kropholler, a.a.O. 466-468を、草案については、注(139)の直後の本文を参照。

(140)　本判決の評釈であるKegel, Der Griff in die Zukunft-BGHZ 45, 95, JuS 1968, 162, 165が、いち早くこの点を指摘している。

(141)　Kegel (vorige Note) 165. この見解は、現在でも維持されている。Kegel (oben N. 139) 576.

(142)　なお、ドイツにおける「準拠法の変更」の処理について一九八八年になされたKreuzerの提案については、楢崎「ドイツ国際物権法の改正について」中央大学大学院研究年報二一号（一九九二年）一三三頁、特に、一三六―一三八頁参照。

(143)　日本においても、既にこのような問題を解決するための提案がなされている。石黒・前掲注(106)三三二―三三三頁は、売買契約による所有権移転について、前述したＢＧＨ判決の事案と異なり、売主から買主への所有権移転が問題となるような事案、すなわち、発送地国で売主の債権者が目的物を差押えたのに対して、買主が自己の所有権を主張するような場合について、次のように述べている。

「かかる場合にまで発送地国法を無視し去ることは疑問であり、また目的物は結局所在地を変更しなかったのであるから、買主の所有権取得の点も含めて現実の所在地法としての発送地国法によるべきものとも考えられる。だが、この場合にもともかく運送は開始された……のであるから買主の所有権取得（つまりは売買当事者間における物権変動）はやはり仕向地法により、観念上は仕向地国から発送地国への目的物所在地の変更があったものと処理すべきであろうか。……売買契約の当事者間あるいは担保権者とその設定者間での争いであった場合（つまり直接の契約関係のある当事者間での紛争であった場合）には、……紛争事実関係あるいは争点の如何によっては当該紛争を全体として……契約問題と性質決定して一括処理する余地が残されていると見るべき」である。

発送地国での紛争においても、もはや仕向地国法によるべき場合があるとの指摘、当事者間で紛争が生じている場合には契約問題と見て契約準拠法によって一括処理しうるとする点は、重要だと考える。しかし、これでは当事者の予測可能性を害するのではないか。当事者としては、どのような行動を採れば、目的物に対する自分の権利が成立しそのための保護を受けられるのかが事前には明確ではない。これでは、当事者が困るのではなかろうか。また、このような処理を認めると、裁判所の柔軟な対応を引き出すことができ、その意味では意義がある。しかし、他方で裁判所の恣意に対する歯止めがなくなることにもなる。裁判所あるいは裁判官「一般」の信頼性については軽々しく論じることができないことを考えると、もう少し厳密なルールを設けておくべきではないかと考える。この点については、前掲注(73)も参照。次款以後も、右の諸点に配慮しつつ検討を加えていく。

(144)　物権の領域では、船舶先取特権の準拠法に関する裁判例がまとまって存在している。従来は、船舶先取特権の成立については被担保債権の準拠法と旗国法とを累積適用し、効力については旗国法を適用するとする通説に従ったものが多かった。しかし、順位については争いがあり、また、最近の東京地裁の二決定は成立・効力とも法廷地法によるとしており、若干流動的である（なお、右の東京地裁の理由づけは、事実に反する点があるなど疑問の余地がある。以上の点については、森田〔判批〕ジュリスト一〇五一号（一九九四年）一二六頁、一二七―一二八頁参照）。そこで、本稿では、それらには言及しない。

(145)　岡本善八「国際私法における動産物権」同志社法学四〇巻六号（一九八九年）六九九頁、七二〇―七二一頁、楢崎みどり「ドイツ国際物権法における〝当事者自治〟の構成について(一)(二)」法学新報一〇〇巻七・八号一八一頁、九・一〇号一六七頁（以上、一九九四年）。ところで、岡本・前掲七四一頁は、以下の本文で言及するドイツの有力説の展開に影響されつつ、「送付売買のごとく、契約その他の状況により〔目的物の――引用者注〕国際的移動が予定せられているときは、発送地、仕向地、契約準拠法など実質的関連ある国の法につき、当事者により準拠法の指定をなしうる」と主張している。私も、一九八九年に東京大学に提出した修士論文において、物権準拠法上の当事者自治論に対しても詳細な検討を加えた（未公表）。その結果、通説である所在地法主義の批判としての意義は大きいが、論理的な一貫性に問題があり、あるいは、具体的な処理についての詰めが甘いのではないかという印象を得ていた。本稿でも、ドイツの有力説の（全体的な紹介は、右の楢崎論文に委ねつつ）批判的な検討を行っておく。

(146)　それらより前にも、同様の主張はなされている。Sovilla, K, Eigentumsübergang an beweglichen körperlichen Gegenständen bei internatinalen Käifen (1954) 42

は、動産売買による所有権の移転を「契約準拠法」によって処理することが実務上の要請に適うと主張している。それによれば、（目的物が国境を越えて移動しても）常に同一の法が適用されることになり、その法は売買契約締結のときに当事者に容易に知りうることを根拠としている。そして、この見解は、Meyer-Ladewig, Verschiedene Rechtsordnungen für Schuldvertrag und Übereignung im internationalen Kaufrecht?, AWD 1963, 261, 262f. によって、支持されている。但し、Sovilla, a. a. O., 72f. は、所在地の公序が危険一部改正さらされるとき、および、所有権の対第三者効力については、所在地法が適用されなければならないとしている。また、Sovilla, a. a. O., 73は、取得した権利の行使は、その請求が実現されるべき時点における商品の所在地法によるとする。そして、このような立場から、Sovilla, a. a. O., 77は、所有権留保の設定を契約準拠法に、その実現を所在地法によらしめている。

これに対して、Sovilla, a. a. O., 52f. は、無権利者からの所有権取得も「契約準拠法」によるとしつつ、「横領品ないし盗品」と判断する基準を犯罪地法に求め、「善意」の存在を法廷地法によるとする。他方、Sovilla, a. a. O., 69f. は、譲渡した商品に対する支払いを受けていない売主に与えられる権利について、それが債権的な性質を有するか物権的な性質を有するかにかかわらず、その権利が主張される時点における商品の所在地法によるとしている。

ところで、Sovilla の見解は、体系的な一貫性に問題があると思われる。また、現在まで影響力を保持しているわけでもない。そこで、本稿では（時間的な余裕がないこともあり）これ以上の言及は行わない。

(147) Drobnig, Eigentumsvorbehalte bei Importlieferungen nach Deutschland, RabelsZ 32（1968）450. この論文は、既に、岡本・前掲注(145)七二〇－七二一頁、栖崎・前掲注(145)論文(一)一九六－一九八頁で要約され紹介されている。但し、以下では、その訳を一部書き換えてある。

(148) 以上、Drobnig（vorige Note）455-457. 但し、既に抄訳がなされていることもあり、かなり意訳してある。

(149) そのような構成を採るメリットとして、所在地の変更に伴う準拠法の変更を回避することができるということが挙げられている。Drobnig（oben N. 147）459.

(150) 以上、Drobnig（oben N. 147）460f.

(151) このような物として、Drobnig（oben N. 147）461は、「船舶その他の輸送機関、輸出商品」を例示している。逆に言えば、当事者自治によって準拠法の変更に伴う難点を回避できるものは、全てこれに含まれるという趣旨なのであろう。但し、注(164)参照。なお、Drobnig, a. a. O., 461 N. 18は、「輸出商品」に「移動中の物」を含めている。

(152)　細かいことだが、楢崎・前掲注(145)論文(一)一九八頁は、この部分を「承認されうる」と訳している。しかし、原文は、"solange ..., ist die Begründung gesetzlicher Pfandrechte, sind aber auch rechtsgeschäftliche Verfügungen ... anzuerkennen" となっている。ここでDrobnigは、単に所在地法適用の可能性を言っているのではなくて、ここで挙げている一定の場合には所在地法の適用が確保されなければならないと主張しているのではないか。

(153)　Drobnig (oben N. 147) 462.

(154)　Drobnig (oben N. 147) 460, 462.

(155)　Stoll, Rechtskollisionen beim Gebietswechsel beweglicher Sachen, RabelsZ 38 (1974) 450. この論文は、既に、岡本・前掲注(145)七二一頁、楢崎・前掲注(145)論文(一)一九六―一九八頁で要約され紹介されている。但し、以下では、その訳を一部書き換えてある。

(156)　Stoll (vorige Note) 451f. 売買契約の当事者が目的物所在地国にとって外国人であるか、債権契約の準拠法が目的物の所在地法と一致するかには関係ないとする。しかし、この点は、後に改説されることになる。注(168)の本文参照。

(157)　Stoll (oben N. 155) 452. この点に関するStollの説明を要約すると、次のようになるであろう。
例えば、引渡を物権変動の要件とするドイツから合意のみで足りるとするフランスへ商品が供給されるような場合、所在地の変更に関する従来の通説によれば、ドイツで合意のみがなされているだけでは物権変動は生じず、目的物がフランスに搬入された後は改めて合意から成立要件を充たさなければならない。そこで、当事者が譲渡の意思を目的物がフランスに搬入された後にも持ち続けているときには、目的物がフランスの法域に到達した時点で、フランス物権法に従って物権変動が生じるという考え方が採られるようになっている。しかし、このような処理では、例えば引渡がどこでなされたかというある種の偶然によって、準拠法（および、成立当初の権利内容）が左右されてしまうことになる。また、物権変動をできるだけ早く生じさせる法が優先的に適用されることにもなる。Stoll, a. a. O., 452-454.

(158)　ドイツで引渡がなされないままフランスに目的物が搬入されても、前注で示したようにフランスに到着した途端に物権変動が生じるということにはならない。つまり、ドイツ法が準拠法であることは始めから変わらないから、引渡が要件となっており、それがなされたときに物権変動が生じることになる。

(159) Stoll (oben N. 155) 454f. なお、Vetoの内容については、後の著書でやや詳しく説明されている。また、これも一部改説されている。注(173)の前後の本文参照。

(160) Stoll (oben N. 155) 455f.

(161) これは、イタリア法による拒否権行使の結果ということになるのであろう。

(162) Stoll (oben N. 155) 457.

(163) Drobnig, Entwicklungstendenzen des deutschen internationalen Sachenrechts, in: Festschrift für Gerhard Kegel (1977) 141.

(164) Drobnig (vorige Note) 150f. Drobnig/Kronke, Die Anerkennung ausländisher Mobiliarsicherungsrechte nach deutschem internationalen Privatrecht, in: Deutsche zivil-, kollisions-, und wirtschaftsrechtliche Beiträge zum X Internationalen Kongress für Rechtsvergleichung in Budapest 1978, 91, 102も同旨であろう。

なお、輸送機関については、本拠地法によるべきだとしており、改説したようである。Drobnig, a. a. O., 144; Drobnig/Kronke, a. a. O., 104.

(165) Drobnig, The Recognition of Non-Possessory Security Interests Created Abroad in Private International Law, in: General Reports to the 10th International Congress of Comparative Law, Budapest (1981) 289.

(166) Id. at 309.

なお、一九八〇年には、Weber, Parteiautonomie im internationalen Sachenrecht?, RabelsZ 44 (1980) 510という論文が出ている。これについては、既に、楢崎・前掲注(145)論文(二)一六八－一八五頁において、かなり詳しく紹介されている。そこで、ここでは、ポイントを絞って言及しておく。

Weber, a. a. O., 519は、物権準拠法の指定を当事者に委ねるための根拠として、当事者自治の一般的根拠（最適な法秩序の選択、ルールの予見可能性）に加えて、国際物権法の領域では、法選択により、目的物の所在地（法）が当事者になじみがない場合や所在地変更が間近に迫っているため当事者にとって一時的所在地（の法）が無意味な場合にはそれら所在地法を排除できること、所在地変更によって自動的に準拠法の変更が生じる（ことにより、引渡を物権変動の要件とする国から合意のみで足りるとする国への物品輸送の場合に物権変動が国境において——当事者のコントロールやしばしば認識すらないにもかかわらず——生じる（Weber, a. a. O., 518））のを阻止をできること、債権準拠法と物権準拠法とを一致させることが可能になることを挙げている。Weber は、以下で、物権準拠法上の当事者自治へのいくつかの批判に対して反論を行っている。

Weber, a. a. O., 520は、当事者自治が実質法上の物権法定主義を回避するために用いられる危険性があるとする批判に対して次のように反論する。すなわち、「選択された法秩序のそれが所在地法上のそれの代わりになる。」第三者の利益が明らかに侵害される場合に限り、所在地法の適用が必要になる。

Weber, a. a. O., 521-524は、取引利益や法的安定性により要請される公示には固定した連結の必要がある（第三者保護のため）という批判に対して次のように反論する。すなわち、内部関係においてのみ当事者に法選択の可能性を認めるがその法選択は第三者に対抗できないとすることによって、第三者保護には容易に対処できる。ただ、英米法圏のように物権変動を内部関係と外部関係に分けるのは、「債権準拠法と物権準拠法とを混同するものである。」このように述べたうえで、次のように議論を進める。

物権の得喪に関しては、不動産上の権利についての法選択は認められない。「所在地との結びつきが特に強いだけでなく、通常所在地国は専属管轄を主張する。」これに対して、動産物権では、目的物の所在地がしばしば確定し難い。第三者は二当事者間の関係において所有権の移転や危険負担のような問題が生じる場合にはそれには関係なく判決の既判力も原則として受けないし、第三者による質権の設定や善意取得はどのみち第三者の行為規範である所在地法によって判断される。実質法上公示形式（占有移転、登記）が断念されている場合（占有改定、譲渡担保、登記を伴わない所有権留保）においては所在地での外観から実際の権利状態を帰納することはできないのであって、原則として、第三者も法選択の効力を受けなければならない。但し、選択された法が所在地法と比較して第三者の法的地位を明らかに侵害する場合には、第三者保護の範囲で当事者自治は所在地法による制限を受ける。「したがって、合意のみを物権変動の要件とする国（例えば、フランス）の法を合意することは許されると考えられなければならない。……なぜなら、第三者は、引渡をも物権変動の要件とする国（例えば、ドイツ）においても、特定の種類の物権移転を当てにできないからである。これに対して、所有権留保に登記を必要としない国（例えば、ドイツ）の法秩序の選択は、目的物がまだ登記を強制する国（例えば、スイス）に所在している限り、有効ではないかもしれない。」

おそらく、選択された法が所在地法の認めない所有権の取得を可能にし、その結果、第三者が所有権を失うような場合に限り、問題が生じる。「しかし、当事者は、目的物を自分が選択したいと考える国に持ち込んで譲渡することにより、目指す結果に到達することができる。通説によっても、輸出品売買において、善意取得が発送地では不可能だが、到達国で取得の要件が完了する場合も生じうるのである。」いずれにせよ、当事者自治の濫用は許されない。

「物権の内容・効力については、その折々の所在地との関係が、その得喪についての場合よりも、はるかに大きい。したがって、その限りで、法選択は排除されるべきである。……しかし、所在地法に反するそのような法選択は、結局、所在地における執行の機会次第である。」

Weber, a. a. O., 524f. は、所在地における実行可能性が保障されるためには、客観連結が必要だとの批判に対して次のように反論する。すなわち、不動産に関して言えば、公示（登記）の点から、所在地法が決め手となる。しかし、所在地との関係がそれほど緊密でないものもありうる（特に、不動産の使用収益の代償、損害賠償）。「法選択は、いずれにせよ、所在地国が専属管轄を主張しない場合に限り、可能である。そのうえ、外国法の適用は、明らかに二当事者のみが関係し所在地国の公益（例えば、建築法規）が関係しない場合に限られるべきである。」これに対して、動産の場合には、法選択を拒絶することについて正当性がない。「所在地国の関心の対象は、通常、所有権が誰に帰属すべきかということではなく」、目的物に対する現実の支配力と関連する自国の税法や刑法である。Weberは、以上のような反論を行ったうえで、物権準拠法上の当事者自治の限界に議論を進める。

〔当事者自治の限界〕Weber, a. a. O., 525は、次のように述べる。すなわち、法選択は、渉外性を前提とする。もし当事者が純粋な内国取引において外国法を選択できるとすると、物権法定主義が崩壊するであろう。しかし、目的物が発送地国の国境をまだ越えていないか当事者の想定上においてのみ目的物が移動している場合であっても、既に渉外性を認めることにほとんど異論はないであろう。法選択の濫用は、ケースバイケースで禁止されるべきであろう。

次に、Weber, a. a. O., 525f. は、次のように述べる。すなわち、不動産あるいは不動産上の物件の得喪、および、物権の内容・効力については、法選択は排除される（但し、後者については、所在地での実行が可能かどうかに左右される）。「内国の、公法に分類される規範（公益のために私法関係に介入する介入規範）は、法選択を顧慮することなく適用される。」

さらに、Weber, a. a. O., 526f. は、所在地法上の要請との関係で次のように述べる。すなわち、法選択は、折々の所在地国が、選択された法の物権法秩序と自国のそれとが調和しないと考えて自国の物権法秩序を絶対的に貫徹しようとする場合には、貫徹されない（Weber は、ここで、Stoll の言う Veto を引用している）。このように、所在地法が絶対的に貫徹しようとするもの（放棄しえないもの）としては、スイスにおける所有権留保設定のための「登記」、物権変動に引渡まで要求する国における「引渡」がある。「しかし、この立場への固執が正当化されるかについては、法政策的には全く疑わしい。」そこで、個々の場合に、選択された法制度の全体を見て、そこにそれらと機能的に等価なものがあるか、明らかにされるべきである。もし等価なものがありそれが第三者保護に資するのであれば、所在地国における規制の必要性（その規制利益）は充たされるであろう。また、所在地国に規制利益の強さも評価されるべきである。例えば、引渡を要求する国においても、占有改定や譲渡担保が許されているときには、「引渡」を特に考慮する必要はない。さらに、目的物の所在が一時的なものにすぎないときにも、規制利益はあまり強くないものと評価されるべきである。

また、Weber, a. a. O., 528は、当事者自治に次の制限を課している。すなわち、当事者自治は、二人の対等な当事者が選択された法の適用結果を十分に認識し最良の利益調整が実現したと信じる場合に限り、正当化される。黙示の法選択や全く仮定的なものにすぎない法選択は、そのような意思表示をなすことを十分に認識していなかった当事者の保護のために否定される。

最後に、Weber, a. a. O., 529は、Drobnig や Stoll と異なり法選択の選択肢を制限しない立場を採り、次のように述べる。すなわち、法選択を認めるためには、選択された法との自然な（すなわち、操作されていない）関係か当事者の合理的な利益が存在すれば十分である。当事者自治の利用が制限されるのは、機能上正当化されない、したがって、制度の妨げになるか濫用的な使用の場合に限られる。

以上が、Weberの当事者自治論である。その個々の論点については第四項で検討することとし、ここでは根本的な疑問を提示するにとどめる。すなわち、物権準拠法の決定にも当事者自治を認める論拠の一つとして債権準拠法と物権準拠法とが一致する可能性を挙げていながら物権準拠法の独自性を強調することが、実質的な意味で論理的に一貫していると言えるのか、また、そもそも物権と債権とは抵触法においても別のものだという前提を置くことによって、結局は複雑な処理の必要が残ってしまったのではないかという疑問である。逆に言えば、利害関係者にとって見通しのよい判断枠組を作るためには、抵触法上は、まさに物権と債権の区別の必要性とその範囲こそ見直さなければならないのではないかという疑問である。

(167) 注(156)の本文参照

(168) Staudinger/Stoll, Internationales Sachenrecht（12 Aufl. 1985）Rz 220.

(169) Staudinger/Stoll（vorige Note）Rz 222は、ここで、同じ選択肢を揚げるスイスの国際私法草案一〇三条一項を援用している。なお、同条項は、そのまま制定法の一〇四条一項に結実している。

(170) 以上、Staudinger/Stoll（oben N. 168）Rz 222. なお、移動中の物は、このような類型の特殊な一場合である。Rz 216, 309f.

(171) Staudinger/Stoll（oben N. 168）Rz 219.

(172) 注(159)本文参照。

(173) Staudinger/Stoll（oben N. 168）Rz 221, 225.

(174) Staudinger/Stoll（oben N. 168）Rz 279. 但し、具体的にいかなる規範を所在地法の行使する拒否権の根拠と判断するかという問題が残っている。

(175) Staudinger/Stoll（oben N. 168）Rz 211.

(176) 質権設定につきStaudinger/Stoll（oben N. 168）Rz 247f.、所有権留保につきRz 277–284、譲渡担保につきRz 288.

(177) Staudinger/Stoll（oben N. 168）Rz 234–238.

(178) Staudinger/Stoll (oben N. 168) Rz 234, 236.

(179) 物権準拠法上の当事者自治論について日本で早く論評を加えた石黒一憲『金融取引と国際訴訟』(一九八三年)三三〇頁は、「物権準拠法につき当事者自治を認めると言うか、事案を全体として（物権法的側面をもあわせて）例えば契約の問題と性質を決定して法例七条によるとするかは、実は結果としては同じなのである」としている。
しかし、ここまで見てきたように、物権準拠法の選択肢は契約準拠法に限られているわけではない。その意味で、この評価は疑問である。その限りで、楢崎・前掲注(145)論文(一)一八七－一八八頁注(15)も同旨（但し、その他の批判は、批判のための批判にとどまるのではないか。例えば、契約準拠法を選択肢に加えるのには、準拠法の変更の回避という側面もあると考える。また、なぜ処理の実用性よりも理論的構成を重視すべきかが示されてもいない。法律に従って行動せざるをえない当事者や法律を適用する裁判所にとって実用的な処理を提示することこそが、研究者にとっての最重要課題だという言い方もできるではないか。つまり、その点は、基本的立場が違うことを表明しているにとどまっている。このような批判のあり方からは、何も生まれないのではないか）。

(180) 例えば、法定担保物件の一種であるマリタイム・リーエンの準拠法についてのアメリカの裁判例は、最近では、船舶所有者と船舶サービス供給業者との間に契約関係がある場合には端的に当該契約の準拠法を適用している。この点については、森田博志・本論文（1）本誌一〇巻三号（一九九六年）九九頁、一四八頁注(62)を参照。

(181) 善意取得の準拠法について詳細に論じるのは、別の機会に譲る。

(182) リステイトメントの意義は、田中英夫『英米法総論下』（一九八〇年）五一一－五一三頁参照。

(183) Restatement (Second) of Conflict of Laws, § 223ff., 228ff. (1971).
但し、実際には、それほど単純な処理ではないようである。例えば、Mark Twain Kansas City Bank v. Cates, 810 P. 2d 1154 (Kan. 1991) は、ミズーリ州の銀行に対して当初の貸付金を被担保債権としてカンザス州に所在する不動産上に設定されたモーゲージによって、同行によるその後の貸付金が担保されるかが問題となった事案において、それをモーゲージ設定契約の解釈の問題と見て UCC § 1-105の趣旨に従い、その準拠法を当事者の指定に委ねている（但し、指定されたミズーリ州法でも、不動産所在地法であるカンザス州法でも、結論は変わらない）。

この事例では、第三者が登場していない。したがって、この判決は、当事者間関係について当事者自治を認めたものと評価しうる。これに対して、リステイトメントでは、いわゆる不動産物権について、動産の場合と異なり、当事者間関係と対第三者関係とを分ける相対的な処理は予定されていない。したがって、この判決は、リステイトメントの想定している処理とは異なるものと評価できるのではないか。

最近では、学説においても、州際事例を念頭に置いたものにすぎないが、不動産物権について広く所在地法が適用され所在地州裁判所の専属管轄が認められている現状に対する批判が強くなってきている。例えば、Weintraub, R., Commentary on the Conflict of Laws 412-460（3rd ed. 1986）; Lefler, R./McDougal III, L./Felix, R., American Conflicts Law 473-475（4th ed. 1986）; Note, Modernizing the Situs Rule for Real Property Conflicts, 65 Tex. L. Rev. 585（1987）; Scoles, E./Hay, P., Conflict of Laws 743-745（2nd ed. 1992）.

(184) Restatement（Second）of Conflict of Laws, §244 & 251.

(185) Id. §244, Comment c & §251, Comment d.

(186) Id. §251, Comment c & d, §254.

(187) Id. §247 & 252.

(188) Id. §245.

(189) Id. §253.

(190) Id. §253, Illustration 1.

(191) Id. Ch. 9, Topic 3, Introductory Noté & Title B, Introductory Note.

(192) 担保取引については、一九七二年に改訂がなされている。

同年改訂前の一－一〇五条(2)項では、担保取引については第九編の規定を適用するとする九－一〇二条も、当事者自治を排除する規定として列挙されていた。そこで、例えば、物品の売買において担保権の設定もなされるような場合には、その準拠法は一－一〇五条によるのか九－一〇二、一〇三条によるのかという問題が生じた。この点については、Weintraub, supra note 2, at 475-479を参照。この問題は、右の改訂によって、担保取引にも原則として（当事者間関係については）当事者自治を認めるという形で解消された。この関連では、対抗力の取得は債務者・担保債権者間の権利・義務に影響しないとし、不足金判決の可否について当事者自治を認めたものとして、

Ford Motor Co. v. Lyons, 405 N. W. 2d 354（Wis. App. 1987）がある。

また、同年改訂前の九－一〇三条は、担保権について、対抗力だけでなく、その「有効性」も規定していた。これが同年改訂により対抗力だけを対象とする規定に改められ、担保権設定の当事者間の関係についても一般規定である一－一〇五条が専ら規律することが明確になっている。UCC § 9–103, Official Reasons for 1972 Change 1.

本稿では、特に断らないかぎり、現行規定を前提に論述を進める。

（193）「通常の物品」とは、ここでは、「⑵項で規定されている権原証券によってカバーされている物品、⑶項で規定されている移動物品、⑸項で規定されている鉱物以外の物品」のことである（九－一〇三条⑴項ⓐ号）。

（194）この規定については、既に、永田雅也『アメリカの動産担保権』（一九八六年）四〇〇－四〇三頁で解説がなされている。さらに、Schüschke, Conflict of Laws and the Security Interest: The Four-Month Rule of UCC Section 9–103（1）, 85 Commercial L. J. 525（1980）; Weintraub, supra note 2, at 497–503も参照。

（195）UCC 1972 Amendments, General Comment on the Approach of the Review Committee for Article 9, F–5.

（196）UCC § 9–103, Official Comment 2.

（197）Id., Official Comment 3.

（198）Cf. ibid.

（199）Id., Official Comment 7.

なお、この規定の制定前には、統一割賦販売法（Uniform Conditional Sales Act）一四条によって、割賦売主は、目的物品が所在地を変更したという通知を受けてから一〇日以内に新所在地で登記することを要求されていた。これによると、見かけ上は、売主が右の通知を受けていない限り、新所在地においても登記なしに対抗力を存続させられることになっていた。

（200）Ibid.

（201）国際的な事案に九－一〇三条を適用した裁判例としては、他に、カナダから搬入された可動式住宅上の担保権の順位に関するAssociates Rlty. Credit Ltd. v. Brune, 568 P. 2d 787（Wash. 1977）、カナダから搬入された自動車に設定された担保権の対抗力に関するIAC, Ltd. v. Princeton Porsche-Audi, 382 A. 2d 1125（N. J. 1978）、買主の管財人に対してオランダから搬入された紬糸の売主が有する留保所有権の対抗力に関するIn re Duplan Corp., 455 F. Supp. 926（S. D. N. Y. 1978）などがある。

(202)　一九七二年改訂前の九－一〇三条⑵項は、可動物品の有効性および対抗力の準拠法を債務者の主たる営業地の法としていた。なお、合わせて注(203)も参照。

(203)　本件は、七二年改訂前のＵＣＣに関するものである。ところで、注(192)で示したように、改訂後のＵＣＣでは、準拠法選択の一般規定が一－一〇五条であることが明確になっている。したがって、本判決の処理は、改訂後にも通用するものだと考える。

改訂前には、担保取引には第九編の規定を適用するとする九－一〇二条が一－一〇五条に優先する規定であったため、むしろ、法廷地州で採用されているものが改訂前の規定である場合には、当該リースが法廷地抵触法上担保取引にあたるかがまず問題となった。そのような事例としては、例えば、Matter of Fashion Optical, Ltd., 653 F. 2d 1385（10th Cir. 1981）; In re Tulsa Port Warehouse Co., Inc., 690 F. 2d 809（10th Cir. 1982）; Carlson v. Tandy Computer Leasing, 803 F. 2d 391（8th Cir. 1986）がある。

なお、In re Novack, 88 B. R. 353（Bkrtcy. N. D. Okl. 1988）は、前二者を先例として援用しつつ同様の判断を下している。しかし、オクラホマ州では、一九八一年に七二年改訂法が施行されている（永田・前掲注(194)一三、一六頁）。他方、準拠法判断の対象である契約は、八四年に締結されており、七二年改訂法が適用されるはずである。だとすると、当該取引が第九編の適用対象である担保取引か否かの判断が一－一〇五条の適用に先行しているのは、おかしいのではないか。その意味で、この判決の先例としての意義には疑問が残る。

(204)　実際には、いわゆる不動産物権についても同様の処理がなされつつあるのではないかと思われる点については、注(183)を参照。

(205)　「有効性」という語の意味については、さらに、注(192)を参照。これについては、マイタイム・リーエンの準拠法についての事例だが、Ocean Ship Supply, Ltd. v. MV Leah, 729F. 2d 971（4th Cir. 1984）からも分かる。この点については、森田博志「アメリカ牴触法におけるマリタイム・リーエンの準拠法の現状とわが国の国際私法における船舶先取特権の準拠法についての解釈論」海事法研究会誌一二三号（一九九四年）一頁、三頁注六、七頁、九頁も参照。

(206)　このような相対的な発想は、否認訴訟における担保権の準拠法についても見られる。例えば、In re Ireland, 14 B. R. 849 (Bkrtcy. M. D. La. 1981) は、リステイトメント二五一条によりリーエンの有効性および効果の準拠法をリーエン成立時の目的物所在地法であるメイン州法としつつ、(管財人に対する) 対抗力の準拠法を現在の所在地州法であるルイジアナ州法とし担保権者は同州法上対抗力を取得していないとして、管財人による否認権行使を認めている。また、In re Morse Tool, Inc., 108 B. R. 384 (Bkrtcy. D. Mass. 1989) は、管財人は担保契約の当事者ではないから、その否認権行使を契約問題と見て当該契約中の準拠法指定によらしめることはできないとし、リステイトメント六条により詐欺的に譲渡された財産の所在地の法であるマサチューセッツ州法を適用している。この判決は、UCCを引用しつつ、詐欺的譲渡と担保権の対抗力がどちらも第三者に対する財産上の権利の移転の効果に関わるものであることを指摘している。Id. at 388 n. 7.

詐害行為取消権や否認権の準拠法は、日本では、それ自体独立の問題として理解されるのが一般である。しかし、右の事例のように、それによって取消ないし否認される財産上の権利移転と裏表の関係に立ちセットで処理される場合がある。そして、譲受人や担保権者としては、自己の権利が第三者に対してどこまで保護されるかを、相手方の債権者や管財人に対する関係をも含めて同一の準拠法で事前に判断できることを期待していると思われる。このような期待を保護し当事者の予測可能性を保障する意味で、詐害行為取消権や否認権をその目的物の譲受人や担保権者に対して行使できるかという問題を判断する準拠法は、譲受けや担保権設定の当初における目的物の所在地法とすべきではなかろうか (但し、取消債権者や否認権者と債務者との間の関係は別である)。

(207)　物権変動が目的物の所在地法のみで処理されるとは言っても、日本の通説によれば、通常は原因行為の準拠法が累積的に適用されることになる。通説の採る物権変動の準拠法に関する基礎理論とそれに対する批判については、森田・本論文第二節、一〇三―一〇七頁参照。

(208)　森田・前掲注(207)七三―七四、一一二―一一三頁、第二節、三―補足一二四―一二九頁で検討を加えた。

(209)　森田・前掲注(208)第三節一三〇―一四二頁で検討を加えた。

(210)　道垣内正人〔判批〕ジュリスト九九六号（一九九二年）一一九頁、一二〇頁。なお、同右は、本判決にいわゆる先決問題の処理として一貫しない点があることを指摘し、詳細な検討を加えている。

(211)　この点は、森田・前掲注(208)一二四－一二六頁で、神戸地判昭和三四年一〇月六日下民集一〇巻一〇号二〇九九頁を引いて説明した部分を参照。

(212)　鳥居淳子〔判批〕ジュリスト二七七号（一九六三年）八一頁、八二頁は「問題なのは、判旨が……売買契約の準拠法によつて所有権移転の問題を判断したようにも解される表現をしている点である。物権行為とその原因行為とが合体している場合でも、国際私法上はこれを別個に考えなくてはならないこと勿論だからである」と批判する。

しかし、抵触法のレベルで「原因行為」と「物権行為」とを区別する理論的根拠はない。この点については、森田・前掲注(207)一四〇－一四九頁（第二節二1）を、簡単には一五七頁（同三）のまとめを参照。

(213)　鳥居・前掲注(212)八二頁は、次のような説明を試みる。すなわち、「Xが」本件「賃貸借契約を承継するか否かということは、売買契約の内容に関する問題であると考えられる。従つて、第一次的には、法例七条により決せられる売買契約の準拠法によつて判断されるべきであろう。そこで売買契約の準拠法たる日本法によつてこれをみると、特約がないかぎり、Xは賃貸借契約を承継しない。本件ではかかる特約は存しない。」本件「賃借権が単なる債権である限り、Xの所有権取得によつて」本件「賃貸借関係は破られるであろう。」「法例一〇条一項によれば」本件「賃借権が物権的効力を認められて、これをXに対抗しうるためには、目的物の所在地法たる日本法上賃借権が物権であるか、登記すべき権利として登記されていることを要するであろう。日本法上、賃借権は……登記することによつて物権的効力を付与される権利ではある（民法六〇五条）。……たとえ登記がなくても、所在地法が登記のない賃借権に一定の要件の具備を条件として、登記のある賃借権と同じ効力を認めている場合には、そうした要件を満たしている賃借権は登記されたものと同様に考えるべきではないだろうか。……このように解すれば」本件「賃借権は所在地法たる日本法によつて物権的効力を認められることとなる。そして、その結果として、Xは賃貸人たる地位を法律上当然に承継することとなると考えられよう。」

ここでの問題を法例一〇条の適用対象と考える結論自体には賛成である。しかし、「賃借権が物権的効力を認められて、これをXに対抗しうるためには、目的物の所在地法たる日本法上賃借権が物権であるか、登記すべき権利として登記されていることを要するであろう」とする点は疑問である。なぜなら、ここで問題なのは、本件賃借権がまさに日本法上Xに対抗できるか否かであって、それが「物権であるか、登記すべき権利として登記されている」かには直接は関係しないからである。鳥居・前掲頁の主張する処理では、実質法としての日本法における本件賃借権の性質を見ることが先行してしまっているのではないか。それは、性質決定における準拠法説を前提とする処理になってしまっているのではないか。

むしろ、この問題は、次のように考えるべきである。すなわち、ここでの問題は、有体物上の第三者間の権利関係（対第三者関係）の問題だから、法例一〇条の「物権其他登記スヘキ権利」の問題である（詳しくは、後述する）。したがって、本件では、本件不動産の所在地法である日本法が準拠法である。日本（実質）法では、不動産賃借権の対抗要件は、不動産賃借権の「登記」（民法六〇五条）に限られておらず、特別法に規定されたものもある。したがって、本件賃借権が「物権であるか、登記すべき権利として登記されている」かという点を問題にするのではなく、端的に、それが日本（実質）法上のいずれかの規定によってXに対抗できるかを問題とすれば足りると考える。

(214)　鳥居・前掲注(212)八二頁は「賃貸人の地位の承継は、目的物の所在地法たる日本法による賃借権の対外的効力の結果生じたものである。従つて、この問題も同一の法によつて判断すべきであろう。しかるに、判旨が、〔二〕では所在地法の強制的適用をみると述べながら、ここにおいては売買の効力の問題としたのは論旨一貫しないと思われる（この問題が売買契約の効力の問題となるのは、当事者が売買の際賃貸借関係の承継を合意した場合であると考えられる。しかし、本件ではかかる合意は認定されない）」と述べて、判旨を批判している。

しかし、売買契約の当事者にとって最も密接に関連するのは売買契約の準拠法だから、その当事者の間の関係はその準拠法によって規律されるべきである。この点は、「当事者が売買の際賃貸借関係の承継を合意した」かどうかには関係ないはずである。そもそも、そのような合意をしたと言えるのか、その趣旨の合意がない場合でも当事者間では賃料債権が移転したと言えるのかという点は、売買契約の準拠法に基づいて判断されるべきことではないのか。

また、同右八二－八三頁は「Xが〔C〕に対して賃料を請求するにはいかなる要件を備えればよいかも、同一の法によるべきであろう。これも賃借権の対外的効力の結果生じたものであるからである。判旨がこの点については物権の準拠法の問題であると述べているのは、一体いかなる意味であろうか。物権の準拠法はすなわち目的物の所在地法であるので、結果的には同一の法を指定している。しかし、文言から判断されるところでは、恐らく、判旨は、この問題をXがその所有権を〔C〕に対抗する問題としてとらえたのではないかと推定される。……しかし、賃料債権は所在権に基づいて発生するものではなく、賃貸借契約に基づくものである。……物権の準拠法が問題となるのは、賃借権の対外的効力の準拠法たる日本法によつてXの〔C〕に対する対抗の問題を判断した場合に、日本法が対抗要件として所有権の移転を要求しているときにおいてであろう」と述べて、判旨を批判している。

確かに、判旨二と三とは一貫していないように思われる。しかし、注32で述べたように、本件不動産について直接の関係に立っていなかったXとCとの間の権利義務関係（対第三者関係＝外部関係）は、一体として法例一〇条（によって導かれる物権の準拠法）の適用対象だと考えれば、いずれにせよ、本件不動産の所在地法である日本法によって規律されるとも考えられなくはない（但し、直後の本文参照）。それより、右の批判には疑問がある。「物権の準拠法が問題となるのは、賃借権の対外的効力の準拠法たる日本法によつてXの〔C〕に対する対抗の問題を判断した場合に、日本法が対抗要件として所有権の移転を要求しているときにおいてであろう」と述べているが、そもそも、「賃借権の対外的効力の準拠法」と「物権の準拠法」とを区別する必要があるのか。注(213)で引用した部分では「賃借権の対外的効力の準拠法」は法例一〇条により導かれるとしていたのであり、それはいわゆる「物権の準拠法」と一致するはずではないか。このような概念の細分化は、混乱を招くだけではないのか。

(215)　さらに、注(183)で引用した不動産モーゲージの設定に関する判決の処理とも、その発想を共通にしていると考える。

(216)　久保岩太郎『国際私法論』（一九三五年）五四〇頁。

(217)　例えば、石黒一憲『国際私法』（新世社・一九九四年）二六五頁。

(218)　久保・前掲注(216)五四〇頁。

(219)　例えば、溜池良夫『国際私法講義』（一九九三年）三三二頁、山田鐐一『国際私法』（一九九二年）二六九頁。

(220)　Lüderitz, Die Beurteilung beweglichér Sachen im internationalen Privatrecht, in: Lauterbach (Hrsg), Vorschläge und Gutachten zur Reform des deutschen internationalen Personen-und Sachenrechts (1972) 185, 188.

(221) 星野英一『民法概論Ⅱ』（一九八〇年）一一－一二頁参照。
(222) 同右一一頁。
(223) 但し、所在地法上の実効性による制約を全面的に否定することはできないかもしれない。もっとも、物権準拠法としての所在地法の規定に全面的に従わなければならないというのは、密接関連性の基準から問題であることは、理論的には第二章で示した。
(224) Vgl. Weber, Parteiautonomie im internationalen Sachenrecht?, RabelsZ 44 (1980) 510, 521.
(225) 静岡地浜松支判平成三年七月一五日判時一四〇一号九八頁、石黒『国際民事訴訟法』（一九九六年）一三四－一三五頁。但し、国際民事訴訟法上の制約として不動産関係事件をその所在地国の専属管轄とする可能性を示唆するものとして、道垣内「国際的裁判管轄権」新堂幸司＝小島武司編『注釈民事訴訟法(1)』（一九九一年）九三頁、一三五－一三六頁がある。
(226) Weber (oben N. 224) 522.
(227) 山田・前掲注(219)二七三頁。櫻田嘉章『国際私法』（一九九四年）一九八頁も同旨。
(228) ⑲決定がこの典型的な例である。アメリカ法における処理では、UCC一－一〇五条、⑭判決を参照。
(229) 第一節で言及した最判平成六年三月八日民集四八巻三号八三五頁は、共同相続人間の法律関係（共有か合有か）や共同相続人による持分処分の可否の点に相続準拠法を適用していた。森田・前掲注(207)一〇〇－一〇一頁参照。
(230) 第二節三で言及した神戸地判昭和三四年一〇月六日下民集一〇巻一〇号二〇九九頁は、夫婦のいずれに係争物の所有権が帰属するかという点に、夫婦財産関係の準拠法を適用していた。森田・前掲注(208)三一頁参照。
(231) 注(229)で引用した最判は、共同相続人の一部による相続関係にとっての第三者への持分処分の効果（対第三者関係）に限って、一〇条を適用している。
(232) ⑪判決は、そのような処理を行ったものと理解できる。森田・前掲注(208)五三－五五頁参照。
(233) この点については、同右四二頁参照。
(234) ⑧判決がこの典型的な例である。同右三八－四〇頁参照。
(235) 注(229)で引用した最判は、共同相続人と相続関係にとっての第三者との間の紛争であったが、共同相続人間の権利関係（当事者間関係＝内部関係）には、物権準拠法ではなく、相続準拠法を適用している。これに対して、原判決は、内部関係をも物権準拠法で処理していた。森田・前掲注(207)一〇〇－一〇一頁参照。また、注(230)で引用した神戸地判も、夫婦の一方と第三者との間の紛争であったが、夫婦間の法律関係に夫婦財産関係の準拠法を適用したものと評価できる。森田・前掲注(208)三一－三二頁参照。アメリカ法における処理では、⑭⑮判決を参照。

(236)　移動中の物については、森田・前掲注(208)五六－六〇頁参照。

なお、移動中の物の買主がその所有権を第三者に対抗するための要件とその効果については、現実の所在地で目的物に関係してきた第三者に対しては、現実所在地法によるとすべきではないか。但し、そのような第三者以外の者に対しては、予測可能性を保障するために仕向地法に頼らざるをえないと思われる。

(237)　ＢＧＨの⑫判決の事案では、所有権を留保しようとするイタリアの機械商Ｘは、ドイツでの担保を重視していることから、仕向地法であるドイツ法を指定しておけばドイツ法上の成立要件を充たすだけでよいことになる。この場合、目的物がイタリアにある間に第三者に対抗するためには、イタリア法上の対抗要件を備える必要はある。ただ、いったん目的物がドイツに搬入されてしまえば、ドイツ法上の規律に従えば足りることになる。⑫判決については、同右六二－六七頁を参照。

なお、アメリカ法（ＵＣＣ九－一〇三条(1)項(c)(d)号）では、(一)(2)２で見たように、目的物の所在地変更に伴い新所在地で対抗要件を備えなければならない担保権者に対して、一定の期間に限定した一定の便宜が図られていた。日本法においても、このように期間を特定するかはともかく、目的物の所在地変更を伴う場合の担保権者の利益とその対抗を受ける第三者の利益とが対立する場合には、事案によっては、アメリカ法と同様の趣旨での柔軟な処理がなされてもよいのではないか。

(238)　アメリカの⑯判決のように、対第三者関係においても、第三者間の権利の競合が生じた最初の時点でその間の順位は決着し、その後に目的物の所在地が変更しても影響を受けないという処理を日本法上も行うべきか否かという点が問題となりうるが、ここでは問題提起にとどめ、この点を中心に据えた検討は、機会を改めて行う。

(239)　最判の事案では、相続準拠法である中華民国法によって共同相続人は持分処分が制限されていることになっていた。これに対し、物権準拠法である日本法によればそのような制限はなかったので、仮に日本法のみを適用すべき場合であったなら、第三者への持分処分は無条件に有効であった。しかし、共同相続人が自己の持分を処分できるかという問題を相続準拠法によって処理されるべき問題と解することによって、最高裁は、共同相続人による持分処分が制限されていることを前提としたうえで、相続人による持分処分の効果が、物権準拠法である日本法上、無条件に有効か、何らかの要件を充たせば有効か、あるいは無効かという判断をしなければならなかった。このような両準拠法上の効果の接合をどうするかという検討が必要なわけである。

(240)　先行研究として、早川眞一郎「国際的な相続・遺産管理の一断面（下）」ジュリスト一〇二〇号（一九九三年）一三一頁、一三三―一三五頁、大内俊身〔調査官解説〕法曹時報四八巻一号（一九九六年）二一二頁、二一九―二二一頁、森田〔最判判批〕ジュリスト一〇七一号（一九九五年）一四六頁、一四八頁、〔原判決判批〕ジュリスト九八五号（一九九一年）一三六頁、一三八頁。

＊　脱稿後、本稿における検討課題の一つであった最判平成六年三月八日民集四八巻三号八三五頁に関する大内俊身最高裁調査官の解説・法曹時報四八巻一号（一九九六年）二一二頁と、BGH, Urt. v. 28. 9. 1994, IPRax 1996, 39及び、その評釈である Dörner, Keine dingliche Wirkung ausländischer Vindikationslegate im Inland, IPRax 1996, 26に接した。前者では、本稿の注3で掲げた拙稿が数カ所援用されており、そこで提示した疑問のいくつかに対する回答もいただいている。今後の検討の励みになるものであり、心から感謝する。若干気になる点もあるが、ほぼ全面的に支持する。詳細は、次回以降に譲る。

後二者は、相続準拠法であるコロンビア法によれば遺贈は物権的効力を有するが、物権準拠法であるドイツ法では受遺者には相続人に対する譲渡請求権（債権）しか与えられず、右のコロンビア法上の効果はドイツ物権法と調和しないとして、ドイツにある相続財産については受遺者に所有権は移転していないとした判決と、それを支持する評釈である。この判決は、本稿第二節一1⑤決定と類似の処理を行ったことになるが、⑤決定と異なりその根拠も示している。しかし、判決・評釈ともドイツ特有の事情（登記制度）を背景とするものであり「寛容」とは名ばかりである。必要を感じれば後に言及することになろう。

自戒の意味で書き留めておくのだが、彼我の制度基盤の差を考慮せず十分な批判的検討を経ずに外国の文献を援用するような時代は、もう終わっているのではないか。

＊　去る五月一三日の国際私法学会において、報告の機会を頂戴した。型破りな報告であったにもかかわらず御静聴下さった関係者の方々に、心から感謝する。また、いくつかの会談に対しこちらの期待以上に爆笑して下さった方々には、お礼の言葉もない。事前に本論文（１）に対するかなりよい反響をいただいていたので、自信をもって報告することができた。

質疑応答では、多くの質問を頂戴したが、かなり分かりやすく報告したつもりであったのに基本的な前提を異にする質問も多く、反省材料が残った。他方、報告の意義（フランケンシュタイン批判の部分。本論文では、（１）本誌一〇巻三号（一九九六年）一四〇－一四五頁）を認めて下さる御発言もあり、本当に嬉しかった。懇親会では、「感銘しました」と仰って下さる方まであり、意を強くしている。

〔追記〕

物権変動について、公表後一五年以上経過した現在に至るも、最も多面的かつ詳細な検討が加えられた文献という位置づけは変わらないと自負する。一読されれば、明確にご理解いただけるはずである。なお、当事者間関係においても、外国人土地法などによる公法的規制は、日本国民の安全保障の観点から積極的かつ果断に実施されるべきである。

法例改正シンポジウムにおける学会報告（平成一七年五月二一日午後）において、法制審議会国際私法（現代化関係）部会の委員（長年、司法試験委員でもある）や幹事から新しい問題としてご質問を受けた事項は、全て既に本稿で検討し公表済みであった。

（千葉大学法学論集第一〇巻三号～一一巻四号、一九九六年～一九九七年）

5 登録国外で盗まれ日本に輸入された中古自動車の即時取得の準拠法

東京高裁平成一二年二月三日判決（平成一一年(ネ)第一八八二号、カールスルーエ保険株式会社対甲野太郎、自動車引渡等請求控訴事件）

判例時報一七〇九号四三頁、金融・商事判例一〇九〇号四六頁

〔参照条文〕　法例七条二項・一〇条・一一条、民法一九二条・七〇三条・七〇四条

第一節　事　実

原告・控訴人X社（ドイツ法に基づいて設立され本店をドイツ国内に置き保険事業を営む株式会社）は、本件自動車（メルセデスベンツ）について訴外A（ドイツに居住するドイツにおける自動車登録者）との間で（一審判決によれば、ドイツで）締結された自動車保険契約の保険者である。X社は、本件自動車が平成三年三月二九日にイタリアで盗難に遭ったため、（Xの主張によれば、同年八月一三日）右の自動車保険契約に基づいてリース会社とAに対して所定の保険金を全額支払った。右自動車保険の保険約款によれば、盗難等の理由により保険契約に従って保険会社が保険金の支払を行った場合には、その支払から一カ月以内に盗難対象物が戻らない場合には、保険会社が車両の所有権を取得する旨が定められている。

被告・被控訴人Ｙは、本件自動車を占有し日本の自動車登録原簿に所有者として登録されている者である。本件自動車は、（Ｙの主張によれば、アラブ首長国連邦の訴外Ｉ社から）同年七月二五日に輸入者訴外Ｂ社として訴外Ｃ社の通関手続により神戸港に荷揚して日本に輸入され、九月二六日に訴外Ｄ社に売却され予備検査を受け、翌日に訴外Ｅ社に売却され、これを購入した訴外Ｆにより一〇月一五日に新規車両登録がなされた。その後、訴外Ｇ社を介して、平成五年一〇月一三日に訴外Ｈ社の名義に移転登録され、同月二七日にこれを購入したＹに移転登録されている（なお、日本国内の購入者らはいずれも、日本の取引慣行と登録手続に従っており、輸出した者の所有権を確認し得る車両証書等の書面の提示は受けていない）。

以上の経過の後、Ｘ社は、右の保険約款に基づき保険代位により本件自動車の所有権を取得したとして、Ｙに対し、⑴本件自動車の引渡しとＹによる無権原の占有使用に起因する年一〇〇万円の不当利得の返還、⑵ＹからＸ社への所有権移転登録手続、⑶右の引渡し執行が不能となった場合の代償金八〇〇万円を請求した。一審判決（浦和地越谷支判平成一一・二・二二判時一七〇九号四九頁）はＸ社の請求を全て棄却したため、Ｘ社が控訴した。争点は多いが、ここでは右の請求に直接関係し準拠法判断を伴う判旨のみを示す。

第二節　判　旨

原判決取消、⑴と⑶（但し、二〇〇万円）認容（仮執行宣言付）、⑵棄却。

㈠「損害保険契約による保険対象物等の権利の代位取得の問題は、法例七条二項により、保険契約締結地法が準拠法となる。」「ドイツ法」によれば、「Ｘ社は、右の保険約款の規定により、本件保険車両の所有権を取得したものと認められる。」

(二)「自動車はもともと広範囲に移動することを予定した動産であって、移動する時々の所在地の法律を適用するものと解するのは相当でなく、登録地での長期間の不使用、不在や権原のある者による新たな登録等により登録地への復帰可能性が事実上消滅したとみるべき事由があるなどの特段の事情がない限り、原則としてその自動車が本来の使用の本拠として予定している一定の中心的場所すなわち復帰地（登録地）をもって」法例一〇条の「所在地と解するのが相当である。……本件自動車は、物理的には現在日本に存在するが、国際的自動車盗難事件に遭い、短期間のうちにその所在や外形的権利者が複数の国を転々として異動した可能性があり、ドイツの正当な所有者のもとへ復帰すべき可能性が消失してしまったとみるべき事由が明白であるとはいえないうえ、高額自動車の国際的窃盗及び故売が横行している現状にかんがみれば、即時取得や外国における自動車の二重登録等の法制度の悪用による盗難車のローンダリング（洗浄）を防止する必要もあり、自動車の物理的所在のみで所在地法を決定するのは相当でなく、……本件自動車はドイツを中心とし、そこを復帰地として利用されていたものであると認められる。」

1「X社は、……本件自動車の所有権を取得していると認められるから、ドイツ法による本件自動車の返還請求権を取得していると認めるとができる。」

2「本件自動車は、……ドイツ民法九三五条にいう盗品に当たると認められ、……ドイツ法上の即時取得の対象にならないものと認められる。」

(三)「なお、念のために、本件自動車の取引経過につきアラブ首長国連邦民法又は日本民法が法例一〇条の所在地法として適用されると解した場合におけるYらの即時取得の可否についても検討しておく……。」

1「本件自動車がアラブ首長国連邦に在ったものであることや同国から輸出されたものであることを認めるに足りる証拠はなく、……アラブ首長国連邦民法を準拠法として適用すべき確かな連結点があるとは未だ認め難い。したがって、B社がアラブ首長国連邦民法によって本件自動車を善意で購入し、即時取得したものと認めることは困難である。」

2　「平成三年九月二六日以降、本件自動車につき即時取得が成立したか否かは、専ら日本法に基づいて判断すべきこととなる。」「外国の登録車については、日本国の道路運送車両法上の登録がされていない限りなお即時取得の余地があると解」しても、「外国の製造者又は真正な前所有者による車両証書等の権利確認書の提示ないし写しの交付を伴う譲渡証明書等、あるいはこれを確認した旨の国内業者の信頼し得る証明書等……を欠く取引については、譲受人についても無過失であるとはいえない。」「車両登録がされている自動車については、即時取得の目的とはならないものと解すべきところ（最高裁判所第二小法廷昭和六二年四月二四日判決・判例時報一二四三号二四頁参照）、Fが本件自動車の新規登録をした後は……登録車として即時取得の余地はないと解するのが相当である。」

㈣「X社の本件不当利得返還請求権については、法例一一条の規定により、日本民法が準拠法となるところ、……Yには本件自動車の所有権を認定することができないから、Yの購入後の本件自動車の占有使用は、……不当利得を構成するものと認める」。

㈤「本件自動車の物権の準拠法はドイツ法であり、登録請求権も物権的請求権の一態様であるとみるべきであるから、ドイツ法に従ってその成否と効力を判定すべきところ、ドイツ法においては既に自国において登録されている自動車について外国における二重登録することを許容しているとは認められないので、X社の本件登録請求権は、ドイツの登録が抹消されない限り、これを認容することはできないものと解する。」

第三節　評　釈

判旨に若干の疑問がある。

本判決は、外国で登録済みの自動車の即時取得の準拠法および保険代位による物権変動の準拠法について初めて判示した判決の控訴審判決である。

㈠　判旨㈠は、一審判決と同様、保険代位の問題に保険契約の準拠法（ドイツ法）のみを適用している。これは、裁判例の傾向（①東京地判昭和三九・六・二〇判時三八二号四二頁、②東京高判昭和四四・二・二四高民集二二巻一号八〇頁、③神戸地判昭和四五・四・一四判タ二八八号二八三頁、④神戸地判昭和五八・三・三〇判時一〇九二号一一四頁）に沿ったものと言える。ただ、本件は、保険代位により移転する権利が物権である点で、それが債権であった従来の裁判例とは事案を異にする。

物権変動については、その「原因」と区別して目的物の所在地法（法例一〇条二項）によるとするのが通説である（例えば、山田鐐一・国際私法〔平四〕二七一－二七二頁、溜池良夫・国際私法講義〔第二版・平一一〕三一六頁）。これによれば、保険代位による物権変動については、物権の準拠法が適用されるべきことになりそうである。しかし、目的物の所在地は偶然に左右されることもあり、必ずしも物権変動の当事者に最も密接に関連するとは言えない。したがって、当事者間に関する限りは、むしろ当事者に最も密接に関連する物権変動の「原因」の準拠法によるべきである（理論的な詳細は、森田博志「国際私法の議論において原因行為と物権行為の区別が本当に必要なのか？（１）」千葉大学法学論集一〇巻三号〔平八〕一四〇－一五九頁参照。物権変動の「原因」が相続である場合については、⑤最判平成六・三・八民集四八巻三号八三五頁がその趣旨を示したことになると解される。森田〔判批〕ジュリ一〇七一号〔平七〕一四七－一四八頁）。以上の点から、保険代位による所有権の取得に（「法律行為ノ……効力」の問題として）その「原因」である保険契約の準拠法を適用した判旨を支持する（但し、本判決は物権の準拠法もドイツ法としており、この点の判旨の意義はそれほど大きいとは言えない）。

㈡　判旨㈡は、自動車を目的物とする場合の物権の準拠法について判示している。一審判決は、それを端的に現実所在地法（日本法）とした。これに対して、本判決は、「原則として……復帰地（登録地）」法（ドイツ法）とする。これは、例外を認める点で、端的に登録地法とする説（例えば、溜池・前掲三二五頁）や復帰地法とする説（山田・

前掲二八〇頁注四）と異なる。逆に、「所在地が分明なるときはその所在地法」としつつ「所在地が不分明なるとき」に限り復帰地法とする説（久保岩太郎・国際私法論〔昭一〇〕五六七頁）や本拠地法を原則としつつ「一定期間、たとえば特定の国の港湾または都市に滞留しており、しかもその期間内に処分行為がなされたときは、右の国の法」とする説（折茂豊・国際私法〔各論〕〔新版・昭四七〕九六頁注一一）は、本判決よりも例外が広い。

このような独自の一般論を提示する判旨には、理由にも結論にも疑問がある。即ち、第一に、「登録地への復帰可能性が事実上消滅し」ない限り復帰地（登録地）法によるのでは、本件のように登録国外で（特に、新規登録がされた後に）「処分行為」がなされた場合に、その国での所有権の移転に適用される法についての予測可能性が低下し、取引の安全を害してしまうのではないか。第二に、判旨は、「盗難車のローンダリング」の防止という実質法上の価値を理由として原所有者に有利な準拠法を導いている。しかし、実質法の中には、盗品などの占有離脱物の即時取得を原則として認めない（ドイツ民法九三五条）原所有者の利益を重視する法制から、盗品・遺失物につき原所有者による回復請求権の行使期間を二年に限定し公の市場などでの善意取得者に対しては回復請求に際し代価の弁償を原所有者の義務づける（日本民法一九三―一九四条）善意取得者の保護に厚い法制まで存在している。したがって、右の価値を普遍的なものとしてそれに抵触法上の議論を左右させるのは疑問である。また、判旨の一般論によれば、日本で登録されている自動車が外国で処分される場合には、善意取得者の保護に厚い日本法が原則として物権の準拠法になる。しかし、それでは、かえって右の価値に反してしまう事案もあるのではなかろうか（仮に、判旨の価値判断を前提としても、判旨の射程は限定的なものにすぎないと考える）。第三に、本件で、B社は、本件自動車の購入時に、それが中古車であることは認識していたとしても、（ドイツで）登録済みであることまで実際に認識できたか、認定事実からは疑問が残る（登録済みヨットの二重譲渡の事例である⑥松山地判平成六・一一・八判時一五四九号一〇九頁でも、同様の問題があった。この点につき、森田〔判批〕ジュリ一一一五号〔平九〕一六〇頁参照）。ましてや、Fが日本で新規登録した後に本件自動車を購入したYらに外国での登録についての認識を強いるのは、酷なのではないか。

以上の点から、判旨㈡は疑問であり、判旨㈢の処理こそが本筋だと考える。

㈢⑴　判旨㈢1は、B社の即時取得の成否の準拠法を導く連結点（本件自動車購入時の「所在地」）が確認できないことから直ちに、B社の即時取得を否定する。しかし、このような処理では、B社の即時取得の余地は一切なくなってしまう（仮にB社が即時取得の余地を与えるに値しない者だという心証を裁判所が得ていたとしても、理論的には疑問である）。連結点が不明である以上、補充的連結点を決定すべきである（石黒一憲・国際私法〔平六〕二二八―二二九頁、澤木敬郎＝道垣内正人・国際私法入門〔第四版再訂版・平一二〕三三頁参照）。右の「所在地」の補充的連結点としては、確認できる「所在地」のうち購入前の最近のものとすべきではないか。これによれば、本件自動車がイタリアに所在していたことは認定されており、X社としてもイタリアで即時取得が問題になりうることは予測可能であるから、イタリア法を準拠法とすべきであったことになる。

⑵　判旨㈢2は、日本で最初に本件自動車の売買がなされたD社の購入時以後の即時取得の成否の準拠法を日本法とし、本件自動車は即時取得されていないと判示する。牴触法上は、特に問題はない（但し、日本民法の適用上、注意義務の程度についてFが業者と同じ扱いを受けるべき者であるのか、認定事実からは判然としない。また、判旨によれば本件における日本での登録は無権利者によるものとなって、真正な所有者による登録がなされていた判旨引用の最高裁判決の事案と異なっており、引用するにしても何らかの説明があって然るべきではなかろうか）。

㈣　判旨㈣は、Yの無権原での占有使用による不当利得の返還請求権の準拠法を、法例一一条を適用して日本法としている。ここにも特に問題はない（但し、XY間の利益調整は一括して法例一〇条によるべきではなかったかという疑問も残る。⑥判決についても同様の疑問があった。森田・前掲一六一頁参照）。

㈤　判旨㈤は、Yに対するX社の登録請求権の問題に（判旨の立場による）物権準拠法であるドイツ法を適用して請求を棄却している。確かに、（第三者に対する）登録請求権の存否自体は物権準拠法の適用対象である。しかし、日本と外国での二重登録が許されるか否かという問題は、そうではないのではないか。即ち、本件で、日本の自動車登録ファイルをこのまま放置しておくと、本件自動車の引渡し（執行）がなされるまでは無権利者による譲渡がなされる可能性も否定できない（その懸念から本判決は仮執行宣言〔民訴二五九条一項〕を付しているのかもしれないが、仮執行がなされた後で上級審により判決が取り消される可能性もあり、その場合Yにとって権利回復がかなりの負担になるのではないか。だとすると、渉外事件では、仮執行宣言を付するのには慎重であるべきだし、仮執行宣言を付するにしても担保を立てさせるか〔同条項〕、合わせて仮執行免脱宣言〔同条三項〕を付するような配慮が必要ではなかろうか）。その意味で、日本における登録のあり方（外国との二重登録の許容性も）は、日本での自動車取引の安全にとって重要であり、登録制度の根幹に関わる。したがって、この問題の準拠法は、日本法とすべきである。

日本の自動車登録制度は所有権についての公証を目的とし（道運車両一条）、新規登録でも移転登録でも所有権を有するものと認められない者の申請は拒否できる（同八条一号・一三条二項）。また、輸入車の新規登録のためには通関証明書と譲渡証明書を添付すれば足り（自登規六条一項一号）外国で登録がなされていないか抹消されたかは確認されていないようである。だとすると、たとえ外国で登録がなされていたとしても、日本では、真正な所有権を公証すべきことになる。以上の点から、本件では、X社が真正な所有権を有するとする判旨の立場を前提とする限り、X社の移転登録請求を認容すべきものと解する。

＊脱稿後、横溝大〔判批〕判評五〇二号（判時一七二五号）（平一二）五六頁に接した。

〔追記〕

最判平成一四年一〇月二九日民集五六巻八号一九六四頁の原判決を批判した評釈である。他の複数の評釈も原判決に批判的であったこともあろうか、最高裁は即時取得の準拠法を日本法とした。その判旨の一部には疑問もあるが、基本的にはよかったと考える。

（ジュリスト一一九三号、二〇〇一年）

6　物権準拠法の決定と適用範囲に関する問題提起
―「原因事実完成当時」を中心に―

はじめに

平成一七年五月二一・二二両日に開催された国際私法学会「法例改正シンポジウム」にて、法例一〇条関連における問題提起者として、「第一節　抵触法レベルで、物権と債権（などの原因関係）の峻別を維持すべきか？」「第二節　例外条項（回避条項）が必要か？（中間試案第六関連）」「第三節　『債権質』と『債権譲渡』などの競合」「第四節　『原因事実完成当事』」、以上四点について報告した。(1) これらのうち第一節～第三節については、既に詳細に論じる機会を得た。(2) そこで、本稿では、第一節～第三節についてはごく簡潔に触れるのみとし、第四節について比較的詳細に問題提起をする。なお、法の適用に関する通則法（以下、「通則法」と呼ぶ）一三条は法例一〇条から実質的な改正を受けていないので、問題状況に変化はない。この点についても、確認しておく。

(1)　同じセッションにおいて基調報告者兼コーディネーターをされた佐野寛教授には、気苦労をおかけし、改めてお詫びとお礼を申し上げる。
(2)　森田博志「国際私法の現代化における法例一〇条・一二条関連の改正作業の問題点」千葉大学法学論集二〇巻二号（二〇〇五年）九三頁。ぜひ、こちらをお読みいただきたい。

第一節　抵触法レベルで、物権と債権（などの原因関係）の峻別を維持すべきか？

我が国の通説は、物権と債権とを峻別するドイツ法圏に特有の秩序観から出発し、いわゆる物権問題は法例一〇条で、債権問題は七条や一一条で規律されるとしてきた[3]。また、動産物権について当事者間では当事者自治を認める少数説[4]も、この峻別を前提とした議論である。これに対して、この峻別を疑問視する学説も、既にいくつかある[5]。また、裁判例においても、相続人が「共同相続した……不動産に係る法律関係がどうなるか（それが共有になるかどうか）……などは、相続の効果に属するものとして、法例二五条〔平成元年改正後は、二六条―引用者注〕によ」るとしたもの（①最判平成六年三月八日民集四八巻三号八三五頁[6]）、自動車所有権を対象とする保険代位について保険契約の準拠法によったもの（②東京高判平成一二年二月三日判時一七〇九号四三頁[7]、その原判決である③浦和地越谷支判平成一一年二月二三日判時一七〇九号四九頁）、ベルギー所在の大券が表章するワラントの共有持分の移転につき売買契約の準拠法によったもの（④仙台高秋田支判平成一二年一〇月四日金商一一〇六号四七頁[8]、その原判決である⑤山形地酒田支判平成一一年一一月一一日金商一〇九八号四五頁）など、従来の通説では説明のつかないものが出てきている。

このように、物権と債権の峻別について議論されて然るべき状況があったにもかかわらず、今般の法例改正作業においては、このような状況を踏まえた議論はなされていない。また、直接の当事者間における動産の譲渡や担保権設定の有効性および効果については譲渡契約や担保権設定契約との一体的な準拠法決定を志向する米国法（抵触法第二リステイトメント二四四条・二五一条）、「物の所在地国法は、物権の得喪も規律する。ただし、相続による場合、および物権の取得が家族関係または契約による場合は、この限りではない。」と定めるイタリア法（国際私法五一条二項[9]）にも、ほとんど注意が払われていない。つまり、この点の問題意識が欠如したまま、改正作業が進んだということになる。

以上のような経緯に加え、条文に実質的な改正が施されなかったことを併せ考えると、従来の裁判例や学説の意義には、今般の改正作業は全く影響していないと理解できる。(10) 引き続き、この点に関する議論が深められていくことが期待される。(11)

(3)　例えば、山田鐐一『国際私法（第三版）』（有斐閣・二〇〇四年）三〇一－三〇四頁。溜池良夫『国際私法講義〔第三版〕』（有斐閣・二〇〇五年）三三三－三三四頁。

(4)　岡本善八「国際私法における動産物権」同志社法学四〇巻六号（一九八九年）六九九頁、七四一頁、河野俊行「国際物権法の現状と課題」ジュリスト一一四三号（一九九八年）四五頁、四七－四八頁。但し、法例一〇条の文言からは、無理な解釈論である（山田・前掲（注(3)）二九四頁注3と同旨）。通則法一三条の下においても、評価は変わらない。

(5)　このような学説としては、石黒一憲『国際私法〔新版〕』（有斐閣・一九九〇年）三六一－三六二頁、森田博志「国際私法の議論において原因行為と物権行為の区別が本当に必要なのか？(4)」千葉大学法学論集一一巻四号（一九九七年）一頁、四一－四二頁がある。

(6)　①判決を理解するためには、特に、森田博志〔判批〕ジュリスト一〇七一号（一九九五年）一四六頁、一四七－一四八頁、大内俊身〔調査官解説〕法曹会編『最高裁判所判例解説民事篇（平成六年度）』（法曹会・一九九七年）二四九頁（初出は、法曹時報四八巻一号（一九九六年）二一二頁）二五五頁、二五九－二六〇頁注3・4、森田博志「国際私法の議論において原因行為と物権行為の区別が本当に必要なのか？(1)」千葉大学法学論集一〇巻三号九九頁、一五七－一五八頁、同(2)一〇巻四号二九頁、三一－三五頁（以上、一九九六年）を参照。なお、①判決に賛成するものとして、道垣内正人『ポイント国際私法各論』（有斐閣・二〇〇〇年）一二六頁、山田・前掲注(3)五七六頁。これに対して、①判決に批判的なものとして、例えば、溜池・前掲注(3)五四五－五四六頁、櫻田嘉章〔判批〕櫻田嘉章＝道垣内正人編『国際私法判例百選』（別冊ジュリスト一七二号・二〇〇四年）四頁、五頁。

(7)　②判決の準拠法判断に対する賛否は分かれている。契約準拠法による判断に賛成するものとして、森田博志〔判批〕ジュリスト一一九三号（二〇〇一年）一二五、一二六頁（さらに、森田博志「保険代位」櫻田＝道垣内編・前掲注(6)八〇頁、八一頁も参照）。反対するものとして、横溝大〔判批〕判例評論五〇二号（二〇〇〇年）五六頁、六〇頁、楢崎みどり〔判批〕平成一二年度重要判例解説（二〇〇一年）二九一頁、二九二頁。

(8)　④判決の準拠法判断に対しても賛否が分かれている。留保付きで賛成するものとして、森下哲朗〔判批〕櫻田＝道垣内編・前掲注(6)八六頁、八七頁（「純粋に契約当事者間で紛争が生じている場合、……契約準拠法により処理すべきであろうか」としつつ、「本件は、……証券の引渡しのような物権問題に立ち入るべき事案ではなかったように思われる」と述べる）。反対するものとして、早川吉尚〔判批〕平成一二年度重要判例解説（二〇〇一年）二九四頁、二九五－二九六頁。

(9)　邦語訳は、奥田安弘＝桑原康行「イタリア国際私法の改正」戸籍時報四六〇号（一九九六年）五六頁、六六頁によった。

(10)　以上の詳細は、森田・前掲注(2)九六－九九頁、一一九－一二一頁を参照。

(11)　なお、知的財産権の譲渡についても、物権変動における従来の通説の影響からか、譲渡契約と譲渡自体とを区別する裁判例が先行していた（我が国著作権の譲渡に関する東京高判平成一三年五月三〇日判時一七九七号一一一頁・東京高判平成一三年五月三〇日判時一七九七号一三一頁・東京高判平成一五年五月二八日判時一八三一号一三五頁、職務発明に係る特許を受ける権利の承継に関する東京地判平成一六年二月二四日判時一八五三号三八頁（傍論））。

これらに対して、ヨルダン商標権の移転の成否につき契約準拠法である日本法のみを適用したと解される裁判例が新たに登場した（東京高判平成一六年八月九日判例集未登載・その原判決である東京地判平成一六年三月四日判例集未登載）。

以上につき、学説の動向も含め、駒田泰土〔判批〕平成一七年度重要判例解説（二〇〇六年）三〇三頁、三〇四－三〇五頁を参照。

第二節　例外条項（回避条項）が必要か？（中間試案第六関連）

従来、学説・裁判例は、法例一〇条における「所在地法」という文言につき必ずしも画一的・硬直的に解釈してきたわけではない。例えば、同条の趣旨を踏まえたうえで、移動中の物についてはそれを原則として（現実の所在地法ではなく）仕向地法と解釈し[12]、船舶についてはそれを旗国法ないし登録国法と解釈している[13]（船舶について法例一〇条の適用範囲外とする立場[14]も、この意味では大きな違いはない）。また、最高裁も、「自動車の所有権取得の準拠法を定める基準となる法例一〇条二項にいう所在地法とは、……当該自動車が、運行の用に供し得る状態のものである場合にはその利用の本拠地の法」をいうとする解釈を採っている（⑥最判平成一四年一〇月二九日民集五六巻八号一九六四頁）。つまり、学説・裁判例ともに、個別の事案についてではなく、類型的な議論として「所在地法」という文言に解釈を加えてきていることになる。

このような状況において、『国際私法の現代化に関する要綱中間試案』（以下、『中間試案』と呼ぶ）は、その第六において、A案として、例外条項（回避条項）の新設を提案していた。しかし、上記のような従来の解釈論は、『国際私法の現代化に関する要綱中間試案補足説明』が前提とするような、「事案に即して」「あらゆる事情……を考慮」し個別「具体的妥当性の確保」を追求する例外条項[15]による処理とは性質を異にするものであり、「例外条項によって説明することが自然である」[16]とはとても言えない。

例外条項の新設に積極的な論者は、ドイツで登録されドイツの保険会社の盗難保険が掛けられた自動車がイタリアで盗まれてその所有権を対象とする保険代位が問題になった事例（前掲②③判決）や、パリを観光している日本人旅行客の間でみやげ物のやりとりがあり所有権の移転が問題になったという設例を挙げて、このような場合には所在地法にはよれず例外条項が必要だと論じていた[17]。しかし、上記のような例外条項の性質に照らして疑問であり、いずれも当事者間に関する限り契約準拠法で処理すれば足りると考える。すなわち、前者の事例では、②③判決が保険契約の準拠法としてのドイツ法を適用して保険代位の成否を判断しており、それで問題ない[18]。また、後者の設例についても、契約準拠法としての日本法によって判断することで問題ないと考える[19]。

結局、例外条項（回避条項）が新設されることはなく、従来の裁判例や学説の意義には全く変わりがないと思われる[20]。

(12) 例えば、石黒・前掲注(5)三六〇頁、森田・前掲注(6)論文⑵五九頁。
(13) 例えば、石黒・前掲注(5)三六六―三六七頁（但し、いわゆる船舶抵当権のみ）、広島高決昭和六二年三月九日判時一二三三号八三頁、後掲⑧判決。
(14) 例えば、山田・前掲注(3)三一二頁注3、道垣内・前掲注(6)二八八頁。
(15) 法務省民事局参事官室『国際私法の現代化に関する要綱中間試案補足説明』（二〇〇五年）六六頁。
(16) 同上頁。
(17) 法制審議会国際私法（現代化関係）部会第八回会議議事録参照。質疑の時間にご質問下さった横山潤教授も、このお立場であった。
(18) 森田・前掲注(7)〔判批〕一二六頁。
(19) 但し、厳密には、代位取得者や譲受人は、自己の所有権が第三者との関係で問題になった場合には、第三者の取引の安全に関係する問題についてのみ「所在地法」に伴う必要があると考える。この点について展開する機会は、程なく訪れるであろう。
(20) 以上の詳細は、森田・前掲注(2)一〇六―一〇七頁、一二一―一二三頁を参照。

第三節　「債権質」と「債権譲渡」などの競合

今般の法例改正の発端は、「『規制改革推進三か年計画』（平成一三年三月三〇日閣議決定……）において、法例第一二条の定める債権譲渡の第三者対抗要件の準拠法について国際的な動向を踏まえた見直しが求められ[21]」たことにある。この改正作業では、いわゆる「債権質」について、法例一二条関係の問題の一つとして債権譲渡の規律との整合性を意識した議論がなされてきた[22]。このこと自体は、高く評価できる。ただ、「債権質」は、従来の体系書などでは物権の項目の中で採り上げられている[23]。そこで、本稿でも、この点の議論の流れを整理しておく。

「債権質」については、客体たる債権自体の準拠法によると判示した最高裁判決がある（⑦最判昭和五三年四月二〇日民集三二巻三号六一六頁）。他方、法例一二条は、債権譲渡の対第三者効力につき債務者の住所地法によると規定していた。上記最判の事案においては、対象債権の債務者の営業所所在地が日本にあり、当該債権の準拠法が日本法であったことから、問題は顕在化していない。しかし、一般論としては、「債権質」と「債権譲渡」などの競合を規律する準拠法を債務者の住所地法にそろえるのかといった点は、未解決のままであった。

このような状況において、国際私法レベルでも九八年頃から債権の一括譲渡・担保（債権流動化）の必要が唱えられ、債権の譲渡人の住所地法（ないし所在地法）説が主張され始めた。この流れは、極めて強力なものであった[24]。この流れを受けて、『中間試案』は、その第八において、債権譲渡の対債務者効力（2）と対第三者効力（3）とを区別して、前者については対象債権の準拠法によることを提案し、後者については対象債権の準拠法（A案）または譲渡人の常居所地法（B案）によることを提案していた。

〈二の案＋三のB案〉のような相対的な処理については、この区別が破綻することなく実際に機能するのかという問題が容易に想定され、現にこれまでの議論においても検討の必要は指摘されてきた[25]。しかし、法制審議会国際私法（現代化関係）部会においては、最後まで踏み込んだ議論はなされなかった。他方、実務家や学説からは重大な疑問が提示され[26]、パブリックコメント手続においても「A案を支持する意見が大多数を占め[27]」B案は支持を集めなかった[28]。

結局、法例一二条は、〈二の案＋三のA案〉に従って、債権譲渡の債務者その他の第三者に対する効力について対象債権の準拠法による旨を規定する通則法二三条に改正された[29]。この規定内容は、「債権質」に関する前掲⑦判決とも整合する穏当なものと言えなくはない。しかし、これにも、以下のような問題が残る。

第一に、対象債権の準拠法は、明示的に選択されているとは限らない。明示的に選択されていない場合には、その準拠法判断に法的評価が伴うのであり、その評価は債務者の住所地の判断よりはるかに難しい評価である。この難しさは、対象債権についての外部者である第三者（譲受人や担保権者のみならず、差押債権者なども含まれる）にとって極めて大きい。

第二に、ここでの問題は、（債権の内容に関する問題ではなく）債権者の交替という債権の内容の外にある問題である。その意味で、当事者は、必ずしも債権準拠法による規律を受けることを想定していないはずである。しかも、ここでは、債務者は二重弁済の危険に曝されている。このような場面で、交渉力のない債務者が債権の準拠法を（契約の場合の通則法七条・九条のほか、法定債権の場合の同一六条・二一条により）外国法にされてしまうと、当該債権をめぐる競合の規律も当該外国法となってしまうため、当該債務者は外国法を調べなければならなくなるが、このような事態は回避されるべきである。債権者側の都合で債務者が振り回されるのは、不当である。

以上の点で、債務者の住所地法による法例一二条の方が、優れていたと考える[30]。通則法二三条の運用には、細心の注意が必要である。

(21)　法務省民事局参事官室・前掲注(15)一頁。

(22)　同上九八―一〇〇頁参照。

(23)　例えば、山田・前掲注(3)二九六―二九七頁、溜池・前掲注(3)三三七―三三八頁。

(24)　このような主張として、齋藤彰「債権譲渡の準拠法―新たな立法的動向への対応を考える」ジュリスト一一四三号（一九九八年）五九頁、六六頁、道垣内・前掲注(6)二七四―二七五頁、早川眞一郎「UNCITRAL債権譲渡条約について」国際私法年報三号（二〇〇一年）一頁、二二―二三頁、河野俊行「証券化と債権譲渡」渡辺惺之＝野村美明編『論点解説国際取引法』（法律文化社・二〇〇二年）一二四頁、一三二―一三三頁、野村美明「債権流動化と国際私法―立法試案―」大阪大学法学部創立五十周年記念論文集『二十一世紀の法と政治』（有斐閣・二〇〇二年）三五七頁、三七八―三八九頁（但し、他と異なり、「債権譲渡を登記すべき場合」に限り「譲渡人の住所地法」によることを提案する）、北澤安紀「フランス国際私法上の債権譲渡」法学研究（慶應義塾大学）七六巻三号（二〇〇三年）一頁、三六―三七頁。このような一方的な展開は、国際私法の領域ではかなり珍しいのではないか。

(25)　齋藤・前掲注(24)六五頁、北澤・前掲注(24)三七頁。

(26)　実務家からは、浅田隆「債権譲渡規定（一二条）の見直し、債権質・相殺の規定化を中心に」金融法務事情一七一七号（二〇〇四年）三一頁、三四頁が、ごく簡単ながら、「債務者から直接債権回収を行なう場合は、……対債務者準拠法による必要があるので、譲渡人の常居所地法と併せ、二つの準拠法によった……実務対応になり、かえって煩雑になる。」と指摘していた。

学説からは、二〇〇五年五月二二日の国際私法学会における報告およびそれに至る過程の節目において、〈一二の案＋三のB案〉のような処理を行った場合の運用をシミュレートし、うまく機能するかは極めて疑問である旨を私は指摘してきていた（その内容については、森田・前掲注(2)一二六―一二七頁参照)。上記の学会およびパブリックコメント手続の後、部会幹事であった神前禎教授が、「物権及び債権譲渡」ジュリスト一二九二号（二〇〇五年）四二頁、四七―四八頁において、表現は抑制的ながら、ようやくほぼ同様の指摘をされた。

(27)　小出邦夫＝和波宏典＝湯川毅＝大間知麗子「『国際私法の現代化に関する要綱中間試案』に対する各界意見の概要」NBL八一二号（二〇〇五年）六四頁、六九頁。

(28) 以上、より詳細には、森田・前掲注(2)一一二―一一八頁、一二五―一二八頁を参照。

(29) この改正に対して、部会幹事であった早川吉尚教授は、「国際私法の現代化」ビジネス法務二〇〇六年三月号八頁、九頁において、「立法の過程で寄せられたビジネス界からの要望が、……将来のビジネスチャンス、さらには、他国企業をも含めたグローバルなビジネス社会にとって何が最も相応しい規律であるのかといった考慮に基づいたものであったならば、結論は変わっていたのではないか。」と批判されている。

しかし、そのように言われるのであれば、法制審議会での審議の「たたき台」となった法例研究会『法例の見直しに関する諸問題(1)』(別冊NBL八〇号・二〇〇三年)における関係部分の執筆において、具体的な「ビジネスチャンス」を示し、〈二の案＋三のB案〉を採用した場合に生じる機能不全に対する解決策を具体的に提示しておく責任があったのではないか。

なお、〈二の案＋三のB案〉が「グローバルなビジネス社会にとって……最も相応しい規律」かについても、疑問である。この点については、法務省民事局参事官室・前掲注(15)九六頁、小出邦夫「国際私法の現代化に関する要綱中間試案の概要」ジュリスト一二九二号(二〇〇五年)八頁、一二頁注47に示されているように、「諸外国の立法例も分かれている」(小出・前掲一二頁)し、〈二の案＋三のB案〉にピタリと一致する法制もない。さらに、石黒一憲『国際私法の危機』(信山社・二〇〇四年)六八―七八頁も参照。

(30) 詳細は、森田・前掲注(2)一一一―一一二頁、一二八―一二九頁を参照。なお、野村美明「国際私法の現代化に関する要綱案について」判例タイムズ一一八六号(二〇〇五年)六〇頁、七三頁は、「法例一二条の債務者の住所地法主義は、日本の国際私法としての合理性を有している。しかし、……国際私法の現代化のターゲットになっているので、これを変更しないという選択肢は採用しにくい。」とする。しかし、「規制改革」側から求められたのは「見直し」にすぎない(前注(21)の本文参照)のだし、毅然と跳ね返すべきであったと私は考える。

第四節　「原因事実完成当時」の解釈の方向性

物権準拠法の決定に関する裁判例としては、従来は船舶先取特権に関するものがほとんどであった(31)。これに対して、最近は即時取得の準拠法に関する二件（四判決）が注目される。そこで問題とされるべきであったことは、即時取得の成否の判断はどの時点の「所在地法」によるか、条文に即して言い換えると、「原因タル事実ノ完成シタル当時」（法例一〇条二項）という文言をどのように解釈すべきかということであった。この点の問題意識は、ほとんど共有されていない。そこで、本稿によって改めて問題提起をする。

一　最近の若干の裁判例と学説における議論

(a)　⑧松山地判平成六年一一月八日判時一五四九号一〇九頁

(i)　イタリア法人A社から米国デラウエア州法人X社に売却され米国で登録済みのヨットについて、日本人Yが、修理・改造のために当該ヨットを引き続き占有していたA社との間で、当該ヨットを購入する契約をイタリアで締結した（いわゆる二重譲渡）。当該ヨットが貨物船に搭載され日本に到着したところで占有・船舶登記等をしたYに対して、X社がその引渡し等を請求した。⑧判決から、所有権の得喪と即時取得のそれぞれの準拠法についての関係部分のみ引用する。

「登録済み船舶である本件ヨットの所有権の得喪は、登録地法（旗国法）である米国ペンシルヴァニア州法が準拠法となる。」

「そもそも、本件においては日本法が準拠法とはならないのであるから、民法一九二条に基づく即時取得を主張するYの主張は、既にこの点において失当である……

しかも、Ｙ主張の売買当時のヨット所在地〔法〕（法〔例〕一〇条）であるイタリア法でも、即時取得の規定（イタリア民法一一五三条）は、登録制度の適用を受ける船舶については適用がないと解されており、イタリアでは、本件ヨットはレジャボートとして登録制度の適用を受ける船舶であるから、Ｙは本件ヨットの即時取得を主張できない。」

(ii)　この判示に対して、私は、本件の事実関係のもとで所有権の得喪の準拠法を登録地法とすることに疑問を呈し、所有権の得喪と即時取得とで準拠法を異にするのは一貫しないと批判するとともに、即時取得について次のように述べた。

「判旨……は、即時取得の準拠法が日本法となることを前提としたＹの主張に答え、そもそもこの点の準拠法は日本法ではないとしている。この点には賛成する。仮に、新所在地法である日本法を準拠法とする立場を採ると、Ｙのような占有者が即時取得の認められない国から認められる国へ目的物を移動させて即時取得するようなことを許してしまうことになる。しかし、Ｙのような占有者の利益にはＸのような原所有者の利益が対立しているのであり、両者間の利益調整の準拠法を決する基準時も一定の時点で固定すべきである（基本的には、ＹＡ間の売買契約締結時でよいと考える。但し、その交渉過程でＹのような買主が働きかけて目的物の所在地を自分に有利な地に変更することも考えられるから、厳密には、その当初の所在地法とすべきではないか）。」[32]

上記の問題意識は、現在でも全く変わっていない（三で詳しく後述する）。

(b)　③浦和地越谷支判平成一一年二月二二日判時一七〇九号四九頁（②⑥判決の一審判決）

(i)　ドイツにおける自動車登録者であるＡの登録自動車が、イタリアで盗まれ、アラブ首長国連邦（ＵＡＥ）の中古車販売業者Ｉ社から日本の輸入業者Ｂ社により輸入された。その後、当該自動車は日本国内で輾転譲渡されて、Ｆにより日本において新規登録された後、さらに輾転譲渡されてＹが占有し移転登録を経たところで、当該自動車に付されていた自動車保険の保険者であるドイツの保険会社Ｘ社が、保険代位に基づき、Ｙに対してその引渡し等を請求した。③判決から、関係部分のみ引用する。

「物権の変動については、……本件自動車は日本に所在するのであるから、日本法を適用することとするのが相当である。」

「日本において未登録の自動車については、民法一九二条に基きその善意取得を認めることとするのが相当であ」る。「本件自動車が日本において登録されない状態で、Ｉ社からＢ社、……Ｆにそれぞれ順次占有移転し」「右いずれの占有移転においても、善意取得の要件たる平穏、公然、善意、無過失が推定されるものといわなければならない。」「以上によれば、本件自動車は、少なくともＦが善意取得し、その後……Ｙに承継取得されたものである」。

(ii)　この判示には、疑問がある。すなわち、本件自動車はＢ社の購入時点ではまだＵＡＥに所在していたのに、何故そのことが全く考慮されていないのであろうか。

(c)　②東京高判平成一二年二月三日判時一七〇九号四三頁（③⑥判決の控訴審判決）

(i)　上記事案についての②判決から、関係部分のみ引用する。

「本件自動車の所在地は、盗難によりドイツから所在が物理的に離脱しているとしても、なお本来の復帰地であるドイツにあると認めるのが相当である。」

「本件自動車は、……ドイツ民法九三五条にいう盗品に当たると認められ、……ドイツ法上の即時取得の対象にならないものと認められる。」

「なお、念のために、本件自動車の取引経過につきアラブ首長国連邦民法又は日本民法が法例一〇条の所在地法として適用されると解した場合におけるＹらの即時取得の可否についても検討しておく。」「本件自動車がアラブ首長国連邦に在ったものであることや同国から輸出されたものであることを認めるに足りる証拠はなく、……アラブ首長国連邦民法を準拠法として適用すべき確かな連結点があるとは未だ認め難い。したがって、Ｂ社がアラブ首長国連邦民法によって本件自動車を善意で購入し、即時取得したものと認めることは困難である。」日本国内でなされた各譲渡について「即時取得が成立したか否かは、専ら日本法に基づいて判断すべきこととなる。」日本法では即時取得は成立しない。

(ii)　この判示に対して、私は、本件の事実関係のもとで「所在地法」を本来の復帰地法とすることに疑問を呈しつつ、他方で、連結点の不明の処理を批判した。しかし、その批判の前提には、「B社の即時取得の成否の準拠法を導く連結点」を「本件自動車購入時の『所在地』」とする点には（明言してはいないが）賛成であるという判断があった。(33)

続いて、高杉直教授が、「取引の相手方としては、むしろ現実の所在地法の適用を前提として取引に入るのが通常であり、したがって、取引の安全を優先させる法例一〇条の趣旨に照らせば、自動車の即時取得の問題については、その時点における現実の所在地法を適用すべきである。」と論じられた。(34)

ところが、次に引用する最高裁判決が、出所不明の判断をするに至った。

(d)　⑥最判平成一四年一〇月二九日民集五六巻八号一九六四頁（③②判決の上告審判決）

(i)　上記事案についての⑥判決から、関係部分のみ引用する。

「輸入国で新規登録をして運行の用に供することを前提に、登録がないものとして取引の対象とされているが、実際には他国で登録されていたという本件自動車のような……運行の用に供し得ない状態の自動車については、……仕向地への輸送の途中であり物理的な所在地の法を準拠法とするのに支障があるなどの事情がない限りは、物理的な所在地の法を準拠法とすることが妥当である。」

「即時取得における所有権取得の原因事実の完成時は、買主が本件自動車の占有を取得した時点である。」「B、……Fの……本件自動車の所有権取得の準拠法は、本件自動車の各占有取得時におけるその物理的な所在地の法である我が国の法であ」る。

「Fは即時取得により本件自動車の所有権を取得し、Xは本件自動車の所有権を失ったというべきであり、その後のＹへ至る取得者は、いずれもＦが取得した本件自動車の所有権を承継取得したことにな」る。

(ii)　Ｂ社についての準拠法判断は、傍論である。

ところで、率然と「原因事実完成当時」を「占有取得時」と述べたこの判示に対して、いくつかの評価がなされている。

道垣内正人教授は、「『即時取得における所有権取得の原因事実の完成時は、買主が本件自動車の占有を取得した時点である』とその具体的当てはめについても特に異論はないであろう。」とされた[35]。

早川眞一郎教授は、「本判決は、本件の輸入取引……に伴うＢの所有権取得についても、Ｂが占有を取得した時の物理的所在地である日本の法が適用されるとしているが……、既に国内に所在する物を国内で取引する場合と、外国にある物を輸入するための取引をする場合とでは、『取引の安全』の要請の質や程度がおのずと異なるのではないか」との重要な指摘をされている[36]。

また、横溝大助教授は、「即時取得といった物権的効果に必要な要件が何かという問題も各国実質法により決定される問題であり、……特定の時点を最初に定めて準拠法を選択するのではなく、物の複数国に跨った移動に応じて滞在期間毎に準拠法を決定し、ある国への物の滞在期間内に当該国法上物権変動が生じる時点があったならばその時点を『原因たる事実の完成したる当時』とするしかないのではないだろうか」。「このような観点からは、準拠法決定以前の段階で、即時取得という制度の存在と占有というその要件を所与とした本判決には、理論上問題があるように思われる」と述べられている[37]。

この点について、尾島明最高裁調査官は、自動車の所有権取得の準拠法について現実の所有地法によらない（ことを原則とする）立場に対し、「運行の用に供し得ない自動車の即時取得（占有取得による所有権取得の可否）が問題になっている場合には、動産が動き回ることにより準拠法が不安定になるという問題は生じないはずである。」と批判したうえで、「せいぜい買受人が最も即時取得が認められやすい地を選んで占有を取得するようなことがあった場合に、これを不当と見るかどうかという問題が生じる程度ではないか（このようなことが可能になるのは、各国の実体法が異なる以上当然のことである。）。」と述べておられるのみである。(38)

以上、この点について、道垣内教授と尾島調査官には問題意識自体がなく、早川眞一郎教授は牴触法レベルの問題と捉えておられるようであるのに対し、横溝助教授は何が「原因事実」に当たるかは折々の所在地実質法に委ねるしかないとされている。

では、そもそも「原因事実完成当時」はどのような考えから規定されたのであろうか。二では、起草の趣旨を確認する。

二　「原因事実完成当時」の起草趣旨

穂積陳重起草委員は、二項の趣旨について次のように説明されている。

「第二項ハ其中ノ權利ノ得喪事實其得喪ト云フモノハドコノ法ニ依ルカト云フ問題ヲ決シマシタ之ハ其得喪ノ當時ニ於ケル目的物ノ所在地法ニ依ルト云フコトハ極明カナコトデアリマスガ主トシテ時效抔ニ付テ生ジ得ベキ疑ヲ此第二項抔デ決スルコトニ爲リマス……要スルニ時效抔ノ事柄ニ於キマシテモ其要件ト爲リマスル事實ハ前カラ始ツテ居リマセウケレドモ時ノ經過シテ仕舞ツタト云フコトガ權利ヲ得ルトカ失ウトカ云フコトノ境ニ爲ルト云フコトハ随分種々ノ議論ヲ採リマシテモ其點丈ケハ略ボ一致スルノデアリマスソレ故ニ『其原因タル事實ノ完成トタル當時』ト云フコトデ以テ時效等ノ場合モ含ムヤウニ致シタノデアリマス」

この説明に対し、岡野敬次郎博士から「取得スルトカ失フトカ云フコトハ一瞬間ノコトデ長イコトハナイト思ヒマスソレデ之ハ『其原因ノ發生シタル當時ニ於ケル』トシテハイカヌノデアリマスカ」という質問が出され、穂積委員は次のように回答されている。

「『原因ノ發生シタル』ト書キマセナンダ所以ハ一番是ニ付テ多ク起リマスルノハ時效問題デアリマス誠ニ種々ノ

解釈ガ出ルデアラウト思ヒマスソレ故ニ……『原因ノ發生シタル』ト言フト或ハ時效進行ノ始ト云フモノガ所在地ト解釋スル人モ随分文字上カラハアリ得ルト思ヒマス、ソレデ斯ンナ具合ニ少シ長タラシク書イタノデアリマス」[39]

以上の審議の経過を見ると、穂積委員は、専ら取得時効を念頭に置いて説明されているにすぎないことが分かる。また、即時取得など取得時効以外の問題は、「得喪ノ當時」というだけで解決できると、極めて楽観的に考えておられたようにも読み取れる。しかし、ことはそれほど単純ではないのではないか。

三では、以上の議論を踏まえた解釈論を提示する。

三　「原因事実完成当時」の解釈についての試論

(a)　折々の所在地実質法説について

何が「原因事実」に当たるかについて折々の所在地実質法による立場[40]は、条文の文言に素直な立場だとは思われる。「物権其他登記スヘキ権利」の「得喪」の「原因事実」が何かについて国際私法のレベルで決めてしまうのは、確かに難しい。また、この立場の帰結は、取得時効については、二で確認したとおり起草趣旨にも合致する。

しかし、即時取得の場合には、この立場は次のような帰結を導いてしまう。すなわち、③②⑥判決の事案を用いると、B社の即時取得の成否を判断するには、まずB社が本件自動車を購入する段階では本件自動車はUAEに所在していたとするとUAE法上の即時取得の成否が問題になり、即時取得が成立するならその完成時点が「原因事実完成当時」となって、以後B社が所有者として扱われる。しかし、それが成立しなければ、新所在地法である日本法上の即時取得が次に問題になる。つまり、B社は、UAE法と日本法の二つの法による保護を受ける機会を得ることができてしまう[41]。このような帰結は、B社の実質法的な意味での取引の安全にとっては有利に働くが、逆に原所有者であるAが所有権を喪失する機会を増やすことになり、実質法から価値中立的になされるべき抵触法上の利益調整という点ではバランスを欠いていると思われる。

以上の検討からは、B社による即時取得の成否を問題とする準拠法が一つに決まるように、解釈論上の工夫をすべきことになる。

(b)　⑥判決の判示について

この点、最高裁は、率然と「原因事実完成当時」を「占有取得時」と判示していた。これによれば、確かに、即時取得の成否を判断する準拠法は一つに決まる。しかし、このように解する根拠は、全く示されていない。はたして、即時取得における「原因事実」は、常に「占有取得」によって「完成」するのであろうか。この点、日本民法を例に採ると、無権利者からその占有する動産を賃借しそれを占有していた者が新たに当該無権利者からそれを譲り受けた場合には、「占有取得」より後に「原因事実」が「完成」することになる。[42] したがって、上記の判示は、それが実質法レベルのものだとすると、適切でないことになる。また、牴触法レベルのものだとしても、⑥判決におけるB社に「占有取得」の場所に関する選択権を付与することになる点で、理論的には認め難い。

(c)　原所有者と取得者との間の牴触法上の利益衡量－私見－

以上に対して、早川眞一郎教授の指摘[43]は、牴触法レベルのものとして極めて重要である。以下では、原所有者と取得者との間の牴触法上の利益のバランスのとり方について確認し、その後で「原因事実完成当時」との関係について検討する。

(i)　以下、③②⑥判決の事案を用いて考察する。

まず、取得者の牴触法上の利益を考える。B社は、一審の認定によればUAEのI社から本件自動車を譲り受けており、FやYらと異なって、UAE法の適用は予測できた。つまり、仮にB社の即時取得の成否を判断する準拠法がUAE法とされたとしても、B社には準拠法についての予測可能性が保障されていたと言える。

次に、原所有者の牴触法上の利益を考える。A（保険代位成立後は、X社）は、Aがイタリアで本件自動車の盗難に遭ったことから、イタリア法の適用は予測できた。これに対して、UAE法や日本法の適用は予測できなかったであろう。その意味では、B社による即時取得の成否の準拠法がUAE法になろうが日本法になろうが、AやX社にとっては牴触法レベルでは同じことであるように見える。だとすると、B社にとって最も身近な法である日本法を準拠法とした最高裁の処理（但し、傍論）でよかったことになるのか。

ここで少し事案を動かして、仮にI社がイタリアに所在していたとする。このような場合、イタリア法の適用は、AやX社のみならず、B社にとっても予測可能である。また、イタリアが、これらの者にとって中立的かつ最も密接に関連している。したがって、この場合には、イタリア法が準拠法とされるべきである。

このように考えてくると、取得者の予測可能性を保障しつつ、原所有者の予測可能性もできるだけ保障される最も早い時点、すなわち、BI間の売買契約交渉過程における当初の時点[44]、言い換えると、B社がI社と「取引に入る……時点[45]」が、即時取得の準拠法を決める基準時点とされるべきである。

(ii)　問題は、このように解する場合の「原因事実完成当時」という文言との関係をどのように考えるのかという点である。この点、二で確認したように、起草者は専ら取得時効を念頭に置いていたにすぎないのであって、その他の問題についての検討は全く不十分であったと言える。

そこで参考になるのは、イタリア国際私法である。同法は、物権の得喪一般について準拠法決定の基準時点を定めるということをせず、動産の時効取得については「時効の完成時」と定め（五三条）、物権行為の公示については「行為時」と定めている（五五条）[46]。

日本法においても、「原因事実完成当時」は取得時効の規律のみに関わるものであると解釈したうえで、それ以外の「物権其他登記スヘキ権利」の「得喪」については関係者の牴触法上の利益、すなわち、準拠法に対する予測可能性を最大限保障しつつ、最密接関係（地）法が適用されるように基準時点を解釈していくしかないのではないかと、現時点では考える。以上は、あるべき解釈の方向性のみを述べる試論にすぎないが、これをもって問題提起とさせていただきたい。なお、問題状況は、通則法一三条二項の下でも変わらないことを付言しておく。

(31) 公表事例のうちで最近の二決定（東京地決平成三年八月一九日判時一四〇二号九一頁、東京地決平成四年一二月一五日判タ八一一号二二九頁）は、船舶先取特権の準拠法を「法廷地法である日本法」としている。これらに対する批判と裁判所に対する要請として、森田・前掲注(2)一三七頁注46を参照されたい。
(32) 以上、森田博志〔判批〕ジュリスト一一一五号（一九九七年）一五九頁、一六〇－一六一頁。
(33) 以上、森田・前掲注(7)〔判批〕一二七頁。②判決が置いた前提は、前注の評釈の引用部分で述べた私見と合致していると理解している。
(34) 高杉直〔判批〕私法判例リマークス二〇〇一〈下〉一四四頁、一四七頁。
(35) 道垣内正人〔判批〕法学教室二七一号（二〇〇三年）一二八頁、一二九頁。
(36) 早川眞一郎〔判批〕平成一四年度重要判例解説（二〇〇三年）二七五頁、二七七頁。
(37) 以上、横溝大〔判批〕法学協会雑誌一二〇巻七号（二〇〇三年）一四六三頁、一四七二頁。神前禎〔判批〕櫻田＝道垣内編・前掲注(6)八四頁、八五頁も、同様の疑問を呈している。
この横溝説のような処理は、石黒一憲『国際民事訴訟法』（新世社・一九九六年）五四－五五頁がアングロ・イラニアン事件（東京高判昭和二八年九月一一日高民集六巻一一号七〇二頁）との関連で、また古くは久保岩太郎『国際私法論』（三省堂・一九三五年）五九二－五九三頁が一般論として（同五三九頁が「原因事実完成当時」の解釈を国際私法上の概念決定の問題だとする点で違いはあるが）、既に説いていたところである。
(38) 尾島明〔判批〕法曹時報五七巻四号（二〇〇五年）一二九八頁、一三一六頁。注の少ない調査官解説である。なお、同一三〇九頁、一三一二頁注5は②判決に対して述べた私見を「現実の所在地法説」と分類しているが、私見は、本件のように外国での登録が自動車の外観からは認識困難な場合にまで一律に復帰地（登録地）法によることを疑問視していたにすぎない。
(39) 以上、『法典調査会法例議事速記録』（日本近代立法資料叢書二六所収・商事法務研究会・一九八六年）一〇五－一〇六頁。
(40) 前注(37)およびその本文を参照。高杉教授もこの立場のようである。
(41) 仮に、日本法でも即時取得が成立しないまま第三国に本件自動車の所在地が変更されれば、この立場によると、さらに当該第三国法上の即時取得の成否が問題になることになってしまう。非現実的な設例ではあるが、理論的には大問題である。目的物が宝石などの携行可能な高価品であると仮定すれば、いくらか現実的になるであろうか。
(42) 例えば、日本民法上の即時取得について、簡易の引渡（同一八二条二項）でも占有取得の要件を充たすと解するのが学説の圧倒的多数であり、「簡易の引渡は、……占有前主からの（現実）占有の承継取得が物権移転契約に先行しただけのものと解すべきである」と説明されている。以上、川島武宜編『注釈民法(7)物権(2)』（有斐閣・一九六八年）一一〇頁〔好美清光〕。
(43) その内容は、前注(36)を付した本文で引用してある。
(44) 森田・前掲注(32)一六一頁。
(45) 高杉・前掲注(34)一四七頁。但し、表現のみ借用。
(46) 奥田＝桑原・前掲注(9)六六—六七頁参照。

おわりに

法例から通則法への「改正」によって、「法律行為」と「法定債権」の規定には大きな変更が加えられた[(47)]。これに対して、「物権等」には実質的な変更は加えられなかった。これらが将来どのような結果をもたらしていくのか。今般の改正作業全体の確定的な評価は、後世に委ねたいと考える[(48)]。

(47) 特に重要な変更点を挙げれば、消費者契約・労働契約については当事者自治に加えて消費者・労働者が消費者の常居所地法・労働契約についての最密接関係地法上の特定の強行規定の適用をも主張することを認める規定（通則法一一条一項・一二条一項）により新たに財産法においても消費者・労働者の保護という実質法的価値が追求されることとなり、法定債権については当事者自治が新たに認められることとなった（同一六条・二一条）。まさしく「国際私法の危機」に直面していることを痛感するが、このような見方が学会の共通認識であるわけではもちろんない。残念である。

(48)　当今之毀誉不足懼。後世之毀誉可懼。一身之得喪不足慮。子孫之得喪可慮。佐藤一齋『言志録』より。

（平成一八年七月二日脱稿）

（国際私法年報八号、二〇〇七）

第2編 海事物権

7 公海上の船舶衝突を原因とする船舶先取特権の準拠法と物上代位

東京地裁平成四年一二月一五日決定(平成四年(ナ)第三四五〇号、ロミタ・シッピング・リミテッド対ランサー・ナビゲイション・カンパニー・リミテッド他、債権担保権実行事件)、判例タイムズ八一一号二二九頁

〔参照条文〕 法例一〇条、民法三〇四条、商法八四二条、船舶の所有者等の責任の制限に関する法律九五条、油濁損害賠償保障法四〇条、民事執行法一九三条

第一節 事実

債権者X会社は、平成四年九月二〇日、インドネシア・スマトラ島沖のマラッカ海峡において、債務者兼被保険者Y会社所有のオイル・タンカーによって自己の所有するコンテナ貨物船の左舷に衝突を受けた。その結果、Xには、(1)自船の全損四七五万米ドル、(2)自船の乗組員の死亡によって雇用契約上の補償義務を負担することによる損害約四二四万米ドル、(3)自船上の貨物の全損につき損害賠償債務を負担することによる損害五四三〇万米ドル、(4)

自船の救助契約に基づき流出油対策作業を行った救助者にその費用を填補する義務を負担することによる損害五〇〇万米ドルが生じた。一方、右Y所有船は船舶保険に付されており、Y及び被保険者A_1～A_5会社は、第三債務者Zら（二二の日本の保険会社）に対する保険金請求権を有していた（認定はないが、X・Y・Aら（一社を除く）は、外国法人のようである）。

そこで、Xは、右Y所有船上には右損害につき生じた損害賠償債権を被担保債権として船舶先取特権が成立しているとして、物上代位による右保険金請求権の差押えを申し立てた。

第二節　決定要旨――申立認容

㈠「船舶先取特権の成立の準拠法については、……法廷地法とする国が最も多く、世界の海運をリードする英米両国では、法廷地法によるものとされている。わが国では、実定法規に明文の定めがない。しかし、わが国の船舶先取特権に関する法規は、国際条約を実施するために定められたものであり、準拠法を法廷地法である日本法であると定めても、その日本法が国際条約を国内法化したものである以上、船舶先取特権に関する世界の標準的規定によることには変わりはなく、利害関係人、特に船舶先取特権の負担を受ける船舶所有者及び船舶抵当権者の予測を超えることはないものと判断される。他方、準拠法を船舶の旗国法とすることとすると、船籍が二国にまたがる場合などに、いずれの国の法律を適用するか困難な問題を引き起こすし、また、旗国法の探索・調査について、相当な時間がかかるため、本来迅速な処理を要する船舶先取特権の実行について困難な事態を生じさせ、権利の実現を阻害する可能性がある。そして、船舶先取特権の効力については、その権利が民事執行の手続により実現されることや、他の権利との優劣が、権利実行が行われる国における公序に関する問題であることから、その準拠法を法廷地法とするのが一般的な見解であり、世界の大勢でもあるが、船舶先取特権の成立と効力の準拠法が異なるとさまざまな困難な問題を引き起こすので、両者は一致させることが望ましい。これらのことを考慮すると、船舶先取特権の成立及び効力の準拠法は、法廷地法である日本法であると解するのが相当である。

……そうすると、……船舶先取特権が成立するかどうか、また、その効力として、本件保険金請求権が物上代位により差し押さえることができるかどうかは、法廷地法である日本法によって、判断されるべきである。」

㈡　本件「衝突については、Y所有船の運航上の過失は免れ難いものと認める。

船舶〔の〕所有者〔等〕の責任の制限に関する法律三条一項一号及び九五条によれば、Xは」〔事実〕欄の(1)～(3)の損害賠償債権について「相手船であるY所有船の船体及びその属具に対する先取特権を有するものである。

また、……Y所有船から流出する原油がインドネシア領海に達するものと判断される。そして、インドネシア共和国は、油濁損害賠償責任条約の締約国であるから、油濁損害賠償保障法二条六号、三条、四〇条によれば、Xは」〔事実〕欄の(4)の損害賠償債権について「Y所有船の船体及びその属具に対する先取特権を有するものである。」

㈢　「そして、Y所有船の損害による保険金請求権（Aらが取得するものを含む。）は、Y所有船の船体及びその属具に代わるものであるから、民法三〇四条により、Xは、物上代位として、これに対しても先取特権を行使することができるものである。」

第三節　評　釈

決定要旨に疑問がある。また、その理由づけには事実に反する点がある。

本決定は、船舶先取特権の成立と効力を先例の多数と異なり同一の裁判官による同じ東京地裁の一決定と同様法廷地法によらしめたものであり、かつ、船舶先取特権に基づく物上代位の問題は船舶先取特権の効力の問題だと明言した最初の裁判例である。

(一)　決定要旨(一)は、船舶先取特権に基づく物上代位の問題が船舶先取特権の効力の問題に属することを暗黙の前提にしてまず船舶先取特権の準拠法につき判断を下し、その成立・効力とも法廷地法によらしめている。これは、本件と同じく船舶先取特権に基づく物上代位が問題となった一決定（①東京地決平成三・八・一九判時一四〇二号九一頁）が船舶先取特権の成立の準拠法は法廷地法だとして、物上代位の問題を法廷地法で処理したのに続く判断である。ところが、船舶先取特権の準拠法についての先例は、その成立を被担保債権の準拠法と旗国法との累積適用で、その効力を旗国法のみで処理するとしたものが多い（②山口地柳井支判昭和四二・六・二六下民集一八巻五〜六号七一一頁、③広島児呉支判昭和四五・四・二七下民集二一巻三〜四号六〇七頁（但し、②③判決とも成立については旗国法のみによったとも読める）、④秋田地決昭和四六・一・二三下民集二二巻一〜二号五二頁、⑤東京地判昭和五一・一・二九下民集二七巻一〜四号二三頁（但し、存続が成立の準拠法により否定されている）、⑥高松高決昭和六〇・四・三〇判タ五六一号一五〇頁、⑦広島高決昭和六二・三・九判時一二三三号八三頁。これに対して、⑧東京地裁昭和五一・九・一四競売事件（小川英明「外国船舶の任意競売の一事例」判タ三四五号六七頁で紹介されている）は、船舶抵当権と船舶先取特権との順位を法廷地法で処理している（船舶先取特権の成立の準拠法については明言されていない））。

本決定は、右のように先例の多数と異なる結論を採るだけでなく、その理由づけは、事実に反し、または、疑問の余地がある

(1)　船舶先取特権の成立の準拠法についての理由づけに対しては、第一に、その準拠法を法廷地法とする国が最も多いかは疑問である（例えば、万国海法会（ＣＭＯ）が一九八〇年代半ばに行った一三カ国の比較調査によれば、旗国法とする国が最も多い）。また、英国では確かに法廷地法によっている（Bankers Trust Internationl v. Todd Shipyards

Corp., The Halcyon Isle [1981] A. C. 221, 235f.)。しかし、米国ではそうではない（リーディングケースとして、船舶先取特権の成立が問題となる取引に最も密接に関連する国の法によらしめるGulf Trading & Transp. Co. v. Vessel Hoegh Shield, 658 F. 2d 363, 366-368 (5th Cir. 1981). 最近では船舶所有者と修理業者との契約中の準拠法指定によらしめる判決も出てきている。一例としてSembawang Shipyard, Ltd. v. Charger, Inc., 955 F. 2d 983, 985f. (5th Cir. 1992).)。仮に本決定の述べるとおりだったとしても、日本が法廷地法によるべきことにはならない。第二に、まず、船舶先取特権に関する商法八四二条は、フランス商法にならって作られた旧商法の規定をドイツ商法にならって改めたものである（第一二〇回商法委員会における梅謙次郎博士の説明。また、梅博士は、「外國ノ立法例區々ニシテ」とも述べておられる。以上、「商法委員会議事要録」日本近代立法資料叢書一九（昭六〇）七三〇～七三一頁。なお、各法系の特色につき、大橋光雄・船荷證券法及船舶擔保法の研究（昭一六）三七一～三七六頁参照。本条は、一九七五年に九号が削除された以外は実質的な改正を受けていない）。そして、現商法が制定されたのは一八九九年である。一方、船舶先取特権及び船舶抵当権について最初に統一条約ができたのは、その後一九二六年である（江頭憲治郎「船舶先取特権・抵当権統一条約の改正の動きについて」海事法研究会誌六八号（昭六〇）二頁）。次に、本件に関係する船舶の所有者等の責任の制限に関する法律や油濁損害賠償保障法全体は、条約の実施のために作成されている。しかし、条約には船舶先取特権の規定はない。両法の船舶先取特権の規定は、同法上の制限債権者とその他の債権者との公平を図るために（削除前の商法八四二条九号と同様の趣旨で）設けられたものである（時岡泰＝谷川久＝相良朋紀・逐条船主責任制限法・油濁損害賠償保障法（昭五四）二七九、四七三頁）。要するに、日本の船舶先取特権に関する諸規定は条約を国内法化したものではない。仮にそうであったとして、各国において各規定の解釈に差異が生じうる以上、準拠法判断は回避できないはずである（石黒一憲「統一法による国際私法の排除とその限界」海法会誌復刊二四号（昭五六）五六～五七頁参照）。第三に、ある国に船籍を置く船舶が賃貸され、船舶賃借人の所属国で船舶賃貸借の登記がなされることがある（谷川「旗国法の基礎の変化と海事国際私法（一）」成蹊法学二二号（昭五七）一三～一五頁参照）。このような二重籍船上の船舶担保物権に「旗国法」を適用すべき場合、それは、より密接に当該権利に関連する国の法と解すれば足りる。第四に、なじみの薄い法が旗国法となる場合には、確かにその調査に時間を要し権利の実現を阻害しうる。また、船舶先取特権の成立につき常に旗国法が最も密接に関連するかは疑問である。しかし、だからと言って直ちに法廷地法によるべきことにはならない（むしろ右で紹介した米国法のアプローチの方が率直ではないか）。当事者の利益の調整に適切な法が外国法となる場合には、船舶競売が最終的には船舶の売却まで予定している以上、慎重な調査のため時間を要するのもやむを得ないのではないか（より迅速な処理を要する民事保全においてさえ、準拠外国法の調査を回避すべきでない。但し、迅速な処理と適正な判断とのバランスを採るべきことにつき、道垣内正人「渉外仮差押・仮処分」澤木敬郎＝青山善充編・国際民事訴訟法の理論（昭六二）四七八頁参照）。

⑵　船舶先取特権の効力の準拠法についての理由づけに対しては、第一に、船舶先取特権が民事執行の手続を通じて実現されるべきものか否かは、その効力の準拠法が決めるべきことである。その意味で、本決定の論理は転倒しているのではないか（とにかく法廷地法を適用すべきだとする裁判官の基本的姿勢は、前掲①決定で顕著に見られた。山内惟介〔判批〕リマークス1992〈下〉一六一頁参照）。第二に、他の権利との優劣に最も関心を寄せるのは、法廷地法ではなく当該権利の目的の所在地法である（法例一〇条・一二条参照。所在地国をしばしば変更する船舶の場合にはこれを旗国法と考えるべきではないかが問題となるのである）。第三に、日本での多数説は、判例・学説とも旗国法説の方である（判例については前述。学説については谷川〔②判決判批〕渉外判例百選（二版・昭六一）六四〜六五頁参照）。また、法廷地法説が世界の大勢かも疑問である（前述の万国海法会の調査では、法廷地法による国が旗国法による国よりわずかに多いくらいである。さらに前述⑴第一点末尾参照）。第四に、要件と効果は密接な対応関係にある。したがって、成立と効力の準拠法は極力一致させるべきである（同旨、久保岩太郎・国際私法論（昭一〇）五四〇頁、實方正雄・国際私法概論（再訂版・昭二七）一八二頁、山田鐐一＝澤木編・国際私法演習（昭四八）五〇頁〔炑場準一〕。反対、石黒・国際私法（新世社・平六）三三四頁注八三〇）。しかし、前述⑴のように成立につき法廷地法によるべき理由に

乏しい以上、この点は、そのままでは効力につき法廷地法によるべき理由にならない。

(3)　本件では、船舶先取特権の問題も物上代位の問題も、不法行為の当事者である債権者Xと船舶所有者Yとの間の紛争の一部として生じている（この点で、債権者が再傭船者からの定期傭船者であり、船舶所有者とは船舶先取特権の問題以外に直接の関係に立っていない前掲①決定とは事案を異にする）。一方、Xの権利と競合する第三者は出てこない。だとすると、そもそも本件は、XとYとの関係に最も密接に関連する不法行為の準拠法（法例一一条）のみで処理すれば物上代位の問題を含むほぼ全体を一括規律できた事案だったのではなかろうか。但し、物上代位が不法行為の準拠法により成立する場合、この両者の関係の外部にある第三債務者ZらとXとの関係（対抗要件として差押えが必要か、等）は、本件では目的船舶が債権に変わっているから、法例一二条――目的債権の債務者（本件ではZら）の住所地法（本件では日本法）――によるべきである（最判昭和五三・四・二〇民集三二巻三号六一六頁は、債権担保権の準拠法は目的債権の準拠法だとしている。しかし、それは外観からは認識しえない）。

(二)　決定要旨(二)の前段は、本件における不法行為の準拠法に触れずにY側の過失を認めている。しかし、過失の存否は不法行為の準拠法を適用して初めて決まるはずである。

通説は、公海上の船舶衝突を、その不法行為地は公海だが公海には法はないとして、両船舶の旗国法の累積適用によらしめる（池原季雄＝高桑昭＝道垣内正人「わが国における海事国際私法の現況」海法会誌復刊三〇号（昭六一）四九頁参照）。しかし、先例（東京地判昭和四九・六・一七判時七四八号七七頁）は、日本漁船とリベリア船との衝突の事案で日本人船主及び遺族が日本法人（リベリア船の定期傭船者）に損害賠償請求したのに対し、旗国法ではなく両当事者の本国法（日本法）を適用した。本件でも、両者の事情（両者の従属法や衝突各船の旗国、等）を認定し準拠法判断すべきだったのではないか。

次に、決定要旨(二)の後段は、流出油対策費の損害賠償債権につきインドネシア法が準拠法となるべきだが、同国も日本も関係規定の基礎を成す条約の締約国であるから日本法を適用すれば足りるとするようにも読める。しかし、もしその趣旨なら、前述㈠⑴第二点末尾での批判が妥当する。また、流出原油が同国領海に達することから直ちに同国法が準拠法になるべきだと考えているようにも読める。しかし、もしその趣旨なら、被害者の如何を問わず一律にそう考えるのは妥当でないのではないか。

㈢　最後になったが、Ｙ側の事情次第では（内国牽連性が弱ければもちろん）Ｙの手続保障の点から管轄を否定すべきだったのではないかという疑問が残る。即ち、債権執行管轄の規定（民執一四四条一項）は、債務者の普通裁判籍所在地の管轄を原則とする。これは、差押命令発令時における執行債務者の防御の機会を実質的に保障するためである（東京地裁債権執行等手続研究会編著・債権執行の諸問題（平五）三頁）。だとすると、執行債務者の普通裁判籍が日本になければ直ちに第三債務者のそれの所在地の管轄を認めるのでは、その趣旨が損なわれてしまう。本決定は、この点も判断すべきだったのではないか（但し、同右三～四頁や旧民訴法下の東京地決大正一二・八・一評論一二巻民訴二四七頁は、日本に債務者の普通裁判籍がない場合に直ちに第三債務者の普通裁判籍所在地の管轄を肯定する。逆に、高桑〔①決定判批〕判評四〇一号（平四）五三頁は、第三債務者の普通裁判籍所在地こそ渉外的な債権執行の管轄として最適だとする）。仮に本件管轄が否定されても、Ｘは、民事保全により（民保一二条参照）Ｙ側から保証状を受けられたはずである。

〔追記〕

東京地決平成四年一二月一五日判タ八一一号二二九頁は、その理由付けが重厚に見えることから、他の裁判所においても相当の説得力を有してきたようである。そうしたところ、松井孝之弁護士が本稿を発見し五つの裁判所に証拠として提出されると、それら裁判所は法廷地法説を採らなかった経緯が、松井孝之＝黒澤謙一郎「法の適用に関する通則法施行後の船舶先取特権の準拠法をめぐる最近の議論および裁判例について　近時の定期傭船者倒産事例の紹介」ＮＢＬ八九九号（平二一）二八頁で紹介されている。

（ジュリスト一〇五一号、一九九四年）

8 アメリカ牴触法におけるマリタイム・リーエンの準拠法の現状とわが国の国際私法における船舶先取特権の準拠法についての解釈論

第一節　本稿の目的

国際私法において、物権準拠法の基礎理論に関する議論には従来からあまり変化がない(1)。これに対して、各論の一である船舶担保物権の準拠法については、例外的に判例・学説の蓄積があり、特に学説は多様に分かれていて(2)決め手を欠く状況にある。今やこの問題は、物権準拠法の分野における中心問題と言える。

このような中で、東京地決平成四年一二月一五日判タ八一一号二二九頁は、船舶先取特権を成立・効力とも法廷地法によらしめたが、その理由づけには、事実に反する部分や疑問の残る部分がある(3)。例えば、同決定は米国では船舶先取特権の成立につき法廷地法によっているとする。しかし、そのような事実はない。そのことをアメリカの裁判例を整理して示すのが、本稿の第一の目的である。日本の海運関係企業がアメリカでの訴訟当事者となることも稀ではなく、本稿は、特にそれら企業にとって資料的価値をもつことになると思われる(4)。

しかし、それだけではない。アメリカの裁判例を研究していく過程で、そこでの処理が興味深いものであることがわかった。その処理を日本法にそのまま導入することには問題があるが、それらを対比して考察し、アメリカでの処理の長所を日本の議論に採り入れることは、議論の紛糾を解消する端緒となると考える。そのような考察が、本稿の第二の目的である。

以下では、まず日本の船舶先取特権に相当するmaritime lien(5)（以下「マリタイム・リーエン」）の成立（ないし有効性）(6)の準拠法についてアメリカの裁判例を整理し、日本法と対比する（**第二節**）。次に、順位の準拠法につき同様の検討を加える（**第三節**）。

（1）　例外として、主にドイツの学説をそのまま援用して「契約その他の状況により〔目的物の〕国際的移動が予定せられているときは、発送地、仕向地、契約準拠法など実質的関連ある国の法につき、当事者により準拠法の指定をなしうる」とする岡本善八「国際私法における動産物権」同志社法学四〇巻六号（一九八九年）六九九頁、七四一頁や、文化財の所有権移転に限り、もともとの所在地法によることを主張する河野俊行「文化財の国際的保護と国際取引規制」国際法外交雑誌九一巻六号（一九九三年）六八五頁、七一七、七二三頁があるくらいである。これらについての検討は、別の機会に譲る。

（2）　判例については、必要に応じて触れる。学説は、船舶担保物権をまず約定担保物権（船舶抵当権）と法定担保物権（船舶先取特権）とに分ける。ここでは後者についてのみ整理するが、以下のように多岐に分かれている。しばしば法定担保物権一般について言及した文献が一緒に分類される。しかし、船舶の場合に、一般原則である目的物の所在地法（法例一〇条）に代えて船舶の旗国法を適用すべきことになるか否かは論理必然の関係にないので、ここでは除いてある。

ａ　成立については被担保債権の準拠法と旗国法との累積適用、効力については旗国法によらしめる従来の通説として、山戸嘉一『海事国際私法論』（一九四三年）四二一―四二二、四三九―四四〇、四四五―四四六頁、西賢・ジュリスト二一九号（一九六一年）七二頁、七三頁、池原季雄「国際私法」『経営法学全集（二〇）』（一九六七年）三七九頁（ただし、累積適用を成立の点に限る趣旨かは明確ではない）、折茂豊『国際私法（各論）〔新版〕』（一九七二年）九二、一〇九―一一〇頁（ただし、同書九二―九三頁は、「船舶……が相当の期間特定の港湾等に滞留しているときに……は、その現実所在地法を適用する方が――旗国法等を適用するよりも――より適当な場合もありうるであろう」とする。問題はそれが具体的にはどのような場合かであり、本稿が一つの判断材料を提供するものとなろう）、濱四津尚文・ジュリスト五一三号（一九七二年）一一一頁、一一二頁、川又良也

『海事判例百選（増補版）』（一九七三年）二五五頁、山崎良子・ジュリスト五四四号（一九七三年）一一〇頁、一一二頁、木棚照一・海事法研究会誌八二号（一九八八年）一頁（ただし、同上六―七頁は、便宜置籍船の場合には旗国法に代えて実質的意義における船籍港ないし母港の存する国の法等によらしめる。しかし、予測可能性の点で問題が残る）、山田鐐一『国際私法』（一九九二年）二六七、二七九頁。

b　成立・効力ともに旗国法によらしめる説として、西『昭和四八年度重要判例解説』（一九七四年）二一二頁（ここでは、担保物権全般を目的物の所在地法のみで処理することが主張されているのみである。ただ、この前に公表された同・ジュリスト二一九号七三頁が船舶の場合には所在地法でなく旗国法に依るべきことを主張しているので、ここに掲げておく）、道垣内正人『商法（保険・海商）判例百選（第二版）』（一九九三年）一四八頁、一四九頁。

c　成立・効力ともに被担保債権の準拠法と旗国法とを累積適用する説として、平塚真・ジュリスト四二〇号（一九六九年）一二三頁、一二五頁（ただし、同評釈一二六頁は、効力のうち順位については旗国法のみに、また競売手続費用や租税債権（後者は順位を除く）は法廷地法によらしめる）。

d　成立・効力ともに被担保債権の準拠法によらしめる説として、平塚『ジュリスト年鑑一九七〇年版』二一四頁、山崎・ジュリスト五六〇号（一九七四年）一三六頁、一三八頁（ただし、順位は並存する権利を分析して決めるとする）。

e　成立については被担保債権の準拠法と船舶の現実所在地法（法廷地法）、効力については船舶の現実所在地法（法廷地法）によらしめる説として、谷川久「担保物権」山田＝澤木敬郎編『国際私法演習』（一九七三年）六〇頁、六四―六五頁、同『渉外判例百選（第二版）』（一九八六年）六四頁、六五頁、同『昭和六〇年度重要判例解説』（一九八六年）二六〇頁、二六二頁、阿部士郎＝峰隆男「船舶先取特権をめぐる問題点」米倉明ほか編『金融担保法講座Ⅳ』（一九八六年）二一三頁、二四五―二四六頁、高桑昭・判例評論四〇一号（一九九二年）五二頁、五四―五五頁、杉江徹「担保物権」山田＝早田芳郎編『演習国際私法新版』（一九九二年）一〇五頁、一〇八―一〇九頁。

f　成立については、（成立時の）船舶の現実所在地法を原則としつつ、それによることが妥当でない場合（公海で成立する場合等）に被担保債権の準拠法によらしめ（また旗国法による処理が妥当な場合にはそれが準拠法となることもありうる）、効力については船舶の現実所在地法（差押・競売地法）によらしめる説として、石黒一憲『金融取引と国際訴訟』（一九八三年）三四三―三四六頁、同『国際私法〔新版〕』（有斐閣・一九九〇年）三六六―三六七頁、林田学「外国担保権の実行」澤木＝青山善充編『国際民事訴訟法の理論』（一九八七年）四三七頁、四五八―四六〇頁。

（3）この決定については既に評釈を加えた。ジュリスト一〇五一号（一九九四年）一二六頁参照。

（4）Schoenbaum, T. J., Admiralty and Maritime Law 269-271（1987）に比較的詳しい整理があるが、部分的な理解にとどまっているように思われる。また、Weintraub, R. J., Commentary on the Conflict of Laws 488 N. 27（3rd ed. 1986）には、判決三及び五、六が簡単に紹介されている。

なお、邦語文献では志水巌「米国における船舶の差押・先取特権・抵当権（一）」海事法研究会誌五三号（一九八三年）九頁、一七頁、同「船会社の倒産と荷主の立場」海事法研究会誌七七号（一九八七年）二二頁、二八―二九頁に簡単な紹介があるが、ごく基本的なことに言及するにすぎない（以下では前者を引用する）。

（5）アメリカの実質法の内容については、小島孝「米国法における maritime liens（船舶先取特権）について」海法会誌復刊四号（一九五六年）六五頁、谷川「船舶先取特権を生ずべき債権」成蹊法学一二号（一九七八年）一一一頁、一二五―一三〇頁、志水・前掲論文（一）（二）（三）は、海事法研究会誌五四号（一九八三年）一一頁に所収）を参照。

（6）「有効性」という語は、ここでは当該権利が有効に存在していること、即ち、いわゆる「存続」を意味する。「存続」の問題は「効力」の問題に含まれるとする見解もある（この点を明言するものとして、石黒・前掲『金融取引と国際訴訟』三四三、三四六頁、林田・前掲四五九頁）が、アメリカ法は、後述するようにこれをむしろ「成立」の問題に含めて理解している（日本の裁判例にも「存続」を「成立」に含めて処理したものがある。東京地判昭和五一年一月二九日下民集二七巻一～四号二三頁）。

第二節　マリタイム・リーエンの成立ないし有効性の準拠法

一　アメリカの裁判例

1　日本企業の関係した裁判例

アメリカの裁判所でのマリタイム・リーエンの準拠法というと、我々には全く縁遠い問題のように映るかもしれない。しかし、日本で船舶サービス供給（食料・油などの供給、船舶の修理等）をした企業が、結局支払いを受けられないために相手船をアメリカで差押えてマリタイム・リーエンを行使する場合や、日本企業が所有ないし傭船している船舶がアメリカで差押えられたときに、差押えた者のマリタイム・リーエンの存在を否定しようとする場合には、マリタイム・リーエンの成立（ないし有効性）の準拠法が重要な争点となりうる。まず、そのような事例を見る。

■1　Cardinal Shipping Corp. v. M/S Seisho Maru, 744 F. 2d 461 (5th Cir. 1984)

〈事　実〉

Y丸（M/S Seisho Maru・日本船籍）は、Z（Aizawa Kaiun K. K.・日本法人）に所有され、A（Nakamura Steamship Co.・日本法人）に定期傭船され、さらにB（リベリア法人）に定期傭船されていた。その運航は、Zが手配した船長と船員により管理されていた。この二つの傭船契約には、傭船者はZの権利に優先するリーエン等を生じさせてはならない旨の条項が置かれていた。

X（Cardinal Shipping Corp.）は、スウェーデンからデトロイト及びシカゴへ鉄のコイルを運搬するためBからY丸を航海傭船し、スウェーデンで船積みを開始した。ところが、BがAに対して傭船料を支払わなかったため、A

は積荷を降ろしY丸を引き揚げる手段を講じた。

Xは、これによる損害賠償請求訴訟を提起するとともに、Y丸に対するマリタイム・リーエンを主張して本訴（対物訴訟）[7]を提起した。これに対し、Zはスウェーデン法の適用を主張した。

〈判　旨〉

裁判所は、BのXに対する傭船契約違反に関してXの提起した訴訟において「船舶所有者Zが当該傭船契約の当事者でない」ことにまず注目したうえで、リーディング・ケースである後掲判決三を引用し、アメリカ法によるべきだと結論した。それは「XB間の航海傭船はアメリカと最も重要な関連を有している」からだとする。

具体的には、第一に、牴触法第二リステイトメント一八八条[8]に照らすと、XB間の航海傭船契約の「締結地」「履行地の一方」「運送料の支払先の銀行所在地」「仲裁地」がいずれもアメリカにあり、ただ目的物の当初の所在地のみがスウェーデンにあるだけである[9]。

第二に、マリタイム・リーエンは契約法の作用によってのみ発生するのではない。そこで、一般的な要素の検討も必要であるとして、裁判所は牴触法第二リステイトメント六条[10]を援用する。そして、同条によってもスウェーデン法の適用は導かれないとする。スウェーデン法は、非スウェーデン船に対するアメリカ法人によるリーエンにほとんど関心がない。B又はXの期待はどちらとも言えない。

Zは、Aへの定期傭船契約締結時にスウェーデン法の適用を期待していたとは主張していない。同条の他の要素もアメリカ法の適用を支持する。以上が本判決の準拠法選択の具体的理由である。

以上から、裁判所はアメリカ法を適用し、同国法上Xには上記リーエン発生禁止条項の存在を調査する義務があるが、Xはそれを怠ったからリーエンを取得しえないという結論を採り、訴えを却下した。

〈寸　評〉

本判決は、被担保債権に最も密接に関連する国の法と事案全体に最も密接に関連する国の法との両方を考慮している。ただ、このことが双方を累積適用する趣旨か否かはここからでは判然としない。結果としては（船舶のマリタイム・リーエン成立時の現実所在地法ではなく）被担保債権の準拠法のみで処理したのと同じになっている（旗国法の適用はそもそも主張されていない）。

■2　North End Oil, Ltd. v. M/V Ocean Confidence, 777 F. Supp. 12（C. D. Cal. 1991）

〈事　実〉

Y号（M/V Ocean Confidence）は、A（外国法人）に所有され、Bに裸傭船され、さらにZ（Mitsui O. S. K. Lines, Ltd.）に定期傭船されていた。ZはY号をCに再定期傭船した。X（North End Oil, Ltd.）は、D（Cのエージェント）との間にY号に使用する燃料の売買契約を締結したが、その支払いを受けなかった。そこでXは、Y号に対し対物訴訟を提起した。

Zは担保として信用状を提出し、Y号の差押えの解除を得ると、Y号についての差押状の取消し、上記担保の解除、対物管轄の欠如による本件の却下を申し立てた。

〈判　旨〉

裁判所は「Xの締結した売買契約には、明らかに本契約はイギリス法に準拠し、当事者はイギリス裁判所の管轄に服するとの規定がある。……当裁判所は、……本件にはイギリス法が適用されると考える」が、イギリス法ではXにはマリタイム・リーエンが付与されていないとして、訴え却下のほかZの申立てを認容した。

〈寸　評〉

事実関係が判決文からは充分わからない。ともかく本判決は、理由を付さずに卒然と被担保債権の準拠法によっている。船舶所有者が被担保債権の当事者でないのは判決一と同じであるにもかかわらず、判決一と異なるアプローチを採っているようである。この違いはどこから来るのであろうか。結局、アメリカの処理の全体像を把握しなければ、これら二判決を正確に理解することはできないと思われる。そこで、次項で現在のリーディング・ケースを紹介し、第三項でアメリカの処理の全体像を示すこととする。

2　リーディング・ケース

次項では、アメリカにおけるマリタイム・リーエンの準拠法についての処理を、控訴審判決を中心に整理して示すこととするが、その前に前掲判決一で引用されていた現在のリーディング・ケース（判決三）と、もう一つの重要判決（判決四）を紹介しておく。

■3　Gulf Trading & Transp. Co. v. Vessel Hoegh Shield, 658 F. 2d 363（5th Cir. 1981), cert. denied, 457 U. S. 1119, 102 S. Ct. 2932（1982）

〈事　実〉

Y号（Vessel Hoegh Shield・ノルウェー船籍）は、Z（ノルウェー法人）に所有され、A（ロンドンに本拠？）に定期傭船されていた。当該傭船契約上、燃料の補給はAが行うこととなった。Aは、X（Gulf Trading & Transp. Co.）のロンドン所在の事務所に燃料の調達を要請し、アメリカの領域内で供給を受けた。しかし、その代金を支払わないまま、支払い不能に陥った。

Y号がテキサスに到着したところで本件対物訴訟が開始された。Xと、Y号を所有するZとの間には、一切給油契約は存在していない。Zは、イギリス法の適用を主張した。その理由として、ZはXとAが、Aが傭船している船舶についての給油契約を長期にわたってイギリスで締結しており、その関係の安定は両者がイギリス法の適用を意図していることを示していると述べた。

〈判　旨〉

裁判所は、本件にはアメリカ法が適用されるが、「マリタイム・リーエンをめぐる特殊な事情」によるものだと前置きする。

まず、海事事件に関する牴触法の問題にはモダン・アプローチが用いられるとして、不法行為の事件についての連邦最高裁判決 Lauritzen v. Larsen[11]を引き、多数の要素の比較衡量により準拠法を決するという判断枠組みを提示する。そして、XとAのみにかかわる給油契約とXのためのマリタイム・リーエンとの区別の必要性が説かれる。「XのY号に対するマリタイム・リーエンは、契約によってよりもむしろ法の作用によって生じる。なぜなら、ZはXとAとの間の契約にとって当事者ではないからである。」このような前提を置いた上で、裁判所は次のように述べる。

本件を専ら契約上の紛争と見れば、Zの主張に説得力がある。牴触法第二リステイトメント一八八条[12]に照らすと、契約締結地及び交渉地は英国、履行地及び目的物の所在地は米国、両当事者は英国で営業する米国法人とノルウェー船だから、XとAとの間の紛争においてなら、イギリス法の適用にも説得力があろう。

しかし、当該契約を離れて、Xと船舶所有者であるZにかかわるマリタイム・リーエンというより広い文脈で考えると、牴触法第二リステイトメント六条[13]の掲げる要素を勘案すべきことになる。それに照らすと、アメリカの関係規定[14]は、外国船にアメリカでサービス供給したアメリカの業者にマリタイム・リーエンを取得させることを意図しており、海事法の基本政策にも適う。

結果の予測可能性、当事者の正当な期待の点からもアメリカ法の適用が妥当である。非英国船にアメリカで燃料を供給したアメリカの業者の保護に関して、英国が米国よりも大きな関心を有しているということを論証することは、不可能である。裁判所は、以上の理由からアメリカ法を適用し、Xのマリタイム・リーエンを認めた。

〈寸　評〉

本判決は、まず被担保債権の準拠法に言及する。しかし、船舶所有者が被担保債権の当事者でない場合には、マリタイム・リーエンが契約の効力であることよりも法の作用であることを重視して、結局取引全体に最も重要な関連を有する国の法を適用した（結果としては、供給地法によったのと同じになっている。旗国法の適用はそもそも主張されていない)。つまり、被担保債権の準拠法と取引全体に最も重要な関連を有する国の法とを累積的に適用する趣旨ではなく、結局は後者のみを適用しているのである。判決一は、前項で述べたようにその趣旨が不明確であったが、本判決を引いている点から見て、本判決と異なる立場を採ったものとは言えないであろう。

一方、判決二は、船舶所有者が被担保債権の当事者でないという本判決と同様の事案で、被担保債権の準拠法のみによって処理しており、その処理は本判決からは説明できないと思われる。なお、船舶所有者が被担保債権の当事者になっている場合には、マリタイム・リーエンは契約の効力だとして、契約準拠法が適用されることを本判決は示唆しているようでもある。そして、次に紹介する判決によってこの示唆が現実化する。

■4　Sembawang Shipyard, Ltd. v. Charger, Inc., 955 F. 2d 983 (5th Cir. 1992)

〈事　実〉

X (Sembawang Shipyard, Ltd.・シンガポール法人) は、シンガポールでY_1 (Charger, Inc.・リベリア法人) 所有のY_2号 (M/V Charger) を修理した。数回の分割代金の支払いの後、Y_1が債務不履行に陥った。

Xは、Y_2号に対して対物訴訟を、Y_1に対して対人訴訟を提起した。これに対して、Y_1は保証状を差し入れ、Y_2号の差押えを解除した。その後、仲裁に付託され、そこではXが勝訴した。Xは、本訴の中止を解除して前記仲裁判断の確認を申し立てた。地裁が仲裁判断を確認し、Xの勝訴判決を下したので、Y_1が控訴した。

〈判　旨〉

裁判所は「両当事者は、シンガポール法に準拠することを契約した」との結論をまず述べた。契約中には「いかなる紛争も、一九六三年仲裁条例によって決せられる。本契約は、シンガポール法に準拠する」と規定されていた。対人訴訟はシンガポール法によるのでよいが、対物訴訟はその管轄要件としてマリタイム・リーエンの存在を判断するのだから法廷地法によるべきだとするXの主張に対して、裁判所は、管轄合意の先例を引用したうえで、対人訴訟の場合と対物訴訟の場合との区別を当事者に押しつけることは当事者にとって理解しがたいことだとする。そして本件の問題がマリタイム・リーエンの順位でなく、その成立であることを強調している。

裁判所はシンガポール法を適用し、同法上Xに認められるのはマリタイム・リーエンではなくstatutory right of action in rem だが、それはマリタイム・リーエンに相当するものではないとして、Y_2号に対する対物管轄を否定した。ただ、保証状に対して手続を進めることは認めた（対人訴訟については、Y_1が管轄違いの抗弁を適切に提出していなかったとして、管轄を認めた）。

〈寸　評〉

リーディング・ケースである前掲判決三は、船舶所有者が被担保債権の当事者でない場合はマリタイム・リーエンは契約の効力というよりも、むしろ法の作用によるとして、事案と最も重要な関連を有する国の法を探求するのにさまざまの要素を勘案していた。

このことから逆の場合、即ち船舶所有者が被担保債権の一方当事者となっている場合には、裁判所はマリタイム・リーエンを契約の効力によるものとして、被担保債権の準拠法を適用するのではないかと考えるのが素直な推論だと思われる。実際、裁判所は本判決でこのような立場を採るに至った。

判決二も被担保債権の準拠法のみを適用していた。しかし、それと本判決とは事案が異なる。判決二では、船舶所有者は被担保債権の当事者ではなかったからである。

3　アメリカの処理概観

前項までに紹介したもの以外の控訴審判決については補注として示す。以下では、アメリカの裁判例におけるマリタイム・リーエンの成立ないし有効性の準拠法についての処理を整理して示す。

まず、船舶所有者がマリタイム・リーエンの被担保債権の原因となる契約の当事者になっているか否かで処理が分かれる（判決三と四との対比）。

(1)　当事者になっていれば、当該契約で指定されている準拠法による（判決四、七）。その指定がない場合についての控訴審判決はないが、指定のある場合の処理や判決三の立論から推測すると、当該契約に最も重要な関連を有する国の法によることになると思われる[15]（抵触法第二リステイトメント一八八条を援用するかどうかはともかく[16]）。つまり、船舶所有者が当事者になっている場合には、契約準拠法によることになると言える（なお、船舶所有者が当事者となっている場合にも(2)の処理を行っている地裁判決が数件あるが、いずれも判決四及び七の前に下されているものであり判決三に対する誤解もあるようであって、先例的価値は乏しいと思われる[17]）。

(2)　当事者になっていなければ、マリタイム・リーエンの成立にかかわる取引全体（当事者の準拠法に関する主張次第でその範囲は変わりうるが）の諸事情を勘案して、最も重要な関連を有する国の法を適用する（判決一、三、五[18]）。船舶所有者の親会社側の事情も常に準拠法判断の一要素とするか否かについては、不明確である（ただし、判決八以外には、親会社の存否を始めとする親会社側の事情はそもそも認定されていない）。

なお、判決二は前述のようにリーディング・ケースである判決三、五からは説明できないものであり、これと同様の処理を行う控訴審判決は一件もない（地裁判決に一件あるが、これも先例を正確に理解しているとは言い難い[19]）。

ところで判決六は、マリタイム・リーエンの効力の問題を成立の問題と区別していない。他の判決でも、外国法で成立したマリタイム・リーエンを実行するために新たに効力の準拠法を検討するということはしていない。つまり、他のマリタイム・リーエンとの間の順位は別問題として扱われるが、それ以外は原則として成立・効力とも一体として扱われるのである。

これは、アメリカ法特有の考え方であって、動産上の財産権一般についてそのように扱われている。その考え方によると、物上担保権をめぐる当事者間（目的物の所有者と担保権者の間）の権利義務関係及び当該権利の性質・内容（対第三者関係の準拠法に従うことを条件に第三者に対抗しうる権利であるか否かも含む）は、その成立時に最も重要な関連を有する国の法によって決まってしまい[20]、目的物の所在地が変更しても、その権利関係に第三者が関わってこない限り、その権利義務関係は変わらない(21)（この考え方は、所在地が変更しただけで当事者間でさえ権利関係が変わってしまうとする日本やドイツの学説の不自然な処理(22)に反省を迫るものだと言えるが、ここでは触れない）。この点にも注意が必要であろう。なお、蛇足だがマリタイム・リーエンの実行段階での手続問題（対物管轄の要件としてマリタイム・リーエンの存在が必要か等）についてはもちろん法廷地法が適用されている。

――補注――

以下では、リーディング・ケースである判決三以後の全ての控訴審判決の事実と判旨を要約して示しておく。

■5　Gulf Trading & Transp. Co. v. M/V Tento, 694 F. 2d 1191 (9th Cir. 1982), cert. denied, 461 U. S. 929, 103 S. Ct. 209 (1983)

〈事　実〉

Y号（M/V Tento・ノルウェー船籍）は、Z（ノルウェー法人）に所有され、Aに定期傭船され、さらにBに再傭船されていた（ABともにニューヨークに管理本拠をもつ）。ZとAとの間の傭船契約では、アメリカ法が準拠法として指定され、燃料油の獲得は傭船者の責任となっていた。このような状況において、Y号はアメリカからスエズ運河への航海に出た。Bは、航海中にイタリアで給油することを決め、ニューヨークに本拠を置くエージェントにその旨依頼した。エージェント側の依頼により、ニューヨークのブローカーがX_1（Gulf Trading & Transp. Co.・デラウェア州法人）とそのニューヨークの販売事務所で燃料油の販売供給契約を締結した。これとは別に、Bはエージェントを通じ、Y号のスエズ運河の通行のためにX_2（ニューヨーク州法人）から融資を受けた。

X_1は、C（イタリア法人）を通じてイタリアで燃料油を供給し、代金を立て替えた。しかし、BもZもその代金を支払わなかった。X_2の融資についても、Bの債務は存続したままである。

そこでXらは、カリフォルニアでY号を差押え、本件対物訴訟を提起した。これに対してZは、以下のように主張する。供給地法によろうと、各取引との関連につきあらゆる点から比較衡量しようと、X_1との取引についてはイタリア法が、X_2との取引についてはエジプト法が準拠法となる。それらによると、船舶は再傭船者によって負担された費用についてはリーエンに服しない。

〈判　旨〉

裁判所は、アメリカ法を適用した一審判決を支持した。まず、判決三同様Lauritzen v. Larsenを引き、そのアプローチはRomero v. International Terminal Operating Co., 358 U. S. 354, 79 S. Ct. 468（1959）（Lauritzen v. Larsenと同じく不法行為の事件についての判決である。

この判決については、Leflar, R. A. /L. L. McDougal III/R. L. Felix, American Conflicts Law 396（4th ed. 1986）を参照）により海事法一般で適用されるべきものとなっていることを指摘する。そして船舶サービス供給業者は、供給地法の適用を期待しており、その適用は予測可能性・確実性に資するのに対して、重要関連テストによると船舶は多数の国と接触をもつから混乱を引き起こすとのZの主張を斥けた。その理由は、従来の海事事件や非海事の契約事件との一貫性、供給業者を船舶所有者の負担により保護するアメリカの立法政策、「海事に関する契約は、しばしば供給地と異なる場所でなされる。積み込み地点は、当事者の期待や取引に最も関心を寄せる国々の国家的な利益にとって全く重要でないこともあり」、本件で供給地がイタリアになったのも偶然にすぎないこと、X_2の権利取得地も明確でなく、供給地法説が司法上の効率性に適うわけでもないことにある。

Y号の重要な活動、損害を被った当事者、Xらを当事者とする契約締結地がアメリカ法の適用を支持する。供給契約は外国法人を当事者とするものでもない。一方、Zはその傭船契約に関して（たとえXらとの契約ではないとしても）アメリカ法を指定しているのであり、アメリカ法の適用を期待していると言える。

旗国、船舶所有者はノルウェーに、供給地はイタリアとエジプトに関係するが、それらは偶然的なものであって、アメリカと比較したとき重要なものとは言えない。

裁判所は、以上のように判示し、アメリカ法がマリタイム・リーエンの準拠法となると結論した。

〈寸　評〉

本判決は、抵触法第二リステイトメントに言及していないが、Lauritzen v. Larsen を引き、重要関連テストを用いている点で前掲判決三と同じアプローチを採ったものと言える。しかし、船舶サービス供給業者であるXらに関係する事実の方をかなり重視しており、そのため結果として、被担保債権の準拠法のみによったのと同じになっているのではなかろうか。ただし、船舶所有者であるZの事情の考慮も忘れておらず、前掲判決二とはそのアプローチが全く異なっている。

■6　Ocean Ship Supply, Ltd. v. MV Leah, 729 F. 2d 971（4th Cir. 1984）

〈事　実〉

X（Ocean Ship Supply, Ltd.・カナダ法人）は、船舶サービス供給に従事する会社でカナダに入港したY_1号（MV Leah）に供給サービスを行った。その注文は、Y_1号を管理するエージェントであるA（ギリシア法人）によるものであった。

Y_1号は代金を支払わないまま出航し、その後Y_2に売却された（Y_1号の船籍はギリシアからホンジュラスに変更された）。Y_2は、Y_1号購入時に、その前所有者（売主）からY_1号にはリーエン等の負担は付いていないとの保証を受けていた。

Xは、上記代金を回収するためY_1号を差し押さえた。その後、差押えの解除命令が出されたが、当該差押えにより予約していたドック入りの時期に遅れ損害を被ったとして、Y_2は損害賠償請求の反訴を提起した。そして、Xがアメリカ法の適用を主張したのに対して、Y_2はカナダ法の適用を主張し、同法上のマリタイム・リーエンは目的船舶の所有者が変更すると執行できなくなるとした。

一審判決（1982 AMC 2740（D. S. C. 1982））は、本稿で検討しているモダン・アプローチが採用される前の一つの立場である契約締結地法主義を採って、カナダ法を適用し、同国法上マリタイム・リーエンは、供給後に船舶所有者が変更した場合には執行不能になると判示していた。

〈判　旨〉

モダン・アプローチを採ろうと、契約締結地法主義を採ろうと、Xはマリタイム・リーエンを有していない。本件供給契約の締結地は、ほとんど疑いなくカナダであり、カナダ法によるとマリタイム・リーエンは無効である。判決三のモダン・アプローチによっても、我々の扱っているのはカナダ法人、カナダの港での供給、外国船の関係する事案であって、アメリカの港が登場するのは偶然にすぎないから、カナダ法によるべきことになる。なお、誤った差押えは、申立人が悪意であることが証明されない限り、損害賠償の対象とならない。

〈寸　評〉

本件での問題は船舶先取特権の追及効であり、日本では船舶先取特権の効力の問題に分類されることになる。その結果、日本の学説のほとんどがその準拠法を成立の準拠法とは別に考えることになる。しかし、アメリカ法では、本判決のようにマリタイム・リーエンの性質・内容は、成立と合わせて同じ準拠法で判断されている。この考え方の背後には、財産権の準拠法に関してアメリカ法が採る特有の基本観があると思われるが、それについては本文で説明している。

■7　Trinidad Foundry & Fabricating v. M/V K. A. S. Camilla, 966 F. 2d 613 (11th Cir. 1992)

〈事　実〉

Y_1号（M/V K. A. S. Camilla・ノルウェー船籍）は、Y_2・Y_3（以下「Yら」とする。ともに外国法人）に所有されていた。Yらの依頼により修理契約に従って、X（Trinidad Foundry & Fabricating・トリニダードトバゴ――英連邦――法人）は、トリニダードでY_1号に対し修理等の供給を行った。修理契約では、Yらが代金全額を支払うこと、同契約のあらゆる側面がイギリス法に準拠することが規定されていた。

Yらが支払いを怠ったので、XはY1号に対しては対物訴訟を、Yらに対しては対人訴訟を提起した。これに対してYらは、対物訴訟にのみ出席し、その却下を申し立てた。またYらは保証状を提出し、Y1号の差押えの解除を受けた。

一審判決（776 F. Supp. 1558（S. D. Fla., 1991））は、対物管轄の欠如を理由に対物訴訟を却下した（そこでは、両当事者はイギリス法が準拠法となること、それによればXがstatutory right in remを有することを争っていない）。そこでXが控訴した。

〈判　旨〉

裁判所は一審判決を支持した。「本件契約条項は執行可能である。したがって、イギリス実質海事法が本件紛争の準拠法となる。」

裁判所は、理由を付さずにこのように判示した。そして裁判所は、イギリス法上Xにマリタイム・リーエンは成立せず、statutory right in remが成立するのみであるが、それはアメリカ法上のマリタイム・リーエンには相当しないとして、本件対物訴訟を却下した。

〈寸　評〉

本判決は前項本文の判決四と同様、船舶所有者が被担保債権の一方当事者である場合につき、マリタイム・リーエンの成立を被担保債権の準拠法によらしめたものである。

以上でリーディング・ケースである判決三以後の控訴審判決の紹介を終えるが、その先駆と言えなくもない控訴審判決が一件だけあるので紹介しておく（これは、既に山内・前掲（前項注（1））一一四―一一六頁、志水・前掲（第一章注（4））一七頁で紹介されている）。

■8　Rainbow Line, Inc. v. M/V Tequila, 480 F. 2d 1024 (2nd Cir. 1973)

〈事　実〉

Y_1号（M/V Tequila・イギリス船籍。ただし、Cへの売却後はリベリア船籍）は、Y_2（バハマ法人）に所有されていた。X（Rainbow Line, Inc.・リベリア法人。全営業をプエルト・リコのエージェントを通じて行っている）は、Y_2からY_1号を定期傭船していたが、Y_2がY_1号を引き揚げたので損害賠償を求め、X勝訴の仲裁判断を得た。

仲裁判断が下される二カ月前、Y_2は、同じくB（アメリカ法人でフロリダで主たる営業を行っている。またその社長もフロリダに居住）の子会社であるC（リベリア法人）にY_1号を売却していた。この売買に関して、Z（アメリカ法人）は、Cに対して貸付けを行い、Y_1号の上に第一順位の優先モーゲージを取得した。それから二カ月経たないうちにCが債務不履行に陥った。

Y_1号は、X・Zらから差し押さえられ競売された。一審判決（341 F. Supp. 459 (S. D. N. Y. 1972)）は、本件傭船契約の両当事者はアメリカ法に準拠する意思であったとして、契約準拠法としてのアメリカ法を適用した（修理契約と傭船契約とで処理を変える理由はないと思われるので、この判決は、判決四及び七と同様の処理を行ったものと言えるのではないか。そうだとすると、現在ならこの判決のアプローチが控訴審レベルでもそのまま支持されることになろう）。そしてXに傭船契約違反に基づくマリタイム・リーエンが成立しており、XはZに優先するという理由でXを勝訴させた。

そこでZが控訴した。その理由としてXのマリタイム・リーエンの成立についての準拠法は、Y_1号の旗国法であるイギリス法であり、それによると、傭船契約違反についてはマリタイム・リーエンは生じないことをあげる。これに対してXは、傭船契約の当事者の意思に従ってアメリカ法を適用した原審判決を支持する。

〈判　旨〉

「マリタイム・リーエンは、当事者の合意とは別個に独立して生じるのであって、第三者の諸権利は契約の当事者の意思によって影響を受けるものではない。しかしながら、このことは自動的に旗国法を準拠法とするということを意味しない」としてZの主張を斥けたうえで、裁判所は、判決三同様 Lauritzen v. Larsen を引き、本件での種々の要素を列挙する（事実欄で紹介してある点である）。そして、本件紛争を生じさせた取引におけるほとんど全ての牽連性がアメリカとの間に見られることから、裁判所はアメリカ法を適用した。裁判所は、アメリカ法は傭船契約違反に関するマリタイム・リーエンを認めており、ZはCにマリタイム・リーエンの存在を確認できたはずだとして、Xのマリタイム・リーエンをZのモーゲージに優先させた。

〈寸　評〉

本判決は、判決三と同様のアプローチを採り、Xと直接の関係に立っていない、Zの事情までも考慮の対象としている。また、船舶所有者の親会社及びその社長の事情まで考慮している点で特徴的である（本判決が親会社の事情の考慮を便宜置籍船の場合に限る趣旨か否かは、判決文からはわからない）。ただし、結果としては、被担保債権の準拠法のみで処理したのと同じになっている。

本判決後に下された判決四及び七の存在を考えると、船舶所有者と傭船者との間の契約に基づくマリタイム・リーエンについての本判決の影響力を評価する必要はほぼなくなっていると言える。

二　日本での議論との対比

前節で整理したアメリカ法の処理は、一言で言うと、マリタイム・リーエンの成立及び対第三者関係を除く効力（特に、競売申立権。当該マリタイム・リーエンが第三者に対抗しうる権利であるか否かの点も含む――もちろん、対第三者関係の準拠法によってその効力の発揮を認められねばならない――。判決六で扱われた追及力の問題も同様である）について最も重要な関連を有する国の法を適用するというものであり、伝統的な国際私法観からも基本的には支持されうるものであろう。あまり柔軟すぎるため直ちには受け入れがたいが、日本法にとっても充分に参考になる。そこで、以下では日本での議論を中心に据えた上でアメリカ法の処理と対比しつつ、日本法として妥当な処理を私見として提示する。

第一に、この問題を法廷地法によらしめる見解は、船舶先取特権が問題となるのは船舶の差押えの時点であること、法廷地の公序に深く関わることをその根拠とする(23)。確かに、差押えを申し立てられた船舶について船舶先取特権の成立の原因となる行為は、法廷地でなされるものが多数を占める場合が多いとは言えるかもしれない。しかし、前節で見たように全てのそれがそうであるわけではない。そして船舶先取特権の成立にとって重要な時点は、差押え時ではなくその成立時であることは言うまでもないであろう。船舶先取特権の成立が目的船舶の差押え地の如何、即ち偶然に左右されるのでは法的安定性を害すると言うべきである(24)。したがって、法廷地法説は法廷地に密接な関連を有していない債権者の利益を軽視するものと言わざるをえず、支持できない(25)（公序の点は次章で言及する）。

第二に、この問題を旗国法によらしめる見解は、船舶と旗国との緊密な関係、法的安定性に優れ取引の安全に資することを理由とする(26)。確かに取引の安全に資すると言えなくもない。しかし前節で紹介したように、アメリカの裁判例は船舶と旗国との関係を重視していない。一般に、船舶先取特権の原因は旗国との関連に乏しいと認識しているからである（ただし、旗国は競合する船舶担保物権の権利関係の調整には緊密な関係を有すると言え、その点は次章で考察する）。

特に、東京地決平成三年八月一九日判時一四〇二号九一頁や東京地決平成四年一二月一五日判タ八一一号二二九頁のような船舶先取特権に基づく物上代位の事例では、目的債権の債務者（第三債権者）や前者の決定での傭船者以外には（競合する債権者はもちろん）第三者は登場しておらず、専ら債権者（船舶先取特権者）が船舶所有者の有する財産のどこまでを担保としうるかという両当事者間の権利義務関係の問題に終始している。

このような事案では、第三債務者との関係を除き、両当事者間の法律関係に的を絞って準拠法選択することが、最も密接な関連を有する国の法を適用するという伝統的な国際私法観から見て妥当な処理と言えるのではないか。

また、旗国を決めるのは船舶所有者だから、旗国法説によると、船舶所有者が自分の負担する義務の準拠法を決定できることになる。しかし、それは不公平ではないか（特に不法行為を原因とする場合）。したがって、競合する第三者が登場するまで旗国法の果たすべき役割はほとんどないと考える。競合する第三者との関係を次章で述べるように適切に処理すれば、第三者の取引の安全を害することはない。

以上から、この問題に一般的に適用されるべき法律の選択肢として残るのは、被担保債権の準拠法と船舶の現実所在地法に絞られると思われる。まず直前で述べたように、対第三者関係を除いて検討すると、アメリカ法のように二つの場合に分け、以下のように処理すべきだと考える。

第一に、船舶所有者が被担保債権の当事者の一方（債務者）になっている場合には、被担保債権の準拠法（通常法例七条又は一一条）のみを適用すべきである。前項で整理したアメリカの裁判例は、不法行為に基づくマリタイム・リーエンの事例を扱ってはいなかったが、不法行為債権を被担保債権とする場合にも、契約債権の場合と同様、当該債権の準拠法によると推測できる。したがって、例えば前掲東京地決平成四年の方は、船舶所有者が行った不法行為に基づく船舶先取特権の事案だから、法例一一条のみで処理すれば足りる。

なお、これに船舶の現実所在地法（法例一〇条）を累積適用する必要はない。これに対して、船舶先取特権は物権の問題だから現実所在地法を考慮すべきだとする考え方もありうる。しかし、これも旗国法説に対する批判として述べたように、また前節の判決五も述べるように、債権者・債務者間の法律関係には必ずしも現実所在地法が密接に関連するとは限らない（特に、傭船者のマリタイム・リーエンについてそう言える）。ここでは、競合する第三者との関係だけを「物権」の問題と性質決定して、第三者の利益を損ねないようにすれば足りる。抵触法上の性質決定なのであり実質法上のそれに引きずられる必要はない。

第二に、船舶所有者が被担保債権の当事者（債務者）ではない場合には、船舶先取特権成立時の船舶の現実所在地法の適用を原則とすべきである（法例一〇条）。通常、船舶サービス供給や船員の配乗などがなされるのは船舶の所在地だからである。アメリカ法は端的に事案全体に最も重要な関連を有する法を探求している。しかし、その際にどこまでの事実を考慮するかは自明ではない。

前節の判決八のように船舶抵当権者の事情まで考慮するのでは、債権者に船舶先取特権を与え船舶所有者にそれを負担させるこの制度の趣旨から外れた事情を考慮することになるのではないか。逆に、前節の判決五のように被担保債権に関わる事情にウエートをかけるのは、船舶所有者の利益を軽視するものとなろう。即ち、アメリカ法の処理は柔軟にすぎ予測可能性を確保できないので、日本での処理としては支持できない。

ここでの船舶先取特権の問題は、債権者と船舶所有者との権利義務関係を決するものであるから、この両者の事情のみを考慮し両者の牴触法上の利益を公平に反映させるべきである。このことを前提とすると、この問題以外に直接の関係に立たない両者にとっての中立的な連結点は、唯一の接点と言える目的船舶の所在地ということになるのではなかろうか。ただ、両者の従属法が一致する場合には、船舶の現実所在地がどうであろうと、両者の従属法によるのでよいのではないかという疑問も残る。

いずれにせよ、このような例外的処理を認めず、船舶所有者が被担保債権の当事者（債務者）ではない場合には、常に船舶の現実所在地法を適用するというような硬直した処理をすべきではなかろう。競売申立権など当事者間の効力も、船舶先取特権成立時の現実所在地法を適用すればよい。船舶が所在地を変更するたびに効力の準拠法を変えるべきだとする通常の考え方は、第三者との関係で配慮すれば足りることである。(27)

なお、日本の判例・学説には累積適用説が根強くあり、ここでも被担保債権の準拠法との累積適用が必要かという問題が生じうる。この累積適用説の理由とするところは、先取特権などの法定担保物権は特定の債権の担保のために法が特に認めた権利であって被担保債権の効力と言えることである。(28)確かに、そのように言うことはできる。しかし、特定の債権の担保として法定担保物権を認める「法」が当然に被担保債権の準拠法であるとは言えないのではないか。(29)

つまり、「法」が被担保債権の効力として法定担保物権を付与することと、その「法」が被担保債権の準拠法だということとは直結しないのではないか。累積適用説は、実質法上の議論と抵触法上の議論を混同していると考える。しかもここでの場合、即ち船舶所有者が被担保債権の当事者（債務者）ではない場合には、船舶所有者は被担保債権に何ら関与しておらず、その準拠法も関知していないのが通常であるから、その「法」を被担保債権の準拠法と考えるのは妥当とは思えない。したがって、船舶所有者と船舶先取特権者の間の法律関係は、両者に最も密接に関連する船舶の現実所在地法のみで処理すればよいと考える。

船舶所有者と債権者（船舶先取特権者）間の船舶先取特権の準拠法を以上のように考えると、第三者の権利を害さないかが次に問題となる。船舶先取特権に少なくとも物権の準拠法を適用すべきだとする見解の基礎にはそのような懸念があった。そこで次章では、まず順位の準拠法についてのアメリカの裁判例を整理する。次に、それを日本での議論と対比し検討を加える。

（7）　アメリカでは、マリタイム・リーエンの権利者は、船舶を被告として（物に対して・in rem）その所在地で訴訟を提起しマリタイム・リーエンを行使できる。逆に、マリタイム・リーエンの存在を否定されると、対物訴訟は管轄の欠如により却下される。

（8）　§ 188, the Restatement (Second) of Conflict of Laws, "Law Governing in Absence of Effective Choice by the Parties."

一項「契約上の争点に関する両当事者の権利及び義務は、当該争点に関して、六条の諸原則に基づき当該取引と両当事者とに最も重要な関連を有する州の実質法により決まる。」

二項「両当事者による実効的な準拠法選択（一八七条参照）のない場合には、争点に適用される法を決定するために六条の諸原則を適用するにあたって考慮されるべき連結点は、以下のものを含む。即ち、(a)契約締結地、(b)契約交渉がなされた地、(c)義務履行地、(d)契約の目的物の所在地及び(e)両当事者の住所、居所、国籍、設立地及び営業地。」

三項　略

本条は契約準拠法に関する規定である。当事者による準拠法選択のない場合には、主に二項の(a)〜(e)までの要素を勘案して契約準拠法を決することになる。

(9) 判旨は、本文で要約しているように、ＸＢ間の航海傭船と両国との重要関連性を検討している。しかし、事件全体の重要関連性は最初から問題にならないという趣旨ではない。即ち、判旨は744 F. 2d 465 N. 4において次のように述べている。「日本は、本件訴訟と関連を有すると考えられる。なぜなら、所有者が日本法人であり、最初の傭船契約が二つの日本法人の間で締結されているからである。しかしながら、Ｚは原審が日本法を適用しなかったことに誤りがあるとは主張しなかった。それゆえ、日本法がアメリカ法よりふさわしいか否かを考慮する必要はない。」つまり、Ｚの主張如何では日本法の適用もありえたことになる（逆に言うと、当事者が外国法の適用を主張しないと、当該外国法の適用はありえないことになる。同国ではそもそも外国法を準拠法とすべきか否かが当事者の主張によって初めて裁判所に考慮されるようになることにつき、Scoles, E. F. / P. Hay, Conflict of Laws 424f. (2nd ed. 1992)）。それよりも重要なことは、いったいどの範囲の事実に基づいて重要関連性を判断するかが当事者の準拠法についての主張により変わりうるということである。

(10) §6, the Restatement (Second) of Conflict of Laws, "Choice-of-Law Principles"

一項「裁判所は、憲法上の制限に服しつつ、準拠法選択に関する自州の制定法上の指示に従う。」

二項「そのような指示のないとき、準拠法の選択に関する要素は、以下のものを含む。即ち、(a)州際及び国際的な諸制度からの要請、(b)法廷地の関連する諸政策、(c)他に利害関係を有する諸州の関連する諸政策と特定の争点の決定に対するそれらの州の相対的な諸利益、(d)正当な期待の保護、(e)特定の法分野の根底にある基本政策、(f)結果の確実性、予測可能性と統一性及び(g)適用されるべき法の決定と適用の容易さ。」

本条は、アメリカにおける準拠法選択の一般原則である。アメリカ抵触法理論の展開過程とそこにおける本条の意義については、石黒『現代国際私法〔上〕』（一九八六年）六三―七四頁参照。

(11) 345 U. S. 571, 73 S. Ct. 921 (1953). この判決に関しては、山内惟介『海事国際私法の研究』（一九八八年）五八―六〇頁、Leflar, R. A. / L. L. Mc-Dougal III/R. L. Felix, American Conflicts Law 395f. (4th ed. 1986) に紹介がある。

(12)　本条の条文は、注(8)に示してある。

(13)　本条の条文は、注(10)に示してある。

(14)　46 U. S. C. § 971.

(15)　実際にこのような処理を行ったと評価できる地裁判決として、Metron v. Tropicana, 1993 AMC 1264（S. D. Fla. 1992）がある。同判決は、判決三と牴触法第二リステイトメント一八八条を引用して、法選択のない場合の契約準拠法を決める方法を用い、アメリカ法の趣旨にも触れてギリシア法を適用している。

(16)　条文は、注(8)に掲げてある。

(17)　Chantier Naval Voisin v. M/Y Daybreak, 677 F. Supp. 1563（S. D. Fla. 1988）. Lauritzen v. Larsen を引き、不法行為の事件で勘案される要素を類推してフランス法を適用した。そこでは旗国法が一要素として常に考慮される点で、牴触法第二リステイトメント一八八条と異なる。

Swedish Telecom Radio v. M/V Discovery I, 712 F. Supp. 1542（S. D. Fla. 1988）. Lauritzen v. Larsen と判決三とを引き、後者では船舶所有者が船舶サービス供給契約の当事者ではないから、マリタイム・リーエンは法の作用によるものであるとして、牴触法第二リステイトメント六条が援用されているとする。そして事案全体の諸事情からスウェーデン法を適用した。しかしこの事件では、船舶所有者は供給契約の当事者となっており、準拠法としてスウェーデン法を指定していた。

Espirito Santo Bank v. Tropicana, 1992 AMC 1672（S. D. Fla. 1990）. Lauritzen v. Larsen と判決五及び三とを引き、牴触法第二リステイトメント六条を援用してアメリカ法を適用している。

以上の三判決はいずれもフロリダの連邦地裁の判決だが、注(15)の同地裁の判決がそれらより後に下されていること、それらが控訴されていたら管轄することになる11th Cir. が判決七を下していることから、この類型のマリタイム・リーエンの成立は契約準拠法によるとの立場がほぼ明確になっていると考える。本注の三判決の先例的意義はもはや乏しいものと言うべきであろう。

(18)　この類型に該当し、同じアプローチを採る地裁判決として、Forsythe Intern. U. K. Ltd. v. M/V Ruth Venture（633 F. Supp. 74（D. Or. 1985））、North End Oil, Ltd. v. M/V Norman Spirit（1993 AMC 88（C. D. Cal. 1992））。

いずれも判決五を引用して結局イギリス法を適用した。後者は判決五と同様、マリタイム・リーエンを主張する当事者の締結した契約中の準拠法指定も、マリタイム・リーエンに関する準拠法判断において船舶所有者に有利な一要素として援用しうるとする。

Agenzia Marittima v. Dexterity（1993 AMC 2900（E. D. La. 1993））．判決三を引用し、結局イタリア法を適用した。

(19) Interpool v. Tyson Lykes（1993 AMC 1334（D. N. J. 1992））船舶所有者が判決四、判決七、判決二を援用し、供給契約の準拠法の適用を主張したのに対して、供給業者は、自分が当事者でない準拠法条項を船舶所有者は援用できないと反論した。裁判所は、供給業者が判決二を無視していることを指摘し、供給契約の準拠法であるイタリア法を適用してマリタイム・リーエン不成立との結論を下した。

確かにこの判決は、判決二と同様の事案である。一方、判決四及び七の事案とは異なる。そして判決二は、本文で述べたとおり、判例の流れから外れたものと評価せざるをえない。したがって、本判決も判決二と同じ評価に値する。前注の North End Oil, Ltd. v. M/V Norman Spirit のように、船舶所有者は、自分が当事者になっていない供給契約の準拠法指定を、マリタイム・リーエンの準拠法を決定するための一要素として援用しうるにすぎないとするのが本文で整理した判例の流れに沿うものである。

本判決は、その一三三九頁注(３)で、判決一及び三のアプローチは原告（マリタイム・リーエン主張者）が契約中に準拠法指定していなかったからだと理解している。しかし、前述のとおり判決一及び三は、その事案において原告と船舶所有者とが供給契約を締結したのではなかったから契約準拠法によって処理せず、マリタイム・リーエンの成立に最も重要な関連を有する国の法を、種々の要素を勘案して探求したのである。その意味で、本判決は判決一及び三の意義を誤解していると考える。

(20) § 251, the Restatement（Second）of Conflict of Laws, “Validity and Effect of Security Interest in Chattel”

一項の「直接の当事者間における動産上の担保権の有効性及び効力は、特定の争点に関して、六条の諸原則に基づき、両当事者、当該動産及び当該担保権に最も重要な関連を有する州の実質法により決まる。」

二項「両当事者による実効的な準拠法選択のない場合には、準拠法所属州を決めるにあたり、通常、担保権が付着した時点での当該動産の所在地が最も重要である。」

　これによると、動産上の担保権の当事者間での成立と効力は、まず当事者の指定した準拠法により、それがないときには、目的物所在地を最も重視しつつ、最も重要な関連を有する国の法によることになる。

(21)　§ 252, the Restatement（Second）of Conflict of Laws, "Moving Chattel into Another State: Effect on Security Interest"

「単に動産が他州に移動するだけで、当該動産上の担保権が有効になったり無効になったりすることはない。しかしながら、動産上の諸権利は、当該他州における当該動産の取引による影響を受けることもある。」

§ 253, the Restatement（Second）of Conflictof Laws, "Effect on Security Interest of a Dealing with Chattel in State to Which It Has Been Removed"

「有効で対抗力を備えた担保権の付着した動産が他州に移動した場合、当該他州における当該動産の取引が当該担保権に及ぼす効力は、通常、この問題が当該他州の裁判所によって決せられるのと同じに決せられる。」

(22)　通説によると、所在地が変更することにより新所在地法が適用されることになり、目的物が国境を越える時点で、物上担保権の内容・効力が当事者間においてさえ変わってしまう（例えば、溜池良夫『国際私法講義』（一九九三年）三二七―三二八頁、山田・前掲注(2)二七五―二七六頁）。

　しかし、あまりに観念的すぎる議論ではないか。このように考えると、例えば新所在地法により物上担保権の効力が否定されると、その効力の一つである留置的効力まで失われて担保権者が目的物を設定者に返還せねばならないというようなことも起こりうる。詳細は、別の機会に譲る。

(23)　谷川・前掲注(2)『国際私法演習』六四頁。

(24)　山戸「海商」国際法学会編『国際私法講座第三巻』（一九六四年）七四三頁、七四八頁。

(25)　東京地決平成四年一二月一五日判タ八一一号二二九頁は、法廷地法説を採り詳細な理由を付している。しかし、それらが事実に反するなど根拠に乏しいものであることにつき、その評釈である拙稿・ジュリスト一〇五一号（一九九四年）一二六頁、一二七―一二八頁参照。事案に則した私見も提示した。

(26)　例えば、道垣内・前掲注(2)一四九頁。

(27)　前節第三項注(8)で述べた問題意識及び同注(6)と注(7)に掲げたアメリカ法上の処理を参照。
(28)　例えば、谷川・前掲注(23)六三頁。
(29)　道垣内・前掲注(26)一四九頁。

第三節　マリタイム・リーエンの順位の準拠法

一　アメリカの裁判例

第二節二で船舶先取特権の成立ないし有効性の準拠法として提示した処理を行うためには、船舶先取特権の対抗を受ける第三者の保護を如何にして図るかが問題である。ここでは、その中でも競合する第三者にとって最も重要な順位の準拠法について、アメリカの裁判例を検討する。

アメリカの裁判例は、順位の準拠法として法廷地法を適用することに確定している(30)。ここで問題となるのは、マリタイム・リーエンの権利者間での順位をめぐる紛争が生じた場合にはその問題の前提となるマリタイム・リーエンの成立ないし有効性の問題も含めて法廷地法によらしめるのかということである。全体を法廷地法によるとする考え方もありえないではない(31)。

しかし、アメリカ法は両者を別個の問題として二段階に分けて処理している。順位を決める前提として、マリタイム・リーエンの成立ないし有効性が問題となった控訴審判決が一件あるので以下に示す（前章の判決八も同様の処理を行っていると言えるが、ここでは置く）。

■9　Payne v. SS Tropic Breeze, 423 F. 2d 236（1st Cir. 1970), cert. denied, 400 U. S. 964, 91 S. Ct. 363（1970)

〈事　実〉

Y号（SS Tropic Breeze・リベリア船籍）の船員であったX（Payne）らは、賃金を回収するためY号に対する対物訴訟を提起した。この訴訟に、船長であるZ_1（アメリカ在住アメリカ人）が賃金や立替金などを回収するため参加した。

裁判所がY号の売却を決定した時点で、モーゲージ権者であるZ_2が参加し、裁判所が自分に優先すると認める全ての請求権を満足させるのに充分な額の支払いを他の請求権者との間で合意して、Y号の売却を延期させた。さらにZ_2は、Z_1の賃金債権などについてのマリタイム・リーエンの成立を、アメリカ法ではマリタイム・リーエンは成立しないとして争った。

連邦地裁の第一判決は、リベリア法を適用してZ_1のマリタイム・リーエンの有効性を認めた(32)。さらにその第二判決はZ_1のマリタイム・リーエンを船員債権についてのマリタイム・リーエンと同視して、Z_1のマリタイム・リーエンがZ_2のそれに優先すると判示した(33)。後者の判決に対するZ_2の控訴に答えたのが本判決である。

〈判　旨〉

連邦法や海事法の一般原則から、順位の準拠法を法廷地法とする。順位は伝統的に法廷地法に準拠してきた。このように述べて、裁判所はアメリカ法を適用する。

そして、アメリカ法の発展過程を検討した上で、船舶モーゲージに優先するマリタイム・リーエン（その順位の規定(34)における「船員」は、船長を含む趣旨ではないとし次のように結論する。「たとえZ_1が賃金……について有効なマリタイム・リーエンを有しているとしても、それらマリタイム・リーエンは優先的マリタイム・リーエンではないので、Z_2のモーゲージに劣後する。」

〈寸　評〉

これまで検討してきたことにこの判決を考え合わせると、次のことが言える。第一に、他のマリタイム・リーエンと順位（優先劣後）を争う前提となるマリタイム・リーエンの成立ないし有効性は、順位に関する紛争においても順位とは別個の準拠法で処理される[35]。そして現在では、前章で紹介したモダン・アプローチによることになろう。第二に、成立ないし有効性が認められたマリタイム・リーエンであっても、法廷地法（アメリカ法）が予定している優先的マリタイム・リーエンの要件に合致しない限り、船舶モーゲージに優先しえない。ただし、マリタイム・リーエンとしてその有効性を承認される以上は、その権利者は対物訴訟を提起できる。アメリカ法の処理がこのようなものだとして、では日本法としてはこの問題をどのように考えるべきであろうか。

二　日本での議論との対比

ここでもまず日本での議論を中心に検討した上で、アメリカでの処理と対比し、日本法として妥当な処理を提示する。

日本において船舶先取特権の準拠法が問題となった先例のうちで、準拠法の如何により実際に結論が変わりえた裁判例が対象とした問題は、ほぼ順位の準拠法に尽きる[36]。この問題を扱った裁判例は、旗国法によったものと法廷地法によったものとに二分される。前者は山口地柳井支判昭和四二年六月二六日下民集一八巻五～六号七一一頁、広島高決昭和六二年三月九日判時一二三三号八三頁であり[37]、後者は東京地裁昭和五一年九月一四日競売事件である[38][39]。いったいこの両者のどちらが妥当なのか。以下では両者の論拠を見る。

まず、法廷地法の論拠として、第一に、この問題が各国の公序に関連することが指摘される[40]。確かにそのように言うことはできよう。しかし関係する各国の利益よりも、船舶に関係する利害関係人の利益が優先すべきである。その意味でこの論拠は決め手にならない。

第二に、国際的に移動する船舶が信用の供与を受けられるためには、旗国法の如何で船舶先取特権の効力が変わるのは望ましくなく、信用供与者の予測可能性を重視しなければならないということが指摘される[41]。確かに、法廷地で信用を供与した債権者についてはそのように言えなくもない。しかし、船舶に関係した信用を供与する者は、法廷地で信用を供与した債権者に限られるわけではない。したがってこの論拠は、法廷地法に最も密接に関連するとは言えない原因により信用を供与した債権者の利益を無視するものである。後者の利益も合わせて考えた場合に、予測可能性に資するのはむしろ旗国法の適用ではないか。

第三に、法廷地法説とほぼ同視できる船舶の現実所在地法説の論拠として、船舶が差し押さえられた段階では、船舶は固定的・安定的な所在地を得ていることが指摘される(42)。確かに、船舶の態様に着目すればそのように言える。しかし、問題は利害関係人の利益との関係でその点をどの程度重視するかであり、このような船舶の態様から直ちに結論を導くのは疑問である。

第四に、（船舶先取特権の成立に法廷地法以外の法の適用を認める見解を採ることを前提として）効力の準拠法まで外国法とするのでは裁判官に困難を強いるものだということが指摘される(43)。確かに、裁判官の負担は軽視されるべきではない。しかし、裁判官の利益よりも利害関係人の利益を重視すべきであり、妥当な結論を得るためには裁判官の苦労を察しつつもかなりの負担を受忍していただかざるをえないこともあると考える。

以上から、法廷地法ないし船舶の現実所在地法によるべきか否かは、結局利害関係人の利益をどのように考えるかにかかってくると思われる。そこで次に旗国法説の論拠を見る。

旗国法説の論拠は以下の点に尽きる。即ち「法廷地法によることは、移動を常とする船舶にあっては事前の法的予測を不可能ならしめ、巨額の資金が投下される船舶金融にとって不可欠な法的安定性を害する(44)」。船舶に関係した信用の供与を行う者は、旗国法によれば自分の取得するであろう船舶担保物権の順位を知りうる。しかし、法廷地法ないし競売時の船舶の現実所在地法が適用されるのであれば、差押地がどこになるかという偶然の事情によって順位が左右されることになってしまう。それでもよいのだと言うためには、直前で検討したそれらの論拠では説得力が弱いと言わざるをえないのではなかろうか。したがって、現時点では旗国法説の方が妥当性が高いと考える。

アメリカ法は、前節で示したように法廷地法によっており、その意味で簡明である。しかし、直前で述べたとおりそれと同じ結論を採れない。ただ、成立ないし有効性を認められたマリタイム・リーエンのみについて法廷地法上の順位を付与するというアプローチは、順位の準拠法を法廷地法とするか旗国法とするかの違いはあるが参考になる。つまり、前章末尾で主張した船舶先取特権の成立ないし有効性の準拠法によってその成立ないし有効性が認められた場合にのみ、その順位が問題になれば旗国法上の順位を付与することになる。決して成立ないし有効性を含む全体を、順位の準拠法である旗国法で処理するのではない。

三　付随する問題

ここまで検討してきたように、船舶先取特権の成立ないし有効性と順位とを別々の準拠法によらしめるべきだとすると、順位を決める場合に、外国法に準拠して成立した船舶先取特権にどの順位を付与するかという問題が残る。これについては幾つかの処理が考えられる。

例えば第一は、外国法に準拠して成立した船舶先取特権については、順位の準拠法が用意している船舶先取特権の原因に起因して成立したものには、当該種類の船舶先取特権に付与されている順位を与えるが、それ以外のものは一般債権と同列に扱うというものである。(45)

第二は、外国法に準拠して成立した船舶先取特権については、順位の準拠法が用意している船舶先取特権の原因に起因して成立したものには、当該種類の船舶先取特権に付与されている順位を与えるが、それ以外のものは（一般債権に優先させはするものの）最下位の船舶先取特権として扱うとするものである。

第三は、外国法に準拠して成立した船舶先取特権を、順位の準拠法が予定している各種の船舶先取特権のいずれかにもれなく置き換えるとするものである。(46)この問題をどのように処理するかは、結局は順位の準拠法上の価値判断に委ねられているのであり、ここでは問題の枠組を示すに止める。

次に、順位の準拠法をめぐる問題に一定の判断を下して船舶競売が行われた場合、競落により船舶上に存在していた物権が消滅するか否かの準拠法をどうするかという問題が残る。これについては、順位の準拠法に関する立場を問わず、法廷地法によるべきだとする見解で一致している(47)。

これに対して、船舶先取特権の競合（対第三者効力）を統一的に旗国法によらしめるべきだと考えれば、競売によって目的船舶を取得した新所有者（買受人）との関係も旗国法で処理されるべきだと言えなくもない。競売手続を行う裁判所の利益を度外視し、船舶担保権者の利益と当該船舶を買い受けようとする者の利益のみを考慮すればこのように言うこともできると思われる。

いずれにせよ、執行実務との関連を検討する必要が残っているのではないかと思われるのであり、その検討は別の機会に行う。

(30)　第二次大戦後の判決としては、古いものから並べると、Brandon v. Denton, 302 F. 2d 404（5th Cir. 1962）後掲判決九、Potash Company of Canada Limited v. M/V Raleigh, 361 F. Supp. 120（D. C. Zone. 1973）, Gulf Oil Trading Co. v. Creole Supply, 596 F. 2d 515（2nd Cir. 1979）（バハマでの競売につき）、Rayon Y Celanese Peruana v. M/V PHGH, 471 F. Supp. 1363（S. D. Ala. 1979）, Alpine Gulf v. First Natl. Bank, 1981 AMC 540（N. D Ill. 1979）, Oil Shipping（Bunkering）. v. Royal Bank of Scotland, 817 F. Supp. 1254（E. D. Pa. 1993）, Oil Shipping v. Sonmez Denizcilik ve Ticaret A. S., 10 F. 3d 1015（3rd Cir. 1993）がある。法廷地法の適用が暗黙の前提とされているものは、他にも多数ある。

(31)　例えば、個別の相続財産の持分の処分が相続準拠法で禁止されているのに共同相続人の一部がそれを第三者に処分した事案において、共同相続人間での紛争では相続準拠法を適用するが、第三者に対する処分の効力が争われている場合には、その前提問題である相続人の持分の処分権の有無も含めて、当該事案の全体を物権準拠法によって処理するとする東京高判平成二年六月二八日金法一二七四号三二頁は、これと共通した考え方と言える。これに対する批判として、拙稿・ジュリスト九八五号（一九九一年）一三六頁、一三七－一三八頁参照。

（32）　この判決（D. P. R. 1967）は、274 F. Supp. 324に掲載されている（rev'd in part on other grounds, 412 F. 2d 707 (1st Cir. 1969)）。この判決は、当該マリタイム・リーエンの成立の準拠法を決めるにあたって、まず船長の雇傭契約でリベリア法の適用が要求されており、裁判所はリベリア法の適用が法廷地の法律や公序に反しない限りそれを適用しなければならないとする。
　次に、アメリカでは従来このようなマリタイム・リーエンについては旗国法が適用されてきており、また自州法によっても同船長のマリタイム・リーエンが認められるから、リベリア法を適用するとし、船長にマリタイム・リーエンを認めた。

　この判決の論理によると、上記契約の準拠法が旗国法であるリベリア法でなかったとすると、マリタイム・リーエンの成立を契約準拠法によらしめたかはかなり疑問である。判決三以後は賃金債権についてのマリタイム・リーエンの準拠法が問題となった事例は見当たらないが、前章で検討したような処理がなされることになると思われる。
（33）　この判決（D. P. R. 1968）は、293 F. Supp. 425に掲載されている。準拠法判断は行っていない。
（34）　46 U. S. C. § 953(a)(2)
（35）　注(31)の東京高判の上告審判決である最判平成六年三月八日民集四八巻三号八三五頁判時一四九三号八〇頁は、第三者に対する持分処分の効力は物権準拠法によるが、その前提である相続人が持分を処分できるか否かなどは、原審判決と異なり相続準拠法によるとした。内部の法律関係とその第三者に対する効力とで別個に準拠法判断している点で、ここでの発想と共通していると言える。
（36）　他には、物上代位が関係する前述の二決定が、準拠法次第で結論が変わった可能性がある。
（37）　広島地呉支判昭和四五年四月二七日下民集二一巻三～四号六〇七頁も旗国法によっているが、日本法でも結果は同じだったので、ここでは除く。
（38）　小川英明「外国船舶の任意競売の一事例」判タ三四五号（一九七七年）六七頁で紹介されている。
（39）　学説については第一章注(2)参照。最近に限れば、法廷地法ないし船舶の現実所在地法による説が若干優勢になりつつあるようである。
（40）　谷川・前掲注(2)『国際私法演習』六五頁。

(41)　表現は異なるが、同上はこのような趣旨だと思われる。
(42)　石黒・前掲注(2)『金融取引と国際訴訟』三四六頁。
(43)　同上三四八頁。
(44)　道垣内・前掲注(2)一四九頁。
(45)　例えば、日本法が順位の準拠法になった場合を想定すると、商法八四二条に定められている八種類の成立原因又は特別法上の成立原因と一致する原因によって成立した船舶先取特権に、各々八四四条に規定されているような順位を付与し、抵当権に優先させる（同八四九条）ということである。
(46)　上の例を使えば、商法八四二条に定められている八種類の成立原因又は特別法上の成立原因と一致しなくても、これらのうちで最も類似していると評価できる原因に基づく船舶先取特権として評価するということである。
(47)　順位の準拠法を法廷地法とする見解として、石黒・前掲注(2)『金融取引と国際訴訟』三四八頁、林田・前掲注(2)四六〇頁。順位の準拠法を旗国法とする通説の立場を前提としつつこの問題を法廷地法によらしめる見解として、浦野雄幸「船舶競売をめぐる実務上の問題点」海事法研究会誌六九号（一九八五年）一頁、一〇頁。

第四節　結論と今後の課題

船舶先取特権の準拠法についての日本での議論は、その成立と効力とを分けて行われてきた（第一節）。これに対してアメリカ法では、船舶に関する債権を有する債権者と船舶所有者との関係（当事者間関係）と、その債権者が取得した権利（マリタイム・リーエン）と他のマリタイム・リーエンとの順位（対第三者関係）とに分けて準拠法が決められている。

前者については、船舶所有者が債務者でもある場合には被担保債権の準拠法によっており、そうでない場合には、マリタイム・リーエンの成立に最も重要な関連を有する国の法によっている（第二節一）。また後者については、法廷地法で処理している（第三節一）。密接関連テストを妥当と見る伝統的な立場からは、従来の日本におけるアプローチよりも、むしろこのようなアメリカ法のアプローチの方が率直である。したがって、日本でもこれを参考に以下のように処理すべきだと考える。

まず、船舶先取特権の成立ないし有効性や当該権利の性質・内容の準拠法は、当事者間関係に絞って決定されるべきであり、債務者と船舶所有者とが一致する場合には、被担保債権の準拠法と、それらが一致しない場合には、原則として船舶の現実所在地法とすべきである（第二節二）。

次に順位についてだが、アメリカ法は法廷地法によっている。これによれば、競売による担保権の帰趨（消除主義か引受主義かの問題）まで同一の準拠法により簡明に処理しうる。自国法を適用するのだから裁判官の負担も軽い。しかし、船舶担保権者の予測可能性の確保のため、順位は旗国法によるべきだと考える（第三節二）。

当事者間関係と対第三者関係とで分けるアメリカ法の考え方を日本法に持ち込むことは妥当でないと思われるかもしれない(48)。しかし、これまでの物権準拠法の一般理論における考え方の方に再検討の必要があると考える(49)。その点については別の機会に示す。

最後に、前章までに検討してきた問題に関連する問題を今後の課題として意識しつつ、それらに対する若干の考察をしておく。

第一に、第三節三補注の判決六が扱った船舶先取特権の追及効の問題について、同判決ではマリタイム・リーエンの成立ないし有効性の準拠法によって追及効が否定されたが、もしそれが肯定されていたら直ちに新船舶所有者は船舶先取特権を負担せねばならなくなるかが問題となったはずである。この問題は次のように処理されるべきではないか。

即ち判決六では、事実関係が明確ではないが、マリタイム・リーエンの成立ないし有効性の準拠法は、船舶サービスを供給したXと船舶の前所有者との関係にのみ着眼して選択されているはずである。これを新所有者であるY₂との関係にも及ぼすわけにはいかない。これはマリタイム・リーエンの対第三者効力にあたるのであり、ここでは改めてマリタイム・リーエン権者であるXとY₂との間の関係を規律するのに最も密接な関係を有する国の法を選択せねばならない。そして、ここでも両者の唯一の接点である船舶を基準とすべきである。ただし、ここでは船舶の現実所在地法ではなく旗国法によるべきではなかろうか。なぜなら、前者によれば（新所有者となるべき）買主は、自分に有利な国に目的船舶が寄港した時点でそれを購入することができるが、そのような利益の保護の必要性はそれほど高くない。後者によっても、買主の予測可能性が害されるわけでもない。

一方、Xは前者によると予測が立たないが、後者によると船舶先取特権の対第三者効力については順位と合わせて旗国法の内容に注意を払えばよいことになるからである。また、船舶サービス供給が船舶の現実所在地でなされる必要があるのに対して、船舶の売買は必ずしもその必要はない。その意味でもここでの問題は、むしろ旗国法との関連の方が強いと考えるべきではないか。ともかく具体的な事例を通じて今後検討したい。

第二に、船舶先取特権に基づく物上代位については第二節の最後の部分で主張したように、まず債権者（船舶先取特権者）と船舶所有者の関係に絞って準拠法を選択すればよい。ただし、船舶所有者が目的船舶に代わって取得した債権に対して船舶先取特権者が物上代位により船舶先取特権を行使することが当該準拠法上認められる場合に、船舶先取特権者が取得する当該債権に対する担保権を当該債権の債務者（第三債務者）に対抗するための要件や、当該債権について担保権の競合する第三者に対する関係まで前述の準拠法によるわけにはいかない。これら第三者の利益が反映されていないからである。そこで、この場合の対第三者関係の準拠法を決める必要がある。

この場合、もはや旗国法の出番は原則としてないと考える。旗国法は競合する船舶担保権者の順位を決めるためには最適だと思われる。しかしここでは、既に担保の目的は債権に変わっているのである。船舶先取特権の第三者に対する効力を第三者の利益と調和すべく制限する必要があるとしても、もはや債権担保権としての性質に変わったのだから、それにふさわしい準拠法選択をすべきではないか。そうだとすると、債権についての対第三者関係を規律する準拠法を決すべきことになるが、それは法例一二条により目的債権の債務者（第三債務者）の住所地法だと言うべきである。なぜなら、債権者、（船舶先取特権者＝物上代位権者）の立場からすると、目的債権の準拠法の如何を調査する必要はなく、第三債務者の外観的事情のみを基準にして差押えの要否などを判断できるからである。さらに、目的債権の準拠法は常に明示的に指定されているとは限らないのだから、目的債権の準拠法によることは債権者（船舶先取特権者＝物上代位権者）の利益を軽視するものだとも言える。先例である東京地決平成三年八月一九日判時一四〇二号九一頁や東京地決平成四年一二月一五日判タ八一一号二二九頁の事案に則して言えば、目的債権の準拠法によるべきだとすると船舶保険の準拠法を債権者が知る必要があるが、第三債務者の住所地法によるべきだとすれば、直ちに日本法が準拠法だとわかることになる。

ただし、第三債務者の住所地法が、目的船舶上の担保権相互の順位については（担保権の目的が船舶から債権に変わっているにもかかわらず）変更しないと定めていることもありうる。その場合には当該準拠法の趣旨に則って、旗国法によって決まっていた順位に従うべきことになるであろう。その意味で、物上代位についても旗国法が適用される余地がないわけではない。

ともかくこの問題については、債権譲渡・債権質・法定代位などと合わせて検討する必要があり、今後の大きな課題である[50]。

以上いくつかの課題を残したが、船舶先取特権の準拠法についての議論の大枠は、本稿により整理できたのではないかと考える。

（48）　国際動産売買における所有権の移転などの問題に関してこの二つの場合を分ける考え方（有体動産の国際的性質を有する売買における所有権の移転の準拠法に関する条約（一九五八年）に見られるような）に対し、山田前掲注

(2)二七三頁や櫻田嘉章『国際私法』(一九九四年)一九八頁は、妥当でないとする。また、石黒・前掲注(2)『国際私法』三六一―三六二頁もこのような考え方に批判的である。

(49)　我妻栄＝江川英文「国際的動産売買における所有権移転に関する準拠法について」私法一四号(一九五五年)三九頁、五三頁は、山田・前掲二七三頁が引用する趣旨とは異なり、当事者間関係と第三者関係とを分ける考え方も容認しうるものとしている。ここでは、ひとまず注(22)を参照し、注(21)で引用したアメリカ法の考え方と日本法のそれとを対比されたい。

(50)　債権担保権の準拠法ということになれば、債権質の準拠法は目的債権の準拠法だとした最判昭和五三年四月二〇日民集三二巻三号六一六頁との関係が問題となる。この判決の論理によれば、債権質と他の債権担保権との優先劣後(順位)も目的債権の準拠法によることになるはずである。しかし、その判断自体に問題があるし、明文のある債権譲渡の場合(法例一二条)や、ここで検討した物上代位の場合との間で対第三者関係の準拠法が異なってしまうことも問題である。したがって、前記最判の準拠法判断は再検討の必要が多分にあると考える。その点については今後検討する。

〔追記〕

リステイトメントの'significant'を「密接な」と訳していたところ、「重要な」に改めた。このテーマにおいては両者の意味に実質的な差はほとんどないと考えるが、いずれにしても意訳が過ぎた。若気の至りであったと反省するのみである。

(海事法研究会誌一一三号、一九九四年)

9 パナマ船上の船舶担保物権相互間の順位（優劣関係）の準拠法

広島高裁昭和六二年三月九日決定（昭和六一年(ラ)第六八号、株式会社ユニオンマリンエンジニアリング対セイント・シッピング・ラインズ株式会社外一名、船舶競売手続取消決定に対する執行抗告申立事件）、判例時報一二三三号八三頁

〔参照条文〕法例一〇条一項、商法八四二条・八四四条・八四九条、民事執行法一八九条・一二一条・六三条

第一節　事　実

抗告人X会社（日本法人）は、相手方Y_1会社（日本法人）に対して、本件船舶（パナマ船籍）の航海継続の必要により生じた債権を取得した（なお、Xは、パナマで本件船舶を所有しているとされる相手方Y_2会社がいわゆるペーパーカンパニーだと主張している）。この債権を被担保債権とする船舶先取特権の実行として、広島地裁尾道支部において本件船舶競売手続が開始された（同庁昭和六〇年(ケ)第六一号事件。同庁昭和六〇年(ケ)第四八号事件との関係で二重の競売手続の開始）。

ところが、パナマ商法一五〇七条によりXの本件差押債権に優先する債権（優先する順に、執行費用約一一七五万円、保管料・繋船料一七六万円、船員給与約一三二万円〔別紙一覧表による。但し、約一三二六万円の誤りと思われる〕、

船舶抵当債権約四億六六二七万円）の合計額が約四億九三〇四万円に達するのに対し、本件船舶の最低売却価額は六五〇〇万円にすぎなかった。そこで、原裁判所は、Ｘに対して、右最低売却価額でＸの本件差押債権に優先する債権を弁済すると剰余を生ずる見込がない旨の無剰余通知をした。ところが、Ｘが期間内に民執法六三条二項所定の手続をとらなかったので、原裁判所は、昭和六一年一一月一九日に競売手続取消決定をした。この決定に対して、Ｘは、執行抗告を申し立てた。

準拠法選択に関するＸの抗告理由は次の通りである。⑴本船は「便宜置籍船」であって実質的にはY_1が所有しており、そのことはY_1と取引のあった全ての業者が認め、Y_1も発注時に自認していた。このY_1は日本の株式会社であるのに、パナマ法を適用するのは違法である。⑵外国船舶の停泊期間が通常短いため即断を迫られる裁判所には外国法の資料が少ないし、債権者も旗国法の内容を容易に知り得ないので、旗国法を準拠法とすると、先取特権は有名無実の制度と化してしまう。特に、便宜置籍船の場合は、パナマやシンガポール、リベリアなど従来海運国と考えられていなかった国に船籍を置いているからなおさらである。そこで、日本法で特に保護している船舶先取特権については、被担保債権準拠法（日本法）によるべきである。

第二節　決定要旨――抗告棄却

㈠「法定担保物権としての船舶先取特権は、一定の債権を担保するために法律により特に認められた権利であるが、被担保債権の法律効果であるから、国際私法上、船舶先取特権が成立するためには、被担保債権自体の準拠法により認められるとともに、さらに、法定担保物権としての物権の準拠法である目的物の所在地法（法例一〇条参照。物権の目的物が船舶の場合は、その旗国法）によっても認められねばならず、また当事者の合意によって設定される約定担保物権としての船舶抵当権は、もっぱら物権の準拠法である目的物の所在地法だけで、その成否が決せられるのであり、このようにして一たん成立が認められた船舶先取特権や船舶抵当権についての各内容・効力・その権利相互間の順位（優劣関係）は、もっぱら当該担保物権自体の準拠法である目的物の所在地法（旗国法）により決定されると解するのが相当である。」

(二)「競売裁判所が……パナマ海事法の規定によって、別表記載の各債権がXの本件差押債権に優先するものと決したことは正当であ」る。

第三節　評　釈

本決定の結論には賛成だが、その理由づけには疑問がある。

本決定は、船舶担保物権相互間の順位の準拠法について、高裁レベルで初めて判断を下したものであり、かつ、内国牽連性の強い事案において旗国法を適用した実質的には最初の裁判例である。

(一)　決定要旨(一)は、船舶先取特権の成立に被担保債権準拠法と旗国法とを累積適用し、船舶抵当権の成立に旗国法のみを、船舶担保物権の内容・効力・順位に旗国法のみを適用すべきだとする一般論を提示している。船舶抵当権の準拠法についての判示は、明確な一般論を提示した最初のものと言える。これに対して、船舶先取特権の準拠法についての判示は、先例の多数（①山口地柳井支判昭和四二・六・二六下民集一八巻五＝六号七一一頁、②広島地呉支判昭和四五・四・二七下民集二一巻三＝四号六〇七頁（但し、①②判決とも、成立については旗国法のみによったとも読める）、③秋田地決昭和四六・一・二三下民集二二巻一＝二号五二頁、④東京地判昭和五一・一・二九下民集二七巻一＝四号二三頁（但し、存続が成立の準拠法により否定されている）、⑤高松高決昭和六〇・四・三〇判タ五六一号一五〇頁）と一致する判断である。しかし、右の各先例は、①判決における順位の点を除き、その準拠法判断によって結論が左右されてはいないと思われる。その意味で、右の先例の示した一般論の意義は、大きくないのではないか。また、本決定では、船舶抵当権の準拠法を含めて、十分な理由が示されているわけでもない（法例一〇条の「目的物ノ所在地法」が船舶の場合に旗国法となる理由にも、何ら触れられていない。船舶先取特権の成立については、被担保債権準拠法が適用される理由としてそれが「被担保債権の法律効果」であることを掲げてはいる。確かに、実質法上は、そのように言うことができよう。しかし、ここでの問題は、牴触法上、被担保債権の準拠法がその債権者と船舶先取特権を負担することになる船舶所有者にとって最も密接に関連すると言えるかである。この点、その債務者と船舶所有者とが一致しない場合には、被担保債権の準拠法が右の両者にとって最も密接に関連するとは言えない（右の点については、アメリカにおけるリーディングケースであるGulf Trading & Transp. Co. v. Vessel Hoegh Shield, 658 F. 2d 363 (5th Cir. 1981) および、森田博志「アメリカ牴触法におけるマリタイム・リーエンの準拠法の現状とわが国の国際私法における船舶先取特権の準拠法についての解釈論」海事法研究会誌一一三号五－六頁、一四頁（平六）を参照）。その意味で、右の理由づけは、船舶先取特権の成立につき常に被担保債権準拠法が適用される根拠としては十分でない）。したがって、本決定の示した一般論の意義も、小さいと考える。

㈡　本件の争点は、船舶担保物権相互間の順位の準拠法である。したがって、本決定の射程は、この問題についてに限られていると思われる（早川眞一郎〔判批〕ジュリ九二三号一〇四頁（昭六三））。

本決定は、この問題につき旗国法を適用した。この問題については、従来、旗国法を適用した裁判例（前掲①判決）と法廷地法を適用した裁判例（⑥東京地裁昭和五一・九・一四競売事件〔小川英明「外国船舶の任意競売の一事例」判タ三四五号六七頁（昭五二）で紹介されている〕）とに分かれていた（前掲②判決も、旗国法を適用している。しかし、法廷地法である日本法を適用しても結論は変わらない事案であった。したがって、その意義は大きくない。そこで、以下での検討の対象からは外す）。

(1)　①判決では、米国法人を債務者としてそれが所有する米国籍船にアメリカで給油した米国法人とサウジアラビアで給油した（おそらく外国の）法人の取得した船舶先取特権と、同船上に米国法人が取得した船舶抵当権との間の順位の準拠法が争点となった（被担保債権の準拠法は、全て米国法と判示されている）。この事案では、ほとんど全ての要素がアメリカと関連しているのに対して、日本との関連は船舶が日本で差押えられたという点にしかない。したがって、①判決は、旗国法である米国法の適用に何ら問題のないケースであった。これに対して、⑥事件では、（おそらく外国の）法人の所有するイスラエル籍船上に申立債権者であるアメリカの信託会社が取得した船舶抵当権（のち船舶先取特権も）と、スウェーデンの会社が取得した船舶抵当権と、日本の造船会社が取得した船舶修理代債権を被担保債権とする船舶先取特権との間の順位の準拠法が問題となった。旗国法であるイスラエル法によれば右の船舶先取特権が船舶抵当権に劣後するのに対して、法廷地法である日本法によれば逆に船舶先取特権の方が優先する事案であった。こちらは、日本とも密接に関連していると言える。本決定では、複数の日本法人が船舶先取特権を取得していたようであり、かつ、その被担保債権の債務者が日本法人であって、⑥事件よりも日本との関連性が強いように思われる。その意味で、旗国法を適用した本決定の処理は、法廷地法を適用した⑥事件の処理と鋭く対立している。

(2)　本決定は、旗国法を適用する理由を示していない。これに対して、⑥事件が法廷地法を適用したのは、「先取特権の範囲、順位は公序の問題に関連する」こと、「船舶が場所的移動にかかわらず航海の途次経済的労務的援助を受けるのは、抵当権に優先する担保権が供与されているからであって、これが旗国法如何によって異なるのは好ましくな」いことを理由としている（小川・前掲七二―七三頁は、山田鐐一＝澤木敬郎編・国際私法演習六〇頁〈谷川久〉〔昭四八〕を援用する。なお、谷川久〔判批〕渉外百選六九頁〔第三版〕〔平七〕も参照）。しかし、公序則は濫用されてはならない（例えば、池原季雄・国際私法〔総論〕二六四頁〔昭四八〕）。また、日本法上の船舶先取特権は、一律に公序の対象となるほど保護の必要性が高いとは言えないのではないか（木棚照一〔判批〕海事法研究会誌八二号五頁〔昭六三〕）。①判決の事案では日本の公序は問題にならないし、⑥事件や本件でも法例三三条の要件を充たすほどの内国牽連性および準拠外国法の異質性に起因する適用結果の異常性はないのではなかろうか（公序の点については、後述㈢⑵も参照）。また、後者の理由は、信用の供与が法廷地法に最も密接に関連しているとは言えない債権者には妥当しない。むしろ、旗国法による方が、事前の法的予測を可能にし債権者に法的安定性を保障するのではないか（道垣内正人〔判批〕保険・海商百選一四九頁〔第二版〕〔平五〕。これらの点に関しては、森田・前掲一六―一七頁も参照。なお、②判決・③決定・⑤決定ではパナマ籍船が関係しており、むしろ、船舶関係者は、事前にパナマ法の内容を調査しておくべきだとまで言えるのではないか）。したがって、本決定が旗国法を適用した点には賛成する（但し、平塚眞〔判批〕判タ六七七号六三頁〔昭六三〕は、本決定が、口頭弁論で充分議論を尽くしたうえで下される判決とは異なること、最近の学説や実務の取扱を充分考慮したとは思われないことを理由に、その先例的価値を限定的に考えるべきだとする。また、早川・前掲一〇五頁は、実質的な利益考量を十分に行っていないように思われるとし、本決定は検討の余地があるとしている）。

㈢⑴　ところで、本決定に対して、決定要旨㈠には賛成しつつ、本件のXのようなものが無配当になるのでは安心して必要な物資を供給できなくなるとし、便宜置籍船については旗国が既に実効性を欠くものとみてこれに代えて事実上船舶の管理支配が行われる実質的意義における船籍港ないし母港を連結点とすべきことを示唆する見解が示されている。この見解は、本件が、実質的意義における船籍港ないし母港が日本国内にあるとみて日本法を適用すべき事案と言えたのではないかとしている（木棚・前掲五一―七頁）。

Xの主張の通り、Y_1が本件船舶の実質的な所有者でありY_1と取引をした相手方全てがそのことを知っていたとすれば、そのように言えなくはないかもしれない。しかし、そのような処理では、右の事情を知らない船舶担保権者の予測可能性が害される場合も生じてしまう。それを避けるために、右のような処理によると予測可能性を害される船舶担保権者が一人でもいれば原則どおり旗国法が適用されるというようにすると、逆に他の船舶担保権者の予測可能性を保障することができなくなってしまう。したがって、右の見解の示唆する処理は支持できない。

(2) また、本件では、実質的な意義での船籍港、実質的所有者の営業本拠地、競売申立人である船舶先取特権者の国籍、住所等が日本に集中しており内国牽連性がきわめて強いこと、Xの権利を船舶抵当権に劣後させ無配当とすることは船舶先取特権により船舶の安全な航行を維持しようとするわが国の海事私法秩序を破壊するおそれが生じることを理由として、公序則を適用すべきであったとする見解も示されている（木棚・前掲七頁）。

確かに、Xが主張するような事実関係が存在しているとすれば、そのようなおそれも考えられなくはない。だとすると、本決定は、この点の検討をすべきだったとまでは言えるのではないか（但し、この点を検討したとしても、結論は変わらないのではなかろうか。ただ、仮に、本件が公序則を適用すべき場合に該当するとしても、事案全体について旗国法の適用（東京大府商法研究会編『商事例研究㊳昭和六二年二三事件』）が排除されてしまうことには疑問がある。右の秩序を維持するために保護されるべき船舶担保権者と他の船舶担保権者との間の順位に限って旗国法を排除するだけで、秩序維持の目的は達成される。したがって、公序則の適用によって導かれる順位に従って前者に配当を行ったうえで、その他の船舶担保権者の間の順位は、原則どおり旗国法によって決めれば足りるのではないかと考える）。

(四) なお、船舶担保物権の準拠法については、本決定の後、船舶先取特権について成立・効力とも法廷地法によった二つの決定が出ている（⑦東京地決平成三・八・一九判時一四〇二号九一頁〔成立のみについての判示だが、効力も法廷地法で処理している〕、⑧東京地決平成四・一二・一五判タ八一一号二二九頁）。しかし、その理由づけには、事実に反する点や疑問の残る点が多くある（詳しくは、森田〔⑧決定判批〕ジュリ一〇五一号一二七―一二八頁〔平六〕参照）。また、両決定とも、船舶先取特権に基づく物上代位による（船舶保険金）債権担保権実行事件であって、船舶競売事件である本決定を含む従来の裁判例とは事案を著しく異にしている。したがって、本決定の意義は、現在まで変わっていないと考える。

（東京大学商法研究会編『商事判例研究㊳』昭和62年23事件）

10

登録済みヨットの二重譲渡とそれから派生する物権・債権の準拠法

松山地裁平成六年一一月八日判決（平成五年(ワ)第二八六号、ユニバーサル・サービシィズ・インク対パスポート・シッピング・ジャパンこと岡本雅博、ヨット引渡等請求事件）、判例時報一五四九号一〇九頁

〔参照条文〕法例一〇条・一一条、民法一九六条、商法六八六条一項

第一節　事　実

原告X会社（米国デラウエア州法人）は、当時の所有者である訴外A会社（イタリア法人）との交渉で、Aの宣伝用としてAの費用でボートショー会場に展示する権利をAに認めることを条件として、本件ヨットを代金一九五万ドルで買い入れる旨の合意に達した。そこで、Xは、一九九〇年六月四日A・訴外B会社（英国法人）・Aの代表者である訴外C（イタリア人）の三者を売主とする売買合意書に署名し、Bを売主とする同年六月二七日付の売渡証書の交付を受けた（Bが売主とされたのは、当時まだ本件ヨットが前所有者であるBを所有者として英国で登録されていたためである。なお、本件ヨットは、一九八六年にAが製造したものである）。Xは、直ちに右代金を支払い、本件ヨットの修理・改造をAに依頼しAの手元に本件ヨットを残して帰国し、同年九月二七日米国でペンシルヴァニア州のフィラデルフィアを母港としてXを所有者とする登録を了した。

被告Yは、同年一〇月一六日イタリアのジェノバのボートショー会場でAが展示していた本件ヨットを見て、同年一〇月二〇日右会場近くの海上に停泊中の本件ヨット内でAとの間で本件ヨットを代金二三三万二〇〇〇ドルで買い入れる契約を締結した（右代金は支払済）。この時、Yは、右の展示が本件ヨットを製造したAによるものであったことから本件ヨットをAの所有する新造船（未登録船）だと信じてしまい、それをCに騙されて買い入れており、その登記・登録関係には注意しなかった。その後、Yは、同年一一月二四日までイタリア国内で本件ヨットの整備点検作業を行った。本件ヨットは、リボルノ港で日本に向かう貨物船に搭載され同年一二月一日出港し、翌九一年一月六日松山港に到着した。Yは、当初Aが必要書類の送付について一切協力しなかったため、ようやく同年七月一二日本件ヨットの所有権保存登記をし、七月一六日船舶原簿に登録した。

以上の経過の後、Xは、Yに対して、⑴本件ヨットの引渡し、⑵Yによる右登記・登録の抹消、⑶Yの不法行為に基づく損害賠償金四九七五万円（原状回復・運搬費用等二〇万ドル、賃料相当損害金四七万ドル、弁護士費用二〇万ドル、合計八七万ドルのうち五〇万ドル）及び遅延損害金を請求した。これに対して、Yは、船舶所有権の移転についての準拠法を旗国法とするXの主張を争い、また、Xは本件ヨットの登録を更新しておらず旗国法による保護を受けられない、Yは本件ヨットの所有権を即時取得（民法一九二条）した、仮にそうでないとしても本件ヨットに費やした費用（購入代金約三億七七〇万円、輸送代金一二五〇万円、消費税約九七四万円、日本での荷役料約六二万円、繋船料一〇五万円、維持管理費一三五〇万円、日本での補修費約一一七四万円）の償還請求権（同一九六条）に基づき留置権（同二九五条）を行使する、Yに過失はなかったと主張した。

第二節　判　旨

(1)(2)は認容、(3)は棄却。

(一)1　「物権準拠法は目的物の所在地法による（法例一〇条一項）が、船舶や航空機の如く常時移動してその物理的な所在地の確定が困難であり、又は確定可能な場合にも、偶然に所在する場所により物権関係を決定することが不適当・不可能なものについては、右の所在地法は、登録地法（旗国法）を意味すると解されている。

従って、登録済み船舶である本件ヨットの所有権の得喪は、登録地法（旗国法）である米国ペンシルヴァニア州法が準拠法となる。そして、米国ペンシルヴァニア州法では、……前所有者の作成した売渡証書、又はこれに代わる宣誓陳述書の交付を受けることが必要である。

Xは、前所有者B作成の売渡証書の交付を受けて、本件ヨットの所有権を取得し、米国で本件ヨットの登録を了した。しかるに、Yは、Xから本件ヨットの売渡証書、又はこれに代わる宣誓陳述書の交付を受けていないので、本件ヨットの所有権取得につき保護を受けることができない。」

2　「登録の有無は、Yが本件ヨットについて売買契約を締結した一九九〇年一〇月二〇日時点を基準とすべきであり、同時点でXが米国において本件ヨットの登録を了していたのであるから、Xが旗国法による保護を受けることができることは明らかである。」

3　「そもそも、本件においては日本法が準拠法とはならないのであるから、民法一九二条に基づく即時取得を主張するYの主張は、既にこの点において失当である……

しかも、Y主張の売買当時のヨット所在地〔法〕（法〔例〕一〇条）であるイタリア法でも、即時取得の規定（イタリア民法一一五三条）は、登録制度の適用を受ける船舶については適用がないと解されており、イタリアでは、本件ヨットはレジャボートとして登録制度の適用を受ける船舶であるから、Yは本件ヨットの即時取得を主張できない。」

(二)　「民法一九六条」によれば、「YがXに対し、占有者の費用償還請求権を有するものとは認められないので、

Ｙが主張している留置権の抗弁は理由がない。」

㈢「法〔例〕一一条」によれば、「Ｙは本件ヨットをイタリアで買入れたのであるから、本件についてはイタリア法が準拠法になるところ、イタリア法の不法行為規定（イタリア民法二〇四三条）は、日本民法七〇九条と同じく過失責任主義である。

……Ｙが Ａとの間で本件ヨットの売買契約を締結し、Ａから本件ヨットの引渡しを受けて日本に持ち帰り、Ｘの本件ヨットについての所有権を侵害したことについて、Ｙには、不法行為責任を問われる程の過失があったものと認めるのは困難である。」

第三節　評　釈

判旨に若干の疑問がある。

本判決は、登録済み船舶の二重譲渡を規律する準拠法についての最初の判決であり、かつ、即時取得および二重譲渡に起因する債権（の成否）についても準拠法判断が下された事例である。

㈠⑴　判旨㈠１は、法例一〇条の「所在地法」を登録地法（旗国法）と解すべき対象について判示し船舶を例示している。しかし、右のような一律の処理は疑問である（批判的な見解が強い。例えば船舶先取特権につき、例えば、谷川久「旗国法の基礎の変化と海事国際私法（二・完）」成蹊法学四三号（平八）三〇頁参照）。また、ここでの争点は船舶所有権の得喪の準拠法である。したがって、判旨の射程はこの点にしか及ばない。

判旨が右の準拠法を登録地法（旗国法）とした点は、この点につき明確に判示した唯一の判決（①神戸地判昭和五七・三・二九刑裁月報一四巻三～四号二八二頁）と同じ判断である。ただ、①判決では、売買契約締結時における船船の現実所在地法も（売買契約の準拠法も）登記（録）地法と一致していたと推測される。その意味で、右の判示の意義は大きいとは言いにくい。これに対して、本件では登録地法と現実所在地法とが異なっており、右の判旨は一定の意義をもつ。

判旨は、右の前提から直ちに登録地法である米国ペンシルヴァニア州法を適用した。しかし、この判断には飛躍があるのではないか。即ち、本件ヨットは、Yによるその買入れ時にボートショー会場で展示されていたものである。また、その時点まで少なくとも四カ月間は製造者であるAの手元にあったようであり、それはXの意思に起因している。だとすると、本件ヨットの所在地は「確定可能」であって、しかも、それは「偶然に所在する場所」とは言えないのではないか。つまり、本件ヨットは、右の一般論で想定されている船舶と同列には論じられないのではないか。むしろ、本件の二重譲渡は、目的物が現実に所在しているイタリアを舞台になされており、イタリアと最も密接に関連している。したがって、この点は、むしろ現実所在地法であるイタリア法で規律すべきだったのではないか。

仮に、登録地法を適用する判旨の立場を前提としても、さらに判旨には疑問がある。即ち、本件ヨットは米国でXによりその所有権について既に登録されていた。ところが、Yは本件ヨットを新造船（未登録船）だと誤信して買い入れている。だとすると、右の準拠法について、予測可能性がYに実際に保障されていたと言えるのか疑問が残る（仮に、一般論としては登録の有無を売主から確認できると言えるとしても、本件ではCがYに真実を伝えたとは想像しにくい）。この点につき、本件ヨットが右の展示の際に米国旗を掲揚していた等の事実があったとすれば、Yに対して予測可能性が保障されていたと言えるのではないか。その意味で、判旨は、登録地法を適用するとしても、その前提として右の事実の認定をすべきだったのではなかろうか（控訴審では、米国旗を掲げていたか否かが、他の論点との関連ではあるが、事実に関する争点になっているようである）。

なお、細かいことだが、判旨は、Xによる所有権の取得についても米国ペンシルヴァニア州法を適用している。

しかし、Xによる本件ヨットの買入れ時の登録地法は、まだ英国法だったはずである。登録地法を準拠法とする判旨の立場を前提とする場合には、Xについて米国ペンシルヴァニア州法が適用されるのは、本件の二重譲渡の第三者であるYへの対抗の問題、Yとの間の優劣関係のみである。

(2)　判旨(一)2は、YA間の売買契約締結時をXY間の優劣を決する判断の基準時とすべきだとしている。しかし、この点は、厳密には、準拠実質法に従うべき問題ではないか。ただ、準拠法選択の基準時は右の時点でよいと考える。Yには、その時点で準拠（実質）法上の法律効果についての予測可能性を保障すれば足りるからである。

(3)　判旨(一)3の前段は、即時取得の準拠法が日本法となることを前提としたYの主張に答え、そもそもこの点の準拠法は日本法ではないとしている。この点には賛成する。仮に、新所在地法である日本法を準拠法とする立場を採ると、Yのような占有者が即時取得の認められない国から認められる国へ目的物を移動させて即時取得するようなことを許してしまうことになる。しかし、Yのような占有者の利益にはXのような原所有者の利益が対立しているのであり、両者間の利益調整の準拠法を決する基準時も一定の時点で固定すべきである（基本的には、YA間の売買契約締結時でよいと考える。但し、その交渉段階でYのような買主が働きかけて目的物の所在地を自分に有利な地に変更することも考えられるから、厳密には、その当初の所在地法とすべきではないか）。

判旨(一)3の後段は、Xの反論に対応したものであろうが、即時取得の準拠法を本件ヨットの売買当時の現実所在地法であるイタリア法と解している。しかし、判旨は、(一)1で本件ヨットについて法例一〇条の「所在地法」は「登録地法（旗国法）である米国ペンシルヴァニア州法」だとしているのだから、ここでも同州法を適用するのでなければ一貫しないはずである（林田学〔判批〕判評四五一号（平八）五三頁）。実質的にも、本件では、即時取得は二重譲渡の優劣問題の一環をなしており、それらは一体として処理されるべきである（したがって、本件ヨットの二重譲渡はイタリア法で規律すべきであったと解する(1)で述べた立場からは、逆に、この点の判旨は支持できることになる）。

(二)(1)　判旨(二)は、Xに対するYの費用償還請求権の準拠法が日本法であることを前提に、その存在を否定している。しかし、日本法が準拠法となる根拠は示していない。この点、Yが費やした費用を償還せずにXが本件ヨットの返還を受けるとすればXの不当利得の存否が問題になると解するなら、法例一一条の適用対象とも考えられる。ところで、同条の「原因タル事実ノ発生シタル地」とは、利得の直接の原因となった財貨の移転が現実に行われた地を意味すると解されている（例えば、溜池良夫・国際私法講義（平五）三六六頁）。本件では、Yの主張によれば、費用はイタリアおよび日本で発生している。だとすると、前者についてはイタリア法が、後者については日本法が準拠法になるのではないか（仮に、Yがイタリアで発生したと主張する費用がいかなる法によっても費用償還請求の対象にならないと思われるとしても、その成否は、理論的にはイタリア法の適用が前提となることである）。その意味で、日本法にしか言及していない判旨は疑問である。

仮に、判旨が日本で発生した費用を中心に考えて日本法を適用したと解するとしても、判旨にはさらに疑問がある。即ち、判旨のように解すると、占有者（本件ではY）が目的物の所在地を変えることによってこの点の準拠法が変わってしまうことになる。しかし、これでは、所在地の変更に関与していない所有者（本件ではX）に予測可能性を保障することができなくなってしまう。逆に言うと、判旨の処理では、占有者の（抵触法上の）利益の保護に傾斜しすぎているのではないか。また、自己の占有する物を保存・改良するために費用をかけることは、占有に通常伴うことである。したがって、仮に、法例一一条の適用を前提とする立場に立つとしても、この点の準拠法は、そもそもの原因であるYによる本件ヨットの占有取得がなされた地の法であるイタリア法とすべきだったと考える（但し、買入れ地と占有取得地が異なる場合には、一(2)(3)で述べたようにできるだけ早い時点で準拠法を確定しXYに予測可能性を保障すべきだから、前者を基準とすべきではないか）。

(2)　ところで、費用償還請求権の存否は、本件では、二重譲渡の処理に付随する両譲受人間の利益の事後的調整の問題である。したがって、右の点はそもそも二重譲渡を規律する準拠法で一体的に処理すれば足りたのではないか（なお、林田・前掲頁は、日本に所在する船に対する留置権が問題になっているという意味で日本との関連性も深く、日本法上留置権は競売開始原因でもあるので「手続は法廷地法」の原則を拡大適用する余地もあるとして、端的に留置権の成否を問題とし日本法で処理すべきだったとしている。しかし、留置権は競売によらなくても行使できる。即ち、留置権の成否は実体問題である。また、日本法の適用には、占有者が目的物の所在地を変えることに伴う前述の問題点がある。したがって、留置権も、二重譲渡を規律する準拠法により一括規律すべきではないか)。

㈢　判旨㈢は、所有権侵害に基づく不法行為につき、Yによる本件ヨットの買入れを法例一一条の「原因タル事実」と見て、イタリア法を適用している。類似の事例として、ドイツで自動車が横取りされ日本に輸送された事案に関する判決（②大阪地判平成二・一二・六判タ七六〇号二四六頁）があり、端的にドイツ法を適用している。

Yによる日本での本件ヨットの占有継続も不法行為の「原因タル事実」と解することもできなくはない。しかし、ここでも、準拠法を細分化する必要はなく、所有権侵害のそもそもの原因であるYによる本件ヨットの買入れを「原因タル事実」と見れば足りると考える。したがって、法例一一条の適用を前提とする限り、この点の判旨には賛成できる（林田・前掲頁は、売買行為でなく占有移転行為を所有権侵害行為と捉えれば、Yが占有を確定的に取得したのは日本であり、日本を原因事実発生地と解する余地もあったとする。しかし、そのように準拠法選択の基準時を遅らせることに対する疑問は、前述の通りである)。

ただ、Yによる買入れは、本件ヨットの二重譲渡を規律する準拠法の適用対象である。即ち、ここでの問題も二重譲渡と密接に関連している。したがって、右の準拠法で一体的に処理する余地があったのではなかろうか。

（ジュリスト一一一五号、一九九七年）

第三部　不法行為

11　外国スキー場での日本人間の接触事故についての不法行為の準拠法

千葉地裁平成九年七月二四日判決（平成七年(ワ)第一七〇二号、甲野花子対乙山春子、損害賠償請求事件）
判例時報一六三九号八六頁
〔参照条文〕　法例一一条、民法七〇九条・七一〇条・七二二条

第一節　事　実

原告Xと被告Yは、平成五年三月二五日から同月三一日までの日程で行われた訴外Aスキークラブ主催のスキーツアーに参加した。その期間中の同月二七日午前一一時ころ、XYは、カナダ国内のスキー場において、スキー滑走中に接触事故を起こした。

Xは、この事故による転倒で右脛骨骨折の傷害を負い、それがYの過失によるものだとして、Yに対し、損害賠

償金二七五万八四五二円（帰国後の治療費七万六〇二〇円、通院交通費一六万三八〇〇円、休業損害一四一万八六三二円、通院慰謝料一一〇万円）及び遅延損害金を請求した。

第二節　判　旨

一部認容、一部棄却。

㈠「本件事故はカナダ国内のスキー場で起きたものであるが、本件においてXの主張する損害は、いずれも我が国において現実かつ具体的に生じた損害である。そして、不法行為の準拠法について定める法例一一条一項の『その原因たる事実の発生したる地』には、当該不法行為による損害の発生地も含まれるものと解すべきであり、加えて、本件ではXもYも、準拠法についての格別の主張をすることなく、我が国の法律によることを当然の前提として、それぞれに事実上及び法律上の主張を展開しており、したがって両者ともに日本法を準拠法として選択する意思であると認められること、法例一一条二項、三項が、外国法が準拠法とされる場合であっても、なお不法行為の成立及び効果に関して日本法による制限を認めていることの趣旨などをも併せ考慮すると、本件には日本法が適用されるものと解するのが相当である。」

㈡「Yは上方でXを追い越した後、転回して方向を変えようとしたのであるが、Xの滑る位置や方向によっては、これにより下方にいるXの進路を横切る形になるのであるから、Xの動静に注意して、Xとの接触や衝突のおそれのないことを確認して転回すべき注意義務があるものと解され、Yにはこれを怠った過失があるというべきである。

しかしながら、Xにも、転回してその滑降の方向を変えるにあたっては、周囲を滑降している人の動静に注意して、安全を確かめてから転回を開始すべき注意義務があるのに、これを怠った過失のあることが認められるのであって、……X、Y双方の過失の内容、ことに一般的には上方から滑降してくる者に接触や衝突回避のための第一次的な注意義務があると解されることなど諸般の事情を勘案すると、両者の過失割合はXが二〇パーセント、Yが八〇パーセントと認めるのが相当である。」

「Xの請求は、右金額〔金一三九万九三〇八円（治療費七万六〇二〇円、通院交通費一六万三八〇〇円、休業損害七〇万九三一五円、慰謝料八〇万円の合計額一七四万九一三五円の八〇パーセント）〕及びこれに対する遅延損害金の支払を求める限度で理由がある。」

第三節　評　釈

日本法を準拠法とした点には賛成だが、その理由づけには疑問がある。

本判決は、国外における日本人同士の間での不法行為について日本法を適用した点、法例一一条一項の「原因事実発生地」には「損害発生地」も含まれること、「損害」は第一次的（物理的）損害に限られないことを示した点に意義がある。

㈠⑴　判旨㈠は、まず、Xの主張する損害がいずれも日本で現実かつ具体的に生じた損害だとしたうえで、法例一一条一項の「その原因たる事実の発生したる地」には「損害の発生地」も含まれるとしている。

従来、「原因事実発生地」の意味についての判断を明示した裁判例は、本判決と同じく「損害発生地を含む」とするもの（①東京地判昭和四〇・五・二七下民集一六巻五号九二三頁）や、「損害発生地」であることを前提とするもの（②東京地判昭和六〇・七・一五判時一二一一号一二〇頁）、「原則として、……損害が発生した地を不法行為地とする」もの（③東京地判平成九・七・一六判時一六一九号一七頁）と、逆に「行動地」であることを前提にしていると読めるもの（④東京地判昭和四〇・八・二八下民集一六巻八号一三四二頁、⑤東京地判昭和六〇・七・三〇判時一一七〇号九五頁、⑥東京地判平成三・九・二四判時一四二九号八〇頁）や、一般論として明確に「結果発生地」を排除したもの（⑦大阪高判昭和五五・六・二七判夕四二九号一二九頁）とに分かれていた。

ただ、事案に即して見ると、④⑤⑥判決が「損害発生地」を排除する趣旨まで合意しているかは疑問である。すなわち、④判決では、輸出割当がある旨の被告による虚偽事実の通知により原告が被った得べかりし転売利益などの損害の発生地はアメリカであったが、通知の発信地は日本であった。そして、両者が締結した売買契約についての準拠法を日本法とする合意がなされていた。⑤判決では、インドネシアでの林業の合弁事業に関する契約の締結を被告に拒絶されたことにより原告が出費した事務所経費・林区調査費用などの損害発生地はマレーシア・シンガポールなどであったが、「交渉の過半が東京でなされてい」て日本との関連が相対的に強い事案であったと言える。⑥判決では、ノウハウ情報の入手など「被告主張にかかる原告の違法行為の極めて重要な部分が日本国内で行われ」ていたが、被告主張の損害の発生地も主として日本であったと言える。つまり、④⑤⑥判決が「行動地」を前提としたのは、その事案が「行動地」である日本に最も密接に関連するものであったからにすぎないのではないか。

また、⑦判決は、「不法行為制度は一面において、社会生活における人の行動の基準を示し、右基準に従って適法に行動する限り責任を問われることがないことを明らかにする機能をも有する」のであり、「結果発生地」を含めることは「行為者にとって行為の結果の予測を困難ならしめるものであって、右不法行為制度の機能を無視することになる」としている。しかし、⑦判決も認めるように、「不法行為制度は……加害者に損害を填補させ、もって被害者の救済を図ることを重要な目的とするものであ」る。したがって、加害者の予測可能性のみに配慮し「結果発生地」を排除するのは、被害者にとって不公平だと考える（これは、学説において有力な類型論に対する疑問でもある）。抵触法上両者を公平に扱うとすれば、「原因事実発生地」を「行動地」に限定することなく、（事案によっては複数の）「行動地」や「損害発生地」のうちで最も密接に関連する地を「原因事実発生地」と考えるべきではなかろうか。

以上のことから、判旨が法例一一条一項の「「原因事実発生地」には「損害発生地」も含まれるとした点には賛成する。

(2)　次に、Xの右脛骨骨折という第一次的（物理的）損害はカナダで生じている。これに対して、日本で発生しているのは、治療費などの第二次的（経済的）損害である。したがって、判旨は、「損害の発生地」における「損害」は第一次的（物理的）損害に限られないことを示したことになる。

この点、前掲②の判決は、イタリアでの盗難事故によって滅失した物品の所有者（日本法人）に保険代位した原告（日本の保険会社）が被告（オランダの航空会社）の使用者責任を追及した事案において、「損害は、運送品が……滅失した時点において発生し、確定するのであるから、損害の発生した地は、あくまで、本件物品の滅失したミラノ市であると解するのが相当であって、被害者たる法人の本拠の存在する地が損害の発生した地となると解することはできない」とする。ただ、第二次的損害の発生地である日本は仕向地でもあるが、物品は売主の所在地であり発送地でもあるイタリアにある間に盗難事故に遭ったのであって、この事案はイタリアに最も密接に関連していたと言えるのではなかろうか。だとすると、右の判示の意義はそれほど大きくないということになる。

また、前掲③判決は、被告（大韓民国の航空会社）の航空機がソ連（当時）領空を侵犯しソ連戦闘機によって撃墜された事故の遺族である原告（日本人）固有の慰謝料・葬儀関係費用・弁護士費用の損害につき、「本件事故は公海中において死亡という損害が発生したことになり、右結果発生地説によれば法律の存在しない場所が不法行為地となるから、結局、このような場合については法例一一条一項の適用がない」として、「損害発生地」における「損害」を第一次的（物理的）損害に限定した。そのうえで、被害者らと被告との間の旅客運送契約において被害者らの到着地が日本とされていたことなどから、結論的には日本法を準拠法としている。しかし、第二次的損害発生地である遺族の本拠地を「損害発生地」に含めれば、法例一一条一項を適用しつつ同じ結論が導けたのではないか（山田恒久〔判批〕判評四七三号（平一〇）三六頁（判時一六三七号一九八頁）も結論的には同旨）。「損害発生地」における「損害」に第二次的損害を含めると、いかなる事案であっても被害者や遺族の本拠地の法が不法行為の準拠法とされる可能性が生じる。しかし、第二次的損害の発生地が行動地や第一次的損害の発生地よりも事案に密接に関連しているのでない限り、右の本拠地法が不法行為の準拠法とされることはないであろう。また、③判決の事案のように、第二次的損害の発生地の法を不法行為の準拠法にすることができれば、法例一一条一項の枠内で処理できる事案もある。したがって、判旨が「損害」を第一次的損害に限らなかった点にも賛成する（但し、「第二次的損害」は、不法行為の時に通常予想されるものに限られるべきことになろう）。

㈡　判旨は、右の前提から、本件の準拠法は（第二次的損害の発生地の法である）日本法だとし、その理由として、XYが日本法を前提とした主張を展開しており日本法を準拠法として選択する意思だと認められること、法例一一条二・三項の趣旨を挙げる。

しかし、この理由づけには疑問がある。すなわち、まず、前者の理由は、訴訟上の黙示の準拠法合意に道を開くものと言える。しかし、不法行為についても当事者自治を主張する立場においても、明示の合意が要求されている（中野俊一郎「不法行為に関する準拠法選択の合意」民商一〇二巻六号（平二）七八五頁）。また、右の理由は、実体準拠法である不法行為の準拠法が当事者の訴訟活動によって左右されることを意味する。しかし、そもそも実体法秩序は、訴訟とは無関係に決まっているはずである。しかも、本件は、事故地がたまたま外国であったにすぎず、XYの本拠地は日本にあるなどほとんど国内事件とでも言うべき事案である。XYによる日本法を前提とした主張展開は、むしろ、本件に最も密接に関連するのは日本法だということの表れと理解できたのではないか。次に、後者の理由は、①判決も用いている。これに対しては、既に疑問が呈せられている（三ッ木正次〔判批〕ジュリ三三七号（昭四一）一四六頁、岡本善八〔判批〕渉外百選（増補・昭五一）一七三頁）。法例一一条二・三項は、法廷地の公序を維持するために、一項で決まった「原因事実発生地法」に日本法を累積的に適用する趣旨である（例えば、澤木敬郎＝道垣内正人・国際私法入門（第四版補訂版・平一〇）一八〇頁参照。なお、立法論的には批判が強い規定でもある）。したがって、二・三項に一項の解釈を左右させることになる判旨は、理論的には説明できないものである。日本法を準拠法とする結論を導くためには、判旨はむしろ、「原因事実発生地」としてカナダと日本のどちらが適切か、どちらが本件事故に密接に関連しているかを、正面から議論すべきだったのではないか。

㈢　本判決は、日本人同士の間の国外での不法行為について日本法を適用した事例でもある。従来、このような事例では、外国法を適用したもの（⑧大阪地判昭和六二・二・二七判時一二六三号三二頁、⑨大阪地判平成二・一二・六判タ七六〇号二四六頁）と、日本法を適用したもの（前掲①判決、⑩東京地判昭和四九・六・一七判時七四八号七七頁）とに分かれていた。

⑧判決は、カリフォルニア州に留学中の日本人に対してその運転する自動車に同乗して交通事故に遭った同じ留学中の日本人が取得する（不法行為に基づく）損害賠償請求権の準拠法をカリフォルニア州法としている。この日本人留学生は、単にカナダに旅行中に事故に遭った本件のＸＹと異なり、カリフォルニア州とそれなりに関連していたと言える。⑨判決は、日本在住の日本人がドイツ法人を通じて購入した自動車を日本法人の代表者である日本人らがドイツで横取りした事案において、不法行為の準拠法を端的にドイツ法とした。右のドイツ法人は右の日本法人の現地法人であったようであり、右のドイツ法人を介して不法行為の関係が成立している点で、本件よりも外国（ドイツ）との関連が強い。

これに対して、①判決は、ロサンゼルスに滞在し在米生活の長い日本人（被告）が映画の上映権を取得したが輸入免許を得られず買取代金などの損害を被ったとして、日本の映画会社とその従業員で交渉当時ロサンゼルスに滞在していた日本人ら（原告）に対して詐欺による損害の賠償を請求したのに対して、原告らがその債務の不存在の確認を請求した事案において、日本法を適用している。この事案と比較すると、本件の方がはるかに日本との関連が強い。⑩判決は、リベリア法人の所有するリベリア船籍の貨物船との公海上での衝突により沈没した日本漁船の所有者と乗組員の遺族である日本人が右貨物船の定期傭船者である日本法人に対して損害賠償を請求した事案において、日本法を準拠法とした。この事案の渉外的要素は、衝突した船の一方が外国船であることくらいであり、本件でのそれが事故地がカナダであったことのみであるのと比較しても、それほどの差はない。

以上のような観点からも、本件不法行為の準拠法を日本法とした判胸の結論は支持できる。

㈣　判旨㈡は、スキー場でのスキーヤーの注意義務についての判例（最判平成七・三・一〇判時一五二六号九九頁）による「スキー場において上方から滑降する者は、前方を注視し、下方を滑降している者の動静に注意して、その者との接触ないし衝突を回避することができるように速度及び進路を選択して滑走すべき注意義務を負う」という基準を具体的に適用した初めての事例としての意義を有する。

この基準は、直接には国内のスキー場について判示されたものである。しかし、渉外事件においても、日本法が準拠法になる場合には、この基準が基本的には妥当すると思われる（但し、各スキー場でのルールやマナーを含む具体的な状況によって、注意義務の内容が変わることはありうると考える）。したがって、判旨がこの基準に従った点には、本件では、特に問題はないのではなかろうか。

（ジュリスト一一五五号、一九九九年）

12 日本人留学生間の自動車同乗事故と賠償請求の管轄・準拠法・公序

岡山地裁平成一二年一月二五日判決（平成七年（ワ）第一一二〇号、松田裕ほか二名付坂本信彦ほか一名、損害賠償請求事件）、交通事故民事裁判例集三三巻一号一五七頁

〔参照条文〕　法例一一条・三三条、民法七〇九条乃至七一一条・四〇四条、民事訴訟法旧二六条

第一節　事　実

原告X_1（昭和四五年一二月二八日出生）は、日本の高校卒業後、アメリカ合衆国サウスダコタ州にあるヒューロン大学に入学するため同大学附属英語学校に通っていた者であり、原告X_2X_3は、X_1の父母である。他方、被告Y_1（昭和四七年一〇月一四日出生）は、一九九三年五月にアメリカに渡り現地で運転免許を取得し運転経験3カ月程度の者であり、被告Y_2（昭和四九年三月一五日出生）は、アメリカで運転免許を取得し一年半の現地での運転経験を有していた者であり、いずれも前記大学の学生である。

X_1は、現地時間一九九三年一一月二七日午後四時四〇分頃にサウスダコタ州内でY_1が運転しY_2ほか二名が同乗する中古自動車（Y_2が同年夏に現地で購入）に同乗中に発生した交通事故によって重傷を負い、現地で九日間入院治療を受けた後に日本に搬送され同年一二月七日から翌年一二月三一日まで入院治療を受けたが、労働能力を全部喪失

した。そこで、Xらは、Yらに対し、同州法に定める不法行為責任のあることを原因として、各自、X_1に対しては損害賠償金の一部である二億円、X_2X_3に対しては各損害賠償金の一部である五〇〇万円、及びそれぞれ民事法定利率年五分の割合による遅延損害金の支払を請求した。

第二節　判　旨

一部認容（X_1につき一億二四七八万八六二八円、X_2X_3につき各一九五万円、及びそれぞれ日本時間による事故発生日である平成五年一一月二八日から民事法定利率年五分の割合による遅延損害金）、一部棄却。

㈠「争点に対する判断に先立ち、国際裁判管轄及び適用法規について検討する。

……被告の訴訟防御権保障の観点からするならば、被告住所地を管轄とする国に第一次的国際裁判管轄権を認めることが国際私法上の条理に適合するものと解されるところ、Yらは、本件訴訟提起時にいずれもアメリカ合衆国に常居所を有していた者であるが、Yら〔は〕異議を留めることのないまま、本案の答弁をしていることから、右の応訴によって日本国に第二次的国際裁判管轄権が生じるものと解するのが相当である。……

……Xらの損害賠償請求の当否について判断するに当たり準拠すべき法令は、その請求がいずれも不法行為に基づく損害賠償請求権であるため、法例一一条一項の規定に従い、本件事故が発生した地であるアメリカ合衆国サウスダコタ州において適用される法令であると認める。」

㈡「サウスダコタ州法及び判例上子の負傷によって家族共同体が受けた損害につき父母に損害賠償を請求する権利がないとされていることが認められるけれども……、損害賠償の請求主体並びに損害賠償の対象範囲及びその方法については不法行為制度の根幹にかかわるものであるといってよいところ、民法七〇九条、七一〇条及び七一一条の各規定の趣旨及び内容からすると、本件にみられるように、被害者が死にも比肩すべき重大な障害の残る傷害を受け、終生介護を要する状態となった場合にあっては、被害者だけでなくその父母に対しても固有の慰藉料請求権を認めているものと解されるから（最高裁判所……昭和三三年八月五日第三小法廷判決・民集第一二巻一二号一九〇一頁参照）、サウスダコタ州法及び判例の下で慰謝料請求権が認められないことを理由にX_2及びX_3の慰藉料請求権を否定することは、我が国の公序に反するものというべきである。」

㈢「サウスダコタ州法及び判例上弁護士費用が不法行為による損害として肯定されているのか否かにつき証拠上明らかでないけれども、本件訴訟が我が国において提起追行されているものであり、被害者における損害賠償の対象範囲については不法行為制度の根幹にかかわる部分であって、我が国の公序に属するものであるといってよいことからすると、右の弁護士費用は本件事故による損害に当たると解するのが相当である」。

㈣「サウスダコタ州法及び判例上不法行為の日から民事法定利率年五分の割合による遅延損害金が不法行為による損害として肯定されているのか否かにつき証拠上明らかでないけれども、弁護士費用と同様に、遅延損害金の内容も不法行為制度の根幹にかかわる部分であって我が国の公序に属するものであるといってよいことからすると、右の遅延損害金の支払義務を肯定するのが相当であると解される。」

第三節　評　釈

判旨に若干の疑問がある。

本判決は、国外における日本人同士の間での交通事故に基づく損害賠償請求につき事故発生地法を適用した点、財産法の領域で公序則を発動した点、同じく財産法の領域で応訴による国際裁判管轄の発生を認めた点で、数少ない先例に一事例を加えるものである。

(一)　判旨(一)は、まず、Yらが異議を留めず本案の答弁をしていることから直ちに、応訴による日本の国際裁判管轄を肯定している。

1　最高裁の採用する国際裁判管轄に関する一般的判断基準は、マレーシア航空事件判決〔最判昭和五六・一〇・一六民集三五巻七号一二二四頁〕以後の多数の下級審判決が形成したものである。その基準とは、「我が国の民訴法の規定する裁判籍のいずれかが我が国内にあるときは、原則として、我が国の裁判所に提起された訴訟事件につき、被告を我が国の裁判権に服させるのが相当であるが、我が国で裁判を行うことが当事者間の公平、裁判の適正・迅速を期するという理念に反する特段の事情があると認められる場合には、我が国の国際裁判管轄を否定する」〔最判平成九・一一・一一民集五一巻一〇号四〇五五頁〕というものである。

この基準は、本件訴えの提起時〔平成七年一一月二日〕には下級審レベルではあるが既にほぼ確立していた。しかし、判旨はこの基準に言及していない。

2　財産関係事件において応訴による国際裁判管轄の発生につき判断した従来の裁判例〔①大阪地〔中間〕判昭和六一・三・二六判時一二〇〇号九七頁〕は、「公益上の要請から、他国の裁判管轄権に専属させ……なければならないような争訟事件」でない限りこの管轄の発生を肯定すべき旨を判示した。このような判断に対しては、当事者による恣意的な管轄取得を防ぐ趣旨から、内国牽連性を要求し渉外事件における応訴管轄の発生を制限する有力説がある〔例えば、石黒一憲・現代国際私法〔上〕〔昭和六一年〕三七六頁、杉江徹〔判批〕ジュリ八八九号〔昭和六二年〕一一五頁〕。しかし、内国牽連性の有無は、応訴管轄だけでなく他の管轄原因についても問題になりうるのであり、前記「特段の事情」の判断の枠内で考慮すれば足りねのではないか〔中野俊一郎「国際応訴管轄と外国判決の承認」神戸法学雑誌四六巻二号〔平成八年〕二四七頁と同旨〕。①判決は、この点に言及していないが、内国牽連性のある事案だと評価されている〔杉江・前掲頁、神前禎〔旗批〕ジュリ九四三号〔平成元年〕一一〇頁〕。

本判決も内国牽連性（および「特段の事情」）に言及していない。ただ、訴え提起時におけるXらの住所はX_1についても日本にあり、経済的損害の証拠資料も日本に多くあると思われる。他方、判旨は訴え提起時のYらの常居所が米国にあったとしているが、訴え提起時におけるYらの滞米期間は、Y_1が約二年半、Y_2が約三年八カ月（留学目的で渡米したのは、Y_1が九三年五月、〔認定はないが〕Y_2が九二年三月）のようであり、いずれも出国後五年未満となるため、行政解釈を前提にする限りこの点の判旨は疑問である（常居所概念については、道垣内正人・ポイント国際私法総論〔平一一〕一五三―一五八頁参照）。さらに、Yらの訴訟追行は実際にはその親によりなされたようであり（Yらの訴訟代理人は、親の住所地である東京と長野の弁護士である）、加害者が学生の場合にはこのようなケースが通例ではなかろうか。以上の諸点から、本件には十分な内国牽連性がある（日本の管轄を否定すべき「特段の事情」もない）と考える。したがって、応訴による国際裁判管轄を認めた判旨の結論に賛成する。

㈡　判旨㈠は、次に、Xらの損害賠償請求につき法例一一条一項を適用し、端的に事故発生地法であるサウスダコタ州法を準拠法としている。

1　従来、日本人同士の間に国外で発生した交通事故に基づく損害賠償請求に関する裁判例は、いずれも自動車同乗事故の事案で、事故発生地法を適用したもの（②大阪地判昭和六二・二・二七判時一二六三号三二頁、③大阪高判平成一〇・一・二〇判タ一〇一九号一七七頁）と、日本法を適用したもの（④横浜地判平成五・九・二交民集二六巻五号一一五一頁）とに分かれていた（なお、⑤大阪地判平成八・三・一五交民集二九巻二号三九七頁〔前掲③判決の原判決〕は、日本法による判断に加え「行為地法であるカリフォルニア州法においても責任を負う」という判示をしており、どちらの立場とも言い切れないため以下の検討からは除く）。

2　これらのうち、③④判決は、本件と異なり、短期の旅行中の事故についてのものである。④判決は、医院の社員旅行として七泊八日の予定でニュージーランドを旅行中の七日目に発生した同乗事故に基づき従業員から経営者およびその友人である運転者に対してなされた損害賠償請求につき法例に言及せず日本法（民七〇九条、自賠三条）を適用した。これに対して、③判決は、一定の取引関係がありカリフォルニア州で開催された三日間のサイクルショーで協力関係にあった二社の日本法人にそれぞれ雇用され短期出張中の従業員の間で発生した同乗事故に基づく損害賠償請求につき法例一一条一項により端的に同州法を適用している。しかし、この事案で、同州の不法行為法が加害者の行為の際の基準となるか、またその適用が被害者の保護になるかは、いずれも疑問である。

ここで日本人同士の間に国外で発生した偶発的な事故一般に視野を広げると、七日間のカナダへのスキーツアーの三日目に参加者の間で発生した接触事故に関する裁判例（⑥千葉地判平成九・七・二四判時一六三九号八六頁）が注目される。この事案で、⑥判決は、不法行為の準拠法を日本法とし、その理由の一つとして「原告の主張する損害は、いずれも我が国において現実かつ具体的に生じた損害であ」り「法例一一条一項の『その原因たる事実の発生したる地』には、当該不法行為による損害の発生地も含まれる」ことを挙げる。この処理により、「損害発生地」といった場合の「損害」は第一次的（物理的）損害に限られないことが示されたことになる（森田博志〔判批〕ジュリ一一五五号〔平成一一年〕二八一頁、廣江健司〔判批〕桐蔭法学六巻一号〔平成一一年〕二一六頁は、いずれもこの点を指摘し同判決の結論に賛成している）。但し、この処理だけでは、加害行為地や第一次的損害の発生地ではなく第二次的（経済的）損害の発生地を当該事案における「原因事実発生地」とする基準が示されていないのであり、これらのうち当該事案に最も密接に関連する地を「原因事実発生地」とするのが準拠法選択の基本理念に適う処理だと考える（森田・前掲二八二頁。なお、⑥判決のその他の理由づけは疑問であることにつき、同上二八三頁、廣江・前掲二二一―二二三頁）。

3　本判決は、留学期間中の事故につき②判決に続き不法行為の準拠法を事故発生地法とした事例ということになる。②判決は、語学留学中（期間不明）の留学生の間で発生した同乗事故につき不法行為の準拠法を法例一一条一項により端的に事故発生地法であるカリフォルニア州法としている（但し、第二次的損害の発生地は日本であった）。

本件でも、加害行為地および第一次的損害の発生地は事故発生地（サウスダコタ州）であるが、第二次的損害の発生地は日本である。そして、日本で治療費や逸失利益などの経済的損害が発生するであろうことは、事故の時点で客観的に予想できたと考えられる。現に、以上の従来の諸判決全てがそのような事案に関するものであり、それが通常のことだと思われる（仮にそのような事案でなかったとしても、被害者には経済的な損害は結局は日本に生じることになると感じられるのが通例ではないか）。加えて、事故の時点における滞米期間は、X_1が約3カ月（留学目的で渡米したのは、〔認定はないが〕九三年八月）、Y_1が約半年、Y_2が約一年八カ月のようであり、いずれの常居所もまだ日本にあったと言える。一緒に自動車旅行に出た日本人留学生の間には、依然として日本的価値観の共有があったのではなかろうか（さらに、当事者の間には何らかの契約関係があったと解する余地もあろうか）。また、治療費などの経済的な支出は、推測どおり、実際には日本に住む双方の親により負担されている。以上の点から、本件の損害賠償請求に最も密接に関連するのは第二次的損害の発生地である日本ではないかと考える。したがって、本判決が不法行為の準拠法を日本法としなかったことには疑問が残る。

㈢　判旨㈡〜㈣は、負傷した被害者の両親固有の慰謝料、弁護士費用、遅延損害金について、サウスダコタ州法の適用を公序に反するとして排除している（なお、判旨は、同州法の下では負傷した子の父母の固有の慰謝料請求権が認められないとするが、結論に異論はないものの Matter of Certif. of Questions of Law, 544 N. W. 2d 183（S. D. 1996）は直接には子が未成年の場合につき判示したものである。また、同州法の下では弁護士費用が不法行為による損害とされているか証拠上明らかでないとするが、米国では一般にそれを否定するのが原則であり、少なくとも本件のような場合につき同州法上それを覆す規定は見当たらない。さらに、同州法の下での遅延損害金の起算点および利率が証拠上明らかでないとするが、判決前の部分は〔精神的損害などの無形の損害などについてはそもそも発生しないのを除いて〕損害の発生日（SDCL 21-1-13.1）、判決後の部分は判決日（SDCL 54-3-5.1）がそれぞれ起算点となり、本件事故発生日以後九四年六月三〇日以前の利率は年一二パーセント、翌七月一日以後の利率は年一〇パーセントである（SDCL 54-3-16（2）; Scotland Vet Supply v. ABA Recovery Serv., 583 N. W. 2d 834（S. D. 1998））。

公序則が発動されるか否かは、「外国法適用結果の異常性」と「事案の内国関連性」との相関関係で決まるとされている（例えば、澤木敬郎＝道垣内正人・国際私法入門〔第四版再訂版〕〔平成一二年〕五九頁）。本件では、内国関連性は極めて高い（前述Ⅱ3参照）。これに対して、前記三点につき公序則を発動すべきほどの適用結果の異常性があるかは疑問である。少なくとも濫用を避けるべく慎重な判断が必要であったと思われる（一般論として公序則の濫用を慎む姿勢の大切さを説く道垣内・前掲二五五頁を参照）。この点、判旨は、公序則発動の理由として、これら三点を含む「損害賠償の請求主体並びに損害賠償の対象範囲及びその方法については不法行為制度の根幹にかかわ」り「我が国の公序に属する」ことを述べる。しかし、これでは不法行為に関する重要な問題全てについて事案の内容を問わず直ちに公序則が発動されてしまうことになる。そもそも「不法行為制度の根幹にかかわる」問題を「原因事実発生地法」の規律に委ねるのが不法行為の準拠法を決める趣旨なのであって、判旨はその趣旨を根底から覆してしまうものである。したがって、この点の判旨は疑問である。日本が最も密接に関連するように思われる本件においてこれらの問題全てに日本法を適用したいと考えるのであれば、むしろ判旨は、そもそも不法行為の準拠法の決定につき適切な解釈を模索すべきであったのではないか。その一つの可能性については、㈡で前述したとおりである。

（ジュリスト一二二六号、二〇〇二年）

13 不法行為の準拠法の決定における「原因事実発生地」の解釈

第一節　本稿の目的

一九九九年三月の渉外判例研究会で報告の機会をいただき、千葉地判平成九年七月二四日判時一六三九号八六頁の評釈を行った(1)。不法行為の準拠法の決め方については、当時それほど関心があるわけではなかった。しかし、報告の準備を進めていくうち、この判決には理論的に非常に興味深い問題が含まれていることに気がついた。

この千葉地判は、カナダへのスキーツアーに参加した日本人同士がスキー場で起こした接触事故により被害者に生じた損害（帰国後の治療費・休業損害など）の賠償請求について、不法行為の準拠法を日本法とし、その理由の一つとして「原告の主張する損害は、いずれも我が国において現実かつ具体的に生じた損害であ」り「法例一一条一項の『その原因たる事実の発生したる地』には、当該不法行為による損害の発生地も含まれる」こと挙げた（そして、この判決についての二つの評釈は、いずれも日本法を準拠法とした結論に賛成してはいる(2)）。ところが、従来の議論においては、後述するように明確に論じるものは多くないものの、「原因事実発生地」を決める場合に考慮される「損害」は第一次的（物理的）損害に限られるとの前提がある。この前提からは、本件では加害行為地（行動地）と損害発生地（結果発生地）(3)のいずれも事故発生地であるカナダということになり、日本法が本件不法行為の準拠法となる解釈上の余地はないことになる。

しかし、「本件は、事故地がたまたま外国であったにすぎず、〔両当事者の〕本拠地は日本にあるなどほとんど国内事件とでも言うべき事案」[4]なのであり、日本法を不法行為の準拠法としたこの判決の結論には賛成できるのではないか。この結論を支持する立場を採るためには、前述の前提を解釈論として突破する必要がある。[5]本稿の第一の目的は、(前述の評釈より詳細に)従来の学説・裁判例を整理しその検討を行うことである。

さらに、本年(二〇〇二年)三月の渉外判例研究会で報告の機会をいただき、岡山地判平成一二年一月二五日交民集三三巻一号一五七頁の評釈を行った。[6]この判決は、先の千葉地判が示唆した理論枠組みから導かれるであろう結論とは、表面上は大きく異なる。

この岡山地判は、冒頭、米国サウスダコタ州で起こった自動車事故について、その自動車に同乗して重傷を負った日本人留学生と日本に住むその両親が事故車両の運転者と所有者である二人の日本人留学生に対してした損害賠償請求につき、法例一一条一項を適用し、端的に事故発生地法である同州法を準拠法とした。[7]ところが、負傷した被害者の両親固有の慰謝料、弁護士費用、遅延損害金については、「損害賠償の請求主体並びに損害賠償の対象範囲及びその方法についいては不法行為制度の根幹にかかわ」り「我が国の公序に属する」と判示し、日本法を適用した。

しかし、そもそも「不法行為の根幹にかかわる」問題を「原因事実発生地法」の規律に委ねるのが不法行為の準拠法を決める趣旨なのであって、この判決はその趣旨を根底から覆してしまうものである。また、本件は、当事者である日本人留学生のいずれの常居所もまだ日本にあったと言えるなど、むしろ日本に最も密接に関連しているのではないか。[8]だとすると、本件ではそもそも不法行為の準拠法が日本法になるように解釈論上の工夫をする必要があるのではないか。そこで、その工夫の一つとなりうる、前述の前提を解釈論として突破した場合の議論を整理して示し、現状で可能な限りその射程を明確化することが、本稿の第二の目的である。

以下では、まず、前述の千葉地判より前の学説・裁判例を整理し、それらの裁判例の結論を導き出せる理論の方向性を示す（**第二節**）。次に、「原因事実発生地」という法文上の概念の解釈の精緻化を試み、それとの対比で最近の裁判例を批判的に検討する作業を行う（**第三節**）。最後に、結論と今後の課題を整理して示す（**第四節**）。

（1）　この評釈は、ジュリスト一一五五号（一九九九年）二八一頁に掲載されている。
なお、この千葉地判を中心に、本年（二〇〇二年）一月の千葉法学研究会（本学と千葉地裁・千葉県弁護士会との共同研究）で報告の機会をいただき、そこでの議論からも大きな刺激を受けたことを付言しておく。

（2）　拙稿（前注）のほか、廣江健司〔判批〕桐蔭法学六巻一号（一九九九年）二一三頁、二一六頁。但し、後者の議論の力点は、この千葉地判の事案は渉外性を欠いているとする点にあると思われる。同右二二五―二二六頁参照。
ちなみに、この判決の事案を講義などで紹介すると、学生や実務家では大多数が（理由はともかく）日本法を準拠法とすべきだと感じるようである。これに対して、この判決の評釈を行った渉外判例研究会では、結論的にはほぼ半々に分かれた。

（3）　本稿では（これまでの二つの拙稿判例評釈と同じく）、「損害発生地」と「結果発生地」の二つの概念を区別しない。これに対しては、ドイツ国際私法の影響からか、両者を区別し、「結果発生地」には経済的損害の発生地を含めず、経済的損害の発生地だけを「損害発生地」と表現するものもなくはないので、注意が必要である。両者を明確に区別するものとして、横山潤「不法行為地法主義の限界とその例外」国際私法年報二号（二〇〇〇年）六九頁、七九頁には、「損害塡補機能が強化されると、不法行為地（行動地と結果発生地）よりも損害発生地の法律にたいする当事者の期待が重要性をもつ」という記述がある。

（4）　拙稿・前掲注(1)二八三頁。この箇所は、廣江・前掲注(2)二二八頁注(23)でもそのまま援用されている。

（5）　横山・前掲注(3)八一頁は、「法例の解釈論として、『不法行為地とは異なる地と事案がより密接に関連する場合には、その地の法による』との法規を、法例一一条一項の規定に付加して導入すべき」ことを提案している。しかし、ドイツ民法施行法四一条のような明文の規定を新設すべきだという立法論としてならともかく、日本の現行法例一一条一項の解釈論としては本筋とは言えないのではなかろうか。

（6）　この評釈は、ジュリスト一二二六号（二〇〇二年）一一五頁に掲載されている。

（7）本件では、原告がサウスダコタ州法を前提とした主張をし、被告も準拠法自体については争っていない。しかし、もし理論的に日本法が準拠法となる可能性があることを双方の訴訟代理人が認識していたとしたらどうだったであろうか。興味深い点である。

（8）本件の事案についての細かい評価は、拙稿・前掲注（6）一一八頁を参照。

第二節　従来の学説・裁判例

第二節では、第一節の冒頭で触れた画期的な千葉地判平成九年七月二四日判時一六三九号八六頁までに示された学説を概観し㈠、関連する裁判例を整理して㈡、「原因事実発生地」の解釈が従来どのようになされてきたかを示す。次に、従来の裁判例の処理を基礎づけることのできる理論の方向性を示すこととする㈢。

一　従来の学説の整理

一では、前述の千葉地判が登場するまでの「原因事実発生地」の文言の解釈に関する主要な学説の状況を、本稿の問題関心に従って整理・概観する。[9]

㈠　まず、法例の起草者の見解を確認する。[10] 穂積陳重起草委員は、旧法例七条の「原因ノ生シタル地」を現行法例一一条一項の「原因タル事実ノ発生シタル地」に変えた趣旨を、以下のように説明されている。

「日本デ荷ヲ造ツテ或ル危険ナ品物ヲ送ル、ソレガ外國デ他人ニ損害ヲ及ボシタ全ク其原因ノ生ズルト云フコトハ日本デ荷造ヲシタノガ悪ルカツタ併シソレガ爲メニ爆發物ガ他ノ財産ニ害ヲ及ボシタトカ人ヲ傷ケタトカ云フヤウナ色々ナ事ガ生ジマシタトキニ於テハ其事實ハ外國ニ於テ發シタ其不法行爲ノ原因ト云フモノハ日本ニ於テ不注

意ト云フヤウナコトヨリ生ズル……幾ラカ事實ノ發生ト云フ方ニ重キヲ置ク爲メニ文字ヲ變ヘタ丈ケノコトデアリマス」。(11)

すなわち、穂積委員は、加害行為地（行動地）法よりはむしろ損害発生地（結果発生地）法が不法行為の準拠法となるように法文を作成したことを明確に述べておられる。

(二)　この「結果発生地説」は、その後も有力に主張され、(12)現在でも中野俊一郎教授や道垣内正人教授がこの立場であり、(13)多数説化しつつあるようである。この立場について、例えば道垣内教授は次のように説明される。

「生じてしまった損害を加害者と被害者でどのように分担するかという問題が私法としての不法行為の核心であって、そのバランスを判断するという問題に最も密接に関係する地は、加害行為地ではなく結果発生地であると思われる。(14)」

「両者（加害行為地と結果発生地──引用者注）が異なる場合には、被害者により近い結果発生地法によってその損害の回復をはかるべきであろう。(15)」

このような「結果発生地説」では、その説明の中で経済的損害の例は出て来ず、損害発生地（結果発生地）を決める場合に考慮される「損害」には経済的損害は含まれないとの暗黙の前提があるように思われる。(16)

(三)　これに対して、「原因事実発生地」という文言を用いたところで、依然として、不法行為債権の原因となる事実としては、損害だけでなく加害行為も含まれているようにも読める。そこで、被害者の損害の塡補よりも行為者の結果予測の可能性を重視する「行動地説」も、かつては有力であった。

この主張者である江川英文教授は、「結果発生地説」（などの他説）では「行爲者がその行動をなすに當り、行動地の法律が適法と認むる行動も結果發生地の法律如何によつては不法な行動と認めざるを得な」くなるという不都合が生じてしまうことを、「行動地説」を採る決め手とされている。(17)

(四)　以上の二説にはいずれにももっともな理由がある。そこで、折茂豊教授により、次のような「二分説」が提唱された。

「今日諸国においてなお過失責任の原則によって支配されていることを通常とするとみられる、個人間のいわば偶発的な日常の不法行為については、その行為地の決定においても、いわゆる行動地説がとらるべく、これにたいして、今日諸国においてすでに無過失責任の原則によって支配されていることを通常とするとみられる、危険性をもつ企業施設による不法行為については、その行為地の決定においても、いわゆる結果発生地説がとらるべきものである[18]」。

この見解は、山田鐐一教授などにより支持され[19]、近時の多数説と評価されてきた[20]。しかし、「そもそも、法例一一条においては『不法行為』の類型分けがなされているわけではなく、『不法行為』は一つの単位法律関係として設定されている以上、解釈論上は、二分論が成立する余地はない[21]」とか、「過失責任、無過失責任の区別は、時代により国により一定しない。法形式上は過失責任でありながら、実際上は無過失責任に限りなく接近した運用がなされている例は、わが民法上も見られるところであり、果たして国際私法レベルでかような区別が明確に行われうるかどうかは疑問である[22]」という鋭い批判を浴びており、もはや多数説とは言えなくなっているのではなかろうか。

㈤　以上のようなルールとしての明確性を志向する立場に対しては、石黒一憲教授がその処理の硬直性を批判して次のような主張をされている。

「行動地・結果発生地のいずれか一方のみを不法行為地とすることには所詮無理が伴うし、他面、結果発生地という場合の結果についても、事故の発生地（事故地）のみを考える……のではなく、事故に遇った被害者が実際に働けずに苦労を強いられるという点で、損害の現実化した地（被害者の常居所地等）をも、場合によって……不法行為から生ずる債権の『原因タル事実ノ発生シタル地』と考え得るのではないかが問題となる[23]。」

「不法行為地の決定を事案ごとの諸事情に応じて柔軟かつ目的論的に操作し、必要に応じて準拠法選択上の一般条項の助けを借りつつ、当該紛争事実関係と最も密接な現実的牽連を有する社会の法を選択してゆく他ないであろう。[24]」

この主張に対しては、「不法行為地法主義をとる大きな利点であるところの、不法行為地の明確性・一義性が損なわれる[25]」という批判がある。しかし、不法行為地（法例一一条の文言では「原因事実発生地」）には、文理上、損害発生地（結果発生地）だけでなく加害行為地（行動地）も含まれているように読める。また、これまで見てきたように、「結果発生地説」にも「行動地説」にもそれぞれもっともな理由がある。その意味で、「不法行為地の明確性・一義性」というこの批判の前提自体が疑問である。但し、この主張の具体的な処理やその射程が不明確なのは確かであり、その点の詰めが残されている。

(六)　現在のところ、主要な解釈学説は上記の四説である。[26]これらのいずれにも長短があり、適切な解釈を求めて議論する余地はまだまだ十分あると評価できる。その議論は次章で行うこととして、先に次節で従来の裁判例の展開を整理・検討しておく。

二　従来の裁判例の展開

本節では、前節での従来の学説の整理を受けて、千葉地判平成九年七月二四日判時一六三九号八六頁までの裁判例の展開を見る。既にいくつかの簡潔な整理がなされているが[27]、以下で行うのは「原因事実発生地」の解釈およびその際に考慮された「損害」の範囲に特に注目しての整理であることをお断りしておく。

(一)　昭和四〇年に下された二件の東京地裁判決がこの点に触れた最初のものである。

①　東京地判昭和四〇年五月二七日下民集一六巻五号九二三頁は、ロサンゼルスに滞在し在米生活の長い日本人（被告）が、アメリカ映画の日本における上映権を取得したが日本の輸入免許を得られず買取代金やその映画を日本で上映できたら得られたであろう利益金などの損害を被ったとして、日本の映画会社とその社員で当時ロサンゼルスに滞在し事務所を開設して映画の輸入配給の仕事に携わっていた日本人ら（原告ら）に対し詐欺による損害の

賠償を請求する訴訟をアメリカで提起したのに対して、原告らがその債務の不存在の確認を請求した事案において、次のように判示した。

「法例第一一条第一項にいわゆる『その原因たる事実の発生したる地』には少くとも損害発生地をも含むものと解すべきところ、……被告の主張する本件不法行為による損害発生地の一部は日本であり、その余はアメリカ合衆国カリフォルニア州であるが、法例第一一条第二、三項は、第一項により決定される準拠法が外国法である場合にも不法行為の成立要件および効果の両面から日本法による制限を認めているものであるから、これらの趣旨にもとづき本件にはカリフォルニア州法の適用はなく、日本法のみが適用されるものと解するのが相当である。」

本件では、日本人社員により加害行為がなされた地はカリフォルニア州である。これに対し、被告の被った損害の発生地は、映画の買取代金についてはカリフォルニア州である。これに対し、被告の被った損害の発生地は、映画の買取代金についてはカリフォルニア州だが、前述の逸失利益については日本である。

判旨は、まず、「原因事実発生地」には「少くとも損害発生地をも含む」と述べて「行動地説」には与しない立場を採った。次に、二つの損害発生地のうちで日本のみに着目し日本法を適用している。但し、法例一一条二・三項の趣旨を根拠にするのは疑問である。(28) だとすると、判旨は日本法のみを準拠法とする適切な根拠を示していないことになる。また、本件不法行為は過失責任類型に属するはずだから、「二分説」とも相容れない。

なお、本判決に対しては、「日本において利益を得ることができたであろうという事実から直ちに損害の一部が日本で発生したといえるかは……疑問であろう」(29) という批判がある。この批判の前提には、日本での逸失利益は二次的・派生的な損害にすぎないという理解があると思われる。もしこの前提が共有されるべきものであるとすると、本判決は、第二次的損害発生地を本件不法行為債権の原因事実発生地と解したことになる。

② 東京地判昭和四〇年八月二八日下民集一六巻八号一三四二頁は、輸出割当がある旨の日本会社の代表取締役（被告）による虚偽事実の通知に基づいてこの日本会社と売買契約（準拠法を日本法と合意）を締結したことにより、

ニューヨークで支出した商業信用状の開設料金や広告費用などの損害を被った米国会社（原告）が損害賠償を請求した事案において、本件不法行為による損害賠償請求の準拠法につき次のように判示した。「右欺罔行為は虚偽事実の通知を原告に対して発した地すなわち日本において行われたものというべく、前記準拠法は日本法であると考えるのが相当である。」

本件では、被告により加害行為がなされた地は日本である。これに対して、原告の被った損害の発生地はニューヨーク州である。このことから、本判決は、「行動地説」を前提としたと理解できる。あるいは、少なくとも「結果発生地説」には与しない立場を採ったと理解できる。但し、その理由は示されていない。

本判決は、①判決と同じ三人の裁判官によるものである。このことから考えると、裁判所としては、適切だと考える準拠法を導くために「行動地説」にも「結果発生地説」にも「二分説」にも与しないことを明らかにしたと言えるのではないか。(30)

(二)　昭和五五年には、正面から理論的な議論を行った判決が出た。

③　大阪高判昭和五五年六月二七日判タ四二九号一二九頁は、日本法人（被告・被控訴人）の子会社であるニューヨーク州法人によりワシントン州裁判所に求償請求の訴えを提起された日本法人（原告・控訴人）が、その訴え提起が不法行為にあたるとして損害賠償請求の訴えを提起した事案において、次のように判示し、「結果発生地説」を排除した。

「なるほど不法行為の行動および結果発生はともに不法行為責任を発生させる重要な要件であるから、そのいずれの地も法例一一条一項にいう不法行為地にあたるとみることはあながち理由なしとしない。そして、不法行為制度は不法な行動によって他人の権利を侵害した加害者に損害を填補させ、もつて被害者の救済を図ることを重要な目的とするものである……。しかしながら、不法行為制度は一面において、社会生活における人の行動の基準を示し、右基準に従って適法に行動する限り責任を問われることがないことを明らかにする機能をも有することは否定できないところであり、このことは、本件のような不当訴訟の提起、追行を不法行為の内容とする場合の準拠法を決定するにあたっては無視することはできないといわなければならない。」

掲載誌の引用からは加害行為地（行動地）と損害発生地（結果発生地）が判然としないので、理論的な部分に限定して検討する。

判旨は、まず、加害行為地（行動地）と損害発生地（結果発生地）の双方ともが「原因事実発生地」と判断される可能性を否定しない。そして、不法行為の内容を問題としていることを重視すれば、本判決は、「行動地説」というよりは「二分説」を採ったものと評価できそうである。ただ、「行動地説」ではないとまでは言えないのではないか。その意味で、本判決が明確に排除したのは、「結果発生地説」のみである。

㈢　③判決は、一般論としては明確に「結果発生地説」を排除した。しかし、近年になっても裁判所の理論的な立場は定まらない。

④　東京地判昭和六〇年七月一五日判時一二一一号一二〇頁は、ミラノからアムステルダムまで代替運送による陸上運送中にミラノ市内での盗難事故によって滅失した物品（仕向地は新東京国際空港）の所有者である日本法人に保険代位した日本の保険会社（原告）が、オランダの航空会社（被告）の使用者責任を追及した事案において、次のように判示した。

「本件物品は、イタリア共和国ミラノ市で発生した本件盗難事故によって滅失しているのであるから、同地が、法例一一条一項にいう不法行為の原因となる事実の発生した地であると解するのが相当であり」イタリア法が準拠法となる。「本件物品の所有者が、日本国内に本店を有する法人……であり、したがって、同会社が損害を被ったとしても、右のような損害は、運送品が最終的に荷受人のもとに到達しなかったことによって初めて発生するものではなく、滅失した時点において発生し確定するのであるから、損害の発生した地は、あくまで、本件物品の滅失したミラノ市であると解するのが相当であって、被害者たる法人の本拠の存在する地が損害の発生した地となると解することはできない。」

本件では、加害行為地はイタリアである。これに対して、第一次的（物理的）損害の発生地はイタリアであるが、第二次的（経済的）損害の発生地は日本である。本判決は、物品の滅失を問題にしているところから、「結果発生地説」に立っているように思われる。ただ、「行動地説」でも結論の説明はできなくはない。

考慮される「損害」の範囲については、判旨は、第一次的（物理的）損害に限る趣旨を明言している。ただ、この点につき、「本件では運送を実行する者が預かり保管中の貨物についてその滅失、毀損を生じないようにいかなる注意を払うべきかが問題であり、被害者の救済にとくに意を用いるべき性質の事案ではないから、判旨は相当といえよう」[31]との評価がなされている。本件では、加害行為地も第一次的（物理的）損害発生地も物品の発送地および盗難時の所在地もイタリアであり、他方、日本との関連は被害者の本拠の所在と物品の仕向地であったことくらいしかなく、判旨がイタリア法を準拠法とした結論には賛成できる。

⑤　東京地判昭和六〇年七月三〇日判時一一七〇号九五頁は、日本商社（被告）との間でインドネシアでの林業の合弁事業を計画し香港・東京・シンガポール等で交渉を重ねたが最終的に契約の締結を拒絶されたマレーシア在住マレーシア人（原告）が、日本商社に対してシンガポールで出費した事務所経費やインドネシアで出費した林区調査費用などの損害の賠償を請求した事案で、本件不法行為の準拠法につき次のように判示した。

「原・被告間の交渉の過半が東京でなされている事実から、東京を原因事実発生地とみるのが相当である。よって不法行為についても日本国法を適用するのが相当である。」

本件では、被告により加害行為がなされた地は、仮に交渉自体がそもそも加害行為だと見れば東京を含めて複数の場所ということになるが、被告が最終的に契約の締結を拒絶した地を意味するとすれば東京ということになろうか。これに対して、原告が被った損害の発生地は、事務所経費についてはシンガポール、林区調査費用についてはインドネシアということになる。判旨は、交渉の数に着目しているようであり、少なくとも「結果発生地説」とは

異なる立場を採っているように思われる。(32)

⑥　東京地判平成三年九月二四日判時一四二九号八〇頁は、デラウェア州法に基づき設立されイリノイ州に本店を有する法人（被告）が、その有するノウハウを技術援助契約の締結および東京での交渉・会合を通じてその元従業員の設立した米国法人から入手した日本法人（原告）に対し、オハイオ州の連邦地裁に損害賠償等を請求する訴訟を提起したのに対して、日本法人がそれら債務の不存在確認を請求した事案において、次のように判示した。

「被告が原告の侵害行為として捉えているのは、……技術援助契約の締結及びこれに基づく情報の入手であるところ、これらはいずれも東京で行われ、右契約締結のための連絡交渉や、……技術会議も東京で開催されたことは当事者間に争いがないから、被告主張にかかる原告の違法行為の極めて重要な部分が日本国内で行われたことになる。したがって……日本法が準拠法になるというべきである。」

本件では、加害行為（の極めて重要な部分）がなされた地は東京である。これに対し、損害の発生地は、ノウハウが使用される地である日本だと思われる。判旨は、「原告の侵害行為」に着目しており、少なくとも「結果発生地説」と異なる立場を採っているようである。(33)ただ、本件では⑤判決の事案と異なり、損害発生地（結果発生地）も日本であって、主要な学説のどの立場を採っても結論は変わらない。

以上の三件を通して見ると、若干「結果発生地説」に不利な展開だとは思われるが、裁判所の理論的な立場は明確でないと言わざるを得ない。

㈣　この状況が最近若干変化しつつあるようである。前述の千葉地判の直前に出た判決がその先駆けであろうか。

⑦　東京地判平成九年七月一六日判時一六一九号一七頁は、大韓民国の航空会社（被告）の旅客機（ニューヨーク発アンカレッジ経由ソウル行き）がソ連（当時）の領空を侵犯しソ連戦闘機により撃墜され公海上に墜落した事故の遺族である日本人（原告）が損害賠償を請求した事案において、遺族固有の慰謝料・葬儀関係費用・弁護士費用の賠償請求の準拠法につき次のように判示した。

「損害賠償制度は不法行為により損害を被った被害者の救済に重点があることなどに照らすと、原則として、責任原因の態様如何を問わず、損害が発生した地を不法行為地とするのが相当と解される（結果発生地説）。……本件事故は公海中において死亡という損害が発生したことになり、右結果発生地説によれば法律の存在しない場所が不法行為地となるから、結局、このような場合については法例一一条一項の適用がないことになる」としたうえで、条理により日本法を準拠法とした。(34)

本件では、被告による航路逸脱・領空侵犯という加害行為がなされた地は、公海上およびソ連領空と解される。これに対して、損害の発生地は、被害者の死亡自体の損害や所持品等の物損については公海上だが、被害者の逸失利益・遺族固有の精神的損害や葬儀関係費用などの経済的損害については日本である。

判旨は、まず、学説のあげる理由を付して「結果発生地説」を採用した。次に、損害の発生地を公海中と判示しており、判旨は損害発生地（結果発生地）を決めるために考慮される「損害」を第一次的（物理的）損害に限定したことになる。しかし、これに対して、「遺族固有の被害のみを問題にするのであれば、その事故当時、遺族の現に所在した場所（住所、居所、又は、常居所など）において、現実の（精神的な）損害が発生していると認定することも不可能ではなかったように思われる。そうして、このように解すれば、遺族の所在した場所が結果発生地となり、日本法が準拠法となる可能性もあった(35)」との重要な指摘がなされている。

判旨は、考慮される「損害」を第一次的損害に限定し法例一一条一項の適用を排除したうえで、条理により結局は日本法を準拠法とした。しかし、同じ結論は、第二次的損害も含まれるものとしたうえで、同条を適用することによっても導けたのではないか。この点の詳細は、次章で詳しく述べることになる。

(五)　以上、「原因事実発生地」の解釈およびその際に考慮された「損害」の範囲に特に注目しながら、千葉地判平成九年七月二四日判時一六三九号八六頁の直前までに下された関連する裁判例を引用し検討を加えてきた。その整理・分類は節を改めて行い、合わせてそれら裁判例の処理を基礎づけることのできる理論の方向性を示すこととする。

三　裁判例の展開を基礎づける理論の方向性

二では、従来の裁判例を紹介し、若干の分析を加えた。それを受けて本節では、まず最初に、それら裁判例を従来の主要学説と対比しつつ位置づける作業を行う。次に、それら裁判例の処理を無理なく基礎づけることのできる理論の方向性を示す。

(一)　従来の裁判例について、佐野寛教授は、「裁判所は、行動地か結果発生地かというよりも、むしろ個々の事案に応じて不法行為地を決定しているように思われる」(36)と簡潔に結論しておられる。この結論には賛成である。ただ、そのような結論が導かれる過程が示されていない。以下では、私なりにその過程を示す。

まず、裁判所の立場が明確に認識できるものとしては、「行動地説」と相容れないもの（①⑦判決）、「結果発生地説」と相容れないもの（②③⑤判決）、「二分説」と相容れないもの（①⑦判決）に分けられる。次に、やや強引かもしれないが、さらに進んで裁判所の処理が最も近いと評価できるもので分けると、「行動地説」（②⑤⑥判決）、「結果発生地説」（①④⑦判決）、「二分説」（③判決）に分けられると思われる。

いずれにしても、一で見た四つの従来の学説のうち相対的に処理の明確な三つの学説、すなわち、「行動地説」・「結果発生地説」・「二分説」のいずれかで従来の裁判例の処理を全て説明することは、不可能である。また、裁判所の処理にバラツキがあることから考えると、いずれか一つの学説を採用することも適切ではないのではなかろうか。

(二)　このように考えてくると、従来の学説のうちでは、一(五)で紹介した学説、すなわち、「不法行為地の決定を事案ごとの諸事情に応じて柔軟かつ目的論的に操作し、……当該紛争事実関係と最も密接な現実的牽連を有する社会の法を選択」するという処理が残ってくる（以下、便宜上、「最密接関係地説」と呼ぶ）。

各判決の事案に照らして見ると、次のように言える。[37]①判決では、当事者間の取引はアメリカでなされているが、双方とも日本人ないし日本法人であり日本での収益を目的として取引していることから判断すると、日本に最も密接に関連する事案であったとの評価が可能である。②判決では、日米両国とほぼ同程度の関連があると思われるが、当事者間の売買契約の準拠法を日本法とする合意があったことからすれば、日本が最も密接に関連する事案であったと言える。④判決の事案は、ほぼ集中的にイタリアに関連している。⑤判決では、さまざまな国に関連があるが、関連の程度を比較すると日本との関連が最も強いと言ってよいと思われる。[38]⑥判決では、ノウハウ情報の入手地やその使用が予定される地は日本であり、問題なく日本に最も密接に関連する事案であった。[39]⑦判決は、条理により日本法の適用を導いており、[40]日本が最も密接に関連していたと評価できる。

以上から判断すると、裁判所は、ときに「行動地説」や「結果発生地説」と一致する処理を行ってはいるが、トータルしてみれば最密接関係地法を適用するという目的のための手段としてそのような処理を採っているにすぎないと考えられる。このような従来の裁判所の工夫（具体的妥当性の追求）を尊重し無理なく基礎づけるのが、あるべき法解釈の態度ではないか。そして、そのためには、現状では「最密接関係地説」を基本にするしかないのではないかと考える。但し、この説には、立法趣旨や従来の議論との関係が十分に説明されているとは言い難いこと、一㈤で述べたように、その主張の具体的な処理や射程が明確でないことといった難点がある。次章では、それら難点に留意しつつ、できる限り「原因事実発生地」という法文上の概念の精緻化を試み（法的安定性の追求）、それとの対比で最近の裁判例を批判的に検討する作業を行う。

（9）　学説の整理自体は、最近でも、佐野寛「法例における不法行為の準拠法――現状と課題」ジュリスト一一四三号（一九九八年）五一頁、五二頁、矢澤昇治「不法行為の準拠法決定に関するわが国の学説史（一）」専修法学論集八四号（二〇〇二年）六一頁などでなされている。

（10）　既に、石黒一憲『国際私法』（新世社・一九九四年）二八四頁が触れている。

(11)『法典調査会法例議事速記録』（日本近代立法資料叢書26所収・商事法務研究会・一九八六年）一二四頁。

(12) 實方正雄『國際私法概論』（再訂版・有斐閣・一九五二年）一三三頁、久保岩太郎『國際私法概論』（改訂版・巖松堂・一九五三年）一八八頁、齋藤武生「事務管理・不當利得・不法行爲」国際法学会編『国際私法講座第二巻』（有斐閣・一九五五年）四七六頁。

(13) 中野俊一郎「不法行為」木棚照一＝松岡博編『基本法コンメンタール国際私法』（別冊法学セミナー・日本評論社・一九九四年）六九頁、澤木敬郎＝道垣内正人『国際私法入門』（第四版再訂版・有斐閣・二〇〇〇年）一八二頁。

(14) 道垣内『ポイント国際私法各論』（有斐閣・二〇〇〇年）二四〇頁。

(15) 澤木＝道垣内・前掲注(13)一八二頁。

(16) 研究会など活字にならない場での諸発言からは、このことははっきり感じる。裁判例の中に明確にこのことに言及するものがあることは、次節で後述する。

(17) 江川英文「國際私法に於ける不法行爲」法学協会雑誌五七巻五号（一九三九年）七九七頁、八一七頁。この見解は、江川『国際私法』（改訂版・有斐閣・一九五七年）二三三頁、同『国際私法』（改定版・弘文堂・一九七二年）一一三頁でも維持されている。

(18) 折茂豊『国際私法（各論）』（新版・有斐閣・一九七二年）一八〇頁。

(19) 山田鐐一『国際私法』（有斐閣・一九九二年）三二五頁、丸岡松雄「不法行為地」澤木敬郎＝烋場準一編『国際私法の争点』（新版・有斐閣・一九九六年）一三六頁。

(20) 溜池良夫『国際私法講義』（第二版・有斐閣・一九九九年）三七四頁、櫻田嘉章『国際私法』（第三版・有斐閣・二〇〇〇年）二二七頁。

(21) 道垣内・前掲注(14)二四〇頁。

(22) 中野・前掲注(13)六八－六九頁。

(23) 石黒『国際私法』（新版・有斐閣・一九九〇年）三一七－三一八頁。

(24) 同右三二一頁。

(25)　中野・前掲注(13)六八頁。
(26)　包括的な立法論としては、不法行為一般のほかに、製造物責任、メディアによる人格権侵害、競争侵害、環境汚染についての特則を設ける提案を行う、国際私法立法研究会「契約、不法行為等の準拠法に関する法律試案（二・完）」民商法雑誌一一二巻三号（一九九五年）四八三頁、四八四―四九七頁を参照。
(27)　佐野・前掲注(9)五二頁、五六頁注(13)、拙稿・前掲注(1)二八一―二八二頁。
(28)　二つの評釈とも、この点を疑問視している。三ツ木正次〔判批〕ジュリスト三三七号（一九六六年）一四四頁、一四六頁、岡本善八〔判批〕渉外判例百選（増補版・有斐閣・一九七六年）一七二頁、一七三頁。
(29)　三ツ木・前掲注(28)一四六頁。
(30)　この点、田中徹〔判批〕ジュリスト三四七号（一九六六年）一〇一頁、一〇三頁は、「法廷地法を準拠法として適用しようとする裁判所の傾向のあらわれとみるべきであろう」と述べる。確かに、この両判決を見る限りでは、どちらも日本法を準拠法としており、その可能性は否定できないと言える。しかし、①判決では、親しい日本人同士が日本で映画を上映するための商談をめぐって紛争を起こしたという点で日本との関連は十分である。また、②判決では、原告が締結した売買契約の準拠法を日本法とする合意があったという点も合わせて考えると、最も密接に関連するのは日本だと言える。外国法を準拠法とする裁判例の存在については後述することになる。
(31)　高桑昭〔判批〕ジュリスト八九六号（一九八七年）一一七頁、一二〇頁。
(32)　本判決の処理に対しては、以下のような見解が示されている。
道垣内〔判批〕ジュリスト八六六号（一九八六年）一七〇頁、一七二頁は、判旨の不法行為地の判断が「極めて不自然」だとし、「たとえば、仮に本件の交渉地が両当事者の中間に位置しているというだけでマニラに設定されていた場合、あるいは東京、香港、シンガポールで同じ回数の交渉がなされていた場合はどうなるのであろうか」との疑問を呈するが、日本法を準拠法と解する結論では一致している。

大村芳昭〔判批〕ジュリスト九〇七号（一九八八年）八五頁、八六頁は、「交渉上重要な行為がどこで為されたかという点を、本件プロジェクトの全体像の中でとらえ直す必要があったようにも思われる」と述べる。

半田吉信〔控訴審判批〕判例評論三四六号（一九八七年）四八頁、四九頁は、「本件では不法行為の内容は、Ｙ

がXに契約が有効に締結されるという誤った信頼を惹起したことによってXが損害を被ったことであり、……敢えていえばそのような誤信を誘発した決定的な事情の生じたところ、すなわちX・Y間に契約内容についての基本的な了解事項が合意されたところが、その原因たる事実の発生した地ということができるように思われる」と述べて、日本法を準拠法とする判旨の結論とは一致している。

確かに、各交渉のそれぞれの重みを考慮していないように読める点で、判旨は説明不足であると言わざるを得ない。その意味で、以上の各指摘は重要である。ただ、日本法を準拠法とした結論には問題はなかったと言ってよいのではないか。

(33) 国友明彦〔判批〕平成三年度重要判例解説（一九九二年）二六〇頁、二六二頁は、本判決を「行動地説」によったものと評価する。これと若干異なり、不破茂〔判批〕愛媛法学一九巻二号（一九九二年）八五頁、九五頁、三井哲夫〔判批〕判例評論四一〇号（一九九三年）二八頁、三二頁は、「行動地説」に傾斜したものと評価している。また、柏木昇〔判批〕渉外判例百選（第三版・有斐閣・一九九五年）九六頁、九七頁は、「行動地法説を取ったようにも読めるが、最も密接な現実的牽連を有する社会の法説を取ったとも見ることができる」とする。

これらに対して、野村美明〔判批〕私法判例リマークス一九九三〈下〉一五六頁、一五九頁は、「本件では結果発生地は問題とされていないのであるから、判旨が……いずれ〔の説――引用者注〕によったかを論ずる実益は少ない」と述べる。

(34) 判旨は、日本法の適用を導くために以下のように判示している。

「公海で生じた損害については……加害者及び被害者の両当事者の本国法が同じ場合にはその本国法を適用するのが相当である。問題は、本件のように加害者及び被害者の属する国が異なる場合であるが……事案に応じて、一切の事情及び当事者間の衡平を考慮し、条理に従って定めるほかないものと解するのが相当である。……被告との間の本件各運送契約上本件被害者らの到着地がいずれも日本（東京）とされていたこと、……本件被害者らが死亡した公海は日本の領海に接続しており、本件事故後、北海道沿岸に本件事故機の乗客らの遺体、遺品と認められるものが多数漂着していること、……などを考慮すると、……日本法に準拠して判断するのが相当と認められる。」

なお、冒頭の部分は、リベリア法人の所有するリベリア船籍の貨物船との公海上での衝突により沈没した日本漁船の所有者と乗組員の遺族である日本人が右貨物船の定期傭船者である日本法人に対して損害賠償を請求した事案において「当事者双方の本国法である日本法」を適用した、東京地判昭和四九年六月一七日判時七四八号七七頁の処理を再確認する趣旨だと思われる。

(35)　山田恒久〔判批〕判例評論四七三号（一九九八年）三二頁、三六頁は、「なお検討を要する」と断りつつ、このように述べる。

(36)　佐野・前掲注(9)五二頁。

(37)　③判決については、判例集の引用部分からは事案が明確でないので、ここでの検討は控える。

(38)　この点については、前注32も参照。

(39)　柏木・前掲注(33)九七頁も、「不正取得情報による費用節約の発生する製造地および市場地が本件では最も関連のある地となる。……日本が本件紛争にはもっとも密接に関連しているということができる」との認識である。

(40)　具体的な判断については、前注(34)の判旨の引用部分を参照。

第三節　「原因事実発生地」の解釈のあり方

第二節では、従来の学説・裁判例を整理し、従来の裁判例を無理なく基礎づけることのできる理論の方向としては、「最密接関係地説」を基本にしつつ「原因事実発生地」という文言の解釈についてその精緻化を図るべきことを示した。その具体的な作業として、本章では、「原因事実」の意義を確認し（一）、「原因事実」の一つとしての「損害」について、「原因事実発生地」を決める際に考慮される「損害」の範囲につき検討を加える（二）。最後に、以上の検討を踏まえて、最近の裁判例を批判的に検討する作業を行う（三）。

一　「原因事実」の意義

一では、法例一一条一項で規定されている「不法行為（ニ因リテ生スル債権）」という単位法律関係についての準拠法を導く連結点である「其原因タル事実ノ発生シタル地」の意義を確認する作業を行う。

㈠　まず、以下の議論の前提として、連結点の確定の意義を確認しておく。

「サヴィニー以来の国際私法の基本原則は、単位法律関係にとって最もふさわしい規律は、それと最も密接な関係のある地の法律が準拠法となることによって与えられると考えることであり、これはこの方法論における公理である……。この目的を達成する方法として連結点を用いるのである。……具体的妥当性の実現に固執すると、個々の事案ごとに最も密接な関係のある地の法を探すことになるが、それでは法的安定性を害するため、……類型的に考えて、ほとんどのケースで当該単位法律関係と最も密接な関係があると考えられる地の法を導き出すことができると判断される要素を連結点とするのである。[41]」

この前提から、「不法行為（債権）」に類型的に最も密接に関係するのは（当事者の本国・住所地・常居所地などではなく）「原因事実発生地」であることを規定するのが、法例一一条一項ということになる。

㈡　では、「不法行為（債権）」の「原因事実」とは何か。

文理上は、「加害行為」と「損害」の両方を含むことになる。なぜなら、両方とも不法行為債権の成立要件だからである。ところが、これでは加害行為のなされた地と損害の発生した地が異なる場合に「原因事実発生地」が一つに決まらない可能性が生じ、法的安定性を害しかねない。そこで従来、「加害行為」のみを考慮する「行動地説」と、「損害」のみを考慮する「結果発生地説」とが対立してきた。しかし、どちらにも決定的な根拠はないと考える（なお、「二分説」に対する批判としては、第二節一㈣で引用したものに加え、以下の記述も基本的に妥当する）。

「行動地説」の根拠は、加害行為の行為者にその結果を予測する可能性を保障することにあった。[42]確かに、その保障は重要である。しかし、なぜ常に行為者の（抵触法上の）利益が優先されるべきことになるのか疑問である。これに対して、「結果発生地説」の根拠は、加害者と被害者の間での損害の分担に最も密接に関係する地は結果発生地であること、被害者により近いのは結果発生地であること、とされていた[43]。確かに、損害が発生したのは結果発生地である。しかし、だからと言って、その分担の基準を常に結果発生地法に求めるべきことにはならないのではないか。また、被害者が保護されるに値するか否かを決めるのは準拠実質法なのであって、準拠法の決定・適用がなされるまでは被害者が保護に値するか否かは決まらない。にもかかわらず、なぜ常に被害者の（抵触法上の）利益が優先されてしまうことになるのか疑問である。

連結点の確定の意義に照らしても、いずれの説も従来の「ほとんどのケースで当該法律関係と最も密接な関係がある地の法を導き出すこと」などできていなかったことは、第二節三で示したとおりである。にもかかわらず、いずれかの説を採用することは、「法的安定性」を追求するために「具体的妥当性」を犠牲にすることを意味する。この結果には、決して賛成できない。

なお、「起草者は結果発生地説に立っていた[44]」という理解が一般的であり、本稿の第二節一も基本的にそれに合わせて整理してある。しかし、立法者意思説に立たない限り、その理解は決め手にならない（但し、「結果発生地説」もこの理解を決め手にしているわけではない）。それだけでなく、起草者の考え方については別の理解も可能ではないかという疑問があり、その点は後述する。

㈢　結局、「原因事実」という文言には、文理どおり「加害行為」も「損害」も含まれるという解釈を採る以外に、従来の裁判例の処理を無理なく基礎づけ具体的妥当性を追求することを可能にする道はないと考える。この解釈を採ると、事案によっては「原因事実発生地」が一つに決まらない可能性が生じる。そのような場合には、連結点の確定という作業の原点である「国際私法の基本原則」、すなわち、「単位法律関係……と最も密接な関係のある地の法律が準拠法となる」ように解釈を工夫すること以外にないのではないか。つまり、「最密接関係地説[45]」を基本的には採用するということである。但し、加害行為地（行動地）でも損害発生地（結果発生地）でもない、例えば被害者の常居所地といった要素がそれ自体として「原因事実発生地」とされるわけではない。あくまで、（事案によっては複数の）加害行為地（行動地）と損害発生地（結果発生地）のうちから「最密接関係地」を認定し、それを法例一一条一項の「原因事実発生地」と解釈することになる。

このような立場に対しては、結局「個々の事案ごとに最も密接な関係のある地の法を探すことになるが、それでは法的安定性を害する」という批判が考えられる。しかし、「類型的に考えて、ほとんどのケースで当該単位法律関係と最も密接な関係があると考えられる地の法を導き出すことができる」ものとして採用した「原因事実発生地」という連結点が実際には一義的に解釈できない以上、「最密接関係地説」を採って「具体的妥当性」を追求しつつ「法的安定性」にも最大限配慮するという処理しか残らないと考える。

加えて、この立場は、起草者の考え方に合致しているという理解もありうるのではないかという疑問もある。すなわち、穂積陳重起草委員は、日本で荷造りした危険物が外国で爆発したという設例において、日本での荷造りにおける不注意と外国で他人に損害を及ぼしたという事実とを対比し、（再び原文を引用すると）「幾ラカ事實ノ發生ト云フ方ニ重キヲ置ク」という言い方をされている。(46) これはいったい損害発生地（結果発生地）のみを「原因事実発生地」とする趣旨なのか。むしろ、このような事例において、加害行為地（行動地）と損害発生地（結果発生地）とが「不法行為（債権）」という単位法律関係に同じ程度に密接に関係している場合には、「幾ラカ」損害発生地（結果発生地）との関係に「重キヲ置ク」ことによって、損害発生地（結果発生地）を「原因事実発生地」と解釈できるようにすると言っておられるだけではないのか。だとすると、「起草者は結果発生地説に立っていた」のではなくて、「最密接関係地説」と合致する考え方を前提に、加害行為地（行動地）よりも損害発生地（結果発生地）との関係の方を「幾ラカ」重視するという立場を採っていたという理解も可能ではないかと考える。

(四)　要するに、「原因事実」という文言には「加害行為」も「損害」も含まれる（「原因事実発生地」）という文言には「加害行為地（行動地）」も「損害発生地（結果発生地）」も含まれる）と解釈すべきである。その結果、事案によっては、複数の加害行為地（行動地）と損害発生地（結果発生地）が生じることもありうる。そのような事案においては、そのうちで最も密接に関係する地を「原因事実発生地」と解釈することになる。もしいずれの地も同じ程度に密接に関係している事案であったならば、損害発生地（結果発生地）の方を「原因事実発生地」と解釈するのが起草者の考え方に合致する。

この立場で次に問題になるのは、「損害発生地（結果発生地）」を決める際に考慮される「損害」の範囲である。これについては、節を改めて論じる。

二　考慮されるべき「損害」の範囲

一では、「原因事実」という文言には「加害行為」も「損害」も含まれると解釈すべきことを示した。それを受けて二では、「損害発生地（結果発生地）」を決める際に考慮される「損害」の範囲は、「第一次的損害」に限られるのか、「第二次的損害」も含まれるのかという問題[47]に検討を加える。

㈠　まず、従来の裁判例を再確認すると、①判決は、日本での上映ができなくなったことによる逸失利益を「第二次的損害」と見れば、それをも含むという立場を採ったことになる[48]。これに対して、④判決は、「第一次的損害」に限る趣旨を明言している[49]。また、⑦判決は、結果として「第一次的損害」に限る立場を採ったことになる[50]。以上、従来の裁判例では、「第一次的損害」に限る立場が優勢である。

しかし、第二節三㈡で述べたように、④判決は、「第一次的損害発生地」であるイタリアと最も密接に関連する事案であり、仮に考慮される「損害」に「第二次的損害」を含めたとしても、イタリア法を準拠法とする結論は変わらない。また、⑦判決は、「法例一一条一項の適用がない」としたうえで条理により準拠法を日本法としたが、「第二次的損害」を含めれば、複数の加害行為地（行動地）と損害発生地（結果発生地）のうちで最も密接に関連しているのは「第二次的損害発生地」である日本だとして、同条を適用しつつ日本法を準拠法とすることも可能だったのではないか[51]。この点、裁判所は、同じ結論を導けるのであれば可能な限り条文（およびその背後にある趣旨）を活かすべく解釈すべきであって、むやみに条理を援用してフリーハンドを得ようとすべきではないと考える。そのことは、立法機関ではない裁判所にとっては当然の制約ではなかろうか。

以上から、「損害発生地（結果発生地）」を決める際に考慮される「損害」には、「第二次的損害」も含まれると解する[52]。但し、二次的・派生的な損害が全て含まれることにはならないのであり、その点については後述する。

㈡　「損害発生地（結果発生地）」を決める際に考慮される「損害」に「第二次的損害」も含まれると解すると、例えば、旅行や留学などで国外に滞在している日本人（より正確には、国籍を問わず日本に常居所を有するなど日本に最も密接に関連する人）同士の間で起こった、交通事故を始めとする事故を原因とする損害賠償請求について、法例一一条一項に従いつつ日本法を準拠法とすることが可能になる。

例えば、第二部一で言及した、千葉地判平成九年七月二四日判時一六三九号八六頁や岡山地判平成一二年一月二五日交民集三三巻一号一五七頁などの裁判例[53]では、加害行為地（行動地）と第一次的損害発生地はどちらも国外である。これに対して、第二次的損害発生地は日本だと解される。このような事例で、考慮される「損害」を「第一次的損害」に限定する立場を採ると、法例一一条一項を適用する限りは、日本法を準拠法とする可能性がそもそも封じられてしまう。しかし、刑事的な問題は事故地の法律が適用されるのが当然であっても、両当事者間の民事的な問題については日本法が適用される方が両者の納得を得られる場合が多いと感じる者が（国際私法学者を除けば）多数ではなかろうか[54]。

このような立場からは、日本人同士の間に国外で生じた名誉毀損に基づく損害賠償請求のような事例についても、日本が第二次的損害発生地であり最密接関係地でもある事案であれば、日本法を準拠法にできることになる[55]。

㈢　以上のような考え方に対しては、次のような懸念もありうる。

第一に、いかなる事案であっても被害者や遺族の生活の本拠がある地の法が（第二次的損害発生地法として）準拠法とされてしまいかねないという懸念が考えられる。しかし、不法行為の準拠法が常に第二次的損害発生地法になるわけではなく、第二次的損害発生地が最密接関係地でもある（したがって、加害行為地（行動地）や第一次的損害発生地よりも密接に関連している）事案においてのみ第二次的損害発生地法が準拠法になるにすぎない。従来の裁判例でも、第二節三(二)で整理したように、不法行為の準拠法として最密接関係地法を適用してきたと評価できるのであり、裁判所は概ねここでの問題についても的確に対応する能力を十分有していると考える。

第二に、仮に「第二次的損害」に後遺症なども含まれるとすると、後遺症の発生の時点にそれまで最密接関係地でなかった後遺症の発生地が従前の他の要素と重なって最密接関係地に転じるというような扱いを認めてしまうことに通じるのではないかという懸念が考えられる[56]。確かに、このような扱いが認められてしまうのは問題である。そこで、少なくとも次のような限定を付する必要があると考える。すなわち、考慮される「損害」の範囲を決める基準時点は、不法行為の成否が最初に問題になった時点とすべきではなかろうか。なぜなら、その後の事情の変更で基準時点が変わってしまうことを認めるのは、不法行為の準拠法がいつ決まるのか明確でなくなり、いったんは準拠実質法上なされていた法的評価が準拠法が変更されることによって覆されかねないからである。但し、これによって考慮される「損害」は、基準時点以前に現実に生じていた損害に限定されないとすべきではなかろうか。というのは、基準時点より後に発生する損害であっても、その確実な発生を客観的に予想することは可能だからである。例えば、従来の交通事故などの事例[57]では全て、事故地は国外であったが、事故後に被害者の住所や常居所である日本で治療費や逸失利益が生じており、そのことは事故の時点で類型的・客観的に予想できたと考えられる。仮に、現地での治療で完治するような事例があったとしても、将来的に日本において逸失利益が生じるなど最終的には日本で経済的な損害が生じるであろうことは、事故の時点で類型的・客観的に予測可能と言ってよいのではないかと考える[58]。

第三に、上記のような限定を付したとしても、依然として「原因事実発生地」が複数の可能性のうちのいずれになるか不明確な事案が生じざるをえないのではないかという懸念も考えられる。確かに、この点の明確性を十分に保障することは困難であり、その意味で法的安定性がある程度損なわれるのは甘受せざるをえないと考える。ただ、素人に対する予測可能性の保障は困難だとしても、一定の訓練を経た専門家にとっては従来の裁判例の事案に照らして結果を予測することはそれほど難しいことではないのではないか(59)。

㈣　以上を要するに、「損害発生地（結果発生地）」を決める際に考慮される「損害」には、「第二次的損害」も入ると解釈すべきである。そして、考慮される「損害」の範囲を決める基準時点は、不法行為の成否が最初に問題になった時点とすべきである。さらに、この基準時点より後に発生した損害であっても、その基準時点においてその確実な発生が類型的・客観的に予測できる損害については、考慮される「損害」に含まれると解すべきである。

三では、最後の作業として、本稿の立場から最近の裁判例を批判的に検討する。

三　最近の裁判例に対する批判的検討

二までの検討は、基本的に、千葉地判平成九年七月二四日判時一六三九号八六頁より前の状況に基づいていた。そこで、本節では、「原因事実発生地」の決定が問題になったその後の裁判例に対して簡潔に批判的検討を加えておく。

㈠　ここで言及しておくべき裁判例は、以下のものである。

⑧　神戸地判平成九年一一月一〇日判タ九八四号一九一頁は、日本の造船会社の造船代金前払金返還債務について日本の銀行（被告）が注文者であるパナマ法人（原告）のために発行した保証状（準拠法を英国法と合意）に基づき保証債務の履行請求がなされた事案において、前記造船会社の経営状態を誤信させられ本件造船契約を締結させられたことにより被った本件造船代金前払金および逸失利益の賠償請求の準拠法につき、次のように判示した。

「原告は、被告が本件保証状を発行したことが不法行為にあたると主張しているのであり、本件保証状は日本において発行されたことが推認できるから……、日本法が準拠法となる。」

判決文からは、損害発生地（結果発生地）が判然としないが、加害行為地（行動地）は日本であり、「行動地説」または「二分説」に近い。ただ、日本は保証の目的である造船契約と最も密接に関連する地でもあり、本稿の立場からもこの結論は支持できる。

⑨　東京地判平成一一年四月二二日判時一六九一号一三一頁は、米国の特許権を有し日本に住所を有する日本人（原告）が、日本に本店を有する日本法人（被告）による製品の製造、米国への輸出、子会社その他に対して米国において製品の販売等するよう誘導するなどの日本国内における行為が前記の米国特許権の侵害に当たると主張して右行為の差止めおよび被告製品の廃棄ならびに損害賠償を求めた事案において、その損害賠償請求の準拠法につき次のように判示した。

「原告が不法行為に当たると主張する被告の行為は、すべて日本国内の行為であるから、本件においては、日本法（民法七〇九条以下）を適用すべきものというべきである。」

⑩　東京高判平成一二年一月二七日判時一七一一号一三一頁（⑨判決の控訴審判決）は、これに加えて次のように判示している。

「特許権侵害行為についての準拠法は、教唆、幇助行為等を含め、過失主義の原則に支配される不法行為の問題として行為者の意思行為に重点が置かれて判断されるべきであるから、本件では不法行為者とされる者の行動地である我が国が法例一一条一項にいう『原因タル事実ノ発生シタル地』に当たるというべきであ」る。

⑨判決は「行動地説」または「二分説」に近いと評価でき、⑩判決は「二分説」の表現と一致する。ただ、第一次的損害発生地は米国だが、第二次的損害発生地は原告の居住する日本であり、本件請求に最も密接に関連するのは被告の本拠もあり加害行為地でもある日本だと考える。したがって、本稿の立場からも日本法を準拠法とする結

論は導くことができる[60]。

⑪　東京地判平成一二年九月二五日判時一七四五号一〇二頁は、タイ国の航空会社（被告）の旅客機（バンコク発カトマンズ行き）がカトマンズ空港付近の山に墜落した事故の遺族である日本人（原告）が損害賠償を請求した事案において、遺族固有の損害の賠償請求の準拠法につき次のように判示した。

「ワルソー条約は、賠償の対象となる損害の種類・内容やその請求権を行使できる者については、係属裁判所が係属地の国際私法によって指定した準拠法によって決定すべきであるとする態度をとっているものと解するのが相当である。……航空機事故の場合には不法行為地（事故地）が当事者に全く関係のない地である場合が多く（現に本件でも、行為地説、結果発生地説のいずれをとっても不法行為地はネパール国である。）、不法行為地主義を貫徹すると妥当な結果をもたらさない場合も多いといえる」としたうえで、条理により日本法を準拠法とした[61]。

本件では、加害行為地（行動地）も第一次的損害発生地も、事故地であるネパール国である。これに対し、遺族固有の慰謝料や葬儀関係費用などの第二次的損害の発生地は、日本である。判旨は、「損害発生地（結果発生地）」を決める際に考慮される「損害」の範囲を第一次的損害に限る従来の一般的な見解を前提にしているため、条理に頼って日本法を導いている[62]。しかし、、本稿の立場からは、法例一一条一項を適用しつつ（条理に頼ることなく）、最密接関係地法である日本法を導くことができる。

同じく航空機墜落事故である⑦判決が「結果発生地説」を採ったうえで法例一一条一項の適用がないとした[63]のに対し、本判決は「行動地説」でも「結果発生地説」でも同条は適用できないという立場を採った。いずれの判決も、「損害」を第一次的損害に限ったうえで具体的妥当性を追求したために、このような処理を採らざるを得なかったと思われる。しかし、第二節一で述べたように、裁判所は、現行法の解釈を工夫するのが圧倒的に重要な使命であって、条理の援用は極力避けるべきであることは言うまでもないことではないか。しつこいようだが、繰り返し強調しておく[64]。

(二)　以上、最近の裁判例も理論的立場は一定しないものの結論的には最密接関係地法を適用していると評価できる。そして、法例一一条一項を適用しつついずれの処理にも対応できるのは、「原因事実発生地」の解釈につき本稿で示した考え方以外にはないというのが、現在の学説状況であると考える。

(41)　道垣内『ポイント国際私法総論』(有斐閣・一九九九年)四九－五〇頁。連結点の確定について国際私法の基本原則と結び付けて説明している点で、最も優れたものである。
(42)　詳しい引用は、第二節一(三)を参照。
(43)　詳しい引用は、第二節一(二)を参照。
(44)　石黒・前掲注(10)二八四頁。ほかに同旨のものとして、例えば、久保岩太郎『國際私法論』(三省堂・一九三五年)四二三頁、石黒・前掲注(23)三一七頁、道垣内・前掲注(14)二四〇頁。
(45)　詳しい言及は、第二節一(五)を参照。
(46)　『法典調査会法例議事速記録』(日本近代立法資料叢書26所収・商事法務研究会・一九八六年)一二四頁。関係部分は、前注(11)の本文で引用してある。
(47)　この点の議論において、従来は、「第一次的(物理的)損害」・「第二次的(経済的)損害」という区分を用いてきた(拙稿・前掲注(1)二八一－二八二頁、同・前掲注(6)一一七頁)。そこでは、不法行為によって被害者に直接的に生じる損害の意味で「第一次的損害」という語を用い、それを「物理的損害」と同義に解していた。同様に、不法行為によって生じた第一次的損害から二次的・派生的に生じる損害の意味で「第二次的損害」という語を用い、それを「経済的損害」と同義に解していた。しかし、①②⑤判決においては、「第一次的損害」は「経済的損害」だと解される。また、従来は、「精神的損害」の位置づけもなされていない。ここで重要なのは「第一次的損害」と「第二次的損害」の区分だと考えるので、以下ではこの区分を中心に論じ、「物理的損害」などの別次元の区分とはリンクさせない。
(48)　この点の理解については、前注(29)を付した前後の本文を参照。
(49)　この判決は、第二節二(三)で紹介してある。

(50) この判決は、第二節二㈣で紹介してある。

(51) この議論は、遺族固有の「精神的損害」も被害者の死亡という「物理的損害」の二次的・派生的な損害、すなわち「第二次的損害」と見ることを前提としている。これに対して、遺族固有の「精神的損害」を遺族にとっての「第一次的損害」と見ることも可能ではある。ただ、後者のように考えると、加害者と遺族の間の関係についての一般論としては、加害者と遺族との唯一の接点と言える被害者にとっての「損害発生地」を考慮することができなくなりかねず、両者の公平という観点から検討の余地が残るのではないか。

(52) 法的安定性を追求する「結果発生地説」が「第一次的損害」に限る立場を採るのは論理的に一貫している。しかし、「結果発生地説」を採ることが具体的妥当性を犠牲にする結果を導くことは、一㈡で述べたとおりである。

(53) 交通事故の事例としては、拙稿・前掲注(6)一一六－一一七頁で引用した、大阪地判昭和六二年二月二七日判時一二六三号三二頁、横浜地判平成五年九月二日交民集二六巻五号一一五一頁、大阪高判平成一〇年一月二〇日判タ一〇一九号一七七頁がある。また、前注34で引用した、東京地判昭和四九年六月一七日判時七四八号七七頁のような船舶衝突の事例もこれらの類型に含まれる。

(54) 現に若干ではあるが、そのようなご意見をいただいているのだが。なお、前注(2)も参照。

(55) 若干ずれるが、国境を越えた名誉毀損の事例につき言及しておきたい点がある。

東京地判平成四年九月三〇日判時一四八三号七九頁は、家族を日本に残しマレーシアとシンガポールで活躍していた日本人騎手が日本のスポーツ紙により虚偽の事実を報道され、日本だけでなくマレーシアとシンガポールのマスコミ、競馬関係者の間にも周知のところとなった結果、名誉・信用を毀損されたとして慰謝料および謝罪広告掲載を請求した事案において、国際私法上の議論を経ずに日本法を適用した。これに対して、道垣内・前掲注(14)二三七頁は「『日本国内においてはもとより、マレーシア、シンガポール等においても……社会的評価を著しく害された』以上は、日本における不法行為と別個並列的に、マレーシアにおける不法行為、シンガポールにおける不法行為等があるというべきであり、それぞれ日本法、マレーシア法、シンガポール法等を適用すべきであったのではあるまいか」と批判している。

確かに、損害発生地（結果発生地）は複数ある。しかし、この批判には次のような疑問がある。第一に、マレーシアやシンガポールにおける名誉・信用の毀損という損害の発生は、日本におけるそれらの毀損という損害の発生から二次的に波及したものではないか。すなわち、前者の損害は第二次的損害にすぎない（「別個並列的」な損害とは言えない）のではないか。第二に、仮に複数の国で損害が「別個並列的に」発生したからといって、何故に各損害につき別々に各損害発生地（結果発生地）の法を適用しなければならないのか。⑤判決（第二節二㊂参照）もシンガポールやインドネシア等で「別個並列的に」損害が発生していることになると思われるが、この事例にもこの批判が妥当するのか。

私は、東京地裁の処理に基本的に賛成である。本件で、加害行為地（行動地）はスポーツ紙が発行された日本、第一次的損害発生地も日本、第二次的損害発生地はマレーシアやシンガポール等と考えられる。この場合、本件請求の要件・効果の基準となる準拠法と具体的な損害額の算定基準とは、（日本人から交通事故等による被害を受けた不法滞在外国人からの損害賠償請求において、準拠法は日本法だが逸失利益の算定基準はふつう日本および想定されるその後の出国先の基準を併用するように）全く別問題ではなかろうか。また、加害者は日本の会社、被害者は新聞報道の時点でマレーシアとシンガポールでの活躍は二年足らずの日本人であることから、日本が最密接関係地であることは明らかである。したがって、本件請求の準拠法は日本法でよく、しかも国際私法上の議論を明示するまでもないと考える（もちろん、明示しておいた方が望ましいのは言うまでもない）。但し、日本法が準拠法になる場合でも、その適用段階では、実質法上の趣旨と事案の渉外性を考慮して柔軟な処理をする必要が生じうることも、念のため付言しておく。

(56)　前述の千葉地判について報告した渉外判例研究会の席上において、早田芳郎教授を中心に同様の趣旨のご指摘をいただいた。確かにご指摘のような問題点があり、拙稿・前掲注(1)二八二頁において、「『第二次的損害』は、不法行為の時に通常予想されるものに限られるべきことになろう」との限定を付した。これに対しては、廣江・前掲注(2)二二〇頁が「偶発的な不法行為発生時に第二次的損害を通常予想することがそもそもできるであろうか、という疑問もあろう」と述べている。スペースの関係で十分な説明ができていないのは確かであり、以下の本文ではこれらのご指摘への回答を試みる。

(57)　前述の千葉地判や岡山地判および前注(53)で引用した諸判決を参照。

(58) 道垣内・前掲注(14)二四六頁は、A国から送られた菓子をB国で受け取った人がC国で食べてD国で発病・入院し治療を受けたがE国に移送後に死亡したという設例において、「発病の時点で法例一一条によりその発病地（＝結果発生地）であるD国の法律が準拠法として指定され、法的評価が始まっているはずであるので、後になってE国が関係するようになったからといって、その一つの不法行為の準拠法が変更されることは考えられないし、そのようなことはあってはならないはずである」とする。

しかし、あまりに具体的妥当性を軽視した議論ではないか。この設例で、（そもそも結果発生地説を採れないことは一(二)で前述したのに加えて）D国がこの被害者の生活の本拠でもあってE国は治療などの関係でたまたま移送先となったにすぎない場合と、D国はたまたま通過した国にすぎずE国がこの被害者の生活の本拠であって当然最終的には戻るべき場所であった場合とで、それぞれの国と被害者との関係のもつ重さが全く異なる。したがって、後者の場合には、E国での損害は基準時点より後に発生しているとしても、基準時点において類型的・客観的に予想できる損害として、考慮される「損害」に含めるべきである。このように考えると、後者の場合には、E国は本稿でいう「第二次的損害発生地」となり、加害行為地（行動地）であるA国や第一次的損害発生地であるD国よりも密接に関係していると評価できるような事案であれば、最初からE国法が準拠法とされることになる。これに対して、前者の場合には、E国はそもそも「第二次的損害発生地」にもならず、本稿の立場からはA国とD国から最密接関係地を選び出すべきことになる。

(59) 法科大学院の意義も、高度な訓練により体系をふまえた法的思考力を養成しこのような柔軟な法的判断の能力を身に付けた法律家を量産して具体的妥当性を追求することを目指すところにあるのではないかとも思うのだが。あまりに不勉強な素人に迎合する世の中の風潮も、地道な努力・訓練というものに対する消極的評価に通じ、専門家集団の士気を歪めてしまっているように感じるのは、私だけであろうか。

(60) 石黒〔⑨判決判批〕私法判例リマークス二〇〇〇〈下〉一五〇頁、一五三頁は、「『Xが本件において差止めの対象とし、また、損害賠償の原因として主張するYの行為は、すべて日本国内の行為である』こと、そして、本件紛争事実関係に示されたXY双方の、日本社会との圧倒的に強い牽連性からして、日本法を準拠法とすべき」だとする。

これに対しては、本棚照一〔⑩判決判批〕ＡＩＰＰＩ四五巻五号（二〇〇〇年）三〇三頁、三〇九頁は、「本件のように米国で米国特許を侵害することを子会社等に教唆、誘導、幇助する行為は、米国の直接侵害行為に向けられており、それと結合し、一体となって不法行為となるものであって、行為者の行動の基準となるのはむしろ米国といっても行為者に酷とはいえないであろう。もし、そのように解することができるとすれば、本件は米国で米国特許が侵害された事例とみることができることになり、……本件特許侵害に関する不法行為地は米国であるとすることもできるであろう」と述べる（同〔⑨判決判批〕判例評論四九八号（二〇〇〇年）二五頁、三〇頁も同旨）。また、齋藤彰〔⑩判決判批〕平成一一年度重要判例解説（二〇〇〇年）二九九頁、三〇一頁は、「原告に損害を与えた不法行為は、特許に牴触する商品が米国で販売されたことであり、損害も米国において発生したと考えられる。……国際私法上の不法行為地は直接侵害者の行った不法行為を基準に判断するほうが妥当」だとして、米国法が準拠法だと論じる。

本稿の立場からは、本件請求に関する不法行為の準拠法は日本法になるとの判断から出発したうえで、知的財産権特有の問題を考慮に入れて処理すべきことになろう。この処理については、本稿の対象から外れるので、別の機会に論じる。なお、この関連では、例えば、石黒「著作権保護の原点と競争政策、そして牴触法（Conflict of Laws）」コピライト二〇〇一年一〇月号三頁、特に七―九頁、道垣内「国境を越えた知的財産権の保護をめぐる諸問題」ジュリスト一二二七号（二〇〇二年）五二頁、早川吉尚「国際知的財産法の解釈論的基盤」立教法学五八号（二〇〇一年）一八八頁も参照。

(61)　判旨は、日本法の適用を導くために以下のように判示している。

「本件のような国際航空運送契約に係るワルソー条約一七条に基づく請求については、……事件ごとに、訴訟当事者の国籍、住所、営業所、旅客の国籍、住所、その他事件に重要な関係を持つ要素を抽出し、当事者の衡平をも考慮して、条理によって準拠法を決定するのが妥当である。

本件においては、原告及び旅客……の国籍、住所は日本国、被告の本店所在地はタイ国であるが、被告は日本国東京に営業所を有している上、本件運送契約が締結されたのも日本国であり、かつ、被告が原告に交付した旅客切符及び手荷物切符は日本国内において日本語を使用する旅客に対し交付するためのものであった……から、当事者の衡平の観点をも踏まえ、これらの事情を総合考慮すると、本件の準拠法は法廷地法である日本法とするのが妥当である。」

この処理につき、野村〔判批〕私法判例リマークス二〇〇二〈上〉一四七頁、一五〇頁は、「ワルソー条約システムの全体の統一というより一般的な観点からは、……問題となる法律関係にもっとも密接な国の法を適用できるようにするのがふさわしい。この点で、条約が直接に規律していない事項について、判旨のような条理解釈で国際私法規則を導く方法には魅力を感じる」と好意的である。これに対して、西谷祐子〔判批〕平成一三年度重要判例解説（二〇〇二年）三一六頁、三一八頁は、「本判決のように、条理を根拠に諸般の事情を勘案して最も妥当な法の適用を導くのは、明らかに実定法規範に反するうえに、法的安定性の点でも問題が多い」と批判的である。しかし、いずれも法例一一条一項に対する硬直した見方を前提としている点で疑問である。

(62)　この点の判断としてなら、前注で引用した判旨に賛成できる。

(63)　この判決は、第二節二㈣で紹介してある。

(64)　航空機事故の事例では、遺族の本拠である日本を最密接関係地と評価する判決が二件続いたことになる。軽率な結論は出せないが、「損害」に第二次的損害発生地を含めることで適切な準拠法を導けるケースが多いのではないかと推測できる。但し、そのような解釈を採ったうえであってもなお法例一一条一項を適用したのでは最密接関係地法を導けないことが明白なケースがあるかもしれない。仮にそのような場合が生じれば、同条を適用しないという選択の余地も残るように思われなくもない。ただ、それは極めて例外的な処理でしかないことに留意すべきである。

第四節　結論と今後の課題

㈠　法例一一条一項の「原因事実発生地」の解釈について本稿を通じて到達した結論は、以下のとおりである。

「原因事実」という文言には「加害行為」も「損害」も含まれる（「原因事実発生地」という文言には「加害行為地（行動地）」も「損害発生地（結果発生地）」も含まれる）と解釈すべきである。その結果、事案によっては、複数の加害行為地（行動地）と損害発生地（結果発生地）が生じることもありうる。そのような事案においては、そのうちで最も密接に関係する地を「原因事実発生地」と解釈することになる。もしいずれの地も同じ程度に密接に関係している事案であったならば、損害発生地（結果発生地）の方を「原因事実発生地」と解釈する。（以上、第三節一）

「損害発生地」を決める際に考慮される「損害」には、「第二次的損害」も入ると解釈すべきである。そして、考慮される「損害」の範囲を決める基準時点は、不法行為の成否が最初に問題になった時点とすべきである。さらに、この基準時点より後に発生した損害であっても、その基準時点においてその確実な発生が類型的・客観的に予測できる損害については、考慮される「損害」に含まれると解すべきである。（以上、第三節二）

このような結論を導くにあたっては、従来の学説の整理（第二節一）・検討（第三節一）、裁判例の整理・検討（第二節(二)・(三)、第三節二・(三)）、起草者の考え方の理解・検討（第三節一）を行った。なお、比較法については、各国でかなりのバラツキがあり、文言の異なる日本の法例の解釈にとってそれほど重要だとは思えなかったこと、日本国内において学説や特に裁判例がかなり蓄積してきているのに、それらを集約して内在的に検討する先行業績がほとんどなく、その検討に集中すべきだと判断したことなどから、本稿では行わなかった。

(二)　今後の課題としては、さしあたり次のことが考えられる。

例えば、第一節で紹介した、岡山地判平成一二年一月二五日交民集三三巻一号一五七頁のような加害者が複数のケースで、仮に一方は日本人留学生であったが他方はそうではなかったとした場合、最密接関係地を各加害者ごとに考えるか、一括して考えるかという問題が生じる。(65) 前者のように考えると、各加害者ごとで準拠法が異なる場合に一方の準拠法は連帯責任を認めるが他方の準拠法はそれを認めないということも生じうる。現時点では、最密接関係地は各加害者ごとに考え、各加害者ごとに準拠法が異なってしまう場合には、準拠実質法上連帯責任を課される加害者だけが連帯責任を負担するという処理で被害者側に不利益はないと考える。また、他方の加害者の損害賠償責任の額が連帯責任を負う一方の加害者にとっての準拠実質法上は多過ぎると評価される場合には、当該準拠実質法の解釈として可能であれば、連帯責任を負担する額を当該準拠実質法上適当な額に縮減するという処理が考えられるのではないか。いずれにしても思いつきの域を出ないものであり、この問題の検討は今後の課題とさせていただく。

本稿の残した課題としてさらに考えられるのは、㈠で前述した結論のより具体的なレベルでの明確化であろうか。ただ、これについては、一般論レベルにおいて論文の形で行うことは当分の間は難しいように感じる。しばらくの間は、個別の事例を採り上げ判例評釈などを通じて行うことになるのであろうと思われる。(66)

㈢　最後に、本稿を閉じるにあたって一つだけ申し述べたいことがある。それは、従来の（狭義の）国際私法の議論においては、（外部に規範を求めるべく）比較法や統一法条約の紹介が盛んになされているのに対し、（内在的な規範を確認すべく）国内で蓄積されてきている具体的な事例を集約し事案に即して細かく検討し「具体的妥当性」と「法的安定法」の両立を図るようなことは、あまりなされていないのではないかということである。(67)本稿で採り上げたテーマがまさにその一例であるし、最近では債権譲渡の準拠法に関する議論がその例だと思われる。しかし、日本で起きる渉外事件には、日本に特有の事情があり、また、日本にとって譲れない牴触法上の価値観があるのではなかろうか。その意味で、仮に何らかの問題につき成立した統一法条約の批准や国内法化が要請されるような場合であっても、そのようなことは一定数の具体的なケースについて主体的・内在的な分析を経たうえでなされる必要があると考える。(68)

今後とも、本稿のような内在的な問題意識に根ざした仕事を重ねていきたい。

(65)　岡山地判について報告を行った渉外判例研究会の席上で、渡辺惺之教授からご指摘を受けた問題である。以前から気になっていた問題であり引き続き考えることとしつつ、さしあたりの回答を以下の本文に記させていただく。

(66) なお、不法行為の個別類型ごとの考察、特に知的財産権の侵害行為についての考察は、もう少し研鑽を積んだ後で改めて取り組みたい。

(67) 最近のものとして、齋藤彰「債権譲渡の準拠法――新たな立法的動向への対応を考える」ジュリスト一一四三号（一九九八年）五九頁、道垣内・前掲注(14)二七二―二七六頁、北澤安紀「債権譲渡の準拠法――UNCITRALの『国際取引における債権譲渡に関する条約』草案の国際私法規定の検討を中心として――」国際法外交雑誌九九巻四号（二〇〇〇年）一頁、野村「国際金融と国際私法」国際私法年報二号（二〇〇〇年）九〇頁、九六―一〇一頁、河野俊行「証券化と債権譲渡」渡辺＝野村編『論点解説国際取引法』（法律文化社・二〇〇二年）一二四頁、早川眞一郎「UNCITRAL債権譲渡条約について」国際私法年報三号（二〇〇一年）一頁。

(68) 「平和を愛する諸国民の公正と信義に信頼して、われらの安全と生存を保持しようと決意した」（日本国憲法前文）戦後の日本は、実際には国益第一に行動する諸国間の競合の中で国民の生命や安全を脅かされ主権を侵害され続けてきていることを痛感させられる事態が、最近も明らかになったばかりである。このような状況がはたして私法の分野とは無関係なのかどうかについても、深く考えてみる必要があるのではなかろうか。例えば、アメリカ型の投資家（市場）中心の法制度が国際機関を通じる形で押し付けられてきているのではないか、国際倒産や債権譲渡に関する近時の流れもそうなのではないか、というようなことをである。仮にそれが事実であるとするなら、グローバリゼーションという名のアメリカ化に対しては、労働者・消費者（市場弱者）の立場から「抵抗勢力」に与することもやむを得ないと考える。この点についてのきちんとした分析は、今後の課題とさせていただく。

（二〇〇二年九月二三日脱稿）

＊　脱稿直後、前掲⑨⑩判決の上告審判決である、最判平成一四年九月二六日裁時一三二四号七頁が現れた。その多数意見は、「本件損害賠償請求について、法例一一条一項にいう『原因タル事実ノ発生シタル地』は、本件米国特許権の直接侵害行為が行われ、権利侵害という結果が生じたアメリカ合衆国と解すべきであり、同国の法律を準拠法とすべきである。けだし、（ア）我が国における被上告人の行為が、アメリカ合衆国での本件米国特許権侵害を積極的に誘導する行為であった場合には、権利侵害という結果は同国において発生したものということができ、（イ）準拠法

についてアメリカ合衆国の法律によると解しても、被上告人が、米国子会社によるアメリカ合衆国における輸入及び販売を予定している限り、被上告人の予測可能性を害することにもならないからである」としつつ、「属地主義の原則を採」る「我が国の法律の下においては、……特許権の効力が及ばない、登録国の領域外において特許権侵害を積極的に誘導する行為について、違法ということはできず、不法行為の成立要件を具備するものと解することはできない。したがって、本件米国特許権の侵害という事実は、法例一一条二項にいう『外国ニ於テ発生シタル事実カ日本ノ法律ニ依レハ不法ナラサルトキ』に当たるから、被上告人の行為につき米国特許法の上記各規定を適用することはできない」と判示した。要するに、⑨⑩判決が損害賠償請求の準拠法を日本法としたのに対し、本判決は米国法を準拠法としつつ法例一一条二項との関係で米国特許法上の関係規定は適用されないとしている。

しかし、この準拠法判断は疑問である。ここでは、さしあたり以下の点だけを指摘しておく。第一に、判旨は、米国内での「直接侵害行為」に着目し、加害行為地（行動地）を米国と解したうえで、米国法を準拠法としても被上告人（被害・被控訴人）の予測可能性を害しない（イ）と述べる。しかし、加害行為地（行動地）を決めるのに米国子会社による「直接侵害行為」を基準にできる理由を明示していない。また、（イ）からは、現地の子会社を通じた製品の販売を予定する製造会社は日本国内の行為についてまで常に輸出予定先の関係規定の調査をするのが当然であるという前提が生じることになってしまう。しかし、輸出予定先での行為についてならまだしも、日本国内の行為に関する限りこの前提は疑問である。この点の判示は、「幾ラカ」強引ではないのか。第二に、判旨は、米国が（第一次的）損害発生地であることも指摘している（ア）。この指摘自体に異論はない。しかし、本稿の立場からは、判旨の理由づけは不十分であると言わざるを得ない。

私は、町田顯裁判官の意見に基本的に賛成であり、以下に引用する。「上告人が権利侵害と主張する具体的行為は、米国特許権侵害を積極的に誘導するとするものを含め、結局被上告人の行う製造、輸出といった専ら日本国内で行われた行為である。このことに、上告人及び被上告人とも我が国に居住する日本人又は本店所在地を我が国とする日本法人であり、上告人の主張する損害も我が国に居住する上告人に生じたものであることを考慮すると、『原因タル事実ノ発生シタル地』は、我が国と解するのが相当であり、日本法により不法行為の成否を判断すべきである。」「日本法においては、被上告人の製造、輸出を禁止するものはなく（かえって、記録によれば、被上告人は、自己の有する特許発明の実施として被上告人製品を製造及び譲渡していることがうかがわれる。)、我が国の民法及び特許法に照らせば、被上告人の行為は何ら違法なものではないから、これにより不法行為が成立する余地はない。」

＊＊　初校段階で、横溝大「国境を越える不法行為への対応」ジュリスト一二三二号（二〇〇二年）一二六頁に接した。同右一三三―一三四頁は、石黒・前掲注(23)三二一頁および拙稿・前掲注(1)二八二頁を引用しつつ、これらの主張につき「実際の結果が何処で発生したかという点を中心に、時間的要素も加味して個別事案ごとに不法行為地を決定していくのであれば、……様々な態様の国際的不法行為につき、依然として法例一一条は対応し得ると言えるだろう」と評価する。そこで示された諸点、「準拠法選択規則の目的」・「準拠法選択における裁判官の裁量の度合い」・「当事者の予測可能性」・「法例の各準拠法選択規則の必要性」に本稿が「幾ラカ」でも対応できていれば幸いである。

（二〇〇二年一〇月一七日）

（千葉大学法学論集第一七巻三号、二〇〇二年）

14 法適用通則法一七条（不法行為の一般則）における「結果」の解釈

第一節　本稿の目的

不法行為の準拠法を決定するための連結点は、法の適用に関する通則法（以下、「通則法」とする）の制定前においては、「原因タル事実ノ発生シタル地」（法例一一条一項）であった。この解釈をめぐって、学説は、大きく分けて、行動地説、結果発生地説、二分説と、最密接関係地説の四つの立場に分かれていた。他方、この点に関係する十数件の裁判例を整理すると、理論的な観点からは前三説の間で割れており、それらの裁判例が導いた結論を統一的に説明できるのは、最密接関係地説のみという状況にあった。(1)

ところが、後述する法例改正のための「たたき台」は、わずか三件の裁判例を示すのみで改正の必要を説くにとどまらず、原則的連結についての四つの改正提案の妥当性について従来の裁判例の処理に照らして検証するという基本的かつ不可欠であるはずの作業を全く行っていない。その後の改正作業も、同様である。(2)

本稿の第一の目的は、今般の改正作業の問題性について、不法行為の準拠法を決定するための一般則を採り上げつつ、改めて具体的に明らかにすることにある。(3)

次に、通則法一七条本文は、原則的な牴触規則としては、結果発生地説を採用した。すなわち、不法行為の準拠法を決定するための原則的な連結点を「加害行為の結果が発生した地」とする。この条文における「結果発生地」

という概念については、率然と、「法益侵害の結果が発生した地のことであ」ると説明されている。[4]しかし、「法益侵害」とは刑事法的な匂いのする表現であり、民刑分離の行き届いた我が国の状況に照らして、[5]強い違和感を覚える。

通則法一七条の全体の規律は、スイス（国際私法一三三条二項）の影響を最も強く受けているように思われる。[6]このスイスにおける「結果」概念の解釈は、ドイツにおけるそれに由来するようである。しかし、いわゆる遍在理論を前提とするドイツにおける「結果」の解釈を、そのような前提を採らない日本法が無批判に継受する理由は、ないのではないか。[7]そして、民刑分離を明確に意識すれば、「結果」についてドイツやスイスと異なる解釈を採るべきことになるのではないか。

そこで、スイスとドイツの規律を概観し「結果」の解釈とその根拠を確認したうえで、我が国における従来の裁判例をも踏まえ、我が国におけるあるべき解釈論を提示することが、本稿の第二の目的である。

以下では、まず、従来の学説・裁判例の整理を簡潔に示したうえで、今般の改正作業を批判的に検討し、通則法一七条の「結果」についての立法者意思を確認する（**第二節**）。次に、「結果」の解釈を中心に、スイスとドイツにおける規律とその根拠を確認したうえで、我が国におけるあるべき解釈論を提示する（**第三節**）。最後に、結論と今後の課題を整理して示す（**第四節**）。

（1）以上につき、拙稿「不法行為の準拠法の決定における『原因事実発生地』の解釈」千葉大学法学論集一七巻三号（二〇〇二年）八五頁、八八―一〇〇、一〇八―一一一頁における整理を予めご一読いただければ、本稿の問題意識がより鮮明にご理解いただけるはずである。

（2）通則法制定過程を通観しその問題性を鋭く指摘する、横山真規雄「新国際私法の規範構造と解釈論的位相（上）―『法の適用に関する通則法』が目指す国際私法秩序とその課題―」拓植大学論集政治・経済・法律研究一〇巻二号（二〇〇八年）一頁は、その八頁において、拙稿・前掲注（1）一一三頁の記述を引用したうえで、「とかく比較法的紹介に終わる。我々の学問姿勢に警鐘を鳴らした」拙稿における「発言が、今回、一連の改正論議にあっては十分取入れられていない。」と評している。

（3）既に、物権や債権譲渡の準拠法を決定するための牴触規則（通則法では、一三条・二三条）の改正作業の問題性については、拙稿「国際私法の現代化における法例一〇条・一二条関連の改正作業の問題点」千葉大学法学論集二〇巻二号（二〇〇五年）九三頁において、詳細に指摘し批判した。さらに、通則法二三条を債権者常居所地法説の立場から批判する学説に対して、拙稿「物権準拠法の決定と適用範囲に関する問題提起―『原因事実完成当時』を中心に―」国際私法学会『国際私法年報八号』（信山社・二〇〇六年）八六頁、一〇二頁注二九において、その主張の問題性を指摘し批判した。本稿は、これらの作業の一観を成すものでもある。

（4）法務省民事局参事官室「国際私法の現代化に関する要綱中間試案補足説明」別冊NBL編集部編『法の適用に関する通則法関係資料と解説』（商事法務・二〇〇六年）一〇五頁、一八一頁。さらに、小出邦夫＝湯川毅＝和波宏典＝大間知麗子「法の適用に関する通則法の解説」NBL八三八号（二〇〇六年）九頁、一七頁は、「財産的損害が発生した地（損害発生地）とは異なる概念である」という説明を付加している。

なお、法務省民事局参事官室・前掲一八一頁は、本文で引用した部分に続けて、「具体的には、例えば、人身に対する傷害又はそれに基づく死亡に関する不法行為の場合には、人身を傷害した時点における当該人身の所在地を、有体物に対する権利の侵害に関する不法行為の場合は、権利の侵害が発生した時点における当該有体物の所在地を、それぞれ指す概念である（英国一九九五年法第一一条を参照）。」と付言している。しかし、通則法一七条の「結果」概念を説明するのに、何故に継受したわけでもない英国法が参照指示されるのか、理解に苦しむ。英国系法律事務所から出向者の独断で決まる話でもないはずであるが、いずれにしても不透明である。

以上の点については、何番煎じかで最近公刊された、小出邦夫編著『逐条解説法の適用に関する通則法』（商事法務・二〇〇九年）一九三頁、一九九頁注五・六（和波宏典）においても同様である。

（5）民刑分離を示す国際私法の分野で最も著名な事例は、懲罰的損害賠償を命じた米国カリフォルニア州裁判所判決につき日本の公序に反するとして承認を拒否した、最判平成九年七月一一日民集五一巻六号二五七三頁であろう。この判決については、拙稿〔判批〕法学協会雑誌一一七巻一一号（二〇〇〇年）一六九七頁参照。

（6）　法務省民事局参事官室・前掲注（4）一八二、一八三頁を見ると、スイスが意識されていることが一目瞭然である。
（7）　スイスの対応は、まさにスイスの問題である。他方、我が国がそれに無批判に追随すべきものでないことは、言うまでもないことのはずである。

第二節　従来の学説・裁判例と法改正

第二節では、まず、改正作業が開始される時点までの我が国における学説・裁判例につき簡潔に示し（一）、それとの対比で、今般の改正作業が我が国における従来の法状況を必ずしも正確に理解してなされたものではないことを、「たたき台」等の資料に即して説明する（二）。次に、不法行為の準拠法を決定するための一般則である通則法一七条の「結果」の解釈に的を絞り、立法者と通則法制定後の学説とがほぼ一致して「法益侵害」と解していること、しかしその根拠が不十分であることを確認する（三）。

一　従来の学説・裁判例の展開と私見

一では、改正作業が開始される時点までに法例一一条一項の「原因事実発生地」の解釈をめぐって展開されていた我が国における学説・裁判例について、以前に整理したものを簡潔に示し、次節以下の検討の礎とする。

㈠　法例制定の際の法典調査会の質疑において、穂積陳重起草委員は、法例一一条一項の趣旨を以下のように説明されていた。重要な箇所なので、改めて引用しておく。

「日本デ荷ヲ造ツテ或ル危険ナ品物ヲ送ル、ソレガ外國デ他人ニ損害ヲ及ボシタ全ク其原因ノ生ズルト云フコトハ日本デ荷造ヲシタノガ悪ルカツタ併シソレガ爲メニ爆發物ガ他ノ財産ニ害ヲ及ボシタトカ人ヲ傷ケタトカ云フヤウナ色々ナ事ガ生ジマシタトキニ於テハ其事實ハ外國ニ於テ發シタ其不法行爲ノ原因ト云フモノハ日本ニ於テ不注意ト云フヤウナコトヨリ生ズル……幾ラカ事實ノ發生ト云フ方ニ重キヲ置ク爲メニ文字ヲ變ヘタ丈ケノコトデアリマス[8]」

この説明を直視し、起草者は、厳密には、結果発生地説に立っておられたのではなく、「加害行為地（行動地）と損害発生地（結果発生地）とが『不法行為（債権）』という単位法律関係に同じ程度に密接に関係している場合には、『幾ラカ』損害発生地（結果発生地）との関係に『重キヲ置ク』ことによって、損害発生地（結果発生地）を『原因事実発生地』と解釈できるようにすると言っておられるだけではないのか。だとすると、……加害行為地（行動地）よりも損害発生地（結果発生地）との関係の方を『幾ラカ』重視するという立場を採っていたという理解も可能ではないかと考える。」という私見を、改正作業の開始前後の時期に提示していた[9]。

最近では、起草者の立場につき、「結果発生地説寄り[10]」とか「基本的には結果発生地説に立っていた[11]」といった微妙なニュアンスで評されるようになってきている。

(二)　従来の学説は、大きく四つの立場に分かれていた。すなわち、行動地説[12]、結果発生地説[13]、二分説[14]と、最密接関係地説[15]である。改正直前には、二分説が多数説であったようだが、再び結果発生地説が有力になってきていた[16]。

(三)　改正作業が開始される時点までに公表された関係の裁判例は、以下の一〇件一一判決であった。すなわち、①東京地判昭和四〇年五月二七日下民集一六巻五号九二三頁、②東京地判昭和四〇年八月二八日下民集一六巻八号一三四二頁、③大阪高判昭和五五年六月二七日判夕四二九号一二九頁、④東京地判昭和六〇年七月一五日判時一二一一号一二〇頁、⑤東京地判昭和六〇年七月三〇日判時一一七〇号九五頁、⑥東京地判平成三年九月二四日判時一四二九号八〇頁、⑦東京地判平成九年七月一六日判時一六一九号一七頁（大韓航空機撃墜事件）、⑧神戸地判平成九年一一月一〇日判タ九八四号一九一頁、⑨東京地判平成一一年四月二二日判時一六九一号一三一頁、⑩東京高判平成一二年一月二七日判時一七一一号一三一頁（⑨判決の控訴審判決）、⑪東京地判平成一二年九月二五日判時一七四五号一〇二頁（タイ航空機墜落事件）である。

(1)　これらを分析した結果は、以下のとおりであった。すなわち、まず、裁判所の立場が明確に認識できるものとしては、「行動地説」と相容れないもの（①⑦⑪判決）、「結果発生地説」と相容れないもの（②③⑤⑨⑩⑪判決）、「二分説」と相容れないもの（①⑦⑪判決）に分けられる。次に、やや強引かもしれないが、さらに進んで裁判所の処理が最も近いと評価できるもので分けると、「行動地説」（②⑤⑥⑧⑨判決）、「結果発生地説」（①④⑦判決）、「二分説」（③⑩判決）に分けられる。[17]

以上、従来の裁判例は、「行動地説」にやや有利に展開していたが、理論的立場にはバラツキがあり、「各判決の事案に照らして見ると、……裁判所は、ときに『行動地説』や『結果発生地説』と一致する処理を行ってはいるが、トータルしてみれば最密接関係地法を適用するという目的のための手段としてそのような処理を採っているにすぎないと考えられる。[18]」

(2)　これらの判決の中に、「損害発生地（結果発生地）」を決める際に考慮される「損害」が「第一次的損害」に限られるのか「第二次的損害」も含まれるのか（通則法一七条に即して言い換えると、「結果」が「法益侵害」に限られるのか否か）が問題となったものがある。すなわち、①判決は、日本での映画の上映ができなくなったことによる逸失利益を「第二次的損害」と見れば、それをも含むという立場を採ったことになる。これに対して、④判決は、「第一次的損害」に限る趣旨を明言している。また、⑦判決は、結果として「第一次的損害」に限る立場を採ったことになる。以上、一見すると、従来の裁判例では、「第一次的損害」に限る立場が優勢であるように見える。

しかし、④判決は、「第一次的損害発生地」であるイタリアと最も密接に関連する事案であり、仮に考慮される「損害」に「第二次的損害」を含めたとしても、イタリア法を準拠法とする結論は変わらない。また、⑦判決（大韓航空機撃墜事件）は、「第一次的損害発生地」は公海であり「法例一一条一項の適用がない」としたうえで、条理により準拠法を日本法としたが、「第二次的損害」を含めれば、複数の加害行為地（行動地）と損害発生地（結果発生地）のうちで最も密接に関連しているのは「第二次的損害発生地」である日本だとして、同条を適用しつつ日本法を準拠法とすることも可能だったのではないか。そして、法例一一条一項ではなく条理によった⑪判決（タイ航空機墜落事件）も、⑦判決の場合と同様に考えれば、法例一一条一項を適用しつつ最密接関係地法である日本法を導くことができたはずである。[19]

さらに、もともとの検討の契機となった、加害行為地（行動地）と第一次的損害発生地がいずれも国外にある事例である、カナダのスキー場での日本人間の接触事故に関する⑫千葉地判平成九年七月二四日判時一六三九号八六頁と、米国サウスダコタ州での日本人留学生間の自動車事故に関する⑬岡山地判平成一二年一月二五日交民集三三巻一号一五七頁にも付言する。前者は、「第二次的損害発生地法」である日本法を適用した。[20] これに対して、後者は、同州法を準拠法としつつ、負傷した被害者の両親固有の慰謝料、弁護士費用、遅延損害金という重要な点につき同州法の適用を公序違反とし、日本法を適用した。しかし、⑫判決と同様に考えれば、法例一一条一項から日本法を導くことができた。[21]

以上、従来の裁判例には、「損害」に「第二次的損害」を含めたものも少数ながら存在し、さらには、そのような解釈を採れば法例一一条一項を適用して最密接関係地法を導けたものもより多くあった。つまり、従来の裁判例からは、具体的妥当性を追求するために「損害」に「第二次的損害」を含める解釈を採ることが要請されていたと言える。[22]

(四)(1)　この後、不法行為の準拠法の決定については最初の最高裁判決である、⑭最判平成一四年九月二六日民集五六巻七号一五五一頁（⑨⑩判決の上告審判決：カードリーダー事件）が出た。日本に本店を有する日本法人（被告・被控訴人・被上告人）の日本国内における行為が、日本に住所を有する日本人（原告・控訴人・上告人）の米国特許権を侵害するものか否かが問題となったこの事例について、その多数意見は、「本件損害賠償請求について、法例一一条一項にいう『原因タル事実ノ発生シタル地』は、本件米国特許権の直接侵害行為が行われ、権利侵害という結果が生じたアメリカ合衆国と解すべきであり、同国の法律を準拠法とすべきである。」と判示している。これは、「結果発生地説」を採用したものと一応は理解できる(23)。

しかし、「加害行為地（行動地）」および「第二次的損害発生地」は日本であり、両当事者の事情も併せ考えると、日本が最密接関係地だと評価できる。したがって、日本法を準拠法とすべきであったと考える。⑭判決は従来の裁判例の流れから外れたものであり、町田顯裁判官の意見を依然として支持する(24)。

(2)　⑭判決後では、⑮東京地判平成一五年一〇月一六日判時一八七四号二三頁が、「被告が日本国内から原告の米国内の取引先に対して行う告知・流布行為の差止め及び損害賠償」についての「原因事実の発生地は、被告が電子メール及び郵便書簡を発信ないし発送した地である我が国」であるとして日本法を適用した。これは、「行動地説」と一致する表現である（ちなみに、両当事者は日本法人であり、「第二次的損害発生地」も日本であった）。また、⑯大阪地判平成一六年一一月九日判時一八九七号一〇三頁は、「原因事実の発生地は、被告会社の行為地でありかつ原告に損害の発生した地でもある我が国であ」るとして日本法を準拠法とした（ちなみに、両当事者は日本法人であった）(25)。

⑮⑯判決のいずれもが、⑭判決の後に出ているにもかかわらず、「結果発生地説」を採らず、最密接関係地が日本であることを直視して準拠法判断をしているようである。唯一の最高裁判決である⑭判決が、一貫して最密接関係地法を適用してきている下級審の裁判例の流れから浮き上がって見えるのは、いかにも興味深い現象ではなかろうか。

㈤　㈠から㈢までに確認した状況を踏まえて、⑭判決の直後に、「最密接関係地説」の処理の明確化を試みる私見を提示していた。以下に再説する。

すなわち、「『原因事実』という文言には『加害行為』も『損害』も含まれる（『原因事実発生地』という文言には『加害行為地（行動地）』も『損害発生地（結果発生地）』も含まれる）と解釈すべきである。その結果、事案によっては、複数の加害行為地（行動地）と損害発生地（結果発生地）が生じることもありうる。そのような事案においては、そのうちで最も密接に関係する地を『原因事実発生地』と解釈することになる。もしいずれの地も同じ程度に密接に関係している事案であったならば、損害発生地（結果発生地）の方を『原因事実発生地』と解釈する。」「『損害発生地』を決める際に考慮される『損害』には、『第二次的損害』も入ると解釈すべきである。そして、考慮される『損害』の範囲を決める基準時点は、不法行為の成否が最初に問題になった時点とすべきである。さらに、この基準時点より後に発生した損害であっても、その基準時点においてその確実な発生が類型的・客観的に予測できる損害については、考慮される『損害』に含まれると解すべきである。[26]」

拙稿が公表されたのとほぼ同時期に、以上で説明してきた大きな流れと断絶した改正作業が開始された。これについては、節を改めて論じる。

二　法例廃止に至るまでの議論に内在する問題点

一では、改正前の学説・裁判例につき簡単ながら確認した。本節では、これらの展開をきちんと踏まえずにその後の改正作業がなされてしまったという問題意識から、改正作業に対し批判的検討を加えていく。

㈠　平成一五年五月一三日に第一回会議が開催された「法制審議会国際私法（現代化関係）部会」（部会長＝櫻田嘉章教授）における不法行為部分の審議の「たたき台」となった、「法例研究会」（座長＝道垣内正人教授）による『法例の見直しに関する諸問題⑵』（以下、『諸問題⑵』とする）は、法例一一条一項が連結点を「原因事実発生地」と規定していることの問題点として、三点掲げている。そのうち本稿と関連するのは、以下の二点である。すなわち、「例外的な事案においては、不法行為地は単に偶然的な関係があるに過ぎない場合もあり、硬直的かつ機械的に原因事実発生地法を準拠法とするのでは妥当性を欠くことがあること」、「隔地的不法行為、すなわち行動地と結果発生地とが異なる不法行為については、原因事実発生地の確定について解釈が分かれること」である。[27]

しかし、「原因事実発生地」の解釈について、「硬直的かつ機械的」なのは学説の多数にすぎないのであって、裁判所は、総合的に見れば、柔軟な処理をしてきている。一㈢・㈣で確認したとおりである。

ところが、『諸問題⑵』は、この現実が気に入らなかったようであり、以下のように続けている。すなわち、「近時の裁判例においては、法例一一条一項によれば不法行為地法である外国法を適用するのが相当であった場合であるにもかかわらず、特に理由を述べて日本法の適用を導いたものが見られる。とりわけ」として、前掲⑫千葉地判平成九年七月二四日、⑬岡山地判平成一二年一月二五日、⑪東京地判平成一二年九月二五日（タイ航空機墜落事件）、以上の三件を列挙する。[28]

しかし、これにも疑問がある。すなわち、第一に、「法例一一条一項によれば不法行為地法である外国法を適用するのが相当であった」と決めつけているが、[29]そのような決めつけをするのは、「硬直的かつ機械的」な頭が原因なのではないか。第二に、改正の必要性を主張するために列挙された前記の三件のうち、改正提案による新規定に従えば「硬直的かつ機械的」な頭でも日本法を導けるのかという点の確認は、⑫判決についてしかなされていない。[31]仮に⑬⑪判決については「最密接関係地法の適用（回避条項）（例外的な連結Ⅲ）」によることが想定されていたとすると、そこでデメリットとされている「法適用に対する予見可能性・法的安定性が害されるおそれがあること」[32]という点が⑬⑪判決にも妥当することになり、結局、改正によっても「硬直的かつ機械的」な頭から生じる問題は解消されないことになる。それどころか、回避条項においては「原因事実発生地」という概念が有していた枠は存在しないのだから、「予見可能性・法的安定性」は、逆に低下してしまうのではないか。

また、『諸問題⑵』は、改正提案の検討部分で、第一節で前掲した⑦⑭⑩判決にも言及してはいる。しかし、⑦判決が「乙案」に、⑭判決が「丙案」に、⑩判決が「折衷説（類型説）」（本稿では「二分説」と表現）にそれぞれ対応することが、バラバラに示されているにすぎない(33)。

以上、『諸問題(2)』は、従来の裁判例を表面的に引用するのみであり、実質的には無視している(34)。このような現状認識で改正作業が開始されたのであるから、裁判所は、改正作業にそれなりの敬意を払えば足りることになる。

(二)　「法制審議会国際私法（現代化関係）部会」における議論においても、従来の裁判例に対する検討はなされていない。それどころか、全二八回のうち要綱案をまとめる最終段階である第二六回（平成一七年六月一四日開催）と第二七回（同七月五日開催）の会議では、改正作業を象徴する見過ごすことのできない由々しきやりとりがあった。直接には法例一一条二・三項（通則法二二条一・二項として存続）を維持するか否かについてのものであるが、極めて重要なので、以下に引用しておく。

(1)　まず、第二六回会議から引用する。

「●　事務局がA案〔法例一一条二・三項の維持―引用者注〕でよろしいですかというふうにお聞きした趣旨ですが、……現に一一条二項を適用して妥当な結論を導いている判決がある。平成一四年のカードリーダー事件がまさにそうで、……また各国の不法行為法制はさまざまですから、やはりどのような行為が違法とされるかよくわからない――成立における違法性の問題もそうですけれども、例えば時効期間の問題とかもあると思います――そういったものを日本法に照らして、すべて公序によって成立、あるいは請求権の存否それ自体についてカバーし切れるかどうかというのは、今決断することは非常に危険なのではないかなというふうに思っております。

（中略）

それから、……マスコミの方から連絡がございました。名誉毀損、信用毀損についての特則を設けるか否かにかかわらず、一一条二項の存否〔ママ〕は不可欠であるという意見が来ておりまして、……

それと、こういう大きな問題ですので、いろいろな民間企業等を監督しておりますほかの省庁に聞きましても、一一条二項を外すのはまかりならんという声がやはり強うございます。……今の状況で一一条二項を削るという立法提案をすることは、なかなか難しいのではないか。仮に法制審の総会を通ったとしても、その後の立法過程で、また結局A案になってしまうという可能性が非常に高いのではないかというふうに考えています。……立法を担当しております事務当局の感触としては、そういうふうに言わざるを得ないということでございます。

● そういうことであれば、一一条の規定はもうそのままに置いておくという手もあるんじゃないでしょうか。内容的に変えて、それを現在の規定を裏書きするような形でということになれば、これはなかなか分かりにくいけれども、とにかく一一条はそのままにしたという説明ができるんだったら、その方がよろしいんじゃないでしょうか。

（後略）

● 今の○○委員の御発言、ちょっと確認させていただきたいんですけれども、○○委員は、一一条二項を残すぐらいなら、もう一一条を全然改正しないでおけと、こういうことなんでございますか。せっかく今日だけでも相当の時間をかけてここの議論をしてきていただいたわけですし、これまでかけた時間は膨大な時間で、それなりに画期的な提案がいろいろ入っていると思うんですけれども、それを一一条二項のために全部パーにしてしまうというのは、何か余りにももったいないように思うんですが。(35)」

以上の引用部分のうち、法例一一条維持の提案に対する、〈「これまでかけた時間は膨大な時間」なので法例一一条を改正しないのは「余りにももったいない」という浅薄な発言〉には、審議を尽くさず粗製濫造されている近年の諸法を彷彿させるものがある。

(2) 次に、第二七回会議から引用する。

「● 私、パブコメの趨勢で、もうこの件は削除しないということに前回決定したという理解でいたものですから、意見を言う必要もないと思ったんですが、実は先ほどの御議論に関して、今回大変、不法行為に関して明確化とか個別の規定化がなされたということで、その内容について非常に私も結構なことだと思っているのですが、ただ本当は、原因事実発生地という裁判官の裁量で不法行為地とも読めるような現行法の規定を結果発生地という形でどんと言い切ったということにつきこの部会では大して反発とか異論と〔か〕はなかったのですが、知的財産関係者を初め、いろいろな形の方が今回の不法行為の抜本的な改正について違和感というのですかね、同意していないという層もあるということなんです。それで、それに対しては、いや、最終的には当面一一条二項、三項は維持されるので、このパッケージで考えれば別に大して弊害が予想されないと。したがって、まずはこういう形で不法行為の原則的連結、それから例外の考え方をすっきりして、それから一方で、弊害については二項、三項があるからいいじゃないかという形で、恐らくいろいろな団体がそういう発想法で今は収斂しつつあるという理解であります。したがって、不法行為の規定がしっかり書かれたから二項、三項はデリートしていいというのは、この内容をよく御存じのこの部会の委員の方はそういう発想をされるのですが、そういう法案をパッケージで提案された国民はそうは受けとめていなくて、おおこんなに変わるんだと。したがって、少なくとも二項、三項は要るのでしょうねと、こういうことでいろいろな組織で恐らく議論がなされ、受けとめがなされたと、こういうふうに理解しています。

（後略）」[36]

ここから読み取れることは、特に実務の側に改正への根強い異論があること、法例一一条二・三項の維持を条件に反発が抑えられていることである。(1)で引用した第二六回会議における諸発言と併せ考えて、いったい不法行為部分の改正にどれほどの正統性があるのか、強い疑問が残ると言わざるを得ない。

ところが、一から示してきたような実務の動向を無視して、通則法一七条以下の不法行為の準拠法を導くための規定が新設されてしまった。この新規定の解釈については、法務省見解が示されており、学説はほぼそれに盲従している状況にある。次節では、通則法一七条の「結果」概念の解釈を例に採って、その点を確認する。

三　法適用通則法一七条の「結果」についての立法者意思をめぐって

二では、実務の動向を無視して改正作業が開始されたこと、および、既に「法制審議会国際私法（現代化関係）部会」において、実務側から通則法一七条以下の（二二条を除く）新規定（当時、案）に対する根強い疑問が示されていたことを確認した。本節では、通則法一七条の「結果」概念について、立法を担当した法務省の見解と、この点に関する諸学説の解釈を確認しておく。

(一)　まず、法務省見解から確認する。

法務省見解を代表するものは、同省民事局の担当参事官であった小出邦夫判事の編著による『一問一答新しい国際私法』であろう。そこでは、以下のように説明されている。

「改正法第一七条本文の『加害行為の結果が発生した地』とは、加害行為による直接の法益侵害の結果が現実に発生した地のことであり、基本的には、加害行為によって直接に侵害された権利が侵害発生時に所在した地を意味します。

例えば、人身に対する傷害またはそれに基づく人の死亡の場合には、人身が傷害された時点における当該人身の所在地を指し、有体物に対する権利の侵害の場合には、権利の侵害が発生した時点における当該有体物の所在地を指すこととなります（注）。

（中略）

（注）『加害行為の結果が発生した地』の概念は、『損害が発生した地』とは異なります。例えば、A国で人身傷害の結果が発生して、B国で入院した場合、入院費用等の損害はB国で発生していますが、第一七条本文の

結果発生地はA国となります。」[37]

この部分から、ここでの「結果」が「（直接の）法益侵害の結果」に限られることが読み取れる。しかし、そのように解釈するための根拠は、全く示されていない。[38]

(二)　次に、この法務省見解に積極的に追随する学説を確認しておく。[39]

(1)　まず、「法制審議会国際私法（現代化関係）部会」の委員等から確認する。

神前禎教授（部会幹事）は、「結果」とは「被害者が被った被害という事実そのものを意味する」とし、「したがって、被害者が加害行為によっていかなる金銭的損失を被ったかという点は問題にされていない。たとえば、人身に傷害を受けた場合には、当該傷害を受けた地が結果発生地であり、それにより発生する逸失利益や治療費等の具体的な損害に着目して結果発生地が定められるわけではないと考えるべきであろう。」と解説したうえで、前掲⑫千葉地判平成九年七月二四日を例示し、「適用通則法においては、準拠法選択の妥当性を確保する手段としては例外条項（二〇条）が置かれているのであり、適用通則法一七条でいう『結果』をこの千葉地裁判決のように解すべきではなく、その必要もないと思われる。」とされる。[40]

しかし、ここでも、根拠は全く示されていない。また、確かに、⑫判決については二〇条から日本法を導くこともできる。しかし、「逸失利益」が日本で生じることから日本法を導いた前掲①判決、⑦判決（大韓航空機撃墜事件）、⑪判決（タイ航空機墜落事件）、⑬岡山地判平成一二年一月二五日、不正競争事件である⑮⑯判決のそれぞれにおいて二〇条から日本法を導くことができるのかについては、全く検討されていない。通則法を適用した帰結は何ら「明らか」ではなく、これで予測可能性・法的安定性が保障されていると言えるのであろうか。

道垣内正人教授（部会委員）は、「『加害行為の結果〔が〕発生した地』とは、物理的な損害の発生するタイプの不法行為であれば、そのような損害が発生した地である。たとえば、物損事故の場合、その経済的な損害は被害者の常居所や本店所在地で生ずることになるが、そのような派生的・二次的損害の発生地は、ここでいう結果発生地ではない。法秩序が乱されたといえるのは物理的な破壊が生じた地であり、不法行為という法律問題と密接に関係しているのは物理的な結果発生地だからである。」と説明される。(41)

刑事法的な観点からであれば、この説明には説得力を感じなくもない。しかし、道垣内教授自身が説明されているように、「不法行為法の目的は、そのような行為がなされた地の秩序維持にあるとともに、加害者と被害者との利害のバランスを図る」ことにもあり、そのために「一般に、不法行為地法が最密接関係地法でもあると考えられている。(42)」だとすると、結果的に「派生的・二次的損害の発生地」が「加害者と被害者との利害バランスを図る」ための「最密接関係地」と判断されたことになる前掲①⑫判決や、通則法の下での処理を検討する必要のある⑦⑪⑬⑮⑯判決に触れずに上記のような解釈論を提示されるのは、慎重さを欠く一面的な議論と評価せざるを得ない。(43)

それなりに根拠を示しておられるのは、中西康教授（部会幹事）である。中西教授は、「一七条の『加害行為の結果が発生した地』とは、被害者の権利・法的に保護された利益への侵害が現実に発生した地であり、後続損害（間接的・第二次的損害）が発生した地は含まれないとの、一般的な理解に従うべきである。」としたうえで、その理由を列挙される。第一に、「比較法的に見てもこのような理解が一般的である。」第二に、「この理解は、不法行為事件の国際裁判管轄に関する、不法行為地の一般的な理解とも一致する。」第三に、「民法における不法行為制度の機能に関する議論を見ると、……当事者間の正義の実現、個人の権利の保障の面を重視する傾向が強まっているようにも思われる。このような傾向からすると、上記の意味に結果発生地を理解すれば、そこへの連結は、被害者の権利・法益が侵害された地を中心にして、被害者の権利・法益と、加害者の表現や営業の自由などの権利との衡量をはかるものであると説明することができる。(44)」

しかし、いずれの理由づけにも疑問がある。すなわち、第一点については、不法行為の準拠法の決め方について、各国の法体系が一致しているわけでもなく（スイスとドイツについては、第三節で見る）、我が国には実務における独自の蓄積がある（一㈢参照）。にもかかわらず、それらに触れないのは、議論が表面的に過ぎるのではないか。第二点については、我が国に国際裁判管轄を認めるための管轄原因である「不法行為があった地」（民訴法五条九号）における「結果」の意義と、実体面を規律する不法行為の時点の最密接関係地法を導くための不法行為地（通則法一七条本文では、「結果発生地」）における「結果」の意義について、何故に解釈を一致させる必要があるのか、甚だ疑問である。また、国際裁判管轄の議論においても、裁判例は、「後続損害（間接的・第二次的損害）が発生した地は含まれない」などという「硬直的かつ機械的」な立場には必ずしも立っていない(45)。第三点については、「被害者の権利・法益」の観点からは、「結果」に「後続損害（間接的・第二次的損害）」を含める方がその保護に資するのではないか。他方、「加害者の表現や営業の自由などの権利」の保護については、通則法一七条但書の「通常予見可能性」や二二条(46)がその役割を担っており、通則法の下での「結果」の範囲の議論とは直結しないのではないか(47)。

(2)　次に、通則法の制定に関わっていない学説を確認する。

奥田安弘教授は、「結果発生地とは、直接的な損害の発生地であり、二次的な損害の発生地を含まないことは言うまでもない(48)。」とされ、その根拠として「ローマⅡ提案の解釈」のみを示される(49)。しかし、これが論拠不十分であることは、言うまでもない。

植松真生准教授は、法務省見解に追随する理由として、「損害が複数の地で生じた場合には請求権が準拠法ごとに併存するおそれがある。加害者にとっては予見できない結果を導く可能性もある。さらに、この地〔ここでは「法益侵害に起因する損害が発生した地」としての「損害発生地」を指している―引用者注〕への連結は、現実には未だ発生していない損害を予防する不作為請求については妥当しないであろう。」とされる(50)。しかし、「損害が複数の地で生じた場合」であっても、最密接関係地法を導くのが基本中の基本であり、従来の裁判例もそのような処理をしてきている。加害者の予見可能性については、通則法一七条但書で担保されている。最後の点も、基本中の基本を弁えない場合に問題になるにすぎない。いったい、「結果発生地」の場合とどこが違うと言われるのか。

高杉直教授は、法務省見解に追随する理由として、「派生的・二次的な損害の発生地」は「不法行為との関連が乏しく、被害者の恣意的操作が可能であって加害者の予測を超える」ことを挙げられる。[51] しかし、前掲①⑫判決についてまで、我が国と「不法行為との関連が乏し」いと言われるのであろうか。また、加害者の予見可能性については、通則法一七条但書で担保されている。高杉教授は、「例外条項によって最密接関係地への連結が明文で認められており、法的確実性を犠牲にしてまで、あえて『加害行為の結果』を柔軟に解釈する必要はないであろう。」ともされる。[52] しかし、柔軟に解釈しない場合には、従来の裁判例に照らすと、例外条項に過度の負担がかかり、かつ、例外条項が働く場合には、（二〇条が適用されることへの「法的確実性」は保障されるのかもしれないが）準拠法が何法になるのかという通常人の関心事については、「法的確実性」は何ら保障されない。この点については、第三節三で確認する。

以上、法務省見解およびそれに追随する学説は、（数としては多数を占めてはいるが）説得力のある根拠を提示しているとは言い難い。

㈢　これに対して、法務省見解に批判的な学説も、少数ながら存在する。

私は、神前説を批判する形で、通則法を従来の裁判例に簡単に当てはめて検討し、例外条項である二〇条ではなく、可能な限りあくまで不法行為の一般則である一七条によって最密接関係地法を導くべく、同条の「結果」には第二次的（派生的）なものも含まれるという立場を既に公にしている。[53] これを敷衍する具体的な検討は、第三節三で行う。

石黒一憲教授も、前掲⑫判決と類似の設例を念頭に、以下のように論じられる。すなわち、「二〇条の例外規定があるから、よいではないかといわれそうだが、『準拠法選択上の一般条項』（あるいは、その縮減形態たる二〇条）に何でも放り込むのは、決して賢明なことではない。原則規定の中で、それなりの処理が、まずもってなされねばなるまい。ここで想起すべきは、通則法一七条が、法例一一条一項と同様、不法行為『によって生ずる債権の……』と規定していることである。（中略）日本に戻ってからの治療費等が、Xの『債権』であるし、カナダでの

『加害行為』の『結果が発生した地』は、むしろ日本だということになりはしないか。（中略）判旨（⑫判決－引用者注）は、法例一一条一項に基づき、『本件においてXの主張する損害は、いずれも我が国において現実かつ具体的に生じた損害である。そして、……法例一一条一項の『その原因たる事実の発生したる地』には、当該不法行為による損害の発生地も含まれる』とした。通則法一七条本文の結果発生地も、これと同様に、柔軟に決定されるべきである。(54)」

以上見てきたように、従来の裁判例の流れを断ち切るための十分な根拠を示していない法務省見解および多数説と、従来の裁判例の流れを尊重し柔軟な解釈を志向する少数説とが対立しているのが、現在の構図である。

次章では、法務省見解が影響を受けているスイスや、「結果」概念につきスイスが影響を受けていると思われるドイツについて、不法行為の準拠法を決定するそれぞれの体系の差異を把握し、我が国のそれと対比しつつ、あるべき解釈論を提示する。

(8)　法典調査会『法例議事速記録』（日本近代立法資料叢書26所収・商事法務研究会・一九八六年）一二四頁。ちなみに、山田三良『國際私法』（有斐閣・一九三四年）五八二頁は、「刑法上に於ても二個の犯罪地を認むるを以て例とするが如く、國際私法上に於ても亦二個の不法行爲地法が並び存することを認めざるを得ない」と述べている。

(9)　拙稿・前掲注(1)一〇四頁。

(10)　野村美明「名誉毀損」櫻田嘉章＝道垣内正人編『国際私法判例百選［新法対応補正版］』（有斐閣・二〇〇七年）八二頁。同百選（第一版・二〇〇四年）六〇頁と同文。

(11)　石黒一憲『国際私法第2版』（新世社・二〇〇七年）三五〇頁。ちなみに、同書の初版（一九九四年）二八四頁には、「基本的には」という記述はなかった。

(12)　江川英文「國際私法に於ける不法行爲」法学協会雑誌五七巻五号（一九三七年）九七九頁、八一七頁。この見解は、同『国際私法（改訂増補）』（有斐閣・一九七〇年）二二三頁、同『国際私法改訂版』（弘文堂・一九七二年）二一三頁でも維持されている。

（13）　實方正雄『國際私法概論（再訂版）』（有斐閣・一九五二年）二三三頁、久保岩太郎『國際私法概論（改訂版）』（巖松堂・一九五三年）一八八頁、齋藤武生「事務管理・不當利得・不法行爲」国際法学会編『国際私法講座第二巻』（有斐閣・一九五五年）四七六頁。最近では、中野俊一郎「不法行為」本棚照一＝松岡博編『基本法コンメンタール国際私法』（日本評論社・一九九四年）六九頁、道垣内正人『ポイント国際私法各論』（有斐閣・二〇〇〇年）二四〇頁。

なお、「解釈論の限界を強調する」道垣内正人教授の方法論に対しその倫理性を疑問視する、矢澤昇治「不法行為の準拠法決定に関するわが国の学説史（二・完）－苦悩の末に提唱された解釈論の意味するもの－」専修大学法学研究所紀要27（二〇〇二年）一頁は、その二一－二二頁において、「現在の不法行為制度の目的を鑑みるに、山田三良の学説においても主張された不法行為制度の目的としての、被害者に対する損害の填補賠償、行為者に対する制裁、不法行為の発生抑制の機能……のうち、不法行為の犠牲者に対する損害の填補賠償を重視し」結果発生地説を採ることは、「国際私法上における不法行為制度の目的理解を一面化しすぎているということにな」り、「このような制度理解に基づき、はたして現在を含め将来を見据えた解釈論や立法論がなしうるのであろうか。」とも批判する。直後に開始された通則法の制度過程をも併せ考えると、非常に鋭く重い指摘であったことになる。

（14）　折茂豊『国際私法各論（新版）』（有斐閣・一九七二年）一八〇頁、山田鐐一『国際私法（第3版）』（有斐閣・二〇〇四年）三六六頁、丸岡松雄「不法行為地」澤木敬郎＝炑場準一編『国際私法の争点（新版）』（有斐閣・一九九六年）一三六頁。

（15）　石黒一憲『国際私法〔新版〕』（有斐閣・一九九〇年）三二一頁。

（16）　以上の学説についての批判的検討は、拙稿・前掲注（1）八九－九一、一〇二－一〇三頁で行ってある。なお、学説状況の評価については、溜池良夫『国際私法講義〔第3版〕』（有斐閣・二〇〇五年）三九六頁も参照。

（17）　以上、拙稿・前掲注（1）九九、一一一頁。各判決の事案と判旨については、同右九一－九八、一〇八－一一一頁に整理引用してある。さらに、次章第三節において、本稿の問題意識に即して整理し直す。

（18）　同右一〇〇頁。さらに同右一一一頁。山田・前掲注（14）三七一頁注一二も、「裁判所は、行動地か結果発生地かというよりも、むしろ個々の事案に応じて柔軟に不法行為地を決定しているように思われる。」との評価である。

(19) 以上、拙稿・前掲注(1)一〇五、一一一頁。なお、⑦判決については、中野俊一郎〔判批〕櫻田嘉章＝道垣内正人編『国際私法判例百選〔新法対応補正版〕』（有斐閣・二〇〇七年）八〇頁も参照。
(20) 拙稿〔判批〕ジュリスト一一五五号（一九九九年）二八一頁、二八二頁。なお、高杉直〔判批〕櫻田嘉章＝道垣内正人編『国際私法判例百選〔新法対応補正版〕』（有斐閣・二〇〇七年）七六頁も参照。この事例については、仮に通則法が適用される場合には、二〇条によって日本法を導くことはできる。
(21) 拙稿〔判批〕ジュリスト一二二六号（二〇〇二年）一一五頁、一一八頁。この事例に仮に通則法が適用される場合の帰結については、見解が分かれる。後述する。
(22) 以上につき、拙稿・前掲注(1)一〇五－一〇六頁。
(23) 高部眞規子〔調査官解説〕法曹時報五六巻九号（二〇〇四年）二二四六頁、二二八七頁は、「結果発生地説によったものと解することが可能であろう。」と解説する。
(24) 拙稿・前掲注(1)一二七－一二八頁追記一で論じた内容に変更はない。
(25) この判決については、小出邦夫〔判批〕櫻田嘉章＝道垣内正人編『国際私法判例百選〔新法対応補正版〕』（有斐閣・二〇〇七年）七二頁も参照。
(26) 以上、拙稿・前掲注(1)一一一－一一二頁。
(27) 法例研究会『法例の見直しに関する諸問題⑵』（商事法務・二〇〇三年）九頁〔西谷裕子（不法行為部分の執筆者）〕。なお、西谷祐子「不法行為」ジュリスト一二九二号（二〇〇五号）三五頁、三五－三六頁、同「新国際私法における不法行為の準拠法決定ルールについて」ＮＢＬ八一三号（二〇〇五年）三五頁、三六頁もほぼ同旨。
(28) 法例研究会・前掲注(27)九－一〇頁。
(29) この点について、石黒一憲『国際私法の危機』（信山社・二〇〇四年）九八頁は、「その指摘の部分には引用がない。執筆分担者の個人的見解を、かかる場面で押し付けるのは、著しく不適切なことであろう。」と批判する。
(30) これを、「(欧米流）デジタル思考」と言い換えることもできよう。
(31) 法例研究会・前掲注(27)二九頁を参照。但し、「不法行為地への連結（原則的連結）」の項目ではなく、「当事者の同一常居所地法（例外的な連結Ⅰ）」という項目における確認である。

(32)　同右四〇頁。
(33)　同右一五頁注三七、一六頁注四二、二〇頁注五四参照。
(34)　石黒・前掲注(29)一〇一頁は、「これまで法例一一条の下でそれなりに頑張って来た我国の裁判官達に対して、失礼千万な形でぶちまけられるバケツの水……には、かくて、無数の鉄菱ないし画鋲が仕込まれている（!!）、と言うべきである。」と痛烈に批判する。
(35)　法制審議会国際私法（現代化関係）部会第二六回会議議事録（法務省ウェブサイトから入手可能）。本稿の関心からは外れるが、法例一一条二・三項が維持されたのは、前掲⑭最高裁判決や消滅時効が問題になった事例（おそらく戦後補償の事例）において同条項が現実に働いていることを重視したためであり、またマスコミ等の表現の自由を確保するためであることが、事務当局の説明から読み取れる。この点も（通則法の関係規定の問題性とともに）基本書などに記述されて然るべき事実のはずである。
(36)　法制審議会国際私法（現代化関係）部会第二七回会議議事録（法務省ウェブサイトから入手可能）。
(37)　小出邦夫編著『一問一答新しい国際私法』（商事法務・二〇〇六年）九九頁。
(38)　同時期に公表された、小出邦夫「法の適用に関する通則法の概要」金融法務事情一七七八号（二〇〇六年）六二頁、六七頁も、「財産的損害が発生した地（損害発生地）とは異なる概念である。」とするが、ここでも、そのように解釈するための根拠は全く示されていない。さらに、前注(4)も参照。
(39)　但し、法務省見解と一致する解釈を示すのみのものは、特に掲げない。
(40)　神前禎『解説法の適用に関する通則法―新しい国際私法』（弘文堂・二〇〇六年）一一八―一一九頁。
(41)　澤木敬郎＝道垣内正人『国際私法入門〔第6版〕』（有斐閣・二〇〇六年）二三八頁。
(42)　同右二三五頁。
(43)　さらに、道垣内説に対する鋭い批判として、前注(13)の後段を再度参照されたい。
(44)　中西康「法適用通則法における不法行為―解釈論上の若干の問題について―」国際私法学会『国際私法年報九号』（信山社・二〇〇七年）六八頁、六九―七〇頁。なお、同「不法行為の扱いについて」法律のひろば二〇〇六年九月号三四頁。三五―三六頁もほぼ同旨。

(45) この点について、簡単には、東京地中間判平成一八年四月四日判時一九四〇号一三〇頁の評釈である拙稿・私法判例リマークス三五号（二〇〇七年）一三六頁、一三九頁、特に優れた分析として、多田望「不法行為地管轄」国際私法学会『国際私法年報一〇号』（信山社・二〇〇八年）四九頁、五五—五七頁。

(46) 法例一一条二・三項が維持され通則法二二条となった理由につき、前注(35)参照。

(47) 仮に、法例の下での結果発生地説を前提とする議論であったとするなら、理解できなくもない。

(48) 奥田安弘「法の適用に関する通則法の不法行為準拠法に関する規定」国際私法学会『国際私法年報八号』（信山社・二〇〇六年）四〇頁、四四頁。

(49) 同右五九頁注一八。中西・前掲注(44)年報九三頁注七も参照。

(50) 植松真生「新国際私法における不法行為—法の適用に関する通則法一七条、一八条および一九条の規定に焦点をあてて—」国際私法学会『国際私法年報八号』（信山社・二〇〇六年）六五頁、六六—六七頁。

(51) 高杉直「法適用通則法における不法行為の準拠法—二二条の制限的な解釈試論」ジュリスト一三二五号（二〇〇六年）五五頁、五六頁。

(52) 高杉・前掲注(20)七七頁。

(53) 二〇〇六年一一月七日付けの拙ブログ記事「神前弘文堂解説（その三）—『結果発生地』の解釈と例外条項」(http://conflict-of-laws.cocolog-nifty.com/blog/2006/11/post_987e.html)。論文の形にするのがここまで遅れたことは、慙愧に堪えない。

(54) 石黒・前掲注(11)三五一—三五二頁。さらに、同右三五四頁は、「原則規定が硬直的で動きがとれず、すべてを二〇条の例外条項や二一条の（中略）事後的法選択の規定に期待するというのは、誠に拙い立法である。今後は、それらの拙い法規定を前提としながらも、（中略）〃あるべき法解釈論の姿〃に思いを馳せ、かつ、（中略）モリスの言葉の具体化に向けた、学界・法曹実務の英和が、問われることとなろう。」との解釈指針を示している。また、同右三五七—三五八頁は、前掲⑦判決について、「この事例など、諸般の事情を、それなりに丹念に考慮しており、（中略）事案の諸事情が不法行為準拠法決定上の決め手となることを、よく示している。（中略）通則法一七条では、結果発生地を〃機械的〃に把握し、但書の加害行為地とあわせて考えたところで、公海上の事故地にその地ありとなって、それだけでは決着がつかない。やはり、（中略）結果発生地の目的論的解釈を施しておく必要性は、高いものと思われる。」と論じている。

第三節　「結果」の範囲──例外条項との関係をも意識しつつ──

第二節では、法例の下における学説・裁判例を整理したうえで、通則法一七条の「結果」について解釈が分かれていることを示し、従来の裁判例の展開との対比をしつつ我が国における現在の状況を確認した。これを受けて、本章では、「結果」の解釈について法務省見解が影響を受けているようであるスイスやドイツを採り上げ、不法行為の準拠法を決定する制度全体を体系的に比較したときに我が国も両国と一致する解釈を採るべきなのかについて批判的に検討したうえで、我が国の従来の裁判例を十分に踏まえた解釈論を提示する。

一　スイス

通則法一七条の規定ぶりに最も近い外国法上の規定は、スイス国際私法一三三条二項である。前者の解釈についても、後者のそれが意識されている(55)。そこで、一では、後者における「結果」の解釈とその根拠を探るとともに、不法行為の準拠法を決定するための諸規定に関する通則法とスイス国際私法の体系構造の差異をもしっかり踏まえた場合に両条における「結果」の解釈が一致することになるのかという点を中心に検討を加える。

(一)(1)　一九八七年一二月一八日に成立し八九年一月一日に施行された「国際私法に関する連邦法」は、不法行為の準拠法を決定するために、一般規定である一三二条・一三三条の他に、詳細な個別規定、すなわち、道路交通事故に関する一三四条、製造物責任に関する一三五条、不正競争に関する一三六条、競争妨害に関する一三七条、インミシオンに関する一三八条、人格侵害に関する一三九条を置いている。

これに対して、通則法における個別規定は、生産物責任に関する一八条と、名誉・信用毀損に関する一九条のみである。規律対象の観点からは、前者はスイス国際私法一三五条に、後者の一部は同法一三九条に、それぞれ対応しているものと思われる。

この両法を比較した場合、通則法一七条の単位法律関係の方が、スイス国際私法一三三条のそれよりも、相当に広い。

(2)　法選択のない場合の一般規定であるスイス国際私法一三三条は、次のような規定である。

「一　加害者および被害者が同一の国に常居所を有する場合には、不法行為から生じる請求は、その国の法による。

二　加害者および被害者が同一の国に常居所を有しない場合には、不法行為が行われた国の法が適用される。不法行為が行われた国において結果が発生しなかった場合において、その結果が発生した国における結果の発生を加害者が予見すべきであったときは、その国の法が適用される。

三　第一項および第二項の規定にかかわらず、加害者と被害者との間に存在する法律関係が不法行為によって侵害された場合には、不法行為から生じる請求は、そのすでに存在する法律関係が服する法による。(56)」

これによれば、一三四条以下の六カ条の個別規定の対象とならない一般不法行為に関する一三三条について、その二項が適用されるのは、附従的連結に関する同条三項および同一常居所地法の適用に関する同条一項に該当しない場合に限られることになる。(57)

これに対して、通則法では、附従的連結および同一常居所地法の適用は、いずれも二〇条の例外条項において最密接関係地法を導き出すための要素とされているにすぎない。したがって、文理からは、一般不法行為については、最初に原則規定である一七条の適用を検討しなければならないことになる。

体系構造上の位置づけという点で、通則法一七条は、スイス国際私法一三三条二項と異なり、極めて重要性が高い。

(3)　以上の点を我が国の従来の裁判例に照らすと、以下のことが言える。すなわち、通則法一七条の下での検討が特に必要な、第二節一(三)・(四)で前掲した①⑦⑪⑫⑬⑮⑯判決の七件の事案のうち、⑫千葉地判平成九年七月二四日はスイス国際私法一三三条一項の、⑬岡山地判平成一二年一月二五日は同法一三四条の、不正競争事件である⑮⑯判決はおそらく同法一三六条の、それぞれ対象となり、同法一三三条二項の対象からは外れるものと思われる。

この具体例を踏まえたうえで、(1)の単位法律関係、(2)の体系構造上の位置づけを再確認すると、通則法一七条における「結果」の解釈の重要性が極めて高いことは明白である。したがって、この解釈につき射程のかなり狭いスイス国際私法一三三条二項の「結果」の解釈をそのまま援用するというようなことは、慎重さを著しく欠いた極めて表面的な議論と言わざるを得ない。

(二)　スイス国際私法一三三条二項の「結果」の解釈の根拠にも検討を加えていく。

(1)　同条の「結果発生地（Erfolgsort）」とは、「保護された法益が侵害された地（der Ort, wo das geshützte Rechtsgut verletzt wurde）」と解されている[58]。この解釈については、一九八七年一二月一七日の連邦最高裁判決が引用される[59]。この判決（における解釈）は、同法施行後の一九九八年一一月二日の連邦最高裁判決において引用されてもいる[60]。

しかし、八七年判決は、同法成立の前日に出されたものである。この時点においてはスイスには不法行為の準拠法を決定するための明文の規定はなく、この判決は、判例法として確立していた「いわゆる被害者の選択権を伴う遍在理論[61]」に従っていた[62]。この理論は、不法行為の要件・効果は行動地法にも結果発生地法にも服し[63]、被害者はいずれの法に基づいて加害者の責任を追求するかについて選択権を有するとするものである[64]。

(2)　遍在理論を初めて採用した一九五〇年五月一一日の連邦最高裁判決は、例外的にその根拠を述べている。すなわち、スイス刑法七条一項が行動地と結果発生地のいずれをも犯罪地と定めていること、（民事法上の）不法行為はしばしば同時に（刑事法上の）可罰的行為であり同一の行為を同一の法に服させないのは耐えがたい矛盾であること、以上の二点である。(65)

しかし、この遍在理論は、刑法の間違った類推と被害者の利益は常に（加害者のそれ）より保護に値するという正しくない見解に基づいているとか、(66)五〇年判決によって示された前記の根拠は被害者に付与された選択権によって既に覆されているといった厳しい批判にさらされ、(67)立法の際に採用されなかった。(68)

(3)　この遍在理論がまだ妥当していた時期に前記の八七年判決が出されていることは、極めて重要なことであると考える。すなわち、この遍在理論においては、被害者の保護が優先されて被害者に準拠法の選択権が付与されていた。しかし、加害者の利益が過度に損なわれないことも、無視されてはならないはずである。そして、加害者の利益が過度に損なわれないためには、選択肢を一定の範囲に絞ることが必要である。「結果発生地」について八七年判決が「保護された法益が侵害された地」と（狭く）解した背景には、このような実質的な考慮があったのではなかろうか。

前出の九八年判決が「結果発生地の決定について決め手になるのは、……保護された法益への最初の直接的な作用がどこで生じたかである。」とする点を含め、スイスではドイツの議論が強く意識されている。(69)そこで、節を改めて、ドイツに目を転じる。

二　ド　イ　ツ

前節の検討から、スイス国際私法一三三条二項は、通則法一七条と比較すると、適用範囲が相当に狭く、一三四条以下の六カ条の個別規定や一三三条一・三項の存在から体系構造上の位置づけが極めて低いことが分かった。また、「結果」の解釈についても、スイス国際私法典が成立する前日の、遍在理論がまだ妥当していた時期に出された一九八七年一二月一七日の連邦最高裁判決がその出発点になっており、スイス法はドイツの影響を強く受けている。そこで、本節では、ドイツにおける「結果」の解釈と、その解釈が形成された背景を探っていく。

(一)(1)　スイス側から「〝古い〟遍在規則にあくまでも忠実[70]」と評されているドイツ民法施行法一九九九年五月二一日改正法は、不法行為の準拠法を決定するために、一般規定である四〇条、回避条項である四一条、事後的法選択に関する四二条を置いた。

これに対して、通則法は、一般規定である一七条、生産物責任に関する一八条、名誉・信用毀損に関する一九条、例外条項（回避条項）である二〇条、当事者による準拠法の変更に関する二一条、特別留保条項である二二条を置いた。

両者を比較すると、通則法一七条の単位法律関係は、ドイツ民法施行法四〇条のそれよりも、（スイスに対する場合とは逆で）やや狭い。

(2)　一般規定であるドイツ民法施行法四〇条の中で本稿に関係する部分は、次のような規定である。

「一　不法行為による請求権は、賠償義務者が行動した国の法による。この法に代えて、被害者は、結果が発生した国の法の適用を求めることができる。この決定権は、第一審に限り、早期第一回期日の終了もしくは書面による事前手続の終了までに行使されなければならない。

二　賠償義務者および被害者が、原因たる事実の発生時に同一国に常居所を有したときには、この国の法が適用される[71]。」（以下、第二文および三・四項につき、省略）

文理からは一項と二項の関係が必ずしも明らかではないが、二項第一文は、同一常居所地法によって不法行為地法を排除する趣旨の規定と解されている[72]。言い換えると、（体系構造の観点から通則法一七条に対応する）ドイツ民法施行法四〇条一項が適用されるのは、同一常居所地法の適用に関する同条二項に該当しない場合に限られることになる。

これに対して、通則法では、同一常居所地法の適用は二〇条の例外条項において最密接関係地法を導き出すための一要素とされているにすぎず、文理からは、一般不法行為については最初に原則規定である一七条の適用を検討しなければならない。

以上、体系構造上の位置づけという点で、通則法一七条には、ドイツ民法施行法四〇条一項より（スイスに対する場合ほどではないが）重要性が高いと評すべき部分もある。

⑶　我が国の検討を要する従来の裁判例の事案に関して見ると、⑫千葉地判平成九年七月二四日や、立場によっては⑬岡山地判平成一二年一月二五日や不正競争事件である⑮⑯判決も、ドイツ民法施行法四〇条二項の対象となると解される。

以上、単位法律関係や体系構造上の位置づけを総合して考えると、通則法一七条の「結果」の解釈の重要性は、ドイツ民法施行法四〇条一項のそれよりも（スイス国際私法一三三条二項との間におけるほどではないが）やや高いように思われる。

さらに、両者の間には、規律内容の点で極めて大きな格差がある。すなわち、通則法一七条が（スイス国際私法一三三条二項と同様）客観連結によっているのに対して、ドイツ民法施行法四〇条一項は被害者に「決定権」（準拠法の選択権）を付与しており、両者の規律の差は決定的である。

㈡　右の点を踏まえつつ、ドイツ民法施行法四〇条一項の「結果」の解釈と、その根拠や背景について、検討を加えていく。

⑴　同条の「結果発生地（Erfolgsort）とは、ドイツの通説・判例によれば、（スイス国際私法一三三条二項と同様に）「不法行為規範によって保護された法益が侵害されている地（der Ort, an dem das durch die Deliktsnorm geschützte Rechtsgut verletzt worden ist）」と解されている。[73] この解釈を明確に採った最初の連邦通常裁判所の判決は、一九七七年一一月一〇日のものだと思われる。[74] その後の連邦通常裁判所も、この解釈を維持している。[75] また、七七年判決は、一九三三年二月一七日の帝国最高裁判所の判決に従ったものである。[76]

この全ての判決が、一八八八年判決以来の判例である遍在原則および一九〇三年判決以来の判例である優遇の原則を前提としている。[77] 念のため確認しておくと、遍在原則によれば、行動地も結果発生地も不法行為地となる。[78] また、優遇の原則とは、被害者に有利になるように行動地法と結果発生地法とが選択的に適用されるとするものである。[79]

(2)　一八八八年一一月二〇日の帝国最高裁判所の判決は、一体的な不法行為でその構成要件が二つの異なる地点に結び付いているものについては、行動地と結果発生地の両方の地が不法行為地と見なされるべきであると判示している。[80] しかし、これは、「純粋に概念法学的」であると批判されている。[81] また、一方的に被害者を優遇する（一体としての）両原則について、その根拠が判例において示されていないことに対する批判も根強い。[82]

学説には、かろうじて、被害者への共感は加害者へのそれよりも一般に大きいとの理由づけが存在する。[83] 確かに、被害者に対する同情を禁じ得ない事案もないわけではない。しかし、あらゆる国際不法行為において（準拠法につき被害者に複数の選択肢を認めることにより）純粋国内事件におけるよりも被害者を優遇する理由は、存在しない。[84]

(3)　さしたる根拠なく被害者を優遇する判例の下で「結果発生地」についての解釈を示した前記の七七年判決には、その解釈部分に引用文献が挙がっている。[85] 以下では、その部分で引用されているKegelやSchneeweiss（および、前節で触れたスイスの九八年の連邦最高裁判決で引用されていたKropholler）などの若干の学説が提示する根拠に対して、検討を加える。

「結果発生地（Erfolgsort）」という概念が、「法益侵害地（Rechtsgut(s)verletzungsort）ないし侵害地（Verletzungsort）」を意味し、二次的・派生的な損害の発生地という意味での「損害発生地（Schadensort）」を含まないと解する根拠として挙げられているのは、以下のものである。すなわち、第一に、損害は、（結果と異なって）構成要件の標識ではない。[86] 第二に、損害は不法行為の後しばらく経って初めて全く別の地で発生することもあり、損害が偶然に認めうるようになった地を不法行為地と見なそうとすると恣意的になるであろう。[87] そのような場合には、責任者

（加害者）にとって全く予見不可能な結果をもたらしうる。[88] 第三に、逆に損害発生地を考慮しないとき、結果発生地、すなわち（最初の）法益侵害地の法は、いつまでも変わらない。[89]

しかし、第一点については、以下のような疑問がある。すなわち、法益の保護を（一つの）任務とする刑法と異なり、国際私法は、最密接関係地法を準拠法として導き出すことをその任務としている。論者の言う「損害発生地」が最密接関係地と考えられる事案も実際にあるのであり、[90] 第一の根拠は、国際私法の議論としては、形式的にすぎるのではないか。他方、第二点・第三点については、次のような指摘ができる。すなわち、（一方的に被害者を優遇する）優遇の原則ないし民法施行法四〇条一項を前提とすれば、「結果発生地」に「損害発生地」を含めると、被害者のための選択肢が広がり、確かに加害者にとって酷である。しかし、結果発生地法の適用に結果発生地についての通常予見可能性の存在を要件とし加害者の利益にも一定の配慮をしている通則法一七条は、規律内容の点で、優遇の原則ないし民法施行法四〇条一項と決定的に異なる。したがって、「結果」概念についての我が国の解釈論は、ドイツの学説に引きずられることなく（スイス等とは一線を画して）、最密接関係原則という準拠法選択の基本中の基本を確実に修得した者が主体的に実行しなければならない。[91]

三　我が国におけるあるべき解釈論

二までの検討で、通則法一七条の「結果」の解釈は、我が国が主体的に行うべきことが確認できた。そこで、三では、第二節一で採り上げた我が国の従来の裁判例に戻ったうえで、それらを第二節三で採り上げた法務省見解および多数説によって処理すると通則法二〇条に過度の負担がかかること、従来の裁判例の流れを尊重し柔軟な解釈を志向する少数説によれば二〇条の負担を軽減できることを具体的に示す。[92]

㈠　改めて、従来の裁判例を（前記の二つの説の間で、導かれる準拠法が異なるか、あるいは、適用される通則法の条文が異なる事例については特に詳細に）検討していく。

①　東京地判昭和四〇年五月二七日下民集一六巻五号九二三頁は、ロサンゼルスに滞在し在米生活の長い日本人（被告）が、アメリカ映画の日本における配給上映権を取得したが日本の輸入免許が得られず買取代金やその映画を日本で上映できたら得られたであろう利益金などの損害を被ったとして、日本の映画会社とその社員で当時ロサンゼルスに滞在し事務所を開設して映画の輸入配給の仕事に携わっていた日本人ら（原告ら）に対し詐欺による損害の賠償を請求する訴訟をアメリカで提起したのに対して、原告らがその債務の不存在の確認を請求した事案において、次のように判示した。

「法例第一一条第一項にいわゆる『その原因たる事実の発生したる地』には少くとも損害発生地をも含むものと解すべきところ、……被告の主張する本件不法行為による損害発生地の一部は日本であり、その余はアメリカ合衆国カリフオルニア州であるが、法例第一一条第二、三項は、第一項により決定される準拠法が外国法である場合にも不法行為の成立要件および効果の両面から日本法による制限を認めているものであるから、これらの趣旨にもとづき本件にはカリフオルニア州法の適用はなく、日本法のみが適用されるものと解するのが相当である。」

法務省見解および多数説によれば、「直接の法益侵害の結果」はカリフォルニア州で発生し[93]、通常予見可能性に問題はないので、通則法一七条からはカリフォルニア州法が導かれることになりそうである。次に、被告と被告に欺罔行為を行った一部の原告は、ともに日本人ではあるがロサンゼルスに滞在中であり、同地で取引をしており、しかも被告の在米生活は長かったという点を考慮すれば、「明らかに」日本の方が密接に関係しているとまでは言えなさそうである。だとすると、日本法を適用した本判決とは結論を異にすることになる。

これに対して、少なくとも私見によれば、逸失利益が日本で発生していることから日本も「結果発生地」に含まれ、通常予見可能性にも問題はなく、当事者双方とも日本人ないし日本法人で日本での収益を目的として取引していることから判断すると日本に最も密接に関連する事案であったと言える。したがって、通則法一七条によって、（本判決と同じく）日本法を準拠法とすることができる。

② 東京地判昭和四〇年八月二八日下民集一六巻八号一三四二頁は、日本社会の代表取締役（被告）からの虚偽事実の通知に基づいて米国会社（原告）がニューヨークで商業信用状の開設・広告費用などの損害を被った事案につき加害行為地法である日本法を適用したものであるが[94]、両説において、通則法一七条からは「結果発生地法」であるニューヨーク州法が導かれるものの、会社間の売買契約の準拠法が日本法であることから二〇条によって（同判決と同じく）日本法が準拠法になるものと思われる。

③ 大阪高判昭和五五年六月二七日判タ四二九号一二九頁については、事案が明確でないので、ここでの検討からは外す。

④ 東京地判昭和六〇年七月一五日判時一二一一号一二〇頁は、ミラノからアムステルダムまでの代替（陸上）運送中のミラノ市内での窃盗事故につき物品の所有者である日本法人から保険代位した日本の保険会社（原告）がオランダの航空会社（被告）の使用者責任を追及した事案につき損害発生地法であるイタリア法を適用したものであるが[95]、両説において、通則法一七条により「結果発生地法」であるイタリア法が（同判決と同じく）準拠法になるものと思われる[96]。

⑤ 東京地判昭和六〇年七月三〇日判時一一七〇号九五頁は、日本商社（被告）との間でインドネシアでの林業の合併事業を計画し香港・東京・シンガポール等で交渉を重ねたが最終的に契約の締結を拒絶されたマレーシア在住マレーシア人（原告）が、被告に対してシンガポールで出費した事務所経費やインドネシアで出費した林区調査費用などの損害の賠償を請求した事案において、本件不法行為の準拠法につき次のように判示した。

「原・被告間の交渉の過半が東京でなされている事実から、東京を原因事実発生地とみるのが相当である。よって不法行為についての日本国法を適用するのが相当である。」

法務省見解および多数説によれば、「直接の法益侵害の結果」はシンガポールやインドネシアで発生し、通常予見可能性にも問題ないと思われることから、通則法一七条からはシンガポールで発生した「結果」についてはシンガポール法が、インドネシアで発生した「結果」についてはインドネシア法が導かれるのであろうか。[97] ただ、交渉によって成立が問題となった本件契約の準拠法が日本法とされたことから、二〇条によって（本判決と同じく）日本法を準拠法とすることになるのではないかと思われる。[98]

これに対して、少なくとも私見によれば、原告の損害はシンガポールやインドネシアのほか、交渉において香港・東京でも生じており、また原告の住所地であるマレーシアでも発生していると解され、いずれについても通常予見可能性には問題なく、（裁判所の判断を尊重すれば）日本と最も密接に関連する事案であったと言える。[99] したがって、通則法一七条によって、（本判決と同じく）日本法を準拠法とすることができる。

⑥　東京地判平成三年九月二四日判時一四二九号八〇頁は、デラウエア州法に基づいて設立されイリノイ州に本店を有する法人（被告）のノウハウにつき、その元従業員の設立した別の米国法人からそれを入手した日本法人（原告）が侵害したとしてオハイオ州の連邦地裁に損害賠償請求訴訟を提起された原告が、日本の裁判所でそれら債務の不存在確認を請求した事案において、加害行為地法である日本法を適用したものであるが、[100] 両説において、通則法一七条によりノウハウ侵害という「結果」が発生した地の法である日本法が（同判決と同じく）準拠法になるものと思われる。[101]

⑦　東京地判平成九年七月一六日判時一六一九号一七頁は、大韓民国の航空会社（被告）の旅客機（ニューヨーク発アンカレッジ経由ソウル行き）がソ連（当時）の領空を侵犯しソ連戦闘機により撃墜され公海上に墜落した事故の遺族である日本人（原告）が損害賠償を請求した事案において、遺族固有の慰謝料・葬儀関係費用・弁護士費用の賠償請求の準拠法につき次のように判示した。

「損害賠償制度は不法行為により損害を被った被害者の救済に重点があることなどに照らすと、原則として、責任原因の態様如何を問わず、損害が発生した地を不法行為地とするのが相当と解される（結果発生地説）。……本件事故は公海中において死亡という損害が発生したことになり、右結果発生地説によれば法律の存在しない場所が不法行為地となるから、結局、このような場合については法例一一条一項の適用がないことになる。」「公海で生じた損害については……加害者及び被害者の両当事者の本国法が同じ場所にはその本国法を適用するのが相当である。問題は、本件のように加害者及び被害者の属する国が異なる場合であるが……事案に応じて、一切の事情及び当事者間の衡平を考慮し、条理に従って定めるほかないものと解するのが相当というべきである。……被告との間の本件各運送契約上本件被害者らの到着地がいずれも日本（東京）とされていたこと、本件事故機は元来公海を飛行した後日本の領空を通過すべきであった……のに、これを大きく北側に逸脱してソ連領空を侵犯してしまったもので、右航路の逸脱が主要な原因となって本件事故が発生したものであること、本件被害者らが死亡した公海は日本の領海に接続しており、本件事故後、北海道沿岸に本件事故機の乗客らの遺体、遺品と認められるものが多数漂着していること、……などを考慮すると、……日本法に準拠して判断するのが相当と認められる。」

法務省見解および多数説によれば、被害者に関する「直接の法益侵害の結果」は公海で発生し、通常予見可能性にも問題はなさそうなので、通則法一七条からは何法も導かれないことになりそうである[102]。だとすると、二〇条によって（本判決と同じく）日本法を準拠法とすることになるのではないか思われる。

これに対して、少なくとも私見によれば、遺族固有の慰謝料・葬儀関係費用・弁護士費用が日本で発生していることから日本も「結果発生地」に含まれ「被告との間の本件各運送契約上本件被害者らの到着地がいずれも日本（東京）とされていたこと、本件事故機は元来公海を飛行した後日本の領空を通過すべきであった」ことから通常予見可能性も肯定でき、判旨の後段で指摘されている諸事実から本件は日本に最も密接に関連する事案であったと言える。したがって、通則法一七条によって、（本判決と同じく）日本法を準拠法とすることができる[103]。

⑧　神戸地判平成九年一一月一〇日判夕九八四号一九一頁は、日本の造船会社の造船代金前払返還債務について日本の銀行（被告）が発行した保証状（準拠法を英国法と合意）により上記造船会社の経営状態を誤信させられ造船契約を締結させられたことによってパナマ法に準拠して設立されパナマに本店を置く法人（原告）が被った造船代

金前払金・逸失利益の賠償請求につき加害行為地法である日本法を適用したものであるが[104]、両説において、通則法一七条からは「結果発生地法」であるパナマ法が導かれるものの、保証契約の準拠法が英国法であることから二〇条によって（同判決と異なり）英国法が準拠法になるのではないかと思われる。

⑪　東京地判平成一二年九月二五日判時一七四五号一〇二頁は、タイの航空会社（被告）の旅客機（バンコク発カトマンズ行き）がカトマンズ空港付近の山に墜落した事故の遺族である日本人（原告）が損害賠償を請求した事案において、遺族固有の損害の賠償請求の準拠法につき次のように判示した。

「航空機事故の場合には不法行為地（事故地）が当事者に全く関係のない地である場合が多く（現に本件でも、行為地説、結果発生地説のいずれをとっても不法行為地はネパール国である。）、不法行為地主義を貫徹すると妥当な結果をもたらさない場合も多いといえる。」

「本件のような国際航空運送契約に係るワルソー条約一七条に基づく請求については、……事件ごとに、訴訟当事者の国籍、住所、営業所、旅客の国籍、住所、その他事件に重要な関係を持つ要素を抽出し、当事者の衡平をも考慮して、条理によって準拠法を決定するのが妥当である。／本件においては、原告及び旅客……の国籍、住所は日本国、被告の本店所在地はタイ国であるが、被告は日本国東京に営業所を有している上、本件運送契約が締結されたのも日本国であり、かつ、被告が原告に交付した旅客切符及び手荷物切符は日本国内において日本語を使用する旅客に対し交付するためのものであった……から、当事者の衡平の観点をも踏まえ、これらの事情を総合考慮すると、本件の準拠法は法廷地法である日本法とするのが妥当である。」

法務省見解および多数説によれば、「直接の法益侵害の結果」はネパールで発生し、通常予見可能性にも問題はないので、通則法一七条からはネパール法が導かれることになりそうである。次に、判旨の後段で指摘されている諸事実に照らすと、「明らかに」日本の方が密接に関係していると言うのではないかと思われる。その場合には、二〇条によって（本判決と同じく）日本法を準拠法とすることになるであろう。

これに対して、少なくとも私見によれば、原告の現実的な損害が日本で発生していることから日本も「結果発生地」に含まれ、「本件運送契約が締結されたのも日本国であり、かつ、被告が原告に交付した旅客切符及び手荷物切符は日本国内において日本語を使用する旅客に対し交付するためのものであった」ことから通常予見可能性にも問題はなく、判旨の後段で指摘されている諸事実から本件は日本に最も密接に関連する事案であったと言える。したがって、通則法一七条によって、（本判決と同じく）日本法を準拠法とすることができる。

⑫　千葉地判平成九年七月二四日判時一六三九号八六頁は、カナダへのスキーツアーに参加した日本在住の日本人同士の間でその三日目にカナダのスキー場で起こった接触事故について帰国後の治療費等の賠償請求の事案について、次のように判示した。

「本件事故はカナダ国内のスキー場で起きたものであるが、本件において原告の主張する損害は、いずれも我国において現実かつ具体的に生じた損害である。そして、不法行為の準拠法について定める法例一一条一項の『その原因たる事実の発生したる地』には、当該不法行為による損害の発生地も含まれるものと解すべきであり、……本件には日本法が適用されるものと解するのが相当である。」

法務省見解および多数説によれば、「直接の法益侵害の結果」はカナダで発生し、通常予見可能性にも問題はないので、通則法一七条からはカナダ法が導かれることになりそうである。次に、当事者双方ともが日本に常居所を有していたことから、二〇条により（本判決と同じく）日本法を準拠法とするものと思われる。[105]

これに対して、少数説によれば、原告の現実的な損害が日本で発生していることから日本も「結果発生地」に含まれ[106]、スキーツアーに参加した日本人間で接触事故が起こる可能性につき同様の状況にある一般的・平均的な加害者であれば十分に予見できたはずであることから通常予見可能性にも問題なく、「本件は、事故地がたまたま外国であったにすぎず、〔両当事者の〕本拠地は日本にあるなどほとんど国内事件とでも言うべき事案[107]」であり日本に最も密接に関連していた。したがって、通則法一七条によって、（本判決と同じく）日本法を準拠地とすることができる。[108]

⑬　岡山地判平成一二年一月二五日交民集三三巻一号一五七頁は、米国サウスダコタ州で起こった自動車同乗事故について、その自動車に同乗して重傷を負った日本人留学生（事故の時点で留学後約三カ月）と日本に住むその両親（原告ら）が同じく日本人留学生である事故車両の運転者（同約半年）と所有者（同約一年八カ月）（被告ら）に対してした損害賠償請求の事案において、次のように判示した。

「原告らの損害賠償請求の当否について判断するに当たり準拠すべき法令は、その請求がいずれも不法行為に基づく損害賠償請求権であるため、法例一一条一項の規定に従い、本件事故が発生した地であるアメリカ合衆国サウスダコタ州において適用される法令であると認める。」

但し、負傷した被害者の両親固有の慰謝料、弁護士費用、遅延損害金については、「不法行為制度の根幹にかかわる」として、公序則を発動し日本法を適用した。

法務省見解および多数説によれば、「直接の法益侵害の結果」はサウスダコタ州で発生し、通常予見可能性にも問題はないので、通則法一七条からはサウスダコタ州法が導かれることになりそうである。次に、事故車の所有者については「微妙」と言ってもよいが、他の全ての当事者は依然として日本に常居所を有していることから「明らかに」日本の方が密接に関連していると思われ、二〇条により（本判決の重要部分の結論と同じく）日本法を適用することになると思われる。[109]

これに対して、少なくとも私見によれば、原告の現実的な損害が日本で発生していることからも日本も「結果発生地」に含まれ、通常予見可能性にも問題なく、加害者・被害者ともに日本人留学生で滞米期間が最長の者でも約一年八カ月にすぎないのであって、本件は日本に最も密接に関連する事案であった。[110] したがって、通則法一七条によって、（本判決の重要部分の結論と同じく）日本法を適用することができる。

⑭　最判平成一四年九月二六日民集五六巻七号一五五一頁（原々審：⑨東京地判平成一一年四月二二日判時一六九一

号一三一頁、原審：⑩東京高判平成一二年一月二七日判時一七一一号一三一頁）は、米国の特許権を有し日本に住所を有する日本人（原告・控訴人・上告人）が、（日本の特許権を有し）日本に本店を有する日本法人（被告・被控訴人・被上告人）による製品の製造、米国への輸出、子会社その他に対して米国において製品の販売等するよう誘導するなどの日本国内における行為が前記の米国特許権の侵害に当たると主張して右行為の差止めおよび被告製品の廃棄ならびに損害賠償を求めた事案において、その損害賠償請求の準拠法につき次のように判示した。

⑨判決は、「原告が不法行為に当たると主張する被告の行為は、すべて日本国内の行為であるから、本件においては、日本法（民法七〇九条以下）を適用すべきものというべきである。」と判示した。また、⑩判決は、これに加えて、「特許権侵害行為についての準拠法は、教唆、幇助行為等を含め、過失主義の原則に支配される不法行為の問題として行為者の意思行為に重点が置かれて判断されるべきであるから、本件では不法行為者とされる者の行動地である我が国が法例一一条一項にいう『原因タル事実ノ発生シタル地』に当たるというべきであ」ると判示した。

これに対し、⑭判決は、「本件損害賠償請求について、法例一一条一項にいう『原因タル事実ノ発生シタル地』は、本件米国特許権の直接侵害行為が行われ、権利侵害という結果が生じたアメリカ合衆国と解すべきであり、同国の法律を準拠地とすべきである。けだし、（ア）我が国における被上告人の行為が、アメリカ合衆国での本件米国特許権侵害を積極的に誘導する行為であった場合には、権利侵害という結果は同国において発生したものということができ、（イ）準拠法についてアメリカ合衆国の法律によると解しても、被上告人が、米国子会社によるアメリカ合衆国における輸入及び販売を予定している限り、被上告人の予測可能性を害することにもならないからである。」と判示した（但し、町田顯裁判官による、「上告人が権利侵害と主張する具体的行為は、米国特許権侵害を積極的に誘導するとするものを含め、結局被上告人の行う製造、輸出といった専ら日本国内で行われた行為である。このことに、上告人及び被上告人とも我が国に居住する日本人又は本店所在地を我が国とする日本法人であり、上告人の主張する損害も我が国に居住する上告人に生じたものであることを考慮すると、『原因タル事実ノ発生シタル地』は、我が国と解するのが相当であり、日本法により不法行為の成否を判断すべきである。」との意見が付されている(111)。

法務省見解および多数説によれば、「直接の法益侵害の結果」は米国で発生し、通常予見可能性にも問題はないので、通則法一七条からは米国法が導かれることになりそうである。次に、原告は日本に住所を有しており被告も日本に本店を有するが、「明らかに」日本の方が密接に関係しているとまでは言わないのではないか。したがって、⑭判決と同じく）米国法を準拠法とすることになるのではないかと思われる。

これに対して、少なくとも私見によれば、原告の現実的な損害が日本で発生していることから日本も「結果発生地」に含まれ、通常予見可能性にも問題はなく、原告は日本に居住し被告も日本に本店を有する日本法人であること、問題とされているのは被告の日本国内における行為であることから、本件は日本に最も密接する関連する事案であった。したがって、通則法一七条によって、⑼⑽判決や町田意見と同じく）日本法を準拠法とすべきことになる。

⑮　東京地判平成一五年一〇月一六日判時一八七四号二三頁は、米国特許権を有する東京に本店を置く日本法人（被告）から米国内の自社製品取引先に宛てて特許侵害を警告する文書等を送付された沖縄に本店を置く日本法人（原告）が、原告や米国内の取引先による製品販売につき被告が米国特許権に基づく差止請求権を有しないことの確認ならびに被告による警告書等の送付が原告の営業上の信用を毀損すると主張して告知・流布の差止めおよび損害賠償を求めた事案において、その告知・流布の差止めおよび損害賠償請求の準拠法につき次のように判示した。

「……差止請求権は、営業誹謗行為の発生を原因として競業者間に法律上当然に発生する法定債権であり、……損害賠償請求権は不法行為により生ずる債権であるが、これらの適用関係については、いずれも法例一一条一項により規律されているものであって、請求権の原因事実の発生地の法が準拠法となる。本件については、原告は、被告がその本店所在地である東京都から、原告の米国における取引先に対して、電子メール及び郵便書簡により警告を行ったなどと主張して、被告が日本国内から原告の米国内の取引先に対して行う告知・流布行為の差止め及び損害賠償を求めているものであるから、原因事実の発生地は、被告が電子メール及び郵便書簡を発信ないし発送した地である我が国の法が準拠法となる。」

法務省見解および多数説によれば、販売機会の逸失という「直接の法益侵害の結果」は市場である米国で発生し、通常予見可能性にも問題はないので、通則法一七条から[112]は米国法が導かれることになりそうである。次に、当事者双方ともが日本に本店を置いており日本が同一常居所地であることから、二〇条により（本判決と同じく）日本法が準拠法になるものと思われる[113]。

これに対して、少なくとも私見によれば、原告の現実的な損害が日本で発生していることから日本も「結果発生地」に含まれ、通常予見可能性にも問題なく、両当事者が日本に本店を置く日本法人であり本件は日本に最も密接に関連する事案であった。したがって、通則法一七条によって、（本判決と同じく）日本法を準拠法とすることができる[114]。

⑯　大阪地判平成一六年一一月九日判時一八九七年一〇三頁は、大東市に本店を置く日本法人（原告）が、継続的な取引関係のあった岐阜市に本店を置く日本法人（被告会社）が韓国所在の会社から輸入し米国・ドイツ・中国の会社に輸出した製品が自社の製品に酷似していると主張して、被告会社に対して被告製品の販売・展示・輸出・輸入の差止めと被告製品等の廃棄、被告らに対して損害賠償を求めた事案において、被告会社に対する損害賠償請求の準拠法につき次のように判示した。

右損害賠償の「請求は、被告会社の輸出入に関連する行為や被告会社の国外関連会社の行為の結果、原告に、輸出機会喪失、国外への調査費用の拠出及び信用毀損という損害が発生したことを理由とする、不法行為に基づく損害賠償請求でもあるから、渉外的要素を含む法律関係ということができ、準拠法の決定が必要となる。／この点、不法行為に関する準拠法は法例一一条一項により規律されているものであって、原因事実の発生地〔法〕によることとなっている。本件では、国内に所在する被告会社の輸出入行為や海外法人に対する指示行為が主な対象行為となっており、その損害は我が国に住所を置く原告に生じているものというべきであるから、原因事実の発生地は、被告会社の行為地でありかつ原告に損害の発生した地でもある我が国であり、我が国の法が準拠法となるというべきである。」

法務省見解および多数説によれば、販売機会の逸失という「直接の法益侵害の結果」は市場である米国・ドイツ・中国で発生し、通常予見可能性にも問題はないので、通則法一七条からはそれぞれ米国法・ドイツ法・中国法が導かれることになりそうである。次に、当事者双方ともが日本に本店を置いており日本が同一常居所地であることから、二〇条により（本判決と同じく）日本法が準拠地になるものと思われる。(115)

これに対して、少なくとも私見によれば、原告の現実的な損害が日本で発生していることから日本も「結果発生地」に含まれ、通常予見可能性にも問題なく、両当事者が日本に本店を置く日本法人であり本件は日本に最も密接に関連する事実であった。したがって、通則法第一七条によって、（本判決と同じく）日本法を準拠法とすることができる。

㈡　以上、従来の裁判例の事案に通則法を適用した場合に、法務省見解および多数説と少数説とでその処理がどのようになるか、個別具体的に検討してきた。整理すると、以下のようになろう。

法務省見解および多数説によれば、一七条で処理することになりそうなのは①④⑥⑭判決の四件、二〇条で処理することになりそうなのは②⑤⑦⑧⑪⑫⑬⑮⑯判決の九件（および、外国における日本人間の自動車同乗事故に関する他の四件(116)）である。但し、具体的妥当性を犠牲にするということであれば、②⑪⑬判決の事案については二〇条を発動しないかもしれない。しかし、いずれにしても、いったい一七条と二〇条のいずれが例外的なのか、判然としない状況にある。

これに対して、少数説（少なくとも私見）によれば、一七条で処理すべきなのは①④⑤⑥⑦⑪⑫⑬⑭⑮⑯判決の一一件（および、外国における日本人間の自動車同乗事故に関する他の四件(117)）、二〇条で処理すべきなのは②⑧判決の二件である。これなら、一七条はまさに一般則として、二〇条は名実ともに例外条項として、機能することになる。

本節における検討の結果からも、解釈論として優れているのは、（法務省見解などではなく）少数説の方であると確信する。

（55）　前注（6）参照。

（56）　邦訳は、佐野寛「スイス国際私法における不法行為の準拠法（一）」岡山大学法学会雑誌四二巻一号（一九九三年）五九頁、六〇－六一頁によった。なお、奥田安弘「一九八七年のスイス連邦国際私法（四）」戸籍時報三七七号（一九八九年）五一頁、五二頁も参照。

（57）　佐野・前掲注（56）七七頁、F. Vischer, Das Deliktsrecht des IPR-Gesetzes unter besonderer Berücksichtigung der Reglung der Produktehaftung, in : Schwander（Hrsg.）, FS Rudolf Moser, Zürich 1987, S. 119ff., 127 ; A. K. Schnyder, Das neue IPR-Gesetz, 2. Aufl., Zürich 1990, S. 119f ; K. Siehr, Das Internationale Privatrecht der Schweiz, Zürich 2002, S. 363 : Heini, Zürcher Kommentar zum IPRG, 2. Aufl., Zürich 2004, Art. 133 N 2 ; Umbricht/Zeller, Basler Kommentar zum IPRG, 2. Aufl., Basel 2007, Art. 133 N 2.

（58）　Heini, a. a. O.（Anm. 57）, Art. 133 N 10. Umbricht/Zeller, a. a. O.（Anm. 57）, Art. 133 N 13, Art. 129 N 25 ; D. Girsberger, Erfolg mit dem Erfolgsort bei Vermögensdelikten?, in : Basedow/Meier/Schnyder/Einhorn/Girsberger（Hrsg.）, Liber Amicorum Kurt Siehr, Den Haag 2000, S. 219ff., 224も同旨。

（59）　BGE 113 II 476（479 E. 3a）.

（60）　BGE 125 III 103（105 E. 2b）.

（61）　Heini, a. a. O.（Anm. 57）, Vor. Art. 133–142 N 3における表現。

（62）　BGE 113 II 476（479 E. 3a）.

（63）　BGE 76 II 110（111）; 91 II 442（446 E. 1）; 92　II 257（262 E. II/3, 264 E. III/2）.

（64）　BGE 87 II 113（115 E. 2）; 91 II 117（123f. E. I/2）.

（65）　BGE 76 II 110（111f.）. Vgl. Schönenberger/Jäggi, Das Obligationenrecht（Kommentar）, 3. Aufl., Bd. V la 1.

Lieferung（Einleitung, Internationales Privatrecht）Zürich 1961, N 335f.

（66）V. Trutmann, Das internationale Privatrecht der Deliktsobligationen, Basel 1973, S. 6. この批判には、全く同感である。

（67）F. Vischer/A. von Planta, Internationales Privatrecht, 2. Aufl., Basel 1982, S. 201. スイスが行動地か結果発生地である場合、スイスにおいては、刑事法上の規範はスイス法になる。これに対して、民事法上の規範がスイス法になるか否かは、被害者の選択に左右されることになる。

（68）この点については、Botschaft zum Bundesgesetz über das internationale Privatrecht（IPR-Gesetz）vom 10. November 1982, 284. 224を参照。

（69）BGE 125 III 103（105 E. 2b）は、本文で引用した部分について、Kropholler, Internationales Privatrecht, 2. Aufl., Tübingen 1994, S. 442（この部分には、何の引用もない）のみを引用している。さらに、例えば、BGE 76 II 110（111）; J. L. Delachaux, Die Anknüpfung der Obligationen aus Delikt und Quasidelikt im internationalen Privatrecht, Zürich 1960, S. 149ff.; Schönenberger/Jäggi, a. a. O.（Anm. 65）, N 335; Vischr/von Planta, a. a. O.（Anm. 67）, S. 200f.; Vischer, a. a. O.（Anm. 57）, S. 120 Anm. 6; Umbricht/Zeller, a. a. O.（Anm. 57）, Art. 129 N 25も参照。

また、スイス・ドイツ両国の立法の特色を比較した、A. Heini, Das neue deutsche IPR für ausservertraglich Schuldverhältnisse und für Sachen von 1999 im Vergleich mit dem schweizerischen IPRG, in: Basedow/Meier/Schnyder/Einhorn/Girsberger（Hrsg.）, Liber Amicorum Kurt Siehr, Den Haag 2000, S. 251ff., 251–254, 256–258も非常に参考になる。

（70）Heini, a. a. O.（Anm. 69）, S. 253.

（71）邦訳は、出口耕自『ドイツ国際不法行為法における被害者の決定権』上智大学法学会編『変容する社会の法と理論』（有斐閣・二〇〇八年）三頁、九—一〇頁によった。

（72）J. Kropholler, Internationales Privatrecht（6. Aufl. 2006）528.

（73）Staudinger/vHoffmann（2001）Art 40 EGBGB Rn 24. Münch KommBGB/Junker（4. Aufl. 2006）Art 40. EGBGB RdNr. 32; G. Kegel/K. Schurig, Internationales Privatrecht（9. Aufl. 2004）730も同旨。

(74) BGH 10. 11. 1977, IPRspr 1977 Nr 29 [S. 79].
(75) BGH 28. 2. 1996, BGEZ 132, 105, 117f.
(76) RG 17. 2. 1933, RGZ 140, 25, 29.
(77) Kropholler（oben N. 72）524；RG 20. 11. 1888, RGZ 23,305, 306；RG 30. 3. 1903. RGZ 54, 198, 205. この点に関する諸判決の推移については、折茂豊『渉外不法行為法論』（有斐閣・一九七六年）二六九－二七〇頁、岡本善八「国際私法における法定債権」同志社法学四二巻一号（一九九〇年）三七頁、五四－五七頁、出口・前掲注(71)七－八頁に譲る。なお、厳密にはこの二つの原則を区別すべきことにつき、J. von Hein, Das Günstigkeitsprinzip im internationalen Deliktsrecht（1996）6.
(78) Kropholler（oben N. 72）524. MünchKommBGB/Junker（4. Aufl. 2006）Art 40. EGBGB RdNr.16も同旨。
(79) 前注参照。
(80) RG 20. 11. 1888, RGZ 23, 305, 306.
(81) Kropholler（oben N. 72）524f. この批判には、全く同感である。
(82) E. Steindorff, Sachnormen im internationalen Privatrecht（1958）124；W. Lorenz, Die allgemeine Grundregel betreffend das auf die außervertragliche Schadenhaftung anzuwendende Recht, in：E. von Caemmerer（Hrsg.）, Vorschläge und Gutachten zur Reform des deutschen internationalen Privatrechts der außervertaglichen Schuldverhältnisse（1983）97, 115（国友明彦「契約外債務に関するドイツ国際私法の改正準備（二）」大阪市立大学法学雑誌三八巻二号（一九九二年）二一一頁、二三七頁においても引用されている）；von Hein（oben N. 77）40.
(83) Kegel/Schurig（oben N. 73）725.
(84) Kropholler（oben N. 72）525. この他の批判として、Lorenz（oben N. 82）116；Staudinger/vHoffmann（2001）Art 40 EGBGB Rn 7も参照。
(85) BGH 10. 11. 1977, IPRspr 1977 Nr 29 [S. 79].
(86) F. J. Schneeweiss, Das Verhältnis von Handlungs- und Erfolgsort im deutschen internatinalen Privatrecht unter besonderer Berücksichtigung der Rechtsprechung（1959）63.

(87) Schneeweiss（oben N. 86）63.

(88) Kropholler（oben N. 72）523; von Hein（oben N. 77）308; Staudinger/vHoffmann（2001）Art 40 EGBGB Rn 24.

(89) Kegel/Schurig（oben N. 73）730; von Hein（oben N. 77）308; Staudinger/vHoffmann（2001）Art 40 EGBGB Rn 25.

(90) 日本の事例を挙げれば、第二節一で触れた、①⑦⑪⑫⑬⑮⑯判決。

(91) これとの関連で、彼我の規律の差異に対する配慮を怠り外国の概念解釈をそのまま援用するようなものは、比較法の名に値しないとも考える。

(92) 以下の検討の前提として、通則法二〇条の解釈につき一言しておく。

同条は、「前三条の規定にかかわらず、……明らかに前三条の規定により適用すべき法の属する地よりも密接な関係がある他の地があるときは、当該地の他の法による。」と規定している。したがって、文理上は、前三条のいずれかを通じた準拠法選択が最密接関係原則によって覆る場合を、「他の地」が――「明らかに」――最密接関係地である場合に限定している。しかし、この「明らかに」を文理どおりに解釈するのは、疑問である。

公序則（通則法では、四二条）については、その適用結果が排除される外国法は基本的に最密接関係原則によって導かれたものであることから、「明らかに」とは書かれていなくても、（「明らかに」とある、扶養義務の準拠法に関する法律八条一項や、遺言の方式の準拠法に関する法律八条と同じく、「明らかに」と書かれてあるかのように）その発動には極めて慎重でなければならない（石黒・前掲注(11)二七四―二七五頁、澤木＝道垣内・前掲注(41)六〇頁）。逆に、通則法二〇条の例外条項については、最密接関係原則を貫徹するための規定なのであるから、「明らかに」と書かれていても、積極的に発動すべきだと考える。

このように考えないと、次のような「逆転現象」が生じてしまう。すなわち、通則法一七条ないし一九条から最密接関係地法が導かれる場合には、それがそのまま適用されるので、問題ない。ところが、それから最密接関係地法が導かれない場合に、「明らかに……他の地があるときは」最密接関係地法が適用されるのに対し、それがないときは（客観的には）最密接関係地法でないものが適用されることになってしまう。これは、理論的には極めて不快な態度ではないのか。「具体的妥当性」を軽んじたために生じるこのような不快な事態を「法的安定性」という理念で実体的に正当化しようとするのは、無謀であると考える。

但し、例外条項を積極的に発動することも、一般論といては好ましくない（この点については、前注54も参照）。その意味では、「前三条の規定」の解釈も依然として重要であり、以下では引き続き通則法一七条の解釈論を展開する。

(93) 中西・前掲注(44)年報九二頁注五も、「そこで基準とされた日本で発生した損害は、派生的なものに過ぎないと思われる。」としている。

(94) ②判決の事案と判旨については、拙稿・前掲注(1)九三頁に引用してある。

(95) ④判決の事案と判旨については、拙稿・前掲注(1)九五頁に引用してある。

(96) 私見によれば、所有者の現実的な経済的損害が日本で発生していることから日本も「結果発生地」に含まれ、通常予見可能性にも問題はないが、日本との関連は被害者の本拠の所在と物品の仕向地であったことくらいしかなく、イタリアが最密接関係地となる。最後の点については、拙稿・前掲注(1)九六頁、一〇〇頁、一〇五頁で触れた。

(97) 法務省見解および多数説によった場合、何が「法益侵害」に当たるのか判然としない事案が出てくる可能性がある。そもそも、何が「法益侵害」に当たるかについての判断基準を何に求めるのであろうか。性質決定の一般論との関係で、問題が生じるように思われる。

(98) 道垣内正人〔判批〕ジュリスト八六六号（一九八六年）一七〇頁、一七二頁は、判旨における不法行為地の判断を批判し、「この種の法定債権関係については法例一一条の例外として密接関連法が適用され、それは契約を不成立と判断した法であると解することが許されるとすれば同じ結論が得られる。」としていた。法務省見解も、これと同様の発想に立つことになるのではないかと思われる。

(99) 本判決の評釈は、日本法を準拠法とする判旨の結論には反対していない。この点については、拙稿・前掲注(1)一一七―一一八頁注三二を参照。

(100) ⑥判決の事案と判旨については、拙稿・前掲注(1)九六―九七頁参照。

(101) 私見によれば、ノウハウ侵害によって当該ノウハウを有する被告に生じる現実的な経済的損害は被告の本店所在地であるイリノイ州で発生することからイリノイ州も「結果発生地」に含まれるが、通常予見可能性についてはやや疑問が残り、また仮に通常予見可能性が肯定されるとしても同地との関連は被害者の本店の所在くらいしかないことから、ノウハウ情報の入手地かつその使用予定地でもある日本が最密接関係地法となる。

(102) 中野・前掲注(19)八一頁は、「結果発生地が公海上、したがって無法地域になる場合、行動地と結果発生地の間で法の牴触や選択が問題にならないとすれば、……唯一不法行為地法となりうる行動地法を適用するという構成もありえようが、その具体的妥当性は疑わしい。」と述べている。但し、神前・前掲注(40)一二〇頁は、「結果発生地は公海等であるが、加害行為地が特定の法域に属するような例外的な場合には、適用通則法一七条の趣旨から考えて、加害行為地法によるとの解釈が説かれる可能性もあろう。」としている。

(103) この点については、前注(54)も参照。

(104) ④判決の事案と判旨については、拙稿・前掲注(1)一〇九頁に引用してある。

(105) 神前・前掲注(40)一一九頁、澤木＝道垣内・前掲注(41)二四九頁、高杉・前掲注(20)七七頁、中西・前掲注(44)年報九九頁注八二。

(106) 石黒・前掲注(11)三五二頁も同旨。

(107) 拙稿・前掲注(1)八六頁。

(108) なお、⑫判決と同じ類型と考えられる事件として、短期滞在中の外国での自動車同乗事故に関する以下のものがある。大阪地判昭和六二年二月二七日判時一二六三号三二頁、横浜地判平成五年九月二日交民集二六巻五号一一五一頁、大阪高判平成一〇年一月二〇日判タ一〇一九号一七七頁。以上は、拙稿・前掲注(1)一二一頁注五三で示してあった。さらに、中西・前掲注(44)年報九九頁注八二も、二〇条によるが同旨。なお、前掲大阪地判昭和六二年二月二七日について、大村芳昭〔判批〕櫻田嘉章＝道垣内正人編『国際私法判例百選〔新法対応補正版〕』（有斐閣・二〇〇七年）一四六頁、一四七頁も、二〇条により準拠法は日本法になるとする。

最近の法例一一条一項の通用事例として、アルゼンチンにおける日本人間の自動車同乗事故に関する福岡地飯塚支判平成二〇年三月一四日判時二〇一四号一二〇頁と、その控訴審判決である福岡高判平成二一年二月一〇日判時二〇四三号八九頁がある。法例一一条一項からアルゼンチン法を導き出しているが、その後の処理で実質的に日本法によっていることにも鑑みれば、いずれも疑問であり、それらの処理は実に迂遠である。

(109)　中西・前掲注(44)年報九九－一〇〇頁注八二は、「少なくとも加害者については事故当時でも、常居所がサウスダコタ州にあったと言えるのではなかろうか。」とする。しかし、運転者については留学後約半年しか経過しておらず、疑問である。また、「したがって、二〇条は発動しない。」と続けるが、同一常居所地の存在は単なる例示でありそれがなくても二〇条が発動する場合もあるはずであり（小出邦夫編著・前掲注(4)二三四頁（和波））、倫理的にも疑問である。

(110)　詳細は、拙稿・前掲注(21)一一八頁参照。

(111)　ほかに、井嶋一友裁判官の補足意見と藤井正雄裁判官の反対意見がある。

(112)　神前・前掲注(40)一二三頁は、「適用通則法においては、不正競争行為、競争制限行為、知的財産権の侵害といった不法行為についても、準拠法選択をなすべきものとされる場合には、不法行為一般についての準拠法選択規則に従うこととなる」としている。但し、例えば、中西・前掲注(44)年報七一頁は、「不正競争または競争制限行為については、……一七条の一般則が適用され、その際に特定企業のみに向けられた行為か市場一般に関係する行為かを考慮しながら結果発生地を解釈することでの処理が考えられる。」としており、一七条によるとしてもやや不透明な状況である。

(113)　ちなみに、熊倉禎男〔判批〕平成一六年度主要民事判例解説（二〇〇五年）一六八頁、一七一頁は、（直接には「国際私法の現代化に関する要綱中間試案」第七－二(1)についての記述だが）「当時者の同一常居所地への連結を認める特則が妥当性をもって認められる事例と思われる。」と評している。さらに、横溝大「牴触法における不正競争行為の取扱い――サンゴ砂事件判決を契機として」知的財産法政策学研究一二号（二〇〇六年）一八五頁、二三五頁も参照。

(114)　知的財産権の侵害についても不正競争行為についても、事前と事後とで同一の準拠法によって評価すべきである。したがって、以前から、本判決と同じく、差止請求と損害賠償請求とは一体的に「不法行為」（法例一一条、通則法一七条）と性質決定すべきであると考えている。ただ、本稿（および拙稿・前掲注(1)論文）の問題関心から外れるので、⑭⑯判決などに触れた関係箇所でいちいち断ってはいない。この点については、例えば、石黒一憲『国境を越える知的財産』（信山社・二〇〇五年）三五二頁以下、特に三七一―三七六頁を参照。

(115)　小出・前掲注(25)七三頁は、一つの可能性として、この筋を提示している。

(116)　前注(108)に掲げたものである。

(117)　前注参照。

第四節　結論と今後の課題

㈠　法例一一条一項の「原因事実発生地」の解釈について従来提示していた私見は通則法一七条の下でも基本的に維持すべきものであることが、本稿を通じて確認できた。以下では、同条の「結果」の解釈という形で私見を改めて示す(118)。

通則法一七条の「結果発生地」における「結果」は、「法益侵害」には限定されず、二次的・派生的な損害も含むと解釈すべきである。その結果、事案によっては、複数の結果発生地が生じることもありうる。そのような事案においては、その地での結果発生についての「通常予見可能性」のあるもののうち最も密接に関係する地を同条の「結果発生地」と解釈する(119)。

このような結果を導くにあたっては、かつて行っていた従来の学説・裁判例の検討第二節一に加えて、通則法制定過程での議論第二節二、通則法一七条の「結果」についての法務省見解と二極分化した学説の対応第二節三、スイス第三節一、ドイツ第三節二、従来の裁判例における事案に通則法を適用した場合の帰結第三節三、以上についての確認・検討を行った。

ここで、付言しておくべきことがある。法例改正のための「たたき台」に対して、石黒教授は、「外国の立法例、つまりは『条文』との平仄を合わせるという表面的なことに固執するのは実におかしい。……我国の判例の具体的営為にまで踏み込み、そしてそれを、海外での判例等の状況と対比し、その上で、『平仄』を云々すべきである」[120]と批判しておられた。本稿における不十分ながらも（本来なら不必要であった）[121]比較法的考察を経た今、石黒教授の指摘の正しさを実感している。

(二)　通則法の施行から、早いものでほぼ三年が経過した。そろそろ、通則法一七条の適用事例が公表されてもおかしくない。今後は、新しい個別の裁判例を通じて、本稿で検討した二極の解釈論の妥当性を検証していく必要がある。

それ以外の、例えばより細かい問題についての解釈論は有害無益なものとなる可能性が高いのが、学会の一般的な現状であろうと思われる（もちろん、例外があることは、全く否定しない）。また、安易な比較法は、似ての外であると考える。

かつて調べたことは現在でも十分に妥当すると考えるので、本稿でも再び述べる。

「従来の（狭義の）国際私法の議論においては、（外部に規範を求めるべく）比較法や統一法条約の紹介が盛んになされているのに対し、（内在的な規範を確認すべく）国内で蓄積されてきている具体的な事例を集約し事案に即して細かく検討し『具体的妥当性』と『法的安定性』の両立を図るようなことは、あまりなされていないのではないか……しかし、日本で起きる渉外事件には、日本に特有の事情があり、また、日本にとっては譲れない牴触法上の価値観があるのではなかろうか。その意味で、仮に何らかの問題につき成立した統一法条約の批准や国内法化が要請されるような場合であっても、そのようなことは一定数の具体的なケースについて主体的・内在的な分析を経たうえでなされる必要があると考える。」[122]

さらに、法改正や新法の制定においても同様であるということも、述べておくべきであった。今さらながら、右に付け加える。

㈢　最後に、明治以来の我が国に妥当し続ける至言を引用して、本稿を閉じる。

「廣く各國の制度を採り開明に進まんとならば、先づ我國の本體を居《す》ゑ風教を張り、然して後徐《しづ》かに彼の長所を斟酌するものぞ。否らずして猥りに彼れに倣ひなば、國體は衰頽し、風教は萎靡《るび》して匡救す可からず、終に彼の制を受くるに至らんとす。(123)」

(118)　拙稿・前掲注(1)一一一―一一二頁で提示していた私見は、中西・前掲注(44)年報九二頁注五において、「一律に不法行為地（原因事実発生地）法へと連結していた法例一一条一項の下での解釈論的努力であったと言うべきである。」として葬り去られようとしていたものでもある。全く、「余計なお世話」であったと言うべきである。

(119)　この点については、拙稿・前掲注(1)一〇七―一〇八頁、一二二―一二三頁注五八における検討も参照されたい。同右一二三頁注五九で示唆したように、「体系をふまえた法的思考力」を前提として「具体的妥当性を追求することと」のできる「柔軟な法的判断の能力（解釈能力）を身に付けた法律家を量産」することができているのであれば、法科大学院の意義はやはり大きいということになるが。

(120)　石黒・前掲注(29)九九頁。

(121)　法例下における拙稿・前掲注(1)論文の段階では、「比較法については、各国でかなりのバラツキがあり、文言の異なる日本の法例の解釈にとってそれほど重要だとは思えなかったこと」（一一二頁）などから、行っていなかった。通則法が制定されてしまった後の本稿ではそれを行わざるを得なかったが、依然として、最密接関係原則に照らした内在的な検討の重要性とは比較にならない。

(122)　拙稿・前掲注(1)一一三―一一四頁。

(123)　山田済斎編『西郷南州遺訓』（岩波文庫・一九三九年）七―八頁。

（平成二一年一一月三日（文化の日・明治節）脱稿）

（千葉大学法学論集第二四巻三・四号、二〇一〇年）

15 外国取材旅行先での日本人間の同乗事故と賠償請求の準拠法・公序

福岡高裁平成二一年二月一〇日判所判決（平成二〇年(ネ)第三八〇号、損害賠償請求控訴事件）、判例時報二〇四三号八九頁、判例タイムズ一二九九号二三八頁――変更

〔参照法例〕法例（平成一八年法律七八号廃止前）一一条・三三条、法の適用に関する通則法附則三条四項、民法七〇九条・七一〇条・四一六条・七二二条一項・四一七条・四一九条一項・四〇四条

第一節　事実の概要

被告・控訴人Yは、写真、著述で生計を立てながら大学院に通い、外国への取材旅行等を頻繁に行っていた者である。他方、原告・被控訴人X_1・X_2の長女である訴外Aは、本件事故の約四年半前頃からYと交際していた事故当時二四歳の大卒の女性であり、それまでにも自分の研究や興味等のためYの取材旅行に同行したことがあった。Y、AおよびXらは、いずれも日本国籍を有し、常居所地は日本国内にある。

YとAは、Yのアルゼンチンへの取材旅行のため、平成一七年九月二〇日頃に日本を出発して同国に赴いた。その旅行中の同月二九日朝（現地時間二八日夕方）、現地で借りYが運転していたレンタカーが横転し、同乗のAは、車外に投げ出され死亡した。そこで、Xらは、Yに対し、(1)雇用契約および準委任契約類似の契約上の安全配慮義

務違反、または(2)不法行為に基づく損害賠償として、X_1につき六、〇九七万九、七八〇円、X_2につき五、七三八万二、五五〇円およびこれらに対する本件事故発生日である平成一七年九月二九日から各支払済みまで年五分の割合による遅延損害金の支払を求めた。

原判決（福岡地飯塚支判平二〇・三・一四判時二〇一四号一二〇頁）は、(1)は否定したが、(2)については準拠法をアルゼンチン法として一部認容した。そこで、Yは、原判決はアルゼンチン法の解釈を誤っている等と主張して控訴した。

第二節　判決の要旨

1(1)「本件事故が発生しAが死亡したのは、通則法施行前の平成一七年九月二九日……であるから通則法は適用されず、法例が適用される（通則法附則三条四項）」。

(2)「法例一一条一項により、本件においては不法行為地法であるアルゼンチン法が準拠法となるのが原則である。」

(3)「ただし、不法行為地法であるアルゼンチン法を適用することが我が国の公序に反する場合には、法例三三条により同法の適用を排除し、日本法を適用することがある」。

2「Yが本件事故を発生させたことにつき、アルゼンチン民法においても、我が国の民法においても、不法行為の成立要件である過失があるといえる。」

3(1)「アルゼンチン民法の解釈については、アルゼンチンの裁判所の採用する方法によるべきであり、同法の条文のみを翻訳して日本法の解釈により適用することは許されない。」

(2)「アルゼンチン法を適用した場合の……Xらの損害を検討すると、亡くなったA固有の損害としての逸失利益は認められず、Xらは、Aから受けられなくなった経済的扶助や支出した葬儀費用の限度で命の価値（VALOR VIDA）の賠償を受けることになるが、XらがAから経済的扶助を受ける必要性を認めるに足りる証拠はないから、Xらは支出した葬儀費用の限度でしか賠償を受けられなくなる。この点は惜くとしても、独身で知的レベルの高度な者が死亡し、その親が相続人となっているケースについての裁判例では、命の価値（VALOR VIDA）の賠償額は、米ドル換算で多くて一〇万米ドル、平均すると三万七三八三米ドルであり……、我が国の死亡事故における大卒の二四歳の女性の逸失利益及び葬儀費用の損害賠償基準に照らし著しく低額である。また、これと別な損害として観念される精神的損害（DANIO MORAL）についても、米ドル換算で多くて六万米ドル、平均で三万八四三三米ドルであって……、これも我が国の死亡事故における死亡慰謝料の損害賠償基準に照らし、著しく低額である……。これらのことと、加害者であるY、被害者のA及び被害者の両親で相続人であるXらは、いずれも日本国籍を有し、日本に常居所があること……、Yは、旅行中の事故につき日本国内で保険に加入することも可能であったことを考慮すると、本件において、損害賠償の範囲につきアルゼンチン法を適用して損害賠償額を算定することは我が国の公序に反するものというべきであり、法例三三条により、同法の適用を排除し我が国の不法行為における損害賠償の範囲（民法四一六条類推適用）によるのが相当である。」

(3)「損害額（Aから相続したものを含む。）はX_1につき四三五二万一六一一円、X_2につき四一一九万八七七六円となる。遅延損害金は民法七二二条一項、四一七条、四一九条一項、四〇四条により年五分であり、不法行為日である平成一七年九月二九日から遅滞に陥る。」

第三節　判例の解説

本判決は、短期滞在中の外国における日本人同士の間での自動車同乗死亡事故に基づく日本人遺族からの損害賠償請求につき、事故発生地法を準拠法としつつ、損害賠償の範囲につき公序則を発動し、遅延損害金についてまで日本法を適用した事例である。

㈠　判決の要旨１⑴は、本件不法行為の準拠法を導く法律が法例であることを確認し、その判断の基準として事故の発生とAの死亡という二点を併記している。本件では、特に問題はない。ただ、たとえ死亡日が通則法施行日（平成一九年一月一日）以後であったとしても、法的評価の始まる事故発生日が基準日となると解すべきである（通則法附則三条四項の「加害行為の結果が発生した」という文言は通則法一七条を受けて規定されたものと解されるが、「結果」を「法益侵害」と解する法務省見解には根拠がない。後述㈡２参照）。

㈡　判決の要旨１⑵は、本件不法行為につき法例一一条一項を適用し、まずは端的に事故発生地法であるアルゼンチン法を導き出している。

１　従来、日本人同士の間に外国で発生した自動車同乗事故に基づく損害賠償請求に関する裁判例は、事故発生地法を適用したもの（①大阪地判昭六二・二・二七判時一二六三号三二頁、②京都地判平四・一一・一二自動車保険ジャーナル一〇一三号二頁、③大阪高判平一〇・一・二〇判タ一〇一九号一七七頁、④岡山地判平一二・一・二五交民集三三巻一号一五七頁）と、日本法を適用したもの（⑤横浜地判平五・九・二交民集二六巻五号一一五一号）とに分かれていた。これらのうち、①④判決は、本件と異なり、日本人留学生間の事故に関するものであり、事故の発生地である米国との関連がそれなりにあった事案だともいえる[1]。これに対し、②③⑤判決は、本件と同じく、短期滞在中の事故に関するものである。

②判決は、夏休み中四〇日間の予定で米国を観光旅行中の日本人学生がその一〇日目に現地で知り合った同じく観光旅行中の日本人学生の運転するレンタカーにアイダホ州で同乗して起きた死亡事故に基づく損害賠償請求につき、法例一一条により端的に準拠法を同州法とした。また、③判決は、一定の取引関係がありカリフォルニア州で開催された三日間のサイクルショーで協力関係にあった二社の日本法人にそれぞれ雇用され短期出張中の従業員の間でその終了翌日に発生した同乗事故に基づく損害賠償請求につき、法例一一条一項により端的に同州法を適用した。これに対して、⑤判決は、医院の社員旅行として七泊八日の予定でニュージーランドを旅行中の七日目に発生した同乗事故に基づき従業員から経営者およびその友人である運転者に対してなされた損害賠償請求につき、法例に言及せず日本法（民法七〇九条、自賠法三条）を適用していた。

本判決は、短期滞在中という類型の中で、原因事実発生地を事故地である外国と考えた点では、②③判決側の処理に一事例を加えたもののようにも見える。しかし、日本法を準拠法としても結論は変わらないと思われ（要件・効果につき、後述㈣・㈥参照）、実質的には、逆に⑤判決側の処理に一事例を加えたものと評価できるのではないか。

2　ここで日本人同士の間に外国で発生した偶発的な事故一般に視野を広げると、七日間のカナダへのスキーツアーの三日目に参加者間に発生した接触事故に基づいて帰国後の治療費等が請求された事案に関する一件の裁判例（⑥千葉地判平九・七・二四判時一六三九号八六頁）が視野に入る。⑥判決は、不法行為の準拠法を日本法とし、その理由の一つとして、「原告の主張する損害は、いずれも我が国において現実かつ具体的に生じた損害であ」り「法例一一条一項の『その原因たる事実の発生したる地』には、当該不法行為による損害の発生地も含まれる」ことを挙げていた。[2]

そこで、法例一一条一項の「原因タル事実ノ発生シタル地」に「現実かつ具体的に生じた損害」（二次的・派生的な損害：以下、「第二次的侵害」とする）の発生地も含まれると解すべきか否かについて、検討を加える。

裁判例では、これを肯定したもの（⑦東京地判昭四〇・五・二七下民集一六巻五号九二三頁、⑥判決）と、これを否定しあるいは否定することを前提としたもの（⑧東京地判昭六〇・七・一五判時一二一一号一二〇頁、⑨東京地判平九・七・一六判時一六一九号一七頁〔大韓航空機撃墜事件〕、⑩東京地判平一一・九・二五判時一七四五号一〇二頁〔タイ航空機墜落事件〕）とに分かれていた。しかし、⑧判決では事故発生地が最密接関係地でもあったし、⑨⑩判決は条理によってではあるが（第二次的損害発生地法であり最密接関係地法でもある）日本法を準拠法としている。⑨⑩判決の条理を援用する自由な解釈と理論的な筋は疑問だが、実質的に見れば、裁判所は、最密接関係地法を適用するために、第二次的損害発生地を重視してきているといえる。[3] これに対して、学説では、これに否定的な見解が多数であったように思われるが、文献からはあまり明確ではなかった。[4]

このような状況の中、結果発生地説の強い影響を受けて、法例一一条一項は、通則法一七条に改正された。そして、規律内容の点で後者に近似するスイス国際私法一三三条二項の「結果発生地」概念は、確かに「保護された法益が侵害された地」と解釈されている。[5] しかし、その解釈は、同法成立の前日である一九八七年一二月一七日の連邦最高裁判決によって成立しており、[6]「いわゆる被害者の選択権を伴う遍在理論」[7]を前提としている。また、このスイスが強く影響を受けているドイツにおける「結果発生地」概念も、確かにスイスと同様に（狭く）解釈されている。[8] しかし、この解釈も、遍在原則および優遇原則を前提としている。[9] これらは行動地法と結果発生地法を選択肢としつつ実質法的に被害者を優遇する処理であるため、「結果発生地」概念を狭く解釈しないと加害者に酷になってしまう。[10] これらに対して、国際私法の基本中の基本である最密接関係原則を堅持している法例や通則法においては、「結果発生地」概念を広く解釈しても、複数の候補地から最密接関係地を選び出せばよいだけであり、スイスやドイツと同様の解釈を採る必要は全くない。[11]

本判決は、⑥⑦判決と同様、第二次的損害発生地であり最密接関係地でもある我が国を法例一一条一項の「原因事実発生地」と解釈すべきであったと考える。

㈢　判決の要旨1―⑶は、公序則発動の可能性に言及する。既に前掲④判決という実例があり特に問題はないが、この場合の公序則は通則法四二条ではないか（附則二条）[12]。

㈣　判決の要旨2は、（本判決によれば）法例一一条一項から導かれるアルゼンチン法でも、通則法二二条一項（法例一一条二項）により累積適用される日本法でも、Yの過失を確認している。

㈤　判決の要旨3⑴は、準拠外国法の解釈につき、原判決と異なり、当該外国の裁判所が採用する方法によるべきだとする。これが通説であり[13]、本件では特に問題ない。

㈥　判決の要旨3⑵は、損害賠償の範囲につきアルゼンチン法を適用すると損害賠償額が著しく低額になることから、法例三三条によって同法の適用を排除して日本法を適用している。そして、判決の要旨3⑶は、遅延損害金についてまで日本法を適用している。

1　公序則の発動要件については、本件では、Y、AおよびXらがいずれも日本国籍を有し日本に常居所を有することから「事案の内国関連性」は十分肯定でき、逸失利益や慰謝料について少なくとも四倍近くの開きがあることから「適用結果の異常性」も肯定できると考える[15]（さらに、前述㈢も参照）。

2　公序則発動の効果については、起草趣旨に沿い基準として明確な内国法適用説（⑪最一小判昭五二・三・三一民集三一巻二号三六五頁、⑫最二小判昭五九・七・二〇民集三八巻八号一〇五一頁（傍論））に従っている（なお、論理性ではこれに勝る欠缺否認説（通説）には、内国公序の具体的な限界の設定に困難を伴い実用性に欠けるという重大な弱点がある）[16]。

3　公序則発動の範囲について、前掲④判決は、負傷した被害者の両親固有の慰謝料、弁護士費用、遅延損害金に限っていた。これに対して、本判決は、遅延損害金を含む損害賠償の全範囲としている。しかし、公序則の発動については、適用結果が排除される準拠外国法が基本的に最密接関係原則によって導かれたものであることから、極めて慎重でなければならない[17]。その意味で、排除される外国法の範囲は、できるだけ狭くすべきであると考える。本件では、少なくとも（本判決の準拠法判断を前提とした場合）、弁護士費用[18]や遅延損害金[19]については、アルゼンチン法を適用すべきではなかったか。

(七)　本判決が公序則を発動せざるをえなくなったそもそもの原因は、我が国が本件の最密接関係地であったにもかかわらず、関連の極めて希薄なアルゼンチン法の適用を法例一一条一項が命じていると解釈したことにある。それが本当にそのような非常識を強いる規定であるのか、(前述(二)を再度参照されつつ)改めて深く考えてみていただきたい。[20]

(1)　ただし、被害者・加害者とも常居所地は日本にあったと思われるなど最密接関係地は日本であったのであり、日本法が準拠法とされるべきであったと考える。④判決につき、森田博志「判批」ジュリ一二二六号(二〇〇二年)一一八頁。

(2)　森田博志「判批」ジュリ一一五五号(一九九九年)二八一頁、廣江健司「判批」桐蔭六巻一号(一九九九年)二一六頁は、いずれも準拠法を日本法とした結論に賛成している。ほかに、解説として、高杉直・国私百選〔新法対応補正版〕(二〇〇七年)七六頁がある。

(3)　詳細は、森田博志「不法行為の準拠法の決定における『原因事実発生地』の解釈」千葉一七巻三号(二〇〇二年)一〇五〜一〇六頁、一一一頁参照。

(4)　そもそも、法例改正作業が開始される前には、この点を明確に意識している学説はほとんどなかった。その後、山田鐐一『国際私法〔第三版〕』(有斐閣、二〇〇四年)三六九頁注(9)は、否定的見解を明確に表明している。しかし、「二次的な損害の発生地は不法行為との関連も乏しく、また加害者の予測を著しく超える」とする同上の一般的理由づけは、必ずしも現実に即してない。肯定説として、(やや不明確ではあるが)石黒一憲『国際私法〔新版〕』(有斐閣、一九九〇年)三一七〜三二一頁、森田・前掲注(3)一一二頁。

(5)　Heini, Zürcher Kommentar zum IPRG, 2. Aufl., Zürich 2004, Art. 133 N 10.

(6)　BGE 113 II 476 (479 E. 3a).

(7)　Heini, a. a. O. (Anm. 5), Vor Art. 133-142 N3における表現。

（8）G. Kegel/K. Schurig, Internationales Privatrecht（9. Aufl. 2004）730.

（9）RG 17.2.1933, RGZ 140, 25, 29 ; BGH 10.11.1977, IPRspr 1977 Nr 29〔S. 79〕; BGH 28.2.1996, BGHZ 132, 105, 117f.

（10）Vgl. kegel/Schurig（oben N. 8）730 ; J. kropholler, Internationales Privatrecht（6. Aufl. 2006）523f.

（11）以上の詳細は、森田博志「法適用通則法一七条（不法行為の一般則）における『結果』の解釈」千葉二四巻三＝四号（二〇一〇年）一三六～一四四頁参照。

（12）反対、国友明彦「本判決判批」リマークス四〇号（二〇一〇年）一五三頁。同頁は小出邦夫編著『逐条解説法の適用に関する通則法』（商事法務、二〇〇九年）四三九頁〔湯川毅〕における、新法施行前に結果の発生した「不法行為については旧法を適用する」という記述を援用するが、その直前には「実質改正のない……第二二条を除き」との記述もあり、通則法四二条との関係でもその援用は疑問である。

（13）山田・前掲注（4）一三三頁、溜池良夫『国際私法講義〔第三版〕』（有斐閣、二〇〇五年）二四七頁。なお、同一の条文や文言であっても各国で解釈を異にしうることは、何も実質法に限った話ではない。前注（11）を付した本文を再度参照されたい。

（14）なお、アルゼンチン法の内容につき、種村佑介「原判決判批」ジュリ一三七八号（二〇〇九年）二〇八頁、国友・前掲注（12）一五二～一五三頁も参照。

（15）国友・前掲注（12）一五三頁は、国際航空運送の例を引いて本判決の公序判断に疑問を呈している。しかし、比較の対象があまりにも違いすぎるのではないか。ただし、横溝大「本判決判批」平成二一年度重判解（二〇一〇年）三三二頁も、本判決の公序判断に疑問を呈している。

（16）この点については、早川眞一郎「⑫判決判批」国私百選〔新法対策補正版〕（二〇〇七年）二七頁の優れた解説を参照。

（17）石黒一憲『国際私法〔第二版〕』（新世社、二〇〇七年）二七四～二七五頁、澤木敬郎＝道垣内正人『国際私法入門〔第六版〕』（有斐閣、二〇〇六年）六〇頁。

（18）アルゼンチン法は、敗訴者負担である。A. J. McClurg/A. koyuncu/L. E. Sprovieri, Practical Global Tort Litigation 167 (2007).

(19) 本判決は、アルゼンチン法につき、「不法行為に基づく損害賠償請求権について、法定された利息（遅延損害金）はなく、裁判官が利息（遅延損害金）を決めるものとされている。」とする。

(20) この点の議論の意義を軽視する横溝・前掲注(15)三三一頁の解釈姿勢には、大きな疑問を感じる。

（速報判例解説七号、二〇一〇年）

第四部　債権譲渡ほか

16　債権譲渡の対第三者効力の準拠法をめぐる論証と学説理解の難しさ

第一節　本稿の目的

債権譲渡の対第三者効力の準拠法は、法の適用に関する通則法（以下、単に「通則法」とする）の制定前においては、債務者の住所地法（法例一二条）であった。これは、法例が制定された一八九八年当時としては（単位法律関係の限定や理論的な背景はともかく）特異な処理ではなかった[1]。ところが、その後、昭和初年のほぼ同時期に公刊された体系書の著者である山田三良教授と久保岩太郎教授との間には、特にドイツについての認識に大きな違いが生じている。

従来の立法論上の通説は、法例一二条の債務者住所地法主義を批判して、譲渡対象債権（原債権）の準拠法の妥当性を主張するものであった。その確立に大きく影響したであろう久保教授による比較法研究において、そこで整理されているドイツ法系の学説の理解に問題はなかったのであろうか。特に引用をしておられない山田三良教授による記述と対比したところで、若干の疑問を生じた。そこで、純粋な学問的関心からこの点の検討を試みることが、本稿の第一の目的である。

この検討から痛感することになるであろうことは、学説を理解することがいかに難しいかということであろう。この観点からは、物権および債権譲渡の準拠法に限定して法例改正作業における夥しい問題点を指摘しつつ法例一〇条および一二条の規律の維持を主張した最近の拙稿[2]が正確に引用されずに（端折った引用により）批判されていることは、極めて残念なことである。そこで、拙稿についての理解を例に採るのは甚だ僭岸不遜なことであるとは承知しつつ[3]、右の観点からの反批判を試みたうえで論文執筆上の総合的な教訓を得ようとするのが、本稿の第二の目的である。

以下では、先に、現在の法状況について、法例一二条から通則法二三条への流れにつき批判的検討を交えつつ押さえたうえで、拙稿への批判に対する反批判を行う（**第二節**）。次に、前述した両教授の認識の形成に影響したであろう当時までの独墺の諸学説の議論の内容について、やや詳細に確認する（**第三節**）。最後に、以上の検討から、自戒のための教訓を可能な限り引き出す（**第四節**）。

（1）　山田三良『国際私法』（有斐閣・一九三四年）五九八頁は、「債権譲渡の第三者に対する効力は債務者の住所地法に依るとの主義は、実際上多くの国に於て認めらるゝ所である」と述べている（この箇所を改めて読むに至ったのは昨年（二〇〇九年）秋に特に歴史に関する造詣の深い原田央准教授との会話に触発されたためであり、この点につきお礼申し上げる。もちろん、本稿における検討およびありうる誤りについての責任は、全て私ひとりにある）。なお、同右は続けて、「其の理由とする所は国に依って各異なることに注意を要する。即ち英米に於て此の主義を採る所以は債権債務の所在地は債務者の住所地に在りとするが為めである。」と述べている（ドイツについては、第三節一で改めて触れる）。

英国について一例のみ示すと、現在まで版を重ねている権威書の初版であるA.V.Dicey, The Conflict of Laws (1896) 533は、'Rule 141' において 'An assignment of a movable which cannot be touched, i.e.,of a debt, giving a good title thereto according to the lex situs of the debt ..., is valid.' と述べ、その 'Comment' において、'the place where a debtor resides (or perhaps where a debt is made payable) may be, and for many purposes is, held the situs of the debt' と説明している。

(2)　拙稿「国際私法の現代化における法例一〇条・一二条関連の改正作業の問題点」千葉大学法学論集二〇巻二号(二〇〇五年)九三頁、拙稿「物権準拠法の決定と適用範囲に関する問題提起—『原因事実完成当時』を中心に—」国際私法学会『国際私法年報八号』(信山社・二〇〇七年)八六頁。以下では特に断らない限り、前者を引用する。

(3)　立場を代えてみれば、私が他説を誤解している可能性もなくはないであろう。そのようなことがあれば、ご指摘やご批判をいただくようお願い申し上げる。

第二節　債権譲渡の対第三者効力の準拠法に関する現在の法状況

第二節では、まず、債権譲渡の対第三者効力の準拠法に関する現在の法状況について、法例一二条が債務者住所地法主義を採用した理由、それを批判し対象債権準拠法の妥当性を説く従来の立法論上の通説の根拠など、通則法二三条への流れを概観する(一)。次に、それを踏まえたうえで、拙稿への批判に対して、そこにおける拙稿の引用に特に注意しつつ反批判を行う(二)。

一　法例一二条から法の適用に関する通則法二三条へ

一では、法例一二条の制定から通則法二三条への改正に至るまでの流れについて、それぞれの考え方の根拠に対して批判的検討を加えつつ、整理しておく。

(一)　法例制定の際の法典調査会の質疑において、穂積陳重起草委員は、法例一二条の趣旨を以下のように説明されていた。第一に、「債權ノ讓渡ト云フコトヲ認メマスル以上ハ債權者ガ段々變ツテ往ク……債務者は變ラナイ……變ラナイ方ガ便利デアル」。第二に、「讓渡ノ爲メニ債務者ガ前ニ負フテ居ラナカツタ義務ヲ賦課スル——讓渡ノ爲メニ債務者ガ元ノ儘ナラバ感ゼナイ——不便ヲ感ゼサセル斯ウ云フコトハ出來ナイ……初メ債權ノ成立ツテ居リマシタ場合債務ヲ負ヒマシタ有様ニ依ツテ丈ケハドウ云フ讓渡ノトキニ於テハドウ云フ通知ガアル、ドレ丈ケノ條件ガアルトカ云フコトハ實ハ知ツテ居リマス」。第三に、「毎ニ債務ノ根據タル所ノ債務者ノ住所地ト云フモノヲ本トシテ、ソコノ法ニ依ツテ讓渡ガ出來ルモノデアルトシテ總テノ讓渡人總テノ關係ガ一ツノ動カナイモノヲ本トシテ其效力ヲ見ルコトガ出來ルト云フ便利モアリマス」(4)。以上の説明に対して横田國臣委員が「債務者ノ住所ト云フノハ……變ハレバずんずん變ツテ往クソレデ私ハ不都合デアラウト思フ」との疑問を呈されたのに答えて、穂積起草委員は、第四に、「サウ住所ヲイツモ飛ンデ歩イテ持ツテ往クト云フモノデハナイ」、第五に、「住所ノ變ハルト云フコトハ割合ニ知リ易イ事實デアル」と説明されている(5)。

これに付け加えて、梅謙次郎起草委員は、以下のように説明されている。第六に、「債權ト云フモノハ動産ノ中ニ這入ル……サウ云フ理論ヲ採ルト債權ノ所在地ハドコニアルカト云フト普通學者ノ謂フ所ノ債務者ノ所在地ニアル債務者ノ行爲ト云フモノガ目的デアル其行為ト云フモノハ債務者ノ居ル所デアル債務者ノ住所ガ即チ債權ノ所在地デアル……動産不動産ノ讓渡ニ關シテハ此第三者ニ對スル必要ナル條件ニ付テモ矢張リ其動産不動産ノ所在地ノ法律ニ從フノダルナラバ此讓渡ニ關スル必要條件ト云フモノハ丁度不動産ニ於ケル登記又動産ニ就テ言ヘバ引渡ト云フモノト同ジ性質ノモノデアリマスカラ同ジ原則ニ依ル方ガ穩當デアル」(6)。以上の説明に対して寺尾亨委員が「外ノ場合デハ本國法トシテ是丈ケハ住所地トスルノガ何ンダカ體裁ガ呵カシイヤウニ感ズルノデアリマス」との疑問を呈されたのに答えて、梅起草委員は、第七に、「爰ハ國籍關係ヲ擔キ出スベキ理由ハナイ、ソレカラ又便宜上カラ考ヘテ見テモ債務ノ目的ト云フモノハドコニアルカト言ヘバ履行ニアルニ違ヒナイ……任意ノ履行ヲセヌトキハ何時モ債務者ノ住所ニ往カナケレバナラヌ、ソレデアリマスカラ債權ニ付テハ債務者ノ住所地ヲ其根據地ト見

ルト云フ方ガ實際ニ於テモ便利デアリ理論ニモ適ウト思ヒマス」と説明されている。(7)

以上、法例一二条が債務者住所地法主義を採用した理由は、次のように要約できると思われる。すなわち、債権譲渡は債務者を支点とする制度であること（第一点・第三点）、債務者の住所はあまり変わらず変わってもそのことは比較的知りやすいこと（第四点・第五点）、債務者が債権譲渡により不利益を被らないようにすること（第二点）、対象債権の履行や特に取立ては債務者の住所地でなされること（第七点）、有体物の譲渡について特に登記や引渡の要否などを規律する目的物所在地法に相当するものが理論的には対象債権の所在地法としての債務者の住所地法であること（第六点）、以上である。(8)

㈡　法例一二条の趣旨を早々に徹底して批判されたのは、跡部定次郎教授であった。(9) 跡部教授は、以下のように批判しておられる。

右の第二点に関しては、「通知竝ニ承諾ハ債務者保護ノ方式ナルヲ以テ債務者ノ住所地法ニ依ルヘシト云フト雖……原債權ノ從フ法律ハ元來債務者カ債權者ト明示默示ノ合意ニ依リテ服從シ之ニ依リテ双互ノ權利義務ヲ定メ又此ノ法律ニ依リテ自己ノ利益ヲ保護セントシタル法律ナリ故ニ此法律ニ從フトキハ債務者ノ利益ハ十分ニ又其ノ欲シタルカ如ク保護セラレ決シテ不慮ノ災害ヲ被ルコトナシ」(10) と、債務者以外の第三者の保護については「是等ノ者ハ皆原債權ノ運命ニ就テ利害ノ關係ヲ有スル者ナルヲ以テ若シ自己ノ利益ノ安全ヲ圖ラント欲セハ其ノ債權の從フヘキ法律ハ豫メ之ヲ知悉セサル可ラス是レ普通ノ注意ヲ用サル〔原文のまま〕者ノ正ニ爲スヘキトコロナリ若シ之ヲ怠リテ不利益ノ地位ニ陷リタルトキハ是レ自己ノ過失ニ依リテ自ラ招ケル災害ナリト云フノ外アラサルナリ」(11) とされる。しかし、いずれについても、疑問である。この疑問である。この疑問の内容については、既に論じたことでもあり、(12) 二における拙稿批判への反批判での議論に譲る。(13)

また、右に関連して、「若シ債權成立後債務者カ住所ヲ變更シタルニ偶々其ノ新住所地法ハ此ノ如キ債務者保護ノ規定ヲ有セスト假定スヘシ此ノ時ニ方リテ債權ハ其ノ新住所地法ニ從ヒテ突然讓渡セラル、トキハ是レ眞ニ論者ノ謂フカ如ク債務者ハ危険ノ地位ニ陥ルモノト言ハサル可ラス是レ此ノ主義ノ實際上ニ生スル大ナル缺點ナリトス」[14]とされる。しかし、この結果は債務者が当然甘受すべきことであり、この批判も当たらない。

(一)の第六点に対しては、「物權關係ト債權關係トハ根本ノ觀念ヲ異ニス從ヒテ二者ヲ國際私法上同一原則ニ從ハシムルコト能ハス然レトモ若シ強テ此ノ如キ立法主義ヲ採ラントスルナラハ債權準據法ノ通則トシテ債權所在地法主義ヲ採ルニ若カス此クスルトキハ少クトモ理論ハ一貫スヘシ」[15]とされる。しかし、債権者・債務者間での義務づけとしての債権自体に関する問題と、譲渡の対象となる財産としての債権に関する問題とは、その性質を異にする。[16]起草者は、債権のもつ後者の性質と物権のそれとが同じく財産権を構成するという意味での（その限りでのものにすぎないとしても）両者の共通性[17]を睨んでいるのだと理解できる。したがってこの批判も当たっていないと考える。

(三)　跡部教授による法例一二条批判には、(二)で検討したように、説得力を感じない。ところが、この後、次章で見る久保教授の比較法的整理も与ってであろう、（法例一二条を立法論的に批判して）譲渡対象債権（原債権）の準拠法によるべきことを提唱する学説が通説を形成した。[18]

この過程で、具体例を交えた議論により、法例一二条を「殆ど立法（上）の過誤」[19]と酷評する石黒一憲教授による批判が登場した。以下では、跡部論文と重ならない部分のみ採り上げることとする。

第一に、「例えば譲渡人が譲渡は無効だとして譲受人に弁済した債務者に請求した場合を考えると、……譲渡人（旧債権者）・債務者間の関係は当該債権の準拠法（β）によらしめられ、他方、譲受人と債務者（およびその他の第三者）との関係は債務者の住所地法（γ）によらしめられるため、その両者（さらに譲渡人・譲受人間の準拠法α）が異なるときは、債務者が二重の支払を余儀なくされたり（例えば準拠法γが譲渡は債務者との関係で有効とし、βが譲渡は無効とし債務者は譲渡人にも支払えと命ずる場合）、逆にいずれの者に対しても支払わなくてよいなどの結論が生じ得る。」と批判される。[20]しかし、βの適用範囲は、債務者に対して「債務者に支払え」と命じるところまでであって、そこでの債権者が譲渡人なのか譲受人なのかという問題には及ばない。他方、γの適用範囲は、譲渡当事者間で有効な債権譲渡がなされた場合の対抗要件や債権の準占有者への弁済のような債務者保護のための制度に及ぶ（この前提として、譲渡当事者間で有効な債権譲渡がなされたか否かという問題はαによるのが、起草趣旨である）。[21][22]したがって、少なくとも右の設例では、法例一二条に問題があるとは思えない。

第二に、(一)で引用した横田委員の疑問に関連して、「債権の二重譲渡を考えると、……第一の譲渡と第二の譲渡との間に債務者の住所が他国に移っていたらどうなるのか。……第一の債権譲渡の対第三者効を定める準拠法γ_1は第一譲受人の優先を説き、第二の債権譲渡の対第三者効を定める準拠法γ_2は第二の譲受人の優先を認め、また譲渡人・債務者間の準拠法βが、譲渡はいずれも無効としていた場合、その三者がかかって行ったら一体どうなるのか。」との疑問を呈される。[23]確かに、（譲渡当事者間の譲渡の有効性はα_1・α_2の問題であることはともかくとして）どちらの譲受人が優先するかという点と、三者のいずれかに弁済した債務者の保護の点について新旧いずれの住所地法によるのかという問題は、きちんと議論されてきていない。通則法二三条に改正された今となっては意味がないが、ここで検討しておく。債務者保護の問題については、債務者が弁済のときに自分が保護されるために何が必要かが認識できることが不可欠であるから、弁済時点における債務者の住所地法によるのでよいのではないかと考える。譲受人間の優先劣後関係の問題については、（各譲渡の対抗要件はそれぞれの準拠法によるとして）いずれの債権譲渡も有効な対抗要件を備えている場合には、取引の安全を考えると、新住所地法によるべきではないかと思われる。その意味では、第一譲受人は、債権の回収が完了するまで、債務者の住所地に注意を払い続けなければならないことになる（なお、通則法では債権準拠法の事後的変更が認められるに至っており（九条・一六条・二一条）、同様の問題は通則法二三条の下でも生じることに注意すべきである）。[24]以上、この点は、重要な解釈問題ではあるが、立法上の不備とまでは言えないと考える。

第三に、(一)の第二点・第三点に対しては、「穂積博士は、『債務ノ根拠タル所ノ債務者ノ住所地』の法と言う。だが、仮りに『債務ノ根拠』という言葉を用いるならば、それは当該債務自体を規律する準拠法、即ち、譲渡対象たる債権の準拠法がそれにあたるものではないか。また右の引用部分の冒頭で言及されていた〝債務者がもともと負うていた義務〟の内容は、債務者の住所地法がこれを規律していたのか。そうではない。これも当該債権（債務）の準拠法によるはずではないのか。……穂積委員が『総テノ関係カ一ツノ動カナイモノヲ本トシテ其効力ヲ見ル』という際、何故、現行の法例七条に思い至らなかったのか。」との疑問を呈される。[25] しかし、この点も、疑問である。穂積起草委員が「債務ノ根拠」とのみ言っておられたのなら、それは、法的な観点からは、譲渡対象債権の準拠法を意味することになろう。しかし、穂積起草委員が用いられた表現は、「債権ノ根據タル所」である。これは、債権の目的が債務者の行為であることを直視したものであると思われる。債務者が任意の履行をしない場合には、それは、最終的にはほとんど債務者の住所地で実現させるしかないことになる。それを捉えて、梅起草委員も、「債務者ノ住所地ヲ其根據地ト見ル」と言われたのだと考える。[26] また、「〝債務者がもともと負うていた義務〟」とは、債権自体の内容について債権者に対して負っていた義務を意味すると思われる。それを超えて、債権者側が自分の都合で主体を変更する場合にまで（対抗要件や優先劣後関係を判断する基準について）債務者が対象債権の準拠法に拘束されるのでは、「譲渡ノ爲メニ債務者ガ元ノ儘ナラバ感ゼナイ――不便ヲ感ゼサセル」ことにより、その方が余程おかしいと考える。[27]

(四)　対象債権の準拠法によるべきことを提唱していた従来の立法論上の通説には、以上の検討から、一般に受け入れられるに値するほどの根拠は、なかったと考える。現に、この立場は、九八年頃に登場した、債権の一括譲渡・担保（債権の流動化）の必要を主張して対象債権の債権者の住所地法によるべきことを提唱する立法論上の流行に、[28] 簡単に席捲された。そして、先般の法例廃止に際しては、「国際私法の現代化に関する要綱中間試案」の「第八」において、債務者に対する効力については対象債権の準拠法によりつつ、（債務者以外の）第三者に対する効力については譲渡人の常居所地法によるなどとする「Ｂ案」という立法提案までが、なされるに至った。[29]

しかし、この「Ｂ案」に対しては、実務家や一部の学説から、二つの準拠法に対応する必要があるのでは煩雑であり複雑な事態が生じる可能性があるという重大な疑問が提示され(30)、パブリックコメント手続においてもこの案は支持を集めなかった(31)。つまり、従来の立法論上の通説にも、その後の流行にも、十分な説得力がなかったのである(32)。

㈤　以上のような展開を経て成立した通則法二三条については、債務者を含む第三者の保護の観点から、極めて慎重な運用が求められる。この要請を踏まえた解釈論上の諸問題（二三条と対象債権準拠法の事後的変更との関係のほかにも、例えば二三条と一一条一項における消費者保護との関係について）の検討が、急務と言える。しかし、それは、（二三条の根拠が未だに腑に落ちないこともあり）今後の課題とさせていただく(33)。

二　河野論文による拙稿批判への反批判

一では、法例一二条の制定から通則法二三条への改正までの流れを中心に、債権者の住所地法への改正を主張した最近の流行にも触れつつ、概観した。（ある背景からの(34)）この「流行」は、今後も続くものと推測される。二では、この「流行」をも詳細に批判した拙稿に対する批判に対して、反批判を行う。

ここで採り上げるのは、河野俊行教授の「債権譲渡」と題するご論文(35)である。

㈠　河野教授は、本論としては、まず、「二　従来の通説とそれに対する批判」という章を立てておられる(36)。

⑴　ここでは、まず、「1　譲渡当事者間の関係」という節で、債権譲渡を原因行為である債権行為（債権の売買など）と区別した処分行為（準物権行為）と見て対象債権の準拠法によるべきだとする通説に対して、二つの点での批判を紹介される。そして、そこで第二の批判については、穂積起草委員の趣旨説明(37)や跡部論文を引用し(38)、「かかる法例七条説が、どのようにして譲渡目的債権準拠法に転化し、さらには通説を形成するに至ったのであろうか。」という問題を設定される(39)。

この問題については、河野教授は、跡部論文における対第三者関係について対象債権準拠法説を採る根拠の一つに関する議論(40)と、譲渡当事者間関係と対第三者関係とを区別しないドイツ法の影響とを指摘されている(41)。私は後者の影響のみとの印象であるが[42]、それを追求することは、本稿の関心事ではない。

(2)　次に、「2　対第三者関係」という節で、法例一二条について立法論的に批判的な立場と積極的に評価する立場に分かれていたことを指摘し、前者として跡部論文を、後者として野村論文をそれぞれ引用され[43]、(1)の後段の指摘を敷衍される。そして、「3　通説再評価説」の節で横溝論文を採り上げ[44]、「この見解の論旨は（必ずしも明快ではないが）、譲渡当事者の法律関係と対第三者関係を峻別することに反対し、むしろ対第三者関係の問題を意識しつつ、通則法二三条の文言にも拘わらず、同条の適用範囲を拡大しようとするものと思われる。」と理解したうえで、論評を加えられている[45]。

跡部論文および野村論文については、二(二)で既に扱った。横溝論文については、本稿の関心から外れるので、別の機会に譲る[46]。

(二)　河野教授は、次に、「三　通則法二三条の評価」という章を立て、まず、「1　債務者住所地法主義維持説」という節を立てておられる[47]。本稿が最も関心を寄せるのは、この節である。

(1)　ここでは、まず、法例一二条の立法理由を四点に整理されている。

ここでの第三点・第四点[48]について、河野教授は、「債権の所在地が債務者の住所地にあるとの説明は、一つの擬制を述べているだけであり、そのようには考えない立場とは水掛け論となる」とされる[49]。確かに、「擬制」ではある。しかし、実定法的には、かなり基本的な擬制ではないかという疑問が残る（民事執行法一四四条二項参照）。また、対象債権の履行や特に取立ては債務者の住所地でなされるという梅起草委員の説明（二(一)で引用した第七点[50]）は右の四点に含まれていないが、河野教授は、これについてはどのように評価されるのであろうか。

次に、河野教授は、「債務者は交代しないから安定的であるという第一の理由[51]については、交代しなくても債務者は住所を変更しうるから、準拠法の安定化にはつながらないともいえる。」とされる[52]。しかし、この批判については、既に穂積起草委員の回答（二(一)で引用した第四点・第五点[53]）がある。また、債権者側の住所地と比べれば、債務者の住所地の方がはるかに「安定的」であることは、疑問の余地がないと考える。[54]

⑵　この次に、いよいよ、「近時、譲渡目的債権準拠法に批判を加える形で、債務者住所地法の比較優位を主張する見解が主張されている。」として、拙稿が引用されている。その要約の内容は、「譲渡目的債権準拠法は常に明示的に指定されているとは限らず、その場合の準拠法如何の判断は容易ではない。また、債務者は二重弁済の危険に曝されており、債務者が、競合権利者の誰に弁済すべきかを判断するのに外国法を調べなければならない事態は回避されるべきであり、債権者側の都合で債務者が振り回されるのは不当である」というものである。これに対して、河野教授は、「このうち、準拠法の判断の容易性という根拠については、債権が転々と流通する過程で債務者が住所変更した場合にも、はたして論者が言うように、債務者住所地法主義によれば準拠法判断が容易になされうるか〔原文のママー引用者注〕であろうか。少なくとも筆者には明らかではない。」と批判しておられる。[55]

しかし、そもそも、債務者の住所地法が準拠法であれば「準拠法の判断」が「容易」であるなどとは、「論者」である私はもちろん「言」っていないし、河野教授ご自身による拙稿の要約にさえそのような内容は書かれていない。要約にさえ、「譲渡目的債権準拠法……如何の判断は容易ではない。」とあるだけである。ましてや、「債権が転々と流通する過程で債務者が住所変更した場合にも、……債務者住所地法主義によれば準拠法判断が容易になされうる」などと、私が考えるはずがない。

ちなみに、河野教授が注三六を付して要約引用されている拙稿の第一文の原文は、以下のとおりである。すなわち、「対象債権の準拠法は、明示的に指定されているとは限らない。明示的に指定されていない場合には、その準拠法判断に法的評価が伴うのであり、その評価は債務者の住所地の判断よりはるかに難しい評価である。この難しさは、債務者自身にとっても大きいが、対象債権についての外部者たる第三者（譲受人や担保権者のみならず、差押債権者なども含まれる）にとって極めて大きい。」[56]

つまり、債務者の住所地の判断も「難しい」場合があることは十分に承知したうえで、相対的な難しさを比較しているのである。「はるかに難しい」、「この難しさ」という表現は、これを前提として用いたものである。論点をずらされるのは甚だ心外であり、[57] 引用を端折らずに、正面から批判していただきたい。

(3)　河野教授は、拙稿の論じた内容につき、右のような批判をした直後に、別の点で評価される。すなわち、「とすれば、債務者住所地法主義を擁護する際のポイントは、債務者の二重弁済からの保護ということになろう。債務者のところに集まる情報を通して、複数の利害関係の取り扱いを統一することが債務者住所地主義の狙いの一つであるわけである。とするとここで想定されているのは、債務者が容易に特定可能であり、その顔が利害関係者に見えている事例である。……その意味で、このような事例（債務者特定可能事例とする）に関して言えば、債務者の保護を中核にすえる議論は正鵠を得ている。[58]」

確かに、「債務者の二重弁済からの保護」について私は重視しており、「債権者の保護を中核にすえる議論は正鵠を得ている」との評価は、一面ありがたくもある。[59] しかし、それに関連して「債務者のところに集まる情報を通して、複数の利害関係者の取り扱いを統一することが債務者住所地主義の狙いの一つ」と言われるのは、法例一二条の起草趣旨にも合致しないと思われるし、「牴触法と実質法の峻別」と厳守する私見においても議論の前提にはならない。[50] したがって、右の評価は、厳密には、拙稿に対するものではないことになる。

(4)　河野教授は、ここまで、法例一二条を支える根拠をご自身の都合で簡略化して批判してこられ、ついに「債務者特定可能事例」にのみ妥当するというところまで債務者住所地法の射程を狭められた。しかし、以上で検討してきたように、そのための議論は、全く不十分だと考える。

河野教授は、右の評価に続けて、「しかし、国際私法上の債権譲渡として、かかる債務者特定可能事例『のみ』を念頭において議論すべきかどうか。現実にはこれ以外の事例があり、たとえば利害関係人が問い合わせうる方法がわからないほど債務者が多数存在する場合（大量債権譲渡事例とする）がそれである。このような大量債権譲渡事例を扱う際には、債務者特定可能事例を念頭に置いた議論はストレートには当てはまらず、むしろ経済的合理性

（費用と効率性）を検討してからでないと、債務者保護がすべてに優先する考慮かどうかは断言できないであろう。」という留保を付される。[61]

確かに、「大量債権譲渡事例」においては、債務者は多数に上る。そんことをきちんと踏まえると、大量の債権譲渡を行う債権者側の費用の軽減と引換えに全ての債務者に危険とその回避のための費用の増大をもたらすことは、債権者側の都合のために「債務者保護」を完全に犠牲にすることになる。[62] したがって、河野説は到底受け入れられない。

(三)(1)　河野教授は、「三　通則法二三条の評価」という章では、次に、「2　譲渡目的債権準拠法説」という節を立て、通則法二三条の立法理由を示されたうえで、「ここで挙げられている理由は、その文言どおり理解する限り、債務者住所地法主義をやめる理由ではあっても、譲渡対象債権準拠法主義を採るべき理由にはなっていないのである。」と評価されている。[63] しかし、積極的な理由になっていないだけでなく、法例一二条を廃止する理由にもなっていないと（依然として）考える。[64]

(2)　河野教授は、ここまで状線を張られたうえで、「3　譲渡者住所地法主義支持説」という節を立てておられる。[65]

ここでは、まず、「この見解の依って立つ最大の根拠は、多数の債権を譲渡する場合には、譲渡者の住所地のみが唯一すべての利害関係者にとって知りうる場所である、という点にある。」とされ、この立場が通則法に採用されなかった理由として「我が国の金融機関は、通則法の立法過程において、証券化を重視するビジネスモデルを採用しないという態度を明らかにし、立法者がそれを受け入れたということなのではないだろうか。」と評価される。[66] この評価には賛成であり、二〇〇八年九月のリーマン・ショックを経た今、我が国の金融機関や立法者の対応は（この意味では）至当であったと考える。[67]

次に、この立場が通則法に採用されなかったもう一つの理由である、債権者に対する関係と（債権者以外の）第三者に対する関係との統一的処理の重要性という点を採り上げられ、「統一的処理の重要性とは誰にとっての重要性なのであろうか。」という問題を設定される。この問題については、河野教授は、「債務者にとっては、自分の負っている債務の準拠法上の債務者保護が奪われなければよいはずであり、準拠法の一致ということに格別の利害があるとは思われない。他方、譲受人にとっては一つの準拠法をみるだけで対債権者、対（債務者以外の）第三者の両者の関係を判定できるので便利である。」とされる。[68] しかし、債務者にとっても、河野教授が考えておられるような簡単な話ではないはずである。この点は、先行の文献[69]を正面に捉えて、再検討いただきたい。

河野教授は、自説の立場から、「もし通則法二三条が、やはり債権の流通を促進するためのツールとしては不十分であるという認識が共有されるとすると、どうすべきか。」という問題を提起され、「無論通則法二三条を改正するのが正統的な対応であろうが、……国際取引における債権譲渡に関する国連条約第五章の牴触法に関する規定（二六条以下）を取り入れた特別法を策定することもありえよう。」との提案をされる。[70] しかし、通則法二三条の改正も、特別法の制定も、いずれも甚だ疑問である。すなわち、河野教授のご関心は、専ら「大量債権譲渡事例」、「債権の流通促進」、「証券化を重視するビジネスモデル」にある。しかし、これらに相応しい形での通則法二三条の改正は、前述(二)(3)において「債権者の保護を中核にすえる議論は正鵠を得ている」とされた「債務者特定可能事例」を無視してしまうことになって、論旨が一貫しないことになるし、(二)(4)で引用した部分がご自身に跳ね返ることになる。また、特別法の制定については、例えば、ある同一の債権が、一方で多数の譲渡債権の一部として特別法に従って譲渡され、他方で「債務者特定可能事例」として通則法二三条に従って譲渡された場合には、複数の譲受人間の優先劣後関係は、いったいどのように規律されることになることであろうか。この点の確認をされない主張は、無責任だと考える。

(四)　河野論文は、この後、「四　譲渡目的債権準拠法と通則法の契約関連規定」と「五　類似の機能を果たすその他の制度との整合性」という章を立てて通則法二三条の存在を前提とする検討をしたうえで、閉じられる。[71] 疑問を感じる点が複数あるのだが、本稿の目的を大きく外れるので、その批判的検討は別の機会に譲る。河野論文の検討を経ても、法例一二条の妥当性についての確信は、全く揺るがない。

（4）　以上、法典調査会『法例議事速記録』（日本近代立法資料叢書26所収・商事法務研究会・一九八六年）一〇八頁。第二点および第三点については、既に石黒一憲『金融取引と国際訴訟』（有斐閣・一九八三年）二三六頁において引用され、批判の対象とされている。この批判については、後述する。

（5）　以上、法典調査会・前掲注（4）一〇八頁。この箇所も、石黒・前掲注（4）二三五頁において引用され、「はなはだ歯切れの悪い答え方」と評されている。この点についても、後に触れる。

（6）　法典調査会・前掲注（4）一〇九－一一〇頁。この箇所の前半も、石黒・前掲注（4）二三七頁において引用されている。これに関連して、次注参照。

（7）　法典調査会・前掲注（4）一一〇－一一一頁。石黒・前掲注（4）二三七頁は、この部分について、寺尾委員の疑問を「鋭い」と評され、その直前では「実は、法令一二条定立についての一連の起草者の考え方は、債権債務の準拠法もいわば属人法により規律せしめるという極めて古い考え方に沿ったものとも言え」ると批判される。しかし、穂積起草委員の関心は、債務者が債権譲渡により不利益を被らないようにすること（第二点）、債務者が債権譲渡についての譲渡人を始めとする全ての利害関係者の支点であること（第三点）にあると読める。また、梅起草委員の関心は、有体物の譲渡との対比（第六点）、譲渡対象債権の履行・取立て（第七点）にあると読める。これらの当否は別に問題となりうるとしても、右の批判は当たっていないのではないかと考える。

（8）　横溝大「債権譲渡」ジュリスト一三二五号（二〇〇六年）六二頁、六三頁は、法例一二条の立法趣旨のうち、専ら（本稿における）第六点を考察の対象に据えている。しかし、「審議に際しては専ら穂積委員が冒頭の趣旨説明を行なっており、起草に際しても穂積博士が主で、梅博士は従たる役割を有していたにとどまるものと思われる」（石黒一憲『現代国際私法［上］』（東京大学出版会・一九八六年）一二一－一二三頁）のであり、梅起草委員の発言にのみ焦点を当てるのは、一面的すぎるのではないか。また、横溝・前掲六四頁は、フランスの学説のみに寄り掛かって考察を進めている。しかし、この議論の仕方も、釈然としない。

(9) 跡部定次郎「国際私法上債権譲渡ノ従フヘキ法律」京都法学会雑誌二巻一〇号（一九〇七年）九〇九頁。同論文は、道垣内正人『ポイント国際私法各論』（有斐閣・二〇〇〇年）二六三―二六四頁において「債務者住所地法主義に対する批判は法例制定後一〇年も経ずして公刊されたこの論文による批判にほぼ尽きている」と評されている。しかし、直後に検討するように、この批判の内容には賛成できない。
(10) 跡部・前掲注(9)九二一―九二二頁。道垣内・前掲注(9)二六四頁は跡部・前掲九一四頁を援用するが、こちらの方が具体的なのでこちらを引用した。
(11) 跡部・前掲注(9)九一四―九一五頁。この部分も、道垣内・前掲注(9)二六四頁において援用されている。
(12) 拙稿・前掲注(2)一二八頁。
(13) 野村美明「債権流動化と国際私法―立法試案―」大阪大学法学部創立五十周年記念論文集『二十一世紀の法と政治』（有斐閣・二〇〇二年）三五七頁、三六七頁は、前者の批判は「債務者以外の第三者が債務者の住所に債権の現状を問い合わせて回答を得るという債務者の公示機能を考慮していない。」と、後者の批判は「譲渡人の差押債権者などの場合には当てはまらない。」と述べて、跡部論文に反批判を加えている。後者の反批判には、賛成である。他方、前者の反批判は、実質法である日本民法を前提とした議論であって、「牴触法と実質法の峻別」という国際私法の基本を逸脱している点で疑問である。
(14) 跡部・前掲注(9)九二二頁。
(15) 同右九二三頁。この部分も、道垣内・前掲注(9)二六三頁において援用されている。
(16) 両者の区別については、我妻栄『新訂債権総論』（岩波書店・一九六五年）一一頁〔一四〕―〔一六〕を参照。
(17) 同右七頁〔八〕。なお、横溝・前掲注(8)六三頁は、この点を重視するものとしてフランス国際私法を紹介している。
(18) このような通説を形成したものとして、跡部・前掲注(9)九一五頁、久保岩太郎『国際私法論』（三省堂・一九三五年）四六五頁、實方正雄『国際私法概論（再訂版）』（有斐閣・一九五二年）二五七頁、江川英文『国際私法（改訂増補）』（有斐閣・一九七〇年）二四七頁、山田鐐一『国際私法』（有斐閣・一九九二年）三三一頁、溜池良夫『国際私法講義』（有斐閣・一九九三年）三八八―三八九頁がある。但し、折茂豊『国際私法各論（新版）』（有斐閣・一九七二年）二〇八頁注一は、前二者の文献「など」を引用して「たしかに、債権譲渡の第三者にたいする効力の準拠法を定めるにあたって、これを譲渡せらるべき債権自体の準拠法にもとめるという態度は、立法論的にみてひとつの有力な態度たりうるにちがいない。……実際において、ドイツ国際私法の解釈としては、学説がほとんど一致してそのような態度をとっているのである。」としつつ、「しかし、また、債権譲渡の第三者にたいする効力の準拠法というのは、譲渡行為そのものの準拠法におけるとひとしく、かならずしも譲渡行為の客体たる債権の準拠法にこれをもとむべき必然性はみいだされえないのであって、わが法例一二条の採用しているごとき準拠法決定の態度も、やはり考えられうるひとつの態度たるを失わないであろう。実際において、フランスにあっては、学説・判例が、つとにかかる態度を採用しているのである。」とも論じていた。この指摘が軽視されたように思われることは、極めて残念である。

(19) 石黒・前掲注(4)二三二頁、二三八頁。石黒一憲『国際私法第2版』（新世社・二〇〇七年）三七〇頁でも、「信じ難い程の立法上の過誤」と評されている。

(20) 石黒・前掲注(4)二三四—二三五頁。

(21) 我妻・前掲注(16)五三七頁〔七五六〕に、「債権者甲が、債務者乙に対して、その債権を丙に譲渡した旨の通知をしたが、実際は譲渡がなかったかまたは譲渡が無効であった場合に、通知を信頼して丙に弁済した乙は保護されるか。」という問題設定があり、ドイツ民法における解決や、日本民法における解決（「民法の解釈としては、さような事情があるときは、丙は債権の準占有者となるというべきであろう」）が説明されている。このような問題が、まさに本文のγによることになると考えられる。

(22) 穂積起草委員は、「譲渡人ト譲受人トノ間ノ法律行為丈ケノコトハ通則デ始末ガ付ク」と説明されている。法典調査会・前掲注(4)一〇七頁。この点は、石黒・前掲注(4)二三三頁においても支持されている。

(23) 石黒・前掲注(4)二三五頁。道垣内・前掲注(9)二六四—二六五頁も、「重大な欠陥」としてこの問題を指摘する。

(24) 横溝・前掲注(8)六九—七〇頁は、「債権の二重譲渡が生じる事案において、第一譲渡後に譲渡債権の準拠法が変更された場合の優先劣後関係等」という問題を指摘し、「譲渡債権の準拠法の債権譲渡等後の事後的変更は、『第三者の権利を害する』として一律に否定すべきであろう。」とする。しかし、第一譲渡を知らずに変更後の債権準拠法を行為規範としてしまった債務者の保護や、それを前提として債権を譲り受けた第二譲受人にとっての牴触法上の取引の安全（準拠法についての予測可能性）は、どうなってしまうのであろうか。「立法（上）の過誤」という表現を用いるなら、通則法こそ、それに値するのではないか。なお、小出邦夫編著『一問一答新しい国際私論』（商事法務・二〇〇六年）一二七頁は「準拠法の事後的変更は第三者の権利を害することはできないものとされているため（第九条・第一六条および第二一条）、第一譲受人が変更前の準拠法に従って対抗要件を備えていれば、たとえ第二譲受人が変更後の準拠法によって第三者対抗要件を備えたときでも、第一譲受人の権利は害されないことになります。」とするが、これも第二譲受人にとっての牴触法上の取引の安全を軽視しているのではないか。疑問である。

(25)　石黒・前掲注(4)二三六頁。

(26)　我妻・前掲注(16)五頁〔五〕。石黒・前掲注(19)三七二頁の表現を用いるならば、「すべての者の〝眼差し〟は、……AY〔譲渡人・債務者－引用者注〕間の債権債務に向けられている。」というより、当該債権債務の根元にいる債務者Yに向けられていると言うべきだと考える。

(27)　拙稿・前掲注(2)一二八頁において、この点につき次のように論じた。「契約当事者間における契約そのものに関する問題なら、契約準拠法によって規律されるのが当然である。しかし、ここでの問題は、（契約の内容に関する問題ではなく）債権者の交替という契約内容の外にある問題である。その意味で、当事者は、必ずしも契約準拠法による規律を受けることを想定していないはずである。しかも、ここでは、債務者は二重弁済の危険に曝されている。このような場面で、（交渉力のない）債務者が競合する権利者の誰に弁済すべきかを判断するのに外国法を調べなければならなくなるような事態は、回避されるべきである。債権者側の都合で債務者が振り回されるのは、不当である。」

この拙稿の抜き刷りをお送り申し上げた、裁判官も経験された（元）教授の先生からいただいたお葉書で、「『債権者側の都合で債務者が振り回されるのは、不当である』と述べておられる点は万金の重味をもっていると感ぜられ」とのお言葉を頂戴したことは、本当にありがたいことであり、改めて御礼申し上げる。

(28)　このような立法論上の流行として、齋藤彰「債権譲渡の準拠法―新たな立法的動向への対応を考える」ジュリスト一一四三号（一九九八年）五九頁、六六頁、道垣内・前掲注(9)二七四―二七五頁、河野俊行「証券化と債権譲渡」渡辺惺之＝野村美明編『論点解説国際取引法』（法律文化社・二〇〇二年）一二四頁、一三二―一三三頁、早川眞一郎「ＵＮＣＩＴＲＡＬ債権譲渡条約について」国際私法学会『国際私法年報三号』（信山社・二〇〇二年）一頁、二二―二三頁、野村・前掲注(13)三七八―三八九頁（但し、他と異なり、「債権譲渡を登記すべき場合」に限り「譲渡人の住所地法」によることを提案する）、北澤安紀「フランス国際私法上の債権譲渡」法学研究（慶応義塾大学）七六巻三号（二〇〇三年）一頁、三六―三七頁。

(29)　中間試案の内容については、別冊ＮＢＬ編集部編『法の適用に関する通則法関係資料と解説』（商事法務・二〇〇六年）九一頁、一〇二頁に所収。

(30)　浅田隆「債権譲渡規定（一二条）の見直し、債権質・相殺の規定化を中心に」金融法務事情一七一七号（二〇〇四年）三一頁、三三―三四頁、石黒一憲『国際私法の危機』（信山社・二〇〇四年）七一―七三頁、七七頁。

(31)　小出邦夫ほか「『国際私法の現代化に関する要綱中間試案』に対する各界意見の概要」ＮＢＬ八一二号（二〇〇五年）六四頁、六九頁（別冊ＮＢＬ編集部編・前掲注(29)二四四頁、二五二頁）。

(32)　中間試案に対してより詳細な批判をしつつ、法例廃止に至る展開を総括するものとして、拙稿・前掲注(2)一一一―一一八頁、一二五―一二九頁。なお、「Ｂ案」に対する同様の批判として、神前禎「物権及び債権譲渡」ジュリスト一二九二号（二〇〇五年）四二頁、四七―四八頁も参照。

(33)　横溝・前掲注(8)六九―七〇頁に、二点につき検討がある。但し、いずれについても、直ちに賛成することはできない（前半については、前注(24)で疑問を呈した）。

(34)　拙稿・前掲注(2)一四八頁参照。また、本稿と直接の関係はないが、栗本慎一郎『パンツを脱いだサル―ヒトは、どうして生きていくのか』（現代書館・二〇〇五年）一二七頁に、「日本でグローバル・スタンダードという言葉が盛んに使われるようになったのは一九九八年ごろからのことで、二〇〇〇年にはお題目としてさらに強化され、そして小泉政権に至ってまことに露骨な錦の御旗となった。繰り返すが、『グローバル・スタンダードにのっとれ』という主張は、裏を返せば『グローバル資本に乗っ取られろ』というのがその本意である。ただし、このグローバル・スタンダード化の陰にはユダヤ資金資本があるぞということは、すでにかなりの人が気がついているようで、もはや『陰』という言葉を使う必要もないくらい、明白なこととして指摘されていたりもする。」との記述がある。なお、「エシュロン」関連で、同右一三九頁以下、石黒一憲『国際倒産vs.国際課税――抵触法的考察――』（信山社・二〇一〇年）七〇頁以下も参照。

(35) 河野俊行「債権譲渡」民商法雑誌一三六巻二号（二〇〇七年）一七九頁。

(36) 同右一八〇頁。

(37) 譲渡当事者間の関係についての起草者の説明については、前注(22)と、それを付した本文を参照。

(38) 跡部・前掲注(9)九一一頁。

(39) 以上、河野・前掲注(35)一八〇―一八二頁。

(40) 同右一八二頁は跡部論文の原文を引用しているが、重要なので、より丁寧に引用しておく。跡部・前掲注(9)九一三頁は、「抑モ債権譲渡ハ債権ノ内容効力ヲ変更スルコト無クシテ原債権ヲ其儘譲受人ニ移転セシムルモノナリ……故ニ債権譲渡ハ債権カ成立シテヨリ消滅スルニ至ルマテニ或ハ現出スルコトアルヘキ一態様ナリト云フコトヲ得ヘシ果シテ然ラハ債権ノ成立効力又進ンテ其ノ消滅ヲモ支配スヘキ原債権ノ準拠法ハ又此ノ債権ノ生存間ノ一状態タル譲渡ヲモ支配スヘキモノト云ハサル可ラス」と論じている。

ここで注目すべきは、債権譲渡は債権の内容の問題ではないことが議論の前提とされていることである。この点で、ぜひとも、前注(27)を再度参照されたい。

(41) 以上、河野・前掲注(35)一八二頁。

(42) 例えば、久保・前掲注(18)四五九―四六〇頁は、「譲渡の当事者間の関係」について、跡部・前掲注(9)九一一頁（および山田三・前掲注(1)五九三頁）を引用しつつ「全くその根拠を欠」くとするのみであり、その一方で、第三節二で採り上げるドイツの諸学説を引用して「正当」と評している（他方、久保・前掲注(18)四六四―四六五頁は、「譲渡の第三者に対する関係」については、前注(40)で引用した跡部・前掲注(9)九一三頁（および九一四頁）を援用している。つまり、跡部教授の議論は、「対第三者関係」については、確実に従来の通説の形成に影響を与えていると考える。）

(43)　跡部論文および野村論文については、一(二)および注(13)で引用してある。
(44)　横溝・前掲注(8)六八頁ほか。
(45)　以上、河野・前掲注(35)一八三―一八六頁。
(46)　横溝・前掲注(8)六七頁は、自説を導くためにイギリス法を援用している。しかし、この議論の仕方も、釈然としない。この関連で、前注(8)も参照。
(47)　河野・前掲注(35)一八八頁。
(48)　本稿では、一(一)の第六点に相当する。前注(6)を付した本文参照。
(49)　河野・前掲注(35)一八八―一八九頁。
(50)　前注(7)を付した本文参照。併せて、前注(26)を付した本文の前後も参照されたい。
(51)　本稿では、一(一)の第一点・第三点に相当する。前注(4)を付した本文参照。
(52)　河野・前掲注(35)一八九頁。
(53)　前注(5)を付した本文参照。
(54)　この点については、拙稿・前掲注(2)一一三頁において、債権譲渡の第三者に対する効力の準拠法を譲渡人の常居所地法によるとする立法提案に対して、次のように論じていた。すなわち、「AからBへ、BからCへと債権が輾転譲渡されたとする。……Cが他の譲受人等の第三者に対して優先していることを確認するためには、CがBの『常居所地』法上の優先順位を有し、かつ、BがAの『常居所地』法上の優先順位を有していることの確認が必要である。この場合、AとBの『常居所地』が異なるときには、(A・Bの『常居所地』の変更が終始なくても)複数の準拠法を調査する必要が生じる。これに対して、現行法でも甲案でも〔法例一二条でも通則法二三条でも〕、債務者の住所地や対象債権の準拠法が変更されない限り、準拠法の変動はない。この視点からは、債権譲渡においてその支点となるのは、(債権者でなく)債務者である。」
なお、私は、0か1かの「(欧米流)デジタル思考」を採るものではないことを、念のため付言する。
(55)　以上、河野・前掲注(35)一八九頁。
(56)　拙稿・前掲注(2)千葉一二八頁。同じく河野・前掲注(35)一九五頁注三六で引用されている拙稿・前掲注(2)年報九〇頁は、（脱稿直前に成立し公布された通則法七条の文言を受けて）前者の「指定」を「選択」に修正し、「債務者自身にとっても大きいが、」を紙幅に配慮して削り、「外部者たる第三者」を「外部者である第三者」に変えただけであって、実質的な変更はない。

(57)　心外な批判として、小出邦夫編著『逐条解説法の適用に関する通則法』（商事法務・二〇〇九年）二九二頁注三三（大間知麗子）にも触れておく（この注は、「中間試案に対して寄せられた意見においては、債権譲渡の債務者に対する効力の準拠法については、大多数の意見が提案を支持するものであった。」（二七八頁）という本文に付された注である）。

　第一に、右注は、次のように拙稿を批判する。すなわち、「提案に対しては、債務者に外国法を調査させるのは酷であり、法例の債務者住所地法主義を維持すべきであるとの反対意見もごく少数みられた。この点、森田博志「国際私法の現代化における法例一〇条・一二条関連の改正作業の問題点」（千葉法学二〇巻二号一二八頁）では、このような立場をとる根拠として、契約当事者間の事項が契約準拠法で規律されるのと、債権者の交替が契約準拠法で規律されることとは二重弁済の危険がある点で大いに異なると主張する。」と要約して、拙稿を引用する。そして、これに対して、「しかし、債務者が契約準拠法を関知しない場合を問題にするのであれば、その場合には、契約準拠法で規律されるべきあらゆる事項が債務者の現実には関知していなかった法律で規律されるのであるから、例えば、契約準拠法上契約が無効であるが債務者住所地法によれば契約が有効であるとされるような場合や、契約準拠法上免除等の債務を消滅させる行為があったとされるが債務者住所地法によれば債務を消滅させる行為として認められない場合等において、債務が不存在または消滅しているにもかかわらず債務者が弁済する危険が生じているという点では債務者の利益状況はほぼ同様であ」ると批判する。

　しかし、要約の対象は、前注(27)で引用した段落としか読めない。また、（同頁のもう一つの段落である）その前の段落は注(56)を付した本文で引用してあるものだが、いずれも、そもそも、「債務者が契約準拠法を関知しない場合を問題にする」ものではない（河野教授の理解は、大きくは外れていない）。さらに、この批判の文章を内在的に検討しても、甚だ疑問である。すなわち、対象債権である契約の有効性や免除が契約準拠法の規律する問題であることは、（「債務者が契約準拠法を関知しない場合」であっても）拙稿で明確に書いたとおり、当然である

（ここで債務者住所地法を引き合いに出されるのは、いったい何の意味があるのか）。それに加えて、債権譲渡の対抗要件や債権の準占有者への弁済のような債務者保護のための制度についても（債務者の住所地法ではなく）契約準拠法によることになるとすると、債務者にとっての危険は、さらに増大することになってしまうではないか。この程度の批判が返ってくるような頓珍漢な主張をした覚えはない。

第二に、右注は、「同〔拙稿・前掲―引用者注〕一一二頁には、譲渡対象債権の準拠法上の対抗要件を債務者の住所地で具体化できないおそれがあるとの指摘もある」とする。確かに、同頁に、右の指摘の記述はある。しかし、これは、法制審議会国際私法（現代化関係）部会第四回会議におけるある委員の指摘を要約引用したものであり、その旨は明示してあった。その意味で、右注の引用は、厳密なものではない（ちなみに、委員の発言の原文は、「債務者の住所地の法律に従った場合には、当然その他には例えば確定日付が通知ならば、確定日付に関する制度のようなものをその地で用意しているのが通常なわけですけれども、準拠法上要求されているある制度というものがあって、例えばある国では確定日付という制度がないというようなことが起こりますので、そうすると債務者の住所地に行っても、準拠法上要求されているようなことが具体化できない。」というものである（議事録は、法務省ウェブサイトから入手可能））。

右注は、右の指摘に対して、「しかし、このような場合には、譲渡対象債権準拠法が特定の方式を要求した趣旨を踏まえて適応問題として処理すれば足りると思われるし、そもそも債務者保護の観点からは、このような理由のみで債務者の住所地法を準拠法として通知または承諾をあえて容易にさせるまでの必要はないと考えられる」とする。しかし、適応問題などというおよそ予測可能性を欠いた処理を取引の安全が要請されるこの場面で持ち出すのは、甚だ不見識ではないか。また、債務者の住所地法の妥当性を基礎づける「理由」がこれ「のみ」でないことは、拙稿の他の箇所でも十分に論じたはずである。

以上は、日本語読解力と、論理的思考力の問題ではないのか。

(58)　河野・前掲注(35)一八九頁。

(59)　前注(57)で引用した、拙稿に対する（問題の大きい）批判と対比されたい。

(60)　対照的なのは、野村美明教授の議論である。前注(13)参照。

(61) 河野・前掲注(35)一八九―一九〇頁。
(62) この点については、既に以下のように論じてある。「そもそも、債権者の交替により債権債務関係の状況を変える方がその分のコストを負担すべきなのであり、状況を変えられる方が負担を強いられることになるのは理解できない」(拙稿・前掲注(2)一二六頁)。「債権譲渡が原則自由であるということと、債権譲渡に伴うコストを債務者が負担するということとは、全く連動しないはずである。」(同右一四四頁注一一三)。
(63) 河野・前掲注(35)一九〇―一九一頁。
(64) 拙稿・前掲注(2)一一一―一一三頁、一二八頁。また、前注(57)も参照。さらに、第二節一(特に、第二節・第三節)、前注(26)における全ての利害関係者の注目対象についての議論も確認されたい。
(65) 河野・前掲注(35)一九一頁。
(66) 以上、同右一九一頁、一九三頁。
(67) 「証券化」の問題性につき、東谷暁『日本経済の突破口―グローバリズムの呪縛から脱却せよ』(ＰＨＰ研究所・二〇〇九年)一七―四二頁、特に三二―三七頁を参照。
(68) 以上、河野・前掲注(35)一九三頁。
(69) 先行の文献として、神前・前掲注(32)四七―四八頁、拙稿・前掲注(2)一二五―一二七頁。
(70) 以上、河野・前掲注(35)一九三―一九四頁。
(71) 以上、同右一九八―二〇〇頁。

第三節　昭和初期における独・墺学説の理解について

第二節では、法例一二条について、その起草趣旨、跡部教授と石黒教授による同条への批判を検討し、河野論文の拙稿への批判に対して反批判を行った。以上の考察を経て、同条の妥当性を再確認することができた。本来であれば、通則法二三条が多く抱えている解釈問題が検討をすべきところではあろうが、それは他日を期したい。本章では、昭和初期において、独・墺学説について山田三良教授と久保岩太郎教授との間に見られる理解の違いを出発点として、実際に諸学説の論旨をやや詳細に確認していく。

一　山田三良 vs. 久保岩太郎

一では、次節の簡単な枕として、両教授における当時の独・墺学説の認識について確認しておく。

(一)　法例起草の補助委員をされた[72]山田三良教授は、この点に関して、一九三四年の体系書において、次のように述べておられた。

「債權讓渡の第三者に對する努力は債務者の住所地法に依るとの主義は、實際上多くの國に於て認めらるゝ所である……。獨逸に於て此の主義が普通に認めらるゝ所以は、債權の讓渡は債權自體の準據法に依るべきものとし、且債權自體は債務者の住所地法に準據すべきものとする結果である[73]。」

これに対し、一世代後で国際私法学の顕著な発展の中核であられた久保岩太郎教授は、詳細な比較法研究により文献の引用も豊富な翌一九三五年の体系書において、次のように述べておられる。

「獨逸に於ては債權讓渡を以て前述の如く原債權の存在の問題と見てゐるから、この問題も亦當事者間の努力の問題と區別せずして同じく原債權の準據法に依るべきものとなしてゐる[74]」。

このように述べられた後、久保教授は、法例一二条を立法論的に批判されている[75]。

(二)　両者は、ドイツについて、債権譲渡が対象債権の準拠法によっているというところまでは一致している。問題は、当時において、債権の準拠法が（山田三良教授が言われるように）債務者の住所地法であったのか、あるいは（久保教授が前提としておられるように）それとは異なっていたのかである。

久保教授が右の箇所で引用しておられる独・墺の六つの学説は、その当時における主要な学説の過半だと言ってよい。そこで、次節では、この六者について、その論旨を辿るという地味な作業を行っていく。

二　独・墺の各学説の再検討

二では、債権準拠法の決め方との関連に注意しつつ、久保教授が引用された六学説を辿っていく。

1　L.v.Bar

L.v.Bar は、（多くの法分野で業績があり）国際私法の著作も多い。久保教授がここで引用しておられるのは、一八八九年刊行の最も詳細な体系書の第二巻の七九頁以下である。(76)

(一) L.v.Bar は、債権譲渡に関する筋の最初にその一般原則を論じ、その冒頭で以下のように述べている。

「債権者とは別の者へのある債権の（einer Obligation）譲渡は、その債権がおよそ服する地域法（dem örtlichen Rechte）従う。ある債権が有効に別の者譲渡されているか否かという問題は、その債権がまだ旧債権者のために存在するか別の者がその債権上の利益を主張することができるかという問題と同一である。それ故に、およそその債権（dei Verpflichtung）についての準拠すべき法律（Gesetz）、したがって、通常は債務者の住所地法が（regelmässig die Lex domicilii des Schuldners）決する。(77)」

つまり、L.v.Bar は、債権譲渡の準拠法を、対象債権の準拠法、すなわち通常は債務者の住所地法だとしている。確かに、L.v.Bar は、契約債権については、債務者の住所地法によることを原則としている。(78) ここからは、久保教授の引用には、特に問題はないようにも思われる。(79) ただ、債権譲渡に関する記述は右の引用部分だけではなく、この後の記述も確認する必要があるように思われる。

(二) L.v.Bar は、次に、債権譲渡自体と、新旧債権者間の独自の法律行為（例えば、債権の売買）とを区別し、その両者の関係という抽象的な問題について論じる。(80) そして、その次に、仮差押と債権譲渡の競合という具体的な問題について論じている。この後者の問題に関する記述に、微妙な点がある。

まず最初の段階では、「債権者が善意で問題の債権がおよそ準拠すべき法律に（der für die fragliche Obligation überhaupt massgebenden Gesetze）従ってした弁済は、いかなる債権者によっても承認されなければならない。」といった記述において、対象債権の準拠法の中身は問われていない[81]。ところが、次の段落では、L.v.Bar は、「債権自体の（債務者の）法律が（des Gesetz der Obligation selbst（des Schuldners））債権譲渡について債権譲渡行為自体が服している法律よりも少ない要件を掲げている場合」と、逆に、「債務者の法律が（das Gesetz des Schuldners）債権譲渡についてそれより厳格な要件を掲げている場合」との二つの場合を掲げ、その中で「債務者の法律」と言い換えている[82]。そして、この次の段階で、英米法に触れ、債権が無体物として動産に教え入れられて、直近では、債権の所在地の法により、それは通常は債務者の居住地を（regelmässig den Wohnort des Schuldners）指す旨を論じている[83]。

このような議論の流れを見ると、L.v.Bar において、契約債権の準拠法が債務者の住所地法にならない場合であっても本当に対象債権の準拠法が債権譲渡の準拠法になるとして債務者の住所地法と対象債権の準拠法とが厳格に区別されているのか、若干の疑問が残る[84]。

2　Gebhard

法例制定に際しては、諸外国の多数の立法例、立法提案や判例などが参照されている。その中で例外的に、法例一二条については、抵触規則としては「ゲーブハルト案一四条」しか掲げられない[85]。久保教授が前述の体系書の該当箇所で引用しておられるのは、いわゆるゲープハルト第一草案（一八八一年）・第二草案（一八八七年）およびそれぞれの理由書を収録した文献[86]の一六〇頁（第一草案の提案理由）である。

(一)　ゲープハルト草案は、いずれにおいても、その一四条において、債権譲渡については対象債権の準拠法による旨を提案している[87]。その理由については、第一草案の理由書において詳細に論じられている。右の一六〇頁では、以下のように論じられている。

「譲渡契約は、譲渡の対象について決する法による。すなわち、所有権の譲渡は、目的物所在地法に、債権の譲渡は、対象債権が契約に基づいているか不法行為に基づいているかに応じて、債務者の住所地法に（少なくとも原則によれば）（der lex domicilii des Schuldners（wenigstens der Regel nach））、あるいは、不法行為地の法に（demRechte des Tatortes）よる[88]。」

この直後に、第一款一で引用したL.v.Barの議論[89]が援用される。そして、以下のように続いている。

「さらに、とりわけ考慮の対象となるのは、この法〔『債権の法（das Recht der Obligation）』すなわち対象債権の準拠法―引用者注〕の固守においてのみ、債務者は自分の地位が債権譲渡によって従前より悪化しないように保護されるということである[90]。」

久保教授が引用されているのは、ここまでの記述であろう[91]。ここまででは、その引用には特に問題はないとも言える[92]。

(二)　ただ、その直後の箇所は、若干微妙である。すなわち、右の理由書は、以下のように続いている。

「債権の法によれば（nach dem Rechte der Obligation）譲渡不能の債権は、旧債権者や新債権者の法に（dem Rechte des bisherigen Gläubigers und des neuen Gläubigers）あるいは他の法によれば譲渡可能であるからといって、譲渡可能にはなり得ない[93]。」

ここでは、「債権の法」に対して「債権者の法」（おそらく、債権者の住所地法）が引き合いに出されている。これを見ると、理由書において対象債権の準拠法と債務者の住所地法とが直結しているのではないかという疑問が、いくらか残ってしまう[94]。この理由書は（L.v.Barと異なって）不法行為債権にも目が届いているだけに、その感がより一層強くなる。

3　Walker

Walker は、オーストリアで最も重要な国際私法学者と言うことができ、他国の立法にも大きな影響を与えている[95]。久保教授が前述の体系書で引用しておられるのは、Walker の体系書の第四版（一九二六年刊[96]）の四二九頁および四三一頁である。

(一)　Walker は、債権譲渡の準拠法につき、まず英米法に触れ、債務者の住所地法が（das Recht am Wohnsitze des Schuldners）準拠法だとされた裁判例もなくはないとする。そして、次に、ドイツでは大部分、対象債権の準拠法によるべきことが受け入れられていると述べる[97]。そのうえで、Walker は、以下のように論じている。

「ある債権が（eine Forderung）有効に別の者に譲渡されているか否かという問題は、その債権がまだ旧債権者のために存在するか別の者がその債権を主張することができるかという問題と同義である。債務関係の準拠法、したがって、通常は債務者の住所地法が（in der Regel das am Wohnsitze des Schuldners geltende Recht）債権譲渡についても準拠法となると認められる場合にのみ、債務者は、自分の地位が債権譲渡によって悪化せずに安全である[98]。」

右の引用部分の前段は、引用はないが、第二款で引用したゲープハルト第一草案の理由書に引用された L.v.Bar の議論と（若干の単語の変更はあるが）ほとんど同文である[99]。また、後段は、こちらも引用はないが、これもゲープハルト第一草案の理由書の議論とほぼ重なっている[100]。ここまででは、久保教授の引用に特に問題はないとも言える。ただ、直前に引用した部分に（段落を変えずに）続く（久保教授の引用からは外れているが）四二九頁の最後の行から四三〇頁の冒頭の一文まで続けて読むと、若干の疑問が生じる。その一文は、次のとおりである。

「その土地の法によれば（nach einheimischem Rechte）有効なもともとの債権者への弁済、例えば、債務者が債権譲渡通知の受領前に善意でした弁済は、それが外国の法によれば有効ではない場合であっても、依然として有効である[101]。」

ここで殊更に用いられている〈einheimisch〉という形容詞からは、それが（漠然と）対象債権の準拠法を意図しているのか（「債務者の住所地法」を意図しているのではないのか）、若干の疑問を感じる。

(二)　次に久保教授が引用されているのは、以下の段落であろう。

「債権譲渡が対象債権の準拠すべき法律によって（nach den Gesetzen）評価されるという見解が固守されるときには、解決は単純明快である。債務者への通知が譲渡を有効にするために必要か否かという問題は、対象債権の準拠すべき法律に従う。[102]」

この部分については、その主張は単純明快である。ただ、一で述べた点から、若干の疑問が残らないではない。[103]

4　Frankenstein

Frankenstein は、特に物権変動の準拠法に関する議論において、久保教授を通じて[104]我が国に大きな影響を及ぼしている。[105]久保教授が『国際私法論』で債権譲渡の準拠法に関して引用しておられるのは、Frankenstein の一九二九年刊行の体系書[106]の二五六頁および二五七頁である。

(一)　Frankenstein は、法律行為による債権譲渡について、二つの関係に分け、新旧債権者間の法律関係については、原因行為は各債権者自身の準拠法に（dem eigenen Statut der Gläubiger）、債権譲渡の実行行為は債務者の準拠法に（dem Statut des Schuldners）よるとする。[107]次に、債権者・債務者間の法律関係について、Frankenstein は、以下のように論じている。

「債権者の法的地位は、全く別の原則によって評価される。なぜなら、債務者は、債権者に対する自分の債務については、債務者自身の準拠法に服するからである。債権者が債権を譲渡する、したがって、債務者に対して別の者に給付するよう強いることになる行為をするとき、その行為は、債務者の準拠法の要件を充たして初めて、債務者に対して有効になる。なぜなら、この要件の下でのみ、債務者の法秩序は、債務者に対して新債権者に給付するよう強いるからである。これについては今日、学説においても判例においても、深刻な見解の相違はもはや支配していない。しかし、債務者の準拠法の要件が充たされているときには、債権は、一方あるいは他方の債権者の準拠法がより厳格な要件を定めている場合でも、物権的に（dinglich）移転される。」[108]

ここでは、債権譲渡の対債務者関係が「債務者の準拠法」によることが示されている。そして、「学説」として、L.v.Bar や Walker が引用されている。[109] これを見ると、久保教授の引用に特に問題はないと言えそうでもある。

(二)　しかし、Frankenstein の言う「債務者の準拠法」とか何か。これが、次の項目として、以下のように説明されている。

「債務者の準拠法は（Statut des Schuldners）、ここでもまた、第一次的には債務者の本国法、第二次的には債務者の本国法が債務者を服従させる法秩序である。したがって、ドイツ人の債務者が……ポルトガル法に服するとき、債務者は、この債権（diese Schuld）について、もはや継続的にポルトガル法に服することになる。ポルトガル人の債権者がその債権（sie）をあるドイツ人に譲渡するとき、ドイツ人の新債権者は、ドイツ人の債務者に対して、ポルトガル法の債権を有することになる。―債務者と新債権者との間で明示または黙示の合意によりそれがドイツ法の債権に変えられない限り、そうである。[110]」

この部分には明示されていないが、ここで言う「債務者の準拠法」とは、Frankenstein 独特の論理構造の下での契約債権（対象債権）の準拠法を指していると解される。[111] 但し、契約債権は、第一次準拠法（債務者の本国法）が認める範囲内でのみ第二次準拠法に従うこと、第二次連結がなされないときには第一次準拠法（債務者の本国法）に従うこと、[112] 大多数の債務者についてその本国と住所地が一致するであろうこと、以上の三点から考えると、前款までに採り上げてきた対象と大差はないようにも思われる。また、個別問題の議論に進み債権譲渡の実質的要件について論じる際に、Frankenstein は、債務者を出発点とする思考から、「債務者に対する効力の全ての実質的要件は、専ら債務者の準拠法による。」という冒頭の説明に続いて、債権の譲渡可能性、債務者への通知の要否といった問題について、「債務者の準拠法が（des Statut des Schuldners）」「債務者の法に（dem Recht des Schuldners）」という表現を一貫して用いている。[113] 以上を踏まえると、これを単純な対象債権準拠法説と理解することには躊躇を覚える。

5　Lewald

Lewald は、多数の裁判例を細かく体系的に位置づける特色ある体系書[114]を公刊している。久保教授が『国際私法論』で引用しておられるのは、一九三一年刊行の同書の二七〇頁および二七一頁である。

(一)　Lewald は、債権譲渡につき次のように論じている。

「債権は、旧債権者の財産から除外されて取得者の財産に移転する。債権譲渡は、これによれば、権利の『管轄』への直接の作用を目的とする。ここから、原則として、譲渡されるべき債権を支配する法秩序にそのような管轄変更の要件および効果について決定する資格があるという結論が導き出されるべきである。言い換えると、債権譲渡は、原則として、債権がよっている法、すなわち債権の準拠法（Obligationsstatut）に服するべきである。国際的な理論においては決して一般的に支持されているわけではないこの見解は、……ドイツ国際私法においては全く支配的なものとされている。それは、既に一九〇〇年より前に判例に浸透し、ゲープハルト草案において承認されるに至った。それ以来の実務は、それを固守してきた。[115]」

これに続いて、対象債権の譲渡可能性や譲渡禁止特約についても債権の準拠法が決すると述べたうえで、Lewald は、次のように論じる。

「債権がフランス法に服するとき、ドイツの判例において承認された原則によれば、その譲渡には、フランス民法一六九〇条に従って、執達吏による送達という行為が（der Akt der Signifikation）、債権譲渡契約がこの要件を掲げていない法域で締結される場合でも、不可欠である。[117]」

Lewald は、このように論じた後、債権譲渡行為の実質的要件および方式、債権譲渡の効力についても、一貫して「債権の準拠法（Obligationsstatut）という表現を用いている。[118] Frankenstein までの議論と異なり、ここで初めて紛れのない明確な対象債権準拠法説が示されている。

(二)　念のため、契約債権の準拠法についての Lewald の立場を確認しておく。

Lewald は、ドイツの実務[119]に従って当事者自治を認めるとしても、当事者の意思には本来管轄権を有する法秩序の強行規定（zwingende Normen der an sich zuständigen Rechtsordnung）を無視する自由を認めず当事者自治に限界を設定する法の存在を認める自身のような立場によるとしても、補充的連結の余地が（Raum für eine subsidiäre Anknüpfung）残るとする。[120]そして、「補充的な連結素としては、債務者の住所地のみが（nur der Wohnsitz des Schudners）残る」と論じている。[121]

以上から、久保教授の引用に無理がないのは、ここまででは、Lewald についてだと言える。[122]ただ、債権譲渡についての議論を読み直すと、法例の起草者たちのそれと異なり、債務者の利益への配慮が十分でない演繹的な議論に見えてしまうのは、立場の違いのためにすぎないのであろうか。

6　Nussbaum

Nussbaum は、"Nebenstatut"[123]という用語の提唱者として知られ、手続法、経済法から国際法までその研究領域は広汎である。久保教授が『国際私法論』で引用しておられるのは、Nussbaum の一九三二年刊行の体系書[124]の二六六頁である。

(一)　Nussbaum は、同書の二六五頁の最後の文章から二六六頁最後までの部分（わずか一三行）で、以下のように論じている。

「債権譲渡自体は、原因行為の実行においてなされるが、しばしばこれと外面的には重なるものであり、譲受人に直接的に譲渡債務者に対する権利を調達する任務を有する。それが達成されうるのは、債権譲渡が、譲渡される債権の服する法、したがって実務上は疑わしいときは履行地法の要件を充たす場合のみである。譲渡される債権の法に従うのは、例えば、譲渡の有効性、とりわけ譲渡可能性自体、および、債務者への債権譲渡通知（フランス民法一六九〇条によれば『執達吏による送達（signification）』）が必要か無くても済むかである。決して、債務者の法的地位が、債権譲渡が他の法域で（im fremden Rechtsgebiet）なされることによって悪化することは許されない。債務者には、債権の準拠法によれば債務者に当然与えられるべき全ての抗弁が保持される。[125]」

以上、Nussbaum も、（Lewald と同様に）紛れのない対象債権準拠法説を採用していると言える。

ここで、Nussbaum の契約債権の準拠法についての見解を確認しておくと、Nussbaum は、一定の限界こそ留保するものの（L.v.Bar, Frankenstein, Lewald などと異なり[126]）当事者自治（抵触法的指定）を正面から認め[127]、また仮定的な合意と黙示的な合意とは区別できないとする。[128]そのうえで、当事者の国籍・住所、契約締結地、履行地、契約の言語などのさまざまな空間的関係を比較衡量して、争われている法律関係がどの法域に最も強く結び付けられているかによって決定することが重要であり、そうすれば準拠法が決まらないことはないと主張する。[129]

以上から、Lewald の場合に続き、またそれ以上に、久保教授の引用は適切であると言える。

(二)　ただ、債権譲渡の準拠法に関する記述に戻ると、一の前段で引用した部分に続く二六七頁の流れも（久保教授の引用からは外れているが）それなりに興味深い。すなわち、（債権の法定移転の記述をはさんだ）第二段階で、次のように論じられている。

「外国法においても、債務者の保護が、本質的な観点として現れる。それに関しては、英米法は、部分的には、債権は、債務者の住所地（営業所所在地）に所在し、この理由からその地の法に服するという構成を用いている。[130]」

以上、債権譲渡の準拠法の決定において最も重要なのは〈債務者の保護〉であること、〈債務者の保護〉のために（ドイツとは異なり）債務者の住所地法が採られていることが紹介されている。ここからは、やはり、（Lewald におけると同様）Nussbaum についても、法例の起草者を支持する私には、〈債務者保護〉の重要性の認識が十分ではないように思われてならない。[131]

三　二様の理解に対する評価

(一)　山田三良教授と久保岩太郎教授は、第一節で確認したように、債権譲渡の対第三者効力の準拠法に関する議論において、ともにドイツに触れておられる。そして、ドイツにおいては債権譲渡が対象債権の準拠法によっているというところまでは、一致していた。ところが、山田三良教授は対象債権の準拠法をすなわち債務者の住所地法と解され、これに対して、久保教授はそのようには解されず法例一二条を立法論的に批判されていた。

しかし、実際に、久保教授が引用しておられる独・墺の六つの学説を読み込むと、山田三良教授の理解には疑問が残り、久保教授についてはその引用に若干の疑問が残るという結論にならざるを得ないのではないか。

(二)　契約債権の準拠法について常に債務者の住所地法によるという学説は、前節で見てきた六者のうちには、皆無であった。山田三良教授の理解に影響を及ぼしているのであろうL.v.Bar, Gebhard, Walkerにおいても、(「常に」ではなく)「通常は[132]」あるいは「少なくとも原則によれば[133]」といった限定が付されていた。まして、(時期的に言って十分には参照されていないのかもしれないが)裁判例の展開をも踏まえたLewaldやNussbaumの体系書が一九三一年と三二年に相次いで刊行されていることを考えると、山田三良教授の理解には疑問が残ると言わざるを得ない。

(三)　他方、法例一二条を立法論的に批判された久保教授がドイツについて対象債権の準拠法によっているとのみ記述しておられたのは、論旨の展開を踏まえれば、ご自身の立場に有利な一面的な紹介と評せざるを得ない。

確かに、『国際私法論』が公刊される直近のLewaldやNussbaumについては、対象債権の準拠法による立場の文献として率然と引用されることに(この関係では)問題はないように思われる[134]。しかし、L.v.Bar, Gebhard, Walkerによれば、ドイツでも通常は(法例一二条が採用する)債務者の住所地法が準拠法となることになる(前述(二)参照)。また、Frankensteinにおいても、(この当時においては)相当数の場合に結論的には債務者の住所地法を準拠法とするのと同じ結果が導かれるのではないかという疑問がある[135]。

以上から判断すると、久保教授のドイツについての記述は簡略に過ぎ、独・墺学説の引用はやや慎重さに欠けると言っても許されるのではないかと考える。法律学においては、理論的な観点だけでなく、実際的な観点も重要なのであるから(136)。

(72) 穂積陳重『法窓夜話』「九九　民法編纂」（有斐閣、一九一六年）参照。

(73) 山田三・前掲注(1)五九八頁。

(74) 久保・前掲注(18)四六四頁。

ちなみに、同右は、「英国に於ては債務の所在地法（即ち債務者の住所地法）に依らしむるものの如くである」として、三つの文献を引用している。そのうち、現在まで改訂が続いている、前注(1)で引用したものの第四版である A.V.Dicey, The Conflict of Laws, 4th ed.,（1927）580f. は、'Rule 153' において、'An assignment of a movable which cannot be touched, i.e., of a debt, giving a good title thereto according to the lex situs of the debt..., is valid.' と述べ、その 'Comment' において、'the place (1) where a debtor resides or (2) where a debt is made payable may be, and for many purposes is, held the situs of the debt' と説明しており、コメントに微妙な変化が見られる（これが、Morris の改訂になる第六版（一九四九年）では、射程が細かくなり、'Rule 134' として、'The priority of competing assignments of a debt...is governed by the proper law of the debt...' と説かれるに至る）。英国においては、本稿では、ここまでに止める。

(75) 久保・前掲注(18)四六七―四六八頁。

(76) L. v.Bar, Theorie und Praxis des internationalen Privatrechts, Zweite umgearbeitete Auflage des internationalen Privatund Strafrechts, Bd. 2（1889）.

(77) v.Bar（oben N. 76）79.

(78) v.Bar（oben N. 76）13–17, 24f. 同右一三頁の前半部分の簡潔な引用が、久保・前掲注(18)三二四頁にある。但し、この原則には、国内の状況を前提として制定された実質法上の規定は他国では適用されない、多様な売主・買主が集う市場などでの取引は契約締結地法による、等のいくつかの例外がある。v.Bar（oben N. 76）17–24. したがって、これを単純に債務者の住所地法説として理解することには、躊躇を覚える。

(79) この点について、跡部・前掲注(9)九一五－九一六頁は、前注77を付した本文で引用したL.v.Barの議論を引用しつつ、「バールハ一般契約上ノ債権ノ準據法ヲ定ムルニ債務者ノ住所地法主義ヲ採ルカ故ニ爰ニモ之ヲ應用シテ此ノ論結ヲ得ルニ至リタルナリ」と断じている。

(80) v.Bar（oben N. 76）80–82.

(81) Vgl. v.Bar（oben N. 76）82.

(82) Vgl. v.Bar（oben N. 76）82f.

(83) v.Bar（oben N. 76）83.

(84) もちろん、これだけで久保教授の引用に問題があるとまで言うつもりはない。

(85) 法典調査会・前掲注(4)一〇七頁。

(86) T. Niemeyer, Zur Vorgeschichte des Internationalen Privatrechts im Deutschen Bürgerlichen Gesetzbuch („Die Gebhardschen Materialien“)（1915）. なお、草案および理由書の原典の刷り本と思われるもの（ドイツ文字で記述されている）が東京大学附属総合図書館車庫の国際私法関連の棚に所蔵されているが、広く利用されている前者の頁数で引用する。

(87) Niemeyer（oben N. 86）6, 15.

(88) Niemeyer（oben N. 86）160. なお、契約債権の準拠法については両草案の一一条において、不法行為債権の準拠法については第一草案一三条・第二草案一二条において、それぞれ提案されている。Niemeyer（oben N. 86）5f., 14f.

(89) 前注(77)を付した本文で引用した箇所の第二文。但し、本文の理由書は前注76の体系書の公刊前に作成されたものであるから、当然ながら、同内容の（一八六二年刊の）初版が引用されている。

(90) Niemeyer（oben N. 86）160.

(91) 久保・前掲注(18)四六四－四六五頁参照。

(92) この点について、跡部・前掲注(9)九二三頁は、「ゲーブハルド案第十四條ハ債權讓渡ハ債權ヲ決スル法律ニ依ルト規定シ明カニ余輩ノ採ル主義ニ依リタリシカ民施ハ之ヲ法律トシテ採用セサリキ其意ハ蓋シ債權ニ付テ既ニ規定ヲ設ケス之ヲ學説ニ一任シタルカ故ニ此點モ亦當然之ヲ學者ノ意見ニ委ネタルモノナルヘシ」と断じている。但し、前注90を付した本文で引用した理由づけに疑問があることは、前注27、および、それを付した本文のほか、随所で論じてきた。

(93) Niemeyer (oben N. 86) 160.

(94) この後、理由書は、次の頁で、イタリアのFioreの「国際私法」の一八七五年刊の仏訳書を引用し、旧債権者と新債権者との間の関係については旧債権者の住所地法に、債務者に対する譲渡の有効性については債務者の住所地法によるものとして（債権行為と準物権行為の峻別というドイツ的観点から）それを批判的に紹介している。法例一二条との関係でも興味深く思われるが、この方向の追究はイタリア語が（正確に）読解できる研究者に期待する。

(95) 久保岩太郎『國際私法概論（改訂版）』（巌松堂・一九五三年）の巻末には、「附録第一」として「甲　ゲーブハルド案系立法」を始めとする「國際私法に關する法案と立法例」が訳出されており、その中に、「丙　ワルカー案系立法」として「ワルカー私案」ほかも収録されている。この規律内容を眺めると、特徴的給付の理論の原型（と思しきもの）が見られるなど、現在においてこそWalkerに対する目配りが必要であるように思えてくる（但し、その規律内容に賛成するものでは、全くない）。

(96) G. Walker, Internationales Privatrecht (4. Aufl. 1926). なお、同書には一九三四年刊の第五版があるが、本稿の主題に直接関係する改訂部分はない。但し、後注(103)も参照。

(97) 以上、Walker (oben N. 96) 429.

(98) Walker (oben N. 96) 429.

(99) Vgl. Niemeyer (oben N. 86) 160; v.Bar (oben N. 76) 79.

(100) 前注90を付した本文を参照。

(101) Walker (oben N. 96) 429f. 前注(81)を付した本文で引用したL.v.Barの表現と対比されたい。また、Walker自身の法律行為債権の準拠法についての立法提案は、より複雑である。Vgl. Walker (oben N. 96) 359-361.

(102) Walker (oben N. 96) 431.

(103) Walkerの関心の対象は、債権譲渡の準拠法という実体問題にとどまらず、債権差押・移付決定の国際的効力という手続問題にも及んでいる。Vgl. Walker (oben N. 96) 432f. この点については、第五版において加筆され、問題点が明確に示されている。Vgl. G. Walker, Internationales Privatrecht (5. Aufl. 1934) 490f.

この関連で、大阪高決平成一〇年六月一〇日金法一五三九号六四頁の解説である（文字どおり拙い）拙稿「第三債務者が外国に居住する場合の債権差押命令の国際裁判管轄」平成一〇年度重要判例解説（一九九九年）二九四頁も批判的に参照されたい。なお、山田文〔判批〕櫻田嘉章＝道垣内正人編『国際私法判例百選〔新法対応補正版〕』（有斐閣・二〇〇七年）一七八頁、一七九頁は、私見について法例一二条を手続保障の基準として援用したものと理解しているようである。しかし、私見は、複数国での差押があり得、また、債権譲渡などとの競合もあり得ることから、供託の免責効については実体の準拠法の規律に従うべきではないかと考えるものである（二重払い後の不当利得返還請求が奏功しない可能性を事前に考慮する必要はないのか、甚だ疑問である）。

(104)　久保・前掲注(18)五二三－五二八頁は、Frankenstein (unten N. 106) 16–22の大部分を翻訳したものと言える。

(105)　現在でもこの議論を援用するものとして、山田鐐一『国際私法（第3版）』（有斐閣・二〇〇四年）三〇二頁、（引用はないが）溜池良夫『国際私法講義（第3版）』（有斐閣・二〇〇五年）三三三－三三四頁。他方、この議論を批判するものとして、石黒・前掲注(19)二二〇頁、（今となっては全く踏み込みが足りないが）拙稿「国際私法の議論において原因行為と物権行為の区別本が本当に必要なのか？（1）」千葉大学法学論集一〇巻三号（一九九六年）九九頁、一四〇－一四五頁。ちなみに、同右一五九頁追記に、「彼我の制度基盤の差を考慮せず十分な批判的検討を経ずに外国の文献を援用するような時代は、もう終わっているのではないか。」と書いた。ところが、これが全然終わっていない惨状につき、拙稿・前掲注(2)第二章の各項目の⑵、および、拙稿「法適用通則法一七条（不法行為の一般則）における『結果』の解釈」千葉大学法学論集二四巻三・四号（二〇一〇年）一一七頁、一三六－一四四頁を参照。同右一六九頁注九一で、改めて、「彼我の規律の差異に対する配慮を怠り外国の概念解釈をそのまま援用するようなものは、比較法の名に値しないとも考える。」と書かざるを得なかったことは、極めて遺憾である。

(106)　E. Frankenstein, Internationales Privatrecht (Grenzrecht), Bd. 2 (1929).

(107)　Vgl. Frankenstein (oben N. 106) 252–256.

(108) Frankenstein（oben N. 106）256f.

(109) Frankenstein（oben N. 106）257 Anm.70が掲げる文献の中に、v.Bar（oben N. 76）79とWalker（oben N. 96）431がある。前者については前注77を付した本文で、後者については前注(102)を付した本文で、それぞれ引用してある。なお、E. Zitelmann, Internationales Privatrecht, Bd. 2（1912）394も掲げられているが、これは債権譲渡につき債務者の本国法によるとするものである。これについては、本稿では検討が及ばない。

(110) Frankenstein（oben N. 106）257f.

(111) Frankenstein（oben N. 106）178-182に、契約債権の準拠法に関する自説が主張されている。すなわち、各人は、その全ての債務につき、第一次的にその本国法に服する。本国法は、第二次的に、（当事者の意思といった主観的な観点や、住所地、契約締結地、履行地といった客観的な基準により）他の法秩序に連結することもできる（以上、一七八頁）。ドイツ人の債務が問題になる場合、ドイツ法が第一次準拠法（primäres Statut）である。（ドイツ法が第一次準拠法となる場合には）そもそも第二次連結が（eine sekundäre Anknüpfung）生じるか否かを確認することと、そのためにまず第一に当事者の意思を調査することが、まず肝要である。明示または黙示に特定の法秩序に服することが判明するときには、それに従うべきである。それが判明しないときには、全ての主観的および客観的な要素の評価から、当該法律関係が心理学的に（psychologisch）どの法秩序に最も密接な関係を示すかを客観的に探求すべきである。心理学的な調査によっても確実な結果がもたらされないときには、第二次連結が確認されず、ドイツ（実質）法の第一次的支配が残る（以上、一八一頁）。他の法秩序が第一次準拠法である場合には、これが法律によって適用されるのか第二次的に別の法秩序に連結されるのか、当該他の法秩序が当事者の意思に活動の余地を残すか否か（残す場合には）どの程度残すか、当事者の意思が確認できないとき別の第二次連結は確固たる定式によるか心理学的連結の原則によるかについて、当該他の法秩序が決しなければならない（以上、一八一頁）。確実な連結の場合にのみ、第二次準拠法は（das sekundäre Statut）第一次準拠法に取って代わるが、それは本国法が設けた限界内に限られる。これに対して、確実な第二次連結が不可能な場合には、第二次連結は問題外であり、第一次準拠法が最終的に決定を下す（以上、一八二頁）。

久保・前掲注(18)三〇七頁註は、最後の部分につき、「國際私法の成文化の少い現在に於ては第二次法を知り得ず延いて第一次法（本國法）に依ることあるべく、従つてチ氏〔チーテルマン氏－引用者注〕の説と結果を同じふすることがあらう」と指摘する。Frankenstein の説は、契約債権の準拠法につき債務者の住所地法主義から当事者自治に移行していく過渡期に、かつ、本国法主義の高揚を受けて登場した（よく言えば）巧妙な立論と評価できるのであろう（もちろん、このような二段構造や本国法主義の採用については、全く支持できない。但し、「心理学的連結」の記述は、重要だと考える）。

(112) 以上、前注の前段の末尾を参照。

(113) Vgl. Frankenstein（oben N. 106）260–263.

(114) H. Lewald, Das deutsche internationale Privatrecht auf Grundlage der Rechtsprechung（1930）.

(115) Lewald（oben N. 114）270（Nr. 328）.

(116) Lewald（oben N. 114）270（Nr. 329）.

(117) Lewald（oben N. 114）271（Nr. 330）.

(118) Vgl. Lewald（oben N. 114）272（Nr. 330）–274（Nr. 332）.

(119) Lewald（oben N. 114）199（Nr. 259）は、ドイツの実務につき、当事者自治と履行地法の支配という二つの原則に基づいていると結論づけている。但し、Frankenstein（oben N. 106）124f. も参照。

(120) Lewald（oben N. 114）221（Nr. 277）. 後者の立場については、特に、Lewald（oben N. 114）200–202（Nr. 261）, 204f.（Nr. 263）を参照。また、實方正雄「國際私法上に於ける當事者自治の原則（二）」法学（東北大学）一巻一〇号四三七頁、四三九－四四〇頁、「同（三）」同一一号五四三頁、五四九－五五〇頁（以上、一九三二年）も参照。

(121) Lewald（oben N. 114）230（Nr. 287）.

(122) 具体的には、前注(27)で記述した議論が、その核心をなすものである。

(123) 「補助準拠法」と訳されている。なお、溜池・前掲注(105)二〇頁には、国際私法の魅力について述べたNussbaum の言葉が引用されている。

(124) A. Nussbaum, Deutsches internationales Privatrecht unter besonderer Berücksichtigung des österreichischen und schweizerischen Rechts（1974）.

(125) Nussbaum（oben N. 124）265f.

(126) この点については、v.Bar（oben N. 76）4；Frankenstein（oben N. 106）158；Lewald（oben N. 114）200–202（Nr. 261）を参照。

(127) Nussbaum（oben N. 124）215, 247.

(128) Nussbaum（oben N. 124）216.

(129) Nussbaum（oben N. 124）221f.

(130) Nussbaum（oben N. 124）267.

(131) ここでも、やはり、前注(27)を始めとして、前章における詳細な議論の再度の参照を強く願う。この点からは、英国において前注74に引用したような、債権所在地法（債務者住所地法）から対象債権準拠法への変化が生じた理由を追究する必要が生じてくる。この点については、残念ながら、本稿では検討が及ばない。

(132) L.v.Bar につき前注(77)を付した本文における引用を、Walker につき前注(98)を付した本文における引用を参照。

(133) Gebhard につき前注(88)を付した本文における引用を参照。

(134) この点については、5(二)の末尾、6(一)の末尾を参照。

(135) この点については、5(二)の後段および前注(111)を参照。

(136) ドイツにおいて（またその強い影響を受けている日本において）債権譲渡の準拠法を対象債権の準拠法と考える理論的立場が、Lewald や Nussbaum（日本では、久保教授）以後、対象債権の準拠法の中身を問わずに定着（あるいは、一人歩き）していく過程の検証が、やはり必要である。この大きな問題については、残念ながら、他日を期したい。この関連では、岡本善八「国際私法における債権譲渡」同志社法学三九巻一・二号（一九八七年）一一五頁、一二三―一三三頁の批判的検討も、必要になろう。

第四節　結論と教訓

(一)　本稿では、債権譲渡の対第三者効力の準拠法について、法例一二条の起草趣旨から通則法二三条への改正に至るまでの重要な議論につき、その論証過程に特に注意しつつ、検討してきた。その結果、法例一二条について（それに対する立法論上の批判については一部鋭い指摘もあるが）その妥当性は全く揺るがないと思われること、通則法二三条については債務者を含む第三者保護の観点から極めて慎重な運用が求められること、譲渡人住所地法への更なる改正を目論む立法論上の「流行」における最近の論証も全く不十分であること、以上を結論として提示できると考える（以上、第二節）。

また、昭和初期における山田三良教授と久保岩太郎教授の間でのドイツの処理に関する理解の格差について、久保教授による当時の独・墺学説の引用を中心に、検討した。その結果、ドイツでも債務者の住所地法によっているとする山田三良教授の理解には疑問が残ること、他方、ドイツでは対象債権の準拠法によるべきものとされているとして久保教授が何の注釈も付さずに引用された六学説のうち無理のない引用は最後の二者にとどまりその引用はやや繊細さに欠けること、以上を導くことができた（以上、第三節）。

(二)　本稿の検討を通じて考えたことは、以下のとおりである。

第一に、判例や学説を簡潔に整理することには、多少なりとも無理が伴っている可能性が高い。そのような整理が議論の進展のために必要なことも、確かであろう。ただ、後進は、先行業績による整理を鵜呑みにすることなく、常にその適切さについて批判的に再検討する責任がある。その意味で、「注」は検討を深めるための重要な手掛かりでもあり、研究者は確実に「注」を付していく学術上の義務があると考える(137)。

第二に、判例や学説の整理は、公正中立になされなければならない。これは、もちろん当然のことではある。ただ、その点に注意はしていても無意識のうちに自身に有利な形にしてしまうことがありうるのは、脆弱さをもつ人間の性としてやむを得ない面もあるとは考える。しかし、そうならないよう細心の注意を払うべきことに、変わりはない。

第三に、判例や学説の引用について、特にそれを批判の対象とする場合には、（紙幅が許す限りという限界はあるものの）端折った引用によりその趣旨を歪めてしまうことのないよう、多少長くはなってもできるだけ原文を引用すべきであると考える。(138) ただ、本稿では（また、これまでの拙稿でも）、外国の文献については、外国語の原文を引用したうえで邦訳を付するということはほとんどしていない。これは一般にその必要がないということではなく、先行の邦訳があってその邦訳が疑問であるときには、そのような作業が必要になるはずである。

㈢　債権譲渡の対第三者効力の準拠法について、残された検討課題は少なくない。(139) 教育や学内の雑用に追われる日々が戻ってくるが、（この領域に限定することなく）少しずつでも着実に検討を深めていく所存である。(140)

(137)　この点については、「注こそ論文の命」だと喝破する石黒・前掲注(34)三五二頁も参照。もはや実務家同然の方についてはともかく、研究者にとっては当然の要求のはずである。但し、同右の要求水準には、本稿もまだまだ達していない。

(138)　この点については、石黒一憲「ボーダーレス・エコノミーへの法的視座第二三〇回・国際金融（一九八〇—二〇〇八）—『羅針盤なき日本と世界』に抗して（上）」貿易と関税二〇一〇年八月号五三頁、五六頁も参照。先にレッテルを貼ったうえでそのレッテルを批判するもはや実務家未満の方については別として、先行業績を正面から批判して乗り越えていこうとする研究者であれば、当然の論文執筆方針であると言うべきではないか。

(139)　前注(131)、(136)で例示した。

(140)　平成二三年度の学務委員長（法科大学院で三度目の学務）の負担により、ついに身体を壊し、死と隣り合わせの長期の闘病生活を余儀なくされることとなった。しかし、全幅の信頼を寄せてくれる国際私法組の学生たちと一緒に、改めて精進していく。

（平成二二年九月二三日（秋分の日・彼岸の中日）脱稿）

（千葉大学法学論集第二五巻三号、二〇一〇年）

17　保険代位

東京高裁昭和四四年二月二四日判決（昭和三八年(ネ)第一〇六六号、損害賠償請求控訴事件）
高民集二二巻一号八〇頁、判例時報五五九号七五頁、判例タイムズ二三五号一三八頁

第一節　事実の概要

日本の船会社Y社（被告・被控訴人）は、荷送人訴外Aよりイタリアからリベリアへの海上運送の委託を受け、一九五九年九月二日その運行する汽船に運送品を積み込み、Aの請求により「外観上良好な状態において船積した」旨を記載した船荷証券を発行し、Aに交付した（同証券に関する紛争については日本法が適用される旨の記載があった）。この船荷証券は、荷受人訴外B社に裏書交付された。

外国の保険会社X社（原告・控訴人）は、同月7日このB社との間でスイスにおいて、本件運送品につき保険金額を米貨八五〇〇ドルとする海上保険契約を締結した（保険者の代位に関しスイス法に準拠する旨約定されていた）。同運送品は一〇月二二日リベリアに到着したが、ほとんどが破損して使用に堪えなくなっていた事実が判明した。そこで、X社は、一九六〇年二月一九日B社に対し全損害を填補するため保険金米貨七三〇一・一九ドルを支払った。そして、B社がY社に対して取得した損害賠償債権米貨六八三七・八二ドルをスイス法により上記支払保険金

の範囲内で取得したとして、Y社に対してその邦貨換算額金二四六万一六一五円二〇銭及び商事法定利率年六分の割合による遅延損害金を請求した。

一審判決（東京地判昭和三八・四・二〇下民集一四巻四号七七二頁）は日本法により上記損害賠償債権の存在を認めなかったため、X社が控訴した。

第二節　判　旨

原判決取消し、請求認容（上告）。

(i)「本件船荷証券には、同証券その他運送契約上の法律関係については日本法に準拠すべき旨の記載があり、BとYとがその旨合意したことについては、当事者間に争いのないところであるから、本件運送に関する紛争についての準拠法がわが国際海上物品運送法であることは明らかである。」

(ii)「右保険契約においては保険者の代位に関しスイス法に準拠する旨約定されていたことは当事者間に争いがなく、……スイス国保険契約に関する連邦法律（一九〇八年四月二日）第七二条に保険者が損害を塡補したときはその限度で第三者に対する損害賠償債権を取得する旨の法定代位が定められていることが認められるから、これによりXは右支払ずみの保険金の範囲内でBのYに対する……損害賠償債権を取得したことが認められる。」

第三節　解　説

㈠　本判決は、債権を対象とする保険代位につき保険契約において合意された準拠法によっている。これは、本件とほぼ同一の事案において保険契約の準拠法によった判決（①東京地判昭和三九・六・二〇判時三八二号四二頁）に続く判断と言える。その後の裁判例も、保険契約の準拠法による傾向が続いている（②神戸地判昭和四五・四・一四判タ二八八号二八三頁、③神戸地判昭和五八・三・三〇判時一〇九二号一一四頁。但し、③判決は、移転される権利の債務者の立場をも考慮すべきだとしつつ、「保険代位は広く国際的に認められた法理と解されるから」前記債務者の立場を考慮しても保険代位による権利移転が生ずるとの結論は維持されるという判示をしている）。

㈡　学説においては、直接の規定がないこともあり、議論が分かれている。

通説は、保険代位を（債権譲渡と区別し）債権の法律による移転の問題と理解する（例えば、山田鐐一『国際私法〔第三版〕』〔二〇〇四〕三七六頁、澤木敬郎＝道垣内正人『国際私法入門〔第六版〕』〔二〇〇六〕二六一頁。そして、相続や代位弁済などによる移転の要件・効果についてその原因たる事実の準拠法による（例えば、溜池良夫『国際私法講義〔第三版〕』〔二〇〇五〕四〇八頁、櫻田嘉章『国際私法〔第五版〕』〔二〇〇六〕二四一～二四二頁）ことから、保険代位について保険金支払の原因である保険契約の準拠法によることになるとする（山田・前掲三七六頁。澤木＝道垣内・前掲二六一頁も結論同旨）。この場合、さらに移転される債権の準拠法によっても移転が認められることを要するかという議論があり、（債権譲渡の場合と異なり）債務者の利益保護の必要は大きくないとしてこれを否定するのが多数説である（例えば、山田・前掲三七六～三七七頁、溜池・前掲四〇八頁。なお、櫻田・後掲百選〈第三版〉一一三頁は、債務者の保護規定については債権の準拠法を顧慮する必要があるとする）。但し、移転の前提となる債権の移転可能性（例えば、債権が一身専属的でないこと）は、債権の属性に関する問題であることから、債権自体の準拠法によることで一致している（例えば、山田・前掲三七九頁注(3)、溜池・前掲四〇八頁）。

しかし、以上の通説的見解に対しては有力な批判がある。第一に、保険代位の中には、通説の前提とする法定代位のほかに米国の大多数の州などで認められている約定代位（保険契約当事者の約定に基づく代位）という形態があり、両者を統一的に規律する必要がある（国友・後掲八二頁の鋭い指摘である。さらに、石黒・後掲危機八三〜八四頁も参照）。第二に、ある債権ないし内部関係の一方当事者がその関係に基づいて他方当事者の有する債権ないし内部関係の相手方に直接かかっていく法制度として、債権の法律上の移転のほか債権譲渡・債権者代位権・債権者取消権など多様なものがあるが、従来の通説の立論はわが実質法上の法概念の差異にとらわれすぎ理論的統一性に乏しい（石黒一憲『国際私法〔新版〕』〔一九九〇〕三三六〜三三七頁）。第三に、一つの債権をめぐって譲受人・権利質権者・相殺権者・代位債権者などが争う場合、同一の準拠法上でなければそれらの間の優劣は決められないので、権利質・相殺・債権者代位などにおける第三者に対する効力についても法適用通則法二三条（法例一二条から内容変更）を準用せざるをえず、債権の法定移転の場合も同じである（澤木＝道垣内・前掲二六〇〜二六一頁）。

㈢　有力説による上記の批判は基本的に妥当であり、これらを前提に保険代位の問題を体系的に位置づけ直す必要がある。

まず、債権譲渡・法律による債権の移転・債権者代位・債権担保は対象債権を行使する権限についての全部ないし一部移転として統一的に理解でき、それぞれの上記権利者の有する権限の有無・内容は、当事者間関係（内部関係）の問題として、その移転の原因たる法律関係の準拠法によるべきである（石黒・前掲三三八頁とこの点につきほぼ同旨。但し、債権者取消権は、ここでの問題ではなく、むしろ代理と対比した検討が必要だと思われる）。したがって、保険代位の成立及び当事者間における効力は、（法定代位か約定代位かにかかわらず）保険契約の準拠法による。これにより、保険契約当事者の予測可能性が保障されることになる。

次に、保険代位の対象になっている同一の債権について、保険者だけでなく譲受人・担保債権・代位債権者・転付債権者・相殺権者など複数の権利者による競合がありうることが重要である。これらの競合（さらには、対抗要件の要否・対抗力・債権の準占有者への弁済による免責など）は、対第三者関係（外部関係）の問題として、全て法適用通則法二三条（法例一二条から内容変更）で規律されるべきである（なお、国友・後掲八四〜八五頁は、法例の下で、債務者＝加害者の保険代位発生時の住所地を事前に予測することは困難であることから、保険代位の第三者に対する効力は対象債権の準拠法によるとし、保険代位と債権譲渡の間の対抗問題が生じ対象債権の準拠法と債務者の住所地法の間に矛盾・不調和が生じるような稀な場合には、対象債権の準拠法のみによるとしていた。これに対しては、二重弁済の危険に曝されている債務者の予測可能性の方が保険者のそれよりも決定的に重要であり、債務者の予測可能性を保障するためには単純明快な処理でなければならないという批判が妥当していたと考えるが、法適用通則法への改正により両者の準拠法は一致して対象債権の準拠法となり、上記のような形での矛盾・不調和の問題はなくなった)。

本判決を含む従来の裁判例は内部関係の処理のみで足りた事案であり、外部関係の処理が厳しく問われる事例が現れるのを注視する必要がある。

(四) ところで、法適用通則法二三条へと改正された法例一二条については、「国際私法の現代化に関する要綱中間試案」の第八において、債権譲渡の対債務者効力(2)と対第三者効力(3)とを区別して、前者については対象債権の準拠法により、後者については対象債権の準拠法（A案）または譲渡人の常居所地法（B案）によることが提案されていた（各提案の趣旨・審議経過については、補足説明二〇四〜二〇九頁参照）。この二つの案のうち、相対的な処理が必要になる〈二の案＋三のB案〉に対しては、実務家や一部の学説から、二つの準拠法に対応する必要があるのでは煩雑であり複雑な事態が生じる可能性があるという重大な疑問が提示され、パブリックコメント手続においてもこの案は支持を集めなかった（より詳細には、森田・後掲論文一一二〜一一八頁、一二五〜一二八頁）。

その結果、法例一二条は、〈二の案＋三のA案〉に従って、債権譲渡の債務者その他の第三者に対する効力について対象債権の準拠法による旨を規定する法適用通則法二三条へと改正された。しかし、これにも以下のような疑問が残る。

第一に、対象債権の準拠法は、明示的に選択されているとは限らない。明示的に選択されていない場合には、その準拠法判断に法的評価が伴うのであり、その評価は債務者の住所地の判断よりはるかに難しい評価である。この難しさは、対象債権についての外部者である第三者（譲受人や担保権者のみならず、差押債権者なども含まれる）にとって極めて大きい。

第二に、ここでの問題は、（債権の内容に関する問題ではなく）債権者の交替という債権の内容の外にある問題である。その意味で、当事者は、必ずしも債権準拠法による規律を受けることを想定していないはずである。しかも、ここでは、債務者は二重弁済の危険に曝されている。このような場面で、交渉力のない債務者が債権の準拠法を（契約の場合の法適用通則法七条・九条のほか、法定債権の場合の同一六条・二一条により）外国法にされてしまうと、当該債権をめぐる競合の規律も当該外国法になってしまうため、当該債務者は外国法を調べなければならなくなるが、このような事態は回避されるべきである。債権者側の都合で債務者が振り回されるのは、不当である。

以上の点で、債務者の住所地法による法例一二条の方が、優れていたと考える。法適用通則法二三条の運用にあたっては、二重弁済の危険に曝される債務者の保護が十分確保されるよう、細心の注意が必要である（以上、詳細は、森田・後掲論文一一一～一一二頁、一二八～一二九頁）。

㈤　なお、本判決の事案と異なり、物権を対象とする保険代位もある。この類型については、従来は議論がなかったところ、自動車の所有権を対象とする保険代位につき法例七条二項（法適用通則法八条は内容変更）により保険契約締結地法を準拠法とした判決が現れた（④東京高判平成一二・二・三判時一七〇九号四三頁）。この判決は、物権問題としての処理がなされるべきであったとして批判されている（横溝大・判評五〇二号〔判時一七二五号〕六〇頁、楢崎みどり・平成一二年度重判解〔ジュリ一二〇二号〕二九二頁）。しかし、㈢で前述した立場からは、保険契約当事者間での権利移転（内部関係）につき保険契約の準拠法によった事例として支持できる（森田博志・ジュリ一一九三号一二六頁）。今後、対第三者関係（外部関係）の処理が厳しく問われるような事例（例えば、保険代位につき対抗要件の要否や対抗力などが鋭く争われるような事例）が現れれば、（保険代位の対象が債権である場合には法適用通則法二三条によるのに対応して）その処理にはもちろん法適用通則法一三条（法例一〇条）が適用されることになるはずである。

〈参考文献〉

本判決の解説として
櫻田嘉章・渉外判例百選〈第三版〉一一二頁
②判決の解説として
櫻田嘉章・渉外判例百選〈第二版〉一〇八頁
石黒一憲・損害保険判例百選〈第二版〉二〇二頁
一般的な文献として
石黒一憲『国際私法』(一九九四)二八九〜二九五頁
道垣内正人『ポイント国際私法　各論』(二〇〇〇)二六五〜二六七頁
国友明彦「保険代位の準拠法」渡辺惺之＝野村美明編『論点解説国際取引法』(二〇〇二)七八頁
法例研究会編・法例の見直しに関する諸問題(1)(別冊NBL八〇号)一一五〜一一八頁
石黒一憲『国際私法の危機』(二〇〇四)八二〜八五頁
森田博志「国際私法の現代化における法例一〇条・一二条関連の改正作業の問題点」千葉大学法学論集二〇巻二号(二〇〇五)九三頁

〔追記〕

『国際私法判例百選』では、従来、二件分担していたところ、「保険代位」については第二版への執筆は依頼されなかった。通則法二三条を痛烈に批判しており、参考文献の最後の二つを引用する解説は同百選中には他になく、編者には目障りだったのであろう。しかし、私にとって掲載に意味があるのは「保険代位」の方であり、「教材」(執筆要領)の作成に駆り出されるのみであるのは興醒めであった。そこで、「夫婦共同養子縁組」の依頼はお断りした。

(別冊ジュリスト一八五号、二〇〇七年)

第五部　養子縁組

18 夫婦関係にある者による養子縁組の準拠法と夫婦の一体性の利益

第一節　本稿の目的

平成一六年七月一五日に刊行された『国際私法判例百選』において私に割り当てられた項目は二つあり、そのうちの一つが「夫婦共同養子縁組」であった。親族関係についてはそれまで全く業績がなく関心も乏しかった私は、養父子関係と養母子関係とで各別に準拠法を決める通説的処理についても、深く考えることなく、やむを得ないものと思い込んでいた(1)。すなわち、法例二〇条一項前段は、「養子縁組ハ縁組ノ当時ノ養親ノ本国法ニ依ル」と定めている。これによれば、同一の国籍をもつ夫婦による共同養子縁組は、その夫婦の同一の本国法によることになり問題を生じない。これに対して、異国籍夫婦による共同養子縁組の場合が問題だが、文言上は、何らかの形で養父の本国法と養母の本国法の双方を用いるのが自然であるように思われた。そして、両者の累積適用では養子縁組の成立が困難になりうるため、「理屈」としては夫婦を分断して養父子関係と養母子関係とを独立させて準拠法を決めるのもやむを得ないように思われた。

しかし、現実に夫婦関係を営む者として、夫婦の分断は「人情」に反するものだという強い抵抗感を覚える。そこで研究を進めていくと、（通説的処理には既にいくつかの問題点が指摘されているのはもちろんだが、）夫婦を分断して養父子関係と養母子関係とを独立させて考えるその基本観自体に大きな問題があるという確信が生じた。そこで、『国際私法判例百選』においては、夫婦を一体として扱う立場を前提とした新たな解釈論を提示した。(2) ただ、紙幅が非常に限られていたため、当然ながら十分な議論ができていない。そこで、その点の十分な議論を行うことが、本稿の第一の目的である。

また、私見は結果的にドイツ民法施行法二二条一項第二文と同様の処理を主張するものであるが、同条の規律の生成はそれ自体として興味深い（但し、実際には、本稿との関連での議論がそれほどあるわけではない）。そこで、その過程での議論を中心に検討することが、本稿の第二の目的である。

以下では、まず、従来のわが国における議論について検討を加える（**第二節**）。次に、ドイツ民法施行法二二条一項第二文の生成過程を中心に検討を加える（**第三節**）。最後に、ドイツ法についての検討を踏まえたうえで、結論を提示する（**第四節**）。

（1）五年前の演習で、夫婦を一体的に扱わないことの不自然さに対する疑問を提示されたときにも、その疑問には共感を覚えつつも、通説的処理を腑に落ちないままに説明していた。その疑問の当否にかかわらず、己の学問的誠実さに問題があったことは、否定できない事実である。

（2）拙稿「夫婦共同養子縁組」櫻田嘉章＝道垣内正人編『国際私法判例百選』（有斐閣・二〇〇四年）一二六頁。

第二節　従来のわが国における議論

第二節では、異国籍夫婦による夫婦共同養子縁組の準拠法に関する通説的処理と、その処理に対して従来指摘されている問題点を確認する（一）。次に、通説的処理の積極的な根拠とそれが前提とする基本観に対し、批判的検討を加える（二）。そのうえで、従来の有力説を批判的に検討し、『国際私法判例百選』において示した私見を、その理由づけの議論を補充しつつ提示する（三）。

一　通説的処理とその問題点

一では、まず、異国籍夫婦による夫婦共同養子縁組の準拠法について、実質的成立要件・方式（形式的成立要件）・効力の順に通説的処理を確認する。その後、通説的処理の問題点に関する従来の指摘と合わせて批判的検討を加える。

㈠　異国籍夫婦による夫婦共同養子縁組の実質的成立要件について、通説は、各養親につきそれぞれの本国法によるとする。その結果、一方の本国法によればその一方につき養子縁組ができないときは、夫婦共同縁組はできず、他方の本国法が単独縁組を認めるときに限りその他方につき単独縁組ができるとする。なお、一方の本国法が夫婦共同縁組の原則を採っているときでも、他方の本国法が単独縁組を認める場合には、その他方は単独縁組ができるとする。(3)

裁判例は、平成元年改正前法例一九条一項（「養子縁組ノ要件ハ各当事者ニ付キ基本国法ニ依リテ之ヲ定ム」）の下で、養親側につき、当初は一体的に決定し夫の本国法を適用していた（例えば、①仙台家審昭和三三年七月九日家月一〇巻九号七八頁、②東京家審昭和三五年一一月八日家月一三巻二号一八五頁）。(4)ところが、ほどなく各養親につきそれぞれの本国法を適用するように変わり（③東京家審昭和三六年二月一〇日家月一三巻六号一六八頁、④東京家審昭和四〇年五月二七日家月一七巻一一号一三二頁、⑤東京家審昭和四三年八月六日家月二一巻一号一二八頁ほか多数）、改正後の処理も通説と一致している（例えば、⑥盛岡家審平成三年一二月一六日家月四四巻九号八九頁、⑦札幌家審平成四年六月三日家月四四巻一二号九一頁、⑧神戸家審平成七年五月一〇日家月四七巻一二号五八頁）。(5)

(二)　異国籍夫婦による夫婦共同養子縁組の方式については、法例二二条が「其行為ノ成立ヲ定ムル法律ニ依ル但行為地法ニ依ルコトヲ妨ゲズ」と定めており、条文上は養子縁組の実質的成立要件の準拠法と縁組地法の何れかを選択できるはずであるが、通説によれば、養親の本国法は養父と養母とで異なっているため双方が同時にそれぞれ本国法上の方式を充たすのは事実上不可能であり、縁組地法によるほかないとされている。(6)⑥⑦審判も、縁組地法である日本法上の方式によっている。

(三)　異国籍夫婦による夫婦共同養子縁組の効力については、旧一九条二項（「養子縁組ノ効力及ヒ離縁ハ養親ノ本国法ニ依ル」）における「養親ノ本国法」につき旧二〇条前段（「親子間ノ法律関係ハ父ノ本国法ニ依ル」）の精神から養父の本国法と解したうえで、縁組成立後の養子の姓の問題に養父の本国法を適用した裁判例（⑤審判）もあるが、上記の通説は、実親との断絶効を例示し、実親との断絶が養父子関係と養母子関係とで相対的になるのでは説明がつかない法律関係が生ずるとして、養父の本国法と養母の本国法とが累積適用されるとする。そして、一方の本国法では特別養子の定めしかなく、他方の本国法では普通養子のみが認められるときは、その夫婦共同縁組は普通養子縁組の効力のみを有するとする。(7)

(四)　以上のような通説的処理の帰結に対して、既に次のような疑問が提示されている。

北澤安紀助教授は、「『実親との断絶効』につき養父・養母の本国法」の「累積的適用を行うとしても、弱い縁組……と強い縁組……のどちらかをいかなる基準で選択すべきなのか。……累積的適用を行えば、結局は、夫婦の一方の国籍が連結素として優先する結果となり、夫婦各人の本国法を属人法として別個に適用するという趣旨を没却

することになりはしないか。」と指摘される。(8)

海老沢美広教授も、右の問題について「答えは必ずしも一つとは限らないことを付加しておきたい。ドイツには、かつて（旧法下）完全養子が成立するという少数説があったし……、問題が右のような仕方で解決することのできないとき（……養父の本国法と養母の本国法の内容が矛盾するときはどうするのかが問題になる）はどの道別の解釈をさがすほかない」と指摘されている。(9)

㈤　異国籍夫婦による夫婦共同養子縁組の効力に関する通説的処理に対する両指摘には、基本的に賛成である。すなわち、法例二〇条が養子縁組の実質的成立要件と効力について共通して養親の本国法を準拠法としたのは、両者の対応関係を重視したためであろう。(10)そうであれば、夫婦共同養子縁組の場合にも、両者の対応関係が維持されるような解釈を模索すべきではないか（北澤助教授の提案とそれに対する疑問は、㈢で後述する）。

そもそも、実質的成立要件についての通説的処理にも疑問がある。通説は、夫婦の一方の本国法の内容にかかわらず、他方は自分の本国法が認めれば単独縁組できるとする（前述㈠参照）。しかし、他方が単独縁組すれば、婚姻共同体の身分的秩序に重大な影響が生じる可能性がある。そうであれば、他方が単独で縁組してよいのかについて判断する準拠法がその前に用意されないと、論理的におかしいのではないか。つまり、通説・判例のように夫婦の分断を所与の前提とするわけにはいかないのではないか。

いったい、夫婦の分断を当然の出発点とする通説的処理の理論的根拠は、どこにあるのであろうか。

二　通説的処理と理論的根拠とその批判的検討

一では、通説的処理がいくつかの問題点を抱えていることを確認した。それを受けて本節では、通説的処理が夫婦の分断を所論の出発点に据える根拠を確認し、それに対して批判的検討を加える。

㈠　この点について例外的に論じておられるのは、高山光明判事である。(11)高山判事は、通説的処理の理論的根拠を次のように説明される。

第一に、民法「学説」においては夫婦共同養子縁組における養子縁組関係は「養父母ごとに二個であるとする考えが有力であり、最高裁も、一般論として、『本来養子縁組は個人間の法律行為であって、右の規定（民法七九五条本文）に基づき夫婦が共同して縁組をする場合にも、夫婦各自について各々別個の縁組行為があり、各当事者ごとにそれぞれ相手方との間に親子関係が成立するものと解すべきである。（最高裁昭和四八年四月一二日判決・民集二七巻三号五〇〇頁）』と判示した。……国際私法上の解釈としても、本来養子縁組は生物学上は親子ではない二人の人間の間において法律上親子関係を認めることを本質としており、このことは夫婦が共同して養子縁組をする際にも同じ理であり、各養親ごとに一個ずつの養子縁組が成立するものと解すべきであ」る。(12)

第二に、「法例一七条は嫡出親子関係の成立について夫の属人法と妻の属人法を別個に準拠法と定め、そのうち一方が嫡出親子関係を認める場合には嫡出子と定めていること、法例一八条によれば非嫡出親子関係の成立においても父と母の属人法を別個に適用していることからして、法例は親子関係の成立については父子関係及び母子関係を独立して捉えていると考えられ、してみると、養子縁組においても、養父関係と養母関係を別個独立に考えるのが妥当である。(13)」

(二)　しかし、高山判事の挙げられる以上二点の根拠には、いずれにも賛成できない。

第一点に対する疑問は、次のとおりである。すなわち、高山判事が援用されている右の最判の判旨には続きがあり、最高裁は「縁組により他人との間に新たな身分関係を創設することは夫婦相互の利害に影響を及ぼすものであるから、……夫婦につき縁組の成立、効力は通常一体として定められるべきであ」ると判示している。これを受けて、調査官解説も、「縁組が夫婦各自について各別に成立するとしても、各縁組間の牽連関係がただちに否定されるものではな(14)」く、「右最判は、……夫婦の縁組意思の牽連性を弱く解する方向へ進めたものといってよいが、夫婦につき縁組の成立、効力は通常一体として考えられるべきであるとの原則はなお維持し(15)」たものと解説している。

ここで重要なのは、夫婦共同養子縁組において、たとえ養子縁組関係が二個成立するとしても「縁組の成立、効力は通常一体」であるということではないか。ただ、逆に一体であることを当然の前提とすることもできないのであり、牴触法上「各縁組間の牽連関係」の判断をどのように位置づけるべきかが問題である。この点、仮に実質法上は多数の国で二個の養子縁組とされていたとしても、牴触法上は独自の利益衡量から一体的に準拠法を決定するという判断も当然あって然るべきではないかと考える(16)。

第二点に対する疑問は、次のとおりである。すなわち、非嫡出親子関係は親の婚姻関係を前提としないから、一八条が父子関係と母子関係を独立して捉えているのは当然である。これに対し、一七条は「夫婦ノ一方」という文言を用いており、その理由は嫡出親子関係が法律上の婚姻の結果であることを示そうとしたものだとされている(17)。このことは、一七条が父子関係と母子関係を分断せずに一体として捉えていることを意味する(18)。以上から、「法例は親子関係の成立については父子関係及び母子関係を独立して捉えている」とは言い切れず、「養子縁組においても、養父関係と養母関係を別個独立に考えるのが妥当である」ということにはならない。むしろ、夫婦共同養子縁組の場合には、一七条に照らして夫婦を一体として扱う方が筋が通るのではなかろうか。

以上、通説的処理の理論的根拠は、十分には示されていない。したがって、一で触れた問題点を解消し「理屈と人情」を調和させる解釈論の必要は、大きいと考える。次節では、従来示唆されていた諸提案を批判的に検討したうえで、私見を提示する。

三　従来の有力説に対する批判的検討と私見

二までの検討により、通説的処理は理論的根拠に乏しいうえに実際上の問題点を抱えたものであることが、それなりに示せたと考える。そこで、本節では、従来わが国で提示されている若干の学説を批判的に検討したうえで、『国際私法判例百選』において示した私見を、その理由づけの議論を補充しつつ提示する。

㈠　北澤助教授は、一㈣で引用した部分に続けて、以下のように主張される。「異国籍の夫婦による共同養子縁組の場合に、……法例二〇条の立法趣旨として、『養親子の生活が営まれる地は養親の属人法国であるのが通常』との視点に立てば、夫婦の共通常居所地法を補充的な連結素として用いるという考え方……も或いはありうるのではあるまいか。[19]」

また、横山潤教授は、北澤助教授と同様の立場から、より詳細に論じられる。「たしかに、夫婦共同縁組を一個の養子縁組として捉えるかぎり、養親となるべき者は夫婦の資格で行動していると考えることができよう。けれども、だからといって夫婦の身分関係を規律する法に依拠することが当然に導かれるわけではないと思われる。……さらに、夫婦の身分・財産関係に適切な準拠法が養子縁組の成立についても同様に適切であるとはかならずしもいえまい。たとえば、ドイツ国際私法の採用する夫婦の最後の共通常居所といった基準が養子縁組にはたして十分な意味をもつか疑問である。」「おそらく、養親となるべき夫婦の共通常居所が連結基準として適当と考えられる。多くの場合、養親たる夫婦の常居所地において養子が生育するとみられるからである。[20]」

しかし、以上の主張には、疑問がある。その理由は、以下のとおりである。

第一に、細かい点だが前節二で指摘したように、夫婦共同養子縁組について重要なことは、（縁組の個数というよりはむしろ、）夫婦を分断するか一体として扱うかである。したがって、「夫婦共同縁組を一個の養子縁組として捉え」なくても（二個の養子縁組と捉えても）、「養親となるべき者は夫婦の資格で行動していると考えることができ」る。

第二に、横山教授は、ドイツ国際私法の例を挙げて「夫婦の身分・財産関係に適切な準拠法が養子縁組の成立についても同様に適切であるとはかならずしもいえまい」とされている。確かに、夫婦の「財産」的効力の準拠法は、養子縁組の成立の準拠法としては不適切である。しかし、夫婦の「身分」的効力の準拠法の方は、違うのではないか。夫婦の身分的効力の準拠法に関するわが法例一四条は、ドイツ民法施行法一四条一項と異なり、「夫婦の最後の共通常居所」という連結点は用いていない。わが国とドイツとでは、問題状況が必ずしも一致していないのである（この点は第三節二でより詳しく言及する）。[21]

第三に、異国籍夫婦による夫婦共同養子縁組について、両説とも夫婦の共通常居所地法によることを主張している。この点には、基本的には賛成する。ただ、夫婦に共通常居所地がない事案ではどうなるのか疑問である。むしろ、夫婦の身分的効力の準拠法によるとする方が、無難であり、すっきりもするのではないか。

㈡　この点、時系列的には北澤助教授・横山教授に先行して、石黒一憲教授が次のように説いておられた。「旧一九条の配分的適用主義がなくなったことは評価できるが、異国籍夫婦がともに養親となる場合に、養父子・養母子間の問題がばらばらに扱われることによる問題は、依然として残っている。この点、（西）ドイツの改正民法施行法（EGBGB）二二条（二〇〇一年改正後は、同条一項―引用者注）では、第一文で、養親の縁組時の本国法主義をとりつつ、第二文で、夫婦の一方もしくは双方が（養親となって）縁組する場合には、同法新一四条一項の婚姻の効力の準拠法による、とされている。家族の統一性の利益のゆえである。そのため異国籍夫婦がある子供を養子にした場合、実父母側との法律関係の断絶の有無（法例新二〇条二項）が養父子関係と養母子関係とで区々になる、といった問題の発生は、いわば事前に回避されている。適応（調整）問題の発生の有無を問わず、事前に統一的連結をはかっておく必要はこの場合には極めて大きいはずである。[22]」

以上の石黒教授の指摘には、基本的に賛成である。ただ、石黒教授の具体的な解釈論については、必ずしも明らかではない。また、ドイツ法上の「家族の統一性の利益」についても、これを直ちに前提の異なるわが法例の解釈論に用いてよいか疑問である（この点については、第三節一で検討する）。

㈢　以上、従来の議論は、必ずしも理論的に十分に掘り下げた検討を経たものとは言えないように思われる。そこで、以下では、これまでの検討を踏まえたうえで、『国際私法判例百選』において示した私見を、理由づけを補充しつつ提示する。

⑴　異国籍夫婦による夫婦共同養子縁組の実質的成立要件について、通説は、夫婦の一方の本国法の内容にかかわらず他方は自分の本国法が認めれば単独縁組できるとする。

しかし、他方が単独縁組すれば、婚姻共同体の身分的秩序に重大な影響が生じる可能性がある。だとすると、そもそも他方が単独で縁組してよいのかについて判断する準拠法がその前に用意されないと、論理的におかしいのではないか（以上、一㈤）。そして、この点を踏まえると、以下のように考えるべきことになるのではないか。すなわち、夫婦のいずれかによる単独縁組が認められるか（認められる場合、配偶者の同意が必要か）、共同縁組が強制されるか等は、主として夫婦間の問題であり夫婦の身分的秩序に最も密接に関連するから、婚姻の身分的効力の準拠法（法例一四条）によって判断すべきである。換言すると、これらの問題は、婚姻の身分的効力の準拠法の適用範囲に入ると解すべきである。[23]

⑵　異国籍夫婦による夫婦共同養子縁組の実質的成立要件（但し、夫婦間の利益調整を主とするものを除く）・効力の準拠法については、特別の規定がないため法例二〇条一項前段の解釈に委ねられている。[24]この規定の解釈において、通説は、二個の養子縁組が成立するという理解から直ちに、夫婦を分断して養父子関係と養母子関係とを独立させて準拠法を決定していた（一㈠～㈢）。

しかし、わが最高裁は、日本民法上の夫婦共同養子縁組に関してではあるが、「縁組の成立、効力は通常一体」であり「各縁組間の牽連関係」は直ちには否定できないことを確認している。ここで重要なのは、夫婦共同養子縁組において、たとえ養子縁組関係が二個成立するとしても「縁組の成立、効力は通常一体」であるということではないか。ただ、逆に一体であることを当然の前提とすることもできないのであり、抵触法上「各縁組間の牽連関係」の判断をどのように位置づけるべきかが問題である。この点、仮に実質法上は二個の養子縁組とされていたとしても、抵触法上は独自の利益衡量から一体的に準拠法を決定するという判断も当然あって然るべきではないかと考える（以上、二㈡）。そして、牴触法上はまさに夫婦を一体として扱うべきだというのが、この点での結論である。その理由は、以下のとおりである。

第一に、法例二〇条が養子縁組の実質的成立要件と効力について共通して養親の本国法を準拠法としたのは、両者の対応関係を重視したためであろう。ところが、通説は、異国籍夫婦による夫婦共同養子縁組の効力については、各養親の本国法を累積適用している。しかし、これでは、両者の対応関係が崩れてしまう。また、いかなる効力についても累積適用で解決できるのかについては、疑問が残る。そこで、ここでの場合にも、両者の対応関係が維持されるような解釈を模索すべきである（以上、一㈣・㈤）。第二に、父母の間の夫婦関係の存在を前提とする嫡出親子関係の成立に関する法例一七条は、父子関係と母子関係を一体として捉えている。これに照らすと、夫婦共同養子縁組についても夫婦を一体として扱う方が、法例の体系構造として筋が通るのではないかと考える（以上、二㈡）。第三に、前述した実質法上の「各縁組間の牽連関係」の評価は、夫婦で共通した単一の価値観に基づいてなされるべきであるから、（各養親の本国法によってではなく）夫婦間で共通した単一の準拠法によるべきである。

では、夫婦間で共通した単一の準拠法とは、具体的には何になるのか。夫婦を一体として扱う立場からは、以下のような解釈が考えられる。すなわち、法例二〇条一項前段が養子縁組につき「養親ノ本国法」によっているのは、養親子の生活が営まれる地は養親の本国であることが通常であること、養子縁組の成立によって養子は養親の家族の構成員となることなどをその根拠とすると説明されている。[25] 言い換えると、養子は養親の生活に組み込まれ養親の価値観を継承することになるから、養親の身分関係にとっての最密接関連性（であるその本国法）を準拠法とする趣旨だと解される。だとすると、夫婦共同養子縁組の場合には、「養親ノ本国法」とは、養親となる夫婦にとっての最密接関連法である婚姻の身分的効力の準拠法を意味すると解釈されることになると考える。したがって、法例二〇条一項前段の解釈として、法例一四条に従って準拠法が決定されることになる。[26]

この解釈によれば、異国籍夫婦による夫婦共同養子縁組の実質的成立要件と効力とは、通説（二㈠・㈢参照）と異なり、常に同一の法律によって規律されることになる。この処理は、要件と効果とは密接に関連し合っており同一の法律によって規律されるのが最も合理的であるという基本原則に適合している[27]。また、この解釈によれば、方式について、通説（一㈡参照）と異なって実質の準拠法も選択肢に入り、法例二二条が選択的連結を採っている趣旨に適う[28]。さらに、日本が養子縁組の最密接関係地となる多くの事例で、日本法（のみ）を準拠法とすることができると推測される[29]。

(3)　(1)で前述した婚姻の身分的効力の準拠法（法例一四条）によれば、夫婦の一方による単独縁組が許される場合も生じうる。この場合、その一方による単独縁組の実質的成立要件・効力の準拠法については、どのように考えるべきであろうか。この場合には、その単独縁組で養親となる者の本国法によるというのが、法例二〇条一項前段の「養親ノ本国法」という文言からは、素直なように思われなくもない。

しかし、この場合にも、単独縁組で養親となる者が夫婦関係を営んでいる以上は、法例二〇条一項前段の「養親ノ本国法」とは婚姻の身分的効力の準拠法を意味し、その単独縁組も婚姻の身分的効力の準拠法によるべきだと考える。その理由は、以下のとおりである。すなわち、(1)で前述した婚姻の身分的効力の準拠法によれば夫婦の一方による単独縁組が許される場合でも、夫婦共同養子縁組も可能な場合が想定される。その場合、仮に単独縁組では養親の本国法によるという解釈を採るとすると、ともに養親となろうとする異国籍の夫婦には、それぞれの本国法に従って二つの単独縁組をするか、(2)で前述した婚姻の身分的効力の準拠法に従って共同縁組をするかという形で、準拠法に関し二つの選択肢が生じることになってしまう。これに対して、国籍を同じくする夫婦は、単独縁組では同じ本国法によることになり、共同縁組では婚姻の身分的効力の準拠法の第一順位である夫婦の同一本国法によることになり、いずれにしても同一の本国法によるので選択肢をもつことはできない。しかし、異国籍の夫婦に国籍を同じくする夫婦にはない選択肢を与える理由はなく、以上のような扱いの違いは、両者の関係として不公平だと

考える。(30)

(4)　以上の養子縁組の準拠法についての私見を一般的に整理すると、次のようになる。第一に、婚姻中ではない者による養子縁組の準拠法は、法例二〇条一項前段の文言どおり、その者の本国法である。第二に、夫婦の一方または双方が養子縁組をしようとする場合、まず婚姻の身分的効力の準拠法（法例一四条）によって、単独縁組が認められるか（認められる場合、配偶者の同意が必要か）、共同縁組が強制されるか等が判断される。その判断を経た次の段階として、夫婦の一方または双方による養子縁組がなされる場合、その準拠法は、法例二〇条一項前段の「養親ノ本国法」という文言の解釈として、一方または双方が養親となる夫婦の婚姻の身分的効力の準拠法、すなわち、第一順位＝夫婦の同一本国法、第二順位＝夫婦の同一常居所地法、第三順位＝夫婦にとっての最密接関係地法となる。

以上の私見は、結果的に、ドイツ民法施行法二二条一項の規律にかなり近いものになっている。しかし、根底にある基本観や具体的な処理の細かい部分で、両者には違いがある。また、ドイツ法の規律の生成は、それ自体として興味深い。第三節では、ドイツ法の規律について、その生成過程を中心に検討を加える。

（3）　以上、例えば、山田鐐一『国際私法（新版）』（有斐閣・二〇〇三年）五〇三頁、溜池良夫『国際私法講義〔第二版〕』（有斐閣・一九九九年）四八一頁。

（4）　但し、妻がやがて夫と同一の国籍を取得する見込みであることを理由とする。

（5）　但し、実際の処理では、夫の本国法と妻の本国法を累積適用している。この点、本浪章市「養子縁組の成立」池原季雄＝早田芳郎編『渉外判例百選〈第二版〉』（有斐閣・一九八六年）一四二頁、一四三頁も、「本件審判は……、養親の一方と他方、養子のそれぞれの本国法の配分的適用を宣明しながら、……養親双方が各自の本国法……の求める要件の、何れをも充足していると認定して縁組を許可し、……実質的に累積的適用に等しい立場を採った。」と理解している。

(6) 例えば、南敏文『改正法例の解説』(法曹会・一九九二年)一四五頁、山田・前掲注(3)五一三頁。
(7) 以上、例えば、南・前掲注(6)一四七—一四八頁、山田・前掲注(3)五〇四頁。
(8) 北澤安紀〔⑥審判判批〕ジュリスト一〇三七号(一九九四年)二五六頁、二五八頁。
(9) 海老沢美広「異国籍夫婦による縁組」澤木敬郎＝烋場準一編『国際私法の争点〈新版〉』(有斐閣・一九九六年)一八三頁、一八三—一八四頁。
(10) 例えば、烋場準一「養子縁組・離縁の準拠法及び国際的管轄」岡垣學＝野田愛子編・講座・実務家事審判法5(日本評論社・一九九〇年)二四七頁、二四九頁は、「ほんらい要件と効力とは密接に関連し合っており、……両者は同一の法律に依って規律されるのが最も目的合理性を有する。こうした考慮から、縁組の効力も、成立と同一の法律を準拠法とすることとされている。」と説明する。また、溜池・前掲注(3)四八二頁も、「縁組の効力の問題は、本来、縁組の実質的成立要件と同じ準拠法によらしめるのが適当であ」り、「改正法例では、縁組の実質的成立要件の準拠法について配分的適用主義がとられていないので、効力をこれと同じ準拠法によらしめることができる。」と説明している。
(11) 高山光明〔⑦審判判批〕家裁月報四六巻二号(一九九四年)二一一頁。
(12) 以上、同右二一六—二一七頁。
(13) 同右二一七頁。
(14) 最高裁調査官(無記名)〔調査官解説〕法曹会編『最高裁判例解説民事篇(昭和四十八年度)』(法曹会・一九七七年)五五一頁、五五五頁。
(15) 榎本恭博〔調査官解説〕法曹会編『最高裁判例解説民事篇(昭和五十三年度)』(法曹会・一九八二年)三五五頁、三六四頁。
(16) 実質法上は、少なくとも未成年者養子の場合は夫婦共同養子縁組を原則としている国が多数のようである。この点につき、梶村太市編著『養子事件の法律実務』(新日本法規・二〇〇三年)二九四—二九五頁〔坂梨喬〕、中川善之助＝山畠正男編『新版注釈民法㉔親族⑷』(有斐閣・一九九四年)一七四頁〔中川良延〕参照。
(17) 例えば、溜池・前掲注(3)四六二頁、櫻田嘉章『国際私法〔第三版〕』(有斐閣・二〇〇〇年)二七一頁参照。

(18) 神前禎＝早川吉尚＝元永和彦『国際私法』（有斐閣・二〇〇四年）一七七頁〔神前〕も、結論同旨。
(19) 北澤・前掲注(8)二五八頁。
(20) 以上、横山潤『国際家族法の研究』（有斐閣・一九九七年）二一二－二一三頁。
(21) 北澤・前掲注(8)二五八頁が援用するGörgens (unten N. 49) 765は、かなり筋の通った議論をしながら、この点との関連で議論が歪んでしまった印象を受ける。この議論も合わせて、第三節二で検討する。
(22) 石黒一憲「国際的養子斡旋・養子縁組の諸問題」川井健ほか編・講座・現代家族法第三巻（日本評論社・一九九二年）三八七頁、三九二頁。
(23) 早田芳郎「国際私法における特別養子縁組」家裁月報四〇巻四号（一九八八年）一頁、五頁注2は、「夫婦の一方のみが単独で養親となりうるか否かは、夫婦間の共同生活関係と重大な係わりのある問題であるから、夫婦の一方のみが単独で養子縁組をするには、夫婦間の婚姻関係を規律すべき法律（法例一四条の定める夫の本国法）によってもそれが認められることを要するとする解決も考えられるが、無理な解釈というべきであろう。」としている。しかし、その根拠は示されていない。
　平成元年改正前の法例一四条は、婚姻の身分的効力の準拠法を夫の本国法としており、両性平等の見地からは問題のある規定であった。早田教授は、問題のある規定の適用範囲を広げないために、この点につき婚姻の身分的効力の準拠法によって規律することを躊躇されたのではないかと思われなくもない。もしそうであれば、現行法例の下ではどのように解釈されるであろうか。いずれにしても、私見は、この点については（各養親の本国法と婚姻の身分的効力の準拠法との累積適用によってではなく）婚姻の身分的効力の準拠法のみによって規律すべきだと考えるものである。
(24) 南・前掲注(6)一四三－一四四頁。
(25) 例えば、南・前掲注(6)一三六頁、山田・前掲注(3)五〇二頁、溜池・前掲注(3)四七六頁。
(26) この解釈によれば、異国籍夫婦による夫婦共同養子縁組に限って例外的処理を主張される北澤助教授や横山教授の説と異なり、夫婦共同養子縁組一般について、法例一四条に従って、第一順位＝養父母の同一本国法、第二順位＝養父母の同一常居所地法、第三順位＝養父母にとっての最密接関係地法という順位で準拠法が決定されることになる。

(27) 炑場・前掲注(10)二四九頁。

(28) もっとも、実質の準拠法も、養父母の同一常居所地法か最密接関係地法である日本法になる場合が多いと推測される（次注参照）。その場合、縁組地法である日本法と一致することになり、実際上は選択肢が増えることにはならない。しかし、理論的に筋を通すことも、法律論である以上、重要なことと考える。

(29) 以下、一㈠で引用したものを含む平成元年改正後の現行法例が適用された事例のうち、事案の明確なもののみを例示して、一応の確認をしておく。

⑥審判は、日本人夫と、一九八六（昭和六一）年頃来日し一九八九（平成元）年一月に婚姻したフィリピン人妻が、同女を頼って一九九〇（平成二）年七月に来日した妹であるフィリピン人未成年者を共同して養子にすることの許可を求めた事案において、養父子関係については日本法を、養母子関係についてはフィリピン法をそれぞれ適用した。私見によれば、審判時点（平成三年一二月）において、日本が養父母の同一常居所地である。したがって、将来的には、このような事案においては日本法のみを準拠法とすべきことになる（いわゆる養子の保護要件は、もちろん別である。この点は、以下の事例でも同じである）。

⑦審判は、日本人夫と、一九八一（昭和五六）年頃来日し一九八四（昭和五九）年一月に婚姻し一旦離婚した後一九九〇（平成二）年一〇月に再婚した韓国人妻が、同女の甥である韓国人未成年者を一九九一（平成三）年一二月に日本に連れ帰り、夫婦共同養子縁組をするために夫につき日本法上必要な家庭裁判所の許可を求めた事案において、養父子関係については日本法を、養母子関係については韓国法をそれぞれ適用した。私見によれば、審判時点（平成四年六月）において、日本が養父母の同一常居所地である。したがって、将来的には、このような事案においては日本法のみを準拠法とすべきことになる。

山形家審平成七年三月二日家月四八巻三号六六頁は、日本人夫と、来日中に知り合い平成五年一月に婚姻したフィリピン人妻が、同女の非嫡出子で同年七月に来日したフィリピン人未成年者を共同して養子にすることの許可を求めた事案において、養父子関係については日本法を、養母子関係についてはフィリピン法をそれぞれ適用した。私見によれば、婚姻生活地であり養父の本国かつ常居所地である日本が、審判時点（平成七年三月）における養父母にとっての最密接関係地である。したがって、将来的には、このような事案においては日本法のみを準拠法とすべきことになる。

⑧審判は、日本人夫と、昭和三九年五月に来日し平成五年六月に婚姻した中国人妻が、同女の甥である二名の日本人未成年者を共同して養子にすることの許可を求めた事案において、養父子関係については日本法を適用し、養母子関係については養子を一名に限る中国法の適用は公序に反するとしてその適用を排除した（これに対して、元永和彦〔判批〕ジュリスト一一三七号（一九九八年）一四八頁、一五〇頁、實川和子〔判批〕櫻田＝道垣内編・前掲注(2)二二二頁、二二三頁は、中国法における関係規定の趣旨に踏み込んだ検討により、中国法を適用しても本件養子縁組は許可されると解釈される可能性を指摘している。ただ、一般論としては、事案によっては、養父母のいずれか一方の本国法の適用が公序に反するとされる可能性を否定し切れない）。私見によれば、審判時点（平成七年五月）において、日本が養父母の同一常居所地である。したがって、将来的には、このような事案においては日本法のみを準拠法とすべきことになり、公序則の発動は不要となる。

東京家審平成一五年三月二五日判例集未登載は、昭和六三（一九八八）年八月にパキスタン人夫と婚姻し遅くとも平成九年一一月以後は日本に居住している日本人妻が、平成一〇年から日本の会社に勤務している夫が本国とするパキスタンには養子縁組法が存在しないことを前提に、夫の甥で平成一四年一〇月から日本国内に在留しているパキスタン人未成年者を単独で養子にすることの許可を求めた事案において、日本法を適用して単独縁組を許可した（これに対して、大村芳昭〔判批〕ジュリスト一二六七号（二〇〇四年）二一一頁、二一三頁は、パキスタン・イスラム法の適用を公序違反として排除し、夫妻と未成年者との普通養子縁組の許可申立てをさせたうえで、これを許可すべきであったとする。確かに、その方が望ましかったと思われる。ただ、公序則を発動しないで夫婦共同養子縁組を可能とする解釈論が可能であれば、その方がさらに望ましいのではないか）。私見によれば、審判時点（平成一五年三月）において、日本が養父母の同一常居所地である。したがって、将来的には、このような事案においては、夫婦に共同で縁組許可の申立てをさせ、日本法のみを準拠法としてその許否を判断すべきことになる（そうすれば、公序則の発動は不要である）。

(30)　このような観点から付言すると、異国籍夫婦による夫婦共同養子縁組の効力について養父の本国法と養母の本国法とを累積適用する通説の現状は、異国籍夫婦を同一の国籍をもつ夫婦より不利に扱うものであり、逆の意味で不公平な扱いを放置していることになると思われる。

第三節　ドイツ民法施行法二二条一項第二文

第二節では、従来のわが国における通説的処理とそれに批判的な有力説の問題点を確認したうえで、詳細に自説を展開した。この自説における規律にかなり近いものとして、既にドイツ民法施行法二二条一項第二文がある。そこで、本章では、まず、一九八六年の法改正に大きく影響した諸提案がその立法論の根拠とした「家族の統一性の利益」について、その意義を確認する(一)。次に、この改正前に上記の立法論と基本的な立場を同じくして提示されていた有力な解釈論に対して、批判的検討を加える(二)。最後に、上記改正法には、本稿の立場から対応しておくべき有力な批判が存在する。そこで、この批判に検討を加える(三)。

一　諸提案と「家族の統一性の利益」

一では、一九八六年に改正された(西)ドイツ民法施行法二二条[31]につき、特にその第二文(二〇〇一年改正後は、同条一項第二文[32])の生成過程に焦点を当て、その規定の根拠とされた「家族の統一性の利益」の要旨を、本稿の検討に必要な限りで確認する。そのうえで、この利益がわが法例の解釈論にも妥当するか等につき、検討を加える。

(一)　一九八六年に改正されたドイツ民法施行法二二条は、第一文で、「養子縁組は、養親が縁組の時点において属している国の法による。」と規定する。ここまでは、わが法例二〇条一項前段と同様である。しかし、さらにこの直後の第二文では、「夫婦の一方または双方による縁組は、一四条一項により定められる婚姻の一般的効力の準拠法による。」と規定する。この規定に相当するものは、わが法例（の明文）にはない。次に、この第二文が準用する一四条一項を確認しておくと、「婚姻の一般的効力は次の法による。一、夫婦が共に属する国、または、夫婦の一方がいまだその国に属している場合につき婚姻中夫婦が最後に共に属していた国の法、それがなければ、二、夫婦が共に常居所を有する国、または、夫婦の一方がいまだそこに常居所を有している場合につき婚姻中夫婦が最後に共に常居所を有していた国の法、そして補充的に、三、夫婦が、別の仕方で共に最も密接なつながりを有している国の法。」と規定されている。

話を上記第二文に戻すと、その立法理由は、以下のように説明されている。「この連結は、家族の統一性（ないし一体性：Familieneinheit）という考え方と、婚姻の効力の準拠法が夫婦双方の利益に最もよく適うという事情に支えられている。現行法[33]について通説により採用されている……夫婦双方の本国法の累積適用は、養子縁組を―縁組の奨励へと向かう現代の法発展に反して―困難なものとするであろう。この第二文はまた、夫婦が子を原則として共同してのみ養子とすることができるか否やか、民法一七四一条二項によるような、例えば継父母による養子縁組の事例におけるような、いかなる例外がここでも場合によっては存在するのかという問題をも規律する。」[34]

以上の説明から、第二文は、家族の統一性（一体性）と、養親となる夫婦双方の利益の二つを根拠として新設されたということになる。

㈡　同条の同文の規定を設けた政府草案の前に、いくつかの改正提案が存在した。[35]その中で、政府草案の作成に最も強く影響したものは、ほぼ同一の規定を提案していた、西ドイツ国際私法会議による一九七九年五月五日付けのものである。その規定は、次のとおりである。すなわち、「養子縁組については養親が属している国の法が、そして夫婦によってその共通の子とするべくなされる養子縁組の場合は婚姻の効力の準拠法が、適用される。」[36]というものである。ここで援用されている「婚姻の効力の準拠法」は、上記改正法の一四条一項と同趣旨の規定である。[37]

この改正提案の規定は、一九六六年に同会議が作成した提案[38]から実質的な変更を受けていない。後者における

「共同養子縁組（gemeinschaftlicher Annahme）」が前者において「夫婦の共通の子とするべくなされる養子縁組（Annahme als gemeinschaftliches Kind）」に修正されている点も、夫婦の一方が他方の子をまさに共通の子として養子とする事例をもこの規定の対象とすることを明らかにする趣旨でなされたにすぎない旨が説明されている。[39] この一九六六年提案において、夫婦共同養子縁組につき婚姻の効力の準拠法による理由として、「牴触法上の家族の統一性（一体性）の利益」のみが挙げられていた[40]（一九七九年提案には、この点についての新たな理由付けは示されていない）。

(三)　養子縁組の準拠法に関する、一九八六年改正法と西ドイツ国際私法会議の上記二提案とを比較すると、夫婦関係にある者の一方によってなされる養子縁組の準拠法について、注意すべき相違点がある。それは、第一に、夫婦の一方による単独縁組につき（その者の本国法ではなく）夫婦の婚姻の（一般的）効力の準拠法によるべき場合として、上記二提案が他方配偶者の子との縁組によりその子が夫婦の共通の子となる場合だけを想定していたのに対して、改正法は夫婦双方にとっての他人の子との単独縁組をも対象にしている点である。[41] 第二に、上記二提案が「家族の統一性（一体性）の利益」のみを理由としていたのに対して、改正法は「養親となる夫婦双方の利益」を加えて根拠としている点である。この相違にも、重要な意味があると考える（四で後述する）。

「家族の統一性（一体性）の利益」については、まとまった説明がない。単に、「婚姻の一般的効力の準拠法は、原則として、夫婦財産制、離婚法や、婚姻中の親と子の関係についても、準拠法となる（家族の統一性（一体性）の原則）。」「完全な家族の領域（子の嫡出性、嫡出親子関係や、後婚締結による準正）においては、家族の統一性（一体性）の原則が、牴触法上も、折々の親子関係を婚姻の一般的効力の準拠法に服せしめることによって実行される。」と説明されているにすぎない。[42] ここから読み取れることは、第一に、一九八六年改正のうち親族法の部分は、夫婦間の法律関係・夫婦とその子との法律関係について、夫婦（の価値観）を中心に据え、たとえ夫婦と複数の子の国籍が全て異なっているような場合であっても、その夫婦の婚姻の一般的効力の準拠法で統一的（一体的）に規律するという考え方で基本的に一貫していることである。第二に、「家族の統一性（一体性）の利益（原則）」について、上記で引用した程度の説明しかなく、家族が夫婦を中心に構成されていることはいわば自明のことだという前提が、広く共有されていたように思われることである。(43)

(四)　このドイツの改正法とわが法例とを比較すると、次のことが言える。

まず、ドイツ法では、「家族の統一性（一体性）の利益（原則）」が重視され、夫婦間の法律関係・夫婦とその子との法律関係の全般について、婚姻の（一般的）効力の準拠法を基本として規律されることになった。これに対して、わが法例は、親子関係の成立・効力の準拠法に関する諸規定（一七〜二一条）において、婚姻の（身分的）効力の準拠法を一切準用していない。つまり、両者は、親族法関係一般についてこの点での基本前提を共有していないことになる。したがって、わが法例の解釈論において「家族の統一性（一体性）の利益（原則）」を援用することは、厳密には妥当でないと言わざるを得ない。(44)

次に、ドイツ改正法では、夫婦の一方または双方による養子縁組につき婚姻の一般的効力の準拠法による理由としてさらに、「養親となる夫婦双方の利益」も挙げられていた。この背景としては、第一に、改正法が婚姻の一般的効力の準拠法の決定において限定的に当事者自治を導入した（ドイツ民法施行法一四条二項以下）ことにより「家族の統一性（一体性）の利益（原則）」がその限りで部分的に損なわれてしまったために生じた、さらなる根拠の必要性、第二に、さらなる根拠として、養子縁組につき養親の本国法を準拠法とする（同法二二条一項第一文）という基本に照らして、夫婦の一方または双方が養親となる（第二文の）場合には養親側の利益＝養親となる夫婦双方の利益を軸として準拠法を決めるべきであるという考え方の登場が挙げられるであろう。この考え方は、養子縁組につき同じく養親の本国法を準拠法とするわが法例の解釈論においても重要であるし、ドイツ法と同様の結論を採る私見（第二節三(三)）においても共有できる。

以上、ドイツ民法施行法二二条一項第二文の立法理由のうち、「家族の統一性（一体性）の利益（原則）」については法例の解釈論において援用することはできないが、「養親となる夫婦双方の利益」についてはこれに十分配慮すべきだと考える。

二　一九八六年改正前における有力な解釈論

異国籍夫婦による夫婦共同養子縁組の場合の法例二〇条一項前段の解釈として、養親となる夫婦の共通常居所地法を準拠法とすることを主張する学説があった（第二節三(一)）。この学説が影響を受けたと思われるドイツの若干の有力説が一九八六年の民法施行法改正前に主張した解釈論を対象とし、その真意が文字どおり夫婦の共通常居所地法を準拠法とするところにあったのか等について批判的に検討するのが、本節の主題である。

(一)　この点で最も先行した解釈論は、Beitzke によるものであろう。一九七六年におけるその主張[45]は、次のとおりである。

「ドイツ国際私法会議は、Kegel を範として、このような事例においては婚姻の効力の準拠法によって共同養子縁組が決せられるべきことを、既に一九六六年に提案している。しかし、当該ルール化はなされていない。実務は、このような事例において、両親の本国法を考慮する……ことで間に合わせることを試みている。しかし、二つの法が、非常に異なる養子縁組の効力を予定しているために互いに調和し得ないということもあり得る。婚姻の効力の準拠法への送致は、これがきちんと決められていない間は、全く内容をもたないままである。民法施行法一四条は、同一の国籍をもつ夫婦についてのみ規律しているにすぎない。権利平等条項に照らして異国籍夫婦について妥当すべきものは、相変わらず未解決のままである。最初に考慮の対象になるであろうものは、夫婦双方の共通常居所地法の適用であろう[46]。」

Beitzke は、以上のように述べた最後の部分で、一九八六年に改正された民法施行法一四条一項の原型であり[47]それとほぼ同様の内容の規定をもつ、一九六二年の西ドイツ国際私法会議の提案の参照を指示している[48]。

以上から考えると、Beitzke の主張の主眼は、夫婦共同養子縁組について、西ドイツ国際私法会議の提案と同じく、婚姻の効力の準拠法を適用することにあったのではないか。ただ、婚姻の効力の準拠法についての同会議の改正提案もその時点では未だ改正に結実しておらず、だからと言って異国籍夫婦による夫婦共同養子縁組の準拠法決定に問題が生じうる現状を放置することもできない。そこで、後者の提案において夫婦に共通の国籍がない場合に準拠法とされる予定になっている夫婦の共通常居所地法が、まずは異国籍夫婦による夫婦共同養子縁組の準拠法として考慮されるべきだという議論をしているのだと思われる。言い換えると、Beitzke の主張について夫婦の共通常居所地法を準拠法とすることを主張するものとのみ捉えるのでは、その真意を十分に把握したことにはならないのではないかと考える。

(二)　その後なされた同様の方向でのより詳細な議論は、一九七八年に Görgens によってなされており[49]、かなり優れたものである。長くなるが、以下その議論を辿っていく。

Görgens は、まず、(旧) 民法施行法二二条が国籍主義を採っていることから、夫婦共同養子縁組についても養親夫婦の本国法の適用を考えることから議論を始める[50]。

「一つの可能性は、……養子縁組を夫婦各人について別々に各自の本国法によらせることにある。しかし、これは、多くの事例で、夫婦の一方に対してのみ嫡出親子関係を生じさせる……養子縁組関係をもたらすに違いないであろう。この結果は、家族の統一性 (一体性) の利益 (基本法六条一項) において堪え難いものであると思われるし、それゆえに立法者の意思に合致するとは思われない[51]。」

従来の通説によって支持されている、夫婦双方の本国法の累積適用「の根拠は、できるだけ国籍原則に固執することにある。しかし、それは国籍原則の意義を誤解しているのであって、その意義は、国籍への連結自体にではなく、ある者と準拠法との間のできるだけ密接な結び付きを保障することにある。この結び付きの原則を踏まえると、法に最もよく合致するのは、最も広く夫婦の国籍に連結する解決ではなく、夫婦双方のために準拠法との最高度の結び付きを保障する解決である。……これは、夫婦双方に共通の事情への連結がなされることによってのみ達成されうる。[52]」

Görgensは、次に、若干の主張が存在している子の居所への連結について、民法施行法二二条一項が養親側の事情に連結していること、子の利益は同条二項[53]によって十分に保護されていることから、（立法論としてはその地位を変更される養子の常居所地法によるべきであることはともかくとして、）解釈論としては正当化されないことを確認する。[54]

Görgensは、以上の議論を受けて、以下のような解釈論を展開している。

「……養親が婚姻の当初から全く共通の（実効的な）国籍をもたなかったという理由で共通の（実効的な）国籍への連結が不可能な場合には、嫡出親子関係の準拠法の場合（民法施行法一九条）や婚姻の効力の準拠法の場合（民法施行法一四条）のように、彼らの（最後の）共通常居所地への連結が考慮の対象になる。[55]」

ここで残されている問題として、養親が国籍を異にする場合に、まず最後の共通の（実効的な）国籍に連結すべきか、直ちに共通常居所地に連結すべきかという問題がある。婚姻の効力の準拠法の場合には、夫婦の一方がその国籍を変更することによって一方的に準拠法を変更することは認められないから、最後の共通の（実効的な）国籍に連結すべきである。[56]これに対して、「養子縁組の準拠法については、過去の共通性のために現在の共通性を考慮しないままにしておく……理由はない。したがって、もし基準時点において夫婦が共通の国籍を有していないならば、その養子縁組については夫婦の共通常居所地に連結されるべきである。[57]」

このように、Görgensは、周到な議論を経たうえで、異国籍夫婦による夫婦共同養子縁組について夫婦の共通常居所地法によるべきことを主張している。この説は、婚姻の効力の準拠法について、最後の共通国籍を連結点として用いる（べき）ドイツ法が前提となっている。[58]したがって、そのような考え方を採らないわが法例の解釈論にそのまま援用するのは、疑問である。

㈢　以上、わが国において解釈論として主張されている養親夫婦の共通常居所地法説に影響を与えたと思われるドイツの有力説について、その議論を比較的詳細に辿ってきた。[59]既に見てきたように、Beitzkeが夫婦の共通常居所地法によるべきだとした真意は、西ドイツ国際私法会議の提案に沿った改正がなされた上での婚姻の効力の準拠法によるべきだと主張することにあった。したがって、Beitzke 説は、単なる養親夫婦の共通常居所地法説でもないし、中身を問わない婚姻の効力の準拠法説でもないであろう。また、Görgens が第一次的に夫婦の共通常居所地法によるべきだとしたのも、婚姻の効力の準拠法を決める場合には最後の共通国籍も連結点とされるべきだと考えられていたことが大きく影響していると思われる。したがって、Görgens 説は、もちろん単なる養親夫婦の共通常居所地法説ではないし、その前提であった問題状況がわが国と若干異なるということも理解する必要がある。以上の点の確認から、これらドイツの解釈論は、養親夫婦の共通常居所地法説としてわが法例の解釈論に援用するのには適さないことが分かった(60)。

ただ、養子縁組について本国法主義の規定しかなかった当時の西ドイツにおいても、表面上は本国法主義を逸脱しているがその趣旨には忠実な解釈論が有力に展開されていたことには、もっと注意が払われて然るべきではなかろうか。

三　同条に対する批判的見解の検討

一九八六年改正によって新設されたドイツ民法施行法二二条第二文は、二〇〇一年改正においてそのまま同条一項第二文として存続した。学説も概ね、同条の規定を前提としてその先の解釈論を展開している。ただ、この規定に対しては、批判的な有力説も若干は存在する。そこで、三では、それらの有力説に対して批判的な検討を加える。結果的にこの規定における規律と同様の処理を解釈論として提示する私見にとっては、予想される批判に対する先回っての反批判の意味をも有することになる。

(一)　まず採り上げるべきは、Henrich による批判である。Henrich は、「養子縁組の準拠法を婚姻の効力の準拠法に結び付けることは、夫婦の一方のみが他方の子ではない子（例えば、その一方の非嫡出子）と養子縁組をしたい場合に、奇妙な結果をもたらしうる。」と述べ、その実例として二つの設例を示している。[61]

「ドイツ人とオーストリア人の夫婦が、オーストリアにその最後の共通常居所地を有していた。そのドイツ人夫が妻と別居後にドイツに帰り、妻はオーストリアにとどまったとする。さて、夫が自分の（ドイツ人の）非嫡出子と養子縁組をしたい場合、二二条第二文が準用する一四条一項二号は、オーストリア法を指定する。その関係の重心は明らかにドイツ法にあるにもかかわらず、である。[62]」

「アメリカ人の流行歌手がオーストリア人の映画女優と婚姻し、夫はドイツで、妻はフランスで生活していた。彼らは、通常はスイスにある保養のための家で会っていた（たいていは週末のみ、ときには丸一週間、一年に一度は丸一カ月間）。夫には、あるアメリカ人女性との非嫡出子がいた。夫婦は、離婚したいと考えていたとする。夫が彼の非嫡出子と養子縁組をしたい場合、ドイツの裁判所は、二二条第二文が準用する一四条一項三号によって、おそらくスイス法を適用しなければならないのであろう。[63]」

以上の Henrich による批判に対して、Lüderitz が反論を加えている。

「……既婚者による単独での養子縁組について婚姻の効力の準拠法に連結することは、他方配偶者に対して嫡出親子関係が成立しない場合（例えば、一七四一条二項第二文の場合）には、法政策的に疑問の余地がある。しかし、この場合にも他方配偶者は実質法上関与しており（一七四九条参照）[64]、その牴触法上の利益も婚姻の効力の準拠法が与える保護に値する。[65]」

Lüderitz は、さらに続けて、上記の Henrich による批判は、「主として古い連結（例えば、以前の常居所地）の効力の持続に向けられている。しかし、それは、一四条一項の（法政策的な）瑕疵である。」と述べている。[66] これは、二二条第二文が問題なのではなく、それが準用する一四条一項における婚姻の効力の準拠法の決め方に問題があること、Henrich が批判を向ける先が違っていることを説くものである。

Henrich は、この反論を受けてか、上記で引用した批判を、版を改める際にそっくり削除している。[67]

(二)　上記のHenrichの一つ目の設例について本稿の立場から準拠法を決めるとすると、一方が養親となる夫婦について、縁組の時点において、同一本国法はなく、ドイツ人夫がドイツに帰国後にドイツが常居所地と認められるに至ったと仮定すると同一常居所地法もないことになる。この場合には、夫婦生活が営まれていたという意味で夫婦にとっての最密接関係地法であるオーストリア法が準拠法になると思われる（第二節三(三)(4)参照）。そうすると、一つ目の設例も二つ目の設例も、最密接関係地法の適用事例ということになるが、結果的にはドイツ民法施行法二二条一項第二文によって導かれる準拠法と一致する。そこで、本稿の立場からも、Henrichによる批判に対して反論を試みる。

二つの設例におけるHenrichの批判は、自分の非嫡出子と単独で養子縁組をしたいと考えているドイツ人夫ないしアメリカ人夫の利益が保護されるべきであること、養子縁組の当事者である夫とその非嫡出子がドイツないしアメリカに最も密接に関連している以上はその単独縁組についてはドイツ法ないしアメリカ法が準拠法とされるべきだということを前提にしていると思われる。確かに、養子縁組の当事者であるドイツ人夫ないしアメリカ人夫とその非嫡出子に限って見れば、その単独縁組についての最密接関連法はドイツ法ないしアメリカ法だと言える。しかし、たとえ事実上は夫婦関係が既に破綻しているとしても、法律上は依然として婚姻関係は継続中なのであって、準拠法決定のレベルにおいても夫の身勝手を保障する必要はない。養子縁組の当事者ではないが夫による単独縁組によって重大な影響を受ける可能性がある妻の利益も合わせて考えれば、準拠法はオーストリア法ないしスイス法でよいと考える。

(三)　次に採り上げるのは、C. von Barによる批判である。C. von Barは、「……成年養子の場合は、この（客観的な）婚姻の効力の準拠法への連結は、ほとんど納得がいかない。この場合には、私見によれば、従来のルール［養親夫婦の本国法の累積適用――引用者注］を維持するのがより適切だったであろう。」と述べたうえで、具体的に以下の設例を通じて説明しようとする。

「フィリピン法には、（狭い例外は別として）成年養子がない。さて、フィリピン人がドイツ人と婚姻してドイツでともに生活する場合、〔ドイツ民法施行法二二条第二文によって準拠法がドイツ法になり――引用者注〕フィリピン法上の禁止効が働かなくなる。そのフィリピン人は、ドイツ民法一七六七条の要件の下で、成年の同国人でさえも養子にすることができるであろう。[71]」

C. von Bar は、続けて、さらに次の設例をも問題視する。

「もっとも、逆に、――未成年者養子の場合に――養子縁組の準拠法となるドイツ法（民法一七四一条二・三項）は、一人の既婚の外国人による養子縁組の妨げにもなりうる。このことは、夫婦の双方の本国法がそのような単独縁組に対して何も異議を唱えない場合でさえもそうである。[72]」

以上の C. von Bar による批判に対しては、Henrich の議論が、直接に名指しをするものではないが部分的に反論になっている。Henrich は、改訂の際に、(一)の末尾で触れたように現行法批判の一項目全体を削除しつつ、別の項目に以下のような加筆をしている。

「新規定は、夫婦による養子縁組につき、その双方の本国法によれば当該養子縁組が許容されないであろうにもかかわらず、それを可能にするということに、故意に目をつぶっている。しかし、この連結は、親族法関係につき国籍への連結を常居所地への連結によって交代させる国際的な傾向に合致している。[73]」

ただ、この Henrich の議論（反論）は、常居所地への連結が国籍への連結に優先することまでは認められていない現状に照らすと、言い過ぎの感がある。

(四)　本稿の立場から反論すると、次のようになる。すなわち、前章において詳細に論じたように、夫婦の一方または双方による養子縁組の準拠法を決める際の決め手は、「夫婦の一体性」である。したがって、（夫婦関係にない者による養子縁組は、養親であるその者自身の本国法によるが、）いったん夫婦関係を営むに至った者は、他方配偶者とともに夫婦としての身分関係・身分的秩序を構成し、その一方または双方による養子縁組を含め、夫婦で共通した単一の価値観に基づく規律を受けるべきことになる。ドイツ民法施行法が前提とする基本観も、若干の違いはあるが、この考え方に近い。このような見地からは、上記の C. von Bar による批判は、夫婦としての身分関係・身分的秩序が成立した後の問題についても個人主義的な発想を部分的にではあるが引きずっている点で、その基本観において一貫性が欠如していると言わざるを得ない。また、C. von Bar は、成年養子は認めない方向で、逆に未成年者養子は認める方向で、設例を通じて示唆する。しかし、まずは、その理由を詳細に説明すべきではないか。

㈤　以上、㈢では、Henrich と C. von Bar による批判を採り上げた。しかし、いずれも説得力のある批判とは言い難い。その理由は、これまで述べてきたとおりである。このほかに、理由を示すことなく率然と、夫婦の一方による養子縁組について婚姻の効力の準拠法によるべき場合を、その単独縁組により養子が夫婦の共通の子となる場合に限るべきことを主張する有力説もある[74]。しかし、このような考え方に対しては、既に前章第三節三⑶で対応してある。現時点で対応すべき批判は、以上のもののみである。

(31)　本条の規定は、政府草案から修正を受けていない。政府草案の邦訳と解説として、石黒一憲「西ドイツ国際私法改正のための一九八三年新草案（政府草案）について」判例タイムズ五〇七号（一九八三年）一五六頁がある。また、政府草案の理由書を含む邦訳として、本条との関連部分としては、山内惟介「西ドイツ国際私法改正のための政府草案（五）」比較法雑誌一八巻三号（一九八五年）一二五頁、一三七－一四一頁がある。以下では、これらの邦訳を参照しつつ、独自の訳を付する部分もある。

(32)　ドイツ民法施行法二二条は二〇〇一年の改正により同条一項となり、養子と養親ならびに実親との間の親族関係に関する養子縁組の効果についての二項と、相続に関して養子縁組の準拠法の如何による影響がないことを規定する三項が、新設された。以下では、現行法の同条一項のみを対象とする。

(33)　一九八六年改正前の同条は、（準正と養子縁組とを同一の条文で規定しているが、ここでは養子縁組に関してだけ言及すると）まず一項で、養親がドイツ人である場合には、ドイツ法が準拠法になることを規定していた。そして、次に二項で、養親が外国人で養子がドイツ人である場合には、子または子と親族法上の関係にある第三者についてドイツ法上必要とされるそれらの者の同意がなされていない限り、縁組は無効である旨を規定していた。この一項が規定の修正・追加を受けて改正法二二条となり、二項が規定の修正・追加を受けて改正法二三条になった。

(34) BT-Drucks. 10/504, S. 72.（但し、J. Pirrung [Bearb.], Internationales Privat- und Verfahrensrecht nach dem Inkrafttreten der Neuregelung des IPR（1987）165に転載されたものを参照したことをお断りしておく。）なお、同文の政府草案の邦訳である山内・前掲注(31)一四〇頁も、合わせて参照されたい（以下、同様）。

(35) 政府草案作成の経緯については、石黒・前掲注(31)一五七－一五八頁に詳しい。また、旧法、新法、各草案や諸提案の条文を引用する形での整理として、Staudinger/Henrich（2002）Art 22 EGBGB Rn 1をも参照。

(36) G. Beitzke [Hrsg.], Vorschläge und Gutachten zur Reform des deutschen internationalen Personen-, Familien- und Erbrechts（1981）11, Annahme als Kind I. A（1）.

(37) Beitzke（vorige Note）5f., Ehewirkungen A.

(38) W. Lauterbach [Hrsg.], Vorschläge und Gutachten zur Reform des deutschen internationalen Kindschafts-, Vormundschafts- und Pflegschaftsrechts（1966）4, Annahme an Kindes Statt I（1）.

(39) Beitzke（oben N. 36）60.

(40) Lauterbach（oben N. 38）33.

(41) Staudinger/Henrich（2002）Art 22 EGBGB Rn 7; MünchKomm-Klinkhardt（3. Aufl., 1998）Art. 22 RdNr. 10. なお、はるかに詳細な理由づけを試みたうえで一九八六年改正法の規律と結果的に同様の処理を解釈論として提案する私見につき、第二節三㈡⑶参照。

(42) BT-Drucks. 10/504, S. 32, 33: Pirrung（oben N. 34）111, 112. なお、Pirrung, a.a.O. 24は、改正法一四条一項が「家族の準拠法（Familienstatut）という意味で、婚姻と嫡出親子法についての基本的な連結」を規定するものと説明している。

(43) 連邦司法大臣からの委嘱により一九七九年の西ドイツ国際私法会議の提案を土台として作成されたG. Kühne, IPR-Gesetzentwulf（1980）143f. は、家族の統一性（一体性）と夫婦双方の当事者利益を理由として、夫婦によってその共通の子とするべくなされる養子縁組については縁組時点における婚姻の身分的効力の準拠法によるとしつつ、婚姻の身分的効力の準拠法が夫婦により選択された内国法である場合も含むとする。両者は、夫婦による法選択を認めるか否かという点で決定的に異なっているが、理由づけにおいては共通している。但し、ここでも、「家族の統一性（一体性）」について立ち入った説明はなされていない。

この「家族の統一性（一体性）の利益（原則）」が（西）ドイツにおいて当然視され共通了解であり続けた理由については、戦後一貫して家族の解体へと進んでいるかに見えるわが国の現況に照らすと、むしろ現在でこそ興味深いものがあるが、現時点ではそれを追究する用意がない。

(44)　但し、立法論としては、重視されて然るべきである。例えば、嫡出親子関係の成立に関する法例一七条は、夫婦のどちらか一方の本国法によって子が嫡出子であればその子を嫡出子とする。これによると、国籍を同じくする夫婦の子は、異国籍夫婦の子よりも嫡出子とされる可能性が小さいことになる。しかし、これでは、子にとって不公平である。選択的連結という形で導入された、異国籍夫婦の子にだけ手厚い保護を与える結果になるこの意味での（抵触法上の）不公平を、「嫡出保護」という（実質法的な）スローガンで正当化するのは、私にはとても理解できない。

(45)　Beitzke, Internationalrechtliches zur Adoptionsreform, FamRZ 1976, 74.

(46)　Beitzke（vorige Note）76.

(47)　W. Lauterbach［Hrsg.］, Vorschläge und Gutachten zur Reform des deutschen internationalen Eherechts（1969）2, Ehewirkungen A.

(48)　Beitzke（oben N. 45）76 Anm.21.

(49)　Görgens, Legitimation und gemeinschaftliche Adoption im internationalen Privatrecht, FamRZ 1978, 762.

(50)　Görgens（vorige Note）764, 1.

(51)　Görgens（oben N. 49）764, 1.a.　この点についての私見は、第二節三㈡⑴参照。単独縁組が多くなることも問題だが、そもそも夫婦の一方の本国法が認めれば他方の本国法とは無関係に単独縁組が許されることの方がもっと問題である。養親となる夫婦の婚姻の身分的効力の準拠法が認める限りにおいて単独縁組も許されると解するのが、私見である。

(52)　Görgens（oben N. 49）764, 1.b. この鋭い議論は、その背景をなす「家族の統一性（一体性）の利益」を「夫婦の一体性の利益」に置き換えるだけで、わが法例の解釈にも妥当する。
(53)　改正法では、二三条に移されている。なお、改正前二二条の趣旨については、前注(33)で紹介してある。
(54)　Görgens（oben N. 49）764f., 2.
(55)　Görgens（oben N. 49）765, 3.a.
(56)　この点、わが法例は、婚姻の身分的効力の準拠法については変更主義を採っているから、この議論は妥当しない（但し、婚姻の効力の準拠法について変更主義を採用したことには、立法論としては疑問を感じないわけではない）。
(57)　Görgens（oben N. 49）765, 3.b. Görgens の議論に従えば、ドイツでは、婚姻の効力の準拠法については最後の共通国籍を連結点として用いる（べき）であるため、養子縁組の準拠法の場合とは区別した議論をする必要が生じることになる。この点、わが法例においては、そのような考え方は採られていないため、このような区別は不要になる。
(58)　なお、Görgens（oben N. 49）765f., 3.c は、夫婦が共通常居所地をも有しない場合についてまで周到に論じながら、そのような場合に残されている夫婦にとっての共通の要素（夫婦の最後の共通常居所地・単なる共通居所地・婚姻締結地）よりも、もはや子の利益の方が優先するとして、子の常居所地への連結を主張している。しかし、これは、改正の前後を問わず、民法施行法二二条の趣旨に反していると思われる。また、わが法例二〇条一項前段の趣旨とも相容れず、仮にこれを援用するような解釈論が出てくるとすれば、それはおよそ無理な解釈論ということになる。
(59)　Beitzke や Görgens のほかにも、同様の方向の解釈論があった。
Lüderitz, Hauptfragen internationalen Adoptionsrechts, in: O. Sandrock [Hrsg.], Festschrift für Günther Beitzke zum 70. Geburtstag am 26. April 1979（1979）589, 596, 606は、養親夫婦が異国籍の場合に、養親の本国法の累積適用をできるだけ回避するため、その一方の本国法が同時に夫婦の共通常居所地法でもあるときは当該本国法（共通常居所地法）に、そうでないときは縁組要件が一方のみに関するものである限りにおいてその一方の本国法によるべきことを主張していた。

Ahrens, Das IPR der Stiefkindadoption und der gemeinschaftlichen Adoption durch Eheleute, FamRZ 1981, 120, 122は、夫婦共同養子縁組について、家族の統一性（一体性）を決め手として、婚姻の効力の準拠法によることを主張していた。

以上の学説については、本稿の観点からは、特に改めて言及すべきことはない。

(60) 国際的調和の観点から比較法を重視する従来の国際私法学会のあり方も、結構なことではある。しかし、条約などの国際法による制約がない領域においては、まずは自律的に詰めた議論をしてみせるということが、多様性・固有性にも十分な配慮がなされて然るべき現在の国際情勢に照らすと、むしろ喫緊の課題なのではないか。

(61) Staudinger/Henrich（1996）Art 22 EGBGB Rn 12.

(62) Staudinger/Henrich（1996）Art 22 EGBGB Rn 12. D. Henrich, Internationales Familienrecht（1989）286では、このドイツ人夫の非嫡出子の母がドイツ人であるという要素も加わっているが、同旨。また、J. Kropholler, Internationales Privatrecht（5. Aufl. 2004）413f. は、「オーストリア」を単に「外国」に、「非嫡出子」を「子」に変えつつ、この設例を引用している。

(63) Staudinger/Henrich（1996）Art 22 EGBGB Rn 12.

(64) 他方配偶者による同意が念頭に置かれている。なお、次注も参照。

(65) Soergel-Lüderitz（12. Aufl. 1996）Art 22 Rz 6. 当時の民法の規定が引用されていることに注意。なお、この点の私見については、後述㈡と、一部これと重なるがさらに体系に則して詳細に論じた第二節三㈢⑴⑶を参照。

(66) Soergel-Lüderitz（12. Aufl. 1996）S.1215 Anm 7.

(67) Staudinger/Henrich（1996）Art 22 EGBGB における Rn 11と Rn 13が、Staudinger/Henrich（2002）Art 22 EGBGB では Rn 12と Rn 13として続けて記載されている。これに対して、Kropholler（oben N. 62）413f. は、この削除には触れつつ（S. 414 Rz 14）、なお自説を維持している。

(68) 養子縁組は連邦事項ではないが、ここでは便宜上「アメリカ法」としておく。

(69) 自分の本国法によって単独縁組したいのであれば、さっさと離婚すればよいのである。離婚できないのであれば、オーストリア法ないしスイス法に従うべきである。

(70) C. von Bar, Internationales Privatrecht Bd. 2. Besonderer Teil (1991) Rdnr. 320.
(71) C. von Bar (vorige Note) Rdnr. 320.
(72) C. von Bar (oben N.70) Rdnr. 320.
(73) Staudinger/Henrich (2002) Art 22 EGBGB Rn 7.
(74) G. Kegel/K. Schurig, Internationales Privatrecht (9. Aufl. 2004) 970. これは、Kegel自身が参加していた一九七九年の西ドイツ国際私法会議による改正提案や、(具体的な中身は若干異なるが) Kühne草案が採用していた立場である。これらの内容については、第三節一(二)、前注(43)で言及してある。

第四節　結　論

(一)　本稿では、「夫婦共同養子縁組の準拠法」を出発点として、日本における従来の議論を検討し、ドイツ法との比較を行ってきた。以上の検討結果をまとめると、以下のとおりである。

異国籍夫婦による夫婦共同養子縁組について、養子縁組の準拠法を養親の本国法とすることのみを規定している法例二〇条一項前段を受けて、通説は、養父子関係は養父の、養母子関係は養母の本国法によるとする。ところが、その効力の準拠法については、それぞれの本国法によると効力が相対的になりうるため、両者の本国法が累積適用されると説く。しかし、これでは、法例が養子縁組の実質的成立要件・効力ともに養親の本国法を準拠法として両者の対応関係を重視した趣旨に反する。また、夫婦の一方はその本国法が認めれば他方と無関係に単独縁組できるとして夫婦の分断を所与の前提とする点も、問題である(以上、第二節一)。

さらに、上記の通説にきちんとした理論的根拠がない点も、問題である。すなわち、夫婦の分断を出発点とする理論的根拠として、通説側からは、わが民法に関して「夫婦が共同して縁組をする場合にも、夫婦各自に別個の縁組行為があ」るとする最高裁の判示と、法例一七条・一八条が、かろうじて挙げられている。しかし、最高裁は続けて、「夫婦につき縁組の成立、効力は通常一体」とも述べている。また、親の婚姻関係を前提とする嫡出親子関係の成立に関する法例一七条の方は、父子関係と母子関係を一体として捉えている。つまり、両者は、決して夫婦の分断を前提とするものではない（以上、第二節(二)）。

以上のように大きな問題点を抱えている通説に対しては、既に批判的な見解が存在している。それらには、ドイツ国際私法の影響が見られる（以上、第二節(三)(一)・(二)）。そこで、ドイツに目を転じる。

ドイツでは、一九八六年改正により、養子縁組の準拠法を養親の本国法とする従来の原則は維持されつつ、夫婦の一方または双方による養子縁組の準拠法を婚姻の一般的効力の準拠法とする規定が新設された（現行のドイツ民法施行法では、二二条一項第二文）。その立法理由としては、「家族の統一性（一体性）の利益」と「養親となる夫婦双方の利益」の二つが挙げられていた。このうち、夫婦間の法律関係・夫婦とその子との法律関係の全般について婚姻の（一般的）効力の準拠法を基本として規律することにより実現される「家族の統一性（一体性）の利益」は、（残念ながら）そのような基本観を共有していないわが法例の解釈論に援用することはできない(75)。これに対して、養子縁組につき養親の本国法を準拠法とする（同法二二条一項第一文）という基本に照らして、夫婦の一方または双方が養親となる（第二文の）場合には養親側の利益＝養親となる夫婦双方の利益を軸として準拠法を決めるべきであるという考え方は、養子縁組につき養親の本国法を準拠法とする原則を共有するわが法例の解釈論においても重要である。したがって、「養親となる夫婦双方の利益」には十分配慮すべきである（以上、第三節(一)）。

ドイツにおいて前述の一九八六年改正の前に存在していた、異国籍夫婦による夫婦共同養子縁組の準拠法に関する複数の有力な解釈論は、わが国における養親夫婦の共通常居所地法説に影響を及ぼしているようである。しかし、それら有力説の一つは、改正法と同じく、婚姻の効力の準拠法によるべきことをその真意としていた。また、別の一つは、婚姻の効力の準拠法を決める場合には最後の共通国籍も連結点とされるべきだと考えられていたため、第一次的に夫婦の共通常居所地法によるべきことを主張していたにすぎない[76]。したがって、これらドイツの解釈論は、養親夫婦の共通常居所地法説としてわが法例の解釈論に援用するのには適さない。ただ、養子縁組について本国法主義の規定しかなかった当時のドイツにおいて、表面上は本国法主義を逸脱しているがその趣旨には忠実な解釈論が有力に展開されていたことは、わが意を強くさせるものである（以上、第三節(一)）。

わが法例の解釈論としては、次のような処理を提示する。第一に、夫婦の一方または双方が養子縁組をしようとする場合、単独縁組が認められるか（認められる場合、配偶者の同意が必要か）、共同縁組が強制されるか等がまず判断される。この判断は、主として夫婦間の問題であることから、婚姻の身分的効力の準拠法（法例一四条）によるべきである。第二に、その判断を経た次の段階として、夫婦の一方または双方による養子縁組がなされる場合、法例二〇条一項前段の「養親ノ本国法」という文言の解釈として、一方または双方が養親となる夫婦にとっての最密接関連法である婚姻の身分的効力の準拠法、すなわち、第一順位＝夫婦の同一本国法、第二順位＝夫婦の同一常居所地法、第三順位＝夫婦にとっての最密接関係地法がその準拠法となる。婚姻の身分的効力の準拠法による理由は、実質的成立要件と効力の対応関係を維持し、法例の（一九条をも含めた）体系構造として筋を通すことにある。また、夫婦の一方による単独縁組と夫婦共同養子縁組とで処理を同じくする理由は、両者を分けるとした場合に生じる異国籍夫婦と同国籍夫婦の間の不公平の回避にある（以上、第二節(三)(三)）。

以上の私見は、結果的には、ドイツ民法施行法二二条一項第二文と同様の処理を解釈論として主張するものである。このドイツ法の規律には、批判がないわけではない。しかし、婚姻関係の継続中における夫の身勝手を保障しようとするものであったり、個人主義的な発想を部分的に持ち込もうとする一貫性を欠くものであったりし、ドイツでもそれほどの影響力をもってはいないと思われる（以上、第三節(二)）。

(二)　以上の検討を通じて言えることは、ドイツ法における「家族の統一性（一体性）の利益」という概念に倣って表現すると、わが法例には「夫婦の一体性の利益」とでも言うべきものの存在が読み取れるのではないかという

ことである。(77)

多くの人にとって、生まれて最初に所属し、死ぬまで最も身近である秩序は、言うまでもなく、家族である。そして、家族の核になるものは、(ドイツでもそうであるように)夫婦である。人にとって最も重要な家族や夫婦という最小単位の秩序と、それを規律する家族法についても、今後は関心をもっていきたいと考える。(78)

(75)　しかし、立法論としては別である。前注(44)参照。

(76)　この点、端的に婚姻の効力の準拠法によることを主張する説もあったことにつき、前注(59)参照。

(77)　特に、第二節三(三)(2)参照。なお、平成元年改正前法例では、婚姻の身分的効力の準拠法は「夫ノ本国法」とされ(一四条)、親子間の法律関係の準拠法は「父ノ本国法」が原則とされる(二〇条前段)など、現行法と異なり、むしろ「家族の統一性(一体性)」が広汎に確保されていたと言える。

(78)　わが国は戦後一貫して家族の解体へと進んでいるのではないかという視点からは、わが法例によって保護される利益が、平成元年の法例改正によって、「家族の統一性(一体性)の利益」から、「夫婦の一体性の利益」まで後退したと理解される。この「夫婦の一体性の利益」が「子の福祉」(これ自体の重要性は否定しないが)に劣後するとき、家族の解体は決定的なものになるのであろうか。今後の帰趨を注視したい。

(平成一六年九月一五日(老人の日)脱稿)

(千葉大学法学論集第一九巻三号、二〇〇四年)

19 夫婦共同養子縁組

盛岡家裁平成三年一二月一六日審判（平成三年(家)第一七五号、養子縁組申立事件）
家庭裁判月報四四巻九号八九頁

第一節　事実の概要

X_1（申立人、昭和三一年七月二〇日出生、国籍――日本）は、岩手県内で調理師として稼働している。また、その妻であるX_2（申立人、一九五八（昭和三三）年七月一六日出生、国籍――フィリピン）は、フィリピン人たる父A・母Bの第一子として出生し、一九八六（昭和六一）年頃に歌手として来日し、盛岡市内で歌手や英会話の個人教師の仕事に従事している。X_1・X_2は、平成元（一九八九）年一月二七日に婚姻し、長男C（平成元年一一月三〇日出生）をもうけている。

Z（事件本人、一九七九（昭和五四）年一二月二七日出生、国籍―フィリピン）は、X_2の実妹である（A・Bの第八子として出生）。Zは、Bが一九八二（昭和五七）年一月二八日に交通事故で死亡した後Aと同棲するようになったAの愛人との折合いが悪いうえに、経済的に困窮する状態であったため、平成二（一九九〇）年七月五日にX_2を頼って来日し、間もなくX夫婦宅に同居して今日に至り、盛岡市内の小学校四年に在学している。

Xらは、心身共に健康で経済的にも安定しており、Zを養子としたうえZの希望により勉学をさせたいと考えている。Zも、X_1によく馴染んでおり、X夫婦の養子となることを希望している。これに対し、Aは、一九九〇年一二月六日付けの同意書を提出している。

第二節　審判要旨

申立て認容（確定）。

(i)「法例二〇条（法適用通則法三一条）一項前段によると、……X_1とZの養子縁組については、X_1の本国法である日本法が、X_2とZの養子縁組については、X_2の本国法であるフィリピン法がそれぞれ適用されることになる。」

(ii)「X_1とZとの養子縁組については、……日本法上要件的には何ら欠けるところがない。」「法例二〇条（法適用通則法三一条）一項後段……、フィリピン法によると、……Zの唯一の実親であるAが本件養子縁組に同意して」おり、「日本の家庭裁判所の許可の審判をもってフィリピン法の裁判所の決定に代わることができ」、「試験監護期間はこれを免除するのが相当である」から、「X_1とZとの養子縁組はこれを許可するのが相当である」。

(iii)「X_2の本国法であるフィリピン法によると、……配偶者のある者が縁組するには、その配偶者とともに縁組をすることが要件とされているところ、フィリピン法と日本法では養子縁組の形式的成立要件を異にするからXら夫婦が双方同時に養子縁組をするための方式を充たすことが困難であり、結局夫婦が共同で養子縁組をすることは認められないのではないかとの疑問があるが、法例二二条但書（法適用通則法三四条二項）によれば、養親となるべき夫婦が同一場所に居住している場合には、養子縁組をする場所における縁組の形式的成立要件を満たすことにより、縁組を成立させることができるものとされており、本件においては、X_2とZとの養子縁組についても養子縁組をする場所である日本の方式すなわち戸籍管掌者である市町村長に対する届出によって養子縁組が形式的に成立するものと解することにより、夫婦共同養子縁組の要件を満たすものと解して妨げないというべきである。」「他にX_2とZの養子縁組がフィリピン法上の要件に牴触する点は認められず、……X_2とZとの養子縁組は家庭裁判所においてこれを許可するのが相当である。」

第三節　解　説

㈠　本審判は、異国籍夫婦による夫婦共同養子縁組において、実質的成立要件については各養親につきそれぞれの本国法を適用し、方式（形式的成立要件）については縁組地法によっている。異国籍夫婦による夫婦共同養子縁組の準拠法については、法適用通則法三一条一項前段が（法例二〇条一項前段の内容を変更することなく）「養子縁組は、縁組の当時における養親となるべき者の本国法による」と定めているのみであることから、本審判のように養父子関係と養母子関係とで各別に決定すべきだとする立場と、両関係を分断せずに一体的に決定すべきだとする立場とに、引き続き分かれることになる。以下、実質的成立要件・方式・効力の順に通説的処理を確認したうえで、批判的検討を加える。

㈡　まず、異国籍夫婦による夫婦共同養子縁組の実質的成立要件の準拠法について見る。

裁判例は、法例旧一九条一項（「養子縁組ノ要件ハ各当事者ニ付キ其本国法ニ依リテ之ヲ定ム」）の下で、養親側につき、当初は一体的に決定し夫の本国法を適用していた（例えば、①仙台家審昭和三三・七・九家月一〇巻九号七八頁〔ただし、妻がやがて夫と同一の国籍を取得する見込みであることを理由とする〕、②東京家審昭和三五・一一・八家月一三巻二号一八五頁）。ところが、ほどなく各養親につきそれぞれの本国法を適用するようにかわり（③東京家審昭和三六・二・一〇家月一三巻六号一六八頁、④東京家審昭和四〇・五・二七家月一七巻一一号一三二頁（ただし、実際の処理では夫の本国法と妻の本国法を累積適用している。本浪章市・渉外判例百選〈第二版〉一四三頁）、⑤東京家審昭和四三・八・六家月二一巻一号一二八頁ほか多数）、平成元年法例改正後の本審判やその後の裁判例もその処理に続いている（例えば、⑥札幌家審平成四・六・三家月四四巻一二号九一頁――本書九三事件、⑦神戸家審平成七・五・一〇家月四七巻一二号五八頁――本書一〇事件）。

学説においても、通説は、各養親につきそれぞれの本国法によるとする。その結果、一方の本国法によればその一方につき養子縁組ができないときは、夫婦共同縁組はできず、他方の本国法が単独縁組を認めるときに限りその他方につき単独縁組ができるとする。なお、一方の本国法が夫婦共同縁組の原則を採っているときでも、他方の本国法が単独縁組を認める場合には、その他方は単独縁組ができるとする（以上、例えば、山田鐐一『国際私法〔第三版〕』〔二〇〇四〕五〇五頁、溜池良夫『国際私法講義〔第三版〕』〔二〇〇五〕五一〇頁）。

㈢　次に、異国籍夫婦による夫婦共同養子縁組の方式については、法適用通則法三四条が（法例二二条の内容を実質的に変更することなく）、一項で「当該法律行為の成立について適用すべき法による」と、二項で「前項の規定にかかわらず、行為地法に適合する方式は、有効とする」と定めているが、通説によれば、養親の本国法は養父と養母とで異なっているため双方が同時にそれぞれの本国法上の方式を満たすのは事実上不可能であり、縁組地法によるほかないとされている（例えば、山田・前掲五一五頁、南・後掲一四五頁）。本審判や⑥審判も、縁組地法である日本法上の方式によっている（なお、夫婦共同養子縁組における「分解理論」の意義につき、中野・後掲九五八頁参照）。

㈣　さらに、異国籍夫婦による夫婦共同養子縁組の効力の準拠法については、法例旧一九条二項（「養子縁組ノ効力及ヒ離縁ハ養親ノ本国法ニ依ル」）における「養親ノ本国法」につき旧二〇条前段（「親子間ノ法律関係ハ父ノ本国法ニ依ル」）の精神から養父の本国法と解したうえで、縁組成立後の養子の姓の問題に養父の本国法を適用した裁判例（⑤審判）もあるが、上記の通説は、実親との断絶効を例示し、実親との断絶が養父子関係と養母子関係とで相対的になるのでは説明のつかない法律関係が生ずるとして、養父の本国法と養母の本国法とが累積適用されるとする。そして、一方の本国法では特別養子の定めしかなく、他方の本国法では普通養子のみが認められるときは、その夫婦共同縁組は普通養子縁組の効力のみを有するとする（以上、例えば、南・後掲一四七～一四八頁、山田・前掲五〇六頁）。

㈤　以上の通説的処理については、積極的な理由づけとして、第一に、養子縁組の本質は生物学上は親子でない二人の人間の間に法律上の親子関係を認めることであり、夫婦共同養子縁組の場合には各養親ごとに一個ずつの養子縁組が成立すると解すべきである、第二に、法例一七条・一八条（法適用通則法二八条・二九条）は、親子関係の成立について父子関係と母子関係を独立して捉えていると主張されている（高山光明・家月四六巻二号二一六～二一七頁）。しかし、仮に実質法上は二個の養子縁組であっても、抵触法上は独自の利益衡量から一体的に準拠法を決定するという判断も当然ありうる。また、法適用通則法二八条（法例一七条）一項が「夫婦の一方」という文言を用いているのは、嫡出親子関係が法律上の婚姻の結果であることを示そうとしたものだとされている（例えば、溜池・前掲四八九頁、櫻田嘉章『国際私法〔第五版〕』〔二〇〇六〕二七九頁参照）。このことは、同条が父子関係と母子関係を分断せずに一体として捉えていることを意味する（神前禎ほか『国際私法〔第二版〕』〔二〇〇六〕一八四頁〔神前〕もこの点につき同旨）。

さらに、通説的処理に対しては有力な批判がある。第一に、効力につき養父の本国法と養母の本国法とを累積適用する場合、弱い縁組と強い縁組のいずれかを選択する基準が明確でないし、結局は夫婦の一方の本国法が優先される結果となり夫婦各人の本国法を別個に適用するとする通説の趣旨を没却するのではないか（北澤・後掲二五八頁）。第二に、同じ場合で、養父の本国法と養母の本国法の内容が矛盾するときはどうするのか（海老沢・後掲一八四頁）。第三に、夫婦の一方もしくは双方が（養親となって）縁組する場合には、ドイツ民法施行法二二条第二文（二〇〇一年改正後は、同上一項第二文）が婚姻の効力の準拠法によっているように、そもそも家族の統一性の利益からの強い要請が働くのではないか（石黒・後掲三九二頁）。

㈥　有力説による上記の批判は基本的に妥当であり、これらを前提に夫婦の一方または双方による養子縁組に関する処理を改めることが検討されて然るべきである。

まず、通説は、夫婦の一方の本国法の内容にかかわらず、他方は自分の本国法が認めれば単独縁組できるとする（前述㈡参照）。しかし、他方が単独縁組すれば、婚姻共同体の身分的秩序に重大な影響が生じる可能性がある。したがって、夫婦のいずれかによる単独縁組が認められるか（認められる場合、配偶者の同意が必要か）、共同縁組が強制されるか等の夫婦間の問題は、婚姻の一般（身分）的効力という単位法律関係（法適用通則法二五条〔法例一四条〕）に入ると解すべきである。

次に、上記の問題を除く異国籍夫婦による養子縁組の実質的成立要件と、効力については、特別の規定がないため法適用通則法三一条（法例二〇条）一項前段の解釈に委ねられている（南・後掲一四三～一四四頁）。そこで、夫婦を一体として扱う立場からは、以下のような解釈が考えられる。すなわち、法適用通則法三一条一項前段が養子縁組につき「養親となるべき者の本国法」によっているのは、養親の身分関係にとっての最密接関係地法を準拠法とする趣旨だと解される。そうであれば、養親が夫婦の一方または双方である場合には、「養親となるべき者の本国法」とは夫婦にとっての最密接関係地法である婚姻の一般（身分）的効力の準拠法を意味すると解されることになる（北澤・後掲二五八頁、横山・後掲二一三頁は夫婦の共通常居所地法が適当だとするが、それがない事案ではどうなるのか疑問である）。この解釈によれば、異国籍夫婦による縁組の実質的成立要件と効力とは、通説（前述㈡・㈣を参照）と異なり、常に同一の法律によって規律されることになる。この処理は、要件と効果とは密接に関連し合っており同一の法律によって規律されるのが最も合理的である（烋場・後掲二四九頁）という基本原則に適合している。また、この解釈によれば、方式について、通説（前述㈢参照）と異なり、実質の準拠法も選択肢に入り、法適用通則法三四条（法例二二条）が選択的連結を採っている趣旨に適う。さらに、夫婦の一方の本国法の適用結果が公序に反するとされた事例（⑦審判）でも、夫婦の同一常居所地は日本であり公序則の発動は不要となる。

夫婦の一方または双方による養子縁組の準拠法については、理論的に掘り下げた更なる検討が期待される（自らそのような検討を行ったのが、森田・後掲論文である）。

〈参考文献〉

本審判の評釈・解説として
中野俊一郎・民商一〇八巻六号九五五頁
北澤安紀・ジュリ一〇三七号二五六頁
本浪章市・渉外判例百選〈第三版〉一四六頁
一般的な文献として
炑場準一「養子縁組・離縁の準拠法及び国際的管轄」岡垣學＝野田愛子編『講座・実務家事審判法⑸』（一九九〇）二四七頁
石黒一憲「国際的養子斡旋・養子縁組の諸問題」島津一郎教授古稀記念『講座・現代家族法⑶』（一九九二）三八七頁
南敏文『改正法例の解説』（一九九二）一三四～一五六頁
海老沢美広「異国籍夫婦による縁組」国際私法の争点（新版）一八三頁
横山潤『国際家族法の研究』（一九九七）二〇四～二三〇頁
司法研修所編『渉外養子縁組に関する研究』（一九九九）一～二六頁
松岡博『国際家族法の理論』（二〇〇二）七五～一〇〇頁
森田博志「夫婦関係にある者による養子縁組の準拠法と夫婦の一体性の利益」千葉大学法学論集一九巻三号四九頁

（別冊ジュリスト一八五号、二〇〇七年）

20 夫婦の一方の本国に養子制度がない場合の夫婦共同養子縁組と公序

宇都宮家裁平成一九年七月二〇日審判（平一七(家)五〇六号、養子縁組許可申立事件）
家庭裁判月報五九巻一二号一〇六頁
〔参照条文〕法の適用に関する通則法三一条一項、四〇条一項・四二条、民法七九二条・七九五条本文・七九七条一項・七九八条本文、家事審判規則六三条

第一節　事　実

申立人X_1（国籍――イラン、イスラム教徒）は、平成一三年に来日して、申立人X_2（国籍――日本）と知り合い、親密な関係となって、同一六年長女Aをもうけ、翌一七年に婚姻した。

未成年者Z（国籍――イラン、所属宗教は未決定）は、X_1の妹であるBとCとの間の子として、一九九九年にイランで出生した。Zは、平成一六年にBCとともに来日し、X_1の居住していたアパートで生活するようになった。ところが、BCは不仲となり、離婚することに同意し、Cは同年末に単身でイランに帰国した。

Xらは、平成一七年四月から、現住居にA、Z及びBと五人で同居している。Zは、同月に保育園に入園したところ、当初は通園を嫌がり数時間で帰宅してしまうこともあったが、その後、日本語を覚え、親しい友人もでき、

保育園にもすっかり慣れた。そして、翌一八年四月には小学校に入学し、現在は小学二年生であり、元気に通学している。また、Ｚは、来日以来、Ａを妹のようにかわいがっている。Ｘらは、夫婦仲は円満で経済的にも問題はなく、Ｚに日本で十分な教育を受けさせ、その能力を伸ばしたいと考えており、Ｚを実の子のように思っている。Ｚも、Ｘらを慕っている。

Ｂは、一人でＺを養育するのは経済的に困難であること及びＺを連れてイランに戻るとＣにＺを連れて行かれ虐待されるおそれがあることなどから、ＸらとＺとの養子縁組を強く希望し、ＸらとＺとが養子縁組をすることに同意した。また、Ｂは、イランの裁判所に所在不明となっているＣを被告として離婚を申立て、平成一九年、離婚を認容しＺの養育権者をＢとする確定判決を得た。Ｃは、依然として所在不明である。

第二節　審判要旨

申立認容（確定）。

㈠「渉外養子縁組許可に関する審判事件の国際裁判管轄については、養子となる者が現実に居住している地で審判を行うのが子の福祉に適うと考えられるところ、Ｚの住所地ないし常居所地は日本にあるから、我が国の裁判所が国際裁判管轄権を有するというべきである。」

㈡　本件養子縁組の実質的成立要件については、「法の適用に関する通則法（以下「通則法」という。）三一条一項により、……X_2とＺとの関係においては、準拠法として日本法が適用され、併せて保護要件についてイラン法が適用されることになり、X_1とＺとの関係においては、専らイラン法が適用されることになる。」

㈢「イランは宗教により身分法を異にする人的不統一法国であり、その所属する宗教いかんによって当該イラン人の本国法を決定しなければならないと解されるところ、……X_1はイスラム教徒であり、一方、Zの所属する宗教はいまだ決まっていないことが認められるから、X_1の本国法はイスラム法であり、また、Zの本国法は、イランの規則に従い指定される法がないため、Zに最も密接な関係がある日本法であると解される（通則法四〇条一項前段、後段参照）。」

(四)「X_2とZとの関係においては、準拠法も保護要件も日本国民法が適用されるところ、……本件養子縁組は、民法七九二条……、七九五条本文……及び七九七条一項……の各要件を備えているものということができる（Cの同意については、同人がZの養育権を有せず、かつ、その所在が不明であるから不要であると解される。）。」

(五)「イスラム法においては、養子縁組は認められていないので、X_1とZとの関係においては、イスラム法の適用により、本件養子縁組は認められないことになるところ、このような結果は、日本国民法を適用した結果とは異なることが明らかである上、Xらが、前記認定のとおり、双方とも〇〇で、今後もZと共に日本で生活し、将来は（略）する予定であること、及びXらが、どちらかが単独でZの養親となれればよいと考えているのではなく、あくまでも共にZの養父母となることを望んでいることを考慮すると、X_1とZとの関係において、イスラム法の適用により、本件養子縁組を認めないものとするのは不当であるといわざるを得ない。

したがって、本件養子縁組の可否に関しては、X_1とZとの関係においてイスラム法を適用することは、我が国の公の秩序に適合しないものというべきであるから、通則法四二条により、その適用を否定するのが相当である。……X_1とZとの関係については、準拠法も保護要件も日本国民法を適用するのが相当であると解されるところ、民法の前記各規定によると、本件養子縁組は前示各要件を満たすものと認められ、また、前記認定事実によれば、本件養子縁組はZの福祉に適うものというべきである。」

第三節　評　釈

本審判の結論には賛成するが、その理由づけには疑問がある。

本審判は、養子縁組を認めないイスラム法の適用を公序違反とした初めての公表事例である。

㈠　審判要旨㈠は、養子となるべき者であるZの現住を理由として日本の裁判所に国際裁判管轄を認めている。本件では、Zのほか養親となるべき者あるX_1・X_2も現実に日本に居住しており、特に問題はない。

㈡　審判要旨㈡は、本件養子縁組の実質的成立要件について、法適用通則法三一条一項前段により、養父子関係と養母子関係とで各別に、X_2Z間ではX_2の本国法である日本法、X_1Z間ではX_1の本国法であるイラン法をまず導き出している。これは、従来の裁判例（平成元年法例改正後では、例えば、①盛岡家審平成三・一二・一六家月四四巻九号八九頁、②札幌家審平成四・六・三家月四四巻一二号九一頁、③神戸家審平成七・五・一〇家月四七巻一二号五八頁）・通説（例えば、山田鐐一・国際私法（第三版・平一六）五〇五頁、溜池良夫・国際私法講義（第三版・平一七）五一〇頁）に沿った処理である。この点について本審判が掲げる理由は、条文のみである（文理解釈）。

しかし、夫婦を分断する通説的処理は、理論的根拠に乏しく、実際上も夫婦の一方の本国法が単独縁組を認めれば（他方の本国法の内容とは無関係に）その一方は単独縁組できてしまう等の問題を抱えている（森田博志「夫婦関係にある者による養子縁組の準拠法と夫婦の一体性の利益」千葉一九巻三号（平一六）五一―五六頁。簡単には、同〔①審判批〕国私百選（新法版・平一九）一三一頁）。現に、本審判も、X_1Z間の公序審査（審判要旨㈤）においては、――夫婦を分断する基本前提に反して――Xら夫婦を一体的に考慮している（後述㈤。さらに、後述㈥も参照）。

㈢　審判要旨㈢は、同㈡においてX_1とZにつき導かれたイランが人的不統一法国であることから、本国法の絞込みを行っている。

(1)　イスラム教徒であるX_1の本国法については、本審判は、「その国の規則」（「通則法四〇条一項前段」）であるイラン人際法によりその所属する宗教共同体の法であるイスラム法と判断している。本件では、特に問題はない（中野俊一郎〔判批〕リマ三七号（平二〇）一五四頁と同旨）。

(2)　所属宗教が未決定であるZの本国法については、本審判は、「そのような規則がない場合」に当たるとして「最密接関係法」（「通則法四〇条一項……後段」）を探求し、それを日本法と判断している。しかし、ここで問題なのは、Zが国籍を有する人的不統一法国であるイランにおけるどの宗派の法がZの「本国法」になるかであって、それが日本法になることはあり得ない（但し、できるだけ日本法によりたいという裁判所の心情は、理解できなくもない）。本件では、Zの親族であるX_1がイスラム教徒であること等から、イスラム法をZの「本国法」と判断すべきではなかったか（中野・前掲頁とほぼ同旨。なお、所属共同体の認定基準一般については、大村芳昭「国際家族法と人際法」中央学院一〇巻一号（平八）四八頁以下参照）。この場合、イスラム法では養子縁組が認められていないことから、Zの保護要件はないことになりそうである（一般論として、道垣内正人・ポイント国際私法各論（平一二）八八頁）。ただ、X_2Z間においてはその準拠法であるX_2の本国法である日本法上の保護要件が別に課されており、また、X_1Z間においてはその準拠法であるX_1の本国法であるイスラム法は公序に反するとして日本法が適用されることになる（審判要旨㈤）ため、実際には問題は生じない。

㈣　審判要旨㈣は、X_2Z間の養子縁組の成立について、その準拠法であり（本審判によれば）Zの保護要件についても適用される日本民法上の各要件の具備を確認している。セーフガード条項（通則法三一条一項後段）により導かれるのは日本法ではない（前述㈢(2)参照）ことを除き、大きな問題はない。

但し、夫婦共同縁組が要求されている（民法七九五条本文）ことからX_1Z間の養子縁組との一体的成立がX_2Z間の養子縁組の成立の条件になっており、そのことに強く影響されたために、本審判は、別の関係であるX_1Z間の養子縁組についての公序審査（審判要旨㈤）において――夫婦を分断する基本前提（同㈡）に反して――Xら夫婦を一体的に考慮してしまっているのではないか（だとすると、論理的な倒錯があることになる）。

㈤　審判要旨㈤は、X_1Z間の養子縁組の成立について、その準拠法であるイスラム法を適用するとイスラム法では養子縁組が認められていないために本件養子縁組が認められなくなってしまうことから、公序審査（通則法四二条）を行っている。

⑴　イスラム教徒が関係した養子縁組の従来の裁判例として、二件の審判がある（④東京家審平成七・一一・二〇判例集未登載（大村芳昭〔判批〕ジュリ一一四〇号（平一〇）一五〇頁）、⑤東京家審平成一五・三・二五判例集未登載（大村芳昭〔判批〕ジュリ一二六七号（平一六）二一一頁））。

④審判は、日本在住の日本人・エジプト人夫婦と日本在住日本人子との特別養子縁組の申立てについて、養父子関係の準拠法であるエジプト法の適用を公序違反とし、特別養子縁組を成立させた。これに対して、⑤審判は、日本在住の日本人・パキスタン人夫婦のうち、養父子関係の準拠法であるパキスタン法が養子縁組を認めていないことから、日本人妻のみがパキスタン人子（夫の甥）との単独縁組の許可申立てをしたところ、それを許可した。後者は、夫婦共同養子縁組の許可申立てをさせパキスタン法の適用を公序違反としてこの縁組を許可すべきであったと批判されている（大村・前掲二一三頁）。血縁関係のない方のみに養子縁組を認めるのは本末転倒であり、夫婦の分断を前提とする限りにおいて、この批判を支持する。本審判は、④審判及び右批判に沿ったものと評価できる。

⑵　公序則の発動は、内国の基本的法秩序の維持を目的とすることから、「外国法適用結果の異常性」と「事案の内国関連性」との相関関係で決まる（道垣内正人・ポイント国際私法総論（第二版・平一九）二五八頁）。

本審判が前者について挙げているのは、X_1Z間にイスラム法を適用した結果が「日本国民法を適用した結果とは異なること」、「Xらが、どちらかが単独でZの養親となればよいと考えているのではなく、あくまでも共にZの養父母となることを望んでいること」の二点であると思われる。他方、後者について挙げているのは、「Xらが……双方とも〇〇で、今後もZと共に日本で生活し、将来は（略）する予定であること」である。

Ｚの福祉の観点から、本審判の結論には賛成する（中野・前掲一五五頁と結論同旨）。ただ、右の二つの要件のいずれにおいても、本審判は、Ｘらを一体的に捉えている。しかし、ここでの判断の対象はX_1Ｚ間の養子縁組の可否なのであり、Ｘらを一体として扱うのでは、夫婦を分断する基本前提（審判要旨(二)）と論理的な一貫性を欠く（中野・前掲頁にも同じ問題がある）。X_1とＺに照準を合わせれば「内国関連性」はそれほど強くなく、公序則の発動が否定されればX_2Ｚ間も民法七九五条本文の要件を充たさないことになるが、これが筋というものであろう。

(六)　公序則の発動については、適用が排除される外国法の内容を弾劾したものとの誤解も生じかねず（最判昭和五二・三・三一民集三一巻二号三六五頁をめぐる韓国側からの批判につき、石黒一憲・国際私法（第二版・平一九）七八一八〇頁参照）、各国の文化・伝統・価値観の多様性を尊重し最密接関係地法の適用を原則とする国際私法の基本に忠実な立場からは、極めて慎重であらざるを得ない。

本審判が倒錯の疑われる論理を経たうえ公序則を発動せざるを得なくなったそもそもの原因は、夫婦を分断する基本前提（審判要旨(二)）にある。したがって、論理的な一貫性を追求しつつ公序則に頼らず妥当な結論を導くためには、夫婦を一体的に扱う必要がある。それには、以下のような処理（目的論的解釈）をするべきだったのではないか。

すなわち、養子縁組の準拠法を導く通則法三一条一項前段の「養親となるべき者の本国法」とは、養親の身分関係にとっての最密接関係地法を準拠法とする趣旨から、夫婦共同養子縁組の場合には養親夫婦の最密接関係地法である婚姻の一般的効力の準拠法（同二五条）を意味すると解釈できる（森田・前掲論文五九ー六一頁、同・前掲判批一三一頁）。本件では、Ｘらの同一常居所地法ないし最密接関係地法は日本法であり、本件夫婦共同養子縁組には日本法が一体的に適用されるべきであったと言うべきである（公序則の発動が問題になった前掲③④⑤審判の全てが、この枠組みで処理できるはずである）。

（平成二〇年一〇月一五日脱稿）

＊　脱稿後、本審判の解説である南敏文・平成一九年度主要民事判例解説二七二頁に接した。準拠法選択の基本を逸脱した弥縫的な解釈論に終始しており、平成元年法例改正の担当課長であったご自身の責任についての自覚を欠いておられるようである。

＊＊　前掲拙稿論文の抜刷をお送りした際に懇切な返信を賜った本浪章市関西大学名誉教授が、一〇月二二日に逝去された。私見に適した事例が登場していることに気付くのが遅れたため、御期待にこたえる機会を失してしまった。本稿を先生の御霊前に捧げることをお許しください。

（以上、一〇月三一日記）

（千葉大学法学論集第二三巻三号、二〇〇八年）

第六部　手形、著作権

21 約束手形の遡求権保全のための支払呈示における手形要件の準拠法

東京地裁平成八年九月一二日判決（平成七年(手ワ)第一六五三号、中國國際商業銀行対千賀健司、約束手形金請求事件（通常移行））、判例時報一五九〇号一四〇頁

〔参照条文〕　手形法八九条一項・九〇条二項本文・九三条・七五条五号・七六条一項本文

第一節　事　実

原告X銀行は、支払地を台北市にあるXの支点、振出地を台北市、振出日を中華民国八二年(平成五年)一二月一〇日とする受取人欄及び満期欄に記載のない額面七五六二万五〇〇〇新台湾元の本件約束手形の所持人である（振出人をA有限公司、第一裏書人をY、第二裏書人をB、第三裏書人をCとする)。Xは、平成六年(一九九四年)一二月五日支払地である台北市で台湾法に定める呈示の方式に則って本件手形を支払いのため呈示したが支払いを拒絶され

たとして、第一裏書人欄に日本に帰化する前の台湾名が記載されていた被告Yに対して、手形金二億八八八万七五〇〇円及び利息を請求した（Xの主張によれば、本件裏書地は日本である）。

第二節　判　旨

請求棄却。

㈠「本件手形には受取人の記載がなされていない。……台湾法上……少なくとも裏書の担保的効力は認められるものと解される」。

㈡「振出しの方式については振出地法である台湾法が準拠法となる。

……台湾手形法は、受取人」を「手形要件と規定している（同法一二〇条一項三号……）が、本件手形は、受取人欄……に記載がない。しかし、手形要件の欠缺がある場合の補充規定も振出しの方式の一問題として振出地法が準拠法になると解されるところ、同法には、……『受取人の記載がないときは、所持人をもって受取人とする。』（同条三項）との規定がある。……ともかくも右規定により欠缺が補充され、結局本件手形は台湾法上適法に振り出されたものといえる。」

㈢―「本件裏書は日本でなされたのであるから、その効力についての準拠法は日本法である（手形法九〇条二項）。

……本件手形には受取人欄……の記載がされていない。このような手形は、台湾法上は適式であると解されるのに対し、日本法上は未完成手形である。本件の争点は、結局のところ、裏書人に対する遡求権を保全するために呈示されるべき手形は、振出地法上適法な手形か、それとも、裏書地法上の手形要件を充足した手形か、というに帰する。

……手形債務者にとって最も関係の深い法律を準拠法とすることが各行為者の利害に合致し、行為地の手形取引を保護することにもなり、さらには手形の流通に資するものと考えられる。そして、各行為地法が各行為者にとって最も認識しうべき関係の深い法律といえることから、手形法は、各行為地法を方式及び効力につき準拠法とすることを原則としたものと思われる。……

……手形法は、……手形債務者の権利義務を手形行為の効力と総称して、各行為につき最も密接と思われる地の法を準拠法とした。各行為につき最も密接と思われる地の法は、各行為者にとって、最も知りうべき法でもある。各行為者は、知りうべき法にしたがって義務を負い、かつ、これをもって足りる。したがって、裏書人に対し遡求権を行使するための呈示についても、その効力の判断は裏書地法によるものであり、その前提である手形要件の内容も裏書地法により定まるというべきである。

このことは、『振出しの方式は振出地法により定まる（手形法八九条一項）。』ことと矛盾するものではない。八九条一項は、振出地法上基本手形が形式上有効に成立し存在する以上、その形式的有効性は裏書等地国でも承認されるべきであって、たとえ裏書等地法上手形要件を具備していない場合でも有効な裏書等をなしうる、ということにとどまるものである。それ以上に、裏書等の効力の判断においても当然に振出地法上の評価に拘束され、それ以外の評価を許さないとまでしなければならないものではない。

このように解しても、手形の流通を阻害することにはならない。なぜなら、各行為者の相手方もまた、当該行為地法を知り、したがって当該行為を有効ならしめる要件を認識しているものと思われるからである。

もっとも、日本の手形法の法定要件は、諸外国法のに比して厳格といえるから、外国で振出時においてすでに振出地法上の手形要件を具備して完成手形として振り出された手形でも、日本の手形法の要件を充たしていないことはありうる。しかし、実際に流通している外国手形の多くには、日本の手形法の法定要件事項については、たとえそれが振出国法上の要件とされていない場合であっても、その記載欄があるし、右事項の記入がされていない場合（行為地法により、手形要件ではない場合も、未完成手形の場合もありうる）。でも、多くの場合は所持人に補充権が付与されていると解されるから、所持人において補充すれば足りるものである。所持人は、手形面に外国でなされた手形行為がある場合、その行為者に義務の履行を求めるには行為者の行為地法〔の〕確認を要することになるが、これは手形法九〇条よりすれば当然であるし、実際上も、このことをもって所持人に過大の負担を強いるものとはいえない。所持人は概ね国際取引に関与するものであるうえ、各手形法とも手形の性質からして国ごとの固有部分は少なく、手形要件も法体系ごとに概ね定まっているからである。」

2　「本件手形の受取人欄……に記載がない……から、日本における裏書人であるYに対し、遡求権保全の要件である適法な呈示はなされていないことになる。」

第三節　評　釈

「本判決に異論」がある。

本判決は、数少ない渉外手形判決であり、かつ、約束手形の裏書人に対する遡求権を保全するための支払呈示における手形要件の準拠法についての最初の判決である。

㈠　判旨㈠は、本件手形の裏書に担保的効力があることを台湾法によって判断しているようである。しかし、裏書の担保的効力は、裏書の効力の問題として裏書地法による（手形法九〇条二項本文）と解されている（田中誠二ほか・コンメンタール手形法（昭四六）一一二八頁）。したがって、本件では、Yによる裏書の担保的効力の準拠法は、日本法になるはずである。ただ、日本法でも、受取人白地の約束手形における裏書に担保的効力が認められており

（受取人白地のままの支払呈示に遡求権保全の効力を否定した最判昭和四三・一〇・八判時五四〇号七五頁は、このことを前提とする）、結論は変わらない。

㈡　判旨㈡は、本件手形の振出しの方式の準拠法である台湾法（同八九条一項）によって本件手形が適法に振り出されていることを確認し、その前提として、手形要件の欠缺の補充についても振出しの方式の問題と解している。この判断は、通説（例えば、川上太郎「国際私法上に於ける基本手形と爾後の手形行為との関係」国民経済雑誌六四巻六号（昭一三）七八〇―七八一頁、実方正雄「手形の渉外関係」手形法・小切手法講座第五巻（昭四〇）二五〇頁）と一致するものである。

㈢⑴　判旨㈢―は、まず本件裏書の効力の準拠法が日本法であることを確認したうえで、本件の争点はYに対する遡求権を保全するための支払呈示における手形要件の準拠法が（振出しの方式の問題として）振出地法である台湾法になるか（裏書の効力の問題として）裏書地法である日本法になるかだと指摘する。そして、判旨は、詳細な理由を付して裏書地法によるとの結論を採っている。しかし、結論にも理由づけにも疑問がある。

判旨は、裏書地法である日本法を準拠法とする理由として、「手形債務者にとって最も関係の深い法律を準拠法とすることが各行為者の利害に合致」すること、「各行為につき最も密接と思われる地の法は、各行為者にとって、最も知りうべき法であ」り、「各行為者は」それ「にしたがって義務を負」えば「足りる」こと、「各行為地法が各行為者にとって最も認識しうべき関係の深い法律といえること」を挙げている。確かに、手形債務者（本件では、裏書人Y）の行為だけを考えるなら、判旨のように言えるかもしれない。そして、その意味で、裏書地法を裏書の効力の準拠法とする手形法九〇条二項は、裏書人の（抵触法上の）利益を十分に反映していると考える。しかし、支払呈示における行為者は、（裏書人ではなく）所持人（本件では、X）である。したがって、ここでは、所持人の利益にも配慮する必要があるのではないか。

この点、判旨は、ここでの問題を裏書地法で処理しても「手形の流通を阻害することにはならない」とし、その理由として、「各行為者の相手方もまた、当該行為地法を知り」当該行為の有効要件を認識していると思われることを挙げる（川上「手形行為の効力の準拠法に就いて」国民経済雑誌六二巻一号（昭一二）五一頁が、行為地法は行為時に当事者双方が直ちに知り得る法だということを既に指摘している）。確かに、裏書譲渡の場合、裏書人の「相手方」、すなわち、裏書人から手形を譲り受けた者についてはそのように言えるかもしれない。しかし、本件のXは、この「相手方」には該当しないはずである。

また、判旨は、本件のように振出地法上適法に振り出された手形に「日本の手形法の法定要件事項……の記入がされていない場合……でも、多くの場合は所持人に補充権が付与されていると解されるから、所持人において補充すれば足りる」とする。確かに、日本法が準拠法になることを前提とすれば、「多くの場合」についてそのように言えるのかもしれない。しかし、本件手形の受取人欄について実際にXに補充権が付与されていたかについての検討は、全くなされていない。

さらに、判旨は、「所持人は、……行為者に義務の履行を求めるには行為者の行為地法〔の〕確認を要することになるが、これは手形法九〇条よりすれば当然であるし、実際上も、このことをもって所持人に過大の負担を強いるものとはいえない」とする、確かに、裏書地法が準拠法になることを前提とすれば、そのように言えるかもしれない。しかし、以上の検討から、判旨が裏書人に対する遡求権を保全するための支払呈示の準拠法を裏書地法とする根拠は、ほとんど示されていないと考える。したがて、本件で、裏書地法を準拠法とすることが「所持人に過大の負担を強いるものとはいえない」のかどうかについては、検討の余地があるのではないか。そこで、所持人の利益をも考察の対象とする。

(2)　手形法九〇条二項は、判旨の述べるとおり、裏書の効力について、裏書に最も密接に関連し裏書人が最も知りうるはずの裏書地法を準拠法としている。そして、遡求権保全の要件、例えば支払呈示の要否については、裏書の効力の問題に属するとして右規定の適用対象と解されている。これに対して、右規定によって導かれた裏書地法によって遡求権を保全するためにある行為が必要だとなった場合にそれがどのような方法でなされるべきかという点は、「手形上ノ権利ノ……保存ニ必要ナル行為ノ方式」の問題として九三条の適用対象となり、「其ノ行為ヲ為スベキ地ノ属スル国ノ法律ニ依」ると解されている（以上、実方・前掲二五三―二五四頁、大隅健一郎＝河本一郎・注釈手形法・小切手法（昭五二）四六六頁）。これによれば、支払呈示の方法についての準拠法は、呈示をなすべき地の法律（実方・前掲二五八頁）、すなわち支払地の属する国の法（大隅＝河本・前掲四六七頁）ということになる。

支払呈示の準拠法がその要否と方法とで異なるとすると、ここでの問題、すなわち、裏書人に対する遡求権を保全するための支払呈示における手形要件の準拠法は、支払呈示の要否の問題として裏書地法である日本法になるのか、その方法の問題として支払地法である台湾法になるのか。この点こそが、本件の争点になるべきだったと考える（ちなみに、少なくともY側の訴訟代理人でさえ、X側から九三条を根拠とした主張および控訴が当然なされるはずだと考えていたようである）。

ここで支払呈示の機能を考えると、呈示期間内に適法な呈示がなされることによって、振出人（ないし支払担当者。以下同じ）は手形金を支払わなければならない地位に立たされる。そして、通常は、適法な呈示にもかかわらず振出人が支払拒絶して初めて、裏書人は遡求義務を履行しなければならなくなる。だとすると、裏書人にとっての支払呈示の意味は、それによって振出人がいったんは手形債務を履行しなければならない地位に立たされたことにあるのではないか。そして、振出人がそのような地位に立たされるには、裏書地法上適法な呈示がなされても意味はなく、振出人の義務の効力の準拠法（九〇条一項）でもある支払地法上適法な呈示がなされることが必要なのではないか。

所持人の利益の観点からも、（支払呈示の要否は遡求義務を負担する裏書人の利益に配慮して裏書地法を調査すべきだと言えるのかもしれないが）手形要件についてまで所持人が裏書地法を調査すべきだとすると、裏書地を異にする裏書人が複数いる場合に、それらに対する遡求権を保全しようとすれば複数の裏書地法上の手形要件を調査せねばならなくなるが、それでは「所持人に過大の負担を強いる」ことになるのではなかろうか。また、右の場合に一つの遡求権しか保全されていなかったとすると、遡求義務を履行した裏書人が再遡求できなくなってしまうのではないか。だとすると、裏書地法によることは、裏書人にとっても、常に利益になるとは限らないのではないか。

(3)　以上の検討から、約束手形の裏書人に対する遡求権を保全するための支払呈示における手形要件の準拠法は、支払呈示の要否の問題として裏書の効力の準拠法である裏書地法になるというのではなく、その方法の問題として権利保全の要件の準拠法である支払地法になり、本件では日本法ではなく台湾法になるべきだと考える（なお、支払地法である台湾法が適法に振り出された手形を支払呈示の要件としているなら、手形振出しの適法性については、振出地法である台湾法によって判断されることになるのではないか）。

したがって、裏書地法である日本法を適用した判旨は疑問である。本件では当事者の争い方に問題があり、その意味で、本判決の意義はあまり大きくないと考える。

（ジュリスト一一三九号、一九九八年）

22 一九一三年米国内発行著作物の職務著作・我が国著作権譲渡等の準拠法

東京高裁平成一三年五月三〇日判決

①（平成一一年(ネ)第六三四五号、甲野太郎対キューピー株式会社、著作権侵害差止等請求控訴事件）、判例時報一七九七号一一一頁

②（平成一二年(ネ)第七号、甲野太郎対ローズ・オニール遺産財団ほか一名、著作権侵害差止等請求、独立当事者参加控訴事件）、判例時報一七九七号一三一頁

〔参照条文〕 法例七条一項・一〇条、日米間著作権保護ニ関スル条約一条本文、万国著作権条約三条一項、文学的及び美術的著作物の保護に関するベルヌ条約五条⑴項、旧著作権法一条一項・二八条本文、著作権法七七条一号、信託法一一条

第一節 事実

控訴人X（①事件原告・②事件参加人—日本人）は、米国人訴外Aが一九一三年に米国で発行したキューピー人形に係る本件著作物の我が国における著作権（以下「本件著作権」という）を、Aが一九四四年四月六日に死亡した後その遺産を承継管理する②事件被控訴人（同原告）Z財団から平成一〇年五月一日に譲り受け、八月二五日に移転登録を受けた（なお、本件著作物の米国における著作権は、一九四一年に保護期間が満了している）。

被控訴人（被告）Y_1会社（①事件）・Y_2銀行（②事件）は、日本の株式会社であり、キューピーのイラスト・人形を七〇年以上にわたり使用している。そこで、Xは、ZがY_2に対して提起した著作権侵害差止等請求訴訟の一審係属中（Zからの前記譲受けを経て）片面的独立当事者参加をし（②事件）、Y_1に対して同様の訴訟を提起した（①事件）。

原判決（東京地判平成一一・一一・一七判時一七〇四号一三四頁）は両事件でXの請求を棄却した。そこで、Xは控訴するとともに同人が本件著作権の著作権者であることの確認を追加請求した。ここでは準拠法判断を伴う判旨を主に示す（保護期間については、追記参照）。

第二節　判　旨

①事件――控訴棄却、追加請求認容。②事件――原判決取消、原請求棄却、追加請求認容。（判旨㈠は①事件の、㈡は②事件の、㈢以下は両事件で同一の判示）

㈠　「一九一三年当時、日米両国は、日米著作権条約により相互に内国民待遇を与えていたところ、アメリカ合衆国国民が同国内において創作、発行した著作物が……我が国において保護を受けるためには、……何らの方式を……要しないと解するのが相当である。なぜならば、著作権保護における内国民待遇とは、締約国の国民の著作物又は締約国で第一発行された著作物が、他の締約国において当該国の著作物と同様の保護を受けることを意味するところ（万国条約三条一、ベルヌ条約五条⑴参照）、当該国の著作物と同様の保護とは、著作権保護に一定の方式を要する当該国においては、その方式を具備することを要し、上記方式を要しない当該国においては、その方式を要しないと解するのが『同様の保護』という内国民待遇の内容に沿うからである。また、このように解さなければ、無方式主義を採る国において発行された著作物と方式主義を採る国において発行された著作物との間において、合理性を欠く保護の不均衡を生ずるといわなければならない。

そして、方式主義国と無方式主義国との調整を図る万国条約が、方式主義国における著作権保護のために当該方式国外において発行された著作物について著作権表示を要件とし（三条一）、無方式国における保護についてこれに対応する規定を設けていないのは、上記の趣旨に基づくものと解することができる。」

㈡「職務著作に関する規律は、その性質上、法人その他使用者と被用者の雇用契約の準拠法国における著作権法の職務著作に関する規定によるのが相当であるから、……アメリカ合衆国法によることになる。」「本件著作物について、……職務著作物と認める余地はなく、本件著作権は、……原始的にAに帰属したものというべきである。」

㈢―「著作権の譲渡について適用されるべき準拠法を決定するに当たっては、譲渡の原因関係である契約等の債権行為と、目的である著作権の物権類似の支配関係の変動とを区別し、それぞれの法律関係について別個に準拠法を決定すべきである。」

2「著作権移転の原因行為である譲渡契約の成立及び効力について適用されるべき準拠法は、……法例七条一項により、……明示の合意がされていない場合であっても、契約の内容、当事者、目的物その他諸般の事情に照らし、当事者による黙示の準拠法の合意があると認められるときには、これによるべきである。……本件著作権の譲渡契約は、アメリカ合衆国ミズーリ州法に基づいて設立されたZが、我が国国民であるXに対し、我が国国内において効力を有する本件著作権を譲渡するというものであるから、……我が国の法令を準拠法とする旨の黙示の合意が成立したものと推認するのが相当である。」「XとZとは、本件著作権について、上記譲渡契約を有効に締結したということができる。」

3「著作権は、その権利の内容及び効力がこれを保護する国（以下『保護国』という。）の法令によって定められ、また、著作物の利用について第三者に対する排他的効力を有するから、物権の得喪について所在地法が適用されるのと同様の理由により、著作権という物権類似の支配関係の変動については、保護国の法令が準拠法となるものと解するのが相当である。」「我が国の法令の下においては、上記の本件著作権譲渡契約が締結されたことにより、本件著作権はZからXに移転したものというべきである。」

㈣「仮に、Z管財人BがCに対し本件著作権を譲渡し、この譲渡契約が有効であるとしても、上記のとおり、ZからXに対する本件著作権譲渡による物権類似の支配関係の変動については、本件著作権の保護国である我が国の法令が準拠法となるから、本件著作権について、Cに対する譲渡とXに対する譲渡とが二重譲渡の関係に立つにすぎず、Xに対する本件著作権の移転が効力を失うものではない。

我が国著作権法上、……Xは、Yに対し、対抗要件の具備を問うまでもなく、本件著作権を行使することができる。」

㈤「上記のとおり、本件著作権譲渡契約の有効性については、我が国の法令が準拠法となるところ、我が国の法令上、ZからXに対する本件著作権の譲渡が……訴訟信託に当たると認めるに足りる証拠はない。」

第三節　評　釈

判旨に若干の疑問がある。

本判決は、日米著作権条約の時代に方式主義国であった米国で発行された著作物が我が国で保護されるために発行国である米国の方式を具備することの要否、職務著作・我が国著作権の譲渡・訴訟信託の準拠法など多くの点について判示した貴重な判決である。

㈠　判旨㈠は、本件著作物が我が国で保護されるのに何らの方式を要しないと結論し、その理由として日米著作権条約による内国民待遇の相互付与をあげ、内国民待遇の意味につき万国著作権条約三条一項、ベルヌ条約五条(1)

項を参照している。しかし、内国民待遇と合わせて著作物の本国法上の方式の履行を要求する一八八六年ベルヌ創設条約二条のような例もあり（この趣旨につき、例えば、水野錬太郎「著作権ニ関スル方式ヲ論ス」法協一九巻八号（一九〇一）六三六頁、駒田泰土「ベルヌ条約と著作権の権利に関する国際私法上の原則」国際九八巻四号（一九九九）四六頁参照）、端的に日米著作権条約の内容を検討すべきである。

日米著作権条約一条本文は、「両締約国ノ一方ノ臣民又ハ人民ハ文学及美術ノ著作物並写真ニ付他ノ一方ノ版図内ニ於テ其ノ国ノ臣民又ハ人民ニ許与セラルル保護ト同様ノ基礎ニ於テ不正ノ複製ニ対シ著作権ノ保護ヲ享有スヘシ」と規定し、内国民待遇のみを定めている。判旨の結論はこの規定から導かれるのであり、その結論には賛成する。但し、この規定については「米国人民ハ単ニ著作若クハ発行ナル事実ニヨリテ我国ニ於テ著作権ヲ享有スルコトヲ得ヘシ、之ニ反シ我著作者カ米国ニ於テ保護ヲ受クルニハ我国ニ於テ著作物ヲ発行シタルヲ以テ足レリトセス、……不均等相互主義ナリ」（水野「著作権保護ニ関スル日米協約ニ就テ」法協二四巻六号（一九〇六）七三六―七三七頁。神出七郎・日米間の著作権保護の沿革⑴（一九八七）四六頁も同旨）と評されているとおりで、方式主義国と無方式主義国との間での内国民待遇の単なる相互付与は、判旨の理解とは逆に、かえって「合理性を欠く保護の不均衡を生ずる」。そこで、この「甚しい不均衡」を避けるため後に創設されたのが、万国条約三条一項ということになる（歴史的経緯につき、高野雄一「著作権の国際的保護」法協七三巻三号（一九五六）三一六―三一七頁参照）。以上の意味で、判旨の理由づけは疑問である。

㈡　判旨㈡は、職務著作の準拠法に関する初めての判示であり、職務著作に関する規律は雇用契約の準拠法国における著作権法の職務著作に関する規定によるとする。著作権が使用者と被用者のどちらに帰属するかという問題は、両者間の利益配分の一環である。したがって、両者に最も密接に関連する労働関係の準拠法で一元的に処理すべきである（田村善之・著作権法概説〔第二版、二〇〇一〕五六五頁とほぼ同旨）。これに対して、実質法上この規律は被用者の創作意欲に関係するから各国の政策によって決定されるべきであるとか、原始的な権利の取得者に関する規律は各国の法律でなければ決められないというような理由から、保護国法によるべきだとする考え方もありうる。しかし、職務著作につき被用者が創作時に意識する法律は、労働関係の準拠法以外にあまり考えられないのではないか。また、著作権の成立は各保護国法によるとしても、成立した著作権が原始的に誰に帰属するかはそれとは別問題だと思われる。以上の点から、判旨に基本的に賛成する。但し、職務著作に関する規定なら、著作権法上の規定に限られないはずである。なお、雇用契約の準拠法国以外の国の強行法規の特別連結の可能性は、本件では問題になっていない。

㈢一　判旨㈢は、著作権譲渡の準拠法につき明確に判示し、譲渡の原因である債権行為と物権類似の支配関係の変動とを区別し、別個に準拠法を決定すべきだとする。従来の裁判例には、ドイツ人・ドイツ法人間、イタリア人・イタリア法人間の各著作権譲渡の効力ないし対抗力に当然に日本法を適用したもの（①東京区判昭和一一・一二・二八評論二六巻諸法四二七頁。但し、山本桂一〔判批〕渉外百選〔増補版、一九七六〕二〇九頁、斎藤博〔判批〕渉外百選〔第二版、一九八六〕二四九頁とも、準拠法判断のない点を批判する）、我が国著作権の譲渡等の処分につき契約準拠法＝スペイン法（法例七条一項）により判断したと読めるもの（②東京地判平成九・九・五判時一六二一号一三〇頁）が見当たるくらいである。学説にもあまり議論がなく、譲渡契約の準拠法での一括処理を示唆するものもある（山本・前掲二〇九頁）が、物権変動一般の処理に合わせて本判決と同旨を説くもの（例えば、斉藤・前掲二四九頁、松岡博編・現代国際取引法講義〔一九九六〕一九二頁〔江口順一＝茶園成樹〕）が多数であろう。

しかし、譲渡当事者間に関する限り、当事者に最も密接に関連する譲渡契約の準拠法で一括処理すれば足りるのではないか。また、判旨㈡は使用者と被用者のいずれに本件著作権が帰属するかにつき両者間の契約の準拠法によっており、ここでも譲渡の当事者であるZとXのいずれに本件著作権が帰属するかという問題として同様に処理するのが論理的に一貫するのではないか（但し、本件では、いずれにしても日本法のみが準拠法となる）。法律行為による物権変動についての最近の裁判例は、損害保険契約による自動車の所有権の代位取得につき判例七条二項により準拠法を決め（③東京高判平成一二・二・三判時一七〇九号四三頁。賛成：森田博志〔判批〕ジュリ一一九三号（二〇〇一）一二六頁。反対：横溝大〔判批〕判評五〇二号〔判時一七二五号、二〇〇〇〕六〇頁、楢崎みどり〔判批〕平成一二年度重判解〔ジュリ一二〇二号、二〇〇一〕二九二頁）、ベルギー所在の大券が表章するワラントの共有持分の移転につき売買契約の準拠法（法例七条一項）によっており（④仙台高秋田支判平成一二・一〇・四金商一一〇六号四七頁。反対：早川吉尚〔判批〕平成一二年度重判解〔ジュリ一二〇二号、二〇〇一〕二九五頁）、学説・裁判例の今後の展開を注視したい。

2　判旨㈢2は、著作権の譲渡契約の準拠法につき、法例七条一項により、明示の合意がなくても黙示の合意によるとし、本件譲渡契約の準拠法を日本法とする。特に問題はない。但し、「目的物」とあるのは「譲渡の対象」とでもした方が適切ではなかろうか。

3　判旨㈢3は、著作権という物権類似の支配関係の変動の準拠法を保護国法とし、本件著作権の譲渡につき日本法を準拠法とする。ZX間の本件譲渡の効力を第三者に対抗する際の要件・効果という点に関する限りにおいて、判旨に賛成する。

㈣1　判旨㈣の前段は、仮に本件著作権につきZから（Xにとっての）第三者に対する先行譲渡があったとしてもXへの譲渡の効力は失われないとし、それを判旨㈢3で導いた準拠法によって判断している。これは我が国著作権をめぐる二重譲渡の譲受人間の優先劣後の問題と関係する。したがって、対第三者関係の問題として日本法で判断すべきであり、この意味では判旨に賛成する。

2　判旨㈣の後段は、XがYに対し本件著作権を行使するためには対抗要件の具備は不要だとし、それを「我が国著作権法」で判断している。しかし、この準拠法がどのように導かれたのかが明確でない。仮に、これが前段を受けているのだとしたら、疑問である。ここでの問題は、Xの譲り受けた本件著作権が第三者対抗力を有するか（著作権譲渡の問題）ではなく、対抗力を有する著作権のみが侵害行為から保護されるのか（著作権侵害の問題）である（同様の齟齬は①判決においても生じており、山本・前掲二〇九頁、斉藤・前掲二四九頁ともこの点を指摘している）。したがって、ここではベルヌ条約五条⑵項によって準拠法を決めるべきである。同条項の「保護が要求される同盟国の法令」という文言の解釈については、保護国（利用行為地）法説（多数説である。例えば、道垣内正人「国境を越えた知的財産権の保護をめぐる諸問題」ジュリ一二二七号〔二〇〇二〕五五―五六頁、作花文雄・詳解著作権法〔第二版、二〇〇二〕六五六頁、田村・前掲五六二頁）のほか諸説があるが、本件ではいずれにしても日本法が準拠法になる。したがって、判旨の結論に限り賛成する。

㈤　判旨㈤は、本件譲渡が訴訟信託に当たるかという問題を本件譲渡契約の有効性の問題と理解し、当該契約の準拠法である日本法を適用している。従来、債権譲渡に日本法が適用されるとしても当該債権譲渡は信託法一一条により無効だとした判決（⑤東京高判平成五・六・二八判時一四七一号八九頁）があり、本判決はそれに続き実体問題としての処理を行ったことになる。これに対し、訴訟信託を禁じる信託法一一条の趣旨が任意的訴訟担当の許否という手続問題において参照される（その許否の基準につき、最大判昭和四五・一一・一一民集二四巻一二号一八五四頁参照）ことから、訴訟信託の禁止を手続問題と解することも可能ではあろう（早川〔判批〕ジュリ一〇五〇号〔一九九四〕一九六頁がこの立場である）。ただ同条には、受託者が不当な利益を追求することにより委託者の実体的利益が侵害されるのを防止するという趣旨もあり（この点につき、例えば、四宮和夫・信託法〔新版、一九八九〕一四四頁、新井誠・信託法〔二〇〇二〕一八九頁参照）、実体問題の側面もあると考える。その意味で、本件譲渡が訴訟信託に当たるかという問題に、ZXに最も密接に関連する本件譲渡契約の準拠法としての日本法を適用した判旨に賛成する。

＊　本件著作権の保護期間については重要な争点ではあるが紙幅の関係で割愛する。本判決の評釈として、作花文雄〔判批〕コピライト二〇〇二年一月号二三―二七頁、駒田泰土〔判批〕著作権研究二七号〔二〇〇三〕二七九―二八一頁がこの点を論じている。

（ジュリスト一二四八号、二〇〇三年）

第七部　国際私法総論

23　米国人夫婦を養親とする養子縁組といわゆる隠れた反致

青森家裁十和田支部平成二〇年三月二八日審判（平成一八年(家)第二五二号、養子縁組許可申立事件）〔趣旨変更後の事件名、特別養子縁組申立事件〕、家庭裁判月報六〇巻一二号六三頁

第一節　事実の概要

申立人X_1（国籍――米国）は、米国a州で出生し、現在も実母と妹は同州内に居住しているが、父はb州に居住している。他方、申立人X_2（国籍――米国）は、米国テネシー州で出生し、実母や兄、妹は現在も同州内に居住している。Xらは、一九八七年にテネシー州内の高校を卒業して同州内で婚姻し、一九九六年(平成八年)ころ共に来日して無期限で○○県○○市内で生活しており、現時点では帰国の予定はない（伏せ字は、家月のママ。以下、同じ）。

事件本人Z_1（国籍――日本）は、平成一八年(二〇〇六年)に○○県○○市内の病院で事件本人Z_2の非嫡出子として

出生し、貧血などの治療後に退院、そのまま○○市内在住者が主宰する民間の養子縁組斡旋機関のスタッフに預けられた。

事情を知ったXらは、Z_1を引き取り現在まで同居して生活している。そして、テネシー州法に基づきZ_1を養子とすることの許可を求める本件申立てを行い、その後その申立ての趣旨を日本法上の特別養子縁組申立てに変更する旨の申立てを行った。なお、X_1・X_2とも、各自の本国法がテネシー州法であることを前提に本件申立てを行っている。

第二節　審判要旨

認容（確定）。

(i)「本件養子縁組に関する準拠法は、法の適用に関する通則法（以下『通則法』という。）三一条一項前段により、……Xらの本国法が適用される。

Xらはいずれもアメリカ合衆国の国籍を有しているが、同国は地域（州）により法を異にする国であるため、通則法三八条三項により、各Xの本国法が同国内のどの州法となるべきかを検討すべきところ、同国内には、その適用法を統一して指定する規則がないと認められるから、当事者に最も密接な関係がある地域の法が、その本国法になると解すべきである。」

「X_1は、その出生地こそテネシー州ではないものの、同州内の高校を卒業し、同州出身のX_2と同州内で婚姻し、同州内での○○学校も卒業して同州内で□□としての資格を得、X_1自身も同州法を自身の本国法として本件申立てを行っているのであるから、X_1と最も密接な関係がある地域とはテネシー州であると認められ」る。

「X_2は、テネシー州で出生し、同州内の高校を卒業し、同州内でX_1と婚姻し、現在も実母や兄、妹は同州内に居住しており、X_2自身が同州法を自身の本国法として本件申立てを行っているのであるから、X_2と最も密接な関係がある地域もテネシー州であ」る。

(ii)「Xらはいずれも平成八年（一九九六年）ころから日本国の○○県○○市内に居住し、現時点では、無期限で同所での生活を続けるつもりであって、アメリカに帰国する予定はないというのであるから、英米法上にいうところの住所（そこを本拠〔home〕とする意思〔永住意思〕をもって居住する地域）たるドミサイル（domicile）は、日本国内にあると認められる。」

「テネシー州法（三六－一－一一四）では、養子縁組の場合の裁判管轄権は、①養子縁組の申立人の居住地、②子の居住地、③子が公的機関による保護を受けるに至った時の居住地、④子の監護権又は後見の権利を有する公認機関もしくは子の引渡を受けている公認機関の所在地、のいずれかにあることが規定されており、他方で、……アメリカ抵触法第二リステイトメント……二八九条によれば、裁判所は、養子縁組の裁判につき、常に、当該法廷地法を適用する旨定めているところである。」

「Xらのドミサイルも、……Z_1の住所（すなわち、英米法上のドミサイル）も日本国内にあり、他方でZ_1の監護権や後見業務に携わっている公認機関があるとはいえない……本件においては、テネシー州法上も、その裁判管轄権は我が国のみにあることとなる」。

「かかる場合においては、裁判管轄権を有する法廷地法をもって事件審理の準拠法とする旨定めた前記アメリカ抵触法第二リステイトメント二八九条の法理に従い、本申立てについてのいわば専属的な裁判管轄権のある日本法が、その準拠法として適用される（すなわち、いわゆる『隠れた反致』理論により、Xらの本国法（テネシー州法）上、日本法への反致が成立する。通則法四一条）と解するのが相当である。またこのように解しても、それがXらの本国法（テネシー州法）上の公序に反するとは認められないし、養子となるべき者の保護、利益を勘案して決されるべき日本法に基づく養子縁組裁判の結果は、Xらの本国法（テネシー州法）上も十分承認され得るものと解される。となれば、結局本件養子縁組に関する準拠法は、日本法ということになる。」

第三節　解説

本審判は、米国人を養親とする養子縁組について、平成元年法例改正後は途絶えていたいわゆる隠れた反致を久々に認めた事例である。

㈠　審判要旨(i)前段は、本件養子縁組の実質的成立の準拠法につき、養父子関係と養母子関係とで各別に決定すべき旨を述べている。これは、従来の裁判例（平成元年法例改正後では、例えば、①盛岡家審平成三・一二・一六家月四四巻九号八九頁、②札幌家審平成四・六・三家月四四巻一二号九一頁、③神戸家審平成七・五・一〇家月四七巻一二号五八頁・通説（例えば、山田鐐一『国際私法〔第三版〕』〔平一六〕五〇五頁、溜池良夫『国際私法講義〔第三版〕』〔平一七〕五一〇頁、澤木敬郎＝道垣内正人『国際私法入門〔第六版〕』〔平一八〕一三五頁、神前禎ほか『国際私法〔第二版〕』〔平一八〕一九二頁〔神前〕）に沿った処理である。

このような通説的処理に対して、効力については養父の本国法と養母の本国法とを累積適用する点で一貫性を欠く旨の批判（北澤安紀〔①審判批判〕ジュリ一〇三七号〔平六〕二五八頁）等に賛成したうえで、夫婦の分断にはきちんとした理論的根拠がなく実際上も夫婦の一方の本国法が単独縁組を認めれば（他方の本国法の内容とは無関係に）その一方は単独縁組できてしまう等の問題を指摘して、養親が夫婦の一方または双方である場合には法例二〇条一項前段の「養親ノ本国法」（法適用通則法三一条一項前段では「養親となるべき者の本国法」）とは（養親の身分関係にとっての最密接関係地法を準拠法とする趣旨から）養親夫婦の最密接関係地法である婚姻の一般的効力の準拠法（法例一四条〔通則法では二五条〕）を意味すると解釈する新説（森田・後掲論文七六―七八頁）が登場している（これと類似のドイツ民法施行法二二条一項第二文、この規定を援用する石黒・後掲論文三九二頁、この規定が追加される前の有力な解釈論である Görgens, Legitimation und gemeinschaftliche Adoption im internationalen Privatrecht, FamRZ 1978, 765も参照）。

なお、最近の審判（④宇都宮家審平成一九・七・二〇家月五九巻一二号一〇六頁）は、夫婦を分断する通説的処理に従いつつ、公序審査においては夫婦を一体的に考慮しており、論理的な綻びが見られる（森田博志〔判批〕千葉大学法学論集二三巻三号〔平二〇〕一六五頁）。

(二) 審判要旨(i)前段は、次に、米国が地域的不統一法国であることから、各養親の本国法がどの州の法かを特定する作業に進んでいる。そして、まず、米国には当事者の本国法を特定するための統一的な「規則」（通則法三八条三項）がないことを確認している。この判断には下級審ながら先例があり（⑤横浜地判平成三・一〇・三一家月四四巻一二号一〇五頁、⑥横浜地判平成一〇・五・二九判タ一〇〇二号二四九頁）、本審判でほぼ確立したものと思われる。

これを受けて、審判要旨(i)後段は、各養親につき「最も密接な関係がある地域」（通則法三八条三項括弧書）を探求している。そして、X_2については、テネシー州内に出生地、出身高校、婚姻地、実母・兄妹の居住地が存在していることから、米国内の最密接関係地域は同州だとしている。他方、X_1についても、同州内に出身高校、婚姻地、〇〇学校が存在していることから、米国内の最密接関係地域は同州だとしている。しかし、X_1の出生地や実母・妹の居住地はａ州にあり、認定事実からは（伏せ字のためか）高校卒業後の居住地などが明らかでなく、（夫婦を分断する前提を採る限りは）滞日一〇年以上のX_1にとっての最密接関係地域はａ州ではないのかという強い疑問が残る（X_1本人がテネシー州法を前提としたことは、同州との客観的な密接関連性を示すものでなく、理由にならない）。

なお、夫婦を一体的に扱い通則法三一条一項前段の「養親……の本国法」を同二五条を通じて決定する新説（前述(一)参照）においては、同一本国法の決定が問題になる。これについては、各当事者の本国法を特定した後で同一性を判断するのが通説である（例えば、山田・前掲八四頁、溜池・前掲四四三頁、道垣内・後掲一八八頁、神前ほか・前掲一七一頁〔神前〕）。しかし、これでは、準拠法の特定の後でなければ連結点の確定が完了しなくなる。四つのプロセス論（道垣内・後掲三五―四一頁、神前ほか・前掲二八頁以下〔元永和彦〕）からも、本国法主義の規定が国籍を連結点とすることを直視する見解（西賢『属人法の展開』〔平元〕二一六頁、石黒一憲『国際私法〔第二版〕』〔平一九〕一五六頁）からも、本件では「米国法」が同一本国法となり、それを通則法三八条三項括弧書により（Xらを一体的に捉えて）特定するとテネシー州法が導かれると解するのが、筋だと考える（この立場では、通則法四一条但書が働くため、反致の問題は出てこない）。

㈢　審判要旨(ii)は、いわゆる隠れた反致を認めている。隠れた反致とは、養子縁組など特定の単位法律関係については裁判管轄ルールのみが存在し自国に管轄が認められる場合には常に自国法を適用するような法が「当事者の本国法」として指定された場合において、その裁判管轄ルールによれば日本に管轄が認められるときには（本国法は法廷地法である日本法を準拠法とする趣旨だと読み込んで）「その国の法に従えば日本法によるべきとき」（通則法四一条本分）に当たると解し、反致の成立を認めるものである。

平成元年法例改正前には、米国関連の養子縁組事件でこれを認めた公表事例が二〇件近くあった（新しいものとして、⑦徳島家審昭和六〇・八・五家月三八巻一号一四六頁、⑧熊本家審昭和六一・一二・一七家月三九巻五号五九頁）。逆に、それを理論的に認めないもの（⑨東京家審昭和四一・九・二家月一九巻四号一一〇頁、⑩東京家審昭和四三・八・六家月二一巻一号一二八頁）を含め、米国の州法をそのまま適用している公表事例も数多くあった（新しいものとして、⑪東京家審昭和六二・三・二六家月四〇巻一〇号三四頁、⑫山口家徳山支審平成元・一〇・二六家月四二巻七号五二頁）。加えて、同改正後にも、反致に触れずにワシントン州法を適用したものがあり（⑬横浜家横須賀支審平成七・一〇・一一家月四八巻一二号六六頁）、「少なくとも法廷地法が直ちに準拠法となるという意味での隠れた反致は、結果的には認めていないのが実務の大勢」（司法研修所編・後掲一三五頁）と評される状況にあった。

学説には、（本国の管轄規定によれば本国にも我が国にも管轄が認められる場合には、本国の裁判所では本国法を適用して裁判できることになって「その国の法に従えば日本法によるべきとき」に当たらなくなるため）本国の管轄規定によれば専属管轄が日本にある場合にのみ、隠れた反致を認める有力説もある（溜池・前掲一六九頁、櫻田嘉章『国際私法〔第五版〕』〔平一八〕二一二頁）。本審判も、「本件においては、テネシー州法上も、その裁判管轄権は我が国のみにある」として、この点に触れている。しかし、そもそも、特定の単位法律関係について自国裁判所での外国法の適用を想定していない本国法にはその範囲では準拠法選択の発想がなく（道垣内・後掲二二九頁。カリフォルニア州養子法につき、炑場・後掲二七頁）、その意味で「その国の法」が「日本法による」ことを命じることはないのであり（多喜・後掲八四頁）、にもかかわらず我が国の側で勝手に本国法の双方化を行うのは問題である（石黒・後掲書一四八頁）。以上の点で上記の有力説は極めて疑問であり、最近では隠れた反致に否定的な見解が優勢であると言ってよいように思われる。

本審判は、テネシー州の具体的な管轄規定を確認しようとしている点では評価できる。しかし、裁判地（Venue：管轄権を有する裁判所が審理をすることのできる郡〔county〕）を定めた規定（TCA 36-1-114）ではなく、申立人の居住地要件（Residence requirements）を定めた規定（TCA 36-1-115（d）：申立人は、養子縁組の申立ての直前の連続した六カ月間、同州〔state〕に居住していなければならない）を参照すべきではなかったか（33 ALR3d 192f., 197からも、同州裁判所の管轄権〔jurisdiction〕を定めた規定は、後者と解される）。また、リステイトメントには学説と同等の権威はあるが拘束力はないのであり（田中英夫『英米法総論（下）』〔昭五五〕五一二頁）、「定めている」という引用の仕方も疑問である（以上、一般的な注意として、炑場・後掲四〇頁参照）。さらに、少なくともテネシー州では、「居住地」と「ドミサイル」は同義語ではないと解させており（In re Adoption of Mullins, 219 Tenn 666, 412 SW2d 896（1967））、同州養子縁組法上の要件ではない「ドミサイル」を基準としている点も、甚だ疑問である。

いわゆる隠れた反致については、課題が多いと言わざるを得ない。

〈参考文献〉

本審判の解説として
村重慶一・戸籍時報六四三号（平二一）九八頁
一般的な文献として
石黒一憲『現代国際私法（上）』（昭六一）一四五－一五八頁
同「国際的養子斡旋・養子縁組の諸問題」島津一郎教授古稀記念『講座・現代家族法(3)』（平四）三八七頁
多喜寛「隠れた反致」『国際私法の争点（新版）』（平八）八四頁
司法研修所編『渉外養子縁組に関する研究』（平一一）一二五－一六〇頁
道垣内正人『ポイント国際私法総論（第二版）』（平一九）一八六－一九一頁、二二八－二二九頁
烋場準一「渉外事件における外国法の取り扱いについて――『隠れた』反致論に関する疑問を契機に」戸籍時報特別増刊号六二六号（平二〇）一頁
森田博志「夫婦関係にある者による養子縁組の準拠法と夫婦の一体性の利益」千葉大学法学論集一九巻三号（平一六）四九頁

（ジュリスト一三九八号、二〇一〇年）

24 地域的不統一法国の国籍を有する者の本国法の特定と同一本国法

第一節　本稿の目的

一昨年（平成二〇年）春の国際私法学会から帰る新幹線のぞみ車中にて、大村芳昭教授から次のような興味深いお話を伺った。そのお話とは、当事者の同一本国法を適用すべき場合（婚姻の一般的効力に関する法の適用に関する通則法（以下、「通則法」とする）二五条や親子間の法律関係に関する同三二条）においては、後述する四つのプロセス論における第二プロセス（連結点の確定）で「本国法」が出てくるが、不統一法国の国籍を有する者の「本国法」の決定にあたっては、通説の手順によると、第三プロセス（準拠法の特定）に進んで本国法の特定（いわゆる本国法の絞込み）を行った後で改めて第二プロセスに戻り両当事者の本国法が「同一である」との判断をしていることになるのではないかという疑問が、受講者から提示されたというものである。[1]

これは、まさに鋭い疑問である。[2] 本稿の第一の目的は、この疑問を出発点とした考察を既に公にしてあるその私見について、対象を地域的不統一法国の国籍を有する者の本国法の特定に絞ったうえで従来の裁判例・学説を検討し、その検討を踏まえた論文の形に整えて正式に公表することである。[3]

さらに、本国法主義の意義を再確認することにより私見を別の面から基礎づけることができると思われ、その側面からの検討を加えることが本稿の第二の目的である。

なお、以上の検討から得た結論については、既に本年（平成二三年）四月に刊行された『平成二一年度重要判例解説』において簡潔に示したところであり、[4]本稿は、結論に至る過程の議論を詳細に記録するものにすぎない。

以上では、まず、平成元年法例改正により導入された段階的連結の第一段階である「同一本国法」の決定について、地域的不統一法国の国籍を有する者に関する法状況を確認する（**第二節**）。次に、本国法主義の意義、四つのプロセス論という二つの点から、通説に対し批判的検討を加える（**第三節**）。最後に、結論を示す（**第四節**）。

（1）　大村教授が非常勤で継続して「国際家族法」を担当しておられる大宮法科大学院の学生とのことであった。大村教授には、本研究科においても、昨年度後期の「国際私法基礎」と今年度前期の「国際私法」をご担当いただいており、改めてお礼を申し上げる。

（2）　本研究科の「国際私法組」の学生からも同様の疑問が出ていた可能性が高いが、私の頭の中に鮮明な問題意識が生じたのは、大村教授と話していたときであった。

（3）　二〇〇八年五月二〇日付けの拙ブログ記事「本国法の絞込みの体系的位置」（http://conflict-of-laws.cocolog-nifty.com/blog/2008/05/post_ca7d.html）。

（4）　拙稿〔後掲③審判判批〕平成二一年度重要判例解説（二〇一〇年）三二七頁、三二八－三二九頁。

第二節　平成元年法例改正以後の法状況

第二節では、平成元年改正後の法例および通則法が適用された事例で、関係する複数の当事者が地域的不統一法国の国籍を有する者であった場合に本国法の特定が問題となったものについて、まず、最初の判決と、それに対する評釈などの学説の反応を確認する（一）。次に、それらの学説をも意識して下されたであろうその後の裁判例と、そこにおいて残されている問題を確認する（二）。

一　最初の判決と学説の反応

一では、両当事者が地域的不統一法国の国籍を有する者であった場合に本国法の特定が問題となった事例において平成元年改正後の法例を初めて適用した判決を採り上げてその内容を確認したうえで、それに対する学説の反応を見る。

㈠　まず、判決から。

①　横浜地判平成三年一〇月三一日家月四四巻一二号一〇五頁は、昭和五年に日本で生まれた元日本国民でその後米軍に従軍して渡米し昭和三五（一九六〇）年に米国アリゾナ州で帰化して米国籍を取得（日本国籍を喪失）し現在は日本で居住している原告が、昭和一四年に日本で生まれた元日本国民で原告が沖縄駐留中に知り合い昭和四八年に離婚してともに渡米し昭和五五（一九八〇）年にメリーランド州で帰化して米国籍を取得（日本国籍を喪失）し現在は日本で居住している妻を被告として、離婚と、来日の翌年である昭和五六年に沖縄の米国海軍地方医療センターで出生し米国籍を取得し平成元（一九八九）年一月以後被告とともに原告と別居している長男（アラン）の親権者を原告と定めることを請求する本訴を提起したのに対して、被告が、離婚と長男の親権者を被告と定めること、財産分与及び慰謝料を請求する反訴を提起した事案において、同一本国法の決定につき次のように判示した。

「離婚請求〔離婚原因の存否〕については、法例一六条〔通則法二七条〕本文により、一四条〔二五条〕の規定を準用することになるので、まず、夫婦である原・被告の共通本国法が存するかについて検討する。

原・被告は、ともに米国籍を有するところ、米国は、法例二八条〔通則法三八条〕三項にいう『地方ニ依リ法律ヲ異ニスル国』すなわち不統一法国に当たるが、同条項にいう『規則』は、米国にはないとされているので、原・被告の本国法の決定は、同条項の『最モ密接ナル関係アル地方ノ法律』によることとなる。……原・被告の米国籍取得の事実によれば、原告の本国法はアリゾナ州法、被告の本国法はメリーランド州法であるものと認められる。

（中略）

したがって、原・被告にとって共通本国法は存しないことになる。」

「親権者の指定については、……法例二一条〔通則法三二条〕によるべきものと解するのが相当である。

……アランは、……米国籍を取得したが、日本で出生して以来、引き続き現在まで日本に居住し、米国には約二カ月間旅行したことがあるに過ぎない……ことに照らすと、アランにとって、米国内に『最モ密接ナル関係アル地方』（法例二八条〔通則法三八条〕三項）は存せず、法例二一条〔通則法三二条〕の適用としては、『子ノ本国法ガ父又ハ母ノ本国法……ト同一ナル場合』には該当しないものと解するのが相当であ」る。

以上、①判決は、（本稿との関連では）(1)米国には本国法を特定してくれる法例二八条〔通則法三八条〕三項の「規則」は存在しない、(2)いわゆる本国法の絞込みが本国法の同一性の判断に専行する、(3)居住歴のない本国には最密接関係地方（通則法では、最密接関係地域）は存在しない、という三点の判断を示したことになる。

(二)　次に、本件の評釈などの学説の反応を見る。

(1)　米国には本国法を特定してくれる法例二八条〔通則法三八条〕三項の「規則」は存在しないという、裁判例としての初めての判断については、学説は概ね賛成であった。(5)

(2)　いわゆる本国法の絞込みが本国法の同一性の判断に先行するという判断については、これを当然の前提として問題視しないものが多数だが、有力な批判があった。(6)

(3)　居住歴のない本国には最密接関係地方（通則法では、最密接関係地域）は存在しないという判断については、学説は概ね反対であった。(7)

これらの点が、その後どのように判断されているか、節を改めて確認する。

二　その後の裁判例と残された問題

一で①判決の判断内容と学説の反応について確認したのを受けて、二では、前記三点に関するその後の裁判例の判断内容と、それらを経てなお残されている問題について確認する。

㈠　①判決の七年後、前記(3)居住歴のない本国には最密接関係地方（通則法では、最密接関係地域）は存在しないという判断に対して、同じ横浜地裁が逆の判示をしている。

②　横浜地判平成一〇年五月二九日判タ一〇〇二号二四九頁は、一九四七年に米国オハイオ州で生まれ同州の大学を卒業して来日した後、一九八〇年（昭和五五年）日本法人に入社し一九九二年（平成四年）から定住者の在留資格で日本に居住している原告（米国籍）が、一九六二年生まれで一九八八年に原告と婚姻し米国の永住権を取得したが一九九二年から上海の実家に帰省し一九九五年に米国カリフォルニア州に転居し行方不明となった妻（中国籍）を被告として、離婚と、一九九〇年に香港で生まれて一九九四年から原告が養育している長男（米国籍）の親権者を原告と定めることを請求した事案において、原告と長男との間の同一本国法の決定につき次のように判示した。

「離婚に伴う未成年の子の親権の帰属は、……法例二一条〔通則法三二条〕によるべきである。本件において、原告と……長男は、米国籍を有するが、米国は、実質法のみならず牴触法についても各州ごとに相違しており、統一的な準国際私法の規則も存在しない不統一法国であるから、法例二八条〔通則法三八条〕三項にいう内国規則はなく、当事者に最も密接な関係ある地方の法律を当事者の本国法とすべきことになるが、子の国籍が米国である以上、子の本国法としては、米国内のいずれかの法秩序を選択せざるを得ない。……外国人登録原票上の国籍の属する国における住所又は居住は、長男及び原告とも、オハイオ州クリーブランド市であることが認められ、原告がオハイオ州で生まれ、同州の大学を卒業して来日したことは前示のとおりであるから、右事情にかんがみると、子の本国法としては、法例二八条〔通則法三八条〕三項にいう当事者に最も密接な関係ある地方の法律としてオハイオ州法を選択し、長男の親権の帰属は、法例二一条〔通則法三二条〕による子と父の共通本国法である同州法の定めるところによって決するのが相当である。」

以上、②判決は、（本稿との関連では）⑴米国には本国法を特定してくれる法例二八条〔通則法三八条〕三項の「規則」は存在しない、⑵いわゆる本国法の絞込みが本国法の同一性の判断に先行する、⑶居住歴のない本国にも最密接関係地方（通則法では、最密接関係地域）を見出さざるを得ない、という三点の判断を示したことになる。①判決との対比では、⑶についてのみ、横浜地裁は判断を変えている。

②判決の評釈は、いずれにもに基本的に賛成のようである。(8)

㈡　②判決から一〇年を経て、前記⑴につき①②判決の判断が踏襲された。

③　青森家十和田支審平成二〇年三月二八日家月六〇巻一二号六三頁は、米国a州で出生し現在も実母・妹が同州内に居住している申立人A（米国籍）と、米国テネシー州で出生し実母・兄妹が現在も同州内に居住している申立人B（米国籍）が、一九八七年にテネシー州内の高校を卒業して同州内で婚姻し、一九九六年（平成八年）ころ共に来日した後、平成一八年（二〇〇六年）に日本で出生し民間の養子縁組斡旋機関のスタッフに預けられていた事件本人C（日本国籍）を引き取って現在まで同居して生活し、養子縁組の許可を求めた事案において、本国法の決定につき次のように判示した。

「本件養子縁組」については、通則法「三一条一項前段により、……申立人らの本国法が適用される。

申立人らはいずれもアメリカ合衆国の国籍を有しているが、同国は地域（州）により法を異にする国であるため、通則法三八条三項により、各申立人の本国法が同国内のどの州法となるべきかを検討すべきところ、同国内には、その適用法を統一して指定する規則がないと認められるから、当事者に最も密接な関係がある地域の法が、その本国法になると解すべきである。

……申立人Aは、その出生地こそテネシー州ではないものの、同州内の高校を卒業し、同州出身の申立人Bと同州内で婚姻し、同州内での○○学校も卒業して同州内で□□としての資格を得、申立人A自身も同州法を自身の本国法として本件申立てを行っているのであるから、同申立人と最も密接な関係がある地域とはテネシー州であると認められ、同申立人の本国法は、アメリカ合衆国テネシー州の州法であると認める。

また、申立人Bは、テネシー州で出生し、同州内の高校を卒業し、同州内で申立人Aと婚姻し、現在も実母や兄、妹は同州内に居住しており、同申立人自身が同州法を自身の本国法として本件申立てを行っているのであるから、同申立人と最も密接な関係がある地域もテネシー州であって、同申立人の本国法も、アメリカ合衆国テネシー州の州法であると認める。」（伏せ字は、家月のママ）

以上、③審判は、（本稿との関連では）(1)米国には本国法を特定してくれる通則法三八条三項の「規則」は存在しない、という判断を示したことになる。

この判断は、①②判決に続くものであり、本審判によりほぼ確立したものと思われる。他方、Aにとっての最密接関係地域をテネシー州とした判断については、Aはa州で出生し実母・妹の居住地が現在もa州にあることから考えると、Aにとっての最密接関係地域はa州ではないのかという強い疑問が残る。[9] 妻であるBにとっての最密接関係地域がテネシー州であることが明らかであったために、同時に申立てをした夫Aにとっての最密接関係地域の判断までがその影響を受けてしまったのであろうか。

ちなみに、養子縁組につき（夫婦を分断する通説的処理を批判して）夫婦を一体的に扱い通則法三一条一項前段の「養親……の本国法」を同二五条を通じて決定する私見[10]によれば、本件においても、まず同一本国法の決定が問題になる。本国法の同一性の判断をいわゆる本国法の絞込みより先行させるべきだとする本稿全体の主張からは、ABともに米国籍を有することのみから直ちに「米国法」が二五条の同一本国法となり、それを三八条三項括弧書により（申立人らを一体的に捉えて）特定するとテネシー州法が導かれるという結論になる。[11]

(三)　一で触れた①判決が（本稿との関連で）判断を示した三点について、学説の反応と、②判決や③審判を経た現状を（改めて）簡単に整理しておく。

(1)　米国には本国法を特定してくれる法例二八条〔通則法三八条〕三項の「規則」は存在しないという点につい

ては、学説の支持を集め、②判決・③審判がこれに続く判断を示してきていることから、ほぼ決着がついたと判断してよいように思われる。

(2)　いわゆる本国法の絞込みが本国法の同一性の判断に先行するという点については、②判決がこれに続く判断を示している。しかし、学説には、有力な批判がある。(12)

(3)　居住歴のない本国には最密接関係地方〔通則法では、最密接関係地域〕は存在しないという点については、学説のほぼ一致した反対を受けてか、②判決によって、居住歴のない本国にも最密接関係地方〔通則法では、最密接関係地域〕を見出さざるを得ないという逆の判断が示されている。国籍という連結点は居住をその要素としているわけではなく、ここで求められているのは、本国の複数の「地方」〔通則法では「地域」〕のうちで「最も」〔相対的に一番〕密接に関係するものを導き出すことである。その意味で、②判決および多数説の結論に賛成である。(13)

以上から、(2)のみが残された問題だと考える。そこで、この点につき、章を改めて二つの観点から検討を加える。

(5)　賛成するものとして、横山潤〔判批〕ジュリスト一〇二二号一八八頁、一八九頁、鳥居淳子〔判批〕平成四年度重要判例解説二八四頁、二八五頁、早田芳郎〔判批〕私法判例リマークス一九九三〈下〉一六〇頁、一六三頁（以上、一九九三年）。反対するものとして、佐野寛〔判批〕判例評論四一〇号（一九九三年）三四頁、三六頁。

(6)　佐野・前掲注(5)三八頁注六は、この判断は前提としながらも、「本件のような『最モ密接ナル関係アル地方』の決定に当たっては、共通本国法適用の趣旨からは、まず夫婦がその国内に共通して関連を持つ法秩序が存在しないかどうかを検討すべきではないかと思われる。」としている。また、石黒一憲『国際私法』（新世社、一九九四年）二二二頁注四三は、「夫婦が共にアメリカ人ゆえ、アメリカの中のいずれかの州法をまずもって選択すべきことになるはずである。ところが、……一方の本国法はアリゾナ州法、他方配偶者のそれはメリーランド州法だとして、この夫婦に共通本国法はないとした。不当である。」と批判している。この批判は、授業でも採り上げ続けているものであり、まさに本稿の問題意識の根源でもある。第三節一で改めて検討する。

(7)　佐野・前掲注(5)三七頁は、「A〔アラン〕の国籍がアメリカ国籍である以上、その本国法としては、アメリカ国内のいずれかの法秩序が選択されなければならず……本件のようにAにアメリカでの居住経験がない場合には、特段の事情がない限り、Aの本国法は父または母の本国法と一致すると解することができるであろう」と述べている。鳥居・前掲注(5)二八六頁、早田・前掲注(5)一六四頁も同旨であり、結論として、いずれもメリーランド州法を導き出している。これに対し、横山・前掲注(5)一八九頁は、判旨に賛成している。

(8) 織田有基子〔判批〕ジュリスト一一九〇号（二〇〇〇年）一四二頁、一四四頁、北坂尚洋〔判批〕櫻田嘉章＝道垣内正人編『国際私法判例百選〔新法対応補正版〕』（有斐閣・二〇〇七年）一六頁、一七頁。

(9) 以上、拙稿・前掲注(4)三二八頁。

(10) 拙稿「夫婦関係にある者による養子縁組の準拠法と夫婦の一体性の利益」千葉大学法学論集一九巻三号（二〇〇四年）四九頁、五九―六一頁、簡単には、拙稿〔判批〕櫻田嘉章＝道垣内正人編『国際私法判例百選〔新法対応補正版〕』（有斐閣・二〇〇七年）一三〇頁、一三一頁。

(11) 以上は、拙稿・前掲注(4)三二八―三二九頁において既に簡潔に示したところである。この結論の根拠の詳細は、次章で示す。

(12) 前注(6)、および、前注(11)参照。

(13) 前注(7)に掲げた前三者の文献、前注(8)に掲げた文献、および、道垣内正人『ポイント国際私法総論（第二版）』（有斐閣・二〇〇七年）一九一頁。

第三節　同一本国法の決定における本国法の特定

第二節では、地域的不統一法国の国籍を有する者の「同一本国法」の決定および本国法の特定に関する従来の裁判例と学説を概観し、いわゆる本国法の絞込みが本国法の同一性の判断に先行すると解する通説には検討が必要であることを確認した。そこで、第三節では、この通説に対し、本国法主義の意義、四つのプロセス論という二つの観点から批判的検討を加える。

一　本国法主義の意義

一では、地域的不統一法国の国籍を有する者の「同一本国法」の決定における本国法の特定の手順について、平成元年法例改正に際して説かれている通説を改めて確認したうえで、それに対する批判的見解と対比しつつ、本国法主義の意義という観点から批判的検討を加えていく。

(一)(1)　法務省の改正担当者は、次のように解説している。

「夫婦双方の国籍が共通であるが、その国が地方により法律を異にする場合……、例えば、夫がニューヨーク州出身のアメリカ人で、妻がカリフォルニア州出身のアメリカ人の場合、本条〔法例一八条（通則法三八条）―引用者注〕三項により、夫の本国法はニューヨーク州法、妻の本国法はカリフォルニア州法となるものと解されるが、この場合には、夫婦の本国法が共通でないことになるので、共通常居所地法以下の法律が適用されることとなる。[14]」

しかし、このように解する根拠は、特に示されていない。にもかかわらず、このように解するのが、通説である。[15]

強いて通説の根拠を探すと、神前禎教授による以下の指摘が存在する。

「まず第一に、法例の文言を挙げることができる。一八条三項等は、不統一法国については複数並立する法体系の一つを『当事者ノ本国法トス』としている。他方、法例一四条・二一条〔通則法では、二五条・三二条―引用者注〕では『本国法』の同一性を問題としている。この文言からすれば、本国法の同一性を国レベルではなく、その中のいずれの法体系によるかによって判断することは当然とも考えられる。

また、同じ文言を用いている二八条一項……では、重国籍の場合にはそのうちの一つを本国法とする旨規定されている。そこでは国レベルで本国法を特定していることもあり、その特定後に本国法の同一性を判断すると考えるのが自然である。二八条三項等がそれと同様の文言を用いている以上、やはり同様のプロセスを経るべきである[16]」。

(2)　確かに、文言上は、通説にも根拠があるようにも見える。しかし、前段の根拠に対しては、通則法二五条・三二条における「本国法」はあくまで国レベルの法（当事者が国籍を有する国の法）を指し、そこで「本国法」によるべきことが確定したがその国が地域的不統一法国である場合に初めて、その「本国法」がどの地域の法かを通則法三八条三項を通じて特定すると解することも可能ではないか。他方、後段の根拠に対しては、たとえ同じ文言を用いてはいても、一項は当事者が重国籍者である場合にその当事者がその国籍を有する（並立する）二以上の国のうちいずれかの国をその当事者にとっての最密接関係地として選択するための規定であって、（最密接関係原則を踏まえれば）その作業は（三項の場合と異なり）本国法の同一性を判断する前に当然必要なものなのではないか。

以上、通説の根拠と考えられる議論には、理論的な深みがない。

(二)　平成元年法例改正に際しては、早くから批判的な見解が示されていた。

(1)　まず、西賢教授が、次のように論じておられる。

「不統一法国に属する者の共通本国法の決定において準国際私法が問題である場合に、たとえば、夫が合衆国ミシガン州民であり、妻がカリフォルニア州民であるとき、夫婦のいずれも合衆国市民であるかぎり、共通本国法はアメリカ合衆国法であると考えるべきである。国際私法は国家法の牴触を前提とし、……準拠法がアメリカ合衆国法であることが決定された後、本国に統一的な準国際私法又は人数私法があるかという次の段階に移行する。合衆国民たる夫婦について各個別に所属州を決定し、共通本国法がないとの議論は、国際私法と準国際私法の区別をわきまえない暴論であ」る。(17)

これに対しては、神前教授が、「国際私法と準国際私法とは……理論的には別のものであっても同様の規律を行うことが可能であることは場所的不統一と人的不統一との関係で議論したとおりであり、この点は決定的な根拠とはなりえないであろう。」と批判されている。(18)

神前教授によるこの批判の趣旨を必ずしも理解できないが、それはともかく、西教授が「暴論」という強い表現を採られた意味を理解するためには、本国法主義の意義を確認する必要があるように思われる。この点については、㈢で後述する。

⑵　この西教授による「力強い批判」を援用しつつ、石黒一憲教授が次のように論じられている。

「法務省側がこだわる『本国法の絞りこみ』作業」を「何故、法例新二八条三項（法の国内的・場所的牴触）、法例新三一条（法の国内的・人的牴触）の場合（通則法三八条三項、四〇条）についてもあらかじめ行なった上でなければ、共通本国法の有無を決し得ない、とするのか。その論証があるのかが、まず問題である。

と同時に、これは、論理よりも政策の問題であり、……法例新一四～一六条（通則法二五～二七条）、法例新二一条（通則法三二条）の第一段階連結（共通本国法）を外し易くするこの種の議論に対しては、第二段階連結でいずれの場合にも常居所地法の適用が待っていることをもあわせて考える必要がある。」

「両当事者に共通な連結点として国籍等が問題となる……場合には、法例新二八条一項（通則法三八条一項）による重国籍者についての（実効的国籍の考え方を条文化した同項による）本国法の絞り込みは別途行なった上で、共通国籍があるならば共通本国法ありとして扱うべきである。その上で、その国の法に場所的・人的な法の国内的牴触があるならば、法例新二八条三項、新三一条（通則法三八条三項、四〇条）に基づく処理を行なうのである。[19]」

石黒教授が論じられるように、確かに、法務省側の見解について「論証」はなく、前掲①判決のように両当事者が同一国籍を有しながら同一本国法はないとされてしまう問題が現実に生じている。両当事者が国籍を有する国が不統一法国でなければその国の法が準拠法となるのに、それが不統一法国であるだけでその国のいずれの地域の法も同一本国法として導かれることがなくなる場合が生じるのは、あまりに大きな格差ではないか[20]。

ところが、これに対して、神前教授は、「本国法を国レベルで考えるだけでは、通用すべき規範が明らかにならない場合がある。例えば、夫婦ＡＢがいずれも甲国籍を有しており、ＡＢ間の離婚がわが国で問題となったとする。この考え方によると、ＡＢの同一本国法として甲国法が準拠法とされることになる。ところが、甲国が不統一法国であり、Aについては甲1法が、Bについては甲2法がその『本国法』とされたとする。このようなAB間の離婚に適用される法規範について甲国法が統一的な判断をおこなっておらず、甲1法・甲2法がそれぞれ異なる判断をしていた場合には、わが国はそのどちらに従うべきであろうか。こうした問題に対しては、『準拠法は甲国法である』とするだけでは、十分に答えることができないのではなかろうか。」と批判されている。(21)

しかし、この批判は、石黒教授の見解を十分には理解できていないのではなかろうか。すなわち、神前教授の設例において、通則法二七条により「甲国法」が導かれるのは確かである。そこで直ちに両当事者の共通「本国法の絞込み」を通則法三八条三項により行うのが石黒教授の見解（引用部分の後段参照）であり、「甲国法が統一的な判断をおこなって」いないのなら、同項括弧書により我が国際私法が直接的に「夫婦の本国法」（おそらく、甲1法か甲2法かのいずれか）を指定することになるはずである(22)（そもそも、石黒説において、「Aについては甲1法が、Bについては甲2法がその『本国法』とされ」るという事態が、いったいどの規範によって生じうるのであろうか）。

ここでも、本国法主義の意義の確認が有用であるように思われる。

㈢⑴　法例および通則法は、身分関係について広汎に本国法主義を採用している。

法例制定の際のその理由について、法典調査会の質疑において、穂積陳重起草委員は、「人ノ能力」に関する法例三条につき「一體ノ趨勢カラ觀ルト本國法即チ人ノ永住ニ屬シテ居ルモノ一ツノ人民トシテ屬シテ居ル國ノ法律ヲ根據トスル事柄ガ一番力ガ強ク爲ツテ居ルヤウナ有樣デアリマス」と、また「夫婦財産制」に関する法例一五条となる草案一四条本文につき「住所法主義ヲ採リマスル者ノ最オ主張シテ居ル生活ト最モ密接ノ關係ヲ有シテ居ルカラ住所法ニ依ラナケレバイカヌト云フ事柄ハ本國法ニ於テモ多クノ場合ニ於テハ矢張リ本國ト云フモノガ其人ノ生活ト密接ナ關係ヲ持テ居ル又其人ノ夫婦關係ハ生涯デアル生涯ノ關係ヲ持テ居ル住所ハ一時ノ關係寧ロ本國ト云フモノニ較ベテ見ルト其關係ガソレ程積極的デナイ國籍モ變ルコトモゴザイマスル住所モ變ルコトモアリマスルガ一般ノ場合ニ於テハ住所ト云フモノハ國籍ニ較ベマスレバ容易イ方法ヲ以テ更ヘラレル又屢々變ハルモノデアリマスソレ故ニ何レノ點カラ見マシテモ本國法ト云フモノヲ準據法ノ本ト致スト云フ方ガ正當デアラウト云フ考ヘヨリ致シマシタ」と説明されている。(23)

平成元年法例改正においても、本国法主義の原則は、基本的に維持された。この点につき、「本国法主義は、当事者の文化的・家族的アイデンティティーの保持、（特に本国で生まれ育った者は）本国法に慣れ親しんでいること、明確性、固定性の点において優れているから」「理由のあったことである」との評価がなされており、(24)私も（より積極的であるが）ほぼ同様の評価である。(25)

(2)　本国法主義の規定が「国籍」を連結点としているのは、右の諸点のうち、特に「明確性」(26)および「固定性」(27)を睨んでのことであろう。このことは、本国法主義の規定における関心の中心が、最密接関係「国」への連結であって、その国の中の最密接関係「地域」へのそれではないことを意味するのではないか。現に、不統一法国の国籍を有する者の本国法の特定について、特に「当事者の文化的・家族的アンデンティティーの保持」を強調すれば後者への連結により強い関心が生じ直接指定主義に傾くであろうところ、(28)平成元年法例改正前において一般論レベルで支配的であったのは間接指定説であり、(29)これを受けてであろう、同改正は第一段階では間接指定によることを明文化するに至っている。(30)

本国法主義の規定が「国籍」を連結点とする右の趣旨から出発すれば、両当事者の国籍が同一である場合には、両当事者の最密接関係「国」は同一なのであるから、本国法主義の規定が前提とする「本国法」は同一であると解すべきことになる（その国が地域的不統一法国であるか否かは、この後に問題になることである）と考える。

二　四つのプロセス論の観点から

地域的不統一法国の国籍を有する者の「同一本国法」の決定における本国法の特定について、一では、いわゆる本国法の絞込みを本国法の同一性の判断に先行させる通説には十分な理論的根拠がないこと、本国法主義の意義に照らすと反対説に分があると思われることを論じた。一では、四つのプロセス論の観点からも（それが批判している）反対説の結論がむしろ導かれるのではないかという疑問について、検討を加える。

(一)　ここで四つのプロセス論とは、準拠法の決定・適用にあたって四つの作業手順、すなわち、性質決定（第一プロセス）→連結点の確定（第二プロセス：重国籍者・無国籍者における本国法の取扱いを含む）→準拠法の特定（第三プロセス：不統一法国の扱い・反致）→準拠法の適用（第四プロセス：公序）という手順に整理できるとする考え方である[31]。これは、「相続」については、極めて見事に図式化されている[32]。

(二)　この整理を提唱されている道垣内正人教授は、地域的不統一法国の国籍を有する者の「同一本国法」の決定における本国法の特定については、いわゆる本国法の絞込みを本国法の同一性の判断に先行させる通説に従っておられる[33]。

しかし、この通説の手順は、四つのプロセス論と一貫しないのではないか。

この疑問について、「同一本国法」の決定が問題になる（①判決でも問題になった）米国人夫婦の離婚を例に採って、四つのプロセス論に照らして具体的に説明する。この例では、「離婚」という性質決定（第一プロセス）には特に問題はなく、通則法二七条が適用されることが決まる。次に、連結点の確定（第二プロセス）へ進み、同条本文の準用する二五条が採用する段階的連結の第一段階において、「夫婦の本国法が同一である」かが問題になる。通説によれば、夫婦が地域的不統一法国である米国の国籍を有する者である場合には、ここで、夫婦のそれぞれについて本国法の絞込みを行うことになる。この「不統一法国の取扱い」は、四つのプロセス論においては、一で確認したとおり、準拠法の特定（第三プロセス）に位置づけられている。ここで、三八条三項により（①判決がそうであったように）夫婦の一方の「本国法」がx州法、他方のそれがy州法であると判断されたとすると、改めて連結点の確定（第二プロセス）に戻り、この夫婦については二五条の第一段階の「夫婦の本国法が同一であるとき」に当たらないため、同条の第二段階の「夫婦の常居所地法が同一である」かという問題に進むことになる。

これを一般化して言えば、通説の手順に従うと、連結点の確定（第二プロセス）が完了する前に準拠法の特定観点からは、通説は、〈手順前後〉を犯していると考えざるを得ないのではないか。

㈢　逆に、いわゆる本国法の絞込みより本国法の同一性の判断の方を先行させる西説・石黒説の手順に従えば、右の例で、連結点の確定（第二プロセス）において二五条の「夫婦の本国法が同一である」かが問題になる際に、夫婦がいずれも米国籍を有しており連結点である国籍が同一であるので、この夫婦については「夫婦の本国法が同一であるとき」に当たると解され「その法によ」る（「米国法」による）ことが確定し、ここで連結点の確定（第二プロセス）は完了する。ところが、米国は地域的不統一法国であるため、ここで初めて準拠法の特定（第三プロセス）が必要となり、三八条三項により、この「夫婦の本国法」を（一体的に）絞り込み、米国内のいずれかの州法を導き出すことになる。

以上、四つのプロセス論の観点から筋が通るのも、通説でなく、西説・石黒説の方であると考える。

(14)　南敏文『改正法例の解説』（法曹会・一九九二年）一八六頁。

(15)　例えば、山田鐐一『国際私法（第3版）』（有斐閣・二〇〇四年）八四頁、溜池良夫『国際私法講義〔第3版〕』（有斐閣・二〇〇五年）四四三頁、澤木敬郎＝道垣内正人『国際私法入門〔第6版〕』（有斐閣・一〇〇六年）九五頁、神前禎ほか『国際私法（第2版）』（有斐閣・二〇〇六年）一七一頁〔神前〕。

(16)　神前禎「法例と不統一法国」学習院大学法学会雑誌三二巻二号（一九九七年）三一頁、三八頁。前段の根拠については、出口耕自『基本論点国際私法〔第二版〕』（法学書院・二〇〇一年）一八四頁、道垣内・前掲注(13)一八八頁でも軽く触れられている。

(17)　西賢『属人法の展開』（有斐閣・一九八九年）二一五—二一六頁。

(18)　神前・前掲注(16)三八—三九頁。

(19)　以上、石黒一憲『国際私法第2版』（新世社・二〇〇七年）一五四—一五六頁（同書の初版である石黒・前掲注(6)一三一—一三三頁から実質的な変更はない）。これを敷衍して、神前・前掲注(16)三九頁は、「複数の者が同一国籍を有する場合には、……当該国が不統一法国でなければ、そのまま当該国法が準拠法とされる。その国が不統一法国である場合でも、……やはり当該国における解決を志向すべきであるとも言える。本国法をあくまでも国レベルで考えることにより、……当該国が不統一法国であるか否かに関わらない一貫した処理が可能になるのである。」と論じている。この議論には、全く賛成である。

(20) 神前・前掲注(16)四三頁注二六は、この事実を指摘しつつ、「そのような結論を妥当でないとするか否か、あるいはその点をどの程度重視するかは評価の問題であ」るとする。確かにそうであり、感性の問題でもありそうである。

(21) 神前・前掲注(16)三九－四〇頁。

(22) この点について、道垣内・前掲注(13)一八八－一八九頁も、西説・石黒説を批判して、「たとえば、ともにアメリカ人であるXとYとの離婚の準拠法がアメリカでどのように決定されるかを問うことは、地域的不統一法国に属する者の本国法の特定を任務とする三八条三項の任務を逸脱するものである上に、統一的な準国際私法が存在しない限り、実際にその答えを得ることはできないはずである」とする。しかし、(前段はともかく)「統一的な準国際私法が存在しない」米国については、XY夫婦にとっての最密接関係地域（通則法三八条三項括弧書）を直接探求することになるだけのことではないか。

(23) 以上、法典調査会『法例議事速記録』（日本近代立法資料叢書26所収・商事法務研究会・一九八六年）四三－四四頁、一三七頁。この箇所は、既に石黒一憲『国際私法の解釈論的構造』（東京大学出版会・一九八〇年）一四六－一四八頁においても引用されている。これを受けて、同右一四八頁は、「本国法には、住所（地）法には無い永続性のメリットが、相対的なものであれ、存在する。このようにして、本国法・住所地法それぞれのメリット・ディメリットが秤にかけられた上で、本国法の方を採った、というのが（夫婦財産制以外の事項をも含めた上での）本国法主義採用に関する起草者の実際の決断の内容であろう。」と評している。さらに、桜田嘉章「渉外家族法における本国法主義」中川善之助先生追悼『現代家族法大系1総論・家事審判・戸籍』（有斐閣・一九八〇年）二〇二頁、二〇七－二〇九頁、二二八－二三四頁が、詳細な検討を加えている。

(24) 国友明彦「日本の国際私法における本国法主義」石部雅亮ほか編『法の国際化への道－日独シンポジウム－』

（信山社・一九九四年）一五二頁、一五八頁。

(25)　本国法主義を積極評価する私見からは、国籍法における日本国籍の取得の要件は、極めて重大な問題である。この点で、国籍法旧三条一項における「父母の婚姻……により嫡出子たる身分を取得した」という要件を違憲無効とした最大判平成二〇年六月四日民集六二巻六号一三六七頁、および、法制審議会に部会を設けて慎重に検討することが回避されて拙速になされた平成二〇年国籍法一部改正には、依然として強い疑念を有している。国籍法の研究については完全に出遅れており、いずれ総括したいと考える。ここでは、文献のみ掲げる。国際私法を中心とする観点から検討を要する多くの問題点を指摘したものとして、高橋和之＝岩沢雄司＝早川眞一郎「〔鼎談〕国籍法違憲判決をめぐって」ジュリスト一三六六号（二〇〇八年）四四頁（特に、早川発言）、原田央「最高裁平成二〇年六月四日大法廷判決をめぐって—国際私法の観点から」法学教室三四一号（二〇〇九年）六頁、大村芳昭「生後認知による日本国籍の取得について」中央学院大学法学論叢二二巻二号（二〇〇九年）一頁。前記改正が必要な議論を経ていないことにつき、国友明彦「国籍法の改正——国際私法的観点から」ジュリスト一三七四号（二〇〇九年）一五頁、一九頁、近藤博徳＝木棚照一＝戸波江二「鼎談——国籍法三条一項から見える『日本』——」Law & Practice 三号（二〇〇九年）二一頁、五七頁（近藤発言）。

(26)　「明確性」とは、「連結素としての国籍が、原則として容易に決定ないし確認せられうる」（折茂豊『属人法論』（有斐閣・一九八二年）二七一—二七二頁）ことを意味する。

(27)　「固定性」とは、「国籍は、住所よりもその変更が容易ではなく、またその機会も少ない」（溜池・前掲注(15)九一頁）ことを意味し、石黒・前掲注(23)一四八頁における「永続性」と同義だと思われる。この点については、跡部定次郎「屬人法の標準に就て」法学論叢二一巻二号（一九二九年）一五九頁、一六三頁、折茂・前掲注(26)二七一頁も参照。

(28)　神前ほか・前掲注(15)七二—七三頁〔元永和彦〕は、「直接指定の利点は、法廷地の国際私法上の価値判断が反映されるということである。……国際的に『最も密接に関連する法律は何か』ということに関しての価値観の対立があることを前提とする限り、間接指定の妥当性には疑いを禁じえない。」と述べている。

(29)　例えば、跡部・前掲注(27)一八一頁、山田三良『國際私法』（有斐閣・一九三二年）二五八頁、齋藤武生「不統

一法國に屬する外國人の本國法適用」法学論叢四〇巻三号（一九三九年）三七三頁、三七六―三七七頁、實方正雄『國際私法概論（再訂版）』（有斐閣・一九五二年）七三頁、江川英文「連結點の確定」国際法学会編『国際私法講座第一巻』（有斐閣・一九五三年）一五五頁、一七二頁、池原季雄『国際私法（総論）』（有斐閣・一九七三年）一八〇―一八一頁。ちなみに、櫻田嘉章『国際私法〔第5版〕』（有斐閣・二〇〇六年）九三頁は、間接指定主義を支持する理由として、「国際私法により国家法単位による準拠法の指定があった場合には、一般にその国における国内的法抵触までを解決する趣旨は含まれていない」ことを挙げている。

(30)　この点については、㭴場準一「法例新規定第二八条第三項について」一橋論叢一〇八巻一号（一九九二年）一九頁、一九―二〇頁参照。

(31)　道垣内・前掲注(13)三五―四一頁、澤木＝道垣内・前掲注(15)一七頁以下。また、神前ほか・前掲注(15)二八頁以下〔元永〕が、これに追随している（但し、同右三〇頁は、「おおむね」という留保を付している）。

(32)　道垣内・前掲注(13)三七頁図二参照。

(33)　同右一八八頁、澤木＝道垣内・前掲注(15)九五頁。

第四節　結　論

㈠　本稿では、まず、平成元年改正後の法例および通則法が適用された事例で、関係する複数の当事者が地域的不統一法国の国籍を有する者であった場合に本国法の特定が問題となった三件を採り上げて、従来の裁判例・学説の状況を確認した。その結果、いわゆる本国法の絞込みを本国法の同一性の判断に先行させる通説については、検討が必要であることが分かった（以上、第二節）。そこで、本国法主義の意義、四つのプロセス論という二つの観点から批判的検討を加えたところ、通説には十分な根拠がなく筋も通っていないこと、いわゆる本国法の絞込みより本国法の同一性の判断を先行させる反対説の方が本国法主義の意義に照らしても分があり四つのプロセス論からも筋が通っていること、以上の結論を導くことができた（以上、第三節）。

㈡　右の反対説からは、第二節で採り上げた各事例について、以下の結論が導かれることになると思われる。

①判決では、離婚請求については、原・被告ともに米国籍を有していたので、まず「米国法」によることが確定し（法例一六条本文・一四条〔通則法二七条本文・二五条〕）、米国内で原・被告が夫婦として最も長く生活していたのはメリーランド州のようであり、そうだとすると原・被告夫婦にとっての最密接関係地方〔地域〕はメリーランド州となり（法例二八条三項後段〔通則法三八条三項括弧書〕）、（日本法ではなく）メリーランド州法が準拠法であったことになる。[34] また、親権者の指定については、長男も米国籍を有していたので、まず「米国法」によることが確定し（法例二一条〔通則法三二条〕）、長男が父母の影響を強く受けて育っている（本件では、母の影響をより強く受けている）と思われることにつきそれに疑問符がつくような特段の事情はないと思われることから、最密接関係地方〔地域〕はメリーランド州となり（法例二八条三項後段〔通則法三八条三項括弧書〕）、（日本法ではなく）メリーランド州法が準拠法であったことになる。[35]

②判決では、親権者の指定について、原告である父と長男がともに米国籍を有していたので、まず「米国法」によることが確定し（法例二一条〔通則法三二条〕）、その後は判旨の判断と一致して、最密接関係地方〔地域〕はオハイオ州となり（法例二八条三項後段〔通則法三八条三項括弧書〕）、（判旨と同じく）オハイオ州法が準拠法となる。[36]

③審判では、養子縁組について、（養親が夫婦の一方または双方である場合には通則法三一条一項前段の「養親……の本国法」を同二五条を通じて決定する私見において問題になるにすぎないが）申立人夫婦がともに米国籍を有していたので、まず「米国法」によることが確定し（通則法三一条一項前段・二五条）、米国内で申立人夫婦が婚姻生活を営んでいたのはテネシー州であったことから、夫婦にとっての最密接関係地域はテネシー州となり（同三八条三項括弧書）、テネシー州法が準拠法であったことになる。[37]

㈢　本稿で採り上げた問題について、授業で通説を説明する際、常に違和感があった。その違和感とは、本国法の絞込みを先行させる通説においては、地域的不統一法国の国籍を有する者につき二五条や三二条の「本国法」までが〈州レベル〉で捉えられるため、米国の各州と日本国を始めとする各統一法国とが同列に扱われてしまうことに対するものである。(38)

しかし、〈右の違和感を援用することなく〉国際私法内在的な理論的考察のみから、地域的不統一法国の国籍を有する者について二五条や三二条の「本国法」を〈国レベル〉で捉える反対説の方が格段に優れているという結論を淡々と導くことができたのは、非常に幸いなことであった。(39)

(34)　佐野・前掲注(5)三七頁、鳥居・前掲注(5)二八六頁、早田・前掲注(5)一六四頁は、いずれも、通説に従いつつ、〈被告だけでなく〉原告にとっての最密接関係地方もメリーランド州だとしている。しかし、それが婚姻生活の期間を重視しているのだとすれば、本国法の絞込みを夫婦各別に行う通説の立場と一貫していないのではないか。むしろ、反対説の方が、理論構成として無理がないと考える。

(35)　結論的にはメリーランド州法を準拠法とすべきであったとするものが多数であったことは、既に前注(7)で触れたとおりである。

(36)　②判決に特に異論はなかったことは、前注8を付した本文で触れた。

(37)　前注(11)参照。

(38)　通説に立てば、米国の各州と日本国を始めとする各統一法国とが同列に扱われてしまうことは、理論的には当然の帰結である。他面、現実においても、戦後六五年にもなるのに、我が国には沖縄を中心として米軍基地が多数存続したままであり、最近でも普天間基地の国外・県外移設交渉の挫折も一因となって政権が崩壊するなど、我が国は米国の属国であるかのようにも見える（二〇〇五年の郵政民営化や会社法の制定がこの側面からも捉えられることについて、当時の与党の一員による小林興起『主権在米経済』（光文社・二〇〇六年）のみ掲げる。特に、同右三九－四〇頁、五七－八〇頁、二〇二－二一一頁を参照）。この両面の近似性に、譬えようのない不快感を覚えてもいるのである。

(39)　次のテーマ（債権譲渡の準拠法の予定）は、そうもいかないであろう。

ちなみに、最新刊である石黒一憲『国際倒産 vs. 国際課税――牴触法的考察――』（信山社・二〇一〇年）を、この一九日に頂戴した。御恵与くださった石黒教授に、ここで改めて御礼申し上げる。比較法のあり方（特に、九五頁）や、注の付け方（特に、三五一－三五三頁）などの論文執筆上の留意点についての記述も散りばめられつつ、UNCITRAL（国連国際商取引法委員会）国際倒産モデル法に対する「米国の思惑、EUの戦略」（五〇三頁における表現）と対比し、「『従来の自国法制度・法文化の継承』をあっさりと放棄し」た「日本の無策」（はしがきvi頁）を糾弾する書である。国際倒産法については、拙い論文を公表した一九九九年から遠ざかっているが、やはり淡々と接することは不可能な領域である。ともかく、ここで心機一転である。

（平成二二年六月二三日（沖縄慰霊の日）脱稿）

（千葉大学法学論集第二五巻三号、二〇一〇年）

第八部　国際倒産

25　取戻権・倒産担保権の準拠法

第一節　本稿の目的

国際倒産法に関する研究は、近年著しく進展してきた。しかし、国際倒産法の領域のなかには、ほとんど検討されないまま残されている部分もある。その一つが、いわゆる倒産国際私法である。これについては、山戸嘉一教授の先駆的な業績がある。[(1)] しかし、それ以後は注目すべき研究に乏しい。本稿の第一の目的は、この問題についての検討を少しでも前に進めることである。ただし、本稿では、諸権利のうち取戻権と倒産担保権のみをとりあげ、[(2)] その準拠法について具体例を交えて考察を加える。

以下では、取戻権（第二節）、倒産担保権（第三節）の順に検討する。そのさい、従来の研究に対する批判的視点、すなわち、「倒産手続を一体性が重視される特殊な手続であると把握していたがために」、「平時の国際私法秩序に配慮しているにもかかわらず、最終的な結論では倒産開始国法の適用に拘泥している[(3)]」との視点を共有しつつ検討を加えていく。ただし、「平時の国際私法秩序」と表現されている国際私法の学説の側にも、問題はある。その点についても批判的な検討を加えるのが、本稿の第二の目的である。

ここで一点だけ注意しておく。前述の「平時の国際私法秩序」とは、目的物上の権利について「競合」状態が生じていない場合ではなく、「競合」状態が生じてはいるがまだ倒産手続が開始していない場合を想定したものでなければならない。(4) 関係者の利益状況において「倒産時」に匹敵する（しうる）ものは、前者の場合ではなく、後者の場合だからである。具体的には、以下の各論において示す。ただし、国際私法における従来の学説が後者の場合を念頭においた議論をどこまで行なっていたかは疑問であり、その問題点を指摘する作業を合わせて行なう。

（1）　山戸嘉一「破産」国際法学会編・国際私法講座三巻（一九六四年）八八二頁・八九二頁〜九〇六頁。

（2）　本稿でとりあげる対象は、これまで私が国際私法の分野で検討を加えてきたものに対応している。それは、法例一〇条の適用範囲である。たとえば、森田博志「国際私法の議論において原因行為と物権行為の区別が本当に必要なのか？(4)」千葉大学法学論集一一巻四号（一九九七年）一頁、特に三七頁以下。ちなみに、この論文では、通説が有体物に関するいわゆる物権変動は万人にとって画一的に目的物所在地法（法例一〇条）によるとしていることを批判し、有体物上の権利関係（いわゆる物権にかぎらず、第三者対抗力を生じる債権をも含む。法例一〇条は、「物権其他登記スヘキ権利」と規定している）を当事者間関係（内部関係）と対第三者関係（外部関係）とに分け、後者に目的物所在地法を適用するのは妥当だが前者にはむしろ「原因の準拠法」（法律行為による権利変動の要件・効果には法例七条、相続によるそれには同二六条、夫婦財産関係に基づくそれには同一五条によって導かれる準拠法）を適用すべきだと主張している。以上簡単には、同右四一頁〜四二頁。

相殺権や否認権については、改めて検討する。相殺権の準拠法については、元永和彦「国際的な相殺に関する諸問題（三）」法学協会雑誌一一三巻七号（一九九六年）一〇〇七頁・一〇一九頁〜一〇六五頁が詳細な検討を加えている。否認権の準拠法については、さしあたり簡単には、森田・前掲二四頁〜二五頁注(25)参照。

（3）　以上、早川吉尚「国際倒産の国際私法・国際民事手続法的考察」立教法学四六号（一九九七年）一五五頁・一八一頁〜一八二頁・一七七頁。

(4) 元永・前掲注(2)論文は、「執行手続に関係しない場合」を「平常時」とし「執行手続が関係する場合」を「倒産手続」と「差押」の二つに分けて分析している（たとえば、同右一〇一八頁〜一〇一九頁参照）。しかし、直後の本文で述べる理由から、右の「平常時」は、本稿の「平時」とは一致しない。本稿の分類との対比では、「執行手続に関係しない場合」は「競合状態が生じていない場合」に、「差押」は「競合状態が生じてはいるがまだ倒産手続が開始されていない場合」に、「倒産手続」は「倒産時」に、ほぼ対応すると思われる。

第二節　取戻権の準拠法

ここでは、取戻権の準拠法について検討を加える。まず、従来の研究を概観したうえでそれに対する批判的な検討を行なう（一）。次に、「平時の国際私法秩序」における処理を国際倒産に及ぼすとどうなるかを示す（二）。

一　従来の研究に対する批判的検討

(1) いわゆる倒産国際私法について先駆的かつ詳細な論述をされた山戸教授は、一般の取戻権について次のように述べておられる。すなわち、取戻権を「単純に、破産管財人の支配する財産が破産者に属しないことを認め、その返還又は引渡を請求する破産法外の私法上の権利であると解するならば、取戻の対象が所有権の効力に基く動産又は不動産に関するものなる場合……、物権問題として一般に物の所在地法によるべきことになろう……。ただし、取戻権の対象となるものが債権そのものなる場合は、……債権関係の解除の問題として、その債権関係を支配する法律によらなければならない……。ところで、わが国の破産法は、財団から破産者に属しない財産の返還又は引渡を受ける権利に対し、取戻権なる特別の名称を附したに止り、そのような権利は、破産宣告の影響を受けないとされている（破法八七条）。果して然らば、取戻権の行使は、破産手続外においてなしうべく、また、裁判上において すると否とは問うところではないと解しうべく、破産手続に関連して問題となるとしても、その性質を、実体的給付請求権とみるべき限り、破産の準拠法たる破産開始地法を適用すべきでない。(5)

この見解は、貝瀬幸雄教授に引き継がれている。すなわち、貝瀬教授は、「一般の取戻権は倒産法が固有・独自に創設した『倒産固有の』効果ではなく、倒産手続外で行使できる旨が確認的に規定されているにすぎない、というのが日本倒産法の基本的立法政策であるから、取戻権の存否・行使方法は——倒産準拠法を関与させずに——それが物権に基づく限り物権準拠法（対象となる財産の所在地法）によるべきであろう」とされる。(6)

以上の考え方を要約すると、山戸教授はわが国破産法八七条の趣旨から、また、貝瀬教授は「日本倒産法の基本的立法政策」から、取戻権の性質を「実体的給付請求権」と決定して、「物権」的請求権に基づく取戻権は「物権準拠法」によるとされている（山戸教授はさらに「債権」的請求権に基づく取戻権は「債権」準拠法によるとされているが、貝瀬教授も同じ結論をとられることになると思われる）。

しかし、これらの考え方には、準拠法選択の論理からは、疑問がある。すなわち、両説は、日本の実質法である破産法ないし倒産法制を基準に、取戻権の性質を決定している。しかし、準拠法選択における性質決定は、類似したある一つの法制度がそれぞれの法目的から各国の間で微妙にあるいはかなり異なっている可能性があるため、いずれかの国の実質法を基準にしてなされるのではなく（もちろん、日本実質法を優先してでもなく）、その機能・目的に従って国際私法独自になされるべきである。(7)その意味で、右の両説の（結論にも賛成できないことは2で言及するとして）基本前提には賛成できない。

(2)　この点、性質決定における法廷地実質法説のような説明とは別の説明によって、同様の結論を導く見解もある。すなわち、石黒一憲教授は、「自国倒産手続特有の『手続的強制の契機』から、「通常の牴触法的処理に対して、『法廷地の絶対的強行法規の介入』がなされる一つの場合として、一連の現象をとらえるべき」であり、「法廷地の絶対的強行法規たる我国倒産法が実体法に委ねている部分がある限りにおいて、通常の牴触法（国際私法）的処理が貫かれることになる」と説明されている(8)。

この立場によれば、日本倒産法が実体法に委ねている取戻権（破産法八七条、会社更生法六二条）については、通常の牴触法的処理がなされることになる。その他の取戻権については、日本で倒産手続が開始されていれば、「法廷地の絶対的強行法規たる我国倒産法」が適用されることになるのであろう。しかし、そうでなければ、日本倒産法の適用は原則としてないのだと思われる。ただし、取戻権を主張する者に対して、外国でなされた倒産手続を開始する裁判の効力が及んでいる場合に、日本倒産法が適用されることになるのかについては、右の記述からは明確ではない。

(3)　以上の検討から、少なくとも次のことがいえるのではないか。すなわち、従来の研究のうち山戸教授・貝瀬教授によるものには、性質決定の方法に問題がある。また、石黒教授によるものには、その所説が具体的な場面においてもつであろう意味に明確でない部分が残っているように思われる。

このような状況では、「平時の国際私法秩序」が国際倒産の場面でもできるだけ維持されるとすればどのような処理がなされることになるのかを論じ、他方で「平時の国際私法秩序」について批判的検討を加える本稿にも、一定の意義があるのではないか(9)。そこで、節を改めて、そのような検討を行なうこととする。

二　「平時の国際私法秩序」との関係——従来の国際私法学説に対する批判的検討を兼ねて

ここでは、従来「平時の国際私法秩序」として考えられているものを示したうえでそれに対して批判的な検討を加えつつ、取戻権の準拠法を論じる。まず基本的な考察を行ない、次に問題のあるものについて項を分けて検討していくこととする。

一般の取戻権は、実質法上、大きくは、物権的請求権に基づくものと債権的請求権に基づくものとの二つに分けられる。ところで、国際私法学における通説によれば、物権的請求権は目的物所在地法（法例一〇条）で、契約から発生する債権的請求権は原則として当事者の選択した法（同七条）で、処理されることとされている。一で引用した山戸教授も（おそらく貝瀬教授や石黒教授も）、この点の通説をそのまま一般の取戻権の準拠法の議論に応用する趣旨だと思われる。

たしかに、ある有体物をめぐって権利の「競合」がない場合には、通説の説くこのような処理で問題ないといえなくはない。[10]しかし、「競合」状態が生じてしまっている場合には、特に債権的請求権で問題が生じる。すなわち、法例七条は、二当事者、ここでは債務者と取戻権を主張する者とが準拠法を決めることを認めている。この二当事者に閉じた関係についてであれば、このような処理で問題はない。しかし、倒産時においては、取戻権を主張する者の相手方は管財人であり、その背後にはふつう多数の倒産債権者が控えている。これらの倒産債権者は、右の二当事者による準拠法選択に関与する機会をふつう与えられてはいない。にもかかわらず、この二当事者が選択した準拠法によって自己の利益が左右されてしまうことになる。これではおかしいのではないか。

このような疑問を根本に据えたうえで、以下では、具体的な例を示しつつ検討を加えていく。その具体例として本稿でとりあげるものは、債権的請求権による一般の取戻権から転貸借の終了を理由とするもの（1）と詐害行為取消権に基づくもの（2）、特別の取戻権から売主の取戻権（3）、代償的取戻権（4）の四つである。

(1)　転貸借の終了を理由とする取戻権

債権者が、目的物が破産財団に所属しないことを主張し、しかも債権の内容として物の引渡を求めうる場合には、債権的請求権といえども取戻権の基礎とされる。[11]ここでとりあげるのは、その代表的な例である、転貸借の終了を理由とする取戻権である。

たとえば、倒産債務者Aが転貸人Xから有体物を転借したまま倒産した場合、Xが管財人Yから当該物を取り戻すとしたら、その取戻権の準拠法はどのように決められるのか。

このＡＸ間の転貸借契約は、法例七条によって導かれる契約準拠法によって規律されている。したがって、Ａが倒産した場合に、この契約が直ちに終了するのか、あるいは、各当事者に解約申入れの権利が与えられる（民法六二一条）のか、といった問題は、この契約準拠法による。転貸借関係の帰趨は、ＡＸ間に閉じた問題だからである。しかし、だからといって、このことはＹから、Ｘが転貸借の終了を理由として転貸物を取り戻せるかという問題までもが、右の契約準拠法によって規律されることを意味しない。この転貸物が倒産財団に組み込まれて配当の基礎となるか否かは、Ａの債権者の利益に直接影響する。ところで、これらＡの債権者を代表するＹは、ＡＸにとっての第三者である。このＹ（ひいては、Ａの債権者）をＡＸによって選択された転貸借契約の準拠法の規律に服せしめるのは、Ｙに準拠法選択の機会が保障されていない以上、不公平である。したがって、この取戻権の準拠法を決めるのは、法例七条であってはならないと考える。

では、法例七条でなければ何条によるのか。ここでの問題は、「平時の国際私法秩序」では、債務者Ａの占有する有体物をＡの債権者Ｙが差し押えたのに対して、Ａに当該物を転貸していたＸが第三者異議の訴え（民事執行法三八条）を起こした場合にはほぼ相当する。この場合の権利の「競合」状態を規律する準拠法についての議論は、従来なされていない。

そこで、少し視野を広げて、有体物上のいわゆる債権が関係する権利の「競合」状態を規律する準拠法について通説による言及を探すと、かろうじて、不動産賃借権の対抗要件および対抗力についての言及が存在する。すなわち、法例一〇条は目的物の所在地法によるべき対象を「物権其他登記スヘキ権利」と規定しており、登記すれば対抗力を生じる不動産賃借権（民法六〇五条）もその対象になるとするのが通説である[12]。これが具体的に想定しているのは、不動産賃借権の目的物について賃貸人がそれを譲渡した場合に賃借人が譲受人に対して、あるいは、賃貸人の債権者がそれを差し押えた場合に賃借人が差押債権者に対して、自己の賃借権を対抗できるかという問題である。この問題が法例一〇条によって処理される実質的な理由は、次のとおりだと思われる。すなわち、賃借人と譲受人、あるいは、賃借人と差押債権者との間には、直接の関係がない。両者のもつ共通点は、同一の有体物をめぐって争っていることである。そこで、両者にとってもっとも密接に関連するこの物に着目し、その所在地法を適用して両者の権利の「競合」状態を処理すれば、両者に対して予測可能性を保障することができる。

不動産賃借権の対抗要件および対抗力が法例一〇条によって規律される実質的な理由が右のとおりだとすれば、同じことは、ここでの問題、すなわち、差押債権者と転貸人との間の権利の「競合」状態の規律にも妥当するはずである。そして、右の問題が法例一〇条で規律されるのであれば、転貸借の終了を理由とする取戻権についても、同条で規律されるべきことになる。

以上の検討から、次のことがいえる。すなわち、ここでの問題（債権的請求権による取戻権の準拠法）において注目されるべきことは、取戻権の根拠が「債権」だということではなく、取戻権と他の権利との間で権利の「競合」が生じているということである。

(2)　詐害行為取消権に基づく取戻権

債権的請求権による取戻権の例としては、さらに詐害行為取消権に基づくものがある。

たとえば、第三者（受益者）である倒産債務者Aに対して債務者Bが自己の所有する有体物を譲渡した後でAが倒産した場合に、Bの債権者であるXが右の譲渡行為を詐害行為として取り消し、管財人Yに対して当該物の取戻しを請求するとする。この取戻権の準拠法は、どのようにして決められるのか。

詐害行為取消権（債権者取消権）に関する国際私法上の通説は、それが債権者の債務者に対して有する債権の効力の問題であり、かつ、取り消されるべき詐害行為の運命の問題だとして、右債権の準拠法と詐害行為の準拠法とを累積適用すべきだとする。(13)右の例では、ＸＢ間の債権準拠法とＢＡ間の譲渡行為の準拠法の累積適用ということになる。ここで、通説のいう「詐害行為」が債権契約のみをさすのか、いわゆる物権的法律行為をも含むのかは、明らかではない。(14)ただ、債権者によって「詐害行為」だと主張される法律行為としての債権契約についていえば、それは、法例七条の適用対象である。したがって、通説に従えば、詐害行為をしたとされるBAは、自分たちに有利になるようにその準拠法を決められることになる。しかし、これでは、Xにとって不利であり、不公平である。[15]したがって、ここでも、法例七条によるべきではないことになる。

では、何条によるべきなのか。ここでも、直接に取引してはいないXとA、および、XとY（ひいては、Aの債権者）の間で権利の「競合」状態が生じている。したがって、詐害行為取消権における取消債権者と受益者との関係、および、詐害行為取消権に基づく取戻権も、⑴におけると同様、両者にとってもっとも密接に関連する目的物の所在地法（法例一〇条）によって処理すべきことになるのではないか。[16]

⑶　売主の取戻権

⑴⑵の取戻権とは異なり、実体法上の支配権とは無関係に倒産法における特別の考慮から創設された特別の取戻権として、売主の取戻権（日本法では、破産法八九条、会社更生法六四条）がある。ここでは、この準拠法を検討する。

たとえば、甲国法人Xを売主、乙国法人Aを買主とする売買契約が甲国でAの甲国支店を窓口にして締結され、それに基づき有体物が甲国からAの別の支店のある日本に運送されたが、Aがそれを受領することなく代金を弁済しないまま、乙国でAについての倒産手続が開始されたとする。その後でAの管財人Yが日本でそれを受領したところ、XがYに対してその取戻しを請求する場合、その準拠法はどのように決まるのか。

①　一般の取戻権が「倒産固有の」効果ではないことに着目してその準拠法は実体権の準拠法によると主張する立場によれば、特別の取戻権は、それが「倒産固有の」効果であることから、「倒産開始国法適用の原則」に従うと主張することになると思われる。[17]このような立場からは、右で例示した取戻権の準拠法は、倒産開始国法である乙国法ということになるのであろう。

しかし、右のような場合、平時においては、Xは、売買契約については甲国法が、目的物に関する権利の「競合」については目的物所在地法である日本法が準拠法になることは想定しているとしても、Aの本拠地法である乙国法が準拠法となることは、予想していないのではないか。にもかかわらず、Aの本拠地が乙国にあってそこで倒産手続が開始したことのみをもって乙国法が準拠法として登場してくるのは、Xの予測可能性を害することになると思われる（「倒産開始国法適用の原則」に対する批判は、次回でさらに行なう）。したがって、このような考え方には賛成できない。

② 山戸教授は、売主の取戻権について「破産の準拠法を適用すべき」だとする立場に対しては若干批判的であって、「取戻権と雖も一つの解除権に過ぎず、その解除の対象となっている法律関係をつくり出した契約を支配する法の存する限り、これを全然無視する」右の「解決態度には賛成できない」とされている[18]。しかし、売主によって取戻権が行使されても、売買契約の効力（および目的物の所有権の帰属）には影響がないとする見解が多数のようである[19]。したがって、売主の取戻権を「一つの解除権」と断言することはできないと考える。

③ 以上、国際倒産法における従来の研究には、説得力のある見解は登場していない。むしろ、①での検討からは、ここでも、倒産に至る前の当事者の予測可能性に配慮することが重要だと思われる。そこで、以下では、「平時の国際私法秩序」との連続を意識しながら、売主の取戻権の準拠法について考察を進める。

国際私法の発想からは、売主の取戻権は、機能的には有体物の引渡を請求する権利の一種にすぎないということになると思われる。有体物の引渡請求は、通説によれば、それが債権的なものなら法例七条の、物権的なものなら一〇条の規律対象とされることになる。しかし、ここで注意すべきことは、ここでもまた、有体物の取戻しを請求しているXとそれにとっての第三者である管財人Y（および、その背後に控える倒産者Aの債権者）との間で、有体物をめぐる権利の「競合」が生じていることである。したがって、⑴で述べたように、ここでのXY間の法律関係は、右の取戻権が仮に準拠実質法上は「債権」的なものであったとしても、法例一〇条の規律対象となり、目的物の所在地法によって処理されるべきことになる[20]。そして、このように処理されれば、⑶冒頭の例に関して①で述べたXの予測可能性も保障されることになる。

(4)　代償的取戻権

代償的取戻権とは、一般の取戻権や特別の取戻権の目的物が第三者に譲渡されたがそれに代わる反対給付ないしその請求権が残存していれば、それについて取戻権を認める制度である（日本法では、破産法九一条、会社更生法六六条）。以下では、反対給付の履行の有無で分けて考える。

第一に、目的物が第三者に譲渡されたがその代金がまだ支払われていない場合、日本法では、取戻権者は、管財人に対して代金の請求権の移転を請求し、管財人による移転の意思表示と対抗要件としての債権譲渡の通知を求めることができる(21)。右の代金債権についての債務者（を含む債権譲渡の第三者）に対するこの債権譲渡の対抗要件は通知なのか不要なのかといった問題を規律する準拠法は、法例一二条によって決まる。これに対して、取戻権者が管財人に対してそもそも債権譲渡を請求できるのか否かといった、右の問題の前提となる点を規律する準拠法は、どのように決められるのか。

この点、代金債権の運命が問題になっていると解するなら、代金債権の準拠法によるとすることも考えられなくはない。たしかに、代金債権の当事者である倒産者ないし管財人と債務者との間の関係に閉じた問題であれば、それでよい。しかし、右の点で問題になっているのは、取戻権者と管財人（およびその背後の倒産債権者）との間の関係である。したがって、代金債権の準拠法によることはできないと考える。

これと異なり、取戻権者と管財人との間の関係であることに着目し、取戻権者の損失による財団の不当利得の問題と解するなら、法例一一条の適用対象になるとも考えられなくはない。たしかに、不当利得の問題が単に倒産手続開始後に管財人とその相手方との間で生じたというのであれば、それでよいかもしれない。しかし、ここでの場合には、すでに両者の間で、一般のあるいは特別の取戻権の成否が前提として問題になっており、両者および倒産債権者との間での権利の「競合」は、すでに(3)までに論じてきた準拠法による規律を受けている。にもかかわらず、同じ関係者の間の問題に変わりはないのに、ここで別の準拠法によるべき実質的な理由はないのではないか。したがって、この考え方にも賛成できない。

ここでも、取戻権を主張する者と管財人（およびその背後の倒産債権者）との間に権利の「競合」が生じている。したがって、仮にこの取戻権が準拠実質法上「債権」的な性質を有しているとしても、「債権」準拠法によるべきではない。この取戻権も、有体物をめぐる当事者を同じくする権利の「競合」問題の一環なのであるから、(3)までに述べたのと同じ準拠法で規律すべきである。つまり、これも、法例一〇条の適用対象だと考える。ただし、倒産時の目的物の所在地法によれば代償的取戻権が認められ取戻権者が管財人に対して代金債権の譲渡を請求できることになっている場合でも、債権譲渡の対抗要件については、明文どおり法例一二条によることになる。

第二に、目的物が第三者に譲渡され管財人が反対給付を受け取ってしまっている場合には、どのような準拠法選択がなされるのか。

これも、取戻権者と管財人（およびその背後の倒産債権者）との間の権利の「競合」についての処理であることに変わりはない。したがって、法例一〇条が適用され、倒産時における目的物の所在地法によって、取戻権者が代償的取戻権を認められて右の反対給付の引渡を請求できるか否かが決まることになる。ただし、この反対給付が特定物であれば、それをめぐって別に権利の「競合」がありうるのであって、そちらの「競合」は、それが生じた時点におけるこの特定物の所在地法によって規律される。

(5)　山戸・前掲注(1)八九九頁〜九〇〇頁。なお、同右九〇〇頁は「特殊の取戻権」についても言及しているが、それについては2(3)②で触れる。

(6)　貝瀬幸雄「比較国際倒産法」石黒一憲ほか・国際金融倒産（一九九五年）一四七頁・二六三頁〜二六四頁。これに対して、その他の取戻権は、倒産手続開始国法によることになるのだと思われる。

(7)　このような国際私法独自説が、通説である。たとえば、山田鐐一・国際私法（一九九二年）四九頁〜五一頁、澤木敬郎＝道垣内正人・国際私法入門〔第四版補訂版〕（一九九八年）一九頁〜二二頁参照。

（8）　以上、石黒・国際民事訴訟法（一九九六年）二九八頁。なお、同右三二一頁注八七は、前掲注（6）の本文で引用した貝瀬説も同趣旨だとするようである。しかし、そうではないのではないか。すなわち、貝瀬・前掲頁における「倒産準拠法」とは「倒産手続開始国法」を意味すると思われる（たとえば、同右二六二頁に「倒産開始国法（倒産準拠法）」とある）。だとすると、それは日本法になるとはかぎらないはずである。現に、相殺権についての記述ではあるが、同右二六五頁〜二六六頁は、国際倒産事件における相殺の許容性・要件は倒産手続開始国法によるべきだとしたうえで、「倒産したドイツ法人の管財人が日本において取立訴訟を開始したところ、債務者たる日本法人が——日本法に準拠した自働債権に基づいて——相殺権を行使したというケースでは、ドイツ法に従って相殺の許否を評価することになる」としている。この例でのドイツ法の適用は、石黒教授のとられる基本前提からは説明できないのではないか。この意味で、本稿では、両者の立場を異なるものと評価しておく。

（9）　澤木＝道垣内・前掲注（7）二二一頁は、「取戻権についても、倒産に至る前の準拠法がそのまま適用されるようにすることが法秩序の安定にとって重要なことであると解される」としている。

（10）　ただし、同じ二当事者間においては、たとえば、所有権に基づく引渡請求権と売買契約に基づく引渡請求権とを統一的に処理できるという結果を重視すれば（もちろん、理由はそれだけではないが）、注（2）で言及した私見のような立場も出てくることになる。

（11）　たとえば、伊藤眞・破産法〔新版〕（一九九一年）二三二頁。

（12）　たとえば、山田・前掲注（7）二六九頁、澤木＝道垣内・前掲注（7）一九四頁〜一九五頁。

（13）　たとえば、山田・前掲注（7）三三〇頁、溜池良夫・国際私法講義（一九九三年）三八四頁〜三八五頁。

（14）　国際私法立法研究会「契約、不法行為等の準拠法に関する法律試案（二・完）」民商法雑誌一一二巻三号（一九九五年）四八三頁・五〇六頁。

（15）　澤木＝道垣内・前掲注（7）一九〇頁も同旨。

（16）　ただし、準拠法選択の基準時については、注意が必要である。すなわち、取戻権の前提である詐害行為取消権自体の成否における取消債権者Xと受益者Aとの間の「競合」については、詐害行為の当事者が詐害的に目的物の所在地を変更することもありうるため、詐害行為がなければ当該目的物が所在したはずの地の法によるべきである

（澤木＝道垣内・前掲注（7）一九一頁が例示する立場は、これとほぼ同旨であろう）。これに対して、Xが右の詐害行為取消権をAの管財人であるYに対して主張できるかというXとYとの間の「競合」については、「競合」が生じた最初の時点、すなわち、原則として、Aについての倒産手続が開始した時点の所在地法によるべきである。なお、有体物譲渡型以外のものを含む詐害行為取消権の準拠法一般については、別の機会に論じさせていただく。

（17）注（6）の本文で引用した貝瀬教授の立場は、このようなものになると思われる。

（18）以上、山戸・前掲注（1）九〇〇頁。

（19）破産法八九条については、伊藤・前掲注（11）二三七頁、斎藤秀夫＝麻上正信編・注解破産法（改訂第二版・一九九四年）五二〇頁（竹下守夫＝野村秀敏執筆部分）、会社更生法六四条については、三ケ月章ほか・条解会社更生法上（一九七三年）五六五頁、宮脇幸彦ほか編・注解会社更生法（一九八六年）二一九頁（西沢宗英執筆部分）。

（20）売主の取戻権の準拠法について、たとえば英国法におけるような、倒産法上の権利にとどまらない類似の権利をも視野に入れた検討は、従来の裁判例の評価をも含めて、森田・前掲注（2）論文⑵千葉大学法学論集一〇巻四号（一九九六年）一九頁・三八頁〜四五頁を参照。なお、英国法における途中差止権と、その世界的普及、日本法の沿革等については、中野貞一郎「売主の取戻権」同・強制執行・破産の研究（一九七一年）三一八頁（初出は、契約法大系刊行委員会編・契約法大系Ⅱ（一九六二年）三三八頁）、特に、三二一頁〜三二五頁参照。

（21）たとえば、伊藤・前掲注（11）二三九頁。

第三節　倒産担保権の準拠法

前回は、取戻権の準拠法について検討を加えた。一2では、特に問題となると思われる債権的請求権による一般の取戻権⑴、⑵、売主の取戻権⑶、代償的取戻権⑷を個別にとりあげた。そして、いずれの取戻権についても、法例一〇条で処理されるべきことを示した。以上の検討から、有体物に関する取戻権は、それが実質法上は「債権」と評価されるものであったとしても、すべて法例一〇条の適用対象とされることになる。

以下では、国際倒産における担保権の準拠法について検討を加える。取戻権の場合と同様に、まず、従来の研究を概観したうえで、それに対する批判的な検討を行なう一。次に、「平時の国際私法秩序」における処理を国際倒産に及ぼすとどうなるかを示すこととする二。

一　従来の研究に対する批判的検討

(1)　山戸嘉一教授は、「別除権」と題する項目で次のように述べておられる。すなわち、「国際破産法上、担保物権中如何なる権利が、……別除権を認められるかの決定……はその性質からみて、明らかに担保物権そのものの一般的な効力に関するものではなく、破産法上の特殊事項として考察されなければならないから、破産の準拠法により決定するよりほかはない。しかし、別除権は、財団所属の特定財産から排他的に破産債権の個別的満足を受ける権利であって、独立の物権ではない。……それで、別除権者が如何なる物体上に物権的支配をなすかは、別除権の根拠たる担保物権そのもの〔の準拠法（引用者注）〕によって決しなければならない」[22]。

これとほぼ同様の立場から、貝瀬幸雄教授は、「担保権ないし担保的利益の成否そのものは物権準拠法が決定するけれども、その利益が倒産手続においていかなるプライオリティを有するかは、倒産手続開始国法によって判断されるべきである（外国倒産手続が承認された場合に、個々の担保権者がいかなるプライオリティを主張しうるか……も、外国倒産法に委ねられる……）。なるほど担保権それ自体の存否は倒産手続と密接に関連するわけではないから、物権準拠法に委ねることが担保権者の信頼保護の点から妥当であろう。しかるに、倒産法上のプライオリティは、取戻権の場合ほど完全に手続外で実現できるのではなく、再建型手続においてはしばしば制約を受けるので、倒産普及主義の網をかぶせる必要性がより高いというべきであろう」とされている[23]。

しかし、以上の考え方には疑問がある。

たしかに、担保権が倒産手続においてどのような処遇を受けるかという問題は、「破産法上の特殊事項」だといえる。しかし、だからといって、(有体物上の)担保権が「平時」において受けていた目的物の所在地法による規律が、他国での倒産手続の開始を契機として、直ちに「破産の準拠法」にとって代わられることに直結するわけではない。二2で、売主の取戻権⑶や代償的取戻権⑷を例にとって示したのと同様である。[24]

仮に、以上のような考え方に従うとすれば、当事者、特に担保権者や他の債権者の予測可能性を害してしまうのではないか。たとえば、債権者が日本にある有体物に担保権を有している場合、「平時」においてこれを実行すれば日本法が準拠法になる。「倒産時」においても、倒産者が日本に本拠を有し日本で倒産手続が開始されたとすると、日本法が準拠法になる。ところが、倒産者がたまたま外国に本拠を有しそこで倒産手続が開始されたとすると、直ちに当該外国法が準拠法になってしまうことになる。たしかに、このような立場は、倒産者や倒産者との取引が「破産の準拠法」所属国にもっとも密接な関連を有する債権者の(抵触法上の)利益に配慮したものといえる。しかし、倒産者との取引が「破産の準拠法」所属国以外の国にもっとも密接な関連を有する債権者の(抵触法上の)利益にまで配慮しているとはいえないのではないか。[25]

⑵　そもそも、貝瀬教授が依拠されているいわゆる「倒産開始国法適用の原則」というものは、いったいどういうことを根拠にしているのか。貝瀬教授によれば、

「第一に、倒産法においては倒産手続法と倒産実体法とが分かちがたく結びついており、『倒産特有の』効果」についてこの原則によれば、「準拠法の決定に際し手続と実体を分離するという難問を巧妙に避けることができる。第二に、倒産開始国は倒産法的事実関係と最も密接な関連……を有する――たとえば債務者の経済活動・主たる利益・住所などの所在地である――から、先の原則は準拠法選択上の一般原則と一致する。第三に、このアプローチは、財団の統一的な管理・換価・配当および全債権者の平等取扱いを保障し、倒産法上の法律関係について矛盾した裁判がなされることを防止する」[26]。

しかし、この原則自体に疑問がある。すなわち、第一点については、「手続と実体を分離する」というのは、たしかに「難問」かもしれない。しかし、関係者の（牴触法上の）利益をどう考えるかによっては、この「難問」に正面から立ち向かうのが筋だということになるのではないか。つまり、この点の根拠は、副次的なものであって決め手にはならないと考える。第二点については、債務者＝倒産者との取引が倒産開始国にもっとも密接な関連を有する者にとっては、たしかに倒産開始国法の適用が牴触法上の大原則に沿うものである。しかし、前述のように、債務者＝倒産者との取引が倒産開始国以外の国にもっとも密接な関連を有する者については、この点の根拠は妥当しない。したがって、後者に対しても倒産開始国法を適用するというのであれば、相応の根拠が必要なのではないか。そして、その根拠となりうるのが、第三点であろう。しかし、この点にも疑問がある。

第一に、「財団の統一的な管理・換価・配当」が、関係者の一部に偏った負担の生じることがないようにできるのであれば、たしかに望ましいといえる。しかし、実際には、倒産者との取引が倒産開始国以外の国にもっとも密接な関連を有する者にとっては、債務者が倒産すると平時には予想していなかったであろう倒産開始国法が適用されることになって、準拠法についての予測可能性の保障という点で不利益を受けてしまう。他方、倒産者について考えると、倒産開始国以外の国にもっとも密接に関連する取引を行なった以上、一部の債権者との関係で倒産開始国法以外の国の法が適用されて自己の再建や更生が一定の制約を受けることになったとしてもやむをえないのではないか。第二に、「全債権者の平等取扱い」の保障も、従来、批判する余地のない価値であるかのように論じられてきてはいる。しかし、重要なのは、同様の条件にあるものは同様に、異なる条件にあるものは異なって、扱われることである。つまり、「平等」よりも「公平」を重視すべきだと考える(27)。この観点からいうと、倒産者との取引が倒産開始国にもっとも密接な関連を有する債権者とそうでない債権者とでは、準拠法についての予測可能性の保障という点で異なる条件にあるといえるのではないか。だとすると、この両者を「平等」に扱うことは、かえって「公平」という倒産法上重要な価値を害することになってしまうのではないか。第三に、「矛盾した裁判がなされることを防止する」ことが理想とされるのも、理解はできる。しかし、現実には、各国で国際私法の統一がなされていないため、各国の裁判所で適用される準拠法が異なり「矛盾した裁判がなされる」こともある。ここでも、仮に日本が「倒産開始国法適用の原則」を採用したとしても、倒産開始国（を始めとする他国）が右の原則を採用していなければ、右の理想は達成できない。したがって、この点も決め手にならないのではなかろうか。

以上の検討から、「倒産開始国法適用の原則」の根拠は、さらに問い直されるべきだと考える。そして、この原則に疑問の余地がある以上、山戸教授や貝瀬教授の見解には賛成できない。そこで、「平時の国際私法秩序」との連続を意識すると倒産担保権の準拠法がどのように決められるべきことになるのかを、以下で考察する。

二　「平時の国際私法秩序」との関係

ここでは、担保権についての「平時の国際私法秩序」を示したうえで、倒産担保権の準拠法を論じる。

(1)　まず、有体物に対する担保権の「競合」、特にその相互の順位（優劣関係）は、目的物の所在地法による（法例一〇条）ことに争いはない[28]。次に、債権に対する担保権の「競合」を規律する準拠法については、目的債権の準拠法説と法例一二条説との間で対立がある[29]。この問題を正面から論じるのは別の機会に譲るが、ここでの関連で一言のみしておく。目的債権の準拠法は、取引から生じた債権については法例七条が適用されて、原則として当事者の選択した法になる。したがって、目的債権の準拠法によると、同一の債務者に対する（倒産者の有する）債権であっても、その準拠法はバラバラになる可能性がある。これに対して、法例一二条によれば、債権担保権の「競合」は、（倒産者の相手方である）債務者の住所地法によって処理されることになる。したがって、同一の債務者に対する債権は、仮に債務者が複数の国に営業所を有するとしても、それぞれの営業所所在地国を一つの単位として、統一的に処理することが可能になる。これはあくまで結果論であり、債権に対する担保権の「競合」を規律する準拠法については正面から議論する必要があることはもちろんである。ただ、法例一二条説にはこのようなメリットがあることは、認識されておいてよいのではないか。なお、物上担保から債権担保へと変質する制度である「物上代位」の準拠法は、従来ほとんど議論されていない。これも、物上担保の目的物が滅失等して債権に対する担保権に変質してしまっている以上、債権をめぐる権利の「競合」の問題として処理されるべきだと考える。(30)

⑵　⑴で簡単に整理した担保権についての「平時の国際私法秩序」は、倒産時においても維持されるべきである。その理由は、一⑵において⑴で述べた準拠法ともっとも密接に関連している。そして、担保権の「競合」については、第一に、担保権者は、「倒産開始国法適用の原則」の根拠を批判したさいに述べたのと同様である。すなわち、倒産時においても、その準拠法が適用されることを期待しているはずである。これに対して、倒産者は、「倒産法的事実関係」については、それがどの国で生じた事実であれ、原則として倒産者の本拠地法が適用されるべきだと考えるのかもしれない。しかし、仮に、倒産者がその本拠地国以外で担保取引をしているのなら、そのような取引をしてしまった以上、倒産した後もその取引にもっとも密接に関連する法に服するべきである。そして、その結果として倒産者の更生や再建に支障が出るとしても、そのような結果は甘受すべきことになるのではなかろうか。第二に、⑴で述べた準拠法によれば、担保権者は、一律に倒産開始国法が適用されるのと異なり、他の担保権者と牴触法上「公平」に扱われることになる。第三に、前回で検討したように、有体物についての取戻権は、それがたとえ実質法上は「債権」的請求権に基づくものであったとしても、すべて法例一〇条で処理されるべきである。したがって、有体物をめぐる担保権と取戻権の「競合」も、法例一〇条によるのであれば、統一的に処理できる。また、代償的取戻権について、目的物が代金債権に変わっていて取戻権の行使として債権譲渡がなされる場合、それを第三者に対抗するための要件・効果は法例一二条による。したがって、債権をめぐる担保権と取戻権の「競合」も、法例一二条によるのであれば、統一的に処理できることになる。(31)

⑶　では、倒産時においても「平時の国際私法秩序」が維持されるとすると、どのような処理がなされるべきことになるのか。前述の「財団の統一的な管理・換価・配当」という価値は、それ自体としては重要である。この価

値を実現するためには、観念的には、担保権の「競合」を規律する準拠法の所属国ごとに、すなわち、担保目的物の所在地国や、担保の目的債権の準拠法所属国または債務者の住所地国（立場によりどちらか一方になる）ごとに、倒産財団が作られるべきことになるのではないか。(32)

さらに、「手続と実体を分離する」のを避けるという価値を重視するなら、右のそれぞれの倒産財団ごとに手続の準拠法を実体の準拠法（倒産担保権の準拠法）に一致させるべきことになる。この考え方によれば、複数の国に資産をもつ者については、常に並行倒産がなされるべきことになりそうでもある。ただ、並行倒産によると手続的に非効率になることも考えられるから、右の価値と手続の効率性という価値の間でバランスをとる必要がある。したがって、常に並行倒産をすべきだということにはならないのではないか。いずれにせよ、手続の問題は、本稿の射程を超える問題であり、別の機会に検討する。

(22) 山戸嘉一「破産」国際法学会編・国際私法講座三巻（一九六四年）八八二頁・九〇二頁。
なお、担保物権の準拠法について、同右は、「先取特権・質権及び抵当権は、債権担保のために存する主たる債権に従たる物権としてその主たる債権の準拠法によってその成否如何を決定すべく、その成立が許容される限り、先取特権・質権及び抵当権が物権として有効であるか否かの問題は、その目的物の所在地法によって決する」としている。これは、通説と異なる立場である。つまり、通説が被担保債権の準拠法と担保目的物の所在地法との累積適用を説いているのは、いわゆる法定担保物件にかぎられている。
右の問題を体系的に論じるためには、その背景にある、物権変動の準拠法に関する基礎理論についての検討が不可欠だと考える。これについては、森田博志「国際私法の議論において原因行為と物権行為の区別が本当に必要なのか？(1)」千葉大学法学論集一〇巻三号（一九九六年）九九頁・一四〇頁～一四七頁を参照されたい。そのうえで、担保物権の準拠法を論じた同右一五〇頁～一五三頁をお読みいただきたい。
(23) 貝瀬幸雄「比較国際倒産法」石黒一憲ほか・国際金融倒産（一九九五年）一四七頁・二六四頁。
(24) ただし、山戸・前掲注(22)八九三頁は、「破産の準拠法」について、「通常破産者の住所地法乃至主たる営業所の所在地法と一致」するが「厳格にいえば、破産開始地法……とは、必ずしも同一視できない。破産者の住所地乃至主たる営業所の所在地以外の地において破産が開始される場合もありうるからである」としている。これは、厳密には、貝瀬教授の用語法と異なるようである。後者の用語法については、注(8)参照。

(25) たとえば、片山英二「外国倒産手続と内国財産・内国営業所」判タ八六六号（一九九五年）四五頁・四七頁は、「米国倒産手続においては……手続申立自体に自動停止（オートマティックステイ）の効果が与えられているので、担保権の実行は、とりあえず禁止される（米国連邦倒産法三六二条(a)）。外国法人の有する国内不動産に抵当権を取得した日本の債権者にかような効果を及ぼす事が適当であろうか」との疑問を呈している。

(26) 以上、貝瀬・前掲注(23)二六一頁。

(27) たとえば、伊藤眞・破産法〔新版〕（一九九一年）九頁〜一〇頁は、倒産処理の指導理念の第一に「公平の理念」をあげ、「実体法上同じ性格の債権者に対しては、平等な取扱いを、そして異なる性格をもつ債権者に対しては、その差異に応じた取扱いをなすのが、公平に合致する」と説明している。また、澤木敬郎＝道垣内正人・国際私法入門〔第四版補訂版〕（一九九八年）二一九頁は、「どのようにして債権者間の公平を確保」するかが国際倒産において発生する問題だとしている。ここにおいて問題となるのは、国際倒産においてどのような債権者を「実体法上同じ性格の債権者」と評価するかということである。具体的には、以下の本文で述べる。

(28) ただし、船舶担保物権相互間の順位の準拠法については、学説上は、旗国法説と法廷地法ないし差押時の船舶の現実所在地法説との間で争いがある。裁判例は、最近のものとしては、広島高決昭六二・三・九判時一二三三号八三頁が旗国法説をとっている。従来の裁判例の検討は、森田〔判批〕商事判例研究㊳昭和六十二年度（一九九七年）一五七頁・一六〇頁〜一六一頁を参照。なお、船舶先取特権の準拠法についての従来の議論を批判的に検討し新たな枠組みを提示した森田「アメリカ牴触法におけるマリタイム・リーエンの準拠法の現状とわが国の国際私法における船舶先取特権の準拠法についての解釈論」海事法研究会誌一二三号（一九九四年）一頁・一六頁〜一七頁も合わせて参照されたい。

(29) 判例としては、債権質の準拠法は目的債権の準拠法だとした最判昭五三・四・二〇民集三二巻三号六一六頁がある。

(30) 「物上代位」の準拠法が問題となった裁判例として、船舶先取特権に基づくそれに関する東京地決平三・八・一九判時一四〇二号九一頁、東京地決平四・一二・一五判タ八一一号二二九頁がある。後者に対しては、すでに詳細な批判を加えた。森田「判批」ジュリ一〇五一号（一九九四年）一二六頁・一二八頁参照。

(31) ただし、法例一二条で統一的に処理するためには、債権に対する担保権の「競合」を規律する準拠法について、法例一二条説をとる必要がある。

(32) 担保権者は、複数の対象に対して担保権を有している場合には、それぞれの担保権について、このようにして作られた倒産財団のうちでもっとも密接に関連するものに組み込まれることになる。これに対して、担保権を有しない債権者は、同一の債権について、仮に複数の倒産財団から配当を受けられるとすると、二重配当を得られることになってしまう。したがって、こちらも、それぞれの債権について、倒産者との取引にもっとも密接に関連する倒産財団から配当を受けられるにすぎないとされるべきであろう。要するに、本文でここまで述べてきたような準拠法選択の論理（国際私法的考察）からは、観念的には、財産所在地国ごとに「債権者秩序」が作られるべきことになる。

仮に、右のような観念的な「債権者秩序」が複数できるとすると、「債権者間の公平」という観点から、触れておくべきことがある。すなわち、各「債権者秩序」で配当率が異なるとすると、「債権者間の公平」に反する結果になる。したがって、それらの間での配当率が同じになるようにすることが必要である。ところで、単一の手続のなかで右のような処理が観念的に行なわれるだけなら、それほど困難な処理にはならないのではないか。これに対して、並行倒産による場合には、両手続間での調整はむずかしいはずである。ただし、片山・前掲注(4)四七頁は、「債権はいずれの手続でも認識されうることから、両手続のいずれにも全債権を組み込むことにより、両手続の配当率をあわせれば理論的には差は生じない（このことを説得の材料として、両手続で扱う債権は振り分けるが配当率は両者同一とすることも、実務的には不可能ではない）と主張している。この点については、改めて検討する。

第四節　結　論

まず、取戻権については、従来の議論では、「倒産固有の」権利ではない一般の取戻権は、通常の牴触法的処理によるとされ、債権的請求権に基づくものは債権準拠法で、物権的請求権に基づくものは物権準拠法で規律されると説かれてきた。しかし、取戻権が認められると、倒産債権者の配当がそれだけ減ってしまうことになる。したがって、債権的請求権に基づく取戻権の準拠法を、当事者自治が広く認められている債権準拠法とするのは妥当でない。そのような有体物をめぐる権利の「競合」を規律する準拠法は、国際私法の側でもほとんど議論されてきていない。ただ、かろうじて存在する不動産賃借権の対抗要件・対抗力の準拠法の議論から、一般の取戻権の準拠法は、その根拠がたとえ「債権」的なものであったとしても、物権準拠法＝目的物の所在地法（法例一〇条）とすべきである。

また、従来の議論では、「倒産固有の」権利である特別の取戻権や代償的取戻権は、一般の取戻権とは区別されて、「破産の準拠法」によると説かれてきた。しかし、これらの取戻権も、有体物をめぐる権利の「競合」にかかわるものであることには変わりない。したがって、こちらも、物権準拠法＝目的物の所在地法（法例一〇条）で規律されるべきである。

「平時の国際私法秩序」を右のように構成しつつ、それを倒産時にも維持すれば、取戻権は、すべて法例一〇条によって統一的に規律できることになる（以上、第二節）。

次に、倒産担保権については、従来の議論では、担保権の成否はそれ自体の準拠法によるが、担保権の倒産手続における処遇は「破産の準拠法」ないし「倒産開始国法」によると説かれてきた。たしかに、倒産者や倒産者との取引が倒産者の本拠地ないし倒産開始国にもっとも密接に関連する担保権者は、そのような処理を期待しているかもしれない。しかし、倒産者との取引が倒産者の本拠地ないし倒産開始国にもっとも密接に関連しているとはいえない担保権者は、倒産時においても、むしろ、平時において担保権の「競合」を規律していた準拠法の適用を期待していると思われる。したがって、準拠法に関する当事者の予測可能性や「債権者間の公平」を確保するために、倒産担保権の準拠法は、むしろ、担保権の「競合」を規律する準拠法とすべきである。

倒産担保権の準拠法を以上のように解すると、その準拠法として複数のものが登場してくる国際倒産では、その準拠法所属国ごとに、観念的な倒産財団を作るべきことになると思われる（以上、第三節）。

取戻権・倒産担保権の準拠法が右のように処理されるなら、「平時の国際私法秩序」が維持されることになる。そして、有体物をめぐる権利の「競合」については、平時のみならず倒産時においても、法例一〇条が統一的に適用されることになる。これが、本稿においてもっとも示したかったことである。

右のような処理によって倒産者の財産所在地ごとに観念的な倒産財団が作られ、それぞれの準拠法によって取戻権と倒産担保権が規律されるということは、法定財団と現有財団を一致させる作業[33]（の一部）がそれらの準拠法に従って行なわれることを意味する。このことと体系的な一貫性を追求するなら、その作業の一環である否認権や相殺権の行使も、それらの準拠法による必要があるのではないか。また、右の諸問題が倒産財団の範囲を決める作業であるとしたら、固定主義をとるか膨張主義をとるかという問題も、それぞれの準拠法による必要があるのではないか[34]。本稿の結論からは、以上のような推論が可能だと思われるが、それらの個別の検討は、今後の課題とする。

国際倒産における従来の議論は、「普遍性」を重視する普及主義の立場が優勢である。倒産に関する裁判の効力の問題としては、その立場に異論はない。しかし、準拠法選択についての従来の議論、少なくとも取戻権や倒産担保権の準拠法についての従来の議論には賛成できない（第二節一・第三節一で示したとおりである）。

本稿では、「普遍性」よりも「多様性」を尊重する国際私法の立場から、従来の議論を批判的に検討し、新たな枠組みを提示してきた。国際倒産法の議論が本稿によって少しでも進展したと評価していただけるなら、その目的は十分に達成されたことになる。

(33)　法定財団とは、法の予定する倒産財団を意味する。また、現有財団とは、現に管財人の管理下にある財産によって構成される倒産財団を意味する。管財人の任務は、倒産手続が開始された時点では食い違っている両者の違いを埋めていくことだともいえるとされている。以上、伊藤・前掲注(27)一〇四頁〜一〇五頁参照。

(34)　この点、神前禎「倒産財団の範囲」本誌六五〇号（一九九八年）六頁・一三頁〜一四頁は、（差押禁止財産制度についてては取戻権・別除権と同様に準拠法選択の論理を貫く一方で）「固定主義か膨張主義かという点は手続の円滑な進行等の面から、わが国で倒産手続を進める限りは日本法に従わざるをえない」とする。

たしかに、（差押禁止財産の問題だけでなく）新得財産の問題についても準拠法選択の論理を貫く場合には、「手続の円滑な進行」にとっての障害にはなると思われる。しかし、固定主義をとるべき倒産財団と膨張主義をとるべき倒産財団との違いを明確に意識し、新得財産の処遇をそれぞれの準拠法ごとに区別していくことは、それほど困難ではないのではなかろうか。

この点でも準拠法選択の論理を貫く場合には、膨張主義をとる倒産財団の新得財産は、その「債権者秩序」に組み込まれた債権者に対する配当にだけ回されることになる。また、この立場からは、注(32)で述べた「配当率の調整」は、倒産開始時におけるそれぞれの法定財団を基準としてなされることになると考える。

〔追記〕

「倒産手続開始国法適用の原則」を徹底的に批判したものである。公表後一〇年以上経過するが、これ以上の具体的な議論は寡聞にして知らず、他方で、右原則の支持者は増えている印象である。それほど人気を集める原則なのであれば、具体的な議論もできるはずではないのだろうか。

（ＮＢＬ六五三号、六六〇号、一九九八年、一九九九年）

第九部　国際裁判管轄

26　パナマ船主への金銭債務不存在確認請求訴訟の国際裁判管轄

東京地裁昭和六二年七月二八日判決（昭和六一年(ワ)第一九五四号、ナガン（パナマ）エス・エイ外一名対アッティカ・シッピング・カンパニー・エス・エイ、債務不存在確認等請求事件）、判例時報一二七五号七七頁

〔参照条文〕　民事訴訟法四条三項・八条・九条・二一条

第一節　事　実

原告X_1会社（パナマ法人）は、本船についての裸傭船者である原告X_2会社（日本法人）との間で再傭船契約を締結した。X_1は、一九七六年一二月にアメリカ合衆国シカゴ港で生じた同船の座礁事故により、昭和五二年二月二五日から昭和五三年七月三一日までの間に分離前相被告Z会社（日本の保険会社）から保険金の仮払金合計約一億一六四二万円の支払いを受けた。

ところが、本船の所有者である被告Y会社（パナマ法人）は、Xらに対して、右の仮払金について償還請求債権を有すると主張している。そこで、Xらは、Yに対して、右債務が存在しないことの確認を求めた。これに対して、Yは、国際裁判管轄の点を争った（なお、Yは、妨訴抗弁として、X_2Y間の裸傭船契約の中で同契約上より発生する紛争についてはロンドンでの仲裁において解決する旨合意しており本件紛争がその合意の対象に含まれること、右の合意の効力がX_1にも及ぶことを主張したが、判旨は、この点には触れていない）。

第二節　判　旨

訴え却下。

㈠「民事訴訟法九条は、事務所・営業所所在地の裁判籍を規定するが、……YがAの支配する会社であり、日本において事務所又は営業所を有する事実を認めることはできない（……①本件事故をめぐる責任問題について、Y側としてX_2と交渉に当たったのは、ブローカー以外はすべてA又はその経営する会社であるB会社に所属するC及びDのみであること、②Bの事務所は東京都中央区……にあること、③X_2に送付された文書においては、YとBとはバハマ諸島ナッソーにおける住所が共通していること、……以上の事実を認めることができる。しかしながら、③から直ちにBの②の事務所がYの事務所又は営業所に当たるものということはできない。また、……Aは、船舶設計及び海事コンサルタントであり、X_2との前記交渉はYの代理人としての資格を明示して行っていること、A又はBはYとX_2との間の傭船契約の締結あるいはこれに基づく傭船料の収受には何ら関与していないことを認めることができ……、Bが②の事務所において独立して、すなわち他から指揮監督を受けずにYの営業、業務を行っていることを認めるべき証拠はない。右によれば、①の事実は、Bの②の事務所をもってYの事務所又は営業所と認める根拠とするには足りない。……）。」

(二)「民事訴訟法八条は、財産所在地の裁判籍を規定しているところ、……金銭債権に関しては債務者の普通裁判籍所在地が右の財産所在地と解されるから、X_2については、わが国に財産所在地があることになる。しかしながら、金銭債務の消極的確認訴訟の国際裁判管轄についても民事訴訟法八条に準じた管轄原因を認めるとすると、債務者は、……常に自らの住所の存する国の裁判所に訴えを提起できることとなり、反面、債権者は自己と生活上の関連がなく、また、自己の主張する債権の内容とも何ら関連のない国において応訴することを余儀なくされることとなるが、これは当事者間の公平を著しく害するものというべきであって、同条にいう財産所在地であることを理由に金銭債務の消極的確認訴訟の国際裁判管轄を認めるのは相当でない。従って、本件に関し、財産所在地であることを理由にわが国に裁判管轄権を認めることはできない。」

(三)「民事訴訟法二一条は、併合請求の関連裁判籍を規定するが、……国際裁判管轄に関して、主観的併合を理由に同条の法理に基づく併合請求の関連裁判籍を管轄原因として認めることは、原則として許されないものと解すべきである。このような管轄を認めることにより、自己と生活上の関連がなく、また自己に対する請求自体とも関連を有しない他国での応訴を強いられ〔る〕被告の不利益は、一国内の場合に比して著しく過大なものとなるおそれがあるからである。

もっとも、主観的併合の場合であっても、固有必要的共同訴訟の場合その他特にわが国裁判所の裁判管轄権を認めることが当事者間の公平、裁判の適正・迅速を期するという理念に合致する特段の事情が存する場合には、わが国裁判所の裁判管轄権を認めることが条理に適うというべきである。しかしながら、XらのYに対する請求とZに対する請求とは合一確定の必要のない通常共同訴訟の関係にあり、その他本件においてわが国裁判所の裁判管轄権を認めるべき特段の事情は認められない(……本件訴えにおいては、ZのX_1に対する保険金の支払が後日の精算を前提とする仮払としてなされたものかどうかが重要な争点の一つとなっており、X_1のZに対する請求の成否も右の点についての判断如何によってその結論が左右されうる関係にあることが認められ、従って、右各訴えが別個に審理判断されるときは、右の点について判断のそごをきたす可能性は否定できない。しかしながら、仮に右のような判断のそごが生じても、当該判決を前提として当事者間に精算、求償等処理すべき問題が残り、各判決間にそごがあるために右問題の解決が困難になるような事情は本件からはうかがわれないから、未だ前記特段の事情があるとはいえない。)。」

㈣「以上の他わが国に裁判管轄権があると認めるべき事由はない。」

第三節　評　釈

判旨に若干の疑問がある。

本判決は、別法人の事務所を被告の事務所・営業所と認定しそれを管轄原因としうることを前提とした処理を行った最初の判決である。また、金銭債務不存在確認請求訴訟において原告の普通裁判籍所在地を被告の財産所在地としそれを管轄原因としうるかについて判示した最初の判決である（青山善充〔判批〕判タ七〇六号二五三頁〔平元〕）。さらに、土地管轄規定の適用が類型的に制限されうることを示した判決とも言える（小林秀之＝山本浩美〔判批〕海事法研究会誌八八号一二頁、小林〔判批〕法セ四一二号一三八頁〔以上、平元〕）。

㈠　判旨㈠は、事務所・営業所に関する裁判籍につき民訴法九条を援用している。これは、被告である法人その他の団体が日本に従たる事務所・営業所しかもたない場合にはその業務に関する事案に限って日本の裁判所の国際管轄を認めるとする学説（池原季雄「国際的裁判管轄権」新実務民訴講座7二三頁〔昭五七〕）と同じ考え方である（齋藤彰〔判批〕ジュリ九四二号一二二頁〔平元〕は、判旨が民訴法九条を援用したのはXの主張において本条しか援用されていなかったためではないかと推測している。しかし、法の適用は裁判所の専権事項のはずである）。しかし、民訴法四条三項を援用するのが判例である（⑴最判昭和五六・一〇・一六民集三五巻七号一二二四頁、⑵東京地（中間）判昭和五七・九・二七判時一〇七五号一三七頁、(3)東京地判昭和五九・二・一五下民集三五巻一＝四号六九頁、(4)東京地判昭和六一・六・二〇判時一一九六号八七頁)。そして、これらの判例においては、事案と内国所在の事務所・営業所の業務との関連性はそもそも問題になっていない(1)(2)(4)判決)、あるいは、管轄否定の決め手にはなっていない(3)判決)。また、たとえ内国所在の事務所・営業所の業務に関連しない事案でも、日本の裁判所に管轄を認めるべき場合はある(例えば、(1)判決は、マレーシアでの航空機事故の遺族がマレーシアに本店を有し日本に営業所を有する航空会社に対して航空運送契約についての債務不履行に基づく損害賠償を請求した事案において、在日営業所の業務に関するものではなかったにもかかわらず日本の裁判所の管轄を認めている)。したがって、この点の判旨には疑問が残る。

次に、判旨は、日本にあるBの事務所をYの事務所・営業所と見ることができるか否かについての事実認定を行っている。これは、本判決が別法人の事務所を被告の事務所・営業所と認定しそれを管轄原因とすることを前提とした処理を行ったことを意味する。本判決はこのような処理を行った最初の判決であり、このことが本判決の意義の一つである(学説においては、管轄判断において外国会社の日本への進出形態の如何――支店・営業所設置型か現地法人(子会社)設置型か――にこだわらずに実態を直視すべきだとする石黒一憲・現代国際私法〔上〕三二三頁〔昭六一〕の指摘が既にあった)。

判旨は、右の前提に立ちつつ、結局、Yが日本において事務所・営業所を有する事実を認めることはできないとする。しかし、この認定に対しては、既に有力な批判がなされている(高桑昭〔判批〕ジュリ昭和六三年度重判解二六四頁〔平元〕は、判旨(一)①③の事実、本船が便宜置籍船であってYはそれを所有するための会社にすぎないと推定されることなどから、日本にあるBの事務所をYの実質的な事務所または営業所とみるべき余地があったとする。また、齋藤・前掲一二三頁は、Yがいわゆる便宜置籍法人でありその本拠がどこにあるのかは取引相手でさえはっきり知らないことがよくあることに鑑み、B東京事務所が単に本事件に関する一回的なYの代理人として行動したのではなくもう少し深いつながりが認められる場合(例えば日本におけるYの日常的な雑務処理の窓口となっている等)には、それをYの事務所と認めてよいとする）。国際的な運送業（特に海運業）を含む企業は、各国の様々な組織ないし個人を利用することによって国際的活動を行っている（齋藤・前掲頁）。したがって、その実態に則したより柔軟な処理が必要であったようにも思われる（なお、徳岡卓樹〔判批〕渉外百選〔第三版〕一九九頁〔平七〕は、事実認定以外の対応についての検討を今後の課題として指摘する）。

㈡　判旨㈡は、金銭債務の消極的確認訴訟の国際裁判管轄については民訴法八条を援用できないとする。この点の判旨は支持を集めている（小林＝山本・前掲一七頁、小林・前掲頁、齋藤・前掲頁、青山・前掲頁）。ただ、国際裁判管轄についてのリーディング・ケースである⑴判決以後の下級審判決は、土地管轄規定による裁判籍のいずれかがわが国内にあっても、わが国の裁判所の裁判管轄を肯定することが当事者間の公平、裁判の適正・迅速を期するという理念に反する結果を生ずるような「特段の事情」があるときには、わが国の裁判管轄を否定するという判断枠組を採用している。この枠組によると、判旨が本条の援用を否定する根拠としている事情があれば、「特段の事情」があるものとしてわが国の裁判管轄は否定されることになる。したがって、判旨のように一律に管轄を否定しなくても、債権者の権利が侵害されることは防げるのではないか。確かに、判旨のような類型的思考を採れば、この点に関する限りは個別事情の検討に踏み込む必要がなくなる。その意味で、この点の判旨は意義がある。ただ、このような処理により逆に債務者の権利を害する場合が生じないのか疑問が残る（但し、この点につき本条を援用することには、他にも問題がある。道垣内正人「国際的裁判管轄権」注釈民事訴訟法⑴一二四頁〔平三〕は、存在しないと主張する債務の所在地を管轄原因とするという論理上の問題を指摘する。また、石黒一憲・国際民事訴訟法一八六頁〔平八〕は、本条を援用するにあたって債権が債務者の普通裁判籍所在地に所在するとの擬制をする必要に疑問を呈している）。

㈢　判旨㈢は、訴えの主観的併合について、民訴法二一条の援用は原則として認められないとしつつ当事者間の公平、裁判の適正・迅速を期するという理念に合致する「特段の事情」が存する場合にはわが国裁判所の裁判管轄を認めるとする。これと同旨の判決が既にあり（⑸東京地（中間）判昭和六二・五・八判時一二三二号四〇頁）、これに続く判決も出ている（⑹東京地判平成二・一〇・二三判時一三九八号八七頁、⑺東京地判平成三・一・二九判時一三九〇号九八頁）。これに対して、共同不法行為の共同被告間においては、右の理念に反する結果を生ずるような「特段の事情」がない限り、（原則として）本条の援用が認められるとする一連の裁判例がある（⑻東京地（中間）判昭和六二・六・一判時一二六一号一〇五頁、⑼東京地判昭和六二・六・一金商七九〇号三二頁、⑽東京地判平成元・六・二八判時一三四五号九三頁）。本判決を含む前者の一連の判決の一般論は、二で言及した国際裁判管轄の一般論と原則・例外を逆転させたものである。ただ、具体的にどのような場合に本条の援用が認められるのかが、より重要である（判旨は右の「特段の事情」がある場合として固有必要的共同訴訟の場合を例示するが、傍論である）。

管轄肯定例では、共同被告間に密接な関係があった（⑸判決では三〇％強（但し、他にも直後に述べるような管轄肯定要因があった）、⑻⑽判決では一〇〇％の持株関係）。また、原告の海外での訴訟追行能力の低さに配慮したと思われる事案もあった（⑸判決の原告は、スペインの航空機事故の遺族である）。

これに対して、管轄否定例では、共同被告間に管轄肯定例ほど密接な関係はなかった（⑹判決では、香港在住英国籍の被告は分離前相被告である日本法人の取締役として登記されており時々来日するくらいの関係はあった（但し、直後に述べるような管轄否定要因があった）。⑼判決では、香港在住外国人である被告は分離前相被告である日本法人とかつて取引があったというにすぎない。⑺判決では、米国法人である被告は米国に在住する分離前相被告の負傷の原因である機械についてその使用者が行った売買に関与したにすぎない）。また、原告の内外での訴訟追行の負担に大差がない事案もあった（⑹判決での英国法人である原告についての被告の在住する香港での訴訟追行と日本でのそれとの比較）。

本件では、ＹＺ間に密接な関係がなくＸらの海外での訴訟追行能力にも⑸判決におけるほどの問題はなさそうである（X_1はＹと同じくパナマ法人であり、X_2Ｙ間の裸傭船契約中には仲裁地をロンドンとする旨の合意がなされていた）。したがって、判旨が民訴法二一条を援用しなかったことには賛成する（結論同旨、高桑・前掲頁、齋藤・前掲頁、青山・前掲頁）。

なお、判旨は、訴えが併合されない場合の各判決間の「判断のそご」に特に言及している。しかし、国際裁判管轄の判断においては、右の諸点と比較してその重要性ははるかに劣ると言うべきである（以上の点については、松下淳一〔(6)判決判批〕ジュリ一〇二二号一七五－一七六頁〔平五〕の鋭い指摘を参照）。

〔追記〕

平成二四年四月一日から、国際裁判管轄規定を新設した民訴法一部改正法が施行されている。基本的には従来の判例理論（特段の事情論・修正逆推知説）を踏襲する内容であるが、そこで援用されていた四条三項（平成八年制定の現行民訴法では四条五項）に対応する新三条の二第三項は、その射程が不当に制限されてしまった。なお、九条（現行民訴法では五条五号）は新三条の三第四号に、八条（現行民訴法では五条四号）は新三条の三第三号に、二一条（現行民訴法では七条）は新三条の六に、それぞれ対応する。

（商事判例研究(38)、一九九七年）

27 外国法人からの購入部品の瑕疵と損害賠償請求訴訟の国際裁判管轄

東京地裁平成一八年四月四日中間判決——管轄肯定（平一六(ウ)二七四六〇号、損害賠償請求事件）、判例時報一九四〇号一三〇頁、判例タイムズ一二三三号三三二頁

第一節　判決のポイント

本判決は、義務履行地管轄における履行地の決定に一事例を加えるものである。また、不法行為地管轄の審理において客観的事実関係の証明を要求する最高裁判決に従い事実的因果関係に検討を加え、客観的併合の管轄につき同じ最高裁判が要求する両請求間の密接な関係の有無を判断した事例でもある。

第二節　事　案

原告X社は、東京都に本店を置き、電子通信装置・システムの開発・製造・販売・輸出入等を業とする日本法人である。これに対して、被告Y_1社は、米国に本店を有するデラウェア州法人であり、被告Y_2社は、台湾に本店を有

する台湾法人であり、両社は、日本国内には営業所も代表者も有していない（なお、代表者の表記は、両社とも訴外Aとなっている。また、Y_1社は、両社の株式のほぼ一〇〇％を別のデラウェア州法人である訴外B社が保有していると主張している）。

Y_2は、X社の完全子会社である訴外C社（香港法人）から交付されたC社名義の購入注文書に基づき、平成一三年一〇月から平成一五年五月までの間、本件光モジュールを製造し販売した（これに先立ってX社とY_2社との間で本件光モジュールの仕様、契約数量、価格等についての直接交渉が台湾と我が国において継続的に行われ、平成一四年一月一七日付けの売買契約書のドラフトが作成されているが、正式な契約書は存在していない）。そして、買主の指示により、本件光モジュールを台湾法人である訴外D社の台湾内の事業所に納品した。D社は、本件光モジュールを部品として搭載した本件メディアコンバータを製造した（Y_2社は、この完成品が最終的にX社に納品されることを認識していた）。

他方、Y_1社は、同社のウェブサイトにおいて、Y_2社との企業的一体性を前提とした垂直視統合システムによるオプトエレクトロニクス部品の製造を行っていることを公表している（なお、本件光モジュールには、「Y_1」というロゴが貼付されている）。

X社は、本件メディアコンバータを日本の通信会社三社に販売したところ、本件光モジュールの瑕疵によって本社メディアコンバータの一定割合に故障が生じたため、販売した本件メディアコンバータの全ての交換を余儀なくされたと主張し、(1)Y_2社に対し、瑕疵担保責任、債務不履行責任、製造物責任ないし不法行為責任に基づき、(2)Y_1社に対し、製造物責任、Y_2社代表者Aとの共同不法行為ないしY_2社を全面的に支配していることによる法人格否認の法理に基づき、損害賠償金約五億四九一二万円及び遅延損害金を請求した。

これに対して、Y社らは、まず我が国の裁判所の国際裁判管轄を争った。

第三節　判　旨

一　国際裁判管轄の判断基準

「当事者間の公平や裁判の適正・迅速の理念により条理に従って決定するのが相当である。そして、我が国の民訴法の規定する裁判籍のいずれかが我が国内にあるときには、原則として、我が国の裁判所に提起された訴訟事件につき、被告を我が国の裁判権に服させるのが相当であるが（最高裁第二小法廷昭和五六年一〇月一六日判決）、我が国で裁判を行うことが当事者間の公平、裁判の適正・迅速を期するという理念に反する特段の事情があると認められる場合には、我が国の国際裁判管轄を否定すべきである（最高裁第三小法廷平成九年一一月一一日判決）。」

二　Y_2に対する請求について

1　瑕疵担保責任、債務不履行について

「X社とY_2社との間には……正式な契約書が存在しないこと及び……購入注文書には、買主がX社であることないしC社がX社の購買代理人であることは明示されていないことからすれば、本案前の審理の段階において、C社がX社の購買代理人であり、X社が……買主であるとは認めるに足りない。」「また、……X社は、Y_2に対し、……D社に納品してもらいたい旨の意向を表明しており、実際の納品先についても、……全三四四〇八器の内……X社に納品された……三六器……以外はすべてD社に納品されたことが認められる。したがって、……引渡義務の履行地はD社の存在する台湾内であったといえる。」

「なお、X社は、Y_2社の債務不履行に基づく損害賠償債務自体の義務履行地に基づく管轄も主張しているが、

……売買契約の当事者がX社であると認め難い以上、X社は、売買契約上の債務不履行に基づく損害賠償請求権の主体とも認め難」い。

2　不法行為責任、製造物責任に基づく請求について

「不法行為地には、不法行為がなされた地のみならずその結果が発生した地も含まれると解するのが相当であるところ、……X社が我が国で一定の損害を被ったことが認められ、我が国が結果発生地であると認められる。」「本案前の審理においては、原則として、被告の行為により原告の法益について損害が生じたとの客観的事実関係が証明されれば足りると解するのが相当である。けだし、この事実関係の存在が証明されれば、通常、被告を本案につき応訴させることに合理的な理由があり、国際社会における裁判機能の分配の観点からみても、我が国の裁判権の行使を正当とするに十分な法的関連があるということができるからである（最高裁第二小法廷平成一三年六月八日判決）。」「本件ＬＤの結晶欠陥……が製造工程以外で生じる可能性は少ないことが認められ、本件ＬＤに生じた結晶欠陥とY_2社における製造過程での作業との間には、本案前の審理に必要な範囲において、事実的因果関係を肯定できるから、……前記の客観的事実関係を認めることができる」。

3　併合請求の裁判籍

「ある管轄原因により我が国の裁判所の国際裁判管轄が肯定される請求の当事者間における他の請求につき、民訴法の合併請求の裁判籍の規定（民訴法七条本文）に依拠して我が国の裁判所の国際裁判管轄を肯定するためには、両請求間に密接な関係が認められることを要すると解するのが相当である。けだし、同一当事者間のある請求について我が国の裁判所の国際裁判管轄が肯定されるとしても、これと密接な関係のない請求を併合することは、国際社会における裁判機能の合理的な分配の観点からみて相当ではなく、また、これにより裁判が複雑長期化するおそ

れがあるからである（前記最高裁第二小法廷平成一三年六月八日判決）。」「請求のいずれにおいても、Y_2社における本件光モジュールの製造作業と本件LDに生じた結晶欠陥との関係、同結晶欠陥の発生についてのY_2社の過失の有無が主たる争点であることは共通しており、両請求には密接な関係がある」。

4　我が国の管轄を否定すべき特段の事情の存否

「Y_2社は、我が国に本店も営業所も有しないのであるから、本件を我が国で審理する場合に、Y_2社に一定の不都合が生じることも予想できる。しかしながら、……同光モジュールがメディアコンバータに組み込まれた後、最終的にX社に引き渡されることを認識し、これに向けたX社との直接交渉をしていたのであるから、Y_2社は、本件光モジュールに不具合等が生じた場合に、これに起因する損害が日本国内で発生することを十分に予測し得たといえる。このような場合、不法行為責任の準拠法につき、法例一一条一項にいう『原因タル事実ノ発生シタル地』は結果発生地であるとみて、我が国の民法などの法令が準拠法となると解することも十分に可能である。また、……Y_2社は、……実質的な取引相手をX社として、我が国及び台湾において購入基本契約の締結交渉などをしていたこと、本件光モジュールの取引は、購入基本契約の締結前ではあったが、その先行的取引として開始されていたことがそれぞれ認められる。以上の各事情からは、本件においてY_2社に我が国での応訴を求めたとしても当事者間の公平に反するとの判断は導かれない。」

「仮に〔台湾にあるD社とY_2社の〕各工場の環境等と結晶欠陥との関係が問題となるにしても、……技術的側面に関する書証での立証が重要であり、……我が国の裁判所で本件を審理することが、必要な防御の機会を奪う程の不利益をY_2社に課するとか、真相の解明を不可能にするものとはいえない。」

「各事情を総合すると、一方で、台湾における製造工程に関する文書の多くが中国語や英語で作成されていることや、X社も台湾での訴訟追行能力を有していること等の事情を考慮しても、……管轄を否定すべき特段の事情は認められない。」

三　Y_1社に対する請求について

「本件ロゴマークは、Y_1社の社名そのものを表示するものであるし、……同社のウェブサイト上のタイトル表示部分の同社を示す表示と字体のデザインが共通しており、製造物責任法二条三項二号の氏名、商号、商標その他の表示に該当するといえる。……Y_1社が自らY_2社との企業的一体性……を公表していることから……本件ゴロマークは、少なくともY_1社の承諾ないし容認によって本件光モジュールの表面に添付されたと認めることができる。したがって、本案前の審理の下でも……、Y_1社は、自ら当該製造物の製造業者として当該製造物にその氏名、商号、商標、その他の表示をした者又は当該製造物にその製造業者と誤認させるような氏名等の表示をした者に当たると認めることができる。」「本件光モジュールの製造過程における不法行為についての客観的事実関係が認められ、不法行為地には結果発生地も含まれる（製造物責任の管轄についてもこれと別異に解する理由はない。）ので我が国に裁判籍が認められ、我が国の裁判所の国際裁判管轄を否定すべき特段の事情についての主張立証もなされていないから、X社のY_1社に対する請求についても、我が国の裁判所に国際裁判管轄を肯定すべきである。」

第四節　先例・学説

㈠　〔判旨〕㈠は、財産関係事件における国際裁判管轄につき、二件の最高裁判決を援用しつつ、従来の多数の裁判例が形成してきた判例法、すなわち、民訴法の規定する裁判籍のいずれかが我が国内にあれば日本の管轄を認める（①最判昭五六・一〇・一六民集三五巻七号一二二四頁）ことを原則としつつ、当事者間の公平、裁判の適正・迅速を期するという理念に反する特段の事情がある場合には日本の管轄を否定する（②最判平九・一一・一一民集五一巻一〇号四〇五五頁。「特段の事情論」または「修正逆推知説」）という一般的判断基準に従っている。

これに対し、国際私法学説の多数は、判例法における特段の事情の判断内容の肥大化を問題視しつつ、民訴法の規定に国際的配慮から修正解釈を施したうえで類推する（「管轄配分説」または「修正類推説」。道垣内正人「国際裁判管轄」高桑昭＝道垣内正人編『新・裁判実務大系第3巻　国際民事訴訟法（財産法関係）』四二頁〈二〇〇二年〉、本間靖規ほか『国際民事手続法』三七―三八頁［中野俊一郎］〈二〇〇五年〉参照）。なお、この立場の近時の有力説は、厳格な一般的ルールを設定したうえでその適用結果を特段の事情により微調整する余地を残しており、管轄否定のみならず肯定の方向でも微調整の可能性を説く（道垣内・前掲四七―四九頁）。

㈡　［判旨］㈡1は、義務履行地管轄につき、契約上の義務に限り検討を加えている。義務履行地管轄は契約紛争に限るという認識は、ほぼ定着していると評されている（渡辺惺之「本件批判」平成一八年度重判解二九九頁〈二〇〇七年〉）。ただ、裁判例には、最近でも、不法行為請求につき義務履行地管轄を検討したものがある（③東京地判平一四・一一・一八判時一八一二号一三九頁、④東京地判平一五・九・二六判タ一一五六号二六八頁（但し、いずれも管轄否定例））。

次に、判旨は、損害賠償債務につき、義務履行地から損害賠償義務自体の履行地を排除してはいない。これは、裁判例の大勢と一致する（最近では、⑤東京地判平一〇・三・一九判タ九九七号二八六頁、⑥東京地判平一〇・一一・二判タ一〇〇三号二九二頁（但し、いずれも管轄否定例））。ただ、学説では、本来の義務の履行地を基準とする見解が強い（田中美穂「判批」国際私法判例百選〔新法対応補正版〕一七三頁〈二〇〇七年〉参照）。

㈢　［判旨］㈡2は、不法行為地管轄につき、加害行為地と結果発生地の双方を不法行為地と見る通説・判例（最近では、⑦名古屋地判平一五・一二・二六判時一八五四号六三頁）に従っている。

次に、判旨は、管轄原因事実につき客観的事実証明説を採用した最高裁判決（⑧最判平一三・六・八民集五五巻四号七二七頁）の基準に従って、事実的因果関係を検討している（なお、高部眞規子「調査官解説」曹時五五巻二号五二九頁〈二〇〇三年〉参照）。

㈣　［判旨］㈡3は、客観的併合の場合に両請求間に密接な関係があることを要求し、「密接な関係」につき実質的な争点を同じくしていることを例示した前掲⑧判決に従って、本件の両請求間につき主たる争点の共通性を認めている。この基準は、緩すぎて不適切だと批判されている（渡辺・前掲三〇〇頁。但し、本件の両請求は選択的もしくは予備的な関係にあることから、結論には賛成している）。

第五節　評　論

㈠　国際裁判管轄の一般的判断基準については、［先例・学説］㈠で前述したように、判例法（特段の事情論）と管轄配分説との間で、民訴法の規定の援用方法に格差がある。ところが、学説は一般に、議論の前提を断らない。この点、十分に注意する必要がある。

㈡　判例法の立論からは、不法行為請求について、最近の裁判例（③④判決）が依然として義務履行地管轄の検討も行っていることも、理解できる。ただ、不法行為地の解釈の柔軟性（㈢で後述）が維持されるなら、不法行為地管轄のみの検討で足りると考える。

［判旨］㈡1が契約上の本来の債務たる引渡義務の履行地を台湾と決定した点には賛成する（渡辺・前掲二九九頁とほぼ同旨）。次に、X社が買主であるとは認められないとした判旨は、引渡義務との関係では、不要ではなかったか（本件では、その判断がなくても履行地の決定はできた）。

他方、右判旨は、損害賠償義務との関係では、本判決が以下の前提を置いたことから必要になったと解される

(以下の前提として、［先例・学説］㈡も参照)。すなわち、契約からはそれ自体の履行地を決定できない本件では、準拠法を通じて履行地を決定する必要があり、日本法（商法五一六条一項）が準拠法になる可能性の存在から債権者の確定が必要になるという前提である。そうであれば、履行地が契約で明示されているか一義的に定まることを要求する多数説（管轄配分説が前提とは限らない）とは、この意味でも前提を異にすることになる。ただ、管轄原因を広めにとりつつ特段の事情の判断によって管轄を適切に絞る判例法の立論からは、判旨が了解不能とまでは言えない（判例・学説の状況についていては、田中、前掲頁参照）。

㈢　［判旨］㈡2が我が国を結果発生地と判断した点には賛成する。この点、製品の欠陥による直接的被害が我が国で生じており、Xの請求は直接的な被害者の代位的な性格を有する等の点から管轄肯定の結論は支持できるとしつつ、欠陥商品の交換により生じた損害は第二次的損害に当たり、その発生地は結果発生地には当たらないという評価がある（渡辺・前掲三〇〇頁）。しかし、右の経済的損害がXにとっての第一次的損害であると評価すべきだし、判例法の立論からは経済的損害の発生地を結果発生地から排除する理由はない（⑨東京地判昭四〇・五・二七下民集一六巻五号九二三頁、⑩静岡地沼津支中間判平五・四・三〇判タ八二四号二四一頁、石黒一憲『国際民事訴訟法』一五一頁〈一九九六年〉。なお、㈡の前段で前述した点との関係にも注意）。

㈣　［判旨］㈡3も、特に問題ない（⑧判決の言う「密接な関係」の具体化の問題は残る）。事実的因果関係の検討にも、特に問題はない（渡辺・前掲頁と結論のみ同旨）。

㈤　［判旨］㈡4は、特段の事情の存否を判断する、判例法の核になる部分である。管轄配分説からは、この点の判断内容の肥大化が予測可能性を失わせるとして問題視される。しかし、管轄配分説が孕む問題点も看過できない。すなわち、管轄配分説は、その設定する一般的ルールと文言との間の距離が大きく、細かく議論が錯綜する問題を抱えており、一般的ルールの適用結果の微調整の範囲も明確とは言えない。かえって、判例法による特段の事情判断の方が、その蓄積に照らしても、端的に内国関連性を検討する判断内容の性格からも、一般には分かりやすいと考える。

判旨は、当事者間の公平の観点からY_2社の事情（本店・営業所の所在地、結果発生地についての予測可能性、契約交渉地）を中心に検討しX社の事情（台湾での訴訟追行能力）と対比し、また、裁判の適正・迅速の観点から証拠の所在や証拠書類の作成言語を確認したうえで、特段の事情なしと判断している。この手法自体は、標準的なものと言える。ただ、本件の当事者であるX社とY_2社との間の関係について見ると台湾との関連が極めて強く、判旨の判断内容には疑問が残る（渡辺・前掲二九九頁は判旨の結論に賛成。なお、手続法上の利益衡量の場面で不法行為の準拠法―実体―に言及するのは、論外である）。

㈥［判旨］㈢は、我が国の製造物責任法を適用して、Y_1社に対する損害賠償請求の管轄を肯定している。しかし、準拠法決定の前段階である管轄判断において日本の実体法を適用したのは問題であり、一種の表見責任との評価で足りないのではないか（渡辺・前掲三〇〇頁とこの限りで同旨）。さらに、特段の事情なしとの判断にも、疑問が残る。

＊　脱稿後、管轄を肯定した判旨の結論に賛成する、貝瀬幸雄「判批」判評五七九号三三頁〈二〇〇七年〉に接した。

〔追記〕

平成二四年四月一日から、国際裁判管轄規定を新設した民訴法一部改正法が施行されている。基本的には従来の判例理論（特段の事情論・修正逆推知説）を踏襲する内容であるが、そこで援用されていた四条五項に対応する新三条の二第三項は、その射程が不当に制限されてしまった。なお、五条一号は新三条の三第一号に、五条九号は新三条の三第九号に、七条は新三条の六に、特段の事情判断は新三条の九に、それぞれ対応する。

（私注判例リマークス35、二〇〇七年）

28 第三債務者が外国に居住する場合の債権差押命令の国際裁判管轄

大阪高裁平成一〇年六月一〇日第一〇民事部決定（平成一〇年(ラ)第三号、債権差押命令に対する執行抗告事件）、金融法務事情一五三九号六四頁

第一節　事実の概要

債権者・相手方X社（歯磨き材などのメーカー・日本法人）は、平成九年八月四日から九月三〇日にかけて、訴外A社（商社・日本法人）に多数の商品を売却した（代金総額約四七五一万円）。これらの商品は、同年九月一一日から一〇月一六日にかけて、Aから第三債務者Z社（Xの現地子会社・インドネシア法人）に転売された（代金総額約五〇四一万円）。ところが、その決済前の同年一一月一二日にAが大阪地裁で破産宣告を受けたため、前記転売代金は未決済のままである。

そこで、Xは、同年一一月二八日、大阪地裁に対し、動産売買先取特権の物上代位に基づき、Aの破産管財人である債務者・抗告人YがZに対して有する転売代金債権の差押命令を求めた。これを受けて、大阪地裁は、同年一二月一〇日、本件差押命令を発した。これに対して、Yが執行抗告した（当時、Zに対し、差押命令の送達手続中であった）。

第二節　決定要旨

㈠「最高裁判所判例（最判平成九・一一・一一判例時報一六二六号七四頁（民集五一巻一〇号四〇五五頁））は、国際裁判管轄権の認定基準について、次のような基本原則を打ち出している。

『我が国の民訴法の規定する裁判籍のいずれかが我が国内にあるときは、原則として、我が国の裁判所に提起された訴訟事件につき、被告を我が国の裁判権に服させるのが相当であるが、我が国で裁判を行うことが当事者間の公平、裁判の適正・迅速を期するという理念に反する特段の事情があると認められる場合には、我が国の国際裁判管轄を否定すべきである。』

本件差押命令の国際裁判管轄の有無についても、基本的には、上記認定基準に従って判断すべきである。」

㈡1　民事執行法一九三条二項が準用する同法一四四条の存在から、「債務者が日本に住所を有する日本人であり、第三債務者が外国に住所を有する外国人の場合にも、債務者の普通裁判籍の所在地を管轄する地方裁判所が、原則として、債権差押命令事件について、国際裁判管轄権を有することになる」。

2「しかし、……債権差押命令が第三債務者に送達されると、第三債務者には、弁済禁止効が発生し（民事執行法一四五条一項、四項）、第三債務者は、二重払いの危険に曝され、……第三債務者が外国に居住している外国人であり、日本との接点が、第三債務者にとっての債権者（差押命令の債務者）が日本に居住している日本人であるという一事にすぎない場合には、第三債務者の被る不利益は甚大である。このことは、外国に居住する第三債務者（外国人）にとって、日本の裁判所への陳述書の提出、日本の法務局での供託、日本の裁判所への事情届の提出等がいかに大変かを考えれば、明らかであろう。」

3「そこで、……例えば、第三債務者が外国に居住している外国人であり、日本との接点が、第三債務者にとっての債権者（差押命令の債務者）が日本に居住している日本人という一事である場合には、当然、上記『特段の事情』があるものと解する。」

㈢「Zは、インドネシア共和国法人ではあるが、①X及びXの関連会社の出資割合が四八パーセントの法人である。②Zには、X及びその関連会社から、……多数の社員が管理職等として出向している。③このように、Zは、Xと密接な関係を有する……。④A・Z間の売買契約では、Zが、Aの日本の銀行口座に売買代金を振り込んで、決済することになっていた。

ところで、動産売買の先取特権に基づく物上代位権を行使するには、……目的債権を差し押さえる必要がある（民法三〇四条一項）。Xが本件差押命令を求めたのは、上記物上代位権の行使要件を充足する必要があるからにすぎない。Zは、Xの関連会社であり、本件差押命令に基づき、Xに対し、差押債権を弁済することについては、何ら異存はないものと推測される（現に、Xもそのように主張している。）。

以上の諸事情に照らせば、本件差押命令事件の国際裁判管轄権を大阪地方裁判所に認めても、『当事者間の公平、裁判の適正・迅速を期するという理念に反する特段の事情がある』とは到底解せられない。」

㈣「インドネシア共和国法人に対する送達は、管轄裁判所送達の方式（インドネシア共和国の管轄裁判所宛の送付嘱託）によっている。その場合、送達手続が完了するまでに、約一二カ月を要している。

しかし、送達に長期間を要するが、送達が可能なことに変わりはない。したがって、Zに対する送達可能性の観点から、本件差押命令が、無益執行禁止の原則に違反するとはいえない。」

㈤「以上の認定判断によると、本件差押命令については、原裁判所に国際裁判管轄権があり、Xには本件差押命令を得る実益がある。」

第三節　解　説

本決定は、債権差押命令の国際裁判管轄について明示的に判断し、かつ、第三債務者が外国に居住する場合についての判断基準を示した最初の裁判例である（本決定後、第三債務者がXのタイ子会社である他は同様の事案について、⑴大阪高決平成一〇・一一・二五判例集未登載が同様の判示をしている）。

㈠　決定要旨㈠は、債権差押命令事件についても、国際裁判管轄の一般基準が妥当する旨を判示した。この点について同旨を説く学説が既にあった（日比野・後掲一〇〇頁）。この判示は、右の一般基準の基礎を成す「当事者間の公平、裁判の適正・迅速」という民事訴訟制度の基本理念が民事執行制度にも妥当することを根拠にするものであろう。

㈡　決定要旨㈡は、債務者が日本に居住し第三債務者が外国に居住する場合の債権差押命令の国際裁判管轄について一般論を提示している。この問題についての先例はない。

本件とは逆の場合、すなわち、債務者が外国に居住し第三債務者が日本に居住する場合については、船舶先取特権に基づく物上代位による（船舶保険金）債権担保権実行事件に関する二件の裁判例が、日本に管轄があることを前提とした処理をしている（⑵東京地決平成三・八・一九判時一四〇二号九一頁、⑶東京地決平成四・一二・一五判タ八一一号二二九頁）。差押えの実効性の点から、このような処理を支持する学説もある（高桑昭〔⑵判批〕判評四〇一号〔平四〕五三頁〔判時一四一八号一九八頁〕。中田明〔⑵判批〕ジュリ一〇六二号〔平七〕一二二頁も同旨か）。これらは、国際裁判管轄の一般基準を十分に意識しているとは言い難い。これに対して、差押命令発令時における執行債務者の防御の機会を実質的に保障するという民執法一四四条一項の趣旨に鑑み、右の処理に疑問を呈するものもある（森田博志〔⑶判批〕ジュリ一〇五一号〔平六〕一二八頁）。

本件のような場合、すなわち、債務者が日本に居住し第三債務者が外国に居住する場合について、最近の有力な学説は、一定の要件の下に日本に管轄を認める。要件の緩いものから挙げると、(a)「差押命令の送達や外国での日本の差押命令の効力の承認が絶無・不可能とは限らず……当初から差押命令の申立てを却下するのは当をえないし、第三債務者に対する裁判上の請求が日本で可能かどうかを執行裁判所に判定させるのでは差押えの時機を失するおそれもあ」るとして、執行の対象は「日本の裁判権……に服する執行債務者に属する権利であれば足りる」とする見解（中野貞一郎・民事執行法〔新訂三版・平一〇〕五四七頁注三、五四二頁）、(b)第三債務者の居住国が「我が国の差押命令の送達及びその効力を承認することを要する」が、「単に送達が事実上困難であることは差押申立てを拒否する理由にはなら」ず、「日本で裁判上の請求が可能である必要はない（第三債務者が任意に協力してくれることを期待して差押命令を発することを拒否する理由はない。）」とする立場（鈴木忠一＝三ケ月章編・注解民事執行法(4)〔昭六〇〕三七五頁注三五〔稲葉威雄〕）と、(c)「原則的には、……無益な執行として債権執行を開始するのは相当でな」く「差押命令を第三債務者に送達できる場合でも同様である」が、「第三債務者が日本国内に財産を有しているとき、又はその債務者の第三債務者に対する債権が一般先取特権を除く担保権により担保されているときには、例外的に債権執行を認めてよい」とするもの（香川保一監修・注釈民事執行法(6)〔平七〕八九頁－九〇頁〔田中康久〕）がある（他の学説を含むこの点の詳細な紹介・分類は、日比野・後掲一〇一－一〇六頁参照）。

決定要旨(二)1は、要旨(一)を受けて、国際裁判管轄の一般基準から本件のような場合には原則として日本に管轄があるとする（民執一四四条一項）。これは、一見(a)説と一致するようである。しかし、要旨(二)3は、(二)2で指摘した外国に居住する第三債務者の不利益に配慮して、第三債務者と日本との接点が同人の債権者（差押債務者）が日本に居住しているという一事だけでは日本に管轄を認められないとする。そのうえで、要旨(三)は、本件について、ZとXとの密接な関係、AZ間の売買契約において転売代金債務が日本の銀行口座に振込決済されることになっていたこと、ZはXに差押債権を弁済することには異存がないと推測されることを指摘し、日本の管轄を否定すべき「特段の事情」はないとしている。この処理は、第三債務者を日本の手続きに巻き込むことが許されるだけの内国関連性があるか否かを判断する趣旨と思われる。ただ、具体的にどの程度の内国関連性が要求されることになるのかは、この判示からは明確ではなく、当面は事案ごとの判断に委ねられることになろう。右の(b)説との関係では、第三債務者の居住国によって日本の差押命令の送達・効力が承認されることを要求していない点では要件が緩いが、日本の銀行口座への振込決済に言及しており日本での裁判上の請求が可能であることを要求しているようでもある点では要件が厳しいとも言える。(c)説との関係では、原則が逆であり、第三債務者が日本国内に財産を有していることも要求しておらず、本決定と(c)説とはかなり異なる。

㈢　ところで、決定要旨㈡2は、外国に居住する第三債務者の不利益に言及し、債権差押命令が第三債務者に送達されると、第三債務者は二重払いの危険に曝されるとする。しかし、この債務者が二重払いの危険に曝されるのは、債権の差押えがなされる場合だけではない。例えば、この債務者に対する債権をめぐって、債権譲渡や債権者代位が「競合」する場合もその危険は生じる。これらの優劣関係を規律する準拠法は、債権譲渡の第三者に対する効力の準拠法が債務者の住所地法と規定されており（法例一二条）それと同じ準拠法でなければ優劣が決まらないことから、債務者（差押命令における第三債務者）の住所地法によるべきだとする見解が有力である（例えば、澤木敬郎＝道垣内正人・国際私法入門〔第四版補訂版・平一〇〕一八七頁、岡本善八〔判批〕渉外判例百選〔第三版・平七〕一一二頁）。さらに、法例一二条の趣旨が債務者保護にあることを考えると、広く債務者の弁済の保護について法例一二条が適用されるべきである。この立場によれば、本件におけるZの弁済の保護についての準拠法は、インドネシア法ということになる。

だとすると、本決定が、（単なる民事執行制度の枠内の問題と把握して）第三債務者の不利益として直ちに「日本の法務局での供託」（民執一五六条一項・二項参照）を挙げるのには、飛躍がある。すなわち、本件で、Zが二重払いの危険を回避するために採るべき手段とそれをなすべき場所については、インドネシア法によって判断されるべきだったのではないか。そして、仮に、インドネシア法によってもZは日本で供託すべきことになるとしても、日本での供託は、Zにとって日本の裁判所による債権差押命令に伴う不利益とは言えなくなるはずである（さらに言えば、そもそも、Xによる物上代位権行使の対抗要件は目的債権の差押えでよいのか否かという問題が、インドネシア法上であったと考える）。

㈣　決定要旨㈣は、時間はかかるがZに対する送達自体は可能であることから、本件差押命令には実益があるとする。ただ、これとの関連で若干の問題がある。

債権差押命令の内容は、債務者に対し債権の取立てその他の処分を禁止し、第三債務者に対し債務者への弁済を禁止するというものである（民執一四五条一項）。そして、Xが日本の裁判所に本件転売代金債権の差押命令を求めた目的は、YがZから当該債権を取立てて代金を破産財団に組み入れること等を速やかに阻止することであったと思われる。ところが、差押えの効力の発生時期は、差押命令が第三債務者に送達された時とされている（同条四項）。したがって、本件差押命令がZに送達される時までは、YはZに対する転売代金債権の取立てその他の処分を禁止されないことになりそうである。だとすると、Xの目的が達成されない可能性もないとは言えない。しかし、国内事件と異なり、第三債務者が外国に居住している本件のような渉外事件では、債務者に対するのと第三債務者に対するのとで送達に要する時間が大きく異なる。したがって、民執法一四五条四項が本件のような渉外事件にそのまま適用されることには、疑問の余地があるのではなかろうか。

〈参考文献〉

日比野泰久「債権差押えの国際管轄と差押命令の送達」名城法学四七巻一号（平九）九九頁
藤井まなみ「国際的債権執行の諸問題」法学政治学論究一九号（平五）二一三頁

なお、前掲⑴決定については、出口耕自教授からコピーを頂戴した。

（平成一〇年度重要判例解説、一九九八年）

29　不動産関係訴訟の管轄権

第一節　わが国の裁判権に対する国際法からの制約があるか

わが国の裁判所による裁判権行使に対しては、（大きく分けると）二つの制約がある。一つは、国際法からのいわば他律的な制約であり、もう一つは、わが国の国際民事手続法独自の観点からのいわば自律的な制約である。ここでは、前者について述べる。

一　裁判権免除

国家が行う裁判についての国際法上の制約として、他の主権国家を被告とする裁判を強制的に行ってはならないという原則がある（裁判権免除又は主権免除）。しかし、その例外の一つとして、日本所在の不動産を直接目的とする権利関係（例えば、物権的請求権に基づく請求の可否）についての訴訟は、この原則の対象にはならず、外国国家を被告とする場合であっても日本の裁判所に提起できる（①東京地判昭和二九年六月九日下民集五巻六号八三六頁）。これに対して、不動産を間接目的とする（債権的請求権に関する）訴訟は、右の原則の対象になり、たとえ不動産が日本に所在しているとしても被告が外国国家である以上日本の裁判所には提起できない（②東京地判昭和三五年九月一九日下民集一一巻九号一九三一頁）。

二　不動産所在地国に国際的な専属管轄を認める慣習国際法が存在するか

この点に明確に言及した判決（③静岡地浜松支判平成三年七月一五日判時一四〇一号九八頁）は、「管轄に関する一般に承認された明確な国際法上の原則が確立しているとは言いがたいから、外国に所在する不動産の権利関係をめぐる訴訟について国際法上わが国の民事裁判権が対物的制約を受けるとまではいえ」ないとして、慣習国際法の存在を否定している。学説も、不動産に関する訴訟について不動産所在地国の領土主権に基づきその国の裁判所に国際的な専属管轄を認めるというような国際法の存在には否定的である（例えば、石黒一憲・現代国際私法〔上〕（一九八六年）二六八頁、注釈民訴(1)九三頁〔道垣内正人〕）。

第二節　不動産関係訴訟の国際裁判管轄

国際法からの制約が皆無に近いことから、不動産関係訴訟についての国際裁判管轄がどのような場合に日本の裁判所に認められるのかという問題は、ほとんどの場合、わが国の国際民事手続法に基づいて処理される。以下では、この点の処理について述べる。

一　財産関係事件の国際裁判管轄についての一般的判断基準

最近、最高裁は、マレーシア航空事件判決（④最判昭和五六年一〇月一六日民集三五巻七号一二二四頁）以後の多数の下級審判決が形成してきた基準を採用した（⑤最判平成九年一一月一一日民集五一巻一〇号四〇五五頁）。その基準とは、「我が国の民訴訟の規定する裁判籍のいずれかが我が国内にあるときは、原則として、我が国の裁判所に提起された訴訟事件につき、被告を我が国の裁判権に服させるのが相当であるが、我が国で裁判を行うことが当事者間の公平、裁判の適正・迅速を期するという理念に反する特段の事情があると認められる場合には、我が国の国際裁判管轄を否定す」るというものである。

この基準によれば、民訴法五条一二号の「不動産に関する訴え」に当たると判断される訴訟は、「不動産の所在地」がわが国内にあれば、原則として、わが国の裁判所に国際裁判管轄が認められることになる。ここで問題となるのは、どのような訴訟が「不動産に関する訴え」に該当すると判断されるのか、また、どのような場合に「特段の事情がある」と評価されるのかである。

二「不動産に関する訴え」とは

民訴法五条一二号の「不動産に関する訴え」には、不動産上の物権に関する訴え（例えば、不動産の所有権又は共有権そのものの積極的又は消極的確認の訴え、所有権又は占有権に基づく返還又は妨害排除請求訴訟、不動産上の用益物権又は担保物権に関する訴え、共有不動産分割の訴え、相隣地関係の訴え、土地の境界確定の訴え）はもちろん、不動産に関する債権の訴え（例えば、契約に基づき又は契約解除による土地家屋の引渡し又は明渡しを求める訴え、不動産の管理を目的として修繕を請求する訴え、抵当権設定契約を取り消し設定登記の抹消を求める訴え、低地の所有者もしくは占有者が溝渠を閉鎖して高地の所有者もしくは占有者に損害を加えたこと、又は工作物の設置の瑕疵に基づく損害賠償の訴え）も含まれる。この点に関して渉外事件において簡単ながら言及している唯一の判決（前掲③判決）は、不動産の売主としての債務（「その債権の中心は不動産の引渡」）の不存在確認請求訴訟も「不動産に関する訴え」に当たるものとして処理している。

これに対して、不動産の売買代金・賃料・建築代金・火災保険料の請求の訴えは、不動産に関する権利を目的としないとの理由で、「不動産に関する訴え」には当たらないとされている（ただし、不動産上の請求と客観的に併合して提起される場合には、「不動産の所在地」がわが国内にあれば、民訴法七条本文によりわが国の裁判所に国際裁判管轄が認められることもありうる。ここでの問題に直接関係するものではないが、「ある管轄原因により我が国の裁判所の国際裁判管轄が肯定される請求の当事者間における他の請求につき、……両請求間に密接な関係が認められる」場合に客観的併合による国際裁判管轄を肯定した判決として、⑥最判平成一三年六月八日裁時一二九三号五頁がある)。

争いがあるのは、例えば、㈠抵当権者が債務者に代位して変更登記をするため他の抵当権者の承諾を求める訴え、㈡詐害行為の取消し・否認権の行使により不動産の返還を求める訴え、㈢遺留分減殺の訴えである（この点、兼子・条解民訴五四頁〔新堂幸司〕は㈡㈢につき「不動産に関する訴え」に当たるとし、注釈民訴⑴一九九頁〜二〇〇頁〔上北武男〕は㈠は当たらないが㈡は当たるとし、菊井維大＝村松俊夫・全訂民事訴訟法〔Ⅰ〕補訂版（一九九三年）一〇三頁〜一〇四頁は㈠㈡につき当たらないとし、注解民訴⑴二九四頁〜二九五頁〔小室直人＝松山恒昭〕は㈠㈡㈢とも当たるとする。なお、㈢につきこれに当たらないとするのは、大決大正一三年五月二七日民集三巻二四八頁)。

三「特段の事情がある」場合とは

現在までに判例集に登載された渉外訴訟には、日本に所在する「不動産に関する訴え」と判断されたものはない。一般論として言えば、ここで「特段の事情がある」場合とは、「当事者間の公平、裁判の適正・迅速を期するという理念」から見て、それぞれの訴訟における具体的な事実関係の中に「不動産に関する訴え」について「不動産の所在地」に裁判籍を認める趣旨である証拠調べの便宜や利害関係人の手続参加の容易さという点よりも重視すべき事情があり、そのため国内関連性が弱いと判断される場合を意味することになる。

具体的には、今後の裁判例の蓄積を待つほかないが、例えば、日本に所在する「不動産に関する訴え」の当事者が双方とも同一の外国に居住しているような場合には、日本の裁判所の国際裁判管轄を否定すべき「特段の事情がある」と判断されることも考えられるのではないか（この点については、直後の第三節一も参照)。

第三節　関連する問題

一　わが国の国際民事手続法独自の観点から不動産所在地国の専属管轄を認めるべきか

学説においては、従来、不動産に関する物上訴訟につき不動産所在地国の専属管轄が一般に認められているとされ（池原季雄「国際的裁判管轄権」新実務民訴7三四頁）、登記制度との関係、特に証拠の点で所在地との関係が深いことからこれを支持する見解がある（注釈民訴⑴一三五頁～一三六頁〔道垣内〕）。これに対しては、スイスにある別荘についての所有権確認訴訟が西ドイツにおいて西ドイツ在住の西ドイツ人同士の間で提起された場合に、常にわざわざスイスに行って訴訟せよと言うことになる右の見解を疑問視するものがあり（石黒・前掲二六八頁）、争いが生じている。

この点、裁判例（前掲③判決）は、傍論ながら、「不動産の占有及び公示制度は不動産所在地国の土地法制に密接に関連するものであるから、不動産所在地国の判断を尊重すべき要請がある。したがって、日本が不動産所在地国でない場合には、不動産所在地国で訴訟を追行することが当事者には著しく困難であり、その裁判を受ける権利が害される等の右要請を上回るようなわが国で裁判をすべき必要性や実益が認められなければなら」ず、それらが乏しい場合には「わが国の管轄を認めるに足りない」と述べている。これを裏から言えば、右のような「必要性や実益が認められ」る場合には、不動産所在地国でない日本に国際裁判管轄が認められるということになる。すなわち、この裁判例は、不動産所在地国の専属管轄性を否定している。

この裁判例の基準に従うと、日本に所在する「不動産に関する訴え」についてなされた外国判決であっても、「不動産所在地国」である日本「の判断を尊重すべき要請……を上回るような」当該外国で「裁判をすべき必要性や実益が認められ」る限り、その承認管轄（民訴一一八条一号）が認められることになる。ただし、他の承諾要件（同条二～四号）を充たさない限り、当該外国判決は承認されない。

二　外国に所有するコンドミニアムの賃貸借に関する訴訟

海外不動産投資に関して紛争が生じた場合、日本で訴訟を提起してよいか、投資の対象である不動産の所在地国で提起しなければならないかは、大きな問題である。ここでは、日本在住の自然人が外国に所有するコンドミニアムの賃貸借に関する訴訟を例に採る。

第一に、賃借人に対する賃料請求の訴えは、不動産の賃料の請求の訴えであり、「不動産に関する訴え」に当たらない（前述第二節二参照）。この場合、賃借人も日本に住んでいるなど他の管轄原因が日本にあり、かつ、日本の管轄を否定すべき「特段の事情」がなければ、日本の裁判所に国際裁判管轄が認められる。

第二に、コンドミニアムの管理を管理会社に委託している場合に、管理の仕方に関する訴訟を日本で提起できるか。例えば、管理会社の行為により損害が生じた場合、その賠償を請求する訴訟は、「不動産に関する訴え」とは言えないであろう。これに対し、現状回復を請求する訴訟は、不動産を目的とする訴訟であり、「不動産に関する訴え」に当たることになると思われる。したがって、「不動産に関する訴え」につき不動産所在地国の専属管轄性を肯定する立場に立てば、日本に国際裁判管轄が認められないことになるのではないか（あるいは、この立場に立つなら、渉外事件では、他国での訴訟を強いられる当事者の不利益が大きいことを重視して、「不動産に関する訴え」を少なくとも不動産上の物権に関する訴えに限る必要があるのではないか。仮にこのように限定するならば、右の訴訟は「不動産に関する訴え」に当たらないことになる）。しかし、この立場に立たない限り、この点の判断は決め手にならず、他の管轄原因が日本にあり、かつ、日本の管轄を否定すべき「特段の事情」がなければ、日本の裁判所に国際裁判管轄が認められることになる。

〈参考文献〉

・石黒一憲・現代国際私法〔上〕（一九八六年）二六七頁〜二七〇頁
・　同　・国際民事訴訟法（一九九六年）一三四頁〜一三五頁
・注釈民事(1)九三頁、一三五頁〜一三六頁〔道垣内正人〕

〔追記〕

平成二四年四月一日から、国際裁判管轄規定を新設した民訴法一部改正法が施行されている。基本的には従来の判例理論（特段の事情論・修正逆推知説）を踏襲する内容であるが、そこで援用されていた四条五項に対応する新三条の二第三項は、その射程が不当に制限されてしまった。なお、五条一二号は、新三条の三第一一号に対応する。

（新・裁判実務大系第三巻　国際民事訴訟（財産法関係）、二〇〇二年）

30 〈資料〉「国際裁判管轄法制に関する中間試案」に対する意見

以下の文章は、「国際裁判管轄法制に関する中間試案」（以下、「中間試案」とする）に対する意見募集期間の最終日直前である平成二一年八月三〇日に法務省民事局参事官室に送付した愚見である。以下では、本文において、本稿を目にされる方の便宜を考えて各項目の冒頭に「中間試案」の内容を示したうえで、私見を記し、他の意見等の若干の関連情報についての簡潔な注を付する。

なお、国際裁判管轄の規定を新設するための民訴法等改正案は、昨年（平成二二年）の通常国会と臨時国会のいずれにおいても提出されたが、前者においては参議院本会議での採決を残すのみのところで審議未了により廃案に、後者においては改めて衆議院を通過したが参議院において継続審査に付されることとなり、平成二三年二月二一日現在、未だ成立していない。

「国際裁判管轄法制に関する中間試案」に対する意見

国際裁判管轄に関して裁判所が採用する「特段の事情論（1）（修正逆推知説）」およびそれに基づく具体的な事案処理は概ね支持できるものであり、そもそも立法は不要であると考える者であるが、「中間試案」の一部につき立法を前提とした愚見を申し上げる（意見の順序は、「中間試案」のそれを若干変更する。また、意見を示さない点は、賛否いずれでもない）。

第6　国際裁判管轄に関する一般的規律
　裁判所は、第1から第5までの規律によって日本の裁判所に訴えを提起することができる場合においても、事案の性質、当事者及び尋問を受けるべき証人の住所、使用すべき検証物の所在地その他の事情を考慮して、当事者間の衡平を害し、適正かつ迅速な審理の実現を妨げることとなる特別の事情があると認めるときは、訴えの全部又は一部を却下することができるものとする。

第6　国際裁判管轄に関する一般的規律――賛成（但し、若干の疑問あり）。

最判昭和五六年一〇月一六日民集三五巻七号一二二四頁（マレーシア航空事件）の後、東京地裁を中心とする下級審が積み上げ、最判平成九年一一月一一日民集五一巻一〇号四〇五五頁において最高裁も採用するに至った、「特段の事情論（修正逆推知説）」を規定化することには賛成である。(2)

ただ、諸判決が掲げる「当事者間の公平」という理念における「公平」を、何故に一般人になじみの薄い「衡平」と言い換えるのか。国民には、分かりにくい言葉遣いではないか（民訴法一七条の存在は、理由にならない）。疑問である。

なお、緊急管轄の規定を置かないのであれば、「第1から第5までの規律」について「日本の裁判所に訴えを提起することができる場合」を緩やかに設定しておく必要があるはずだが、これら五つの規律には「管轄配分説（修正類推説）」の影響が強く出ている部分があり、その部分については本規律との間で整合性を欠くことになってしまっているのではないか。(3)

第1　人に対する訴え等についての管轄権

（中略）

3 法人その他の社団又は財団に対する訴え

① 法人その他の社団又は財団に対する訴えは、その主たる事務所又は営業所が日本国内にあるときは、日本の裁判所に提起することができるものとする。

② 法人その他の社団又は財団に対する訴えは、その事務所又は営業所がない場合又はその所在地が知れない場合において、その代表者その他の主たる業務担当者の住所が日本国内にあるときは、日本の裁判所に提起することができるものとする。

第2 契約上の債務の履行の請求に係る訴え等についての管轄権

（中略）

4 事務所又は営業所を有する者等に対する訴え

① 日本国内に事務所又は営業所を有する者に対する訴えでその事務所又は営業所における業務に関するものは、日本の裁判所に提起することができるものとする。

② 日本国内において事業を継続してする者に対する訴えでその者の日本における業務に関するもの（上記①の訴えを除く。）は、日本の裁判所に提起することができるものとする。

第1の3 法人その他の社団又は財団に対する訴え ①――「主たる」を削除すべきである[4]。

第2の4 事務所又は営業所を有する者等に対する訴え ①――削除（但し、第1の3①を上記のように変更することが前提[5]）。

せめて一点、ぜひ要綱案においてご確認いただきたい。現行民訴法では四条五項に相当する規定により日本に管轄が認められたマレーシア航空事件[6]の事案について、被告はマレーシアに本店を有していたため、第1の3①による管轄は日本に認められなくなる〈この点には反対であり、被告が日本に営業所を有していた以上、原則として日本に管轄を認める規定にすべきである〉(7)。他方、第2の4①によれば「日本国内……の事務所又は営業所における業務に関するもの」であったか否かが重要な基準となるが、マレーシア航空事件の事案についてはどのように判断されるのか（業務関連性の有無については、争いがある。塩崎勤〔調査官解説〕法曹時報三七巻六号（一九八五年）一八二一一八三頁参照）。日本に管轄を認めたマレーシア航空事件最高裁判決の結論に賛成するのが多数説だと思われるのであり、この点の確認くらいは明確にしておいていただきたい(8)。

また、このような事案においては、旅客運送契約の一方当事者（被害者）が「消費者」に該当するとは限らず、他方、被害者の遺族などについて弱者保護が要請される事案も多いであろうことは十分に想定できる(9)。

なお、②については、いずれも①の趣旨に合わせることになるので、省略する。

> 3　財産権上の訴え
> （①略）
> ②【甲案】財産権上の訴えで金銭の支払の請求を目的とするものは、差し押さえることができる被告の財産の所在地が日本国内にあるときは、日本の裁判所に提起することができるものとする。
> 【乙案】
> ア　財産権上の訴えで金銭の支払の請求を目的とするものは、差し押さえることができる被告の財産の所在地が日本国内にあるときは、日本の裁判所に提起することができるものとする。
> イ　外国裁判所が、差し押さえることができる被告の財産が当該外国に所在することのみにより、その管轄権を行使した場合には、その外国裁判所の確定判決は効力を有しないものとする。
> 【丙案】財産権上の訴えで金銭の支払の請求を目的とするものは、原告の申立てにより日本国内に所在する被告の財産に対し仮差押えがされているときは、日本の裁判所に提起することができるものとする。

第2の3　財産権上の訴え　②——甲案に賛成。

「特段の事情論」を積極評価する立場からは、ここでも緩やかな規定を置いておき、第6の規律によって個別の事案に即して具体的妥当性を図るのが筋だと考える。(10)

> 6　不法行為に関する訴え
> 不法行為に関する訴えは、不法行為があった地が日本国内にあるときは、日本の裁判所に提起することができるものとする。ただし、加害行為の結果が発生した地のみが日本国内にある場合において、その地における結果の発生が通常予見することのできないものであったときは、この限りでないものとする。
> (注)
> 「不法行為があった地」とは、加害行為が行われた地と加害行為の結果が発生した地の双方を意味する。

第2の6　不法行為に関する訴え——「ただし」以下を削除すべきである。

日本における結果の発生が通常予見することができない場合であっても、日本における被害者にとって外国のメーカー等に対する損害賠償請求訴訟を他国で提起することが過大な負担になる場合がありうることは、容易に想定できる。「ただし」以下は、外国の加害者の保護に傾きすぎたものであり、(11)その保護は第6の規律の一要素として個別の事案に即して判断すれば足りると考える。

また、(注)には賛成である。なお、二次的・派生的な損害の発生地も「不法行為があった地」に含めるのは穏当である。(12)

（第2についての後注）
債務不存在確認の訴えについては、特段の規律を置かないものとする。

（第2についての後注）――賛成。
債務不存在確認の訴えについては、対象債務、管轄原因等が多様でありうるとの「補足説明[13]」に特に異論はない。

第4　個別分野の訴えについての管轄権
（中略）
3　消費者契約に関する訴え
①　消費者（個人（事業として又は事業のために契約の当事者となる場合におけるものを除く。）をいう。）と事業者（法人その他の社団又は財団及び事業として又は事業のために契約の当事者となる場合における個人をいう。）との間で締結される契約（労働契約を除く。以下「消費者契約」という。）に関する消費者から事業者に対する訴えは、
【甲案】訴えの提起の時又は当該消費者契約の締結の時における消費者の住所
【乙案】当該消費者契約の締結の時における消費者の住所
が日本国内にあるときは、日本の裁判所に提起することができるものとする。
（②略）
③　消費者と事業者との間の民事上の紛争を対象とする管轄権に関する合意は、次に掲げるときに限り、その効力を有するものとする。
（ア略）
イ　【甲案】消費者契約の締結の時における消費者の住所がある国の裁判所を訴えを提起することができる裁判所として定める合意（その国の裁判所のみを訴えを提起することができる裁判所として定める合意を除く。）であ

るとき。

【乙案】第2の規律により管轄権を有することとなる事由及び消費者契約の締結の時における消費者の住所が特定の国にある場合において、その国の裁判所を訴えを提起することができる裁判所として定める合意（その国の裁判所のみを訴えを提起することができる裁判所として定める合意を除く。）であるとき。

【丙案】③においては、ア及びウ以外に合意が効力を有する場合を定めないものとする。

（ウ略）

第4の3　消費者契約に関する訴え　①――甲案に賛成。(14)　③イ――丙案に賛成。(15)
①について、「特段の事情論」を積極評価する立場からは、ここでも緩やかな規定を置いておき、第6の規律によって個別の事案に即して具体的妥当性を図るのが筋だと考える。(16)
③について、消費者保護の観点から、管轄合意の効力を認めることにはできるだけ慎重であって然るべきだと考える。

第5　併合請求における管轄権
（中略）
④　上記①若しくは③の他の請求又は上記②の反訴の目的である請求に係る訴えについて、
【甲案】日本の法令に日本の裁判所のみが管轄権を行使する旨の定めがある場合において、管轄権を有することとなる事由が外国にあるとき
【乙案】日本の法令に日本の裁判所のみが管轄権を行使する旨の定めがある場合において、管轄権を有することとなる事由が外国にあるとき、又は外国の裁判所のみを訴えを提起することができる裁判所として定める管轄権に関する合意があるときは、上記①から③までの規律は適用しないものとする。

第5　併合請求における管轄権　④適用除外 ―― いずれにも反対。

日本の基準によれば専属管轄であるべき事項であっても、問題となる「外国」においては専属管轄とされていないことも考えられるのであり、いずれにしても第6の規律によって対応すれば足りると思われる。(17)

第8　国際訴訟競合に関する規律

【甲案】

【A案】

① 外国裁判所に係属する事件と同一の事件について、訴えの提起があった場合において、外国裁判所に係属する事件が判決によって完結し、その判決が確定して民事訴訟法第一一八条の規定により効力を有することとなると見込まれるときは、裁判所は、申立てにより又は職権で、その事件の判決が確定するまで訴訟手続を中止することができるものとする。

② 上記①の規律による決定に対しては、不服申立てをすることができるものとする。

【B案】

① 外国裁判所に係属する事件と同一の事件について、訴えの提起があった場合において、外国裁判所に係属する事件が判決によって完結し、その判決が確定して民事訴訟法第一一八条の規定により効力を有することとなると見込まれるときは、裁判所は、その事件が判決が確定するまで訴訟手続を中止することができるものとする。

② 上記①の規律による決定に対しては、不服申立てをすることができないものとする。

【乙案】

国際訴訟競合については、特段の規律を置かないものとする。

第8　国際訴訟競合に関する規律 ―― 乙案に賛成。

訴えの先後にのみ決定的な地位を付与する甲案には、考え方の基本において全く賛成できない。また、さすがにもはや「補足説明」にも掲げられていないが、甲案に親和的なものとして、東京地判平成元年五月三〇日判時一三四八号九一頁を挙げる方もおられるかもしれない[18]。しかし、この判決は、むしろ、外国で先行する訴訟の承認可能性の予測の困難さを浮き彫りにしたものである[19]。甲案は、「……見込まれるときは」内国後訴を「中止」するという形で承認予測説を薄めて採用しようとするものと解されるが、「見込まれる」程度で内国後訴を規制しようとするのは甚だ疑問である。

乙案でも、第6の規律による内国後訴の規制は可能であり[20]、それと同旨と解される先例もある（東京地判昭和五九年二月一五日下民集三五巻一＝四号六九頁、東京地判平成三年一月二九日判時一三九〇号九八頁[21]）。甲案を採用しつつ第6での規律も行うとしても、第6の規律によって日本の管轄が否定されれば本規律の出番はないし、逆に第6の規律によって総合的に判断してもなお日本の方が適切な法廷地だと判断される場合に本規律を働かせてしまっては、処理として統合失調的な印象を受ける。さらに、「国際訴訟競合に関する規律」として甲案の内容のみが条文化されるとすると、かえって我が国の規律について諸外国に誤解を生じさせてしまうのではないか。

甲案の採用には反対である[22]。

（1）「『国際裁判管轄法制に関する中間試案』に対して寄せられた意見の概要」（以下、「意見の概要」とする）二頁において引用されている。周囲には同意見の者も少なくないのだが、寄せられた意見としては、一人説のようである。部外者は、高みの見物が賢明なのではあろう。

（2）「意見の概要」四〇頁によれば、大多数が賛成の意見であったようである。

（3）この段落の記述は、「意見の概要」四一頁において引用されている。ちなみに、「国際裁判管轄法制の整備に関する要綱」（以下、「要綱」とする）においても、緊急管轄の規定を設けることは考えられていない（民訴法改正案においても、同様である）。

（4）「意見の概要」四－五頁において、以下の記述も踏まえて簡潔に引用されている。

（5）「意見の概要」一一頁において引用されている。

（6）最判昭和五六年一〇月一六日民集三五巻七号一二二四頁。

（7）「意見の概要」五頁に引用されている、②に対する反対意見も私見と同趣旨のようであるが、いずれにしても残念ながら少数意見である。

（8）この点も、「意見の概要」一一頁において簡潔に引用されている。ちなみに、意見募集期間最終日の一カ月足らず後に公表された、法制審議会国際裁判管轄法制部会の委員三名と幹事一名による座談会である、高橋宏志＝横山潤＝手塚裕之＝山本和彦「〔座談会〕国際裁判管轄に関する立法の意義」ジュリスト一三八六号（二〇〇九年）四頁、一六頁には、「マレーシア航空事件判決を否定する趣旨で中間試案を作ったわけではないということは、はっきりしている」との高橋部会長の発言がある（収録は、意見募集期間前の七月一五日）。しかし、この点が要綱に注意書きされなかったことは、極めて遺憾である。

（9）高橋ほか・前掲注（8）一五頁の横山発言を始め、この観点が欠落しているように思われる。

（10）「意見の概要」九頁において引用されている。同前頁によれば、甲案に賛成する意見が三分の二を占めたようである。ところが、「要綱」第2の3では、「ただし、差し押さえることができる被告の財産の価額が著しく低いときは、この限りでないものとする。」との但書が付された（民訴法改正案三条の三第三号も同旨）。

（11）以上の記述は、「意見の概要」一五頁において引用されている。なお、「ただし書を設けることについて反対」する意見は他にもあったが、少数にとどまった。

（12）これは、二次的・派生的な損害を「不法行為があった地」から排除する規定を設けなかったことを肯定的に評価したものである。この点については、「国際裁判管轄法制に関する中間試案の補足説明」（以下、「補足説明」とする）二二－二三頁を参照。

（13）「補足説明」二七頁。

（14）「意見の概要」二七－二八頁によれば、甲案に賛成する者と乙案に賛成する者とは拮抗していた。なお、「要綱」第2の10①では、甲案が採用されたようである（民訴法改正案三条の四第一項も参照）。

(15)「意見の概要」二九―三二頁によれば、丙案に賛成する者が相対的には多数であったようだが、いずれの案にも反対する者があるなど、意見にバラツキが見られた。なお、「要綱」第5の1⑤アでは、基本的には甲案が採用されたようである（民訴法改正案三条の七第五項一号も参照）。

(16)「意見の概要」二八頁において引用されている。

(17)「意見の概要」三八―三九頁において引用されている。同前三八頁によれば乙案に賛成するのが大多数であったようだが、「要綱」第4③では甲案が採用されたようである（なお、民訴法改正案三条の一〇も参照）。

(18) 実際に、同判決が承認予測説の立場を採ったものと述べる、道垣内正人「国際訴訟競合」高桑昭＝道垣内正人編『新・裁判実務大系第三巻国際民事訴訟法（財産法関係）』（青林書院・二〇〇二年）一四五頁、一五〇頁がある。

(19) 同判決の判示については、既に、小林秀之〔判批〕渉外判例百選第三版（有斐閣・一九九五年）二三八頁、二三九頁が、「具体的な結論としては承認可能性の予測が困難であるとして規制を認めず、かえって同説〔承認予測説―引用者注〕の問題点を浮き彫りにした形になっている」との決定的に重要な指摘をしていた。

(20) 高橋ほか・前掲注(8)二〇頁に、「特段の事情の中では、他国での訴訟係属も考慮の中に入れてよいという頭だというところも、一つの隠れたポイントですね」との高橋発言がある。

(21) 以上の点も含め、承認予測説を痛烈に批判する、裁判官の代表的な見解として、藤下健「国際裁判管轄研究会報告に関わる若干の問題点について」判例時報二〇二八号三頁（特に六頁注12とそれが付された本文参照）、同「国際訴訟競合の規律に関する若干の問題点について」判例時報二〇五〇号一二頁（以上、二〇〇九年）があり、研究者にとっても必読である。

(22) 以上は、「意見の概要」四六頁において、抜粋引用されている。なお、同前四四―四六頁によれば乙案に賛成する者が三分の二以上を占めたようであり、「要綱」には「国際訴訟競合に関する規律」は盛り込まれなかった（民訴法改正案においても、同様である）。これだけは、本当によかったと考える。臆せず正論を述べ続けた方々全てに、心から敬意を表する。

（千葉大学法学論集第二五巻四号、二〇一一年）

第一〇部　外国判決の承認・執行

31 日米欧における外国判決の承認・執行ルール（比較法的検討）

第一節　はじめに

国際知的財産法の分野において、国際裁判管轄や準拠法の決定については、近年重要な裁判例が相次いで登場していることもあり、(1) 急速に研究が進んできている。これに対して、外国判決の承認・執行については、あまり研究が進んでいないようである。

そこで、以下では、外国判決の承認・執行ルールについて簡単な比較法的検討を行い、今後の研究の深化を期待したい。なおここで採り上げる外国は、米・(2) 英・(3) 独・(4) 仏(5) のみとする。また、各国の上記ルールを網羅的に列記するのではなく、特徴的な差異が見られる問題を個別に採り上げてそれぞれにつき各国のルールを比較することとする。

（1）　最高裁判決に限っても、国際裁判管轄については最判平成一三年六月八日民集五五巻四号七二七頁（著作権）が、準拠法の決定については最判平成一四年九月二六日民集五六巻七号一五五一頁（特許権）が、それぞれ登場している。

（2）米国では、外国判決の承認・執行に関する連邦法はなく、連邦裁判所においてさえ各州法によって規律されている。ただ、各州間でそれほど大きな差はないとされている。C. Platto/ W. G. Horton（eds.）, Enforcement of Foreign Judgments Worldwide 123f.（United States of America by A. F. Lowenfeld/ L. J. Silberman）（International Bar Association Series, 2nd ed. 1993）

（3）英国では六つの承認ルートがあるとされる。J. G. Collier, Conflict of Laws 109（Cambridge University Press ; 3rd ed. 2001）. しかしながら、以下で採り上げるのは、日本や米国など大多数の国の判決が関係するコモン・ロー上のルールのみとする。

（4）ドイツにおける関係規定は、民訴三二八条・七二二条・七二三条である。

（5）フランスにおける関係規定は、民訴五〇九条である。なお、筆者の語学能力と時間の関係で、仏語文献は参照指示していないことをお断りしておく。

第二節　承認の対象

一　確定判決

米国では、上訴中であっても、執行の基礎となり得る判決は承認・執行の対象となるが、通常は上訴の結果が出るまで手続が中止される(6)。

英国でもほぼ同様であり、当事者間の全ての争点が判決裁判所により終局的に採り上げられていれば、上訴の対象となり得る判決であっても、実際に上訴中であっても、当該外国判決は承認・執行の対象となり得る。上訴中の場合に執行の手続を中止するか否かは、英国裁判所の裁量により決められる(7)。

フランスでは、判決国法により執行力を有する判決であることは必要だが、判決が確定していることは必要ない。

したがって、例えば、仮執行できる英国判決は、上訴されている場合でも、フランスで執行可能である。(8) ドイツでは、外国判決が通常の形態の上訴や再審査に服さなくなった状態を意味する(9)（日本でも同様である）(10)。

二　差止命令（injunction）

米国では、外国裁判所による差止命令が直接に執行されることはないが、米国裁判所が発した命令に対する抗弁として承認されることはあり得るとの見解がある。そこでは、米国の銀行に対する米国裁判所による文書開示命令に従わないために、当該銀行の在外支店に対する当該支店所在地国の裁判所による文書開示を禁止する命令の存在を持ち出すことが例示されている(11)。

英国では、コモン・ローにより承認される外国判決は、明確な特定の金額の支払いを命じたものでなければならない。特定履行や差止めを命じる判決などは、承認されない(12)。侵害の差止めを命じる判決が承認・執行できないのは明らかであり、原告は英国裁判所に改めて差止請求訴訟を提起しなければならないとされている(13)。

これらに対して、ドイツでは、特定履行や差止めを命じる判決も承認対象になる(14)（日本も同様である）。

三　租税判決・刑事判決

これらを承認する国はないが、英国では、懲罰賠償判決が刑事判決に当たるか否かについて、非常に多額の賠償を命じる場合には刑事的なものとして執行されない可能性があるとの見解もある(15)。これに対して、反トラスト訴訟における数倍額賠償は刑事的なものとされ、一九八〇年の通商利益保護法（Protection of Trading Interests Act 1980）五条により判決全体が承認されない(16)。これによれば、知的財産権の行使に基づく反トラスト法上の侵害事例において、外国の反トラスト法の域外的な適用を企図する当該外国の数倍額賠償判決は、承認も執行もされないことになる(17)（なお、後出(3)(iii)も参照）。

（6）Platto/ Horton（eds.）, supra note 2, at 125（USA）. なお、日本の裁判所による手形訴訟の仮執行宣言付終局判決について、異議の申立てにより通常の手続に移行した後で米国での執行が求められた場合に、その執行を拒否した判決として、Mayekawa Mfg. Co., Ltd. v. Sasaki, 888 P. 2d 183（Wash. App. Div. 1 1995）.

（7）Platto/ Horton（eds.）, supra note 2, at 227（United Kingdom by J. Carver/ C. Napier）; J. J. Fawcett/ P. Torremans, Intellectual Property and Private International Law 735（Clarendon Press, Oxford, 1998）; Collier, supra note 3, at 127.

（8）Platto/ Horton（eds.）, supra note 2, at 176（France by R. Byrd）.

（9）Id. at 182（Federal Republic of Germany by D. Martiny）; H. Nagel/ P. Gottwald, Internationales Zivilprozessrecht 608（Aschendorff Rechtverlag, Köln, 5 Aufl. 2002）.

（10）細かい議論については、中野俊一郎「確定判決」高桑昭＝道垣内正人編『新・裁判実務大系第三巻　国際民事訴訟法（財産法関係）』三四三頁（青林書院、二〇〇二年）を参照。

（11）Platto/ Horton（eds.）, supra note 2, at 125（USA）. ただし、実際の事例が引用されているわけではなく、注意が必要であろう。

（12）Fawcett/ Torremans, supra note 7, at 735; Collier, supra note 3, at 125; Platto/ Horton（eds.）, supra note 2, at 227（UK）. なお、インドでの航空機事故における被害者たる米国人が航空機製造者たるフランスの会社に対して米国テキサス州で製造物責任訴訟を提起したのに対し、上記会社が上記英国人に対して得たインドの裁判所による anti-suit injunction について、その英国での執行を認めなかった判決として、Airbus Industrie G. I. E. v. Patel [1996] I. L. Pr. 465 at 475-477.

（13）Fawcett/ Torremans, supra note 7, at 735.

（14）Platto/ Horton（eds.）, supra note 2, at 182（FRG）.

（15）Id. at 227f.（UK）ただし、一般には、支払いを受けるのが私人であることから、刑事的なものでないと考えられているようである。A. V. Dicey/ J. H. C. Morris, Conflict of Laws 526（Stevens, London, 13th ed. 2000）; Collier, supra note 3, at 126.

(16) Collier, supra note 3, at 126; Dicey/ Morris, supra note 15, at 566.
(17) Fawcett/ Torremans, supra note 7, at 737.

第三節　承認の要件

一　承認管轄（間接管轄）

米国では、米国法上のデュー・プロセスの基準に照らして判断される。主要な点のみを挙げると、上記基準に適合する判決国法によれば、判決裁判所が被告に対する対人管轄を有していないような外国判決は、承認されない(18)。対人管轄が認められる例としては、被告に対する送達、被告による自発的出頭・同意、被告の住所や主たる営業所ないし請求原因たる取引を行った営業所が判決国にあること、などが挙げられる(19)。また、判決裁判所が事物管轄を有しない場合のうち、米国内の土地の権原や米国特許権の有効性に関する外国判決は、承認されないことが確実だとされている(20)。外国の裁判所で管轄を争ったが本案については争わずに敗訴した被告は、外国判決の執行の段階で改めて管轄を争える(21)。なお、別の裁判所を管轄とする旨の当事者の合意に反して下された外国判決は、承認されないこともある(22)。

英国でも同様であり、英国法の観点から判断される。主要な点のみを挙げると、判決裁判所が判決債務者に対する管轄を有していないような外国判決は、承認されない。管轄が認められる例としては、被告による自発的出頭・同意、被告の存在ないし居所（そのいずれかについては、争いあり）や固定的な営業地が判決国にあること、などが挙げられる(23)。被告が外国の裁判所で管轄のみを争った場合には、自発的出頭には当たらない(24)。なお、別の裁判所を管轄とする旨の当事者の合意に反して下された外国判決は、承認されない(25)。

ドイツでは、ドイツの管轄規定により判決裁判所に管轄が認められれば、承認管轄があると判断される（鏡像理論）。裁判籍としては、例えば、被告の住所又は居所（民訴法一二条・一三条・一六条）、会社ほかの法人の本拠（同一七条）、製造物責任を含む不法行為訴訟につき不法行為地（同三二条）、契約事件につき履行地（同二九条）などがある。合意管轄や応訴管轄も認められる。原告による法廷地漁りを防ぐ特別な規定はなく、ドイツ人被告はドイツで消極的確認訴訟を提起して対抗するしかない。ドイツ法によれば国内裁判所が専属管轄を有する事項に関する外国判決は、承認されない。被告が外国の裁判所で管轄のみを争った場合には、自発的出頭には当らない。なお、別の裁判所を専属管轄とする旨の当事者の合意に反して下された外国判決は、承認されない(26)（日本もほぼ同様であろう(27)）。

フランスでは、外国の裁判所は、当該外国法により管轄を有し（国内管轄）、フランス国際私法によっても管轄を有していなければならない（国際管轄）。後者に関して、フランスの抵触規範によればフランスの裁判所に専属管轄がなく、かつ、紛争が判決国と十分な関連を有する場合には、判決国に管轄があるものとみなされる(28)。

二　送　達

ドイツでは、送達は判決国の手続法上のそれに従うとされているが、他方で、適切な中央当局を通じ、かつ、（外国語の訴状の場合）被告が任意に受領した場合を除きドイツ語の翻訳文を付したものである必要がある(29)。

特にここで問題になるのは、日本の場合である。送達方法の適法性を判断する基準について、判決国法による立場と、送達が行われる国の法による立場に分かれている。さらに、日本にいる被告に対して外国から翻訳文を付されていない訴状が直接郵送されてきた場合に、その後に当該外国の裁判所のした判決が民訴法一一八条二号の要件を充たすかどうかについても、手続の安定性の観点から訳文添付を一律に必要とする立場と、文書内容の了解可能性や応訴の準備のための時間的余裕などから実質的な手続保障の有無を個別的に判断する立場に分かれている(30)。

三　公　序

英国では、伝統的に、英国の知的財産権は英国の裁判所が扱い、外国の知的財産権は当該外国の裁判所が扱うという見解が採用されてきており、したがって、英国の知的財産権を扱った外国判決は、承認も執行も拒否されるべきだという指摘がある。[31] 実際、オランダの著作権、あるいは、ドイツとスペインの特許権に関する侵害訴訟を英国裁判所が審理した最近の判決も、ブラッセル条約の規定に基づいて特に管轄を認めたものであって、その前提として上記の見解が引き続き妥当することを明言している（ただし、傍論）。[32] この点については、さらに詳細な検討が必要である。[33]

ドイツでは、カリフォルニア州の懲罰賠償判決につき、懲罰賠償部分を承認しなかった連邦通常裁判所の判決がある。[34] また、三倍額賠償を認める米国の反トラスト判決の承認・執行が公序違反とされる可能性も指摘されている。[35] 日本でも、カリフォルニア州裁判所のした懲罰賠償判決の承認を拒否した最高裁判決がある[36]（なお、前出第二節三も参照）。

四　判決の牴触

米国では、一般に、二つの矛盾する外国判決のうち、後の判決が承認される[37]（後の判決が優先する）。これに対して、英国では、承認を求められた外国判決より前に出された矛盾する英国裁判所の判決があれば、当該外国判決は承認されない。[38] また、既に別の外国判決の対象となっている事項を扱っている外国判決は、承認されない[39]（前の判決が優先する）。

ドイツでは、若干の特殊性がある（民訴法三二八条一項三号）。すなわち、それ以前に下された別の外国判決と牴触する外国判決は、承認されない（二つの外国判決の間では、前の判決が優先する）。これに対し、ドイツの裁判所による判決と矛盾する外国判決は、一切承認されない（時間的な前後にかかわらず、内国判決が優先する）。

フランスでも、内国判決は外国判決に優先すると考えられている。[40]

日本では、既に日本に確定判決があった場合に外国判決を承認しなかった下級審判決があるが[41]、その場合の処理を含め、学説は多様に分かれている。[42]

五　相互の保証（reciprocity）

米国では、ＵＦＭＪＲＡ（Uniform Foreign Money-Judgments Recognition Act：統一外国金銭判決承認法）が相互の保証を承認要件としていないこともあり、これを承認要件の一つとする州は少ない。[43]

フランスでは、相互の保証の要件はない。[44]

これに対して、ドイツ・日本では、これを承認要件の一つとしている。ただし、ドイツでは、この要件が緩和されており、判決が金銭的な性質を持たない請求に関する場合か、ドイツ法によればドイツ国内に裁判籍がない場合には、相互の保証は不要とされている（民訴法三二八条二項）。また、外国でドイツのあらゆるタイプの判決が承認・執行されている必要はなく、特定の判決についての部分的な相互保証で足りるとされている。[45]

（18）Platto/ Horton（eds.）, supra note 2, at 126f.（USA）；L. L. McDougal/ R. L. Felix/ R. U. Whitten, American Conflicts Law 317（Transnational Publishers, Inc. 5th ed. 2001）.

（19）Platto/ Horton（eds.）, supra note 2, at 130f.

（20）Id. at 127 n. 23.

（21）Id. at 132.

（22）Id, at 130.

（23）Id. at 229f.（UK）；Collier, supra note 3, at 110-115；Fawcett/ Torremans, supra note 7, at 734f.

（24）Collier, supra note 3, at 114; Fawcett/ Torremans, supra note 7, at 735.

（25）Platto/ Horton（eds.）, supra note 2, at 230; Fawcett/ Torremans, supra note 7, at 738f.

（26）Platto/ Horton（eds.）, supra note 2, at 183-185（FRG）.

（27）外国判決の承認・執行に関する最判平成一〇年四月二八日民集五二巻三号八五三頁については、間接管轄独自の判断を志向するものとの理解が一般的なようである（例えば、河邉義典〔調査官解説〕最判解民平成一〇年度（上）四五〇頁、四七三頁（法曹会、二〇〇一年））。しかし、これに対して、「特段の事情」論を採用する直接管轄の判断基準を間接管轄にも採用する旨を判示したものと理解すべきだとする有力説がある。従来の判例・学説の整理も含め、河野俊行「間接管轄」高桑＝道垣内編・前掲注(10)三二六頁を参照。

（28）一九六四年一月七日の破棄院（民事Ｉ部）判決（Munzer事件）を通じて明らかにされた外国判決の承認・執行の要件に含まれている。

（29）Platto/ Horton（eds.）, supra note 2, at 185f.（FRG）; Nagel/ Gottwald, supra note 9, at 617.

（30）この問題については、例えば、春日偉知郎「送達（送達条約一〇条ａによる直接郵便送達）」高桑＝道垣内編・前掲注(10)三四三頁参照。

（31）Fawcett/ Torremans, supra note 7, at 737.

（32）Pearce v Ove Arup Partnership Ltd and Others［1997］3 All ER 31 at 34; Coin Controls Ltd v Suzo International（UK）Ltd and Others［1997］3 All ER 45 at 54.

（33）さしあたり、Hölder, The Enforcement of Intellectual Property Rights in the United Kingdom-Part 1,［2002］I. C. C. L. R. 30を参照。

（34）BGH 4. 6. 1992, BGHZ 118, 312.

（35）Platto/ Horton（eds.）, supra note 2, at 188（FRG）, Nagel/ Gottwald, supra note 9, at 622.

（36）最判平成九年七月一一日民集五一巻六号二五七三頁。

（37）Platto/ Horton（eds.）, supra note 2, at 129（USA）. ただし、裁判所は、前の判決を承認することも、どちらも承認しないこともできるとされる。Ibid.

(38) Id. at 230f.（UK）; Collier, supra note 3, at 123; Fawcett/ Torremans, supra note 7, at 738.
(39) Platto/ Horton（eds.）, supra note 2, at 230（UK）.
(40) Id. at 176（France）.
(41) 内外判決の抵触に関する唯一の事例である大阪地判昭和五二年一二月二二日判タ三六一号一二七頁は、この判断につき「訴えの提起、判決の言渡、確定の先後に関係な」いとしている。
(42) この点については、例えば、道垣内正人「内国判決との抵触」高桑＝道垣内編・前掲注(10)三六五頁参照。
(43) Platto/ Horton（eds.）, supra note 2, a 124（USA）; McDougal et al., supra note 18, at 320. 相互の保証を承認要件の一つとするのは、ジョージア・マサチューセッツ・テキサスの各州である。Id. at 320 n. 17.
(44) Platto/ Horton（eds.）, supra note 2, at 176（France）.
(45) Id. at 188f.（FRG）; Nagel/ Gottwald, supra note 8, at 633.

第四節　承認・執行の手続

一　承認・執行に要する手続

米国では、通常は、承認には特別の手続を要せず、執行にも略式判決（summary judgment）のような判決債務者に対する簡単な判決を要するのみの州が多い。執行するためには、判決債務者に対する対人管轄を有するか、判決債務者の財産が所在する州の裁判所に訴えを提起する必要がある(46)。

英国でもほぼ同様であり、執行のためには、コモン・ロー上は略式判決を申し立てる必要がある。もし判決債務者（被告）が財産を管轄外に移すと信じる根拠がある場合には、判決債権者は、被告に対し財産移動を禁じる差止命令を得ることができる(47)。

ドイツでは、外国判決の承認には特別の手続は不要である（自動承認）[48]が、外国判決を執行するためには執行判決を得る必要がある。裁判籍は、被告の居所か、非居住者の場合には財産所在地に認められる（民訴法七二二条二項・七二三条）。日本でも、同様である。

フランスでは、承認を得るためには特別の手続はないが、執行のためには執行認許（exequatur）の手続を執る必要がある[49]。裁判籍は、被告の住所地あるいは財産の所在地が典型例である。

二　実質再審査の禁止

米国では、一般に、外国判決の基礎をなす法理論や証拠を審査することはない。ただ、判決債務者が承認を求められている外国判決が道義や正義といった基本的な規範に違反していると主張する場合には、その判決を審査する[50]。なお、「国家行為理論（act of state doctrine）」[51]（外国国家が自国領域内で行った高権的行為の効力について、内国裁判所は原則として司法判断をなし得ないとする法原則）から、外国政府による特許権の付与の合法性につき裁判所が司法判断することはないと思われる[52]。

英国でも、外国判決の当否は審理しない。外国裁判所における事実認定や法の解釈・適用の誤りは、抗弁事由にならない[53]。

ドイツでも、外国判決の適法性を事後審査することなく、執行判決がなされなければならないことが法文から明らかである（民訴法七二三条一項）。さらに、承認段階においても同じである[54]（日本でも同様である）。

フランスでは、本案における法の実際の適用や事実について再審査を行わないのは諸国と同様だが、フランスの抵触法規範によれば適切な法が適用されていなければならない。ただし、実際の結果が上記の法の適用結果と同じかほぼ同じであれば、この要件は充たされているものとみなされる[55]。

（46）Platto/ Horton（eds.）, supra note 2, at 134（USA）.
（47）Id. at 226（UK）.
（48）Id. at 181（FRG）; Nagel/ Gottwald, supra note 8, at 599.
（49）Platto/ Horton（eds.）, supra note 2, at 170（France）.
（50）Id. at 133（USA）.
（51）この理論については、例えば、中野俊一郎「国家行為理論」高桑＝道垣内編・前掲注（10）三一頁参照。
（52）Underhill v. Hernandez, 168 U. S. 250, 18 S. Ct. 83（1897）、及び、Banco Nacional de Cuba v. Sabbatino, 376 U. S. 398, 84 S. Ct. 923（1964）が示した考え方は、外国知的財産権の付与の妥当性についても類推されると解される。なお、後者の判決は、キューバの沿岸領海に停泊した船舶に船積みされた砂糖の没収に係わる事件において、「訴訟時点において現存し、我が国によって承認されている、外国の主権をもつ政府がその領土において財物を押収することの正当性については、条約が存在しないとき、又は、法原則の適用に係わる他の曖昧さのない合意が存在しないとき、当該押収行為は慣習国際法に違反するものであるとの申立て人による主張にもかかわらず、当司法機関はこれを審理することはない。」と述べている。
（53）Collier, supra note 3, at 117f.; Fawcett/ Torremans, supra note 7, at 735f.
（54）J. Kropholler, Internationales Privatrecht 621（Mohr Siebeck, Tübingen, 4 Aufl. 2001）; Nagel/ Gottwald, supra note 9, at 602.
（55）Platto/ Horton（eds.）, supra note 2, at 174（France）

第五節　承認の効果

米国では、米国内での外国判決の効力は、承認国法によることを前提に、連邦法でなく州法が規律するとするのが通説である（56）。英国でも、外国判決は、英国判決と同様に、Action estoppel の効力を有し、本案判決中の争点については一定の要件を充たすとIssue estoppelの効力を有するとされている[57]。

これに対して、ドイツでは、外国判決が承認されると、当該外国判決は判決国におけると同じ効力を付与されるとされている[58]。ただし、執行力は、判決国法上の執行力が及んでくるのではなく、執行判決により新たに付与されなければならない[59]（日本でも同様である）。

（56）なお、連邦法の問題とすべきだとする反対説も含め、McDougal et al., supra note 18, at 319f.

（57）Collier, supra note 3, at 128-130.

（58）Platto/ Horton（eds.）, supra note 2, at 181（FRG）; Nagel/ Gottwald, supra note 9, at 601.

（59）Kropholler, supra note 54, at 637; Nagel/ Gottwald, supra note 9, at 608.

第六節　参考判例

International Nutrition v. Horphag Research Ltd., 257 F. 3d 1324 (Fed. Cir. 2001).

〈事　実〉

訴外A社（一九七〇年四月にフランス法に準拠して設立されボルドーに登録事務所を置く会社）と被告・被控訴人Y_1社（一九八五年四月に英国法に準拠して設立されチャネル諸島で登録されている会社）とが、医療用の新製品を開発するための共同開発契約をフランスで締結した。その五条は、共同作業により生じた特許の申請は共同でなされ、本契約より生じる産業財産権の譲渡代金は平等に分けられることを規定していた。また、七条には、ボルドーの裁判所を専属管轄とする旨の条項があった。この契約は、一九九〇年四月に失効するが五年間の自動更新の可能性があった。

一九九四年にA社は、Y_1社と共有する本件米国特許権上の自己の持分を原告・控訴人X社（リヒテンシュタイン法に準拠して設立された会社）に譲渡した。そこで、一九九五年にY_1社は、A社とX社に対して譲渡無効の訴えをボルドーの裁判所に提起した。フランスの一審判決は、フランス法を準拠法とし、上記譲渡を無効とした。二審判決も控訴を棄却した。これに対して、X社は、Y[1]社らに対しコネチカットの連邦地裁に侵害訴訟を提起した。

地裁は、フランス裁判所の判決が本件開発契約のもとでの権利の帰属を決したものであって米国特許法に反するものではないという理由で、上記判決を承認し、本件特許権はX社に帰属していないから、X社は特許権侵害の訴えを提起する地位にないという略式判決をした。X社が控訴。

〈判　旨〉控訴棄却。

「フランスの裁判所は、単にフランス法による契約に従って、米国特許権が誰に帰属するかを決したにすぎない。……特許権が誰にどういう条件で帰属するかという問題は、典型的には専ら州の裁判所が扱うべき問題であって、米国特許法のもとで生じる問題ではない。……帰属についてフランス法を準拠法とする契約上の合意は、ある州の法律を準拠法とする合意と全く同様に有効である。……したがって、米国特許法と、本件開発契約が外国法により解釈されるべきだという当事者の意図を執行することとの間には、何の牴触もない。」としたうえで、フランスの裁判所が管轄を有すること、承認により法廷地の公序が侵害されないことを確認し、法選択の争点に関するフランス裁判所の判断は承認されるべきだとした地裁判決を支持した。

〈コメント〉

米国では、米国特許権の帰属については、必ずしも米国特許法の関心事項でなく、外国の裁判所が判断してもよく、外国法が決定してもよいということのようである。この処理が職務発明における特許権の帰属に関係するのかどうか、検討の余地があるように思われる。

第七節　おわりに

全く不十分なものではあるが、外国判決の承認・執行ルールについて簡単な比較を行った。その結果、やはりかなりの違いがあることがそれなりに明確になったと思われる。

まず全般的に見ると、英米では自国の基準による問題が多いのに対して、日本やドイツでは原則として判決国の基準による問題が多いようである。その限りでは、後者の方が外国判決に対して寛容であるように思われる（フランスでは、相互の保証が要求されないかわりに[60]、準拠法判断について若干の再審査が行われる点で[61]、やや特殊な印象を受ける）。ところが、判決の抵触に限ってみると、独仏では明らかに内国判決が優先されるのに対し、英米では（裁判所の裁量が認められているようである点はともかく）ルールとして内国判決が優先されるということはないようである点は[62]、興味深い。

次に、米国には、米国特許権の帰属についてフランス法を適用して判断したフランスの判決を承認した事例があり、この事例の意義や射程について検討の余地がある[63]。

重要だと思われるのは、英米では外国の裁判所による差止命令は執行されないとされ[64]、さらに英国については英国の知的財産権を扱った外国判決は承認も執行もされないとされているようである点である[65]。日本やドイツでは外国の裁判所による差止めを命じる判決も執行の対象になることから[66]、日本の裁判所による差止判決も当然に外国で執行の対象にしてもらえるという前提を置いて議論してしまうことがあるかもしれない。しかし、それは当然の前提ではないのであり、日本の裁判所が外国で日本の特許権を侵害する者に対して日本法に基づく差止判決を出せるようにするためにも、日本で外国の特許権を侵害する者に対して当該外国法に基づく差止判決を出すべきだという議論をしてしまうことがあるとすれば、それは（当該外国のいかんによっては）前提を欠いていると考える[67]。特に、日本の裁判所が差止判決を出してみても、英米で執行されないだけではなく、中国でも（別の理由ではあるが）執行されないのであってみれば[68]、このような議論は（控えめに言っても）意味がないのではなかろうか。

外国に対する寛容な態度は、それ自体としては望ましいものであろう。しかし、寛容であるがゆえに、（場合によっては期待されてもいないのに）日本が一方的に譲歩するような結果が生じる可能性もあるように思われる。そのような事態だけは避けるよう、外国判決の承認・執行制度も踏まえてさらに検討が深められていくことを期待するものである。

(60) 注(44)の本文。
(61) 注(55)の本文参照。
(62) 前出第三節四参照。
(63) 前出第六節参照。
(64) 前出第二節二参照。
(65) 前出第三節三参照。この点は、注(33)の本文で示唆したように、その処理が変更される可能性もあると思われる。
(66) 注14を付した前後の本文。
(67) ここでの議論との関係で、念のため蛇足ながら確認しておきたいことがある。外国で日本の特許権を侵害する者に対して日本法に基づく差止判決を出す場合と、日本で外国の特許権を侵害する者に対して当該外国法に基づく差止判決を出す場合とを比較すると、一見ちょうど表裏の関係にあるように思われるかもしれない。確かに、実体的には入れ替え可能である。しかし、いずれの場合についても、差止判決を出すのは日本の裁判所であることが前提とされているときには、日本の裁判所による差止判決は、前者の場合には直接執行できないのに対して、後者の場合には直接執行できる。つまり、手続面も考慮に入れると、両者は決して表裏の関係にないことに注意すべきである。
(68) 日本と中国との間には相互の保証がないとした大阪高判平成一五年四月九日判時一八四一号一一一頁の判決理由中に、日本の判決及び差押え・譲渡命令の承認が相互の保証がないことを理由に中国で拒否された実例が示されている。

（国際私法上の知的財産権をめぐる諸問題に関する調査研究報告書、二〇〇四年）

32 懲罰的損害賠償を命じた外国判決の承認・執行とその反公序性

最高裁平成九年七月一一日第二小法廷判決（平成五年(オ)第一七六二号、オレゴン州組合ノースコンI対萬世工業株式会社外一名、執行判決請求事件）、民集五一巻六号二五七三頁

〔参照条文〕民事訴訟法旧二〇〇条（現一一八条）三号、民事執行法二二条六号・二四条、民法七〇九条

第一節　事　実

被告・被控訴人・被上告人Y_1社（日本法人）の子会社である訴外A社（カリフォルニア州法人）は、Y_1社の社長であるY_2を取締役の一人とするセミコンダクター製品製造企業である。A社の取締役社長である訴外Bは、オレゴン州に工場施設を建設する計画があるとして、一九七九年三月一六日訴外C・Dとの間で独占開発者契約を締結した。原告・控訴人・上告人X（オレゴン州のパートナーシップ）は、オレゴン州の工業団地でのA社の進出地区を取得すること等を目的として同年に結成され、C・D・Eの三名に業務執行権がある。このX及びCが同年二月末に設立した開発会社である訴外F社（オレゴン州法人）らとA社との間で右の進出計画につき契約交渉が重ねられ、一九八〇年一月二二日に、F社を地主、A社をテナントとする賃貸借契約が締結された。ところが、A社は、同年二月Bを解雇し、右賃貸借契約等は無効だとしてその履行を拒絶した。そして、同年三

月、F社に対して右賃貸借契約等の無効確認の訴えを、X及びCらに対してそれらの欺罔行為を理由とする損害賠償請求の訴えを、カリフォルニア州サンタクララ郡を管轄する同州の上位裁判所（第一審）に提起した。これに対して、X及びF社は、反訴を提起し、A社に対して右賃貸借契約の履行を、予備的にYらに対してそれらの欺罔行為を理由とする損害賠償を請求した。第一審裁判所は、陪審の評決に基づき、一九八二年五月一九日、右賃貸借契約の無効を確認しつつ、Yらに対し補償的損害賠償として四二万五二五一ドル、Y1社に対し懲罰的損害賠償として一一二万五〇〇〇ドル、Yらに対し訴訟費用四万〇一〇四・七一ドルをXらに支払うよう命じた（この判決の翻訳が、資料版商事法務八五号（平三）一一四頁に掲載されている）。この判決に対して、双方がカリフォルニア州控訴裁判所（控訴審）に控訴した。控訴審裁判所は、一九八七年五月一二日控訴を棄却し、判決は確定した（確定したこの判決が「本件外国判決」である）。そこで、Xは、Yらに対して、本件外国判決の執行判決請求訴訟を提起した。主たる争点は、本件外国判決のうち懲罰的損害賠償を命じた部分についての承認・執行の可否である。

一審判決（東京地判平成三・二・一八判時一三七六号七九頁）は、本件外国判決のうち補償的損害賠償及び訴訟費用の支払を命じた部分については、Xの請求を認容した。これに対して、懲罰的損害賠償を命じた部分については、次のように判示して、Xの請求を棄却した。すなわち、まず、「懲罰的損害賠償は、直接的には私人間の権利に関わるものであり、懲罰的損害賠償を求めるかどうかも私人の意思如何にかかっていること等からすると、これを刑罰と同視することは相当でないし、そもそも不法行為の効果としていかなる法的効果を付与するかは、その国の法律思想ないし伝統に根ざす司法政策の問題であるから、我が国の法制上懲罰的損害賠償が認められていないからといって、あるいは、懲罰的損害賠償が刑事的な目的を有するからといって、これを命ずる外国判決が如何なる事案についてであれ一切承認の対象とならないとすることは相当でない」として、その承認対象性は肯定した。しかし、次に、「外国判決が我が国の公序に反するかどうかを判断するに際しては、当該法制度それ自体の我が国の公序との抵触の如何を問題にするのではなく、あくまでも具体的事案について、当該外国判決の認定事実を前提としつつ、執行される内容及び当該事案と我が国との関連性の双方からみて、当該判決の執行を認めることが我が国の公益や道徳観念に反する結果となるか、あるいはその執行により我が国の社会通念ないし道徳観念上真に忍びない過酷な結果がもたらされることになるかどうかの点を判断すべきである」が、本件外国判決の認定「事実のみからY_1社に『意図的不実表明』又は『重要事実の意図的隠蔽あるいは抑制』ありとするのは、経験法則及び論理法則に照らしていかにも無理があ」り、「ひとりY_1社に対して……巨額の懲罰的損害賠償を命ずる外国判決の執行を容認することは、我が国における社会通念ないし衡平の観念に照らして真に忍び難い、過酷な結果をもたら」し、「我が国の公序に反する」と判示した。これに対して、Xは「本件外国判決の執行を許可するために、本件外国判決の認定事実が懲罰的損害賠償を課すべき要件を満たしているか否か、あるいは懲罰的損害賠償の額が相当であるか否かを改めて認定し直さなければならないとするのは陪審を否定するものであるばかりか、外国裁判所の裁判の当否を調査することにほかならないのであって、民事執行法二四条二項に反する」として控訴した。

原判決（東京高判平成五・六・二八判時一四七一号八九頁）は、「懲罰的損害賠償は、むしろ我が国の法制度上は罰金に近い刑事法的性格を持つものとみるべきこと、民事執行法二四条、民事訴訟法二〇〇条にいう『外国裁判所の判決』というのは、我が国からみてその外国裁判所の判決が我が国の民事の判決に当たると認められるものであることを要すること……を考えると、懲罰的損害賠償を命ずる米国の裁判所の判決をもって民事執行法、民事訴訟法の右各条が予定する外国裁判所の判決といえるかどうか自体が疑問である」としてその承認対象性を否定したうえで、仮にそれが肯定されるとしても、懲罰的損害賠償は「我が国の民事法上の基本原則に反するだけでなく、我が国における民事上の請求権と刑事上の刑罰との区別に関する基本原則にも抵触し、我が国の法的正義の観念と相容れないものである以上、……少なくとも我が国の公序に反する」として、Xの控訴を棄却した。これに対して、Xは、承認対象性を肯定した一審判決を援用しつつ「懲罰的損害賠償を刑事罰と同視して一切これの執行を認めない原審判決は民事訴訟法第二〇〇条に違背する」し、また、「世界の自由貿易・投資により、多大の利益を得ている我が国にとっては外国（本件では米国）で行われた不法行為に対し同国が下した判決の執行を積極的に認めることが、むしろ我が国の国益に合致し、牴触法上の公序に合致する」との理由で上告した。

第二節　判　旨

Y_1社に対する上告棄却、Y_2に対する上告却下（後者についての判示は省略）。

㈠「カリフォルニア州民法典には、契約に起因しない義務の違反を理由とする訴訟において、被告に欺罔行為などがあったとされる場合、原告は、実際に生じた損害の賠償に加えて、見せしめと被告に対する制裁のための損害賠償を受けることができる旨の懲罰的損害賠償に関する規定（三二九四条）が置かれている。」

㈡「執行判決を求める訴えにおいては、外国裁判所の判決が民訴法二〇〇条各号に掲げる条件を具備するかどうかが審理されるが（民事執行法二四条三項）、民訴法二〇〇条三号は、外国裁判所の判決が我が国における公の秩序又は善良の風俗に反しないことを条件としている。外国裁判所の判決が我が国の採用していない制度に基づく内容を含むからといって、その一事をもって直ちに右条件を満たさないということはできないが、それが我が国の法秩序の基本原則ないし基本理念と相いれないものと認められる場合には、その外国判決は右法条にいう公の秩序に反するというべきである。」

㈢「カリフォルニア州民法典の定める懲罰的損害賠償（以下、単に『懲罰的損害賠償』という。）の制度は、悪性の強い行為をした加害者に対し、実際に生じた損害の賠償に加えて、さらに賠償金の支払を命ずることにより、加害者に制裁を加え、かつ、将来における同様の行為を抑止しようとするものであることが明らかであって、その目的からすると、むしろ我が国における罰金等の刑罰とほぼ同様の意義を有するものということができる。これに対し、我が国の不法行為に基づく損害賠償制度は、被害者に生じた現実の損害を金銭的に評価し、加害者にこれを賠償させることにより、被害者が被った不利益を補てんして、不法行為がなかったときの状態に回復させることを目的とするものであり（最高裁昭和六三年（オ）第一七四九号平成五年三月二四日大法廷判決・民集四七巻四号三〇三九頁参照）、加害者に対する制裁や、将来における同様の行為の抑止、すなわち一般予防を目的とするものではない。もっとも、加害者に対して損害賠償義務を課することによって、結果的に加害者に対する制裁ないし一般予防の効果を生ずることがあるとしても、それは被害者が被った不利益を回復するために加害者に対し損害賠償義務を負わせたことの反射的、副次的な効果にすぎず、加害者に対する制裁及び一般予防を本来的な目的とする懲罰的損害賠償の制度とは本質的に異なるというべきである。我が国においては、加害者に対して制裁を科し、将来の同様の行為を抑止することは、刑事上又は行政上の制裁にゆだねられているのである。そうしてみると、不法行為の当事者間において、被害者が加害者から、実際に生じた損害の賠償に加えて、制裁及び一般予防を目的とする賠償金の支払を受け得るとすることは、右に見た我が国における不法行為に基づく損害賠償制度の基本原則ないし基本理念と相いれないものであると認められる。」

㈣「したがって、本件外国判決のうち、補償的損害賠償及び訴訟費用に加えて、見せしめと制裁のためにY_1社に対し懲罰的損害賠償としての金員の支払を命じた部分は、我が国の公の秩序に反するから、その効力を有しないものとしなければならない。」

第三節　評　釈

判旨の結論には賛成だが、その理由づけには疑問がある。

本判決は、懲罰的損害賠償を命じた外国判決の承認・執行の可否について判示した初めての最高裁判決であり、かつ、承認・執行を認めない根拠をその外国判決が日本の公序に反することに求めた点で重要である。

㈠　判旨㈠は、カリフォルニア州民法典三二九四条の規定する懲罰的損害賠償が、見せしめと被告に対する制裁を目的とする損害賠償であることを確認している。「懲罰的損害賠償」といっても州によっては単なる補償的損害賠償にすぎないものもあるが、本件で問題となっているカリフォルニア州の懲罰的損害賠償は、それとは異なり典型的なタイプのものである（この制度一般については、例えば、早川吉尚「懲罰的損害賠償の本質」民商一一〇巻六号（平六）一〇三六頁、特に、一〇四六ー一〇五一頁を参照）。

㈡　判旨㈡は、外国判決の承認・執行要件の一つである、承認・執行を求められている外国判決が日本の公序に反しないこと（民訴二〇〇条（現一一八条。以下同じ）三号）について、一つの審査基準を示している。

実体的公序違反性につき、一審判決は、「当該法制度それ自体の我が国の公序との抵触の如何を問題にするのではなく、あくまでも具体的事案について、当該外国判決の認定事実を前提としつつ、執行される内容及び当該事案と我が国との関連性の双方からみて、当該判決の執行を認めることが我が国の公益や道徳観念に反する結果となるか、あるいはその執行により我が国の社会通念ないし道徳観念上真に忍びない過酷な結果がもたらされることになるかどうかの点を判断すべき」だとしていた。すなわち、実体的公序違反性は、「外国判決の承認・執行の結果の異常性」と「事案の内国牽連性」という二つの要素の相関関係によって判断されると判示していた。これは、従来の一般的な学説と一致する考え方であり（例えば、鈴木忠一＝三ケ月章編・注解民事執行法⑴（昭五九）四〇二頁（青山善充）、石黒一憲・現代国際私法〔上〕（昭六一）五五八頁）、この一般論自体は、評釈によっても支持されていた（道垣内正人〔判批〕判評三九一号（平三）四四頁）。

これに対して、原判決は、「事案の内国牽連性」には言及していない（石黒・国際民事訴訟法（平八）二四二頁注六六七）は、この点を「大いに気にかかる」と述べていた）。

本判決も、「外国裁判所の判決が……我が国の法秩序の基本原則ないし基本理念と相いれないものと認められる場合には、その外国判決は」公序に反すると判示するのみであって「事案の内国牽連性」には言及していない。この一般論によれば、実体的公序違反性の審査基準として、「事案の内国牽連性」は要求されないことになりそうである（但し、本件では「事案の内国牽連性」の存在には問題がなかったため、本判決はこの点に言及しなかったにすぎないと解する余地もなくはないことにつき、後述㈢⑶参照）。しかし、例えば、麻薬や護身用銃器の売買代金あるいは賭博債務の支払を命じた外国判決の承認・執行が日本の法秩序に与える影響は、右の売買や賭博が判決国で行われたか日本国内で行われたかで大きく異なる（鈴木＝三ケ月編・前掲四〇二－四〇三頁の挙げる例である）。つまり、実体的公序違反性を審査する際には、「事案の内国牽連性」についても考慮することが必要だと考える。したがって、この点の判旨は、従来一般に認められてきた基準からは支持できない（横溝大〔判批〕判評四七五号三九頁、早川〔判批〕民商一一九巻一号九〇頁（以上、平一〇）も結論同旨。これに対して、道垣内〔判批〕リマークス一九九九〈上〉一五九頁は、執行判決を請求される外国判決が刑事的な判決のように異常性が極めて高い場合には、内国関連性が極めて薄くても公序違反となることがあるというべきだと批判する。しかし、例えば、被告が米国に本拠を有する者であって米国での行為につき懲罰的損害賠償を課される判決を米国で受けその執行を免れるために日本に資産を移したような（内国関連性が極めて薄い）場合には、その外国判決が懲罰的損害賠償に基づくものであること自体は、日本の法秩序に大きな影響を与える（公序違反）とは言えないのではないか）。

㈢　判旨㈢は、判旨㈡で示した実体的公序違反性の審査基準を前提に、カリフォルニア州の懲罰的損害賠償制度と日本の不法行為に基づく損害賠償制度を比較し、前者が後者の「基本原則ないし基本理念と相いれない」と判断している。

⑴　判旨が日本の損害賠償制度と比較しているのは、直接的にはカリフォルニア州の懲罰的損害賠償制度である（この点で、本判決は、懲罰的損害賠償一般を論じた原判決と異なっている）。このことから、判旨の射程は、同州の懲

罰的損害賠償を命じた判決の承認・執行に限定されるとする見解もある（小林秀之＝吉田元子「アメリカの懲罰的損害賠償判決の承認・執行（下）」NBL六三〇号（平九）五一頁）。しかし、同州の懲罰的損害賠償制度が右の「基本原則ないし基本理念と相いれない」とされた理由は、この制度が加害者に対する制裁と将来における同様の行為の抑止を目的とし罰金等の刑罰と同様の意義を有する点にある。だとすると、承認・執行を求められている外国判決が見せしめと制裁を目的とする懲罰的損害賠償を命じたものであるなら、そのような判決の承認・執行についても判旨の射程は及ぶのではないか（佐久間邦夫〔調査官解説〕ジュリ一一二九号（平一〇）一〇八頁は、「本件は、見せしめと制裁を目的として懲罰的損害賠償を課する旨を規定する民法典が存する州における、補償的損害賠償と明確に区別して懲罰的損害賠償を命じられた本件外国判決に関する事案であることに注意すべき」だとする。確かに、判旨の射程が及んでいるのは、懲罰的損害賠償部分が補償的損害賠償部分と明確に区別されている判決に限られると思われる。しかし、懲罰的損害賠償を規定しているのが「民法典」であることにも、「州」における判決であることにも、「注意す」る必要はないのではないか。言い換えると、「民法典」以外の法規範であっても、連邦や米国以外の国における裁判所の判決であっても、右のような懲罰的損害賠償を命じた外国判決の承認・執行には判旨の射程が及ぶのではないか。但し、(3)も参照)。

(2)　判旨は、カリフォルニア州の懲罰的損害賠償制度と比較する対象として、日本の不法行為に基づく損害賠償制度の目的について論じている。そして、その目的を「被害者が被った不利益を補てんして、不法行為がなかったときの状態に回復させること」と判示する大法廷判決を引用したうえで、「加害者に対する制裁や、将来における同様の行為の抑止、すなわち一般予防を目的とするものではない」としている（原判決も、同様の理解を示していた）。

このような日本の不法行為に基づく損害賠償制度の理解に対しては、既に疑問が呈せられていた。すなわち、慰謝料については、加害者側の主観的事情や資産が考慮されており制裁的要素が入りこんでいるという指摘があった（早川〔原判決判批〕ジュリ一〇五〇号（平六）一九五頁）。これに対しては、判旨は、「加害者に対して損害賠償義務を課することによって、結果的に加害者に対する制裁ないし一般予防の効果を生ずることがあるとしても、それは被害者が被った不利益を回復するために加害者に対し損害賠償義務を負わせたことの反射的、副次的な効果にすぎず、加害者に対する制裁及び一般予防を本来的な目的とする懲罰的損害賠償の制度とは本質的に異なる」と応じている（この点に関して、故意に契約に違反してマンション建築工事が行われた事案で「具体的な騒音等による……損害が立証されない場合でも、……契約違反自体による精神的苦痛に対し、……懲罰的ないし制裁的な慰謝料の賠償を命ずるのが相当」だとして加害者に対して二〇万円の賠償を命じた京都地判平成元・二・二七判時一三二二号一二五頁の存在がしばしば指摘される。しかし、一下級審判決をどこまで重視できるものか疑問である）。不法行為に基づく損害賠償制度についての判旨の理解には賛成する。

ただ、もう少し視野を広げると、日本にも制裁を目的とした民事判決が存在する。すなわち、解雇予告手当（労基二〇条）・休業手当（同二六条）・時間外、休日及び深夜の割増賃金（同三七条）・年次有給休暇の賃金（同三九条六項）を支払っていない使用者に対して労働者の請求によって未払金と同一額の付加金の支払を命ずる判決（同一一四条）がそれにあたる。この点、判旨(二)における「我が国の法秩序」を「我が国の不法行為に基づく損害賠償制度」に限定し、懲罰的損害賠償と同じく制裁を目的とする付加金の制度（但し、労働契約上の債務不履行に対する制裁と思われる（同一三条参照））を考慮に入れていないようである判旨には、疑問が残る（この点、佐久間〔調査官解説〕曹時五二巻四号（平一二）一一三四―一一三五頁は、「付加金の制度……は、民事上の単なる損害賠償ではなく、公法上の制裁と解する説が多数説」だとしたうえで、「我が国の損害賠償制度の基本が損害のてん補にあることを揺るがすには至っていない」と説明している）。

(3)　判旨は、結局、「カリフォルニア州民法典の定める懲罰的損害賠償……の制度は、……我が国における不法行為に基づく損害賠償制度の基本原則ないし基本理念と相いれない」とし、本件外国判決の懲罰的損害賠償部分は公序に反すると結論した。ただ、判旨(二)の一般論からは要求されていないように読めるが、ここで従来一般的に認められてきた、実体的公序違反性の一要素である「事案の内国牽連性」に検討を加えると、本件におけるその評価は分かれている。すなわち、「Y_1は日本に本拠を有する日本法人であって、日本との関連性は深い」（道垣内・前掲判評四四頁）、「現地法人ではなく、日本法人である親会社のみが主として責任を負い、殊に懲罰的損害賠償を日本でしなければならないという内国関連性の強度」（櫻田嘉章〔判批〕平九重判解（平一〇）二九三頁）という評価がある一方で、「日本での行為ではなく米国での行為に懲罰的損害賠償が課されているのであり、内国牽連性が強い事案とはとても言い難」い（早川・前掲ジュリ一九五頁、同・前掲民商九〇頁）との評価もある。

この点、本件外国判決において懲罰的損害賠償が課せられた根拠がY_1社のどういう行為にあるのかが不明であり、本件で「事案の内国牽連性」が強いと言えるかどうかについて断言するのは困難ではなかろうか（懲罰的損害賠償を課されているのが「日本に本拠を有する日本法人」であれば「日本との関連性が深い」ということが常に言えるのかどうか、疑問である。逆に、本件では、「米国での行為に懲罰的損害賠償が課されている」と本当に言い切れるのかも、疑問である）。ただ、本件では、Y_1社の日本からの関与のあり方が問題であったようにも考えられ、そうだとすれば、実体的公序違反性を肯定できるだけの「事案の内国牽連性」はあったと言えることになるのではなかろうか。仮に、本件に「事案の内国牽連性」が認められるなら、判旨二で示された実体的公序違反性の審査基準は、実質的には従来の一般的な理解とそれほど差がないことになる（この点、佐久間・前掲一一三六頁は、「本件については、……Y_1が日本法人であることから内国牽連性が弱い事案であるとは考え難いこともあって、この点は争点になっていない。今後、内国牽連性が弱いと考えられる事案を検討する際には問題になるものと思われる」と解説している）。

㈣⑴　判旨は、本件外国判決の実体的公序違反性の検討しかしていない。しかし、その前提として、本件外国判決がそもそも民訴法二〇〇条の「外国裁判所ノ確定判決」及び民執法二四条の「外国裁判所の判決」と言えるのか（外国判決の承認・執行対象性）という問題があった。

一審判決がこの問題を肯定したのに対して、原判決はこの問題を否定した。学説も、これを肯定するもの（例えば、小林「懲罰的損害賠償と外国判決の承認・執行（下）」NBL四七七号二三頁以下、渡辺惺之〔一審判決判批〕特許管理四一巻一〇号一三二五頁（以上、平三）、吉野正三郎＝安達栄司〔原判決判批〕判タ八二八号九三頁、須藤典明〔原判決判批〕判タ八五二号二七五頁（以上、平六）、春日偉知郎〔原判決判批〕渉外百選〔第三版・平七〕二二五頁）と、否定するもの（例えば、道垣内・前掲頁、石黒〔一審判決判批〕リマークス一九九二〈上〉一七〇頁、神前禎〔一審判決判批〕ジュリ一〇二三号（平五）一四〇頁、早川・前掲ジュリ一九四頁）とに分かれていた。

本判決は、本件外国判決の承認・執行対象性には言及せずに、論理的にはこれが肯定されなければ出てこない問題であるところの実体的公序違反性について検討を加えている。このことから、本判決が本件外国判決の承認・執行対象性を当然のこととして肯定したと評価するものが多い（中野俊一郎「懲罰的損害賠償を命じる外国判決の承認・執行」NBL六二七号（平九）二六頁、小林＝吉田・前掲四五頁、古閑裕二〔判批〕ひろば一九九八年一月号六一頁、須藤「懲罰賠償判決のわが国での執行の可否と今後の課題」自由と正義一九九八年四月号七〇頁、櫻田・前掲二九二頁、横溝・前掲四〇頁、永井博史〔判批〕阪経法四二号（平一〇）二一五頁、道垣内・前掲リマ一五九頁、西野喜一〔判批〕判タ一〇〇五号（平一一）二一九頁）。しかし、本件外国判決のうちの懲罰的損害賠償部分の承認・執行を拒否するという結論を得るためには承認・執行対象性と実体的公序違反性のどちらか一方を問題にすれば足りるのであり、本判決は、後者を選択したにすぎないと考える。したがって、承認・執行対象性についての本判決の考え方は、全く示されていないと評価する（早川・前掲民商八二頁も同旨。また、佐久間・前掲ジュリ一〇八頁も「本判決は、……懲罰的損害賠償を命ずる外国判決が民事判決に当たらないと判断すべき場合があるかどうか……については、触れられていないものと解される」とし、同・前掲曹時一一四三頁注五五も「懲罰的損害賠償を命ずる判決について民事判決性を肯定すべきこと（対象否定説を採らないこと）を明らかにしたものと解することはできないであろう。適用される州法の内容いかんによっては、対象適格性が問題とされる場合があり得ると思われる」と解説している）。

(2)　ただ、見せしめや制裁を目的とした懲罰的損害賠償を命じた外国判決の承認・執行対象性を否定する議論

（前出のものに加えて、道垣内「アメリカの懲罰的損害賠償判決の日本における執行」三ケ月古稀上（平三）四三三－四三四頁、同・前掲リマ一五九頁、石黒・貿易と関税一九九一年一〇月号四一頁、早川「懲罰的損害賠償判決の承認執行」本郷法政紀要一号（平五）二七六－二七八頁、同・前掲民商八四－八七頁、横溝・前掲頁）に対しては、次の疑問がある。すなわち、第一に、外国判決の承認・執行制度を私人の権利保護のみを目的とするものと言い切るためには、「相互ノ保証アルコト」（民訴二〇〇条（現一一八条）四号）という要件の存在が説明しにくいのではないか。第二に、国内では罰金等の裁判の執行は「民事執行法……その他強制執行の手続に関する法令の規定に従って」（刑訴四九〇条二項本文）なされることから、「罰金等の刑罰とほぼ同様の意義を有する」懲罰的損害賠償判決の執行も民事執行になじまないとは言い切れず、「共助」によるべき対象から外れると考える余地がありうるのではないか。第三に、刑法五条は、外国刑事判決の承認・執行の可否については何も言っていないのではないか。すなわち、仮に外国刑事判決が承認されたとしても、処罰主体は当該外国であって日本国ではないから、日本国が「同一の行為について更に処罰することを妨げない」（同条本文）のは当然のことである。また、「犯人が既に外国において言い渡された刑……の執行を受けたときは、刑の執行を減軽し、又は免除する」（同条但書）のは犯人が二重に刑の執行を受ける不利益を回避するために要請されることであり、この要請は外国刑事判決が日本で承認されない場合であっても変わらないと思われる。第四に、紛争解決の一回性の理想の実現や跛行的法律関係発生の回避といった点は、刑事訴訟はともかく、懲罰的損害賠償を請求する訴訟には妥当するのではないか（神前・前掲書）。第五に、罪刑法定主義との関係は、実体的公序違反性の審査においても考慮できるのではないか。

懲罰的損害賠償を命じた外国判決の承認・執行対象性を否定する議論には以上のような疑問があり、判旨が本件外国判決の承認を拒否する理由をその実体的公序違反性に求めた点にも、現時点では賛成する。

（法学協会雑誌一一七巻一一号、二〇〇〇年）

33

外国人父を子の単独監護権者とする米国判決の承認と人身保護請求

大阪高裁平成二二年二月一八日判決（平成二一年(人ナ)第九号人身保護請求事件）――棄却、
家庭裁判月報六二巻一号九九頁
〔参照条文〕民事訴訟法一一八条、人身保護規則四条

第一節　事実の概要

請求者X（国籍――ニカラグア）は、現在、米国ウィスコンシン州に居住する医師である。他方、拘束者Y_1（国籍――日本、米国永住権取得）は、現在、兵庫県△△市でその両親である拘束者Y_2・Y_3とともに被拘束者Z（本決定時七歳の女児、国籍――日本・米国・ニカラグア）と同居している。

XとY_1は、平成一四（二〇〇二）年に同州で婚姻して以来、同州で暮らしていたが、その後、Y_1は、子Zを連れて近くのアパートに別居し、平成一八（二〇〇六）年二月に同州裁判所にXの暴力を離婚原因とする離婚等を求める訴訟（離婚訴訟①）を提起した。同月にZの主たる監護権者をY_1と定める等の中間的な決定が出たが、Xが暴力を振るわないと約束したため、Y_1は、同年一〇月にXと再度同居し、同年一二月に離婚訴訟①を取り下げた。

ところが、その後も結婚生活はうまくいかず、平成二〇（二〇〇八）年二月一四日には、Xの暴力により、Y_1は、

頭部に全治二週間程度の傷害を受けた（Xは、逮捕後不起訴）。さらにXからの嫌がらせ等が続いたため、Y_1は、州裁判所DV部のカウンセラーのアドバイスに従ってZとともに日本人女性の友人宅に一時泊めてもらった後、同月二七日にZを連れて日本の実家に帰った。

Xは、Y_1の帰国直前の同月二一日、州裁判所にY_1に対する離婚訴訟②を提起した。州裁判所は、同月二八日、Zに対する仮の単独身上託置権（sole physical placement）および仮の単独法的監護権（sole legal custody）をXに付与し、Y_1に対し、Zとともに同州の管轄地に帰りZをいったんXの元に戻すことを命じる等の決定をした。Y_1は、同年三月三日頃に離婚訴訟②の訴訟代理人として訴外A弁護士を選任したが、その後Aに対する信頼関係を維持できなくなり、Aは、平成二一（二〇〇九）年五月二七日にY_1の訴訟代理人を辞任した。州裁判所は、同年六月一〇日、Y_1が欠席したまま離婚訴訟②の最終裁判期日（final trial）を行い、(1)XとY_1とを離婚すること、(2)XをZの単独監護権者とすること、(3)Y_1は、直ちに、Xの元にZを戻すか、Xが日本へ行きZを米国に帰国させることを認めるべきこと、(4)Y_1に裁判所侮辱罪が成立すること等を骨子とする判決を言い渡した（同年九月六日に確定）。他方、Y_1は、神戸家裁伊丹支部に、同年三月一三日に離婚・親権者指定・養育費等請求訴訟を提起し、同年六月三〇日に親権者変更審判申立ておよび同審判前の保全処分申立てを行った。そこで、Xは、Yらに対して、人身保護法に基づくZの釈放および引渡しを求めた。

第二節　決定の要旨

一(1)「離婚訴訟②が提起された平成二〇年二月二一日当時、Y_1はアメリカに居住しており、……民事訴訟法一一八条一号の要件は満たされているということができる。」

「Y_1は、州裁判所から、離婚訴訟②の裁判期日の呼出しを受け、……同訴訟に応訴していることが認められるから、州裁判所判決は、同条二号の要件を満たしていると認められる。」

「州裁判所判決のうち、……XとY_1とを離婚するとした部分及びXをZの単独監護権者とした部分については、……訴訟経過及び判決内容等に照らしても、それが日本における公の秩序又は善良の風俗に反するとまではいえないから、同条三号の要件を満たすものと認められる。」

「ウィスコンシン州における外国判決の承認の要件は、……実質的に民事訴訟法一一八条（同条一号、三号、四号）と同様と認められるから、同条四号の要件も満たしているということができる。」

(2)　「州裁判所判決は、日本法上も、国内判決と同様の効力を有するというべきであるから、本件請求を判断するに際しても、州裁判所判決によるXの単独監護権の効力が有効に生じているものとして、その当否を判断するのが相当であると解される。」

(3)　Y_1からXに対し日本で離婚訴訟を含む「別件各申立てがされていることは、本件請求の当否の判断において、州裁判所判決に基づいて、Y_1のZに対する監護が、法律上の監護権を有しない母親による事実上の養育監護であるとすることを妨げるものではない。」

2(1)　「本件請求は、子の監護権を有する者から、これを有しない者に対する人身保護請求ということになるから、本件請求の当否を判断するについては、ZをXの監護の下に置くことがYらの監護の下に置くことに比べてZの幸福の観点から著しく不当なものといえるかどうかによって検討するのが相当である（最高裁判所平成六年一一月八日第三小法廷判決・民集四八巻七号一三三七頁）。」

(2)　「①……もともとXとY_1が別居、離婚に至ったのは、XがY_1に対して暴力を振るったことが原因であり、また、ウィスコンシン州においては、子供の監護は、両親の共同監護とされることが原則であるのに、州裁判所判決においてXがZの単独監護権者とされたのは、……専ら、Y_1が州裁判所の裁判期日に出頭しなかったという手続的な理由によるものであること、②……Zは、平成二〇年二月に日本に帰って以来、ずっと日本で安定した生活を送っており、多くの友達と交流するなど、心身ともに健全な発育を遂げていること、③Zは、Yらによくなついており、調査の専門家である家庭裁判所調査官に対して、Yらの下で日本での生活を続けたい旨を明確に述べており、Zがこのような希望を有していることは、本件人身保護請求事件のZ代理人との面談の結果でも裏付けられていること、④……Zが、現在、わずか七歳の女児であって、その安定した生育のためには出生時から継続して日常の養育監護を行ってきた母親であるY_1による養育監護を今後とも引き続き受けることが望ましいとみられること、⑤……XもZに対する強い愛情を有し、経済的不安もなく、Zに対する種々のサポート体制を準備しているものの、医師として多忙なXがZに対してY_1と同様の細やかで良好な養育監護状況を維持できるかどうかは極めて疑問であること、⑥また、かつてウィスコンシン州の幼稚園に通っていた際には混血児であるためにいじめられ、友達もほとんどいなかったという経験のあるZが、ほとんど英語も話せない現在の状態で、同州の学校生活等に順応することは著しく困難であり、多大の精神的負担をもたらすであろうことが予測されること、⑦特に、Yらの下で日本での生活を続けたいとの明確な意思を有しているZを人身保護命令という方法によってY_1から引き離し、遠く離れたアメリカでXと生活することを強いることは、Zに著しい精神的負担を負わせることが十分に予測されることなどの諸点を総合勘案すると、ZをXの監護の下に置くことは、Yらの監護の下に置くことに比べてZの幸福の観点から著しく不当な結果をもたらすものといえる。」

第三節　判例の解説

本決定は、DVから逃れて子を連れて帰国した日本人母に対する外国人父からの人身保護請求事件において、離婚と父の単独監護権を認める等の外国判決を承認しつつ、子についての人身保護請求は棄却した事例である。

㈠　決定の要旨一⑴は、離婚訴訟②の州裁判所判決のうち、XとY_1とを離婚するとした部分およびXをZの単独監護権者とした部分については、民訴法一一八条各号の承認要件を充たしているとし、同⑵は、日本においてもXの単独監護権を認めている。(1) 以下では、特に同条一号および三号につき検討を加える。

一　決定の要旨一⑴は、まず、離婚訴訟②の訴え提起時にY_1がまだ米国に住所を有していたことから、離婚の部分のみならず監護権の部分についても承認管轄を肯定している。

離婚の際の親権者指定については、それが離婚の訴えに付随して申し立てられることから、離婚の訴えの管轄国に一括して管轄が認められるとする裁判例が少なくない（例えば、①最二小判平八・六・二四民集五〇巻七号一四五一頁はこれを前提とし、その原判決である②東京高判平五・一・二七民集五〇巻七号一四七四頁は端的に同旨を述べている）。これに対して、学説では「子の福祉」の観点から子の住所地の管轄を原則とする見解が有力であり、(2) 最近の裁判例には両者を併用するものも見られる（③名古屋地判平一一・一一・二四判時一七二八号五八頁は離婚の訴えの管轄国にも子の住所地国にも管轄を認め（「子の福祉」の観点から基本的に後者を優先し）、④東京地判平一六・一・三〇判時一八五四号五一頁は離婚の訴えの管轄国（日本）に管轄を認めるとしたうえで子が日本に住所・国籍を有していることをも確認している）。本件では、Zの住所地も離婚訴訟②の訴え提起時にはまだ米国にあったことから、特に問題はないようでもある。(3)

しかし、親権者指定の裁判は、（離婚の訴えが離婚原因という過去の事実を審理の中心とするのと異なり）過去から現在までの子の監護状況を踏まえ将来を見据えて「子の福祉」を図る非訟事件の本質を有する。したがって、機械的に訴え提起時を管轄判断の基準時とするのは疑問である（民訴一五条対照）。本件では、訴え提起の直後にZの住所地が日本に移っており、また、州裁判所判決はZが日本に来てから一年三カ月以上経てなされており、(4) 既に州裁判所はZの福祉を判断する適格を失っていたというべきではなかろうか。(5)

さらに、本件では、Y_1が日本で親権者指定等の申立てをしている。決定の要旨1(3)は、これら申立てはY_1の法律上の監護権を失わせる州裁判所判決の承認に影響しないとする。しかし、この段階では、いわゆる国際的訴訟競合の状態に至っており、Zの福祉を判断するには日本の方がより適切な法廷地となっている。したがって、州裁判所判決のうちXをZの単独監護権者とした部分は、一号要件を充たしていないと考える。[6]

2　法定の要旨1(1)は、また、離婚の部分のみならず監護権の部分も日本の公序に反しないとする。以下では、監護権の部分に関する実体的公序の審査についてのみ検討する。

実体的公序については、我が国の基本的法秩序の維持を目的とすることから、「外国判決承認結果の異常性」と「事案の内国関連性」の二点が審査される。このうち、後者については、Y_1とZがいずれも日本国籍を有し、州裁判所判決の確定時には既に日本に帰ってから一年半以上経過しており、これを十分に肯定できると考える。次に、前者について、我が国においては、親権者の決定にあたって、「子の利益」（民法八一九条六項）や「子の福祉」を基準として、監護の実績、子の意思、母性といった諸事情が考慮される。[7] これに照らして決定の要旨2(2)にまとめられた本件の諸事情を総合勘案すると、Zの親権者にはY_1の方が相応しいように思われる。これに対して、「州裁判所判決においてXがZの単独監護権者とされたのは、……専ら、Y_1が州裁判所の裁判期日に出頭しなかったという手続的な理由によるものである」（決定の要旨2(2)①）というのが、本決定の認識である。だとすれば、州裁判所判決を承認した結果は、「我が国の法秩序の基本原則ないし基本理念と相いれない」（⑤最二小判平九・七・一一民集五一巻六号二五七三頁、⑥最二小決平一九・三・二三民集六一巻二号六一九頁）というべきではなかったか。[8]

なお、決定の要旨2(2)③にある家裁調査官による調査は州裁判所判決確定から一カ月強後の一〇月一三日と一五日になされており、上記の疑問には州裁判所判決確定後の事情が紛れ込んでいる可能性もなくはない。外国判決確定後の事情を公序審査で考慮できるか（公序審査の基準時）については、監護権者を変更し子の引渡しを命じる米国テキサス州地裁判決の執行判決請求事件において、これを肯定し（承認判断時を基準時とし）公序違反を理由に同判決の承認・執行を拒否した裁判例（⑦東京高判平五・一一・一五家月四六巻六号四七頁）がある。これを批判する（外国判決確定時を基準時とする）学説も少なくないが[9]、少なくとも子の監護・引渡しに関する各内国後訴においては、「子の福祉」を職権で調査すべきであり[10]、公序審査は我が国が外国判決を具体的に受容しうるか否かを審査する時点でなされるべきでもあることから[11]、⑦判決を支持する[12]。

以上から、XをZの単独監護権者とした部分は、三号要件も充たしていないと考える。

(二)　決定の要旨2(1)は、同1を受け、本件人身保護請求の要件として、幼児の監護権者から非監護権者への請求という類型の判例基準（⑧最三小判平六・一一・八民集四八巻七号一三三七頁）を掲げる。しかし、XをZの単独監護権者とした部分が承認できないとすれば、本件では、共同親権者間における請求という類型の判例基準、すなわち、「請求者と拘束者とが共に幼児に対して親権を行うものである場合、拘束者による幼児に対する監護・拘束が権限なしにされていることが顕著であるということができるためには、右監護が請求者による監護に比べて子の幸福に反することが明白であることを要する」（⑧判決の表現による、⑨最三小判平五・一〇・一九民集四七巻八号五〇九九頁、⑩最三小判平六・四・二六民集四八巻三号九九二頁）という基準によるべきであったのではないか[13]。

いずれにしても、決定の要旨2(2)の諸事情からは、請求棄却の結論は動かない[14]。

（1）　人身保護請求が認められるのは、拘束の違法性が顕著である場合（人保規四条本文）である。判例によれば、請求者が（被拘束者である）幼児の監護権者である場合には、拘束者も監護権者である類型（共同親権者間における請求）と、拘束者は非監護権者である類型とに分けられている（二で後述）。本決定が州裁判所判決の承認について判断しているのは、主として、本件がこれら二つの類型のいずれに属するかを決定する必要があると考えられたためであろう。

（2）　石黒一憲『国際民事訴訟法』（新世社、一九九六年）一六五頁。本間靖規ほか『国際民事手続法』（有斐閣、二〇〇五年）八二～八三頁［中野俊一郎］は、端的に子の住所地管轄を説く。

（3）　高杉直「判批」戸時六六七号（二〇一一年）四〇頁。

（4）　「当裁判所の判断」の冒頭部分（家月六三巻一号一二三頁）における、州裁判所が判決を言い渡した「同年」という語は、直前にある「平成二〇年」を指していると読める。しかし、その後の部分（同一二五頁）にはAの辞任の年は「離婚訴訟②の……最終裁判期日の前である平成二一年」とあり、また、「前提事実」にはAは平成二〇年から翌二一年にかけて数回出廷した旨の記述もある（同一〇三頁）。本稿では、全体的な事実の経過に鑑み、後者が正確であると判断した。

（5）　一般論として、移送制度のない国際裁判管轄においては、常に起訴の時を基準時とすることに疑問を呈する、石黒一憲『現代国際私法（上）』（東京大学出版会、一九八六年）五四二～五四五頁参照。

（6）　関西鉄工事件に即してではあるが、石黒・前掲注（2）二六二頁、二七八頁注(779)を参照。ちなみに、今般の国際裁判管轄立法の過程で、訴えの先後を極めて重視する承認予測説に基づき内国後訴を規制する趣旨の提案（中間試案の第八の甲案）が反対多数で斥けられたこと等につき、簡単ながら、森田博志「〔資料〕『国際裁判管轄法制に関する中間試案』に対する意見」千葉二五巻四号（二〇一一年）一九〇～一九一頁参照。

（7）　この点については、例えば、二宮周平『家族法〔第三版〕』（新世社、二〇〇九年）一一二～一一四頁参照。なお、このような処理は、我が国が批准している「児童の権利に関する条約」三条一項における、裁判所等が「児童に関するすべての措置をとるに当たっては、児童の最善の利益が主として考慮されるものとする。」との基本的要請にも合致している。

（8）　ちなみに、米国は、「児童の権利に関する条約」を未だ批准していない。なお、高杉・前掲注（3）四〇～四一頁は手続的公序違反の可能性を示唆するが、手続保障の問題ではないのではないか。

（9）　⑦判決を批判するものとして、渡辺惺之「判批」平成五年度重判解（一九九四年）二九八頁、山田恒久「判批」渉外百選〔第三版〕（一九九五年）二三一頁、横溝大「判批」ジュリ一一〇五号（一九九七年）一五五頁、釜谷真史「判批」国私百選〔新法対応補正版〕（二〇〇七年）一九七頁。

（10）　海老沢美広「外国判決執行の一断面：執行と変更のあいだ――とくに子の引渡判決の執行を中心に」朝日二五号（二〇〇〇年）三五頁が、この点を指摘する（ただし、同上三四頁は、「子の福祉」の内容を狭く解する点で私見と異なる)。

(11) 竹下守夫「判例から見た外国判決の承認」中野貞一郎先生古稀祝賀『判例民事訴訟法の理論(下)』(有斐閣、一九九五年)五四六頁。

(12) 小室百合「原判決判批」法学(東北大学)五八巻一号(一九九四年)二二六頁、早川眞一郎「判批」リマークス一〇号(一九九五年)一七六頁、石黒・前掲注(2)二四〇～二四一頁注(656)本間ほか・前掲注(2)一九二～一九三頁[中野]も、結論同旨。

(13) 後二者の最判は、「夫婦の一方(請求者)が他方(拘束者)に対し、人身保護法に基づき、共同親権に服する幼児の引渡しを請求した場合には」という表現を用いていた。しかし、ここで重要なのは、請求者と拘束者が夫婦であることではなく、両者ともに幼児に対する親権(拘束の原則的な権限)を有していることである。

(14) 本文および注(1)に示した二類型の判例基準が形成される以前の国境を越える人身保護請求事件(最高裁判決として、⑪最一小判昭五三・六・二九家月三〇巻一一号五〇頁、⑫最三小判昭六〇・二・二六家月三七巻六号二五頁)においても、個別妥当性が追求されてきた。なお、決定の要旨2に対する解説として、立場は異なるが、早川眞一郎「判批」平成二二年度重判解(二〇一一年)三六五～三六六頁も参照。

(速報判例解説九号、二〇一一年)

〔付録〕エッセイ

二十一年ぶりの謝辞

1. 前口上

この度、思いがけなく寄稿依頼を頂戴しました。ご指名とあれば、（余程のことがないと自分からは動くことのない「引っ込み思案」な私でも）お引き受けしないわけには参りません。題材は自由とのことですが、考えてみれば、今日あるのは新日本奨学会のおかげ（でもあり）、しかしその割には卒業祝賀会で謝意を表して以来ほとんど数行の近況報告のみという薄情さ。これではいけませんので、現在までの若干の経過報告をさせていただくことで、変わらない感謝の念を表すことといたします。

2. 現在までの経過

私は、昭和五十八年に文科一類に合格しましたが、家庭の事情で仕送りがなかったため、新聞奨学生でスタートしました。入学後は、授業料の免除や日本育英会（現日本学生支援機構）の奨学金の貸与を申請したことも功を奏して多少の貯金ができ、おかげで、新聞奨学生は一年間で終えることができました（暇な方がおられましたら、〈自活すればよいではないか！〉でググってみて下さい（以下、タイトルのみ掲げます））。

法学部に進学した三年時は履修科目数が多く、勉強の時間を十分に確保する必要があることは容易に想像できました（実際に、テレビが壊れたこともあり、勉強づけの毎日でした）ので、さらに奨学金を申請することにして、しかし成績はさほどよくもなかったので控えめに別の奨学金の希望を大学に出したところ、給付でしかもおそらく最高額であった新日本奨学会に推薦いただけることとなりました。驚きましたが、面接も無事にクリアしたようで、見事に採用と相成りました。おそらく、本奨学金の対象とされている「成績優秀にして経済的に恵まれない一般学生」のうち、一人だけ「経済的に恵まれない」の方に相当の力点が置かれて選ばれたのであろうと推測しております。

いずれにしても、新たに奨学金をいただけたことでバイトを増やす必要がなくなり無事に卒業まで漕ぎ着ける可能性が高くなりまして、これは本当にありがたいことであったと改めて感じます。

本格的に法律の勉強を始めますと法律学は非常に面白く、裁判官を志望するようになりましたが、他方で、特に星野英一先生の「法解釈方法論」に感化され、また四年時に石黒一憲先生の講義を聴き、「国際私法」なら成績優秀でない自分にも何か貢献できることがあるかもしれないと考えるようになりました（熱病の類です）。

司法試験の方は、短答式は四年時と留年時に受かったのですが論文式はダメで、他方、留年時に受けた大学院の入試には合格してしまい、（今から思うと能天気にも）経済的には何とかなるであろうと進学を決めてしまいました（四年時に大学院の入試を受けてすぐに進学すれば新日本奨学会の奨学金を継続していただけたとのことでしたが、進路変更を決めたのが遅かったので、残念でした。この頃、四畳半で家賃一万三千円の部屋を借りていたのですが、そこの大家さんのような奇特な方がまだおられるでしょうか）。

大学院入学後は、成績優秀でなかったことが祟り、特に判例評釈がうまくできず、相当に行き詰まってしまいました。当時、プライドだけは高く、（自分の評価観を離れて）判例や学説を客観的に把握し整理することができなかったことが、根本的な欠陥であったと思います。ただ、博士課程進学後、精神分析（特に交流分析）を勉強し、栗本慎一郎教授の著書などに触れ、価値判断と論理展開のそれぞれのあり方と用い方に得心がいくようになり、これは現在の自分にとって決定的に重要なことでした。

この両者の中間の時期に、相続と物権の性質決定に関して独自の立場を採る——石黒説にも批判的な——判例評釈を公表したのですが、この最初の活字（と原石のような修士論文）が私を研究職に導いてくれることになりました。

博士課程を三年で退学した後、（幼稚園の頃の数年間、千葉に住んでいた縁なのでしょうか）千葉大学に助手の職を得ることができました。小森光夫先生（現名誉教授）には、愚鈍な私を保護していただき、たいへんなご迷惑をおかけしました（就職後しばらくしてから、小森先生は、私も同じく新日本奨学会の卒業奨学生であることに気が付かれたようでした）。

ただ、この助手時代には、前記の判例評釈で主張したのと同じ理論枠組みを採る最高裁判決が現れ、自説には自信を深めることができました（この最高裁判決の原判決の評釈や就職などの過程において絶妙のタイミングで不思議な偶然が度重なっていることにつき、〈国私百選1事件との因縁〉参照）。他方、論文の書き方には、依然として苦労していたように思います。

大韓航空機撃墜事件本案判決の日（平成九年七月十六日）に助教授に昇任した私のその頃の問題関心は、ある研究会のテーマでもあった国際倒産法において、ぼんやりと通説化していた「倒産手続開始国法適用の原則」にきちんとした根拠があるのかということでした。この原則の趣旨は、簡単に言うと、ある国際的な企業につき複数の国で倒産手続がなされる場合、担保権等の実体権について、倒産手続が最初に開始された国の法で一元的に規律すべきだというものです。

私は、これを厳しく批判する論文を書いたところ、研究者のみならず（米国留学組の）弁護士からも（異例なことに、かなりの長さの引用をしていただいたうえで）批判を受けました。振り返ってみると、その頃説かれ始めていた「グローバリゼーション」という語に対するいかがわしさを感じていた私が、それを推進する流れに乗ろうとした二人によって早々に叩かれたということであろうと邪推しています（詳しくは、〈「法の適用に関する通則法」13日衆議院法務委質疑へ＋主権在米「経済」？〉参照）。

その後、数年間は学内の雑用を中心に回りましたが、不法行為の準拠法の決定のあり方に問題関心が移ってきたところで従来の裁判例を整理すると、（理論的な立場はバラバラでしたが）結論的には具体的妥当性に適う中庸をいく判断が示されてきていることが分かりました。そこで、そのような結論を導くことのできる石黒説を基本的に支持し、より具体的な議論を展開する論文を、平成十四年十二月に公表しました（表層的な比較法中心の国際私法学会とは一線を画する作業であり、百選の関係四項目で引用されています）。

しかしながら、学会の主流の方々は違う方向に暴走していきます。すなわち、皮肉にもこの論文の公表に前後して、法例（一昨年まで国際私法の中心的な法源であったもの）の「改正」作業が進められ、不法行為の準拠法についても、従来の裁判例を無視して欧州型の規定に改造する方向が示されていました（この「改正」の発端は、平成十三年三月三十日に閣議決定された「規制改革推進三か年計画」）。私は、その当時は助教授でもあり、もともと臆病な人間ですので、沈黙しておりました。

そうしたところ、百選について二項目の原稿依頼が来て、それまでほとんど関心のなかった「夫婦共同養子縁組」も割り当てられていて不審に思いましたが、仕方なく勉強したところ新しい解釈論を立てることができ論文も書けましたので、先方にとっては「藪蛇」だったかもしれません。

さて、話を「改正」作業に戻しますと、その「たたき台」があまりに問題の多いものでしたので、石黒先生が平成十六年九月に『国際私法の危機』（信山社）で酷評されましたが「梨のつぶて」。それには私も憤りを覚えましたので、ご指名を受けた翌十七年五月の学会報告において批判し、さらに「たたき台」における改正案やデータの恣意性をも逐一指摘した批判論文を同年九月に出しましたが、ついに一昨年六月に法例を廃止する「法の適用に関する通則法」が成立し、昨年一月一日に施行されてしまいました（この新法には立法者の気付いていないらしい問題が多々あり、授業でも学生と一緒になって考え込んでおります。なお、〈通則法制定過程批判の新論文〉もご参照いただければ幸いです）。

最近では、「国際裁判管轄」の立法に向けた作業が進行しており、多少の注意は払っています（ここでも、従来の裁判例に対する配慮がどの程度のものか若干の疑問を感じてはいますが、しばらくは静観でしょうか)。

慌ただしい立法作業が続く昨今では、それに付き合いすぎてまともな研究が滞っていますが、法科大学院の学生にはよい刺激になっているようで、昨年は、千葉大学が新司法試験の対受験者合格率全国トップになり、国際私法組もそれを上回る成績でした〈第二回新司法試験合格発表〉参照。さすがに今後はそこまでいかないでしょうが、学生たちは本当によく勉強しています)。

ただ、法科大学院の制度設計や新司法試験のあり方、および両者の関係については、非常に多くの問題があり、いずれ機会を得て詳述したいと思っています。

3. 感謝とお願い

前世紀末から今世紀に入って現在までの「構造改革」「規制改革」と称する酷い経済・社会政策のために、我が国の強みである中間層の厚みが失われて「格差社会」となり、弱者においてはその「生存権」までが脅かされる惨状に至っています。

しかしながら、ここに至ってようやく拝金主義の従来路線に致命的な問題があることが広く認識され始めてきたことは喜ばしいことで、お金は使い道や使う人によってその意味を変えるという認識も広まることを願っています〈以上の関連で、〈血の通った経済を〉〈「絶対」・「相対」〉〈栗本慎一郎教授の著書〉〈日本のエリートの致命的弱点〉〈米国の悲惨への「加速化」？〉などの駄文をご笑覧いただければ、これに勝る喜びはございません〉。

個人的には、新日本奨学会の奨学金をいただけたおかげで学業に専念できたのであり、感謝の念に堪えません。それを踏まえて僭越ながら、このような世の中になってしまった今日こそ、奨学金が大きな意味をもつ学生に支給されるよう、引き続き御高配いただきますよう、よろしくお願い申し上げます。

(平成二〇年八月一九日脱稿)

初出一覧

第一部　法適用通則法制定（法例廃止）過程批判

1　国際私法の現代化における法例一〇条・一二条関連の改正作業の問題点
千葉大学法学論集第二〇巻二号、二〇〇五年

第二部　物　権

2　相続準拠法上の相続財産の持分処分禁止と日本所在不動産の取引
ジュリスト九八五号、一九九一年

3　相続準拠法上許されない相続持分の処分への物権準拠法の適用範囲
ジュリスト一〇七一号、一九九五年

4　国際私法の議論において原因行為と物権行為の区別が本当に必要なのか？
千葉大学法学論集第一〇巻三号～一一巻四号、一九九六年～一九九七年

5　登録国外で盗まれ日本に輸入された中古自動車の即時取得の準拠法
ジュリスト一一九三号、二〇〇一年

6　物権準拠法の決定と適用範囲に関する問題提起　――「原因事実完成当時」を中心に
国際私法年報八号、二〇〇七年

7　公海上の船舶衝突を原因とする船舶先取特権の準拠法と物上代位
ジュリスト一〇五一号、一九九四年

8　アメリカ抵触法におけるマリタイム・リーエンの準拠法の現状とわが国の国際私法における船舶先取特権の準拠法についての解釈論
海事法研究会誌一二三号、一九九四年

9　パナマ船上の船舶担保物権相互間の順位（優劣関係）の準拠法
東京大学商法研究会編　商事判例研究（38）昭和62年度23事件、一九九七年

10　登録済みヨットの二重譲渡とそれから派生する物権・債権の準拠法
ジュリスト一一一五号、一九九七年

第三部　不法行為

11　外国スキー場での日本人間の接触事故についての不法行為の準拠法
ジュリスト一一五五号、一九九九年

12　日本人留学生間の自動車同乗事故と賠償請求の管轄・準拠法・公序
ジュリスト一二二六号、二〇〇二年

13　不法行為の準拠法の決定における「原因事実発生地」の解釈
千葉大学法学論集第一七巻三号、二〇〇二年

14　法適用通則法一七条（不法行為の一般則）における「結果」の解釈
千葉大学法学論集第二四巻三・四号、二〇一〇年

15　外国取材旅行先での日本人間の同乗事故と賠償請求の準拠法・公序
速報判例解説七号、二〇一〇年

第四部　債権譲渡ほか

16　債権譲渡の対第三者効力の準拠法をめぐる論証と学説理解の難しさ
千葉大学法学論集第二五巻三号、二〇一〇年

17 保険代位

別冊ジュリスト一八五号、二〇〇七年

第五部 養子縁組

18 夫婦関係にある者による養子縁組の準拠法と夫婦の一体性の利益

千葉大学法学論集第一九巻三号、二〇〇四年

19 夫婦共同養子縁組

別冊ジュリスト一八五号、二〇〇七年

20 夫婦の一方の本国に養子制度がない場合の夫婦共同養子縁組と公序

千葉大学法学論集第二三巻三号、二〇〇八年

第六部 手形、著作権

21 約束手形の遡求権保全のための支払呈示における手形要件の準拠法

ジュリスト一一三九号、一九九八年

22 一九一三年米国内発行著作物の職務著作・我が国著作権譲渡等の準拠法

ジュリスト一二四八号、二〇〇三年

第七部 国際私法総論

23 米国人夫婦を養親とする養子縁組といわゆる隠れた反致

ジュリスト一三九八号、二〇一〇年

24 地域的不統一法国の国籍を有する者の本国法の特定と同一本国法

千葉大学法学論集第二五巻三号、二〇一〇年

第八部　国際倒産

25　取戻権・倒産担保権の準拠法　NBL六五三号、六六〇号、一九九八年、一九九九年

第九部　国際裁判管轄

26　パナマ船主への金銭債務不存在確認請求訴訟の国際裁判管轄
東京大学商法研究会編　商事判例研究（38）昭和62年度38事件、一九九七年

27　外国法人からの購入部品の瑕疵と損害賠償請求訴訟の国際裁判管轄
私注判例リマークス35、二〇〇七年

28　第三債務者が外国に居住する場合の債権差押命令の国際裁判管轄
平成一〇年度重要判例解説、一九九八年

29　不動産関係訴訟の管轄権
新・裁判実務大系第三巻　国際民事訴訟（財産法関係）、二〇〇二年

30　〈資料〉「国際裁判管轄法制に関する中間試案」に対する意見
千葉大学法学論集第二五巻四号、二〇一一年

第一〇部　外国判決の承認・執行

31　日米欧における外国判決の承認・執行ルール（比較法的検討）
国際私法上の知的財産権をめぐる諸問題に関する調査研究報告書、二〇〇四年

32　懲罰的損害賠償を命じた外国判決の承認・執行とその反公序性
法学協会雑誌一一七巻一一号、二〇〇〇年

33　外国人父を子の単独監護権者とする米国判決の承認と人身保護請求
速報判例解説九号、二〇一一年

〈著者紹介〉

森田博志（もりた・ひろし）

昭和63年３月　東京大学法学部第一類（私法コース）卒業
　同年４月　東京大学大学院法学政治学研究科民刑事法専攻修士課程入学
平成２年３月　同修了（法学修士）
　同年４月　同専攻博士課程進学
平成５年３月　同単位取得満期退学
　同年７月　千葉大学法経学部助手
平成９年７月　同助教授
平成16年４月　千葉大学大学院専門法務研究科助教授
平成17年10月　同教授
平成25年７月18日　逝去
（千葉大学法学論集27巻４号〔平成25年４月〕が、森田博志先生追悼号となっている。）

学術選書
119
国際私法

国際私法論集

2014年（平成26年）6月30日　第1版第1刷発行
6719-8：P712　￥12800E-012：040-005

著　者　森　田　博　志
発行者　今井　貴　稲葉文子
発行所　株式会社　信　山　社
〒113-0033　東京都文京区本郷6-2-9-102
Tel 03-3818-1019　Fax 03-3818-0344
info@shinzansha.co.jp
笠間才木支店　〒309-1600　茨城県笠間市笠間515-3
笠間来栖支店　〒309-1625　茨城県笠間市来栖2345-1
Tel 0296-71-0215　Fax 0296-72-5410
出版契約2014-6719-01011　Printed in Japan

印刷・製本／亜細亜印刷・渋谷文泉閣
ISBN978-4-7972-6719-8　C3332　分類329.601-b005国際私法
6719-0101：012-040-005